Maximilian Benz
Gesicht und Schrift

Quellen und Forschungen
zur Literatur- und Kulturgeschichte

Begründet als
Quellen und Forschungen
zur Sprach- und Kulturgeschichte
der germanischen Völker

von
Bernhard Ten Brink und
Wilhelm Scherer

Herausgegeben von
Ernst Osterkamp und
Werner Röcke

78 (312)

De Gruyter

Gesicht und Schrift

Die Erzählung von Jenseitsreisen in Antike und Mittelalter

von

Maximilian Benz

De Gruyter

ISBN 978-3-11-077817-5
e-ISBN 978-3-11-030937-9
ISSN 0946-9419

Library of Congress Cataloging-in-Publication Data
A CIP catalog record for this book has been applied for at the Library of Congress.

Bibliografische Information der Deutschen Nationalbibliothek
Die Deutsche Nationalbibliothek verzeichnet diese Publikation in der Deutschen Nationalbibliografie; detaillierte bibliografische Daten sind im Internet über http://dnb.dnb.de abrufbar.

© 2021 Walter de Gruyter GmbH, Berlin/Boston
Dieser Band ist text- und seitenidentisch mit der 2013 erschienenen gebundenen Ausgabe.
Druck: Hubert & Co. GmbH & Co. KG, Göttingen

∞ Gedruckt auf säurefreiem Papier
Printed in Germany
www.degruyter.com

Εἶπεν δέ· ἐρωτῶ σε οὖν, πάτερ, ἵνα πέμψῃς αὐτὸν εἰς τὸν οἶκον τοῦ πατρός μου, ἔχω γὰρ πέντε ἀδελφούς, ὅπως διαμαρτύρηται αὐτοῖς, ἵνα μὴ καὶ αὐτοὶ ἔλθωσιν εἰς τὸν τόπον τοῦτον τῆς βασάνου. λέγει δε Ἀβραάμ· ἔχουσι Μωϋσέα καὶ τοὺς προφήτας· ἀκουσάτωσαν αὐτῶν. ὁ δὲ εἶπεν· οὐχί, πάτερ Ἀβραάμ, ἀλλ' ἐάν τις ἀπὸ νεκρῶν πορευθῇ πρὸς αὐτοὺς μετανοήσουσιν. εἶπεν δὲ αὐτῷ· εἰ Μωϋσέως καὶ τῶν προφητῶν οὐκ ἀκούουσιν, οὐδ' ἐάν τις ἐκ νεκρῶν ἀναστῇ πεισθήσονται. (Lk 16,27-31)

Er sprach aber: Ich bitte dich nun, Vater, dass du ihn in das Haus meines Vaters sendest, denn ich habe fünf Brüder, dass er ihnen eindringlich Zeugnis ablege, damit sie nicht auch an diesen Ort der Qual kommen! Abraham aber spricht: Sie haben Mose und die Propheten. Mögen sie die hören! Er aber sprach: Nein, Vater Abraham, sondern wenn jemand von den Toten zu ihnen geht, so werden sie Buße tun. Er sprach aber zu ihm: Wenn sie Mose und die Propheten nicht hören, so werden sie auch nicht überzeugt werden, wenn jemand aus den Toten aufersteht.

Vorbemerkung

In seinen Vorbemerkungen zum erstmals 1903 erschienenen Kommentar des sechsten Buches der Vergil'schen *Aeneis* kommt Eduard Norden auf die »vordantischen Apokalypsen des lateinischen Mittelalters« zu sprechen, deren Lektüre für ihn, so Norden selbst, »eine unerfreuliche Arbeit« war. Es ist eines der Anliegen dieser Arbeit, entgegen einem sich zäh haltenden Vorurteil zu zeigen, dass das mehr an Norden als an den Texten lag. Jedenfalls bereitete es mir bei allem Leid, das zu ernster Wissenschaft gehört, durchaus Freude, eine Reihe von Texten, die weder, nochmals Norden, »der letzte, trübe Ausläufer jenes langen Stromes apokalyptischer Schriftstellerei, in dem Vergil selbst steht«, (diese Aussage ist in zweifacher Hinsicht falsch) noch allein Prätexte zu Dante sind, literaturwissenschaftlich zu erschließen und der Kraft dieser uns so fremd gewordenen Erzählungen nachzuspüren. Das Ergebnis meiner Bemühungen wurde im Sommersemester 2012 von der Philosophischen Fakultät II der Humboldt-Universität zu Berlin als Dissertation angenommen.

Es lag aber nicht nur an den Texten, dass die Anfertigung dieser Arbeit so unerfreulich nicht war: Die stets großzügige Förderung durch das Berliner Exzellenzcluster 264 ›Topoi‹ (bis hin zur Übernahme des Druckkostenzuschusses) und die Kooptierung in das integrierte Graduiertenkolleg des Sonderforschungsbereichs 644 ›Transformationen der Antike‹ haben mich gelehrt, was die Vorzüge interdisziplinärer Forschung sein können, und mir den Zugang zur so ungemein vielfältigen und inspirierenden Berliner Wissenschaftslandschaft erleichtert.

Das Projekt geht auf eine Idee meines Doktorvaters Prof. Dr. Werner Röcke zurück: Am Anfang war es stärker altgermanistisch ausgerichtet; Werner Röcke ermutigte mich dazu, das Projekt in Richtung der antiken Quellen zu erweitern, und gewährte mir alle Freiräume. Bei der Annäherung an Texte, die mir zu Beginn sehr fremd waren, half mir Prof. Dr. Marc-Aeilko Aris – sei es persönlich im Gespräch auf dem Freisinger Domberg oder fernmündlich. Einige meiner Thesen gehen auf die intensiven Diskussionen mit Marc Aris zurück, der zugleich ein sehr genauer Leser der im Entstehen begriffenen Kapitel war. Prof. Dr. Felix Mundt hat nicht nur das erforderliche dritte Gutachten verfasst, sondern mein Unternehmen in konzeptioneller Hinsicht begleitet und mich vor einigen Fehlern bewahrt.

Stephanie Schabow und Dr. Katrin Dennerlein haben Teile des Manuskripts während der Entstehung kritisch gelesen und durch ihre theologi-

sche respektive narratologische Expertise bereichert. Für Förderung, Anregungen, bibliographische Hinweise und Kritik danke ich außerdem Prof. Dr. Ernst Osterkamp (der gemeinsam mit Werner Röcke die Aufnahme dieser Arbeit in die Reihe ›Quellen und Forschungen‹ befürwortete), Prof. Dr. Hans Jürgen Scheuer und Prof. Dr. Jens Schröter, die sich zur Teilnahme in der Promotionskommission bereit erklärten, sowie Prof. Dr. Jan Bremmer, Prof. Dr. Iris Därmann, Prof. Dr. Jutta Eming und ihrem Colloquium, Dr. Susanna Fischer, Dr. Constanze Geisthardt und dem Zürcher Doktoratsprogramm ›Medialität in der Vormoderne‹ des NCCR ›Mediality‹, Prof. Dr. Friedrich Vollhardt und seinem Oberseminar sowie Prof. Dr. Kirsten Wagner.

Der beste, tiefstempfundene Dank gebührt meiner Familie und meinen Berliner Freunden: ganz besonders meinen Eltern Dorothea und Michael Benz, meiner lieben Kollegin bei ›Topoi‹, Lea Braun, und Timm Reimers vom SFB 644, die mir auch bei den Korrekturen behilflich waren, Dr. Julia Weitbrecht, die mich von den ersten Überlegungen bis hin zu den letzten Zügen so begleitet hat, wie man es sich nur wünschen kann, Hanno Burmester, Dr. Julian Rellecke und ganz besonders Michael Trinks, der nicht nur diese Arbeit sehr gründlich gelesen, sondern mich auf so vielfältige Weise unterstützt hat und mein Leben Tag für Tag bereichert. Ihm, meinem ›angelus interpres‹, ist dieses Buch gewidmet.

Zürich, im Januar 2013   Maximilian Benz

Inhaltsverzeichnis

Vorbemerkung VII

1. ›Introitus ad libitum‹ 1
2. ›Recusatio fabulandi‹. Der Apostel Paulus an die Korinther 13
3. Die Formierung und Transformation von Jenseitsräumen in der nicht-paganen Antike 24
   - 3.1 Tarsus, 388 n. Chr. Autorisierungs- und Legitimierungsstrategien der *Paulus-Apokalypse* 24
   - 3.2 Der Jenseitsraum 35
     - 3.2.1 Die Emergenz des Jenseits- als Bewegungsraum: Das *Buch der Wächter* 35
       - 3.2.1.1 Deixis und Raum in den Büchern *Ezechiel* und *Sacharja* 48
       - 3.2.1.2 Der demonstrative Dialog im *Buch der Wächter* 52
     - 3.2.2 Von Henoch zu Petrus. Transformationen der Jenseitsreise 58
       - 3.2.2.1 Die *Bilderreden* und das *Zweite Henochbuch* 58
       - 3.2.2.2 Das *Testament Abrahams* 68
       - 3.2.2.3 Die *anonyme Apokalypse* 74
       - 3.2.2.4 Die *Petrus-Apokalypse* 80
     - 3.2.3 Von der frühjüdischen zur frühchristlichen Tradition ... 90
   - 3.3 ›Pompa diaboli‹ – ›pompa Dei‹. Das Jenseitsspektakel der Christen 95
     - 3.3.1 Die Visualität des endzeitlichen Geschehens 95
     - 3.3.2 Die Transformation paganer ›spectacula‹: Die virtuelle Höllenschau der *Petrus-Apokalypse* 99
4. Das christliche Jenseits zwischen Spätantike und Mittelalter 112
   - 4.1 Die *Paulus-Apokalypse* 112
     - 4.1.1 Das Spektakel der Jenseitsreise 112
     - 4.1.2 Der Jenseitsraum 121
   - 4.2 Die *Dialogi* Gregors des Großen 134

4.3 Die *Visio Baronti* und die Dynamisierung des Jenseitsraums in der Konversion des Drycthelm 140

5. Jenseitsreisen um 1150 und die Folgen 151
   5.1 Die imaginäre Reise durch das Jenseits in der *Visio Tnugdali* 151
      5.1.1 Das Drama der Konversion 151
      5.1.2 Die Suggestion der Anschaulichkeit und das Jenseits der Darstellung 158
      5.1.3 Albers Adaptation 165
   5.2 Die Pilgerreise ins Jenseits. Das Purgatorium des Heiligen Patrick 173
      5.2.1 Die Konversion des Tnugdalus und die Buße Oweins .. 173
      5.2.2 Der Anschluss an die Patrickslegende 179
         5.2.2.1 Die Transzendierung immanenter Ordnungen. Erzählen vom Heiligen 182
         5.2.2.2 Heiligkeit, Heiligung und heiliger Ort im Zeichen der ›imitatio‹ 192
      5.2.3 Die Erkenntnis von ›spiritalia‹. Die zisterziensische Intention 207
      5.2.4 Das Jenseits des *Tractatus* 227
      5.2.5 Transformationen des ›descensus‹ 234
         5.2.5.1 Die *Visiones Georgii* 239
         5.2.5.2 Die Patrickslegende 255

6. ›Summa visionum‹. Die Gesichte des englischen Bauern Thurkill 263

Literaturverzeichnis 275
   Primärliteratur und Übersetzungen 275
   Lexika und Wörterbücher 279
   Forschungsliteratur 280

Register 305

1. ›Introitus ad libitum‹

Papst Benedikt XVI., ehedem Joseph Kardinal Ratzinger, hegte seit jeher Bedenken gegen die Vorstellung, Kinder, die ungetauft gestorben sind, kämen in die Vorhölle, den sogenannten Limbus, und seien dort von der seligen Gottesschau ausgeschlossen.[1] Es überrascht deshalb kaum, dass William Kardinal Levada, der damalige Präsident der Internationalen Theologischen Kommission, während einer Audienz am 19. April 2007 die Erlaubnis erhielt, einen Text zur *Hoffnung auf Rettung für ungetauft sterbende Kinder* zu veröffentlichen.[2] Darin ist die Kommission zu folgendem vorsichtig formulierten Ergebnis gekommen:

> Die vielen Faktoren, die wir im Vorausgehenden erwogen haben, geben schwerwiegende theologische und liturgische Gründe zur Hoffnung, dass ungetauft sterbende Kinder Rettung finden und sich der glückseligen Schau erfreuen werden.[3]

Die Theorie des Limbus ist demnach eine »nur mögliche theologische Hypothese«,[4] die »niemals in die dogmatischen Definitionen des Lehramts Eingang gefunden«[5] hat. Damit ist das hinter dem Jenseitsort stehende theologische Problem aber keinesfalls erledigt. Denn die anhaltende Spekulation über den Limbus ergibt sich notwendig daraus, dass sich zu einem Gegenstand, der zumindest für Gläubige von existenzieller Bedeutung ist, in der Bibel keine eindeutigen Angaben finden. Unter Rekurs auf Joh 16,12 wird auch in den Einlassungen der Internationalen Theologischen Kommission betont, dass es vieles gebe, »was uns einfach nicht offenbart worden«[6] sei. Die Frage nach dem postmortalen Geschick der Menschen gehört ohne jeden Zweifel zu diesem Bereich.

Existenz – in welcher Form auch immer – wird räumlich gedacht, was ebenfalls für die postmortale Existenz gilt: Was im Bereich des *Alten Testaments* nachgerade in den Passagen, die ausdrücklich von der ›Scheol‹ handeln, durchaus angemessen ist, wird dort problematisch, wo übertragen zu verstehende, paränetische Aussagen Jesu im Sinne von Prophezeiungen

---

1 Vgl. Orth 2007, S. 275.
2 Den Text hatte die Kommission während ihrer Plenarsitzungen in Rom im Oktober 2005 und 2006 diskutiert. Vgl. Internationale Theologische Kommission 2008, S. 6.
3 Internationale Theologische Kommission 2008, S. 83.
4 Internationale Theologische Kommission 2008, S. 4.
5 Internationale Theologische Kommission 2008, S. 3.
6 Internationale Theologische Kommission 2008, S. 83.

wörtlich genommen[7] und in konkret-räumlich anschauliche Ordnungen überführt, kurz, wo Metaphern zum Topos hypostasiert werden.[8] So entsteht eine Jenseitstopographie, die, in Worten und Bildern zur Darstellung gebracht, eine suggestive Eigendynamik entwickelt. Der ›Limbus puerorum‹ stellt in dieser Hinsicht ein markantes Extrem dar.

Man wird es sich nun aber keineswegs so einfach machen können und all das in den Bereich bloßer Spekulation verweisen dürfen, was sich nicht im Wortlaut in der Bibel findet. Für die Frage nach dem postmortalen Geschick des Menschen bedeutet dies, dass es nicht unbedingt sinnvoll ist, ebenso wie den Limbus etwa auch das Fegefeuer unter Hinweis auf das Fehlen eindeutiger Belege in der Heiligen Schrift zu kassieren. Ein ungenannter Kolumnist der *Süddeutschen Zeitung* sieht das freilich anders – und er dürfte nicht alleine stehen –, denn das Insistieren auf Hölle und Fegefeuer macht die Aufhebung des Limbus für ihn zu einer wohlfeilen Sache oder, in seinen Worten, zu einem »supergünstige[n] Geschenk«[9] des Papstes. Nur am Rande sei bemerkt, dass der ungemein geistreichen Glosse mit all ihrer Ironie die Differenz von Heil und Verdammnis herzlich egal ist, vielmehr wird – in gut bildungsbürgerlicher Attitüde, wonach dieses Thema nur in Dantes Bildwelten gedacht werden kann – um den gar nicht in Rede stehenden ›Limbus‹ Dantes getrauert, in dem »Plato, Aristoteles und lauter so Leute« ausharren und der mit einem Wartesaal im Bahnhof verglichen wird.

Demgegenüber ist zu betonen, dass in der heutigen katholischen Theologie der »naiv-objektivierende[ ] Fegfeuerbegriff«[10] überwunden ist: Man hat also nicht an eine »Art von jenseitigem Konzentrationslager«[11] zu denken, sondern an einen »von innen her notwendige[n] Prozeß der Umwandlung des Menschen«.[12] Zugleich bestreitet man mittlerweile die Notwendigkeit der Differenzierung in ein postmortales und ein endzeitliches Geschick der Seelen:

> Der Mensch streift zwar seine Zeitlichkeit nicht ab, um nur noch ›ewig‹ zu sein, aber Christus der Richter ist der ›Eschatos‹, und so läßt sich von ihm her nun doch nicht unterscheiden zwischen dem Richter des Letzten Tages und dem Richter nach dem Tode; das Hineintreten des Menschen in den Raum seiner offenbaren Wirklichkeit ist Hineintreten ins endgültige Geschick und damit Hineingehaltenwerden ins eschatologische Feuer. Der verwandelnde ›Augenblick‹ dieser Begeg-

---

7   Vgl. zum Problem Vorgrimler 1993, bes. S. 20.
8   Dies inkriminiert auch Beinert 2008, S. 317: »Unbefangen setzte man Jenseits*zustände* mit Jenseits*orten* gleich« (Herv. i. O.).
9   Das Streiflicht, in: Süddeutsche Zeitung, 63. Jahrgang, 17. Woche, Nr. 94 v. 24. April 2007, S. 1.
10 Ratzinger 1977, S. 187.
11 Ratzinger 1977, S. 188.
12 Ratzinger 1977, S. 188.

nung entzieht sich irdischen Zeitmaßen – er ist nicht ewig, sondern Übergang, aber ihn als ganz kurz oder als lang nach den aus der Physik übernommenen Zeitmaßen qualifizieren zu wollen, wäre gleich naiv und in der Sache durchaus dasselbe.[13]

Jenseits dieser Überlegungen zur Geltung konkret-anschaulicher Jenseitsvorstellungen soll im Folgenden nach *einem* Ort ihrer Genese gefragt und es sollen dazu die Erzählungen von Jenseitsreisen[14] in den Blick genommen werden. Denn sie stehen sowohl für die räumliche Hypostasierung von Zuständen als auch für ein an diesseitig-physikalischen Bedingungen ausgerichtetes Jenseits[15] geradezu programmatisch ein.[16] Eine Figur – es kann ein Heiliger, aber auch ein Sünder sein – verlässt freiwillig oder unfreiwillig diese Welt[17] und bewegt sich in Ekstase oder ›in corpore‹ durch das zuallererst räumlich organisierte Jenseits, durch das er zumindest teilweise von einem Engel geführt wird. Dieser Engel deutet dem Jenseitsreisenden, was er wahrnimmt, und das heißt vor allem: was er sieht, damit er all dies nach seiner Rückkehr[18] im Diesseits erzählen kann.[19]

Es ist keineswegs selbstverständlich, dass die Quellen dieser Jenseitsreisen ›reichlich und bunt sprudeln‹,[20] also dass in ihnen anschaulich vom konkret-räumlichen Jenseits erzählt wird. Denn aufgrund der relativen Synchronie der Reise, die vor dem endzeitlichen Gericht auch ein unmittelbar postmortales erfordert,[21] ist es der in Hinsicht auf Heil und Verdammnis – sowie später auch in Hinsicht auf Läuterung[22] – differenzierte Raum des

---

13 Ratzinger 1977, S. 187 f.
14 Vgl. zur Abgrenzung von der ›Apokalyptik‹ S. 68 u. zur frühmittelalterlichen Herausbildung eines engeren Gattungszusammenhangs S. 140 ff.
15 Dies gilt auch dann, wenn die Zeit im Jenseits anders (meist schneller) vergeht als im Diesseits; denn messbar ist sie nach wie vor. Vgl. Gurjewitsch 1989, S. 33 f.
16 Wie gesagt, finden sich zu dieser Frage in der Bibel keine eindeutigen Angaben. Vgl. Beinert 2008, S. 316: »Diese Diskretion der Heiligen Schrift erschien unbefriedigend. So bedienten sich Theologen dankbar der seit früher Zeit reichlich und bunt sprudelnden Quellen der Visionen und Jenseitswanderungen und konnten mit ihrer Hilfe die Neugier bedienen.«
17 Vgl. Cavagna 2005.
18 Zur Unterscheidung von Jenseitsreise und Himmel- respektive Höllenfahrt vgl. S. 43.
19 Der Fokus auf Jenseitsreisen bedingt, dass andere für die Jenseitsvorstellungen wichtige Quellen in dieser Arbeit nicht berücksichtigt werden; vgl. für eine alternative Materialbasis die Untersuchung von Amat 1985.
20 Vgl. das Zitat in Anm. 16.
21 Vgl. hierzu die Zusammenfassung auf S. 71 ff.
    Eher selten handelt es sich nicht nur um Reisen durch den Raum, sondern auch um Reisen durch die Zeit (vgl. hierzu Anm. 343). Ein Beispiel für den Übergang einer Reise durch den Raum in eine durch die Zeit findet man in Henochs Jenseitsreise, die im *Buch der Wächter* erzählt wird (vgl. S. 56). Wo sonst die Endzeit fokussiert wird, geschieht dies im Modus prophetischen Sprechens (vgl. zum Verhältnis von Prophetie und Jenseitsreise meine Anm. 385; zur *Petrus-Apokalypse* und ihrer Transformation der Jenseitsreise in eine Endzeitprophetie vgl. S. 80 ff.).
22 Zum ›Purgatorium‹ vgl. neben der Anm. 373 allgemein S. 173 ff. und zu den Thesen Le Goffs (und dem Purgatorium als ›drittem Ort‹) besonders S. 199 f.

unmittelbar postmortalen Geschicks der Seelen, der in Jenseitsreisen erfahren wird. Da sich die Simultaneität dieses Raumeindrucks nicht problemlos in die Linearität einer Erzählung überführen lässt, muss in den Erzählungen die Wahrnehmung des Jenseitsraums ›linearisiert‹ werden.[23] Dass es sich dabei um einen *Jenseits*raum handelt, verschärft das Problem: Denn der qualitative Unterschied zwischen Diesseits und Jenseits[24] stellt nicht nur ein Faszinosum dar, sondern wirft die Frage auf, wie vom Unerfahrenen und prämortal auch Unerfahrbaren anschaulich erzählt werden kann.

Das Gesicht eines unerfahrenen und vor dem Tod unerfahrbaren Raumes muss so in einen diesseitig verständlichen und tradierbaren Text, also letztlich immer in Schrift,[25] überführt werden, dass sich die Rezipienten dieses Texts die jenseitige Welt konkret-anschaulich vorstellen können. Bereits in der frühjüdischen Tradition bildet sich ein Erzählverfahren aus, das das Problem der Jenseitsraumerzählung löst. Zum ersten Mal voll ausgebildet erscheint es in Henochs Jenseitsreise im *Buch der Wächter*. Unter

---

23 Es handelt sich nicht nur um ein Linearisierungs-, sondern auch um ein Versprachlichungsproblem; man denke an die multisensorischen Qualitäten der Raumwahrnehmung. Vgl. hierzu ausführlich S. 40 ff.
Wohl bereits am Ende des Jahres 1762 notierte Gotthold Ephraim Lessing folgende in den *Paralipomena zum Laokoon* dokumentierten »Fundamentalsätze« (Barner 1990, S. 638) seiner Abhandlung über die Grenzen der Malerei und Poesie: »Die *Malerei* brauchet Figuren und Farben in dem *Raume*. Die *Dichtkunst* artikulierte Töne in der *Zeit*. Jener Zeichen sind *natürlich*, dieser ihre sind *willkürlich*.« (FA 5/2, S. 209; Herv. i. O.)
In den vergangenen Jahren wurde im Zuge eines häufig missverstandenen ›spatial turns‹ (vgl. Winkler/Seifert/Detering 2012) darauf hingewiesen, dass die Vernachlässigung der Kategorie des Raumes gegenüber der Zeit in der Literaturwissenschaft auf Lessing zurückgehe (vgl. etwa Engelke 2007, S. 121, u. Sasse 2009, S. 225). Demgegenüber möchte ich betonen, dass Lessings zeichentheoretische Untersuchung gerade für die Formulierung eines literaturwissenschaftlichen Problems eine heuristische Kraft hat. Ohnehin sollte man die Vernachlässigung des Raumes nicht monokausal erklären, sondern wissensgeschichtliche Zusammenhänge beachten, wie dies Böhme 2009 tut, der auf das um 1800 eingeleitete Verschwinden topologischer Wissensformen, wie sie im räumlichen Tableau-Denken der Naturgeschichte herrschten« (S. 191), hinwies. Bei der Formierung und Ausdifferenzierung der historisch-philologisch interessierten Disziplinen setzten sich »temporalisierende und narrative Wissensformen« (ebenda) durch. Dafür kann keineswegs Lessing allein in Haftung genommen werden.

24 Anders als es gerade in der germanistischen Mediävistik üblich zu sein scheint, verwende ich die ›Diesseits/Jenseits‹- und die ›Immanenz/Transzendenz‹-Unterscheidung nicht synonym. Vgl. hierzu in dieser Arbeit S. 185 f. mit den Anm. 811 f.

25 Der Fokus auf das Endprodukt (den Text respektive die Schrift) liegt nicht nur darin begründet, dass die Jenseitsreisen allein in dieser Form auf uns gekommen sind. Da die Aufschreibesituationen unterschiedlich imaginiert werden (so wurde die *Paulus-Apokalypse* angeblich von Paulus selbst aufgeschrieben und dann in seinem Haus in Tarsus versteckt, vgl. hierzu S. 24 ff., die hochmittelalterlichen Texte der *Visio Tnugdali* und des *Tractatus de Purgatorio S. Patricii* rekurrieren hingegen auf Ursprünge im mündlichen Erzählen, vgl. S. 151 ff.), muss die Fragestellung dieser Arbeit zwischen Gesicht und Schrift formuliert werden, da nur diese beiden Ebenen allen behandelten Texten gemeinsam sind; mir geht es dabei allerdings nicht um Fragen der ›Verschriftlichung‹ von Visionserlebnissen (vgl. Ehlen 1998), sondern um narrative Strategien.

Zuhilfenahme neuerer raumnarratologischer[26] ebenso wie kultur-[27] und sprachwissenschaftlicher[28] Untersuchungen werden in der vorliegenden Arbeit die zwei wesentlichen Elemente des Erzählverfahrens der Jenseitsreise herausgearbeitet.[29] Der Raumeindruck wird linearisiert, indem der Jenseitsraum sukzessive in Bewegung erfahren wird; fremde Welten werden anschaulich erzählt, indem das, was der Jenseitsreisende sieht, unter Einsatz von Demonstrativpronomina dialogisch gedeutet wird, wie folgendes Beispiel aus dem *Buch der Wächter* zeigt:

> Und von dort ging ich zu einem anderen Ort nach Westen hin, bis zu den Enden der Erde. Und ich sah ein loderndes Feuer, das Tag und Nacht weder ruhte noch aufhörte in seinem Lauf, sondern gleichmäßig (blieb). Und ich fragte, indem ich sprach: »Was ist dies, das keine Ruhe (hat)?« Da antwortete Raguel, einer von den heiligen Engeln, der bei mir war, und sprach zu mir: »Dieser Lauf, der nach Westen hin gerichtet ist, den du gesehen hast, ist das Feuer, das alle Lichter des Himmels vertreibt.« (1 Hen [äth] 23)[30]

Im Anschluss an diese Analyse werden einige der Transformationen dieses Erzählverfahrens verfolgt,[31] nicht zuletzt um die seit der Entdeckung der *Petrus-Apokalypse* diskutierte Frage nach den Quellen der frühchristlichen Jenseitsraumimagination neu zu beantworten, soweit das möglich ist.[32] Erneut zeigt sich, dass, aufs Ganze gesehen, die frühjüdische Tradition eine bedeutendere Rolle als pagane Überlieferungen spielt, was in der Forschung Konsens ist, auch wenn jüngst wieder die Orphik ins Spiel gebracht wur-

---

26 Vgl. Dennerlein 2009.
27 Vgl. Curtis u. a. 2004, Böhme 2009.
28 Vgl. Wenz 1997; ferner wird auf die immer noch instruktive Untersuchung von Bühler 1982 (zuerst 1934) zurückgegriffen.
29 Vgl. zum Folgenden in dieser Arbeit S. 35 ff. – Ganz bewusst habe ich auf ein eigenes ›Theoriekapitel‹ verzichtet; stattdessen werden theoretische Rekurse (etwa zum Verhältnis von Gesicht und Schrift) immer mit der Analyse von Texten verbunden (vgl. Kablitz 2009).
30 In dieser Arbeit werden griechische, lateinische und mittelhochdeutsche Quellen im Original und die lateinischen und griechischen Texte zusätzlich in Übersetzung zitiert. Herangezogene Übersetzungen sind im Literaturverzeichnis vermerkt. Alle übrigen Übersetzungen stammen von mir.
Quellen, die in Sprachen überliefert sind, derer ich nicht mächtig bin (äthiopisch, koptisch, syrisch, mittelirisch), habe ich in der Überzeugung, dass man möglichst gegenstandsadäquat forschen sollte, nicht aus dieser Untersuchung ausgeschlossen. Ich verlasse mich in diesen Fällen auf wissenschaftliche Übersetzungen, die ich kritisch verglichen habe. Was den anglonormannischen Text Maries de France betrifft, war ich auf die Hilfe von Constanze Geisthardt (Zürich) und Cornelia Wild (München) angewiesen; beiden danke ich sehr herzlich.
31 Dabei erweist sich die besondere Kraft des Erzählverfahrens mitunter auch ›ex negativo‹, indem den anschaulich erzählten Passagen auch solche gegenübergestellt werden, in denen die Strategie erzählter Bewegung und die Technik des demonstrativen Dialogs nicht eingesetzt werden; vgl. etwa S. 60.
32 Richard Bauckham versuchte zu zeigen, dass die Bestrafung von Sündern erstmals in einer verlorenen frühjüdischen *Elias-Apokalypse* erzählt wurde: So weit wird man m. E. nicht gehen können. Vgl. meine ausführliche Auseinandersetzung mit seiner These auf S. 73.

de.³³ Ich möchte betonen, dass diese größere Bedeutung der frühjüdischen Tradition pagane Einflüsse, etwa auf der Ebene bestimmter Motive oder in struktureller Hinsicht, keineswegs ausschließt.³⁴ Darüber hinaus werden in dieser Arbeit auch die pagan-antiken ›spectacula‹ als der Kontext rekonstruiert, innerhalb dessen in der *Petrus-Apokalypse* das aus der jüdischen Tradition stammende Erzählverfahren transformiert wird. Aus der Bezugnahme auf die ›spectacula‹, also auf die theatrale Zur-Schau-Stellung von Bestrafungen, bezieht die Endzeitprophetie der *Petrus-Apokalypse* ihre besondere Kraft. Unter Nutzung des heuristischen Potenzials der Transformationstheorie, die von einer Berliner Arbeitsgruppe um Hartmut Böhme als allgemeine Theorie kulturellen Wandels entwickelt wurde,³⁵ kann diese Bezugnahme detailliert beschrieben werden.³⁶ Die *Petrus-Apokalypse* zeichnet gegenüber bekannteren Transformationen der ›spectacula‹ (etwa in Tertullians *Liber de spectaculis*) aus, dass sie alle immanenten Ordnungen, auf die sie transformativ bezogen ist, letztlich transzendiert, indem sie in einer Allerlösungsphantasie gipfelt.³⁷

Es ist die These dieser Arbeit, dass sich die frühchristlichen Jenseitsreisen und mittelbar dann auch die mittelalterlichen Texte gerade in ihrer narrativen Struktur erst vor dem Hintergrund der frühjüdischen Erzählungen adäquat verstehen lassen. Dies gilt auch für die *Petrus-Apokalypse*, obwohl sie die Bezüge zum Erzählverfahren der Jenseitsreise weitestgehend transformiert. Denn wie instruktiv der Rekurs auf das Erzählverfahren der Jenseitsreise ist, zeigt sich gerade *im Vergleich* der beiden frühchristlichen Texte, von denen eigentlich nur die in der ersten Hälfte des 2. Jahrhunderts entstandene *Petrus-Apokalypse* ›apokryph *geworden*‹ (Dieter Lührmann)³⁸ ist. Denn die *Paulus-Apokalypse* war bereits bei ihrem Erscheinen in der Zeit um 400 n. Chr.³⁹ ›apokryph‹, ein trotz der Auffindungsgeschichte immer schon umstrittener und schlecht beleumundeter Text, so dass es erklärungsbedürftig ist, warum sich ausgerechnet dieser Text gegenüber der *Petrus-Apoka-*

---

33 Vgl. bes. Himmelfarb 1983 u. Bauckham 1988; zur Orphik vgl. die Arbeiten von Jan Bremmer. Die Forschung wird in dieser Arbeit auf S. 90 ff. diskutiert.
34 Zur Transformation des Pyriphlegethon im *Buch der Wächter* vgl. S. 52 ff.
35 Vgl. hierzu Böhme u. a. (Hrsg.) 2011; meine Thesen zur *Petrus-Apokalypse* finden sich in diesem Sammelband als Beispiel für einen komplexen, mehrschichtigen Transformationsprozess auf S. 54 ff.
36 Die *Petrus-Apokalypse* wurde schon früher mit den ›spectacula‹ in Verbindung gebracht; vgl. zur Abgrenzung von dieser Forschung meine Anm. 418. Zur Transformationsanalyse vgl. meine Ausführungen auf S. 99 ff.
37 So lautet das Ergebnis meiner von einem griechischen Fragment ausgehenden Rekonstruktion, mit der ich der Mehrheit der theologischen Forschung folge, vgl. hierzu S. 80 ff.
38 Derzeit werden unter Leitung von Christoph Markschies und Jens Schröter die antiken christlichen Apokryphen in deutscher Übersetzung auf der Grundlage der von Edgar Hennecke begründeten und von Wilhelm Schneemelcher weitergeführten Sammlung neu herausgegeben; der erste Band zu Evangelien und Verwandtem ist 2012 erschienen.
39 Zur schwierigen Datierung und dem Forschungskonstrukt eines Prae-Tarsus-Texts vgl. S. 25 f.

lypse, von der er in seiner koptischen Fassung noch dazu eine Autoritätsanleihe nimmt,[40] durchsetzen und im Mittelalter so stark wirken konnte.[41] Neben veränderten theologischen und mentalitätsgeschichtlichen Kontexten ist vor allem das Erzählverfahren der Jenseitsreise für den anhaltenden Erfolg dieses schwierigen Textes verantwortlich zu machen. Denn es wird in der *Paulus-Apokalypse* konsequent umgesetzt und vermag auf diese Weise die Totalität einer Jenseitsraumerfahrung narrativ zu suggerieren.[42]

Ausgehend von der *Paulus-Apokalypse* und den *Dialogi* Gregors des Großen, in deren viertem Buch auch von Jenseitsreisen erzählt wird,[43] bildet sich im Frühmittelalter allmählich in verschiedenen, weithin zirkulierenden Erzählungen, von denen eine in Bedas *Historia Ecclesiastica* dokumentiert ist, ein engerer Gattungszusammenhang heraus:[44] Während ein Großteil der antiken Jenseitsreisen nur einen Aspekt eines umfassenderen Textes bildet, entstehen nun Erzählungen, deren hauptsächlicher oder alleiniger Erzählgegenstand die Jenseitsreise ist. Nach den vor allem durch ihre politischen Intentionen bekannten Visionen der Karolingerzeit, die in dieser Arbeit nicht näher betrachtet werden,[45] wird diese Gattung im 12. Jahrhundert durch zwei Texte innoviert, die im Mittelalter weitverbreitet waren. Während die um 1150 verfasste *Visio Tnugdali* die Jenseitsreise zur Darstellung einer Konversion einsetzt,[46] dabei ein bereits in der Jenseitsreise des Drycthelm etabliertes Muster aufgreift,[47] aber ganz entschieden dramatisiert, erzählt der rund dreißig Jahre später niedergeschriebene *Tractatus de Purgatorio S. Patricii* von der Jenseitsreise als einer Bußpraktik. Die Konversionserzählung der *Visio Tnugdali* setzt darauf, konkret-räumliche Anschau-

---

40 Vgl. hierzu S. 31 ff.
41 Zu den mittelalterlichen Transformationen der *Paulus-Apokalypse* und ihrer Wirkung liegt die materialreiche Arbeit von Jiroušková 2006 vor.
42 Vgl. hierzu in dieser Arbeit S. 112 ff.
43 Die entsprechenden Passagen der *Dialogi* waren darüber hinaus nicht nur motivisch, sondern auch erzählstrukturell einflussreich und werden deshalb eigens untersucht (vgl. S. 134 ff.). Zum Verhältnis der *Dialogi* und der *Paulus-Apokalypse* vgl. meine Anm. 639.
44 Vgl. S. 140 f.
45 Diese Arbeit erhebt keineswegs den Anspruch, einen umfassenden Überblick über die mittelalterlichen Erzählungen von Jenseitsreisen zu geben (vgl. hierzu auch Anm. 61). Aus der Vielfalt dieser Erzählungen wurden mit der *Visio Tnugdali* und dem *Tractatus de Purgatorio S. Patricii* zwei sehr unterschiedliche und sehr einflussreiche Texte ausgewählt. Um diese unter Einbeziehung ihrer Transformationen ausführlich interpretieren zu können, wurden andere Texte, die eher Sonderfälle darstellen – also die Visionen aus karolingischer Zeit oder auch die so vielschichtige *Visio Alberici* – aus der Untersuchung ausgeschlossen, womit aber nicht gesagt ist, dass sie sich nicht vor dem Hintergrund der hier analysierten antiken, spätantiken und frühmittelalterlichen Texte gewinnbringend analysieren ließen. Das Gegenteil ist der Fall.
46 Vgl. hierzu die Untersuchung von Weitbrecht 2011a, die die *Visio Tnugdali* in Hinsicht auf den Zusammenhang von Reise und Heiligung untersucht.
47 Vgl. hierzu S. 151 ff.

lichkeit zu suggerieren und zugleich durch den gezielten Einsatz von Schweigeeffekten die Imaginationskraft der Rezipienten ins Unermessliche zu steigern.[48] Gerade in Hinsicht auf die Anschaulichkeitssuggestion folgt die *Visio Tnugdali* dem Erzählverfahren der Jenseitsreise und entwickelt es weiter; dagegen markiert der *Tractatus* einen Neuansatz im Erzählen vom Jenseits. Erstens reist Owein ›in corpore‹ ins Jenseits; zweitens wird die Transgression an einen heiligen Ort im Diesseits, eben das in Irland verortete Purgatorium des Hl. Patrick zurückgebunden. Im Zuge der Aitiologie des heiligen Ortes wird drittens an die Patrickslegende angeschlossen; nach welcher Logik aber die Erzählungen über einen Heiligen, einen heiligen Ort und eine Jenseitsreise im *Tractatus* miteinander verbunden werden, erhellt der Text selbst nicht. Deshalb wird die Patrickslegende in ihren für die Erzählung des heiligen Ortes wichtigen Elementen seit den frühmittelalterlichen Fassungen Muirchús und Tírecháns rekonstruiert;[49] dabei wird ersichtlich, dass das Purgatorium des Hl. Patrick als Ort entsteht, an dem die Gläubigen dem Hl. Patrick, seinerseits ›imitator Christi‹, nachfolgen können.[50]

Jenseits dieser komplexen Verbindung von legendarischem Erzählen und Jenseitsreise ist am *Tractatus* nun aber das Besondere, dass er nicht ausschließlich auf konkret-räumliche Anschaulichkeit abzielt, sondern das anschaulich erzählte Jenseits als ›lesbar‹ in Hinsicht auf eine nichtsichtbare Wirklichkeit versteht, die es bezeichnet. Damit weist sich der *Tractatus* gegenüber all den Erzählungen von Jenseitsreisen, die »dem Verborgenen konkrete Dimension«[51] geben, als ›mystisches Buch‹ aus, da der *Tractatus* »das Sagen eines Unsagbaren betrifft, das Festhalten dessen, was nicht festzuhalten ist, das Verschriftlichen dessen, was alle Schrift übersteigt«,[52] und dabei nicht zufällig auf das Modell der Lesbarkeit von Welt zurückgreift.[53] Der Zisterziensermönch H., der Oweins Jenseitsreise im *Tractatus* niederschreibt, rekurriert in seiner ›prefatio‹ mehrfach auf Hugos von St. Viktor *De sacramentis Christianae fidei*. Zur Rekonstruktion seines Arguments ist es aber darüber hinaus erforderlich, auf Hugos Frühschrift *De tribus diebus*

---

48 Vgl. S. 158 ff.
49 Vgl. S. 192 ff.
50 Da aber personal konkretisierte Heiligkeit eine prinzipiell unverfügbare Kategorie ist, wird die Heiligkeit Patricks samt der heilsgeschichtlichen Relevanz seiner Handlungen in einem heiligen Ort hypostasiert. An die Stelle einer Figur, die in der Immanenz handelnd alle immanenten Ordnungen transzendiert, tritt ein heiliger Ort, an dem Transzendierung als Überschreiten der Grenze zwischen Diesseits und Jenseits gefasst und somit die paradoxe Konfiguration des transzendenzreligiös begriffenen Heiligen in eine entproblematisierte Struktur überführt werden kann, vgl. S. 199 ff.
51 Kiening 2011, S. 6, in Bezug auf die *Paulus-Apokalypse*.
52 Kiening 2011, S. 7.
53 Vgl. zu diesem Zusammenhang Kiening 2011, S. 20 f.

zurückzugreifen, in der der Verweischarakter der sichtbaren Welt in Hinsicht auf die nichtsichtbaren Eigenschaften Gottes expliziert wird.[54] Analog dazu müssen die anschaulichen Bilder, von denen die Jenseitsreise des *Tractatus* erzählt, transzendiert werden in Richtung einer nichtsichtbaren Wirklichkeit des Jenseits, die immanenten Wahrnehmungs- und Verstehensordnungen inkommensurabel ist. Davon ausgehend kann in dieser Arbeit nicht nur die in der Forschung bislang unbeantwortete Streitfrage differenziert beantwortet werden, ob und, wenn ja, inwiefern Erzählungen von Jenseitsreisen wörtlich oder übertragen zu verstehen sind;[55] darüber hinaus wird auch verständlich, welche Intention der Zisterziensermönch H. und die hinter der Abfassung stehenden Ordensleute verfolgten. Mit der Erzählung des *Tractatus* sollte die ›curiositas‹ der Zisterziensermönche befriedigt werden, die im Zuge von Klostergründungen in Irland mit umlaufenden Lokaltraditionen zum Patrickspurgatorium in Berührung kamen, wie sie bei Jocelin von Furness oder Gerald von Wales bezeugt sind. Das Interesse am Purgatorium war aber mit der Forderung der ›stabilitas loci‹ nicht vereinbar. Die Lektüre – und mehr noch die Meditation über die im *Tractatus* erzählten Heilswahrheiten – stellt nun insofern einen adäquaten Ersatz für den Besuch des Purgatoriums dar, als selbst autoptische Wahrnehmungen in Hinsicht auf die nichtsichtbare Wirklichkeit transzendiert werden müssen, sich also die Wirklichkeit des Jenseits auch dem nicht direkt erschließt, der es (wie Owein) ›in corpore‹ durchwandert.

Aber auch jenseits dieses monastischen Kontexts, von dem sich die Erzählung schnell entfernte,[56] wird die Inkommensurabilität des Jenseits ernst genommen, ohne dass dadurch die Authentizität der Jenseitsreise und des Erzählens von ihr bestritten würde. So sind die *Visiones Georgii*, die in der Mitte des 14. Jahrhunderts von der Jenseitsreise des ungarischen Ritters Georg erzählen, sehr darauf aus, das Erzählte zu beurkunden.[57] Georg nimmt im Jenseits das Paradies konkret-räumlich wahr, wird aber darüber aufgeklärt, dass es sich lediglich um ein Abbild des himmlischen Paradieses handelt, da das himmlische Paradies menschlicher Wahrnehmung unzugänglich ist. Dieses von Gott für Georg geschaffene Konstrukt wird nach Georgs Jenseitsreise wieder verschwinden.

---

54 Vgl. hierzu S. 207 ff. Man könnte nun einwenden, dass der Rekurs auf den ›Viktorinischen Symbolismus‹ (Marc-Aeilko Aris) in der ›prefatio‹ an sich noch wenig darüber sagt, ob die Erzählung der Jenseitsreise tatsächlich symbolisch verstanden werden sollte. Dagegen wird bei der Analyse des erzählten Jenseitsraums deutlich, dass die in der ›prefatio‹ formulierten Prämissen des Erzählens auch die Erzählung des Jenseitsraums prägen; vgl. S. 227 ff.
55 Vgl. hierzu mein Resümee der Forschungsdiskussion auf S. 163 und ferner S. 219 zur ›Wirklichkeit‹ der Hölle im Mittelalter.
56 Zu Maries de France *L'espurgatoire Saint Patriz* vgl. S. 234 ff.
57 Vgl. hierzu S. 239 ff.

Wie dieser kurze Durchgang bereits zeigt, macht es den Reiz der Gattung der Jenseitsreisen aus, dass es neben kalkuliert ›naiv-objektivierenden‹ Erzählungen auch solche gibt, die ihre eigene Medialität reflektieren und damit zwar ebenfalls an der räumlichen Hypostasierung von Zuständen mitschreiben, über diese Hypostase aber reflektieren und sie als ›conditio sine qua non‹ ihres Erzählens bewusst in Kauf nehmen, auch wenn in den Texten selbst nicht jede Konsequenz mitbedacht wird. Denn wie gerade der Blick auf die Stelle des *Zweiten Korintherbriefs* zeigt, in der sich Paulus beharrlich weigert, irgendetwas außer dem Faktum der Transgression der Grenze zwischen Diesseits und Jenseits zu berichten,[58] bedeutet jedes immanente Erzählen vom Jenseits die Medialisierung eines an sich inkommensurablen Ereignisses und damit dessen Profanierung.[59]

Damit sind wir am Ausgangspunkt der Arbeit angelangt, deren Aufbau ich kurz zusammenfasse. Die Anordnung der Texte entspricht in etwa dem historischen Ort der frühesten rekonstruierbaren Fassung; zu Beginn allerdings ist zugunsten eines Problemaufrisses diese Ordnung durchbrochen. Angeregt durch die Gleichordnung von Aeneas und Paulus als Jenseitsreisenden in Dantes *Divina Commedia*, beginnt die Arbeit mit einer Analyse von 2 Kor 12,2-4, an die sich ein erster Blick auf die davon ausgehende *Paulus-Apokalypse* anschließt. Die Untersuchung der Legitimierungs- und Authentifizierungsstrategien dieses Textes lassen die frühere *Petrus-Apokalypse* in den Fokus treten. Um das Verhältnis der beiden Apokalypsen und vor allem auch die unterschiedliche Rezeption der beiden Texte erklären zu können, wird das sich in der frühjüdischen Tradition herausbildende spezifische Verfahren der Erzählungen von Jenseitsreisen unter Rekurs auf das *Buch der Wächter* und auf Texte der hebräischen Bibel beschrieben. Davon nimmt die Rekonstruktion einer Transformationskette ihren Ausgang: Vor dem Hintergrund der frühjüdischen Texte – neben dem *Buch der Wächter* werden die *Bilderreden*, das *Zweite Henochbuch*, das *Testament Abrahams* und die sog. *anonyme Apokalypse* untersucht – wird ein zweiter Blick auf die frühchristlichen Apokalypsen und insbesondere auf deren Jenseitserzählungen geworfen; daran schließt sich eine Analyse wichtiger frühmittelalterlicher Texte an (Aspekte des vierten Buchs der *Dialogi* Gregors des Großen, die *Visio Baronti* und eine Erzählung aus Bedas *Historia Ecclesiastica*). Diese Transformationskette bereitet die Untersuchung der *Visio Tnugdali* und des *Tractatus de Purgatorio S. Patricii* vor; wie in der obigen Einführung schon

---

58 Die *Paulus-Apokalypse* schließt direkt an 2 Kor 12,2-4 an. Diese Passage des *Zweiten Korintherbriefs* wird unter Rekurs auf die theologische Forschung sowohl in ihrem Gehalt und ihrer Struktur als auch als Ausgangspunkt apokryph gewordenen Erzählens unter Rekurs auf die Thesen Lotmans 1972 untersucht; vgl. S. 13 ff.

59 Dieser Gedanke entwickelte sich in einer sehr anregenden Diskussion mit Aleksandra Prica und Christine Stridde (Zürich), denen ich herzlich danke.

angedeutet wurde, unterscheiden sich die beiden Texte stark und können einander kontrastiv gegenübergestellt werden. Ein Blick auf die Transformationen beider Texte differenziert wiederum dieses Bild. Am Ende der Arbeit steht die *Visio Thurkilli*, die sich nicht nur in besonderem Maße auf verschiedene der vorangegangenen Texte selbst bezieht, sondern darüber hinaus auch implizite Elemente der Erzählung von Jenseitsreisen expliziert.

Eine Arbeit, die von den frühjüdischen Voraussetzungen frühchristlichen Erzählens des postmortal-seelischen Geschicks ausgeht und die Gattung der Jenseitsreisen anhand ausgewählter Texte bis ins späte Mittelalter untersucht, ist ein Wagnis und vielleicht deshalb auch bislang ein Desiderat. Neben einer mitunter herausragenden Forschung zu den Einzeltexten, ohne die diese Arbeit nicht möglich wäre,[60] gibt es einige übergreifende Werke, in denen aber immer nur kürzere (antike, spätantike oder mittelalterliche) Zeitsegmente untersucht werden. Martha Himmelfarbs bereits 1983 erschienene Monographie zu den *Tours of Hell* verdient besondere Beachtung; Himmelfarb hat auf die Bedeutung der ›demonstrative explanations‹ hingewiesen, die hinter meinen Überlegungen zum ›demonstrativen Dialog‹ stehen. Neben Claude Carozzis Arbeiten zu den spätantiken und mittelalterlichen Texten sind es vor allem die Publikationen Peter Dinzelbachers, die die Visionsliteratur des Mittelalters erschlossen haben.[61] Als Gegenstände genuin literaturwissenschaftlicher Forschung sind die Texte eher selten behandelt worden.[62] Es ist der Anspruch und das Ziel dieser Arbeit, diese vielfältigen *Erzählungen* von Jenseitsreisen mit Blick auf ihre Aushandlungen des Verhältnisses von Gesicht und Schrift zu *interpretie-*

---

60 Neben zahlreichen weiteren Beiträgen seien vor allem die Forschungen Richard Bauckhams zur *Petrus-Apokalypse*, Kirsti Barrett Copelands zur *Paulus-Apokalypse*, Herrad Spillings und Brigitte Pfeils zur *Visio Tnugdali* respektive Albers von Windberg *Tnugdalus*, Robert Eastings zum *Tractatus de Purgatorio S. Patricii* und Bernd Weitemeiers zu den *Visiones Georgii* genannt.

61 Vgl. in der Hauptsache Dinzelbacher 1981 u. Carozzi 1994b. Beide Arbeiten sind als Erschließungsinstrumente von großem Wert. Gegenüber Dinzelbachers synthetisierender Darstellung kommt es mir aber (wie Carozzi) stärker auf eine Interpretation einzelner Texte an dem jeweiligen historischen Ort ihrer Entstehung oder Tradierung an. Dabei konzentriere mich auf genuin literaturwissenschaftliche Fragen und setze deshalb (anders als Carozzi, der in der Spätantike beginnt) bereits bei den frühjüdischen Erzählungen an. Auch der *Tractatus de Purgatorio S. Patricii* spielt bei Carozzi durch den Fokus auf die Reise der Seele eine nur ganz untergeordnete Rolle.
Röckelein 1987 hat verschiedene Visionen des Hochmittelalters vergleichend – u. a. in Hinsicht auf rekurrente Erzählstrukturen – untersucht und die Bedingungen der Tradierung von Jenseitsreisen im Spannungsfeld von Mündlichkeit und Schriftlichkeit reflektiert (bes. S. 121 ff.). Sie bezieht in ihre Überlegungen auch spätere Abschriften, Neufassungen und Übersetzungen in die Volkssprache ein. Ihr Insistieren auf historischer Realität und die psychoanalytischen Aspekte ihrer Arbeit sind vernachlässigbar (vgl. hierzu Lentes 1993).

62 Am ehesten gilt dies noch für die *Visio Tnugdali*: Vgl. neben der Arbeit von Weitbrecht 2011a die Studien von Heisler 2007, Becker 2009 und Lechtermann 2010. Beachtung verdient auch die kaum rezipierte Arbeit von Gardner 1976.

ren.⁶³ Damit soll diese Arbeit sowohl einen Beitrag zu einer lateinischen Philologie leisten, die sich aus der selbstverordneten Haft in der klassischen Philologie befreit und sich noch stärker als bisher auch spätantiken, mittelalterlichen und frühneuzeitlichen Gegenständen zuwendet; zugleich soll meine Untersuchung das Potenzial der Texte für eine germanistische Mediävistik offenlegen, die nationalphilologische Beschränkungen des 19. Jahrhunderts endgültig hinter sich lässt und nicht nur halbherzig zugesteht, sondern im Kern ihrer Forschung immer schon umgesetzt hat, dass das Mittelalter im Westen ein lateinisches war.⁶⁴

---

63 Vgl. Kablitz 2009, S. 230 f.
64 An erster Stelle wären natürlich die Forschungsbeiträge Franz Josef Worstbrocks zu nennen. Vgl. grundsätzlich Henkel/Palmer 1992 u. (mit Fokus auf das Phänomen der Mehrsprachigkeit) Putzo 2011. Innerhalb der Zusammenhänge meiner Fragestellung möchte ich zwei Studien nochmals positiv hervorheben: erstens die von Brigitte Pfeil zu Albers *Tnugdalus* und seiner lateinischen Vorlage, zweitens die von Julia Weitbrecht zum Zusammenhang von Reise und Heiligung, zu dessen Rekonstruktion sie u. a. auf frühchristliche Literatur zurückgreift. Negativbeispiele sind hinlänglich bekannt; im Zusammenhang dieser Arbeit sei nur für das legendarische Erzählen darauf hingewiesen, wie wichtig es ist, die hinter den volkssprachlichen Texten stehende lateinische Überlieferung zu kennen (vgl. hierzu S. 255 ff.); immer noch werden in germanistischen Beiträgen beispielsweise Legenden des *Passionals* gerade in Hinsicht auf Strukturen und Funktionen des Erzählens ohne Rekurs auf die lateinischen Texte analysiert, was man zumindest als gewagt bezeichnen kann.

2. ›Recusatio fabulandi‹.
Der Apostel Paulus an die Korinther

Von großer Müdigkeit befallen, ist Dante – so erzählt er zu Beginn seiner *Commedia* – vom rechten Weg abgekommen und findet sich in einem dunklen Wald wieder. Die Orientierung mit Blick auf einen Berg und die darüber stehende Sonne allmählich wiedererlangend, schreitet er aufwärts, um das finstere Tal hinter sich zu lassen. Von einem Panther, einer Löwin und einer Wölfin wird er aber in Richtung des grauenerregenden Tals zurückgedrängt, dem er doch bereits entkommen zu sein hoffte. Die Bildsprache ist recht eindeutig und weist auf die übertragene Bedeutung des anschaulich Konkreten hin: Mit Panther, Löwin und Wölfin, die für Wollust, Hochmut und Habgier stehen,[65] wird die Sündenthematik aufgerufen; die Dichotomien von dunkel und hell, verworren und klar, gefährdend und rettend exponieren in auffälliger Verbindung mit der Topologie von tief und hoch, unten und oben die Differenz von Verdammnis und Heil. Damit ist mit bemerkenswerter Leichtigkeit der thematische Rahmen der *Commedia* abgesteckt und das Spektrum der Jenseitsreise exponiert; Dante wird Hölle, Purgatorium und himmlisches Paradies durchwandern, was in der dreiteiligen Topographie der Landschaft präludiert wird.[66]

Dies eröffnet ihm auch sogleich der Schatten, auf den er trifft. Nachdem er kurz vor dieser Begegnung von einer Wölfin bedrängt wurde, verwundert es nicht, dass es sich bei dem Schatten um einen Römer, nämlich um Vergil handelt. Bei dessen Vorstellung wird ein Prätext aufgerufen,[67] der bis heute nahezu kanonisch mit dem Sujet der Jenseitsreise verbunden ist: das sechste Buch der vergilischen *Aeneis*. Dieser Fährte folgt Dante, erweitert sie aber doch signifikant, indem er der paganen eine christliche Tradition an die Seite stellt.[68] Dies wird dort besonders deutlich, wo Dante Zwei-

---

65   Vgl. Gmelin 2005, S. 32 ff.
66   Vgl. Gmelin 2005, S. 26: »In der Landschaft sind zugleich die drei Jenseitsreiche vorausgeahnt, das Tal der Hölle, der Berg der Läuterung und der Himmel.«
67   Vgl. Dante, Commedia, Inferno I, 73-75: »Poeta fui, e cantai di quel giusto / figliuol d'Anchise che venne da Troia, / poi che 'l superbo Iliòn fu combusto.« (»Dichter war ich, und ich habe von jenem gerechten Sohn des Anchises gesungen, der von Troja kam, nachdem das stolze Ilion niedergebrannt war.«)
68   Vgl. Dante, Commedia, Inferno II, 28-30: »Andovvi poi lo Vas d'elezïone, / per recarne conforto a quella fede / ch'è principio alla via di salvazione.« (»Später wandelte ja dort auch

fel an seiner Eignung zum Jenseitsreisenden anmeldet und dabei auf die
beiden Präfigurationen verweist, deren Format er nicht zu haben fürchtet:

> Ma io perchè venirvi? o chi 'l concede?
> Io non Enëa, io non Paolo sono:
> me degno a ciò nè io nè altri crede. (Dante, Commedia, Inferno II,31-33)

> Aber ich, weshalb soll ich hierher kommen? Und wer erlaubt mir das? Ich bin doch nicht Aeneas, bin nicht Paulus: Mich halten weder ich noch andere dessen für würdig.

Neben Aeneas wird Paulus als Prototyp genannt. Doch anders als im Fall des Stammvaters der Römer ist der Apostel heute, wenn auch als Visionär, so doch nicht als Jenseitsreisender bekannt. Angesichts der Selbstverständlichkeit, mit der Paulus in diesem Zusammenhang genannt wird, muss es sich um eine Tradition handeln, die im Mittelalter weithin bekannt war und von Dante vorausgesetzt werden konnte, mittlerweile aber – im Gegensatz zum nach wie vor sprichwörtlichen ›Damaskuserlebnis‹ – in Vergessenheit geraten ist, wie auch ein Blick in die einschlägige Forschungsliteratur zeigt.[69] Es soll im Folgenden keineswegs darum gehen, nach Prätexten der Dichtung Dantes zu fahnden.[70] Vielmehr ist für die Frage nach der Erzählung von Jenseitsreisen bedeutend, dass es neben dem Fortleben der episch figurierten pagan-antiken Unterwelt in christlich-mediävalen Transformationen[71] eine zweite, visionsliterarische und heute weitestgehend vergessene Tradition gegeben hat, die vom Apostel Paulus ausgeht. Die Spurensuche führt in das 1. Jahrhundert nach Christi Geburt.

Nachdem Paulus etwa 50 n. Chr. erfolgreich eine christliche Gemeinde in Korinth gegründet hatte, gestaltete sich die Arbeit des Apostels zur Mitte desselben Dezenniums zunehmend schwieriger. Auch wenn die genaue Chronologie der Ereignisse ungeklärt ist, lässt sich der brieflichen Korrespondenz entnehmen, dass es zu Auseinandersetzungen mit den Gemeindemitgliedern, zu Beleidigungen, Vorwürfen und Verletzungen kam.[72] Damit

---

das Auserwählte Gefäß, um Stärkung mitzubringen für jenen Glauben, der Voraussetzung ist für den Weg des Heils.«)

69 So dokumentiert Böhme 2000 unser gegenwärtiges kulturelles Gedächtnis, wenn er »Odysseus, Anaeas [sic], de[n] Jenseitswanderer im 10. Buch von Platons *Politeia*, Johannes de[n] Apokalyptiker, St. Brandan und ihrer aller Erbe: Dante in Begleitung von Vergil« als »die großen europäischen Entdecker dieser Räume« (bd. Zitate S. 64) des Jenseits benennt, obwohl Böhme natürlich die *Paulus-Apokalypse* kennt (vgl. seinen Hinweis auf S. 69). Vgl. auch meine Anm. 100.

70 Vgl. exemplarisch die zweibändige Arbeit von Rüegg 1945.

71 Vgl. Korte 2008. Im Dezember 2012 erschien Petra Kortes Dissertation *Die antike Unterwelt im christlichen Mittelalter. Kommentierung – Dichtung – philosophischer Diskurs*. Sie konnte nicht mehr berücksichtigt werden.

72 Die Einheit des *Zweiten Korintherbriefs* ist seit über 200 Jahren umstritten; dies führte in der Forschung zu zahlreichen Teilungshypothesen (vgl. hierzu die Übersicht bei Becker 2006, S. 180 f.). Die Chronologie der Ereignisse hängt davon ab, wie der Ablauf der Korrespondenz des Paulus mit der Gemeinde in Korinth rekonstruiert wird.

2. ›Recusatio fabulandi‹. Der Apostel Paulus an die Korinther

nicht genug, musste sich Paulus auch gegen ψευδαπόστολοι (2 Kor 11,13) durchsetzen, die er als Satans Diener stigmatisierte:[73] Die Paulus feindlich gesinnten, aller Wahrscheinlichkeit nach judenchristlichen Missionare verbreiteten Irrlehren, predigten einen anderen Jesus und verkündigten ein anderes εὐαγγέλιον.[74] Im Gegensatz zu Paulus, dessen physische Präsenz und rhetorische Potenz vor Ort in Korinth angesichts seiner epistolaren Aura enttäuschend wirkte,[75] traten die ψευδαπόστολοι charismatisch auf. Wo deren Sendung den Korinthern evident war, fehlten Paulus in seiner Schwachheit[76] die überzeugenden σημεῖα τοῦ ἀποστόλου (2 Kor 12,12). Wollte Paulus die korinthische Gemeinde vor dem Abfall bewahren, musste er den Vorhaltungen entgegentreten, das heißt sich und damit die rechte Lehre verteidigen, ohne sich aber auf die aus seiner Sicht falschen Kategorien einzulassen. Diese Vorgaben setzte Paulus sprachlich um, indem er sich des Kunstgriffs der ›Narrenrede‹[77] bediente, so dass er die καύχησις der ψευδαπόστολοι zugleich parieren und sie doch von Grund auf zurückweisen konnte.

Das Charisma der feindlichen Missionare resultierte auch daraus, dass ihnen Visionen zuteilwurden respektive dass sie, in jenseitige Gefilde entrückt, Offenbarungen empfingen.[78] Paulus nimmt darauf Bezug und antwortet zugleich auf die ψευδαπόστολοι ebenso wie auf die Widersacher in Korinth, die der Argumentation der ›Superapostel‹ folgten, wenn er zu Beginn des 12. Kapitels des *Zweiten Briefs an die Korinther* reichlich kryptisch schreibt:[79]

> Καυχᾶσθαι δεῖ, οὐ συμφέρον μέν, ἐλεύσομαι δὲ εἰς ὀπτασίας καὶ ἀποκαλύψεις κυρίου. οἶδα ἄνθρωπον ἐν Χριστῷ πρὸ ἐτῶν δεκατεσσάρων, εἴτε ἐν σώματι οὐκ οἶδα, εἴτε ἐκτὸς τοῦ σώματος οὐκ οἶδα, ὁ θεὸς οἶδεν, ἁρπαγέντα τὸν τοιοῦτον ἕως τρίτου οὐρανοῦ. καὶ οἶδα τὸν τοιοῦτον ἄνθρωπον, εἴτε ἐν σώματι εἴτε χωρὶς τοῦ σώματος οὐκ οἶδα, ὁ θεὸς οἶδεν, ὅτι ἡρπάγη εἰς τὸν

---

73 Vgl. 2 Kor 11,15.
74 Vgl. 2 Kor 11,4. Eine eindeutige Charakterisierung der Gegner war bislang nicht möglich; vgl. das ausführliche Forschungsreferat und die Diskussion bei Aejmelaeus 2000, S. 27–35; vgl. dazu ergänzend auch Barrier 2005.
75 Vgl. 2 Kor 10,10.
76 Dies ist ein für die paulinische Theologie wesentliches Konzept; vgl. Aejmelaeus 2000.
77 Mit diesem Terminus ist nicht nur die hier behandelte Stelle charakterisiert, sondern ein Großteil der Kapitel 11 und 12 des *Zweiten Korintherbriefs*. Im Folgenden geht es lediglich um die Zusammenhänge des Entrückungsberichts in 2 Kor 12,2-4. Einschlägig zur gesamten ›Narrenrede‹ ist die Monographie von Zmijewski 1978 (bes. S. 412 ff.).
78 Dies ist der Inhalt des religionswissenschaftlichen Charisma-Begriffs; vgl. Ratschow u. a. 1981.
79 An 2 Kor 12,2-4 ist so gut wie alles umstritten, sogar die Frage, ob Paulus überhaupt von sich selbst spreche oder – so etwa Goulder 1994 – von einem anderen (vgl. hierzu Thrall 2000, S. 778 ff. sowie Frenschkowski 1995, S. 377 ff., Anm. 50: die betreffende Fußnote erstreckt sich über drei Seiten). Im Folgenden können selbstverständlich nicht alle exegetischen Probleme verhandelt werden (vgl. hierzu einführend Thrall 1996).

παράδεισον καὶ ἤκουσεν ἄρρητα ῥήματα ἃ οὐκ ἐξὸν ἀνθρώπῳ λαλῆσαι.
(2 Kor 12,1-4)

> Gerühmt muss werden; zwar nützt es nichts, aber ich will auf Erscheinungen und Offenbarungen des Herrn kommen. Ich weiß von einem Menschen in Christus, dass er vor vierzehn Jahren – ob im Leib, weiß ich nicht, oder außer dem Leib, weiß ich nicht; Gott weiß es –, dass dieser bis in den dritten Himmel entrückt wurde. Und ich weiß von dem betreffenden Menschen – ob im Leib oder außer dem Leib, weiß ich nicht; Gott weiß es –, dass er in das Paradies entrückt wurde und unaussprechliche Worte hörte, die auszusprechen einem Menschen nicht zusteht.

Die paradoxe Ausgangssituation, auf die Vorwürfe überzeugend eingehen zu müssen, ohne aber die aus Paulus' Sicht falschen Prämissen der gegnerischen Argumentation zu übernehmen,[80] drückt sich im ersten Vers in der pointierten Gegenüberstellung aus, dass man zwar rühmen müsse (Καυχᾶσθαι δεῖ), dies aber nichts nütze (οὐ συμφέρον).[81] Zunächst greift Paulus so im Rahmen der ›Narrenrede‹ den Standpunkt der Gegner auf, entwertet ihn aber zugleich und zeigt so an, dass das, was er unter Rühmen versteht, sich von der καύχησις der ψευδαπόστολοι signifikant unterscheidet. In diesem Sinne spricht Paulus auf der einen Seite von ὀπτασίαι καὶ ἀποκαλύψεις κυρίου, die ihm zuteilwurden, und liefert so ein verlangtes σημεῖον τοῦ ἀποστόλου; auf der anderen Seite signalisiert er seine Distanz gegenüber dem damit einhergehenden Apostolatsverständnis, indem sein Bericht der Entrückung in mehrfacher Hinsicht ambivalent bleibt: Es ist auf den ersten Blick mehr als unklar, ob Paulus von einer Vision des Herrn oder von einem vom Herrn offenbarten Gesicht berichten will. Die Darstellung changiert ferner zwischen visuellen und akustischen Eindrücken, zwischen einer genuinen Ekstase und einer Erfahrung ›in corpore‹. So lässt sich das Genitivattribut κυρίου im Sinne eines Genitivus objectivus oder eines subjectivus respektive auctoris verstehen: Im paulinischen Gebrauch hängt von ἀποκάλυψις üblicherweise ein Genitivus objectivus ab; der Kotext (also die unmittelbare textuelle Umgebung), in dem auf eine Vision des Herrn keinerlei Hinweis gegeben wird, scheint aber eher den auctoris nahezulegen.[82] Ferner umfassen die beiden

---

80 Vgl. Lincoln 1979, S. 208.
81 Die syntaktische Struktur des Satzes ist nicht auf den ersten Blick klar. Zmijewski 1978, S. 325, argumentiert aber dafür, dass »der mittlere Satz [sc. οὐ συμφέρον μέν, MB], auch wenn er syntaktisch enger mit dem letzten verbunden ist (vgl. μέν – δέ), offensichtlich die Funktion einer Parenthese besitzt, deren negative Aussage man dann gleichermaßen auf die beiden sie umschließenden positiven Aussagen zu beziehen hat.« Zur Konjunktion μέν vgl. ebenda, S. 326 f.
82 Die Forschung tendiert ganz überwiegend zum Genitivus auctoris, vgl. etwa Thrall 2000, S. 774 f., die auf Röm 2,5, 1 Kor 1,7 und Gal 1,12 verweist. Reizvoll sind die Überlegungen von Zmijewski 1978, S. 330 f., der konjiziert, dass sich die Gegner der Visionen des Herrn (objectivus) gerühmt hätten, Paulus aber deren Rede aufgreife und unterlaufe, indem er zwar wie sie spreche, durch den Kotext aber den Genitivus auctoris nahelege.

beinahe synonymen Nomina ἀποκάλυψις und ὀπτασία mit unterschiedlicher Tendenz beide Sinneseindrücke;[83] im Bericht selbst wiederholt sich diese Spannung in der unverbundenen Gegenüberstellung von mutmaßlich Gesehenem (ἕως τρίτου οὐρανοῦ, εἰς τὸν παράδεισον) und Gehörtem (ἤκουσεν ἄρρητα ῥήματα). Schließlich sagt Paulus zweimal und betont so deutlich, dass er nicht wisse, ob er innerhalb oder außerhalb des Körpers entrückt worden sei.[84]

Die Uneindeutigkeit seines Berichts ist in mehrfacher Hinsicht bemerkenswert: Zum einen spielt Paulus mit den skizzierten Ambivalenzen auf geläufige Optionen von Jenseitsreisen an, ohne aber jenseits der bloßen Referenz Substanzielles zu erwähnen; er zitiert also heterogene Traditionen lose an, um sie ganz bewusst abzuschneiden. Dadurch wird die Beschreibung seiner Himmelsreise nicht zur Parodie;[85] eine solche Lesart verbietet sich schon allein aufgrund der mehrfachen Erwähnung von Gott und Christus.[86] Darüber hinaus verkennt eine solche Deutung die Komplexität des paulinischen Berichts. Dieser ist gerade in der Unterscheidung dessen, was genannt und was nicht genannt wird, präzise: Neben der authentifizierenden Angabe, dass das Ereignis vor vierzehn Jahren stattgefunden habe,

---

83 ὀπτασία steht eher für Vision, ἀποκάλυψις eher für Audition, vgl. Windisch 1924, S. 368, u. Goulder 1994, S. 55; Baumgarten 1975, S. 138, spricht von »Wechselausdrücken«; Lindblom 1968, S. 42, charakterisiert die Zusammenstellung als Hendiadyoin. Vgl. auch die Interpretation von Heininger 1996, S. 245 f., der entwickelt, dass sich ἀποκαλύψεις (womit auch das Ergebnis einer Himmelsreise bzw. metonymisch diese selbst gemeint sein könne) eher auf die Verse 2-4 beziehe, ὀπτασίαι (als Erscheinungen verstanden) hingegen auf die Verse 7b-9a. Daher argumentiert er auch gegen ein Verständnis des Genitivs κυρίου als subjectivus resp. auctoris. Der Text selbst widerspricht bei genauer Betrachtung Heiningers Beobachtungen: Es müssten – dem Aufbau des Abschnitts entsprechend – zuerst die ἀποκαλύψεις und dann die ὀπτασίαι genannt werden. Außerdem sind die beiden Nomina semantisch wie syntaktisch (v. a. durch das gemeinsame Genitivattribut κυρίου) eng aneinandergebunden. Schließlich verkennt Heiningers Scheidung eine Asymmetrie: In den Versen 2-4 werden tatsächlich ὀπτασίαι καὶ ἀποκαλύψεις thematisch fokussiert, es geht ausschließlich um eine Jenseitsreise und die Legitimität des Sprechens über sie, wohingegen die Verse 7-9 auch, aber nicht nur eine ὀπτασία enthalten und eigentlich auf etwas anderes abzielen. Vgl. hierzu die Bemerkung von Aejmelaeus 2000, S. 229, der allerdings Heininger nicht zur Kenntnis genommen hat.
84 Öfters wird in der Forschung darauf hingewiesen, dass diese Ambivalenz bewusst von Paulus eingesetzt werde, um anzuzeigen, dass es sich für ihn um eine von der Tradition apokalyptischer Literatur vorgegebene, vor dem Hintergrund seiner Anthropologie aber falsche Alternative handle. Für Paulus sei somaloses Sein unvorstellbar, vgl. Baumgarten 1975, S. 142.
85 Vgl. die vielbeachtete, aber umstrittene These der Monographie von Betz 1972. Deutlich arbeitet Betz aber heraus, dass die Art und Weise des Jenseitsberichts eine bestimmte strategisch-kommunikative Funktion hat, die darauf abzielt, »das fast Unmögliche fertig zu bringen, nämlich die Gemeinde aus der geistigen Umklammerung durch seine Gegner herauszulösen und sie für die ›Wahrheit‹ zurückzugewinnen« (ebenda, S. 87).
86 Dies ist der Einwand von Thrall 2000, S. 777, gegen Betz 1972; Zmijewski 1978 (mit abschließendem Urteil auf S. 410) argumentiert aus sprachlich-stilistischen Gründen gegen Betz' These. Oft wird auch gegen Betz eingewendet, er habe die Form über den Inhalt gestellt (vgl. etwa Lincoln 1979, S. 206 u. ö.).

sind nur die Angaben zum Jenseitsraum eindeutig, wobei auch hier offenbleibt, ob es sich um zwei verschiedene oder eine Station seiner Himmelsreise handelt und ob sich das Paradies im dritten Himmel befindet.[87] Der Apostel wurde durch besondere Offenbarungen ausgezeichnet,[88] die sich aber rein auf die Revelation von Jenseitsräumen beschränken und schlicht irrelevant sind für ein gottgerechtes irdisches Leben; somit sind sie auch nicht Gegenstand der Verkündigung und haben keinerlei Bedeutung für die Gemeinde.[89] Die Entrückung stellt eine Würdigung des Paulus dar, die aber nur ihn persönlich, ihn den Gläubigen betrifft; diese ganz und gar passivische[90] Erfahrung ist von der Realität seines apostolischen Handelns strikt geschieden. Diese Differenzierung setzt Paulus sprachlich um, indem er als Apostel von sich in der ersten Person, von dem Entrückten aber in Form einer ›alienatio‹ in der dritten Person als ἄνθρωπος ἐν Χριστῷ spricht.[91] Zugleich fügt sich die Passivität des Apostels, die aber für ihn den entscheidenden Gewinn bringt, in den Zusammenhang seiner Schwachheitstheologie.[92]

Der Entrückungsbericht enthält weder eine genau beschreibbare Kosmologie – denn darauf kommt es für die paulinische Argumentation nicht an –,[93] noch basiert er auf einer einfachen Vorstellung des Gegensatzes von

---

[87] Die Frage lässt sich nicht entscheiden; vgl. schon Aug. Gen. ad litt. XII,1: »et hoc sic ambiguum est, ut non mihi uideatur posse dissolui, nisi aliquis non ex praesentibus apostoli uerbis, sed ex aliis forte scripturarum locis uel ratione perspicua inueniat aliquid, quo doceat siue in tertio caelo esse paradisum siue non esse […].« (»Das Ganze ist so zweideutig, daß es mir kaum lösbar erscheint, wenn man nicht vielleicht unter Hintansetzung der Äußerung des Apostels aus anderen Stellen der Schriften oder mit Hilfe einer durchsichtigen Beweisführung auf etwas käme, um festzustellen, daß das Paradies im dritten Himmel läge oder nicht.«) Vgl. ferner Bousset 1901, S.143, Anm. 3, Windisch 1924, S.370f., Tabor 1981, S.115, Rowland 1982, S.381ff., und Thrall 2000, S.789ff.

[88] Vgl. Wischmeyer 2004, S.279: »Offenbarungsempfang bringt einer Person Ruhm. Deshalb betont Paulus auch die Wahrheit seiner Offenbarungen.«

[89] Vgl. bes. Käsemann 1956. Vgl. ferner Bockmuehl 1990, S.177: »He [sc. Paulus, MB] speaks of his vision only in answering his opponents' charges, and not because he thinks it can benefit the church or be an authority for new teaching (although the overall effect of his description can be seen to strengthen his own position).« Vgl. auch Baumgarten 1975, S.145, Lincoln 1979, S.205, Baird 1985, S.661, Aejmelaeus 2000, S.227f., und Gooder 2006 (S.215, Herv. i. O.: »*belief* in the reality of heavenly ascent and mystical experience but *scepticism* about the advantage of it«). Gegen diese Deutungstradition hat Wallace 2011 argumentiert.

[90] Vgl. das Genus der Verbalformen ἁρπαγέντα und ἡρπάγη.

[91] Vgl. auch die beiden Prädikate, die sich auf Handlung und Geschehen im Jenseitsraum beziehen: ἡρπάγη und ἤκουσεν. Der Gebrauch der dritten Person ist an den Jenseitsraum gebunden; vgl. etwa Windisch 1924, S.369; Thrall 2000, S.782.

[92] Vgl. Aejmelaeus 2000 und bes. 2 Kor 11,16ff.

[93] Die zahlreichen Versuche der Forschung, aus dem Bericht eine Kosmologie zu destillieren, laufen mit vielsagender Konsequenz ins Leere; vgl. Lincoln 1979, S.211: »But again even these details are not of great help in being able to identify precisely the apostle's cosmology and it cannot be said with any certainty what system of enumerating the heavens, if any, he adopted«.

Diesseits und Jenseits. Transzendenzerfahrungen im Diesseits oder das Göttliche in der Welt sind selbstverständlich auf vielfältige Weise zu denken, unter anderem ganz ›offensichtlich‹ im Sinne der Offenbarungen, wie sie Paulus im Damaskuserlebnis[94] oder im Zusammenhang der hier besprochenen Stelle in der Christusvision beziehungsweise -audition in 2 Kor 12,9 zuteilwerden. In die andere Richtung ist die Grenze aber eigentlich nicht durchlässig. Mit Diesseits und Jenseits stehen sich – aus menschlicher Sicht – zwei Bereiche gegenüber, deren Grenze vom Menschen zu Lebzeiten nicht überschritten werden kann. Das Jenseits, von dem Paulus nichts berichten kann, bleibt dabei rein räumlich konzeptualisiert, ist nach Paulus in soteriologischer Hinsicht funktionslos und hat deshalb mit dem Problem der Gotteserkenntnis entschieden nichts zu tun; auch die ἄρρητα ῥήματα sind nach der Logik des Abschnitts an den Ort des Paradieses und nicht an Gott gebunden.[95] Es geht um ein ausschließlich räumliches Jenseits, das der menschlichen Wahrnehmungs- und Erkenntnisfähigkeit entzogen ist und sich deshalb nicht im kategorialen Rahmen dieser Welt verhandeln lässt: In dieser Einsicht liegt zum einen der Verzicht auf jegliche Angaben zur Jenseitstopographie (Visualität) begründet,[96] zum anderen weisen die Rede von den unsagbaren Worten, die ein Mensch weder aussprechen kann noch darf (Auditivität), und das paulinische Unvermögen, sich an den Modus der Entrückung zu erinnern (Taktilität), darauf hin. Hinter der paulinischen ›recusatio‹ steht zuallererst ein polemisches Argument, das die Selbstdarstellung seiner Gegner zurückweisen soll. Fundiert wird diese Gegenargumentation des Paulus dadurch, dass der Jenseitsraum als inkommensurabel entworfen wird. Damit nimmt Paulus der Selbstdarstellung der Gegner die Grundlage. Die paulinische Erfahrung entzieht sich diesseitigen Kategorien der sinnlichen Wahrnehmung; jeder Versuch, diese trotz ihrer daraus resultierenden Unsagbarkeit zu kommunizieren, durch suggestive sprachliche Strategien das in dieser Hinsicht Defizitäre der diesseitigen Kommunikation zu kompensieren oder über den Jenseitsraum zu spekulieren, ist strikt verboten.[97] Die Differenz von inkommensurabler Paradieses-

---

94 Anders als im vorliegenden Fall geht es bei der Damaskusvision nicht um eine Entrückung in Jenseitsräume. Es handelt sich auch nicht um ἄρρητα ῥήματα ἃ οὐκ ἐξὸν ἀνθρώπῳ λαλῆσαι (2 Kor 12,4): Zwar wird nur Paulus eine Vision zuteil, doch ist der Inhalt der Audition auch für seine Begleiter deutlich vernehmbar (vgl. Apg 9,7; in Apg 22,9 berichtet Paulus, dass die Begleiter nichts hören, den Lichtstrahl aber sehen); vgl. Wolff 1989, S.240, und Thrall 2000, S.784f.
95 Es ergibt deshalb wenig Sinn, Räume und Worte gleichzuordnen, wie dies Käsemann 1956, S.57f, tut: »Was er erfahren hat, sind himmlische Räume und unaussprechliche Worte, d.h. solche, über die er sich weder äußern kann noch darf«.
96 Vgl. Käsemann 1956, S.57: »Eine Entrückung in den dritten Himmel bzw. in das Paradies setzt zum wenigsten die Schau der durchmessenen Räume voraus«.
97 In diesem Sinne verstehe ich ἄρρητα ῥήματα ἃ οὐκ ἐξὸν ἀνθρώπῳ λαλῆσαι. Das Adjektiv ἄρρητος umfasst die Bedeutungen des Nicht-Könnens wie des Nicht-Dürfens; die häufig

vision (2 Kor 12,2-4) und zu verkündigender Christusaudition (2 Kor 12,9) entspricht demnach dem Unterschied zwischen der nicht erfahrbaren räumlich-konkreten Wirklichkeit der jenseitigen Welt und der ›claritas‹ des göttlichen Wortes.

Nun ist es das eine, dass es der menschlichen ›curiositas‹ schwerfallen mag, sich mit einem solchen Verbot abzufinden; das andere ist, dass Paulus zwar eine – vom menschlichen Standpunkt aus gesehen – unüberschreitbare Grenze postuliert, gleichzeitig aber betont, dass er diese überschritten habe. Dass dies ein rein passives Geschehen war, das ihm zuteilwurde, und dass er selbst offenbar keine präzise Vorstellung mehr von dem hat, was er sah, hörte und fühlte, tritt hinter der Tatsache zurück, dass sich Paulus an das Faktum der Entrückung ins Paradies und die Unsagbarkeit des Gehörten sehr wohl erinnert. Polemik, Apologie und Theologie lassen sich nicht problemlos kombinieren und führen zur Inkonsequenz,[98] auf der eigenen Auszeichnung zu bestehen, aber eigentlich nicht über die jenseitige Welt sprechen zu wollen.[99] Dass nun Paulus die Grenzen einerseits scharf zieht, andererseits im Rahmen der Herausstellung seiner Auszeichnung auch wieder einreißt, also die Inkommensurabilität bewusst ausstellt und doch (wenn auch nur sehr zurückhaltend) über das Jenseits spricht, hat weitreichende Konsequenzen: Denn, strukturalistisch gesprochen, bekräftigt ein »sujetloser Text [...] die Unverletzbarkeit derartiger Grenzen. [...] Der sujethaltige Text behält dieses Verbot für alle Figuren bei, führt aber eine Figur (oder eine Gruppe) ein, die ihm nicht unterliegt«.[100] Damit impliziert der Grenzübertritt des Paulus auch eine Narrativität[101] des Textes, die nicht nur nicht intendiert ist,[102] sondern dem Argumentationsziel des Apostels

---

formulierte Meinung, durch den Relativsatz werde die Bedeutung des Adjektivattributs im Sinne des Nicht-Dürfens eingeschränkt (so etwa Bultmann 1976, S. 224), geht von einer eigenartigen Tautologie aus. Auch die Argumentation von Aejmelaeus 2000, S. 237: »Wenn die Worte wirklich auf eine solche Sprache ausgesprochen worden wären, daß man sie überhaupt nicht in eine menschlichen [sic] Sprache hätte übersetzen können, wäre das Redeverbot ja unnötig gewesen!«, vergisst, dass Paulus sehr wohl wusste, dass es zahlreiche Versuche gab, über dieses absolut Unsagbare zu sprechen.

98 Auf diese Auffälligkeit weist auch Benz 1969, S. 315, hin: Paulus »weiß nicht, ob es sich um eine Trennung des Leibes von der Seele handelt oder um eine geistleibliche Versetzung in die himmlische Welt – eines aber weiß er, daß er im Paradies war«.

99 Man kann dahinter die systemtheoretisch beschriebene »Paradoxie der Einheit von Immanenz und Transzendenz« (Luhmann/Fuchs 2001, S. 73) sehen: »Indem man sich auf das, was außerhalb des sinnlich Erfahrbaren liegt, beruft, ist diese Transzendenz immer schon kategorial auf die Immanenz bezogen« (Weitbrecht 2011a, S. 10).

100 Lotman 1972, S. 338. Bezeichnenderweise verweist Lotman im Folgenden zur Exemplifizierung auf Aeneas, Telemachos und Dante, nicht aber auf Paulus.

101 Vgl. Schulz 2003, S. 545.

102 Insofern trifft Hellholm 2008 die Intention des Apostels, wenn er betont, dass es sich um einen Bericht (»report«, S. 77), nicht aber um eine Erzählung (»narrative«, ebenda) handle, verkennt dabei aber die Narrativität des vermeintlichen Berichts.

diametral entgegensteht; die Erzählung eines solchen Grenzübertritts ist hochgradig sujethaltig. Paulus wird so ›nolens volens‹ zur beweglichen Figur, zum potenziellen ›Helden‹.[103] Unversehens wird aus der ›recusatio‹ eine ›praeteritio‹, die das Interesse nicht abbiegt, sondern erst weckt.

Gerade darin erweist sich einerseits die Stringenz der paulinischen Darstellung, die genau zwischen Offenbarung und Geheimnis scheidet: Die Entrückung stellt für ihn als Gläubigen, dem sie durch Gottes Gnade zuteilwurde, ein herausragendes Ereignis dar; daraus darf er aber in seinem Leben auf der Erde keinen Gewinn zu schlagen versuchen. Er muss sich an seinen Taten messen lassen. Diese Grenze markiert für Paulus die Trennlinie von Aktivität und Passivität, von Sagbarkeit und Unsagbarkeit sowie von Legitimität und Illegitimät apostolischer Verkündigung; und dennoch wird andererseits genau diese Grenze durch Paulus selbst verwischt.

Diese Sujethaftigkeit des Berichts ist bis in die Gegenwart wirksam und stimuliert die theologische Forschung:[104] Wiederholt wurde nämlich versucht, die Leerstelle des paulinischen Berichts mithilfe anderer Jenseitsbeschreibungen des Frühjudentums oder Frühchristentums zu füllen.[105] Im Zuge dessen wird häufig auf mögliche Parallelstellen verwiesen, etwa auf die wörtliche Entsprechung für die Angabe der Entrückung in den dritten Himmel respektive das Paradies in der *Apokalypse des Mose*.[106] Eine kurze Analyse der Stelle jedoch zeigt, wie wenig der Hinweis auf die wörtliche Entsprechung einträgt. In der *Apokalypse des Mose* spricht Gott zwar im Zuge des postmortalen Gerichts über Adam Folgendes zu Michael:

ἆρον αὐτὸν εἰς τὸν παράδεισον ἕως τρίτου οὐρανοῦ καὶ ἄφες αὐτὸν ἐκεῖ ἕως τῆς ἡμέρας ἐκείνης τῆς μεγάλης τῆς οἰκονομίας, ἧς ποιήσω εἰς τὸν κόσμον. (ApkMos 37,5)

Bringe ihn ins Paradies bis zum dritten Himmel und lass' ihn dort bis zu jenem schrecklichen Tag der Abrechnung, die ich an der Welt vollziehen werde.

---

103 Vgl. Lotman 1972, bes. S. 329 ff.
104 Gooder 2006, S. 165 ff., zeigt, wie wenig der paulinische Bericht mit den Auffahrtserzählungen zu tun hat. Sie schließt deshalb, dass Paulus von einer gescheiterten Auffahrt (»failed ascent«, S. 192) erzähle.
105 Vgl. die Zuversicht Frenschkowskis 1995, S. 376: »Oft allerdings können seine [sc. Paulus', MB] Andeutungen [bzgl. des psychologisch beschreibbaren Vorgangs der Offenbarungen, MB] durch ihren traditionsgeschichtlichen Hintergrund leicht mit Inhalt und Farbe gefüllt werden.« Heininger 1996, S. 250 ff., argumentiert zwar überwiegend anhand sprachlich-stilistischer Überlegungen, sieht seine Interpretation aber durch den Rekurs auf ApkMos 37,5 bestätigt. Einen unumwundenen Rekurs auf ApkMos findet man bei Adela Yarbro Collins 2010, S. 199 mit Anm. 54. Vgl. auch Windisch 1924, S. 377, Thrall 1996, S. 358 u. S. 360, die sich wiederholt auf das *Zweite Henochbuch* bezieht, und Hogeterp 2010, S. 220 ff., der zusätzlich auch auf Qumran-Texte eingeht.
106 Das Umfeld der Entstehung und die Datierung sind umstritten; in der neuesten Edition (Dochhorn 2005) wird dafür argumentiert, dass der Text im griechischsprachigen jüdisch-palästinensischen Milieu des 1. oder 2. nchr. Jahrhunderts entstand.

Aber auch in der *Apokalypse des Mose* wird dabei über das Paradies im dritten Himmel nichts Weiteres erzählt:[107] Denn im übrigen Text geht es konsequent um das irdische Paradies.[108] Das Verhältnis zwischen irdischem und himmlischem Paradies mag man für die Analyse der *Apokalypse des Mose* unter Rekurs auf den Jenseitsraum des *Zweiten Henochbuchs* sinnvoll erklären;[109] schließlich findet man in der *Apokalypse des Mose* keinerlei Hinweis darauf, dass der Jenseitsraum als inkommensurabel angesehen wird. Aber eben auf diese Inkommensurabilität legt Paulus großen Wert, so dass interpretative Erträge aus der Untersuchung der *Apokalypse des Mose* nichts zum Hintergrund von 2 Kor 12,2-4 beitragen. Außerdem geht es in der Passage der *Apokalypse des Mose* um die postmortale Aufnahme Adams durch Gott und es handelt sich somit weder um eine ›heldenhafte‹ Transgression noch um eine Erfahrung des Jenseitsraums. Insofern zeigt gerade der Vergleich mit der Passage aus der *Apokalypse des Mose*, weshalb es äußerst problematisch ist, wenn in der Forschung wiederholt und intensiv auf ›Parallelstellen‹ in der jüdischen apokalyptischen Literatur verwiesen wird, als gäbe es eine einheitliche Jenseitsvorstellung, die Paulus hier vorausgesetzt hätte; völlig inadäquat erscheint es, unter Rekurs auf diese Texte ergänzen zu wollen, was Paulus im Jenseits gesehen und gehört hat.

Im Bemühen um den Lückenschluss wurde Paulus aber auch mit der jüdischen Mystik in Verbindung gebracht, da uns eine »sehr merkwürdige Notiz des Talmud«[110] belehre, dass Ben Asai, Ben Soma, Acher und R. Akiba, »eine Reihe von jüngeren Zeitgenossen des Paulus unter den Rabbinen[,] dieselbe eigentümliche Form der Ekstase kannten«.[111] Diese 1901 von Wilhelm Bousset gelegte Fährte wurde von Hans Windisch[112] in seinem Kommentar aufgegriffen; ohne hierauf Bezug zu nehmen, argumentierte Gershom Scholem in dieselbe Richtung.[113] Und in der Tat scheint die ›Merkava-Mystik‹ beziehungsweise scheinen bestimmte Praktiken, durch die der Gläubige in Anlehnung an die Vision Ezechiels schließlich den Thronwagen und Gott selbst sieht, trotz der immer noch offenen Datierungsfragen ein möglicher Kontext zu sein; ferner spricht nichts dagegen (aber eben auch ebenso wenig dafür), dass Paulus ausgebildet gewesen sei, durch medi-

---

107 Bei dieser Stelle handelt es sich um ein »ursprünglich selbständiges Quellenstück« (Dochhorn 2005, S. 466), so dass man mit Interpretationen dieser möglicherweise für einen anderen Kontext geschriebenen Sätze vorsichtig sein muss.
108 Vgl. Dochhorn 2005, S. 494f.
109 Vgl. hierzu Dochhorn 2005, S. 495; zum Jenseitsraum des *Zweiten Henochbuchs* vgl. in dieser Arbeit S. 63 ff.
110 Bousset 1901, S. 145. So auch noch Kyrtatas 1998, S. 340.
111 Bousset 1901, S. 145.
112 Vgl. Windisch 1924, S. 376.
113 Vgl. Scholem 1965.

tative Lektüre zu Visionen zu gelangen.[114] Allerdings krankt diese immer wieder vertretene These[115] ebenso wie die Entwürfe, die außerkanonische Texte wie die *Apokalypse des Mose* zur Kontextmodellierung heranziehen, daran, dass jenseits einer diffusen Bezugnahme auf heterogene Traditionen keine historiographisch adäquate, philologisch abgesicherte, also mehr als bloß plausible Rekonstruktion des Zusammenhangs gelingt, innerhalb dessen Paulus' Erlebnis zu verstehen ist.[116]

Aber nicht nur in der theologischen Forschung, sondern auch historisch verfing das paulinische Argument nicht lange. Die Sujethaltigkeit des Stoffs verleitete schon bald zu Spekulationen:[117] So behaupteten die Anhänger Marcions – des Erzketzers und Paulinisten –, er habe die unaussprechlichen Worte gehört, die Paulus im dritten Himmel vernommen habe.[118] Die von Paulus gewollte Leerstelle wurde mittels des üblichen Verfahrens zum Schließen solcher Lücken ausgefüllt: Die Jenseitsreise des Paulus wurde ihrer eigentlichen theologischen Funktion entzogen und zum Gegenstand der frühchristlichen Literatur. Damit wurde Paulus zu dem Helden, der schließlich von Dante in einem Atemzug mit Aeneas genannt wird.

---

114 Vgl. Bowker 1971, S. 158 f.
115 Vgl. den sehr umfangreichen, ausführlich auch auf kritische Stimmen eingehenden Beitrag von Morray-Jones 1993.
116 Dies gilt auch für ApkMos 37,5; vgl. hierzu Schäfer 1984, S. 22 f., und allgemein seine Einschätzung, S. 34: »that is to say, Merkavah mysticism does not yield the key, either, to the interpretation of the ecstatic experience to which Paul laid claim«.
117 Vgl. die ohne die strukturalistische Vertiefung auskommende Analyse von Baumgarten 1975, S. 144: »Mit der Abblendung der visionären Elemente ist ein Schweigen in kosmologischer Hinsicht verbunden, obwohl der ›3. Himmel‹ und das ›himmlische Paradies‹ an sich zur kosmologischen Spekulation geradezu auffordern, wie das religionsgeschichtliche Vergleichsmaterial zur Genüge beweist«.
118 Windisch 1924, S. 378 f.

3. Die Formierung und Transformation von Jenseitsräumen in der nicht-paganen Antike

3.1 Tarsus, 388 n. Chr. Autorisierungs- und Legitimierungsstrategien der *Paulus-Apokalypse*

Aus der Zeit zwischen dem 2. und dem 4. Jahrhundert sind zwei voneinander unabhängige Versuche überliefert, die Leerstelle zu füllen, das heißt die Entrückung und Himmelsreise des Apostels ›en détail‹ zu imaginieren.[119] Von einem möglichen dritten ist nur der Titel auf uns gekommen. Auf den ersten Blick mag dies eher wenig erscheinen. Aber die Überlieferungslage frühchristlicher Texte ist problematisch: Viele sind völlig vergessen, bei einigen ist nur der Titel in Verzeichnissen und Listen erhalten, so dass über den Inhalt oftmals nur spekuliert werden kann. Von einer großen Anzahl an Schriften weiß man nur, da in anderen, erhaltenen Werken auf sie rekurriert wird: So sind nicht selten Polemiken auf uns gekommen, ohne dass die Texte überliefert wären, gegen die jene gerichtet sind. Manches ist zwar immerhin in Fragmenten erhalten; diese können aber nicht immer sicher zugeordnet werden.[120] Einige Texte wiederum liegen vielleicht annähernd vollständig vor; ihre ältesten Textzeugen aber finden sich dann oft erst in Codices, die bisweilen über 1000 Jahre nach der frühesten anzunehmenden Fassung geschrieben wurden, so dass nicht immer klar ist, was an dem jeweiligen Text spätere Redaktion[121] und was ›original‹ ist. Angesichts dieser Situation ist die Existenz zweier Texte bemerkenswert: Der eine ist antik und der andere kann zumindest in Gestalt der frühesten annehmbaren Fassung rekonstruiert werden. Diese vergleichsweise glückliche Überlieferungssituation weist darauf hin, dass an verschiedenen Orten und in unterschiedlichen religiösen Gruppierungen ein tieferes Interesse an diesem Sujet bestand. In den Papyruscodices der Nag-Hammadi-Bibliothek ist eine koptische *Paulus-Apokalypse* (NHC V,2) enthalten,[122] die die Himmelfahrt des

---

119 Zu den großen Unterschieden zwischen den beiden Texten und der paulinischen Theologie vgl. Harrison 2004. Zur Entrückung des Apostels Paulus im weiteren Kontext frühchristlicher Literatur vgl. Roukema 2005.
120 Vgl. zu diesem methodischen Problem die Überlegungen von Nicklas 2005.
121 Vgl. etwa am Beispiel der *Petrus-Apokalypse* Kyrtatas 2009 und zum *Zweiten Henochbuch* Anm. 311.
122 Der Versuch von MacRae/Murdock 1988, S. 257, den Text aufgrund des Interesses der Valentinianer an Paulus ins 2. Jahrhundert zu datieren, erscheint nicht zwingend (vgl. Funk

3.1 Tarsus, 388 n. Chr. Autorisierungs-und Legitimierungsstrategien der *Paulus-Apokalypse*   25

Apostels einschließlich des Besuchs eines im vierten (und fünften Himmel) lokalisierten Gerichts¹²³ im Rahmen gnostischer Theologie darstellt.¹²⁴ Da es keine Gründe dafür gibt, anzunehmen, dass es sich bei dieser Apokalypse um das in Epiphanius' *Panarion omnium haeresium*¹²⁵ erwähnte, aus gnostischen Kreisen stammende *Anabatikon Paulou* handelt, wüssten wir überhaupt nichts von diesem Text, wenn die Bibliothek von Nag Hammadi 1945 nicht entdeckt worden wäre.¹²⁶

Auch einen weiteren visionsliterarischen Text, der ebenfalls an den paulinischen Entrückungsbericht des *Zweiten Korintherbriefs* anschließt,¹²⁷ verdanken wir einem Fund. Allerdings handelt es sich bei dem Finder nicht wie im Fall der gnostischen Bibliothek um einen einfachen ägyptischen Fellachen, sondern um einen ehrwürdigen Tarser, wie in der ›praefatio‹ der *Paulus-Apokalypse* erzählt wird.

Dass die *Paulus-Apokalypse* ursprünglich griechisch verfasst war, ist Konsens in der Forschung. Ebenso unumstritten ist, dass die verschiedenen in mittelalterlichen Handschriften überlieferten lateinischen ›Himmel-Hölle-Fassungen‹ (im Gegensatz zu den genuin mittelalterlichen Redaktionen) mit Einschränkungen den spätantiken Textbestand dokumentieren; sie stehen ebenso wie die syrische und die koptische Fassung näher an der frühesten annehmbaren Fassung des Texts als die von Tischendorf edierte griechische Kurzversion.¹²⁸ Die lateinischen Langfassungen wurden von Theodor Silverstein und Anthony Hilhorst in die drei voneinander unabhängig überlieferten Fassungen L¹, L² und L³ gegliedert:

1997, S. 629; Plisch 2010, S. 299 f.), so dass für die *Paulus-Apokalypse* die für die Texte der Bibliothek gültige »Spanne von der Mitte des 2. bis zum Ende des 3. Jh. als Entstehungszeit angenommen« (Wurst 2002, S. 511) werden kann; vgl. zu diesem Text auch Anm. 428.

123 Vgl. hierzu Pesthy 2007, S. 202, die betont, dass es sich im vierten Himmel, dessen Erzählung »perfectly constructed and consistent in every detail« sei (ebenda, S. 206), nicht um ein göttliches Gericht handle, sondern um eine Gerichtsszene, in der es darum gehe, ob die Seele ihre Auffahrt fortsetzen und von der Sphäre leiblicher Verfasstheit in die des seelischen Zustands aufsteigen kann (ebenda, S. 207) oder umkehren muss. Es gehe in der koptisch-gnostischen *Paulus-Apokalypse* nicht um das Gericht oder die postmortalen Aufenthalts- und Straforte, sondern um den schwierigen Aufstieg.

124 Vgl. Klauck 1989.

125 Vgl. Epiph. pan. haer. 38,2,5: πάλιν δὲ ἄλλο συνταγμάτιον ἄλλοι πλάττουσιν ἐξ ὀνόματος Παύλου τοῦ ἀποστόλου, ἀρρητουργίας ἔμπλεον, ᾧ καὶ οἱ Γνωστικοὶ λεγόμενοι χρῶνται, ὃ Ἀναβατικὸν Παύλου καλοῦσι, τὴν πρόφασιν εὑρόντες ἀπὸ τοῦ λέγειν τὸν ἀπόστολον ἀναβεβηκέναι ἕως τρίτου οὐρανοῦ καὶ ἀκηκοέναι ἄρρητα ῥήματα, ἃ οὐκ ἐξὸν ἀνθρώπῳ λαλῆσαι. καὶ ταῦτα, φασίν, ἐστὶ τὰ ἄρρητα ῥήματα. (»Wieder andere erdichten ein anderes kurzes Werk, voller scheußlicher Unzüchtigkeit, im Namen des Apostels Paulus, das auch bei den sogenannten Gnostikern in Gebrauch ist. Sie nennen es *Anabatikon Paulou* und finden ihren Anlass in der Aussage des Apostels, dass er aufgestiegen sei in den dritten Himmel und unssagbare Worte hörte, die kein Mensch aussprechen darf. Und eben dies, sagen sie, sind die unsagbaren Worte.«)

126 Vgl. Funk 1997, S. 628; Plisch 2010, S. 299.

127 Vgl. Robbins 2003, der vor dem Hintergrund von 2 Kor 12,1-4 die *Paulus-Apokalypse* hinsichtlich der Rolle Jesu, der ἄρρητα ῥήματα und der Frage der Körperlichkeit des Visionärs analysiert.

128 Vgl. zusammenfassend Jiroušková 2006, S. 7–11.

L^1 = 9. Jh.: Nouv. acq. lat. 1631, Bibliothèque Nationale de France, Paris (Bl. 2vb–25vb; zitiert als **Par**);[129] MS. 317, Kantonsbibliothek (Vadiana), Vadianische Sammlung, St. Gallen (Bl. 56–68; zitiert als **StG**); 10. Jh.: Cod. a.II.3, Biblioteca des Real Monasterio El Escorial, San Lorenzo del Escorial (Bl. 154ra–157rb; zitiert als **Esc**);

L^2 = 14. Jh.: Cod. 362, Österreichische Nationalbibliothek, Wien (Bl. 7–8; zitiert als **F**); 15. Jh.: Cod. 856, Universitätsbibliothek, Graz (Bl. 1–6; zitiert als **Gz**); Cod. C 101, Zentralbibliothek, Zürich (Bl. 70–74[r]; zitiert als **Z**);

L^3 = 15. Jh.: Cod. 6, Stichting Arnhemse Openbare en Gelderse Wetenschappelijke Bibliotheek, Arnhem (Bl. 104–114; zitiert als **Arn**).

Bei Bouvier/Bovon 2004 findet man die Edition eines bislang unbekannten griechischen Textzeugen, der insofern für die früheste annehmbare griechische Fassung kaum Ertrag verspricht, als er eine gekürzte und bearbeitete Fassung darstellt (vgl. Piovanelli 2004, S. 36 ff.).

In der Forschung gab es eine intensive Diskussion darüber, ob es neben dem Text, wie er in den lateinischen Langfassungen enthalten ist, dem sog. Tarsus-Text, der die Fundgeschichte der *Paulus-Apokalypse* enthält und aus der Zeit nach 388 n. Chr. stammt, noch einen sog. Prae-Tarsus-Text gegeben habe. Der Prae-Tarsus-Text würde im 2. oder 3. Jahrhundert verfasst worden sein; Carozzi 1994a plädiert für eine sehr frühe Datierung ins späte 2. Jahrhundert. Piovanelli 1993 hat allerdings gezeigt, dass es keine wirklich verlässlichen Hinweise oder gar manifesten Beweise für die Annahme eines Prae-Tarsus-Textes gebe,[130] so dass man für die *Paulus-Apokalypse* als ›terminus post quem‹ 388 n. Chr. annehmen muss.[131]

Der ›praefatio‹ zufolge erschien dem Tarser im Jahr 388 n. Chr. dreimal des Nachts ein Engel, der den Ungläubigen[132] schließlich geißeln musste, bis jener bereit war, das Fundament seines Hauses aufzubrechen. Dort fand er tatsächlich ein an den Seiten beschriftetes marmornes Kästchen, das neben der »Offenbarung des Heiligen Paulus« (»reuelacio sancti Pauli«, ApkPl [lat] 2 [Par]) auch dessen Sandalen enthielt. Letztere sind ein blindes Motiv und fehlen auch in der gekürzten griechischen Fassung;[133] allerdings verweisen sie auf die paulinische Mission und das Predigen des Wortes Gottes.[134] Gerade darin haben sie ihre Funktion: Als materielles Substrat des paulini-

---

129 Es wurde ein neuer ausführlicher Pariser Zeuge der Gruppe L^1 gefunden (spätes 14. Jh.), der vom bislang bekannten Pariser Codex unabhängig ist. Vgl. Damongeot-Bourdat 2009.
130 Vgl. auch nochmals Piovanelli 2007, S. 47–49.
131 Vgl. auch Copeland 2001, S. 21–40; Bremmer 2009, S. 304 ff.: Datierung um 400 n. Chr.; Himmelfarb 2010, S. 100 f.; gegen Touati 2007 und gegen die frühe Datierung argumentiert nochmals Bremmer 2011, S. 30 ff.
132 ApkPl (lat) 1 (Par): »Haec [sc. die nächtliche Erscheinung des Engels, seine Aufforderung; MB] autem fantasmata esse putauit.« (»Er hielt diese aber für trügerische Vorstellungen«).
133 Vgl. ApkPl (gr) 2: καὶ σκάψας εὗρεν γλωσσόκομον μαρμάρινον ἔχοντα τὴν ἀποκάλυψιν ταύτην. (»Und bei der Grabung fand er ein marmornes Kästchen, das diese Apokalypse enthielt«).
134 Predigend hat Paulus dem Christentum Raum erschlossen; vgl. ApkPl (lat) 2 (Par): »gallecole eius in quibus ambulabat docens uerbum dei« (»seine Sandalen, die er trug, wenn er das Wort Gottes lehrte«). Vgl. zum Motiv des Schuhs auch Eph 6,14 f.

3.1 Tarsus, 388 n. Chr. Autorisierungs-und Legitimierungsstrategien der *Paulus-Apokalypse*

schen Apostolats authentifizieren sie den Text der Apokalypse und präludieren den Verkündigungsauftrag Gottes, der im Anschluss an Jes 6,9 formuliert ist und nach der ›praefatio‹ den Beginn des paulinischen Textes anzeigt:

> Qui dum in [cor]pore essem qua raptus sum usque ad tercium celum, et factum est uerbum domini ad me dicens: Loquere populo huic: [...]. (ApkPl [lat] 3 [Par])
>
> Während ich im Leibe war, in welchem ich entrückt wurde bis in den dritten Himmel, erging das Wort des Herrn an mich. Er sprach: Sage diesem Volk: [...].

Diese Sendung muss gerade vor dem Hintergrund der Aussage des *Zweiten Korintherbriefs*, dass Paulus im Himmel ἄρρητα ῥήματα ἃ οὐκ ἐξὸν ἀνθρώπῳ λαλῆσαι (2 Kor 12,4, Herv. d. m.) gehört habe, problematisch erscheinen; es ist signifikant, dass hierbei die gehörten Worte im Unterschied zur Darstellung im *Zweiten Korintherbrief* nicht allein an den Jenseitsraum gebunden sind,[135] sondern als »uerbum domini« identifiziert werden. Besonders evident wird diese Spannung im Text des Pariser Codex (L¹), der vor der ›praefatio‹ den fraglichen Abschnitt des *Zweiten Korintherbriefs* zitiert, so dass die Vorrede gerahmt wird durch zwei einander widersprechende Anweisungen, wie der Apostel mit den Inhalten der Offenbarung verfahren soll. Die Auffindungsgeschichte, die den Text in seiner Unwahrscheinlichkeit mehr als 300 Jahre nach dem Tod des Paulus autorisieren soll,[136] geht auf das Paradox nicht ein, sondern suggeriert, dass die Verkündigung Auftrag Gottes ist, und revidiert so die ursprünglich paulinische Aussage. Während zu Beginn des Texts die Widersprüche auf diese Weise nur unverbunden nebeneinanderstehen, werden sie im Lauf der Jenseitsreise aufgelöst. Nachdem Paulus in den dritten Himmel entrückt wurde, wo er Henoch und Elias begegnete, sieht und hört er etwas, das er in der Immanenz nicht verkünden darf:

> Et respondit angelus et dixit mihi: Quecumque nunc ostendo tibi et quecumque audieris, ne indices ea omini in terris. Et duxit me et ostendit mihi et audiui illuc uerba que non liceat omini loqui. (ApkPl [lat] 21 [Par])[137]
>
> Und der Engel antwortete und sagte zu mir: Alles, was ich dir nun zeige, und alles, was du gehört haben wirst, das sollst du niemandem auf Erden mitteilen. Und er führte mich und er zeigte mir und ich hörte dort Worte, die ein Mensch nicht sagen darf.

Außer der Ambivalenz von Vision und Audition[138] erfährt der Leser respektive Hörer nichts über diesen Jenseitsort; möglicherweise handelt es sich um

---

135 Vgl. 2 Kor 12,4: ἡρπάγη εἰς τὸν παράδεισον καὶ ἤκουσεν ἄρρητα ῥήματα ἃ οὐκ ἐξὸν ἀνθρώπῳ λαλῆσαι.
136 Vgl. Speyer 1970, S. 62: »Die Fundgeschichte ist also nur deshalb ersonnen worden, damit die Echtheit der Schrift, die eben erst in jenen Jahren an die Öffentlichkeit trat, gesichert wurde.«
137 Vgl. zu dieser Stelle und den unterschiedlichen Fassungen Hogeterp 2007, S. 111–114.
138 Wie in 2 Kor 12,1 wird auch hier die Ambivalenz durch syntaktische Koordinierung ausgedrückt: Vgl. die Verbindung von ὀπτασίαι und ἀποκαλύψεις in 2 Kor 12,1 und die paral-

das (himmlische) Paradies,[139] an dessen Pforten Henoch und Elias warten, wie nur der Pariser Codex expliziert.[140] Damit vereindeutigt der Pariser Codex das in 2 Kor 12,4 ungeklärte Verhältnis von Paradies und drittem Himmel.[141]

Wie dem auch sei: Die Leerstelle des *Zweiten Korintherbriefs* wird hier ernst genommen, die Bedingungen der Möglichkeit von Aussagen über Jenseitiges werden aber modifiziert. Denn aus der bei Paulus implizierten Unmöglichkeit,[142] im Diesseits über die jenseitige Wirklichkeit adäquat zu sprechen, und dem daraus resultierenden Verbot, diese Unmöglichkeit durch bildhaft-suggestives Sprechen überbrücken zu wollen, wird ein bloßes Verkündigungsverbot, das dann zudem lokal begrenzt, nämlich auf den dritten Himmel beschränkt wird:

> Et iterum [sc. angelus, MB] dixit: Adhuc enim sequere me et monstrabo tibi que hennarrare palam et referre debeas. Et deposuit me de tercio celo et induxit me in secundo caelo. (ApkPl [lat] 21 [Par])
>
> Und wiederum sagte [der Engel]: Folge mir weiter, und ich werde dir zeigen, was Du öffentlich erzählen und berichten musst. Und er ließ mich vom dritten Himmel herab und führte mich in den zweiten Himmel.

Mit diesen Umdeutungen, Verschiebungen und einem nicht unerheblichen rhetorischen Aufwand werden Unterscheidungen getroffen, die ›conditiones sine quibus non‹ des Erzählens sind; in den aufwendigen Inszenierungen der Auffindungsgeschichte und den Subtilitäten der Argumentation des 21. Kapitels schlägt sich ein Problembewusstsein nieder, das den prekären Status der Schrift jenseits der »schwierigen Kanonizität«[143] der Stelle des *Zweiten Korintherbriefs* reflektiert. Dass sich die *Paulus-Apokalypse* zu einer bestimmten Zeit respektive in speziellen Kreisen von diesem Begründungsproblem emanzipiert hat, verdeutlicht die in Arnheim überlieferte Fassung

---

lele Beiordnung in ApkPl (lat) 21 (Par): »Quecumque nunc ostendo tibi et quecumque audieris [...]« (»Alles, was ich dir nun zeige, und alles, was du gehört haben wirst [...]«).

139 Vgl. zum Jenseitsraum der *Paulus-Apokalypse* in dieser Arbeit S.121 ff.
140 Vgl. ApkPl (lat) 20 (Par): »Et cum ingressus fuissem interiora portae paradisi, exiuit in hoccursum mihi homo senior [...]« (»und als ich in das Innere der Pforte des Paradieses getreten war, ging mir ein älterer Mann entgegen [...]«), nämlich Henoch. Alle anderen Zeugen der Gruppe L¹ wie auch die der Gruppe L² und der Codex aus Arnhem (L³) nennen zwar das Tor, nicht aber dass es sich um das des Paradieses handle.
141 Vgl. zur Problematik, ob bei Paulus das Paradies im dritten Himmel oder nicht lokalisiert ist, in dieser Arbeit S.18.
142 Diese Unmöglichkeit, die Inhalte der Offenbarung im Diesseits zu verkünden, wird in Kapitel 55 der koptischen *Paulus-Apokalypse* expliziert; dieses Kapitel ist sonst in keiner Fassung überliefert. Vgl. ApkPl (kopt) 55: »I [Paulus, MB] was seized up in a cloud and taken to the third heaven. [...] And immediately a voice came to me, ›Paul, the beloved of God, the things which you will see in this place, do not reveal them to anyone because it is invisible (ἀόρατον) words [sic] which you will see.‹« In dem Paradox von Unsichtbarkeit und Sehen (›invisible‹ – ›see‹) ist, so scheint es, die Differenz von Diesseits und Jenseits codiert.
143 Prica 2010, S.17.

(L³), die direkt mit dem Verkündigungsauftrag beginnt,[144] ohne das Zitat aus dem *Zweiten Korintherbrief* und ohne die ›Tarsus-Praefatio‹ mit der Auffindungsgeschichte zu überliefern, und die auch im 21. Kapitel signifikant vom Text des Pariser Codex abweicht, ja durch Tilgung der Nennung des dritten Himmels die Referenz auf 2 Kor 12,2-4 löscht:[145]

ApkPl (lat) 21

Par:

Et respondit angelus et dixit mihi: Quecumque nunc ostendo tibi et quecumque audieris, ne indices ea omini in terris. Et duxit me et ostendit mihi et audiui illuc uerba que non liceat omini loqui. Et iterum dixit: Adhuc enim sequere me et monstrabo tibi que hennarrare palam et referre debeas. Et deposuit me de tercio celo et induxit me in secundo caelo. Et iterum duxit me in firmamento [...].

Arn:

Et dixit angelus: Vides omnia que tibi ostendi et annuncies hominibus super terram.

Et iterum dixit: Sequere me et ostendam tibi quod liceat uidere et ennarare. Et duxit me ad firmamentum [...].

Und der Engel antwortete und sagte zu mir: Alles, was ich dir nun zeige, und alles, was du gehört haben wirst, das sollst du niemandem auf Erden mitteilen. Und er führte mich und er zeigte mir und ich hörte dort Worte, die ein Mensch nicht sagen darf. Und wiederum sagte er: Folge mir weiter, und ich werde dir zeigen, was Du öffentlich erzählen und berichten musst. Und er ließ mich vom dritten Himmel herab und führte mich in den zweiten Himmel. Und wiederum führte er mich zum Firmament [...].

Und der Engel sagte: Du siehst alles, was ich Dir erklärt habe, und du wirst es den Menschen verkünden auf der Erde.

Und wiederum sagte er: Folge mir und ich werde dir zeigen, was du sehen und erzählen darfst.

Und er führte mich zum Firmament [...].

Man wird eine derartige Emanzipation als Ausnahme betrachten können: Denn die Mehrzahl der verschiedenen Fassungen, gerade auch die Übersetzungen ins Koptische oder Syrische belegen, dass der Status des Texts als prekär wahrgenommen wurde. In besonderer Deutlichkeit zeigt dies die syrische *Paulus-Apokalypse*, in der die ›praefatio‹ ans Ende gestellt und signi-

---

144 Vgl. den Beginn der *Paulus-Apokalypse* in Arn.: »SECRETA QVE MERVIT VIDERE SANCTVS PAVLVS RAPTVS AD TERCIVM CELVM Et factum est ad me uerbum domini dicens: Loquere populo huic [...]«.
145 Es greift deshalb zu kurz, wenn Kyrtatas 1998, S. 344, pauschal feststellt: Die *Paulus-Apokalypse* »gets around Paul's reservation by distinguishing between things of which it was lawful and things of which it was unlawful for a man to speak«.

fikant verändert wird. Nicht nur werden im Marmorkästchen neben den Sandalen auch der Mantel des Apostels sowie eine recht umfängliche erbauliche Inschrift gefunden;[146] es werden schließlich auch all diejenigen verflucht, die am Offenbarungscharakter der Schrift zweifeln.[147] Außerdem wird die Konsulatsangabe weggelassen.[148] Es ist wohl kein Zufall, dass ausgerechnet die Datierung gestrichen wurde; vielmehr stellt diese Streichung eine Reaktion auf ein Element der ›praefatio‹ dar, das wider die ursprüngliche Intention den Status des Texts diskreditierte. Denn Sozomenos veranlassten die Jahres- und die Ortsangabe, eigene Nachforschungen anzustellen. Dabei förderte er Erstaunliches zutage, wovon er unter Bezugnahme auf die ›praefatio‹ in seiner *Kirchengeschichte* berichtet:

λέγουσι γὰρ ἐκ θείας ἐπιφανείας ἐν Ταρσῷ τῆς Κιλικίας κατὰ τὴν οἰκίαν Παύλου μαρμαρίνην λάρνακα ὑπὸ γῆν εὑρεθῆναι καὶ ἐν αὐτῇ τὴν βίβλον εἶναι. ἐρομένῳ δέ μοι περὶ τούτου ψεῦδος ἔφησεν εἶναι Κίλιξ πρεσβύτερος τῆς ἐν Ταρσῷ ἐκκλησίας· γεγονέναι μὲν γὰρ πολλῶν ἐτῶν καὶ ἡ πολιὰ τὸν ἄνδρα ἐδείκνυ· ἔλεγε δὲ μηδὲν τοιοῦτον ἐπίστασθαι παρ' αὐτοῖς συμβάν, θαυμάζειν τε εἰ μὴ τάδε πρὸς αἱρετικῶν ἀναπέπλασται. (Soz. hist. eccl. VII,19,10 f.)

Sie berichten, durch eine von Gott gesandte Offenbarung sei in Tarsus in Kilikien im Haus des Paulus ein Marmorsarkophag unter der Erdoberfläche gefunden worden, in dem sich das Buch befand. Als ich danach fragte, bestätigte mir ein kilikischer Presbyter der Gemeinde in Tarsus, dies sei eine Erfindung. Daß er ein hochbetagter Mann war, zeigte auch sein weißes Haupt. Er sagte, er wisse nichts davon, daß sich so etwas bei ihnen ereignet hätte, und er müßte sich wundern, wenn das nicht von Häretikern erfunden sei.

Ob Sozomenos nun tatsächlich nachforschte oder seine Meinung über die Häresie der *Paulus-Apokalypse* einem kilikischen Priester in den Mund legte, spielt keine Rolle; die Passage verdeutlicht, wie problematisch der Versuch ist, die Wahrheit des Texts mit einer gleichsam dokumentarisch gestalteten Auffindungsgeschichte begründen zu wollen, die sich eben auch falsifizieren lässt. Dadurch, dass die Auffindungsgeschichte in Zweifel gezogen wird, wird zugleich der Geltungsanspruch der gesamten Apokalypse bestritten.

So gesehen nimmt es kaum wunder, dass auch andere Möglichkeiten zur Authentifizierung angewandt wurden. Die koptische Übersetzung

---

146 Vgl. ApkPl (syr), S.174 f.; in dieser Arbeit wird der syrische Text (von Casey 1933, S.6, der Gruppe S¹ zugeordnet) nach den Seitenangaben der Übersetzung von Zingerle 1871 zitiert, in der keine Nummerierung der Kapitel vorgenommen wurde. Zingerle brachte eine eigens angefertigte Abschrift des Cod. Vat. Syr. 180 ins Deutsche (zu einer aktuellen Übersicht über die syrischen Textzeugen vgl. Desreumaux 1993, S.66).
147 Vgl. ApkPl (syr), S.176: »Diess [sic] ist das letzte Testament, welches unser Herr durch den Vater der Völker, den grossen Paulus, den seligen Glaubensprediger und Apostel, der ganzen Welt gesendet hat. Wer es in seine Hände bekommt und nicht zu Herzen nimmt, was darin geschrieben steht, und die Wahrheit nicht erkennt, wehe dem in jeder Weise!«
148 Vgl. ApkPl (syr), S.174.

endet mit einer Ölbergszene,[149] die an die wesentlich ältere *Petrus-Apokalypse* erinnert.

In diesem in der ersten Hälfte des 2. Jahrhunderts[150] entstandenen, wohl ebenfalls aus Ägypten stammenden Text[151] bitten die Jünger Jesus auf dem Ölberg, dass er ihnen die Zeichen seiner Wiederkehr und des Weltendes offenbare. Diese Endzeitprophetie Jesu war von ihrem Entstehen an bis ins frühe Mittelalter gerade in Ägypten, aber auch darüber hinaus, beliebt.[152] So sah sie nicht nur Clemens von Alexandrien um 200 als heilige Schrift an;[153] in der zweiten Hälfte des 5. Jahrhunderts wurde ein griechischer Text der *Petrus-Apokalypse* abgeschrieben, von dem nur noch zwei Fragmente auf uns gekommen sind;[154] und noch im späten 6. oder frühen 7. Jahrhundert[155] wurde eine Fassung

---

149 Vgl. ApkPl (kopt) 63-64. Casey 1933, S. 24–26, nimmt an, dass die Ölberg-Szene durch die Tarsus-Szene ersetzt wurde. Es ist angesichts der Überlieferungslage schwierig, die einzelnen Fassungen in eine Reihenfolge bringen zu wollen (so hielt die ältere Forschung die Ölbergszene für eine koptische Ergänzung). Es sei aber bereits an dieser Stelle darauf hingewiesen, dass die Schlusskapitel der koptischen *Paulus-Apokalypse* wohl nicht den Textbestand der frühesten annehmbaren Fassung enthalten (vgl. hierzu in dieser Arbeit Anm. 612). Die Ölbergszene wäre demnach eine spätere Ergänzung.
Unabhängig von der Klärung dieser Frage zeigt die unterschiedliche narrative Rahmung ein Ringen um Autorisierung und Legitimierung der *Paulus-Apokalypse*.

150 Eine Eingrenzung der Abfassungszeit auf 132-135 n. Chr. (Bar Kochba-Aufstand, vgl. Buchholz 1988, S. 408 ff.; C. Detlef G. Müller 1997, S. 563 f.; Bauckham 1994) ist nicht zulässig (Kraus 2003a, S. 94; van Minnen 2003, S. 29; Nicklas 2011, S. 36 ff.).

151 Vgl. C. Detlef G. Müller 1997, S. 564; Bremmer 2003; Nicklas 2011, S. 40 f. Bauckham 1994, bes. S. 36–43, hingegen argumentiert, dass die *Petrus-Apokalypse* aus Palästina und nicht aus Ägypten stamme. Allerdings betont er (S. 36): »That the *Apocalypse of Peter* originated in Egypt during the Jewish revolt under Trajan is a possibility which perhaps cannot be entirely excluded«, auch wenn er meint, dass mehr Argumente für Palästina sprächen. Das ist Ansichtssache (vgl. die Literatur in Anm. 150). Insgesamt gibt es belastbarere Indizien für eine Entstehung in Ägypten (vgl. etwa Bremmer 2003, S. 8 u. 14, vgl. aber auch die sehr zurückhaltende Diskussion bei Bremmer 2010, S. 306 ff.); die Erwähnung der Götzenbilder scheint nicht dazuzugehören (vgl. van Minnen 2003, S. 28).

152 Vgl. etwa eine anonyme Homilie, die wohl aus dem Nordafrika des 4. Jahrhunderts stammt und die *Petrus-Apokalypse* zitiert (vgl. Kraus/Nicklas 2004, S. 96), und die Mitteilung bei Sozomenos (hist. eccl. VII,19,9), dass die *Petrus-Apokalypse* ἔν τισιν ἐκκλησίαις τῆς Παλαιστίνης (»in einigen Gemeinden Palästinas«) einmal im Jahr und zwar ἐν τῇ ἡμέρᾳ τῆς παρασκευῆς (»am Karfreitag«; vgl. Kraus/Nicklas 2004, S. 97) gelesen werde. – Vgl. zum Einfluss und der Beliebtheit der *Petrus-Apokalypse* in der Antike allgemein die Übersicht bei Bauckham 1988, S. 4739–4741, und die detaillierte Beschreibung bei Buchholz 1988, S. 20–80. Jakab 2003, S. 184, betont demgegenüber, dass man nicht sagen könne, »that the *ApPt* was ›a very popular work‹.« Auch wenn man nicht von einer *großen* Beliebtheit sprechen kann, so gibt es genügend Zeugnisse, um auf eine Wertschätzung im griechischen Osten schließen zu können.

153 Vgl. Bauckham 1988, S. 4739 ff., und C. Detlef G. Müller 1997, S. 563 f.

154 Hierbei handelt es sich um ein Fragment aus der Papyrussammlung der Österreichischen Nationalbibliothek (G 39756, das sog. Erzherzog-Rainer-Fragment) und um eines aus der Bodleian Library in Oxford (MS Gr. th. f. 4 [P], das sog. Bodleian-Fragment). Beide Fragmente stammen aus demselben Codex; vgl. hierzu James 1931 und Kraus/Nicklas 2004, S. 121. Zur Datierung vgl. Kraus/Nicklas 2004, S. 122.

155 Vgl. die ausführliche Beschreibung des Codex bei van Minnen 2003, S. 19–25.

3. Die Formierung und Transformation von Jenseitsräumen in der nicht-paganen Antike

der *Petrus-Apokalypse*, die in Richtung des *Petrus-Evangeliums* redigiert worden war,[156] und andere apokryph gewordene Literatur in einem Codex zusammengestellt, der – eventuell einem Mönch[157] – mit ins Grab gegeben wurde. Diese während einer Grabung im Winter 1886/87 in Akhmim gefundene griechische *Petrus-Apokalypse* weicht in ihrer Gestalt deutlich von dem äthiopisch überlieferten Text ab, der recht nah an der frühesten annehmbaren und mit Einschränkungen auch rekonstruierbaren[158] Fassung steht, wie gemeinhin angenommen wird.[159] Die durch diese Dokumente bis ins Frühmittelalter belegte Wertschätzung der *Petrus-Apokalypse* beeinträchtigt auch nicht, dass ihr Geltungsanspruch schon früh umstritten war:[160] So wird ihr im *Muratorischen Fragment* ein ambivalenter Status zugesprochen.[161] Aber erst ab dem Frühmittelalter gibt es keine Hinweise dafür, dass die *Petrus-Apokalypse* außerhalb Äthiopiens überliefert wurde.[162]

Wenn nun die koptische Fassung der *Paulus-Apokalypse* auch eine Ölbergszene enthält, ist es mehr als wahrscheinlich, dass es sich dabei nicht nur um eine Analogie, sondern um eine Bezugnahme im Sinne einer Autoritätsanleihe handelt. Denn zum einen handelt es sich bei der *Petrus-Apokalypse* um die erste genuin christliche Erzählung der Höllenstrafen; es ergibt Sinn, wenn die *Paulus-Apokalypse*, die ebenfalls von der Bestrafung der Sünder

---

156 Die Forschungsdiskussion ist komplex und kann hier vernachlässigt werden (vgl. meine Anm. 163). Sehr sorgfältig entwickelt der Aufsatz von Nicklas 2005 das Problem; die Überlegungen von van Minnen 2003, S. 26 ff., gehen in dieselbe Richtung.
157 Vgl. Bauckham 1988, S. 4714 f.: »A fragment of the Greek text [...] was deposited in the grave of a Christian monk.« Jedoch warnen Kraus/Nicklas 2004, S. 27: »Die durch den Grabungsbefund nicht gestützte, hypothetische Annahme eines Mönchsgrabs sollte [...] allenfalls mit Vorsicht für weitere Rückschlüsse verwendet werden«.
158 Zu einem Versuch, die Aussage der frühesten rekonstruierbaren Fassung aus dem überlieferten Material abzuleiten, vgl. in dieser Arbeit S. 80 ff.
159 1907 respektive 1910 wurden äthiopisch überlieferte, pseudo-klementinische Texte in der *Revue de l'Orient Chrétien* veröffentlicht, unter denen sich auch die *Petrus-Apokalypse* befand. Wie M. R. James 1910/11 sofort erkannte, handelt es sich um eine gegenüber dem Text von Akhmim ältere Fassung (vgl. ebenda, S. 53 f. u. bes. S. 573 ff.), die in einigen Hinsichten von jener griechischen Version deutlich abweicht. – Vgl. allgemein zur Priorität der äthiopischen Apokalypse Bauckham 1994, S. 10–12. Der beste äthiopische Text findet sich jetzt in Buchholz 1988, es gibt nur zwei Manuskripte (wohl aus dem späten 15. oder 16. Jahrhundert sowie aus dem 18. Jahrhundert; zu den Hss. vgl. Buchholz 1988, S. 119–139). Zur Überlieferung vgl. auch Marrassini 2011.
160 Man kann von einem Ursprung des *Muratorischen Fragments* im 2. Jh. n. Chr. ausgehen, obwohl dies nicht unumstritten ist; vgl. zu dem Problem ausführlich Verheyden 2003, bes. S. 528 f. u. S. 545 f.
161 Vgl. MFrg, Z. 71-73: »apocalapse etiam iohanis et pe|tri tantum recipimus quam quidam ex nos|tris legi in eclesia nolunt«. Diese Ambivalenz kommentieren Kraus/Nicklas 2004, S. 88 f. (Herv. i. O.): »(1) Sie ist – neben der Johannesoffenbarung – die einzige Apokalypse, die in der ›katholischen (Kirche)‹ angenommen wird. (2) Das heißt aber nicht, dass unumstritten ist, ob sie *öffentlich im Gottesdienst* gelesen werden soll. Zumindest von einigen ›*der Unsrigen*‹ wird dies offensichtlich abgelehnt. Gleichzeitig muss die zumindest teilweise Ablehnung liturgischer Verlesung der PA nicht bedeuten, dass der Text nicht für eine *private Lektüre* als durchaus brauchbar angesehen wurde, wie das im Text nachfolgende Beispiel des Hirten des Hermas nahe zu legen scheint.«
162 Vgl. C. Detlef G. Müller 1997, S. 564.

erzählt, an sie anschließt. Zum anderen ist eine solche Einbettung für apokalyptische Texte an sich bereits auffällig und führte im Fall des griechischen Texts der *Petrus-Apokalypse* dazu, dass ihn Albrecht Dieterich, der die äthiopische Fassung nicht kennen konnte, nicht als eigenständige Apokalypse betrachtete, sondern dem *Petrus-Evangelium* zurechnete.[163] Gerade aber anhand des erzählerischen Aufwands, der betrieben werden muss, um die Ölbergszene sinnvoll in die *Paulus-Apokalypse* integrieren zu können, kann man schließlich erkennen, dass durch diese Übernahme bewusst an die *Petrus-Apokalypse* angeschlossen wird, in deren Komposition sich die Ölbergszene problemlos fügt.

Denn obwohl sich beide Texte mit der Ölbergszene auf den narrativen Rahmen der Evangelien beziehen,[164] wird nur im Fall der *Petrus-Apokalypse* durch diesen Anschluss das übliche Verfahren gewählt, um im *Neuen Testament* nicht dargestellte Offenbarungen Jesu einzuleiten, nämlich die Situierung auf dem Ölberg[165] in der Zeit zwischen Auferstehung und Himmelfahrt.[166] Das Geschehen auf dem Ölberg spielt sich somit in der Zeit vor der Bekehrung und Berufung des Apostels Paulus ab. Damit Paulus in der koptischen Fassung der *Paulus-Apokalypse* nicht in einen anachronistischen Zusammenhang integriert wird, ist die Handlung in der Zeit nach Christi Himmelfahrt situiert, da Christus – anders als in der *Petrus-Apokalypse* – in der koptischen *Paulus-Apokalypse* auf dem Cherubenwagen, also aus dem Himmel kommend den Jüngern erscheint. In diesen Adaptionen und Modifizierungen mag man auch eine Strategie erkennen, Paulus auf dieselbe Stufe wie Petrus, die ›Krone‹ der Apostel, und Johannes, den Lieblingsjünger, zu stellen;[167] alle drei werden von Jesus namentlich begrüßt.[168]

---

163 Vgl. bereits Dieterich 1913, bes. S. 16. Vgl. dazu von Dobschütz' Kritik: »Die ersten litterarischen Produkte, welche die Christenheit teils aus der jüdischen Litteratur übernahm, teils selbst hervorbrachte, waren Apokalypsen. Die Gattung der Geschichtserzählungen (Evangelien) ist erst die spätere. In die Evangelien arbeitete man wohl Apokalyptisches hinein, nicht aus Evangelien Apokalypsen heraus« (von Dobschütz 1894, S. 347). Carl Schmidt 1894, Sp. 562, versteht den narrativen Rahmen als Legitimierungsstrategie. Vor dem Hintergrund einer veränderten Quellenlage formuliert Nicklas 2005, S. 91 f., vorsichtig: »Das von Dieterich vorgebrachte Argument, der narrative Rahmen, der sich in Akhm. 2 zeige, könne *nur* aus einem Evangelium stammen, ist zwar durch den Fund der äthiopischen *Offenbarung des Petrus* widerlegt. Nicht widerlegt ist aber das Implizit aus diesem Argument, dass der narrative Rahmen sich auch sehr gut (ja eigentlich besser als in eine Apokalypse) zur Einbettung in einen Evangelientext [...] eignet« (Herv. i. O.).
164 Vgl. Bauckham 1994, S. 19 ff.
165 In ApkPetr (äth) 15 findet ein Ortswechsel hin zum Heiligen Berg statt; damit ist der Tempelberg gemeint (vgl. Bauckham 1994, S. 42; vgl. auch die Hinweise in meiner Anm. 378).
166 Vgl. C. Detlef G. Müller 1997, S. 566, Anm. 2. So auch Carl Schmidt 1894, Sp. 562. Vgl. ferner in dieser Arbeit Anm. 377.
167 Vgl. Gal 2,8 f.
168 Vgl. ApkPl (kopt) 64: »While the apostles (ἀπόστολος) were still (ἔτι) speaking with us, the Savior (σωτήρ) Christ appeared to us on the chariot (ἅρμα) of the cherubim. He said to us, ›Greetings (χαῖρε) my holy disciples (μαθητής) whom I chose from the world (κόσμος).

Auf jeden Fall verdeutlicht dieses Ringen um Autorisierungsstrategien den prekären Status der *Paulus-Apokalypse*, der den koptischen Bearbeiter dazu führte, recht aufwendig den narrativen Rahmen der *Petrus-Apokalypse* zu übernehmen, obwohl dieser nicht recht zu einer *Paulus-Apokalypse* passen wollte. Der Autorisierungsversuch geht nicht ganz auf. Dieses Defizit wird auch nicht dadurch ausgeglichen, dass die Ölbergszene natürlich auch eine wichtige narrative Funktion hat: Sie schließt eine Lücke, wie man sie im Text der lateinischen Langfassungen findet, in denen sich die Entrückung ebenso situations- und kontextlos wie im *Zweiten Korintherbrief* ereignet. Sie wird nicht in Paulus' Biographie integriert, wie etwa in der gnostischen *Paulus-Apokalypse*, die sich in der Nag-Hammadi-Bibliothek befand: Diese verortet das Geschehen auf dem ›Berg von Jericho‹ auf Paulus' Weg nach Jerusalem.[169]

Nach dem Ausgeführten verwundert es kaum, dass die *Paulus-Apokalypse*, obwohl sie in monastischen Kreisen gern gelesen wurde,[170] zu keinem Zeitpunkt in der Spätantike einen ähnlichen Status wie die *Petrus-Apokalypse* erlangt. Während diese schon im 2. Jahrhundert zirkuliert, tritt die *Paulus-Apokalypse* erst um 400 n. Chr. auf den Plan und steht so unter unvergleichlich höherem Legitimations- respektive Autorisierungsdruck, der dadurch verstärkt wird, dass die Existenz einer solchen Apokalypse der Aussage des *Korintherbriefs* widerspricht, an den sie doch ostentativ anschließt. Vor diesem Hintergrund ist es umso erstaunlicher, dass gerade die *Paulus-Apokalypse* im europäischen Mittelalter und darüber hinaus wirkte,[171] was unter anderem darin sinnfällig wird, dass sich Dante nicht mit Aeneas und Petrus, sondern mit Aeneas und Paulus vergleicht. Um den Bedeutungsverlust der *Petrus-Apokalypse* und die Kraft der *Paulus-Apokalypse* erklären zu können, die dazu führte, dass sie ins Lateinische übersetzt im Westen weithin wirkte, sind vor allem die Texte selbst vergleichend zu befragen. Als ›tertium‹ dieses Vergleichs bietet sich der kleinste gemeinsame Nen-

---

Greetings (χαῖρε) Peter, the crown of the apostles (ἀπόστολος). Greetings (χαῖρε), John, my beloved. Greetings (χαῖρε) all of my apostles (ἀπόστολος). May the peace (εἰρήνη) of my good (ἀγαθός) Father be with you.‹ Then (εἶτα) he turned to our father and said to him, ›Greetings (χαῖρε), Paul, esteemed bearer of epistles (ἐπιστολαφόρος). Greetings (χαῖρε), Paul, the mediator (μεσίτης) of the covenant (διακήνη). Greetings (χαῖρε), Paul, the crown and the foundation of the church (ἐκκλησία). Have (ἆρα) you been persuaded by the things which you have seen? Have (ἆρα) you been fully assured (πληροφορεῖν) about that which you have heard?‹«.

169 In welchem genaueren Kontext das Geschehen verortet wird, lässt sich leider nicht mehr sicher rekonstruieren, vgl. Klauck 2007, S. 61 f.
170 Vgl. Soz. hist. eccl. VII,19,10: τὴν δὲ νῦν ὡς Ἀποκάλυψιν Παύλου τοῦ ἀποστόλου φερομένην, ἣν οὐδεὶς ἀρχαίων οἶδε, πλεῖστοι μοναχῶν ἐπαινοῦσιν. (»Die jetzt als Apokalypse des Apostels Paulus verbreitete Schrift aber, die keinem der Alten bekannt ist, rühmen viele Mönche.«)
171 Im lateinischen Westen und in den koptisch und syrisch sprechenden Kirchen des Ostens wurde die *Petrus-Apokalypse* von der *Paulus-Apokalypse* gleichsam abgelöst, im griechischen Osten von der *Apokalypse der Jungfrau Maria* (vgl. Bauckham 1994, S. 8).

ner der Texte an, ihr Sujet. Es wird zu fragen sein, welche Jenseitsräume *Petrus-* und *Paulus-Apokalypse* entwerfen und wie sie diese erzählen.[172] Um die Alleinstellungsmerkmale beider Texte historisch adäquat erfassen zu können, ist ein Blick auf die Traditionen zu werfen, von denen beide Texte ausgehen, indem sie sich diese je unterschiedlich transformierend aneignen. Die Untersuchung der Tradition dient dabei zugleich der historisch-narratologischen Klärung der Frage, welche Bedingungen für Erzählungen von Jenseitsreisen gelten.

3.2 Der Jenseitsraum

3.2.1 Die Emergenz des Jenseits- als Bewegungsraum: Das *Buch der Wächter*

Als Henoch das wahrlich biblische Alter von 365 Jahren erreicht hatte, war er auf einmal »nicht mehr da«, wie es in Gen 5,24 lapidar heißt. Diese leibliche Entrückung[173] in den Himmel stellt eine außergewöhnliche Auszeichnung dar. Eine solch spektakuläre Himmelfahrt prädestinierte Henoch anscheinend zum Jenseitsreisenden ›par excellence‹. Spätere Jahrhunderte haben auf diese besondere Eignung Henochs zurückgegriffen, die Grenze zwischen Diesseits und Jenseits zu übertreten; als erster Text erzählt das *Erste Henochbuch* umfassend von Henochs Jenseitsreisen, die in weiteren Texten des Henochkorpus wieder- und weitererzählt werden. Nicht nur die literarhistorisch frühe Stellung, sondern auch die Verschiedenheit der erzählten Jenseitsreisen lässt es deshalb als günstig erscheinen, die historisch-narratologische Klärung der Frage, welche Bedingungen für Erzählungen von Jenseitsreisen gelten, anhand einer Analyse von Henochs Jenseitsreisen zu entwickeln.

Die Zusammenstellung, die gewöhnlich als *Erstes Henochbuch* bezeichnet wird, gehört in der äthiopisch-orthodoxen Kirche zum Kanon,[174] zählt aber zu den Texten, die nicht

---

172 Diese Frage wird in dieser Arbeit wieder auf S. 112 ff. aufgegriffen und beantwortet.
173 Auch Elias wurde leiblich entrückt, vgl. 2 Kön 2,11: »Und es geschah, während sie [Elia und Elisa, MB] gingen, gingen und redeten, siehe da: ein feuriger Wagen und feurige Pferde, die sie beide voneinander trennten! Und Elia fuhr im Sturmwind auf zum Himmel.« – Zur Unterscheidung von Jenseitsreise, Himmelfahrt und Entrückung vgl. in dieser Arbeit S. 43.
174 Vgl. Uhlig 1984, S. 470 f., und Oegema 2001, S. 142. – Im ntl. *Brief des Judas* (1,14 f.) wird 1 Hen 1,9 zitiert, das *Erste Henochbuch* also als ›heilige Schrift‹ angesehen (vgl. Herrmann 2000, Sp. 1628). Tertullian kommt in seiner Schrift *De cultu feminarum* auf die Kanonizität des *Henochbuchs* zu sprechen: Neben dem Zeugnis des Judas war dabei auch »der auf Christus hinweisende Inhalt« des *Henochbuchs* ein positiver Grund »für die Aufnahme des Buchs in den Kanon« (Felber 2002, S. 22) und zugleich Erklärung für die Ablehnung des Buchs durch die Juden; vgl. Tert. cult. fem. 1,3,3: »Sed cum Enoch eadem scriptura etiam de domino praedicarit, a nobis quidem nihil omnino reiciendum est quod pertineat ad nos. Et legimus omnem scripturam aedificationi habilem diuinitus inspirari. A Iudaeis postea

in das *Alte Testament* aufgenommen wurden. Das *Erste Henochbuch* ist vollständig nur in Äthiopisch überliefert, einzelne Abschnitte desselben sind aber auch in Aramäisch, Griechisch,[175] Syrisch und Koptisch auf uns gekommen.[176] In dieser Arbeit wird von der historisch-kritisch informierten Übersetzung Uhligs ausgegangen, die »den hypothetisch erschlossenen Archetypus zu übertragen« (Uhlig 1984, S.490) versucht; sie wurde mit der englischen Übersetzung von Nickelsburg/VanderKam 2004 verglichen.

Die ersten 36 Kapitel des *Ersten Henochbuchs* bilden das *Buch der Wächter*. Durch die Funde in Qumran lassen sich die ältesten Teile des *Buchs der Wächter* in vormakkabäische Zeit datieren.[177] Das *Buch der Wächter* erzählt von der illegitimen Grenzüberschreitung der Wächterengel und ihrer Bestrafung sowie von Henochs Jenseitsreisen, die unter anderem zum jenseitigen Strafort der Wächterengel führen. Auf das *Buch der Wächter* (1 Hen [äth] 1-36) folgen die *Bilderreden* (1 Hen [äth] 37-71), das *Astronomische Buch* (1 Hen [äth] 72-82), das *Buch der Traumvisionen* (1 Hen [äth] 83-91) und schließlich *Henochs Epistel* (1 Hen [äth] 92-106).

Im *Ersten Henochbuch* finden sich wiederholt Rückgriffe auf das Sujet der Jenseitsreise, das in die je spezifischen Zusammenhänge des jeweiligen Abschnitts eingelassen und unterschiedlich gestaltet wird: Allein das *Buch der Wächter* (1 Hen [äth] 1-36) erzählt von einer Himmelfahrt und zwei Jenseitsreisen Henochs, deren Kontext stets die Erzählung vom Engelfall darstellt. (Heils)zeitliche und räumliche Aspekte des Jenseits stehen somit in einer spezifischen Verbindung zueinander: Nach der eröffnenden eschatologischen Rede Henochs (1 Hen [äth] 1-5) entwickelt das *Buch der Wächter* zunächst eine »mehrschichtige Ätiologie des Bösen«[178] in der Welt (1 Hen

---

<potest> iam uideri propterea reiectam, sicut et cetera fere quae Christum sonant. Nec utique mirum hoc, si scripturas aliquas non receperunt de eo locutas quem et ipsum coram loquentem non erant recepturi. Eo accedit quod Enoch apud Iudam apostolum testimonium possidet«. (»Allein da Henoch in derselben Schrift auch vom Herrn gesprochen hat, so haben wir von dem, was für uns bestimmt ist, durchaus nichts zu verwerfen. Auch lesen wir, daß jede Schrift, die zur Erbauung dienlich ist, von Gott eingegeben werde. Die Juden können zu deren Verwerfung denselben Grund gehabt haben, wie zur Verwerfung alles übrigen, was von Christus handelt. Und es ist fürwahr auch kein Wunder, wenn sie einige Schriften, die von ihm redeten, nicht angenommen haben, da sie ja ihn selbst, der in eigener Person zu ihnen redete, nicht anerkannten. Dazu kommt ferner, daß Henoch bei dem Apostel Judas ein Zeugnis für sich aufzuweisen hat.«)

175 Fragmente des *Buchs der Wächter* wurden in demselben Codex gefunden, in dem auch die griechische *Petrus-Apokalypse* enthalten ist (vgl. S. 32).
176 Ein Stemma findet man bei Uhlig 1984, S.491.
177 Vgl. Uhlig 1984, S.494: zwischen dem Ende des 3. und der Mitte des 2. Jhs. v. Chr; eine gute Übersicht über die angloamerikanische Forschung bietet Stock-Hesketh 2000, S.27; vgl. ferner die Differenzierungen und Erweiterungen in der Übersicht bei Oegema 2001, S.134; zu den aramäischen Fragmenten des *Buchs der Wächter* aus Qumran vgl. Nickelsburg 2001, S.9f.; die Forschung ist auf dem neuesten Stand dargestellt und umsichtig diskutiert bei Bachmann 2009b.
178 Stowasser 2004, S.25. Damit macht er darauf aufmerksam, dass das *Buch der Wächter* als komponierte *Einheit* ernst genommen werden sollte, obwohl natürlich unbestritten Spannungen etwa zwischen Elementen der Semyāza- und der Azāʾēl-Erzählung bestehen (vgl. hierzu auch John J. Collins 1982, bes.S.95). Auch Knibb 2009 argumentiert im Zuge seiner

[äth] 6-16). Anders als in der biblischen Darstellung des Sündenfalls (Gen 6,1-8) sind nicht die Menschen für das Böse verantwortlich;[179] vielmehr sind es im *Buch der Wächter* die Engel, die dadurch das Böse in die Welt bringen, dass sie mit den »schöne[n], reizvolle[n] Töchter[n]« (1 Hen [äth] 6,1) der Menschen Unzucht treiben und illegitimes Wissen vermitteln, das die Menschen verdirbt.[180] Aus der Verbindung der Frauen mit den Wächterengeln gehen Riesen hervor, die sich schließlich auch gegen die Menschen wenden.[181] Diese Anfangserzählung vom Fall der Engel bleibt keine reine Protologie, sondern enthält Elemente, in denen auf Eschatologisches verwiesen wird. Dabei wird auch der für das *Buch der Wächter* so zentrale Zusammenhang von Eschatologie und Ethik deutlich,[182] etwa wenn Gott Raphael unmittelbar nach der Klage der Erzengel über die Verfehlungen der Wächterengel befiehlt:

> Binde den Azāz'ēl an Händen und Füßen und wirf ihn in die Finsternis, und reiße die Wüste auf, die in Dudā'ēl ist, und wirf ihn hinein. Und lege auf ihn rauhe, spitze Steine und bedecke ihn mit Finsternis, und dort soll er für ewig hausen, und bedecke sein Angesicht, damit er das Licht nicht sehe. Und am großen Tag des Gerichtes soll er in die Feuerglut gestoßen werden. (1 Hen [äth] 10,4-6)

Kritik an Nickelsburg 2001 in diese Richtung: »Despite the obvious seams, the book as we have it has an internal coherence, and the focus of interpretation should perhaps be on this« (S. 89). Wo eher die Disparität des Texts betont wird, können verschiedene Textschichten identifiziert werden. Dies hat zu mitunter recht komplexer Hypothesenbildung geführt (vgl. zu 1 Hen [äth] 6-11 die Arbeit von Bhayro 2005, bes. S. 11–20).

179 In der *Genesis* wird zwischen der Verbindung von Gottessöhnen und Menschentöchtern und der Entstehung des Bösen auf der Erde kein Kausalnexus hergestellt, ja ganz im Gegenteil: Von vornherein (vgl. Gen 3 mit dem Sündenfall) ist die »Bosheit des Menschen« (Gen 6,5) angenommen. In der Zeit vor der Flut nahm diese zu, ohne dass damit der Abstieg der Engel in Verbindung stünde, der in Gen 6,1-4 nicht negativ bewertet wird. – Man hat in diesem Zusammenhang in der Erzählung vom Engelfall einen »Midrasch zu Gen 6« (Oegema 2001, S. 145) sehen wollen (zur Kritik an Termini wie ›Midrasch‹, die in diesem Zusammenhang in der Forschung häufig gebraucht werden, vgl. Nickelsburg 2001, S. 168 f.); eher lässt sich aber davon ausgehen, dass dieser Teil des *Buchs der Wächter* von einer älteren, nicht erhaltenen Fassung des Engelabstiegs abhängt, in der dieser als Ursache des Bösen in der Welt betrachtet wurde. Im Gegensatz hierzu stelle die Version in der *Genesis* eine »radical revision« (Davies 2006, S. 103) dar. Zu den wechselseitigen Bezügen und dem komplexen Verhältnis der Fallerzählungen in der *Genesis* und im *Buch der Wächter* vgl. auch Kvanvig 2004.

180 Vgl. 1 Hen (äth) 8,1 f.: »Und Azāz'ēl lehrte die Menschen Schwerter und Messer, Schilde und Brustpanzer herzustellen, und er zeigte ihnen ‹die Metalle› und ihre Bearbeitung, Armspangen, Schmuck und den Gebrauch der Augenschminken und der Augenverschönerung und das kostbarste und auserlesenste Gestein und allerlei Farbtinkturen. Und die Welt veränderte sich. Und es herrschte große Gottlosigkeit, und sie trieben viel Unzucht und gingen in die Irre, und all ihre Wege wurden böse.«

181 Vgl. zu den Riesen auch meine Anm. 226.

182 Vgl. Münchow 1981, S. 17–25.

Azāz'ēl wird für seine Grenzverletzung, das Verlassen der himmlischen Sphäre[183] und die weiteren illegitimen Handlungen wie die Offenbarung destruktiven Wissens,[184] konsequent damit bestraft, dass er nicht mehr im Himmel leben darf, sondern unter der Erde sein Dasein fristen muss, bis er am Jüngsten Tag in die »Feuerglut gestoßen« (1 Hen [äth] 10,6) wird. In der Erzählung vom Engelfall (1 Hen [äth] 6-16) mit der Verbindung von Proto- und Eschatologie herrscht somit eine heilszeitliche Perspektive auf das Jenseits vor; gleichwohl werden mit den Distanzmarkierungen der Bilder von Finsternis und unterirdischer Verwahrung auch räumliche Codierungen eingesetzt und es wird von einer imaginären Himmelfahrt Henochs erzählt (1 Hen [äth] 14-16): In einer Vision wird er in ein räumlich abgetrenntes Jenseits bis hin zum Thron ›seiner großen Herrlichkeit‹ geführt; Gott offenbart ihm das Schicksal der Wächterengel und der Riesen.

Demgegenüber ist in dem auf die Erzählung vom Engelfall folgenden Abschnitt des *Buchs der Wächter* das Jenseits entschieden räumlich verfasst (1 Hen [äth] 17-36): Henoch reist, begleitet von ›angeli interpretes‹, an die Enden der Welt, um die »Enden aller Dinge« (1 Hen [äth] 19,3) zu ›erfahren‹. Diese Reise Henochs mag historisch auf die diplomatische Praxis der ›Reichsbesichtigungen‹[185] und rituelle Praktiken der Initiation in Weisheit zurückgehen;[186] für die Fragestellung dieser Arbeit ist jedoch entscheidend, dass mit den Bedingungen der Möglichkeit produktiv umgegangen wird, Jenseitsräume im kategorialen Rahmen dieser Welt darzustellen. Der Jenseitsraum wird durch die Struktur der Reise erzählbar gemacht: Wie im Folgenden zu zeigen ist, löst diese narrative Strategie, systematisch gespro-

---

183 Vgl. die Begründung Gottes in 1 Hen (äth) 15,6f.: »Aber ihr [sc. die Wächter, MB] wart vorher geistig, des ewigen, unsterblichen Lebens teilhaftig für alle Generationen der Welt. Und darum habe ich für euch keine Frauen geschaffen; denn die Geistigen des Himmels (haben) im Himmel ihre Wohnung.«
184 Vgl. 1 Hen (äth) 16,3: »Ihr seid im Himmel gewesen, aber die Geheimnisse waren euch noch nicht offenbart, doch ein verwerfliches Geheimnis kanntet ihr, und das habt ihr in eurer Hartherzigkeit den Frauen mitgeteilt, und durch dieses Geheimnis vermehren die Frauen und Männer das Böse auf Erden.«
Die antispekulative Stoßrichtung, die in 1 Hen (äth) 6-11 dominiert, steht in Spannung zu den urano- u. kosmographischen sowie eschatologischen Offenbarungen der Henochschriften; gegenüber den Wächterengeln erscheine Henoch als »positive paradigm« (Reed 2004, S. 66).
185 Vgl. Bachmann 2009b, S. 78.
186 Vgl. Newsom 1980, S. 323–328, die, von einer Analogie zwischen König und Gott ausgehend, die Struktur und Funktion von 1 Hen 17-19 durch die Praxis nahöstlicher Diplomatie erklärt, die die Macht eines Königs zeige, indem all seine Besitztümer präsentiert würden. Die Reise sei darüber hinaus traditionell auch ein Symbol für die Initiation in Weisheit; dabei gehe es mehr noch als um Henochs Weisheit um die Weisheit Gottes. Beide Aspekte, Reichsbesichtigung und Initiation in Weisheit, seien in Henochs erster Jenseitsreise (1 Hen 17-19) kombiniert, so dass Henoch auf seiner Reise Gottes Weisheit und Macht erfahre.

chen, zum einen das Problem der Repräsentation von Räumen[187] in Literatur und zum anderen das Problem der Verfügbarmachung des Jenseits.[188]

Dabei ist schon die erste Frage nach der literarischen Repräsentation von Räumen äußerst komplex: Um Räume überhaupt sprachlich codieren zu können, ist eine doppelte Transformationsleistung nötig, die darin besteht, dass zum einen die visuell wahrgenommene Simultaneität eines Raum*eindrucks* und zum anderen die multisensorische Qualität der Raumwahrnehmung nicht problemlos in eine Erzählung überführt werden können.[189] Bei diesem Rekurs auf das ›Linearisierungsproblem‹ geht es mir nicht darum, die problematische Unterscheidung von Raum- und Zeitkünsten zu perpetuieren;[190] auch Bilder oder Architekturen werden gelesen, was sich als linear-sukzessive Wahrnehmungsbewegung fassen lässt. Der für diese Argumentation wichtige Unterschied zwischen Gesicht und Schrift ist erstens, dass ein Raumeindruck simultan erfasst wird, Texte hingegen aus der linearen Sukzession von Wörtern bestehen; wenn ich eine Seite eines Buches aufschlage, einen Papyrus rolle usw., ›sehe‹ ich überhaupt nichts außer willkürlichen Zeichen. Erst im lesenden Nachvollzug entsteht sukzessive eine mentale Raumrepräsentation.[191] Hinzu kommt zweitens, dass

---

187 Es hat sich in der literatur- respektive kulturwissenschaftlichen Forschung durchgesetzt, davon auszugehen, dass es keinen »›Raum an sich‹ [gibt], der immer schon oder gar substanziell ›da‹ ist und der alles, Dinge und Bewegungen, ›in sich‹ aufnimmt« (Böhme 2009, S. 196). Vielmehr sei Raum performativ zu begreifen – als etwas, das durch Handlungen historischer Subjekte hervorgebracht werde (vgl. Curtis u. a. 2004). Auf einer anderen Ebene argumentiert Dennerlein 2009: Gestützt auf Ergebnisse der Evolutionsbiologie, hat sie für die literaturwissenschaftliche Analyse angeregt, den Raum, wie er im mentalen Modell imaginiert wird, als ›Containerraum‹ zu begreifen, ohne damit eine Aussage darüber treffen zu wollen, »wie der ›Raum an sich‹ beschaffen ist, oder ob es sich [bei der Containervorstellung, MB] um eine ontologisch korrekte, bzw. naturwissenschaftlich adäquate Annahme handelt« (ebenda, S. 61 f.). Auch Dennerlein betont, dass der Raum narrativ hergestellt werden muss, auch wenn der Rezipient im Prozess der Lektüre ein mentales Modell aufbaut, in dem der Raum als dreidimensionaler Containerraum vorgestellt wird. Damit steht Dennerleins Position, entgegen ihrer eigenen Intuition, nicht in Widerspruch zu der kulturwissenschaftlichen.
188 Vgl. zum Folgenden Benz/Weitbrecht 2011. Besonders interessant ist in diesem Zusammenhang die Raumkonzeption Glasers 2004. Ausgehend von ›Ordnungsräumen‹ (»Raum wird strukturiert durch räumliche Beziehungen und durch Richtungen. Der Ordnungsraum ist meist die kleinste Einheit einer Raumvorstellung«, ebenda, S. 20) grenzt sie auf einer übergeordneten Ebene ›Schwellenräume‹, in denen die Prinzipien der Grenzziehung und Grenzüberschreitung dominieren, von ›Bewegungsräumen‹ ab, die vorrangig durch die erzählte Bewegung konstituiert werden.
189 Diese komplexen Interferenzen zwischen sinnlicher Raumwahrnehmung, kognitiven Prozessen und sprachlichen Strukturen sind nicht hinreichend erforscht. Aus linguistischer Perspektive führen Habel/Stutterheim 2000 in die Problematik ein. Vgl. ferner Beck 1994, S. 15 ff., zur sprachlich-literarischen Repräsentation von Räumen.
190 Vgl. Meister 2006.
191 Für die Argumentation dieser Arbeit spielt die nach wie vor offene Frage (vgl. Dennerlein 2009, S. 109 f.), ob räumliche Relationen bildlich oder in Form von Propositionen memoriert werden, keine Rolle.

Raumwahrnehmung vor allem, aber nicht ausschließlich visuell bestimmt ist, und dass die auditiven, taktilen, olfaktorischen und auch gustatorischen Reize, die zum Raumerleben beitragen, ebenfalls in die Erzählung übersetzt werden müssen, so dass zum Linearisierungsproblem noch das Problem der Versprachlichung multisensorischer Wahrnehmung hinzutritt. Der von der Selbstwahrnehmung, den Sinneseindrücken und insbesondere der Perspektive der jeweiligen Figur abhängige Raum kann im Medium der Erzählung nicht unmittelbar sinnlich erfahren werden; vielmehr muss mittelbar eine entsprechende sprachliche – und damit linear-sukzessive – Codierung die kognitiven Prozesse des Lesers (oder Hörers) so stimulieren, dass dieser Raum in dessen Imagination entsteht. Auf diese Übersetzungsleistungen kommt es hier an.

Was die Lösung des Linearisierungsproblems der Raumwahrnehmung betrifft, liegt es nahe, von einer kognitionswissenschaftlich etablierten Unterscheidung auszugehen: Demnach bietet sich bei der sprachlichen Codierung einer komplexen räumlichen Vorstellung zum einen der Beschreibungstyp der ›Karte‹ an, bei dem ein Sprecher oder Schreiber in Analogie zu Landkarten »ein System von Orientierungsachsen [konstruiert], das er auf den zu beschreibenden Raum projiziert«;[192] zum anderen kann der Beschreibungstyp der ›Wanderung‹ eingesetzt werden,[193] bei dem »die komplexe Raumstruktur« durch Bewegung »in eine lineare zeitliche Struktur transformiert wird«.[194] Bei ›Karte‹ und ›Wanderung‹[195] handelt es sich um Termini, die zwar einerseits zwei verschiedene Arten, Raum sprachlich zu repräsentieren, besonders anschaulich charakterisieren. Andererseits aber weisen die beiden Termini eine Reihe problematischer Implikationen auf und stellen eher suggestive als präzise Beschreibungen einer Alternative dar. Denn eigentlich muss zwischen den beiden Polen einer nicht-situationsbezogenen Raumbeschreibung unter Nutzung standortunabhängiger Referenzsysteme und einer situationsbezogenen Verhandlung von Raum unter Nutzung eines standortabhängigen Referenzsystems unterschieden werden.[196] Wenn Infor-

---

192 Wenz 2009, S. 213.
193 Grundlegend zur Unterscheidung von ›Karte‹ und ›Wanderung‹ ist die Darstellung von Wenz 1997, S. 69–74 u. S. 104–106.
194 Wenz 2009, S. 212.
195 Es ist darauf hinzuweisen, dass die beiden Bescheibungstypen komplementäre (und nicht alternative) Konzepte darstellen, die einander wechselseitig bedingen: Vgl. etwa Wagner 2005, S. 199–200, und de Certeau 1988, S. 222: »[...] ein Element der Karte ist die Voraussetzung für eine Route. Das narrative Gewebe, in dem die Beschreiber von Routen überwiegen, wird also vom Beschreibern vom Typus Karte punktiert unterbrochen [...]. Somit hat man also die Struktur des Reiseberichtes: die Geschichten von Wanderungen oder von Gebärden werden durch die ›Zitierung‹ von Orten markiert, die sich daraus ergeben oder die sie autorisieren«.
196 Die in dieser Arbeit benutzte raumnarratologische Terminologie ist Dennerlein 2009 entnommen.

mationen zum Raum situationsbezogen im Rahmen einer Handlung, also nicht um ihrer selbst willen erzählt werden – es geht eigentlich um anderes als den Raum –, üben sie immer eine spezifische Funktion aus und sind nicht auf Exaktheit hin ausgerichtet; bei einer Raumbeschreibung liegt die Priorität dagegen auf dem Raum selbst, so dass die dadurch bedingte Exaktheit möglicherweise als ›Kartizität‹[197] des Textes wahrgenommen werden kann. Die Unterscheidung zwischen situations- und nicht-situationsbezogenen Erzählungen von Rauminformationen hat insofern nicht zwingend etwas mit dem Medium der Karte zu tun, als die Dynamik der Erzählung nicht mit einer Dynamik des Raums korreliert: Auch ein homogenes, kohärentes, auf Dauer gestelltes, statisches Raummodell kann situationsbezogen unter Nutzung eines standortabhängigen Referenzsystems erzählt werden. Sowohl Texte, in denen nicht-situationsbezogen Raum beschrieben wird, als auch solche, in denen Raum überwiegend situationsbezogen verhandelt wird, können, aber müssen keineswegs kartierbar sein. Deshalb bezeichne ich die nicht-situationsbezogene Beschreibung von Raum, die aufgrund der Nutzung standortunabhängiger Referenzsysteme einen besonderen Grad an Exaktheit und metrisch genauer Nachvollziehbarkeit aufweist, im Folgenden als Strategie der ›metrischen Beschreibung‹.[198]

Demgegenüber wird bei der situationsbezogenen Verhandlung Raum nicht exakt beschrieben; vielmehr werden raumbezogene Informationen zusammen mit den Handlungen und Wahrnehmungen der Figuren erzählt: Da es dabei darauf ankommt, dass die verschiedenen Ereignisregionen der Handlung und die diversen Wahrnehmungsbereiche der Figuren zu Bewegungsbereichen zusammengeschlossen werden,[199] ersetze ich den ebenfalls problematischen[200] Begriff der ›Wanderung‹ durch den der ›Bewegung‹.[201] Da diese Strategie erzählter Bewegung nicht nur das Linearisierungsproblem, sondern auch das Problem der Versprachlichung multisensorischer Raumwahrnehmung löst, scheint sie für Erzähltexte besonders adäquat zu sein: Der Leser (oder Hörer) begleitet mittels der Strategie erzählter Bewegung die Figuren auf ihrem Weg durch die fiktionale Welt, vollzieht sukzessive die raumgenerierenden Handlungen und die raumbezogenen visuellen, auditiven, taktilen, olfaktorischen und auch gustatorischen Wahrnehmungen der Figuren nach. Schritt für Schritt erfährt er verschiedene Rauminfor-

---

197 Zu Kartizität und Kartierbarkeit vgl. Stockhammer 2007, S. 67–71.
198 Zur Strategie der metrischen Beschreibung vgl. am Beispiel der Vision vom neuen Tempel in Jerusalem (Ez 40-48) in dieser Arbeit S. 49.
199 Vgl. hierzu ausführlich Dennerlein 2009, S. 115–163.
200 Der Begriff der ›Wanderung‹ wurde im Anschluss an einen Vortrag Kirsten Wagners wegen seiner spezifisch historischen Implikationen kritisiert (vgl. Wagner 2005; der Diskussionsbericht von Markus Krajewski befindet sich in diesem Band auf S. 207–212, hier S. 212).
201 Vgl. Dinzelbacher 1981, S. 131 ff., in Bezug auf die Visionsliteratur.

mationen sowie deren Relationen: So baut sich im Fortgang der Erzählung eine mentale Repräsentation der erzählten Welt auf.[202]

Bei der Erzählung von Jenseitsräumen wird das Problem der narrativen Codierung von Räumen durch das Problem der Erzählung von Nicht-Welt verschärft: Zwar können Räume erzählter Welten nie problemlos durch Verweise auf das Weltwissen der Leser ›herzitiert‹ werden, sondern müssen immer narrativ erzeugt werden;[203] dennoch können in fiktionaler Literatur »räumliche Gegebenheiten oder Bestandteile derselben«[204] an ›Unbestimmtheitsstellen‹[205] durch logische Überlegungen oder Rückgriffe auf das Weltwissen des Lesers »erschlossen werden«.[206] Diese Form des Schließens wird erschwert, wenn Räume dezidiert jenseits des sinnlich Erfahrenen wie überhaupt Erfahrbaren liegen und nach einer anderen Ordnung als die Räume dieser Welt strukturiert sind. Umso mehr gilt dies, wenn keine eindeutigen und allgemein verbindlichen Jenseitsvorstellungen vorhanden sind, auf die referiert werden könnte. Die Erzählung von Jenseitsräumen muss sich also durch eine besondere Dichte auszeichnen; die Rauminformationen werden dabei mittels der Strategie erzählter Bewegung narrativ transformiert und Jenseitsräume somit suggeriert, ohne dass man sie um der metrischen Exaktheit willen aufwendig beschreiben müsste.

Insofern verwundert es kaum, dass Jenseitserzählungen zu verschiedenen Zeiten in unterschiedlichen Kulturen in Form einer Reise dargeboten wurden. Die Erfahrung des Jenseitsraums wird sprachlich verfügbar gemacht, indem die Bewegung des Helden erzählt wird: Ein äußerst frühes Beispiel ist die auf der zwölften Tontafel des *Gilgamesch-Epos* überlieferte Jenseitsreise.[207] Gilgameschs Freund Enkidu begibt sich in die Unterwelt, um ein durch einen Erdspalt bis dorthin gefallenes Spielzeug zurückzuho-

---

[202] Vgl. Heisler 2007, S. 93 f. Zu Situiertheit und ›embodiment‹ vgl. Emmott 1997, S. 58: »In reading narrative texts, we imagine worlds inhabited by individuals who can be assumed to behave, physically and psychologically, in ways which reflect our real-life experiences of being situated in the real world. In real life we are always rooted in a specific physical context, so context-building simulates our need for orientation and our continuing awareness of our spatial-temporal co-ordinates«.
Auch Beck 1994 verbindet (im Zuge einer Analyse der Sprache Wolframs von Eschenbach) Raum und Handlung miteinander, was Glaser 2004, S. 46 f., mit gewissem Recht kritisch sieht. In Bezug auf die Jenseitsreisen lässt sich diese enge Kopplung aber rechtfertigen: Das Jenseits, das immanent prinzipiell unverfügbar ist, wird allein durch den erzählenden Nachvollzug der Handlungen und Wahrnehmungen des Jenseitsreisenden sprachlich verfügbar gemacht.

[203] Vgl. Dennerlein 2009, S. 92–93.

[204] Dennerlein 2009, S. 98.

[205] Dies unterscheidet Unbestimmtheitsstellen von Leerstellen, deren Füllung bloße Spekulation ist; vgl. Dennerlein 2009, S. 94–96.

[206] Dennerlein 2009, S. 98.

[207] Dabei handelt es sich um »die babylonische Übersetzung des zweiten Teils einer eigenständigen, sehr alten Gilgamesch-Erzählung in sumerischer Sprache« (Maul 2005, S. 40).

len – und muss wegen seines falschen Verhaltens ebendort bleiben.[208] Odysseus hingegen ist nur zeitweise an der Grenze zum Jenseits, wie seine von Homer besungene νέκυια zeigt. Trotz der Bekanntheit der Erzählung sollte der im Rahmen der *Odyssee* adäquate Terminus der νέκυια, der eigentlich die divinatorische Technik der Totenbefragung meint,[209] nicht als allgemeine Bezeichnung für die Erfahrung des Jenseits in literarischen Texten, auch nicht für Henochs Jenseitsreise im *Buch der Wächter*,[210] verwandt werden.[211] Denn zum einen suggeriert er, dass die νέκυια des Odysseus ein klassisches Modell liefere, und verdeckt somit die eben aufgezeigten systematisch beschreibbaren Hintergründe für die Wahl der Strategie erzählter Bewegung. Zum anderen ist er nicht trennscharf: Odysseus' rituelle Totenbeschwörung unterscheidet sich von Jenseits*reisen*,[212] im Sinne von Reisen durch das Jenseits, deren Bedeutung »im Vollzug der Bewegung, des Reisens, des Ortswechels an sich, nicht in einem bestimmten Ort oder Ziel [liegt], das erreicht werden muß«.[213] Von Jenseitsreisen wiederum sind die Jenseits*fahrten*, also Himmel- oder Unterwelts- respektive Höllenfahrten,[214] zu unterscheiden, die auf ein konkretes Ziel (beispielsweise die Aufnahme in den Himmel oder die Schau Gottes) hin ausgerichtet sind.

Jenseitsreisen wie -fahrten nutzen die narrative Strategie der Erzählung von Bewegung zur sprachlichen Darstellung jenseitiger Räume. Die Gestalt Henochs vermittelt zwischen diesen zu unterscheidenden Typen: Henochs Entrückung,[215] wie sie in der *Genesis* überliefert ist, muss als Spezialfall einer Himmelfahrt angesehen werden; auch der Inhalt der Vision in 1 Hen (äth) 14-16 entspricht einer Himmelfahrt. Henochs Bewegung durch verschiedene jenseitige Orte, wie sie in den Reisen an die Enden der Welt erzählt wird, stellt hingegen eine Jenseitsreise dar.[216] Diese Reise tritt Henoch jedoch nicht selbst an, sondern wird – mutmaßlich von Engeln

---

208 Vgl. Hecker (Hrsg.) 1994, S. 739–744.
209 Vgl. Haase 2002.
210 Dieser Aspekt wird in dieser Arbeit auf S. 57 ausgeführt.
211 Vgl. hierzu allgemein Giebel 2006.
212 Mit den Unterscheidungen zwischen Reise und Fahrt schließe ich mich den Scheidungsversuchen an, wie sie v. a. von Carsten Colpe zur Differenzierung und Abgrenzung der Lemmata im *Reallexikon für Antike und Christentum* expliziert wurden (vgl. meine Anm. 213, 214 und 216). Vgl. zur Abgrenzung von Fahrt und Reise Colpe 1991, Sp. 213.
213 Colpe/Habermehl 1997, Sp. 494.
214 Vgl. Colpe u. a. 1997, Sp. 408 f.: »Die Vorstellung von der J[enseitsfahrt] ist auf das Ergehen des Verstorbenen nach seinem exitus aus dieser Welt beschränkt.«
215 Vgl. Strecker 1962, Sp. 461, der ›Entrückung‹ als »Ortsveränderung [versteht], die dem Menschen durch eine übermenschliche Kraft zuteil wird«. Dabei bleibt der Mensch mit Leib und Seele in unveränderter Einheit. Das unterscheidet den Entrückten vom Ekstatiker.
216 Dies ist ein Unterschied zu Elias, der auf seine Rolle als Himmelsfahrer beschränkt blieb und kein Jenseitsreisender wurde; vgl. Colpe u. a. 1997, Sp. 443.

oder wie in 1 Hen (äth) 14 von den Winden – aus dem Himmel, wo er gerade noch Gottes Wort hörte, an das Ende der Welt versetzt: Auf seiner ersten Reise (1 Hen [äth] 17-19) sieht Henoch dort neben meteorologischen und kosmologischen Geheimnissen[217] auch den jenseitigen Ort, an dem die gefallenen Wächterengel und die Sterne gebunden sind,[218] »die das Gebot Gottes übertreten haben vom Anfang ihres Aufgehens an, weil sie nicht zu ihrer Zeit hervorkamen« (1 Hen [äth] 18,15).[219] Die Linearisierungs- und Versprachlichungsaufgabe wird dabei nicht nur mittels der Erzählung leiblicher Bewegung,[220] sondern auch durch den narrativen Nachvollzug von Wahrnehmungsbewegung gelöst:[221]

> Und jenseits jenes Abgrundes sah ich einen Ort, der weder das Firmament des Himmels über sich noch das Fundament der Erde unter sich (hatte), und es waren kein Wasser darauf und keine Vögel, sondern es war ein wüster und schrecklicher Ort. Ich sah dort sieben Sterne wie große brennende Berge. (1 Hen [äth] 18,12f.)

Dies ist ein ›Ou-Topos‹, der jenseits der Enden der Welt und außerhalb der kosmischen Ordnung steht, als Chaos zu begreifen ist und somit hinsichtlich seiner Beschaffenheit nur ›ex negativo‹ beschrieben werden kann. Die einzige affirmative Aussage über den Jenseitsort von Sternen und Wächterengeln besteht in den Adjektiven ›wüst‹ und ›schrecklich‹, die die Unfassbarkeit des Ortes und dessen emotionale Wirkung charakterisieren.[222] Bei der Erzählung der Reise an die Enden der Welt geht es weniger um exakte Lokalisierungen als vielmehr um die Erzeugung eines Gefühlsraums.[223] Denn wo es nur einen ›Ou-Topos‹ gibt, lässt sich weder etwas verorten noch lässt sich das der Narration zugrundeliegende Konzept des Jenseitsraums

---

217 Der Zusammenhang zwischen Ethik und Naturgeschehen wird bereits in der Vorrede profiliert, wo Henoch dem devianten Verhalten der Menschen die Ordnung der natürlichen Abläufe am Himmel wie auf Erden gegenüberstellt (1 Hen [äth] 2ff.). Das Erkennen der gottgewollten Ordnung in der Natur führt den Menschen zur Besinnung über sein eigenes, nicht am göttlichen Willen ausgerichtetes Handeln.
218 Die Versreihenfolge in 1 Hen 18 und 19 ist umstritten; Bachmann 2009b, S. 39–43, argumentiert für die auch in dieser Arbeit zugrundegelegte Reihenfolge, nach der der Strafort für die Sterne zugleich der Strafort für die Wächterengel ist.
219 Die Dichotomie zwischen natürlicher Ordnung und menschlichem Mutwillen (vgl. Anm. 217) wird also nicht konsequent durchgehalten.
220 Vgl. etwa 1 Hen (äth) 17,4f.: »Und sie brachten mich bis zu den sogenannten Wassern des Lebens und bis zu dem Feuer des Westens, das jeden Untergang der Sonne aufnimmt. Und ich kam zu einem Feuerstrom [...]«.
221 Vgl. die anaphorischen Satzanfänge in 1 Hen (äth) 18,1 ff. u. ö.: »Und ich sah [...]. Und ich sah [...]«.
222 Somit ist das Negative eine Qualität des ›Ou-Topos‹; es handelt sich also um etwas anderes als um die Evozierung von Jenseitigkeit durch Negation, wie sie sich gerade auch bei der Beschreibung jenseitiger Heilsräume finden lässt (vgl. Lincoln 1991, S. 23 ff.).
223 Zu den religionspsychologischen Hintergründen, besonders zum Zusammenhang von Religion und Angst, vgl. Böhme 2000, bes. S. 65–67 u. S. 77. Zum Aspekt der Gestimmtheit im Rahmen eines performativen Raumbegriffs vgl. Curtis u. a. 2004, S. 29 f.

kartographisch wiedergeben:[224] Die nur sinnlich nachvollziehbaren Qualitäten, die Stimmung und die Atmosphäre des Jenseitsraums sind nicht kartographisch einholbar. So ist nichts Genaueres über diesen chaotischen Ort zu erfahren,[225] als dass er, der jenseits jeder räumlichen Ordnung steht, eben nicht gedacht und wohl auch nicht konkret-räumlich imaginiert werden kann, sondern in seiner Ungeheuerlichkeit gefühlt werden muss. Zum vorläufigen Abschluss der Erzählung vom Weg des Bösen in die Welt kommt es genau darauf an: »Das ist der Ort, wo Himmel und Erde zu Ende sind; ein Gefängnis wird er für Sterne und das Heer des Himmels sein« (1 Hen [äth] 18,14).

Mit dieser ersten Reise an die Enden der Welt zur Erkenntnis der Enden der Dinge kann dennoch nicht das Ende der Erzählung erreicht sein. Denn die im *Buch der Wächter* universal gestellte Frage nach Anfang und Ende des Bösen in der Welt ist mit Henochs erster Reise nur zum Teil beantwortet. Explizit wird bei der Bestrafung der Wächterengel darauf eingegangen, dass die bösen Geister, die aus den toten Riesen hervorgingen,[226] die Menschen »bis zu dem Tag des großen Gerichtes« (1 Hen [äth] 19,1) zum Bösen verleiten werden. Damit wird im Rahmen der Jenseitsreise eine wichtige Tendenz der Kapitel 12 bis 16 aufgegriffen. Anders als in den Kapiteln 6 bis 11, wo die Wächterengel allein schuldig sind, wird dort den Menschen »ein höheres Maß an Mitverantwortung für das Böse auf der Welt«[227] zugesprochen: Sie mögen zwar durch das von den Wächterengeln vermittelte Wissen das Böse gelernt haben und durch die bösen Geister immer wieder zum Bösen verführt werden; aber sie selbst sind es, die das Böse auf Erden bis zum Endgericht »vermehren« (1 Hen [äth] 16,3).[228] Und so hat der etablierte Zusammenhang protologischer und eschatologischer Szenarien für

---

224 Deshalb führen kartographische Darstellungen der Jenseitstopographie, so nützlich sie auch zur Veranschaulichung der Textstruktur erscheinen mögen, in die Irre. Vgl. zu Henochs erster Reise die Diskussion verschiedener Karten bei Bautch 2003, S. 160–190; vgl. aber auch die adäquatere Beschreibung in Bautch 2010, S. 42 ff.; trotz dem hier Ausgeführten wird man es sich nicht so leicht machen können wie Rowland 1982, S. 124, der feststellt: »There is little attempt to offer any precise geographical locations.« Vgl. zur Problematik ausführlich Benz 2013.
225 Vgl. die durch keine Textbasis gestützten Vermutungen bei Bautch 2003, S. 128, S. 151 u. S. 154 f., es handle sich um einen Ort im Osten.
226 Die Riesen werden nach Gottes Urteil, das Henoch in einer Traumvision offenbart wird, vor den Augen der gefallenen Engel vernichtet (vgl. 1 Hen [äth] 14,5 f.). Aus ihnen gehen die bösen Geister hervor.
227 Hoffmann 1999, S. 140.
228 Hoffmann erkennt ein weiteres Indiz für die Mitschuld der Menschen darin, dass diese bösen Geister »nicht mehr rein metaphysischer Provenienz [sind], da sie zu gleichen Teilen himmlischen und irdischen Ursprungs sind« (Hoffmann 1999, S. 140). Dieses Argument überzeugt m. E. nicht, da erstens damit keineswegs alle Menschen, sondern nur die Frauen diese Mitschuld trügen, und dies zweitens an keiner Stelle explizit erwähnt wird (vgl. hierzu nochmals 1 Hen [äth] 16,3, zitiert in Anm. 184).

alle Menschen die existenzielle Bedeutung, die in der das *Buch der Wächter* einleitenden Rede Henochs »über das kommende Schicksal der Gerechten und der Sünder«[229] (1 Hen [äth] 1-5) exponiert wird. Die Jenseitstopographie muss dieser Bedeutung gerecht werden.

Die tradierten Vorstellungen der Scheol liefern die Imagination eines eher uniformen Schattenreichs.[230] Hierbei ist besonders wichtig, dass die Scheol-Konzeption »keinen Ausgleich für erlittenes Unrecht oder Korrekturen diesseitiger sozialer Mißstände«[231] vorsieht und eher in einem analogischen Verhältnis zum Diesseits steht: So bestanden auch im Totenreich weiterhin »Rang und Stand«[232] und man war überzeugt, dass »die Todesumstände über das ›Dasein‹ in der Scheol mitentscheiden«.[233] Von einer an ethischen Maßstäben orientierten Scheidung von Sündern und Gerechten für die Zeit nach dem Tod kann in der früheren Tradition, wie sie in der hebräischen Bibel dokumentiert ist, keine Rede sein – auch die Entrückung von Henoch und Elias modifizieren diesen Befund nicht, denn durch die leibliche Entrückung entgingen sie dem allgemein-menschlichen Schicksal des Todes überhaupt. Man hat daher festgestellt, dass in der hebräischen Bibel die Erwartung dominiere, dass sich im Diesseits ein ›Tun-Ergehens-Zusammenhang‹ realisieren werde.[234]

Ein eindeutiges Anzeichen dafür, dass diese Jenseitskonzeption prekär geworden ist, findet sich in Texten, die sich am ›Tun-Ergehens-Zusammenhang‹ in besonderer Weise abarbeiten. Dies ist im *Buch der Wächter* der Fall. In den Kreisen, die hinter der Abfassung des *Buchs der Wächter* stehen, scheint das Zutrauen darin gestört gewesen zu sein,[235] dass die Tat zum Täter zurückkehrt – sei es im Rahmen ›sozialer Interaktion‹ oder ›göttlicher Intervention‹.[236] Jedenfalls zeigt das *Buch der Wächter* mit seiner sich ausdif-

---

229 Uhlig 1984, S. 495.
230 Vgl. etwa Houtman 2000, Sp. 1846 f., u. Johnston 2002, S. 69 ff.; vgl. ferner Ijob 10,20 ff.: »Sind meine Tage nicht ‹nur noch› wenige? Er lasse ‹doch› ab, wende sich von mir, dass ich ein wenig fröhlich werde, ehe ich hingehe – und nicht wiederkomme – in das Land der Finsternis und des Todesschattens, in das Land, schwarz wie die Dunkelheit, ‹das Land› der Finsternis – ‹da ist› keine Ordnung –, und ‹selbst› das Hellwerden ist ‹dort› wie Dunkelheit!«
231 Vgl. Podella 1988, S. 74.
232 Houtman 2000, Sp. 1846.
233 Wacker 1982, S. 223.
234 Dies ist natürlich etwas holzschnittartig formuliert; vgl. Grund 2005, Sp. 656: »Der mit der Vorstellung eines T[un-Ergehens-Zusammenhangs] gemachte Versuch des AT, eine ›immanente‹ gerechte Weltordnung anzunehmen, ist im NT in den Horizont des eschatologischen Gerichts und der Offenbarung der Gerechtigkeit Gottes (Röm 3,21) gerückt.« Vgl. hierzu auch meine Anm. 236.
235 Vgl. Münchow 1984, S. 18 f., Wacker 1982, S. 219–230, und Hoffmann 1999, S. 143 f.
236 In Auseinandersetzung mit Klaus Kochs einflussreicher These der ›schicksalwirkenden Tatsphäre‹ argumentiert Janowski 1994 dafür, dass die Tat »nicht von selbst, sondern dadurch [zum Täter zurückkehre], daß dem Handelnden durch andere widerfährt, was (Gutes oder Böses) dieser an ihnen getan hat« (S. 266). Daran anschließend ergänzt er in Bezug auf

3.2 Der Jenseitsraum

ferenzierenden Jenseitstopographie, dass es nötig ist, das Diesseits durch ein entsprechendes Jenseits zu korrigieren, so dass das jenseitige Ergehen dem diesseitigen Tun entspricht.[237] Einmal mehr zeigt sich, dass das Jenseits nichts kategorial Jenseitiges ist, sondern fundamental mit dem Diesseits verbunden bleibt: Das Jenseits wird zur Projektionsfläche für im Diesseits nicht verwirklichte Ordnungsvorstellungen.[238] Schon der erste Satz bringt dies programmatisch zum Ausdruck:

> Das Segenswort Henochs, wie er die Auserwählten und Gerechten segnete, die am Tage der Bedrängnis *dasein* werden, damit alle Bösen und Frevler vertilgt werden. (1 Hen [äth] 1,1; Herv. d. m.)

Die Emphase, mit der auf den Jüngsten Tag und somit auf Gerichts- und Strafphantasien verwiesen wird, und der prägnante Hinweis auf dessen theatralen Charakter, der im Lauf von Henochs zweiter Reise deutlich aufgegriffen wird,[239] lassen das auf eine Ethisierung und damit Differenzierung des Jenseits gerichtete Interesse des Texts erkennen. Der programmatische Satz enthält in diesem Sinne einige offene Fragen, zu deren Beantwortung das *Buch der Wächter* einen Beitrag leistet: Was ist mit den »Auserwählten und Gerechten« (1 Hen [äth] 1,1)? Manche werden im Diesseits für ihr gottgefälliges Leben belohnt, andere wiederum nicht? Was ist mit den Sündern? Die einen erhalten ihre Strafe schon zu Lebzeiten, andere kommen unbehelligt davon? Diese Fragen lenken die Erwartung auf ein Jenseits, des-

---

Jahwe: »Gottes Handeln folgt demnach demselben Prinzip der Gegenseitigkeit, wie es dem Handlungsmodell der sozialen Interaktion zugrundeliegt – mit dem entscheidenden Unterschied, daß sein Eingreifen zwar erwartbar ist, aber unverfügbar bleibt, also gleichsam ein Akt der ›Gnade‹ ist« (S. 269).

237 Vgl. Hengel 1988, S. 361; vgl. auch Bieberstein 2009, S. 424: »Diese Umcodierung des Jenseits – eine Besetzung des Jenseits durch JHWH – lag weder in metaphysischen Reflektionen über das Leib-Seele-Verhältnis noch in müßigen Jenseitsspekulationen begründet, sondern ergab sich einerseits aus dem Gedanken des Monotheismus, der keinen Machtbereich außerhalb der Macht des einen Gottes mehr annehmen konnte, vor allem aber aus dem unausseztbaren Ringen um die Gerechtigkeit des einen Gottes angesichts unverschuldeten Leidens – also im Ringen um Theodizee, wenn der Zusammenhang von Tun und Ergehen diesseits der Todesschwelle nicht aufging.«

238 Vgl. Pezzoli-Olgiati 2003, Sp. 910: »Weltbilder vermitteln in verschiedenen Kodierungsebenen (als Erzählungen, Bilder, architektonische Komplexe usw.) implizite oder explizite Konzepte von alternativen Welten, ›Gegenwelten‹, die in anderen räumlichen und/oder zeitlichen Dimensionen situiert sind. Diese Gegenwelten werden im Verhältnis zur gegenwärtigen Welt beschrieben; zw. der Welt und den Gegenwelt-Konzepten besteht immer eine Korrelation. Die Welt, die zweideutig ist, wird in diesen anderen Welten desambiguiert.« Vgl. zu den Bezügen von Diesseits und Jenseits auch Weitbrecht 2011a, S. 142 ff., die im Anschluss an Michel Foucault das Jenseits als Heterotopie beschreibt.

239 Vgl. 1 Hen (äth) 27,3: »In den letzten Tagen wird sich an ihnen das Schauspiel eines Gerichtes in Gerechtigkeit vor den Gerechten vollziehen für alle ewigen Tage«; Uhligs Übersetzung weist einen interpretativen Zug (›Schauspiel‹) auf, wie der Vergleich mit Nickelsburg/VanderKam 2004, S. 46, zeigt: »Here they will be gathered, and here will be (their) habitation at the last times, in the days of righteous judgment in the presence of the righteous for all time«.

sen Beschaffenheit dem Prinzip der Gerechtigkeit Gottes zur absoluten Geltung verhelfen wird. Die so aus dem Duktus und der inhärenten Logik des *Buchs der Wächter* entwickelte Problemstellung übersteigt die tradierten Vorstellungen der Scheol als eines eher uniformen Schattenreichs. Die bisherigen eschatologischen Konzepte erscheinen gegenüber den verlangten Unterscheidungen als unzulänglich.

Es gab in der antiken Welt weiter ausdifferenzierte Jenseitskonzepte als das jüdische: Von den ägyptischen Unterweltsbüchern[240] über die möglicherweise als Jenseitsbezirke zu interpretierenden Überseeregionen der babylonischen ›mappa mundi‹[241] bis hin zu den orphischen ›lamellae‹[242] sind Spuren davon bis heute erhalten. Wie im Fall der einflussreichen platonischen Mythen von der Seele[243] liegen mitunter besonders elaborierte Entwürfe vor. Diese standen zu Gebote, um ein konkret-räumliches Jenseits, das hinsichtlich Belohnung und Bestrafung die nötige Differenziertheit aufweist, in einer anschaulichen Erzählung verfügbar zu machen. Eine direkte Übernahme solcher Jenseitskonzepte in den Text des *Buchs der Wächter* – im Sinne einer ›Spoliierung‹ – ist aufgrund ihrer sehr spezifischen theologisch-philosophischen Kontexte kaum vorstellbar, auch wenn sich Möglichkeiten des interkulturellen Transfers hinreichend modellieren lassen. Um die narrative Technik zu verstehen, die die Inkorporierung fremder jenseitstopographischer Elemente in den theologischen Rahmen des *Buchs der Wächter* ermöglicht, ist ein kurzer Rekurs auf Texte der hebräischen Bibel nötig.

3.2.1.1 Deixis und Raum in den Büchern *Ezechiel* und *Sacharja*

Nach biblischem Verständnis kann nur Gott unbekannte, zukünftige Räume des Heils (oder der Verdammnis) offenbaren; sie werden den Offenbarungsträgern in Gesichten mitgeteilt. Ein bedeutendes Beispiel hierfür ist

---

240 Zu den Unterweltsbüchern aus dem Neuen Reich vgl. Hornung 1997, S. 37–88. Die Unterweltsbücher stellen freilich nur einen Ausschnitt aus den überlieferten Quellen zu ägyptischen Vorstellungen von Tod und Jenseits dar; vgl. zu einer anderen Materialbasis die Studie von Assmann 2001.
241 Es ist nicht ganz eindeutig, was die Orte jenseits des Ozeans bedeuten, der die bewohnte Erde umfließt. Vgl. Horowitz 1998, S. 32: »However, it is also possible that this terra incognita is a distant land mass, or that the ›nagû‹ extend over the far edge of the earth's surface. In the later case, a traveler crossing over the sides of the ›nagû‹ beyond the cosmic ocean might fall directly into the Apsu or underworld.« Für die Texte der Vorder- und der Rückseite der Keilschrift-Tontafel, deren Verhältnis zueinander und deren Bezugnahme auf die Karte nicht einfach zu klären sind, spielen die entfernten Regionen eine große Rolle, werden aber nicht als ›Jenseitsbezirke‹ in dem für diese Arbeit relevanten Sinne beschrieben: »The obverse related these distant places to familiar literary figures and exotic animals, and the reverse described conditions in the far-away regions« (ebenda, S. 40).
242 Vgl. Riedweg 1998 u. Graf/Johnston 2007.
243 Vgl. für eine Übersicht Alt 1982/1983.

Ezechiels Prophezeiung des neuen Israel, die den Höhepunkt des nach ihm benannten biblischen Buchs darstellt (Ez 40-48) und in deren Rahmen auch auf den wiederaufzubauenden Tempel in Jerusalem eingegangen wird. Es handelt sich um »eine der detailliertesten Architekturbeschreibungen des alten Orients«.[244] Die Transformation seines Gesichts in Schrift erfolgt, indem die kartographische Praxis der Vermessung literarisch eingesetzt wird. Dies ist in Struktur und Gehalt der Vision bereits angelegt, da Ezechiel zu Beginn einen Mann sieht, der »in seiner Hand eine leinene Schnur und eine Messrute« (Ez 40,3) hält und den neuen Tempel regelrecht vermisst. Die Linearisierungsaufgabe wird hier also nicht primär durch die Strategie erzählter Bewegung, sondern durch die der metrischen Beschreibung gelöst: Obwohl durch die Wahrnehmung der Bewegung des Kartographen, der den Propheten durch das Tempelareal führt, dynamisierende Elemente vorhanden sind, dominiert das Prinzip metrischer Beschreibung, also die nicht-situationsbezogene Erzählung von Rauminformationen unter Nutzung eines standortunabhängigen Referenzsystems. In dem Maße, in dem die Exaktheit der Beschreibung zunimmt,[245] nimmt aber auch die Anschaulichkeit ab:

> Und siehe, eine Mauer <umgab> von außen den Tempel<bezirk> ringsherum; und in der Hand des Mannes war eine Messrute von sechs Ellen, <die Elle> als eine <gewöhnliche> Elle und eine Handbreit <gerechnet>. Und er maß die Breite des Baues: eine Rute; und die Höhe: eine Rute. Und er ging in das Tor hinein, dessen Vorderseite in östliche Richtung <weist>, und stieg dessen Stufen hinauf. Und er maß die Schwelle des Tores: eine Rute tief, und zwar die erste Schwelle: eine Rute tief; und das Dienstzimmer: eine Rute lang und eine Rute tief; und <den Raum> zwischen den Dienstzimmern: fünf Ellen; und die Schwelle des Tores zur Vorhalle des Tores auf der Innenseite: eine Rute. (Ez 40, 5-7)

Martha Himmelfarb hat darauf hingewiesen, dass im Zuge dieser Vermessungsstrategie bei Ezechiel auch sehr zaghaft Elemente der Deixis[246] eingesetzt werden, die aus exegetischen Verfahren zur Deutung von Träumen und Visionen stammen, wie sie aus der Bibel und anderen Texten des antiken Nahen Ostens bekannt sind.[247] Sprachlich identifizierbar sind diese durch

---

244 Konkel 2002, S.154.
245 Vgl. die anhand der Beschreibung erstellte Karte des Tempelbezirks bei Konkel 2002, S.178. Damit ist keine Aussage über die Genese des Texts getroffen, denn Konkel betont, dass die Tempelbeschreibung »weniger die erzählerische Umsetzung eines Grundrissplans als vielmehr die konsequente erzählerische Umsetzung eines theologischen Programms« (ebenda, S.161) sei. Zum Problem des ›mapping‹ als wissenschaftlichem Rekonstruktionsverfahren vgl. Benz 2013 und in dieser Arbeit Anm. 614.
246 Vgl. Himmelfarb 1983, S.56–60.
247 Vgl. Himmelfarb 2010, S.24. Bremmer 2011, S.18f., hat darauf hingewiesen, dass sich die ›demonstrative explanations‹ auch in *Ilias* und *Odyssee* finden lassen und in Euripides' *Phönikerinnen* im Zusammenhang der Teichoskopie eingesetzt werden. Damit ist das Argument Himmelfarbs aber nicht widerlegt. Sowohl der auf den Zusammenhang der Exegese verweisende Deuteengel als auch die Tatsache, dass man die allmähliche Herausbildung des

Demonstrativpronomina,[248] die gegenüber der exakt wiedergegebenen Vermessung zur Veranschaulichung der Deskription führen. Diese Verfahren der Exegese finden innerhalb der Erzählungen von Jenseitsreisen auch auf der Ebene der Handlung eine Umsetzung und Konkretisierung, indem das Deuten hier ganz konkret Zeigegesten des ›angelus interpres‹ meint. Dabei ist die Distanz, die für jedes Deuten charakteristisch ist, zugleich die Bedingung der Möglichkeit, wahrnehmen und das Wahrgenommene verfügbar machen zu können. Gerade in Bezug auf die Wahrnehmung von Jenseitsräumen ist dieses Ineinander von Verfügbarmachung und Distanzierung wesentlich.[249] Das Inkommensurable des Jenseits kann nur insofern verfügbar gemacht werden, als die Wahrnehmungsinstanz, die für eine immanenten Ordnungen adäquate Erzählung einsteht, eine Distanz zum Wahrgenommenen einnimmt. Diese Distanz ist dabei zugleich notwendige Bedingung der Medialisierung und damit zugleich auch Ausgangspunkt des Profanierungsrisikos, das jede Erzählung eines Jenseits eingeht.

Die Zusammenhänge von Exegese und Deutung lassen sich terminologisch noch präzisieren. In der spezifischen Verwendung der Demonstrativpronomina im Kontext einer Visionsbeschreibung liegt eine komplexe Verschränkung der drei Bühler'schen ›Modi des Zeigens‹ vor. Auf der Ebene der Vision (also in der erzählten Welt) handelt es sich um eine ›demonstratio ad oculos‹ – der Deuteengel weist auf ein erklärungsbedürftiges Element des Gesichts hin –, auf der Textebene um eine ›Anaphora‹ – das Demonstrativpronomen verweist auf die vorangegangene Beschreibung dieses Elements im Text – und auf der Rezeptionsebene um eine ›Deixis am Phantasma‹ – es wird auf ein Produkt der »konstruktiven Phantasie«[250] des Lesers, also auf die in der Imagination des Lesers erzeugte mentale Repräsentation verwiesen:

> ‹In der Wand im› Tempelraum waren vierfach gestaffelte Türrahmen. An der Vorderseite des Heiligtums aber war etwas zu sehen, das aussah wie ein Altar aus Holz, drei Ellen hoch; und seine Länge ‹betrug› zwei Ellen und seine Breite zwei Ellen; und er hatte seine Ecken; und sein Fußgestell und seine Wände waren aus Holz. Und er redete zu mir: *Das* ist der Tisch, der vor dem HERRN ‹steht›. (Ez 41,21 f.; Herv. d. m.)

---

demonstrativen Dialogs aus deiktischen Ausdrücken im Zusammenhang prophetischen Sprechens beobachten kann, sprechen meines Erachtens dagegen, dass der Dialog aus griechischer Literatur ›übernommen‹ wurde.

248 Es mag problematisch erscheinen, wenn im Folgenden sprachliche Strukturen anhand von Übersetzungen ins Deutsche gezeigt werden. Allerdings wurden die Demonstrativpronomina von Himmelfarb 1983, S. 50–60, in den originalsprachlichen Texten, sogar in den aramäischen Fragmenten des *Buchs der Wächter* (vgl. ebenda, bes. S. 54 f.) identifiziert.
249 Diese Einsicht verdanke ich einem anregenden Gespräch mit Susanne Gödde (München).
250 Vgl. Bühler 1982, S. 123 (›Phantasie‹ ist i. O. kursiv gesetzt).

3.2 Der Jenseitsraum

Dieses Element der Deixis wird in den Nachtgesichten Sacharjas ausgebaut.[251] Ein ›angelus interpres‹ wird eingeführt,[252] der in dem »himmlische[n] Vermessungsingenieur«[253] bei Ezechiel bereits angelegt ist und nun als Mittlerinstanz zwischen Jahwe und dem Propheten fungiert.[254] Bedeutender aber ist, dass das Visionsgeschehen stärker dialogisiert wird: Es gehört zwar zu den formgeschichtlich beschreibbaren Konstanten prophetischer Visionsschilderungen, dass auf die Beschreibung des Gesichts eine Deutung »durch ein Zwiegespräch zwischen dem Visionär und Gott oder seltener durch eine monologische Gottesrede«[255] folgt. Dieses etablierte Schema wird aber modifiziert, indem eine Frage respektive ein Ausruf der Verwunderung des Visionärs, mithin »*appellative* Redeformen«,[256] und die Antwort des ›angelus interpres‹ durch Demonstrativpronomina aufeinander bezogen werden. Im Verweisspiel des demonstrativen Dialogs[257] entfalten die bei Ezechiel nur marginal eingeführten Demonstrativa ihre imaginationsstimulierende Wirkung:

> Ich schaute des Nachts, und siehe, ein Mann, der auf einem roten Pferd ritt! Und er hielt zwischen den Myrten, die im Talgrund waren, und hinter ihm waren rote, hellrote und weiße Pferde. Und ich sagte: Was <bedeuten> *diese*, mein Herr? Und der Engel, der mit mit redete, sprach zu mir: Ich selbst will dir zeigen, wer *diese* sind. Und der Mann, der zwischen den Myrten hielt, antwortete und sprach: *Das* sind die, welche der HERR ausgesandt hat, auf Erden umherzuziehen. (Sach 1,8-10; Herv. d. m.)

Sacharja korrigiert[258] die strikte Einteilung Jerusalems in sakrale und profane Gebiete und damit die Konzeption eines streng gesonderten, kartographisch erfassbaren Tempelbezirks. Stattdessen entwirft er Jerusalem als

---

251 Vgl. Himmelfarb 1983, S. 58.
252 Diese Einführung wird auch insofern im Text selbst nachvollzogen, als die Identität des ›angelus interpres‹ sukzessive enthüllt wird. Vgl. hierzu Lux 2004, S. 76: »Der Textautor manövriert seine Leser gleichsam in die Position des Ich-Erzählers und Propheten hinein. So, wie dieser zunächst nicht genau weiß, was und wen er da eigentlich in seinem nächtlichen Gesicht schaut und sich ihm die erscheinenden Gestalten erst Zug um Zug erschließen, so sollen auch die Leser an diesem Erschließungsprozess beteiligt werden.«
253 Lux 2002, S. 238.
254 Vgl. Behrens 2002, S. 337f. (Herv. i. O.): »Nach der Durchsicht aller Visionsschilderungen des AT läßt sich sagen, daß auch das Auftauchen sog. ›Deuteengel‹ […] nicht unvermittelt, sondern im Zuge einer *kontinuierlichen* theologischen Reflexionsgeschichte geschieht. […] Was hinter dieser Bewegung steht, dürfte innerhalb einer prophetischen Visionsschilderung zuerst in Jes 6,5 ausgesprochen sein: […] Wer Gott sieht, muß sterben.«
255 Behrens 2002, S. 32.
256 Behrens 2002, S. 33 (Herv. i. O.).
257 Himmelfarb 1983 prägte die Fügung ›demonstrative explanations‹ (vgl. hierzu ebenda, S. 45–67). Zur Technik des demonstrativen Dialogs vgl. Benz/Weitbrecht 2011. Die besondere Leistung des demonstrativen Dialogs zeigt sich auch, wenn man ihn mit dem konventionellen Einsatz von Deiktika etwa bei Platon vergleicht (siehe hierzu das Zitat in meiner Anm. 265).
258 Zum Verhältnis von Ez 40-48 und Sach 2,5-9 vgl. Delkurt 2000, S. 138–140.

›offene Stadt‹, was in der Konsequenz zur regelrechten Verabschiedung des Vermessers führt.[259] Dadurch allerdings, dass bei Sacharja nicht mehr topographische Differenzierungen im Vordergrund stehen, hat der dialogisierende Ausbau keine Konsequenzen für die Raumimagination.

3.2.1.2 Der demonstrative Dialog im *Buch der Wächter*

Es ist die Innovation des *Buchs der Wächter*,[260] die Technik des demonstrativen Dialogs in produktions- und rezeptionsästhetischer Hinsicht einzusetzen, um den Jenseitsraum auszudifferenzieren und die Imagination der dabei verwandten jenseitstopographischen Elemente zu suggerieren:

> Und von dort ging ich zu einem anderen Ort nach Westen hin, bis zu den Enden der Erde. Und ich sah ein loderndes Feuer, das Tag und Nacht weder ruhte noch aufhörte in seinem Lauf, sondern gleichmäßig (blieb). Und ich fragte, indem ich sprach: »Was ist *dies*, das keine Ruhe (hat)?« Da antwortete Raguel, einer von den heiligen Engeln, der bei mir war, und sprach zu mir: »*Dieser* Lauf, der nach Westen hin gerichtet ist, den du gesehen hast, ist das Feuer, das alle Lichter des Himmels vertreibt.«[261] (1 Hen [äth] 23; Herv. d. m.)

Die Vorstellung eines Feuerflusses am westlichen Ende der Welt geht sicherlich von der bei Sonnenuntergang autoptisch wahrnehmbaren, gleichsam glühenden Rotfärbung der von Himmel und Meer gebildeten Horizontlinie aus und erhält dadurch besondere Plausibilität.[262] Insoweit es sich aber um

---

259 Vgl. Sach 2,5-9: »Und ich hob meine Augen auf und sah: Und siehe, ein Mann, ‹der hatte› in seiner Hand eine Messschnur. Und ich sagte: Wohin gehst du? Und er sprach zu mir: Jerusalem zu messen, um zu sehen, wie groß seine Breite und wie groß seine Länge ist. Und siehe, als der Engel, der mit mir redete, herausging, da ging ein anderer Engel heraus, ihm entgegen. Und er sprach zu ihm: Lauf, rede zu diesem jungen Mann: Eine offene Stadt wird Jerusalem bleiben wegen der Menge an Menschen und Vieh in seiner Mitte. Und ich selbst werde ihm ringsherum eine feurige Mauer sein, spricht der HERR, und ich werde zur Herrlichkeit in seiner Mitte sein.«

260 Bereits Wacker 1982, S. 101 ff., hat das Formschema des zweiten Reiseberichts, die Kommunikation zwischen ›angelus interpres‹ und Visionär ebenso wie die (auch von Himmelfarb 1983 nachvollzogene) Traditionslinie von Ez 40-48 über Sach 1-6 behandelt (vgl. Wacker 1982, S. 292 ff.). Allerdings ist bislang weder auf den damit verbundenen Zusammenhang von Deixis und Raum noch auf die narratologisch beschreibbaren Implikationen eingegangen worden.

261 Uhlig liest an dieser Stelle: »[...] ist das flammende Feuer aller Lichter des Himmels«, was wenig Sinn ergibt. Die von mir gewählte Lesart wird in Uhligs Apparat angeboten (sie geht auf eine Emendation des Äthiopischen zurück). Dazu passt die Beschreibung des Feuerflusses als Strafinstrument. Vgl. ferner Nickelsburg/VanderKam 2004, S. 44: »This course of fire is the fire of the west, which pursues all the luminaries of heaven«.

262 In diesem Sinne wird der Feuerfluss im Westen auch auf Henochs erster Reise erwähnt, vgl. 1 Hen (äth) 17,4 f.: »Und sie brachten mich bis zu den sogenannten Wassern des Lebens und bis zu dem Feuer des Westens, das jeden Untergang der Sonne aufnimmt. Und ich kam zu einem Feuerstrom, dessen Feuer wie Wasser fließt, und der sich in das große Meer ergießt, das im Westen (liegt).« Ob es sich hierbei ebenfalls um eine Transformation des Unterwelts-

3.2 Der Jenseitsraum

ein spezifisch jenseitstopographisches Element handelt, werden dabei Aspekte des Unterweltsfeuerflusses Pyriphlegethon[263] transformiert, der aus der griechischen Mythologie stammt. Der demonstrative Dialog dient insofern dem Transformationsprozess, als mit dieser Technik produktionsästhetisch ein narratives Muster zur Implementierung eines jenseitstopographischen Elements bereitgestellt wird. Zugleich hilft das Verweisspiel des demonstrativen Dialogs rezeptionsästhetisch die konkrete Vorstellung dieses Bildelements zu stimulieren. Denn die auf die Beschreibung folgende dialogisch aufgebaute Deutung[264] legt das inkorporierte Bildelement in seiner Bedeutung fest, versieht es mit neuem Sinn und integriert es so in die Logik des eigenen Systems. An der vorliegenden Stelle wird die Funktion des Feuerflusses aufgrund textkritischer Probleme nicht hinreichend deutlich. Es lässt sich aber erkennen, dass sie dem Interesse des *Buchs der Wächter* an der Sühne kosmischer Vergehen entsprach und wohl darin bestand, ›die Lichter des Himmels‹ zu strafen; diese Hypothese wird durch die Funktion des Deuteengels Raguel erhärtet, »der Rache nimmt an der Welt und den Lichtern« (1 Hen [äth] 20,4). Der Unterweltsfluss Pyriphlegethon,[265] in

---

flusses Pyriphlegethon handelt (vgl. Hengel 1988, S. 360), ist fraglich. Zwar fließt Pyriphlegethon auch in der griechischen Tradition teilweise oberirdisch, ehe er in die tiefe Gegend des Tartarus hinabfließt (vgl. Schlapbach 2000); jedoch zeichnet sich der Feuerfluss im Westen auf Henochs erster Reise eben nicht durch die Straffunktion aus, durch die er auf der zweiten Reise als genuin jenseitiges Element semantisiert wird; diese Auflladung geschieht im demonstrativen Dialog.

263 In der Orphik wird der Phlegethon dem Feuer und dem Osten (!) zugeordnet. Vgl. Orph. fr. 123 und 125; Schlapbach 2000.

264 Diese Deutung ist natürlich nicht dasselbe wie eine Entschlüsselung komplexer symbolischer Gebilde, aber doch auch mehr als eine bloße Beschreibung. Deshalb scheint mir Himmelfarbs dichotome Gegenüberstellung (wohl vor allem zur Abgrenzung von historischen und kosmischen Apokalypsen) etwas zu scharf. Vgl. Himmelfarb 1983, S. 60: »The angelic tour guide's explanation of sights in the tour apocalypses and the angelic interpreter's decipherment of symbolic visions in the historical apocalypses are indebted, then, to the same tradition of exegesis. In the historical apocalypses both function and style of this tradition of exegesis are preserved. In the tour apocalypses the style remains relatively unchanged, but the function is altered significantly: decipherment becomes description.«

265 Vgl. Plat. Phaid. 113a-b: τρίτος δὲ ποταμὸς τούτων κατὰ μέσον ἐκβάλλει, καὶ ἐγγὺς τῆς ἐκβολῆς ἐκπίπτει εἰς τόπον μέγαν πυρὶ πολλῷ καόμενον, καὶ λίμνην ποιεῖ μείζω τῆς παρ' ἡμῖν θαλάττης, ζέουσαν ὕδατος καὶ πηλοῦ· ἐντεῦθεν δὲ χωρεῖ κύκλῳ θολερὸς καὶ πηλώδης, περιελιττόμενος δὲ τῇ γῇ ἄλλοσέ τε ἀφικνεῖται καὶ παρ' ἔσχατα τῆς Ἀχερουσιάδος λίμνης, οὐ συμμειγνύμενος τῷ ὕδατι· περιελιχθεὶς δὲ πολλάκις ὑπὸ γῆς ἐμβάλλει κατωτέρω τοῦ Ταρτάρου· οὗτος δ' ἐστὶν ὃν ἐπονομάζουσιν Πυριφλεγέθοντα, οὗ καὶ οἱ ῥύακες ἀποσπάσματα ἀναφυσῶσιν ὅπῃ ἂν τύχωσι τῆς γῆς. (»Der dritte Fluß strömt aus zwischen diesen beiden und ergießt sich unweit seiner Quelle in eine weite, mit einem gewaltigen Feuer brennende Gegend, wo er einen See bildet, größer als unser Meer, und siedend von Wasser und Schlamm. Von hier aus bewegt er sich dann im Kreise herum, trübe und schlammig, und indem er sich um die Erde herumwälzt, kommt er nächst anderen Orten auch an die Grenzen des Acherusischen Sees, jedoch ohne daß ihre Gewässer sich vermischen. Und nachdem er sich oftmals unter der Erde umhergewälzt, ergießt er sich zu allerunterst in den Tartaros. Dies ist der, den man Pyriphlegethon

dem nach Platons *Phaidon* diejenigen ihre Strafe verbüßen, die gegen Vater oder Mutter gefrevelt haben,[266] wird zum Feuerstrom am westlichen Ende der Welt transformiert, durch den kosmische Vergehen gesühnt werden: Dadurch wird ein jenseitstopographisches Element der griechischen Mythologie so modifiziert, dass es zur Innovation einer ausdifferenzierten, imaginativen jüdischen Jenseitstopographie beitragen kann.

Dieser Zusammenhang zwischen dem demonstrativen Dialog und der Erzeugung einer ausdifferenzierten Jenseitstopographie lässt sich auch durch einen quantitativen Vergleich bestätigen, der untersucht, wie häufig diese narrative Technik in der ersten und in der zweiten Reise eingesetzt wird: Während in den Kapiteln 17 bis 19 *nur ein* demonstrativer Dialog vorkommt – und zwar bezeichnenderweise an der Stelle, an der es um die Bestrafung von Sternen und Wächterengeln geht (1 Hen [äth] 18,13-19,2) –, findet man in den Kapiteln 21 bis 36 neun demonstrative Dialoge, die besonders gehäuft bei der Erzählung jenseitiger Aufenthaltsorte zur Bestrafung oder Belohnung auftreten.[267] Die Erweiterung und Differenzierung der Jenseitstopographie durch die Implementierung verschiedener Bildelemente[268] im Rahmen von Henochs zweiter Reise (1 Hen [äth] 21-36) lässt sich anhand der Analyse dieses narrativen Musters im Detail beobachten. Dem ist hier nicht im Einzelnen nachzugehen, da es sich wie beispielsweise im Fall der Quelle der Mnemosyne, die aus der orphischen Jenseitstopographie stammt und zur Wasserquelle im Jenseitsbereich der Gerechten (1 Hen [äth] 22,9) transformiert wird,[269] um mitunter sehr kleinteilige Bildelemente handelt. Darüber hinaus wäre für die jeweilige Transformation die entsprechende Phase des Kulturkontakts zu rekonstruieren.[270]

Die narrative Technik des demonstrativen Dialogs stellt aber nicht nur Muster bereit, um Bildelemente zu adaptieren und so eine differenzierte Jenseitstopographie zu erzeugen, sondern stimuliert die Imagination. Die Erzählung des *Buchs der Wächter* geht insofern über den Einsatz der Demon-

---

nennt, von welchem auch die feuerspeienden Berge, wo sich deren auf der Erde finden, kleine Teilchen heraufblasen.«)

266 Vgl. Plat. Phaid. 113e-114b.
267 Dieser Befund ist bei Himmelfarb 1983, S. 53, zu finden.
268 Auch genuin biblische Motive – wie der ›Baum der Weisheit‹ im ›Garten der Gerechtigkeit‹ – werden mittels des demonstrativen Dialogs in die Erzählung des Jenseitsraums integriert; vgl. hierzu 1 Hen (äth) 32,3-6.
269 Dies hat Wacker 1982, S. 201 u. S. 232f., gezeigt.
270 Vgl. zu Orphik und Judentum etwa Bremmer 2002, S. 8f.: »It was only in the post-exilic period that new ideas came to the fore. Good and bad now started to be thought living in different compartments of Sheol (1 Hen 22). As the earliest strata of the *Book of Enoch* must go back to the third century BC, it is attractive to connect this development with Jewish presence in Alexandria, where early second-century Jewish historians already made Orpheus a witness to the truth of the Mosaic law [...], and adapted Orphic literature in the so-called *Testament of Orpheus*«.

strativa bei Ezechiel und auch bei Sacharja hinaus, als die Technik des demonstrativen Dialogs in höchstem Maße mit der Strategie erzählter Bewegung kompatibel ist.[271] Sie erweitert deren suggestive Kraft zur Erzählung jenseits der Erfahrung stehender, prinzipiell unverfügbarer Räume. Bei der einfachen Anwendung der Strategie erzählter Bewegung wird Raum zwar narrativ hergestellt, einzelne topographische Elemente und ihre Orte müssen dabei aber zuerst in der Erzählung beschrieben werden, ehe die einzelnen Ereignisregionen und Wahrnehmungsbereiche in der Bewegung zum umfassenden Raum zusammengeschlossen werden können. Dies lässt sich an Henochs Vision beobachten:

> Siehe, Wolken riefen mich in der Vision, und Nebel rief mich, und die Bahn der Sterne und die Blitze drängten mich zur Eile und trieben mich, und die Winde in der Vision gaben mir Flügel und bewegten mich und hoben mich empor in den Himmel. Und ich ging hinein, bis ich nahe an einer Mauer war, die aus Hagelsteinen erbaut war, und Feuerzungen umgaben sie [...]. Und ich trat hinein in die Feuerzunge und näherte mich einem großen Haus [...] (1 Hen [äth] 14,8ff.).

Verglichen mit dieser konventionellen Erzählung wird die Anschaulichkeit der Darstellung durch die Kombination mit der Technik des demonstrativen Dialogs erhöht, da durch den Gestus des Zeigens, der sich an die Beschreibung des Gesichts anschließt und sich auf Visions-, Text- sowie Rezeptionsebene realisiert, die Imagination verschiedener, affektiv besetzter topographischer Elemente und ihrer Orte stimuliert wird.[272] Dieses Verfahren zur Imagination unbekannter topographischer Elemente und ihrer Orte kann mit der narrativen Strategie der Bewegung zur umfassenden sprachlichen Darstellung von Jenseitsräumen verbunden werden: Durch diese Kombination wird das Gesicht so in Schrift transformiert, dass es im Moment der Rezeption dieser Schrift wieder in der Imagination des Hörers oder Lesers sinnlich präsent wird. Die Kombination der Strategie erzählter Bewegung und der Technik des demonstrativen Dialogs verbinden sich zu einem Verfahren der narrativen Suggestion von Jenseitsräumen.

Nachdem Henoch die Straforte der Sterne und der Engel gesehen hat, was auf die Route der ersten Reise zurückverweist, wird er zu einem Berg im Westen gebracht, in dem »alle Seelen der Menschenkinder« (1 Hen [äth] 22,3) räumlich getrennt in Hohlräumen untergebracht sind: Wie auch Sterne und Wächterengel werden sie nicht durch spezifische Qualen gestraft, vielmehr bedingt die Qualität des Aufenthaltsorts den Straf- oder Lohncharak-

---

271 Die Verbindung von Deixis und Bewegung zur Erzählung von Räumen wurde seit der Antike immer wieder theoretisch gefasst. So bezeichnet Ailios Theon, ein Rhetor des 1. nachchristlichen Jahrhunderts, in den *Progymnasmata* die Ἔκφρασις als λόγος περιηγηματικός (d. h. als ›Herumführrede‹ – den Hinweis verdanke ich Felix Mundt). Bei Beck 1994, S. 15 ff., werden Räume in erster Linie durch eine Kombination von Deixis und Bewegung sprachlich repräsentiert.
272 Vgl. hierzu in dieser Arbeit S. 50.

ter.²⁷³ Die Einteilung der Seelen²⁷⁴ erfolgt wohl einerseits nach der ethischen Unterscheidung zwischen Gerechten und Frevlern sowie andererseits danach, ob den beiden Gruppen schon im Diesseits ihr Recht zuteilwurde.²⁷⁵ Dies ergibt keine stringente und kohärente Einteilung, da die Ermordeten weder zu den Gerechten noch zu den Frevlern gehören. In diesen Inkonsistenzen bildet sich die ideenhistorische Konstellation ab: Denn das *Buch der Wächter* liefert nicht nur »erstmals für das Judentum eine ausführliche Beschreibung« der ›Scheol‹ »mit verschiedenen Abteilungen«,²⁷⁶ sondern ist auch »der früheste jüdische Text, in dem die Konzeption eines zwischenzeitlich begrenzten Totenreiches faßbar wird«.²⁷⁷

Die wichtige und einschneidende Zäsur, die den Zusammenhang von Tun und Ergehen endgültig herstellen wird, ist das Jüngste Gericht, auf das eine ›neue Erde‹ folgt. Auch diese endzeitliche Jenseitstopographie sieht Henoch, wobei Raum und Zeit zur Differenzmarkierung des Jenseits ausgetauscht werden: Die Reise führt fortan nicht mehr durch ein räumlich, sondern durch ein zeitlich entferntes Jenseits. Henoch sieht den Thron Gottes auf Erden, den Baum,²⁷⁸ von dessen Frucht »den Auserwählten« nach dem Endgericht »das Leben« (1 Hen [äth] 25,5) erwachsen wird, wobei die endzeitliche Welt auf Jerusalem mit dem Zions- und dem Ölberg sowie die

---

273 Vgl. 1 Hen (äth) 22,9 f.: »so sind die Seelen der Gerechten getrennt, da, wo die Quelle des Wassers, ist, darüber Licht. Und in gleicher Weise wurde (ein Raum) geschaffen für die Frevler, wenn sie sterben und in der Erde begraben werden und das Gericht nicht während ihres Lebens stattfand; dort werden ihre Seelen abgesondert für diese große Qual«. Bauckham 1990a, S. 359, meint, dass hier bloß der »place of detention« beschrieben wird, kein »place of punishment«. Auch wenn es vor dem Hintergrund seines Frageinteresses nach Höllenfahrten plausibel erscheint, die Unterscheidung einzuführen, ergibt sie doch wenig Sinn. Denn wo liegt der Unterschied zu sog. Umweltstrafen (etwa Sünder stehen in einem Feuerfluss), die in späteren Texten erzählt werden? Ein sehr unangenehmer Verwahrraum kann zum Strafraum werden.
274 Vgl. die ausführliche Diskussion bei Wacker 1982, S. 35–131; nach Bieberstein 2009, S. 431 ff., ist die erste Höhle für die Gerechten, die zweite für noch zu richtende und daher auferstehende Sünder, die dritte für klagende und daher auferstehende Ermordete und die vierte für schon gerichtete und daher nicht mehr auferstehende Sünder bereitet.
275 Zwei Gruppen wurde im Diesseits ihr Recht nicht zuteil. Dies sind zum einen die schon erwähnten Frevler, deren »Gericht nicht während ihres Lebens stattfand« (1 Hen [äth] 22,10), und die Ermordeten.
276 Uhlig 1984, S. 555, Anm. XXII,1,b.
277 Wacker 1982, S. 30. Die Frage nach der Auferstehung ist hoch kompliziert und kann an dieser Stelle nicht geklärt werden; vgl. hierzu die ausführlichen Argumentationen von Wacker 1982, S. 258–288, bes. S. 279 f., und Bieberstein 2009. So bleibt beispielsweise offen, ob die Gerechten aus der ersten (angenehmen) Höhle auferweckt werden; vgl. Bieberstein 2009, S. 434, Anm. 34. Sicher ist nur, dass die Grenze zwischen Auferstehenden und Nichtauferstehenden nicht entlang der »späteren moralischen Linie zwischen Gerechten und Sündern« (Bieberstein 2009, S. 435) verläuft.
278 Vgl. Bachmann 2009a, die zeigt, dass dieser Baum des Lebens nicht mit dem aus Gen 2 f. zu identifizieren, sondern bildlich zu verstehen sei und Weisheit bedeute.

3.2 Der Jenseitsraum

Schlucht von Hinnom[279] fokussiert ist. Schließlich erfährt er das Paradies samt dem Baum der Weisheit.

Da die Anwendung der Technik des demonstrativen Dialogs und der Strategie erzählter Bewegung in historischer Hinsicht an genuin biblische Traditionen anschließt, ist die immer wieder ins Spiel gebrachte Charakterisierung von Henochs Jenseitsreise als νέκυια[280] abzulehnen: Einseitig stellt sie einen Anschluss an pagan-griechische Erzähltraditionen her und verdeckt die innerjüdische Logik der Genese. Aber vor allen Dingen ist das Prozesshafte, das in dem redundanten Nebeneinander von erster und zweiter Reise geradezu ostentativ ausgestellt wird, für das Verständnis des *Buchs der Wächter* wichtig: Die kaum konsolidierte Jenseitstopographie dokumentiert eher den Prozess der Genese frühjüdischer Jenseitsvorstellungen, als dass sie Zeugnis ihrer Geltung wäre. Nur vereinzelt lassen sich Ordnungselemente wie etwa Aspekte einer mythischen Raumsemantik erkennen, die aber keineswegs konsequent durchgeführt sind, auch wenn der Totenberg im Westen, die paradiesischen Regionen samt dem Garten der Gerechtigkeit im Osten lokalisiert sind.[281] Zu viele Aspekte bleiben undeutlich: In welchem Verhältnis stehen Totenberg im Westen und die Topographie des endzeitlichen Jerusalems? Oder: Was ist mit den paradiesischen Regionen, die in den Kapiteln 28 bis 32 beschrieben werden? Ferner erscheint die Einteilung der Toten in vier Gruppen nach den im Text gebotenen Kriterien keinesfalls zwingend und hat in der Überlieferungsgeschichte zu den Modifizierungsbemühungen geführt, die den Text des Kapitels 22 so schwierig machen.[282]

Diese jüdische Jenseitstopographie hatte dennoch ihr Faszinosum: Die lange und anhaltende Rezeptionsgeschichte des *Buchs der Wächter* ist hierfür Zeugnis. Doch führten die Unabgeschlossenheit, die Spannungen und Brüche nicht nur zu starken Modifizierungen, sondern zur Emergenz weiterer Jenseitsraumimaginationen, die in nicht minderem Maße, als dies im *Buch*

---

279 Vgl. Bieberstein 2001, S. 523 ff.
280 Sie geht zurück auf Dieterichs Thesen zur *Petrus-Apokalypse*. Im Anschluss daran charakterisierte Glasson 1961 das *Buch der Wächter* als eine »Jewish Nekyia« (S. 8, i. O. kursiv gesetzt); so auch Wacker 1982, S. 312. Zur Kritik daran, Henochs Reise an die Enden der Welt als Nekyia zu charakterisieren, vgl. Bachmann 2009b, S. 78 ff.
281 Man könnte versucht sein, hierin mit Cassirer 1995, S. 104 f., einen ›mythischen Raum‹ zu erkennen. Allerdings hat Kiening 2004a betont, dass Cassirer strukturelle Muster herauspräpariere, die »auf einer Homogenisierung heterogener kultureller Bestände beruhen und abendländische Rationalitätstypen zum Maßstab des Vergleichs nehmen« (S. 36), und auf die problematischen erkenntnispsychologischen und entwicklungsgeschichtlichen Implikationen des Modells Cassirers hingewiesen.
282 Die Tatsache, dass eine ganze Monographie nötig ist (vgl. Wacker 1982), um diese Widersprüche klar zu benennen und aufzulösen, spricht Bände. Zu einer Diskussion von Wackers textkritischen Überlegungen vgl. Bieberstein 2009, S. 430 ff.

der Wächter der Fall ist, von der produktiven Kraft des Zusammenhangs von Deixis, Bewegung und Raum Gebrauch machen.

3.2.2 Von Henoch zu Petrus. Transformationen der Jenseitsreise

3.2.2.1 Die *Bilderreden* und das *Zweite Henochbuch*

Sowohl für die Persistenz des im *Buch der Wächter* etablierten Erzählverfahrens, die Strategie erzählter Bewegung und die Technik des demonstrativen Dialogs zu kombinieren, als auch dafür, dass diese Persistenz nicht selbstverständlich ist, finden sich Zeugnisse in einem unmittelbaren Rezeptionsdokument, den sogenannten *Bilderreden*, die in der äthiopisch überlieferten Zusammenstellung des *Ersten Henochbuchs* (Kap. 37-71) auf das *Buch der Wächter* folgen. Diese wohl im 1. vorchristlichen Jahrhundert oder später entstandenen[283] drei *Bilderreden* kreisen hauptsächlich um eschatologische Fragen; in der meditativ-assoziativ organisierten Bildkomposition wird dabei immer wieder auf Aspekte des *Buchs der Wächter* rekurriert.[284] Punktuell wird auch die Kombination aus erzählter Bewegung und demonstrativem Dialog eingesetzt,[285] etwa wenn sich Henoch durch die endzeitlich transformierte Erde bewegt und dabei an zwei unterschiedlichen Stellen Gerichtstäler sieht. Das erste Tal, in dem Mächtige und Könige bestraft werden, befindet sich, wie der Text nahelegt, im Westen in der Nähe von metallischen, aber am Jüngsten Tage sich verflüssigenden Bergen.[286] Hierbei wird nicht nur auf die Aitiologie des Bösen im *Buch der Wächter* verwiesen,[287] sondern auch die Eschatologie der menschlichen Sünder wiedererzählt:[288]

---

283 Nur schwer lässt sich die Datierungsfrage beantworten; vgl. Nickelsburg 1981a, S.221 ff.; Uhlig 1984, S.573 ff., Anm. a; Oegema 2001, S.134.
284 Himmelfarb 1993, S.59, liest die *Bilderreden* als bewusstes ›Retelling‹, das in seinem allusiven Stil die Kenntnis des *Buchs der Wächter* deutlich voraussetze.
285 Vgl. neben der im Folgenden besprochenen Stelle 1 Hen (äth) 40,8 ff.; 43,3; 46,2 f.; 52,3 f.; 54,4 f.; 56,2 f.; 64,2.
286 Vgl. 1 Hen (äth) 52,6: »Und jene Berge, die deine Augen gesehen haben – der Berg von Eisen, der Berg von Kupfer, der Berg von Silber, der Berg von Gold, der Berg von Gußmetall (= Quecksilber?) und der Berg von Blei –, sie alle werden vor dem Erwählten wie Honigwachs vor dem Feuer sein und wie Wasser, das von oben über jene Berge herabfließt.«
287 Vgl. 1 Hen (äth) 8,1: »Und Azāz'ēl lehrte die Menschen Schwerter und Messer, Schilde und Brustpanzer herzustellen, und er zeigte ihnen ‹die Metalle› und ihre Bearbeitung, Armspangen, Schmuck [...]«, mit 1 Hen (äth) 52,7 f.: »Und in jenen Tagen wird (es) geschehen, daß man sich nicht retten kann, weder durch Gold noch durch Silber, und keiner wird entfliehen können. Und es wird kein Eisen (mehr) für den Krieg geben und Tuch für den Brustpanzer, Erz wird nichts nützen, und Zinn wird nichts nützen und nicht zählen, und Blei wird nicht begehrt sein. Alle diese Dinge werden verschwinden und vertilgt werden von der Oberfläche der Erde, wenn der Erwählte vor dem Angesicht des Herrn der Geister erscheinen wird.«
288 Azāz'ēls Gefolgschaft wird im zweiten Tal gestraft, das sich in einem anderen Teil der Erde befindet. Nickelsburg 1981a, S.218 f., hat darauf hingewiesen, welche Probleme Dislokatio-

> Und die Sünder werden von dem Angesicht des Herrn der Geister vertilgt werden und werden von der Oberfläche seiner Erde unaufhörlich weggetrieben, für immer und ewig. Denn ich habe alle Strafengel gesehen, wie sie sich niederließen und alle (Marter)Werkzeuge Satans zubereiteten. Und ich fragte den Engel des Friedens, der mit mir ging: »Jene (Marter)Werkzeuge – für wen bereiten sie sie zu?« Und er sprach zu mir: »Sie bereiten diese zu für die Könige und für die Mächtigen dieser Erde, daß sie damit vertilgt werden.« (1 Hen [äth] 53,2 ff.)

Der demonstrative Dialog erscheint gewissermaßen in einer inhaltlich begründeten Schwundstufe, da zwar Gesicht, Frage und Antwort über Demonstrativpronomina (›jene‹, ›diese‹) aufeinander bezogen werden; dabei geht es aber nur um die Marterwerkzeuge, nicht um die Sünder, die zum Zeitpunkt des Gesichts noch nicht bestraft werden. Es ist deshalb konsequent, wenn die den Verweisungscharakter emphatisch ausstellende Kopulastruktur nach dem Muster: »›Wer (oder was) sind diese?‹ – ›Diese sind die, die [...]‹«, nicht dargeboten wird: So bleibt im Gesicht wie auch in der Imagination der Strafort leer.[289] Hierin kann man nicht nur eine Spur der suggestiven Jenseitserzählung des *Buchs der Wächter* in den *Bilderreden* erkennen, sondern auch ein Beispiel für die produktive Anverwandlung dieser Technik.

Ganz anders wird in einem Rezeptionsdokument der *Bilderreden* selbst verfahren, das in diese inkorporiert wurde. Gegen Ende der *Bilderreden* sind Elemente einer ursprünglich selbstständigen Noah-Tradition[290] interpoliert worden;[291] unter deutlicher Bezugnahme auf die eben besprochene Stelle spricht Noah, der textintern fingierte Adressat der *Bilderreden*,[292] von einem

---

nen und Interpolationen in diesen Kapiteln verursachen. So muss vielleicht 1 Hen (äth) 54,2 (»Und man brachte die Könige und Mächtigen, und man warf sie in dieses tiefe Tal«) aus dem Kontext der Beschreibung des zweiten Tals entfernt und hinter 1 Hen (äth) 53,7 placiert werden: Durch diese Umstellung wird hier – wie auch im *Buch der Wächter* – zwischen einem englischen und einem menschlichen Strafort differenziert. Andererseits rechtfertigen Analogien Eingriffe in den handschriftlich überlieferten Text kaum (vgl. meine Anm. 218).

289 Dies sei gegenüber Nickelsburg 2010, S. 75, eingewendet: »In instances where the seer makes predictions of the future rather than recounting what he sees, the content is graphic and not very different from the descriptions of what Enoch actually sees«.
Die eher assoziativ aneinandergelagerten Imaginationsräume der *Bilderreden* entwickeln natürlich keine stringente Eschatologie. Deshalb kommentiert Bauckham 1990a die vorliegende Stelle leicht indigniert: »an obscure reference to the judgement of the wicked seems to be a vision of their removal from the presence of the righteous for punishment at the last day« (S. 359).

290 Vgl. Uhlig 1984, S. 618, Anm. LXV,a.

291 Vgl. Nickelsburg 1981a, S. 221: »After the materials in chaps. 64-69:25 the scene in 69:26-29 comes as something of a surprise. Clearly, it belongs with the judgment scene in chaps. 62-63. It is an acclamation by the elect and the righteous, who have witnessed the appearance of that son of man, his enthronement, and his judgment and banishment of the wicked. This connection is consonant with our previous conjecture that the Noachic materials, and indeed all of 64-69:25, are an interpolation.«

292 Vgl. 1 Hen (äth) 68,1: »Und danach gab mir [Noah, MB] mein Großvater Henoch in einem Buch die Erklärung all der Geheimnisse und die Bilderreden, die ihm gegeben worden waren, und er trug sie für mich zusammen in dem Werk des Buches der Bilderrede.«

»flammende[n] Tal [...], das mir mein Großvater Henoch zuvor gezeigt hatte, im Westen, bei den Bergen des Goldes, des Silbers, des Eisens, des Gußmetalls und Zinns« (1 Hen [äth] 67,4). Neben den Engeln, »die die Ungerechtigkeit gezeigt haben« (ebenda), leiden dort ›in jenen Tagen‹ auch Menschen in Feuer- respektive heißen Wasserströmen,[293] die aus der Vermischung eines schweflig riechenden Metallflusses[294] mit fließenden Wassern entstehen:

> Und jenes Tal der Engel, derer, die sie (= die Menschen) verführt haben, brennt dort unter der Erde. Und durch ihre (= der Erde)[295] Täler kommen Feuerströme hervor: Dort werden jene Engel gerichtet (oder: gestraft), die die verführt haben, die auf dem Festland wohnen. Und jene Wasser werden in jenen Tagen den Königen, den Mächtigen, den Hohen und denen, die auf dem Festland[296] wohnen, zur Heilung des Leibes und zum Gericht des Geistes dienen; und ihr Geist ist voll von Wollust, so daß ihr Leib gerichtet (oder: gestraft) wird, weil sie den Herrn der Geister verleugnet haben; und sie sehen jeden Tag ihr Gericht, und sie glauben (doch) nicht an seinen Namen. Und so stark wie das Brennen ihres Leibes (ist), ebenso (wird sich) an ihnen eine Veränderung des Geistes (vollziehen) für immer und ewig, denn niemand kann vor dem Herrn der Geister eine leere Rede führen. Denn das Gericht wird über sie kommen, weil sie an die Begierde ihres Leibes glauben und den Geist des Herrn leugnen. (1 Hen [äth] 67,6 ff.)

Diese hydro- respektive pyropurgatorische Phantasie ewiger körperlich-geistiger Strafen wird monologisch referiert. Eine solche Darbietungsform, so scheint es, steht hinter der Kombination aus erzählter Bewegung und demonstrativem Dialog hinsichtlich der Kraft der evozierten Sinneseindrücke zurück. Denn sie zeichnet sich nicht durch denselben Grad an Imaginationsstimulation aus: Ohne den demonstrativen Dialog können bestimmte jenseitstopographische Elemente nicht in derselben intensiven Weise fokussiert werden; ohne die Erzählung von Bewegung fehlt ein wichtiges Strukturelement für eine klar gegliederte und nachvollziehbare Darstellung. Nicht zuletzt deshalb ist der Monolog unpräzise und vermengt eigentlich Differenziertes. Es bleibt offen, wie das System von Feuer- und Wasserflüssen zu imaginieren ist, wie sich englischer und menschlicher Strafort zueinander verhalten und ob die Straforte ober- oder unterirdisch lokalisiert werden.

---

293 Zwischen Feuer- und Wassergericht, die im *Ersten Henochbuch* nebeneinander stehen, besteht eine gewisse Spannung (vgl. Uhlig 1984, S. 702, Anm. XC,25,a).
294 Zur Verflüssigung der Metallberge vor dem Angesicht des Erwählten vgl. das Zitat in Anm. 286.
295 Die Vereindeutigung dieses Possessivpronomens mit ungeklärter Referenz ist problematisch: vgl. hierzu die englische Übersetzung von Nickelsburg (ders./VanderKam 2004, S. 86): »and the valley of those angels who had led astray burned beneath that ground. And through the valleys of that (area) rivers of fire issue, where those angels will be judged who led astray those who dwell on the earth«.
296 Nickelsburg übersetzt das entsprechende Wort im Englischen durchgängig mit »earth« (vgl. ders./VanderKam 2004, S. 87).

3.2 Der Jenseitsraum

Eine andere Tendenz eines ebenfalls textgeschichtlich sicher sekundären, gegen Ende in die *Bilderreden* inkorporierten Entwurfs erweist sich demgegenüber als wegweisend für die Transformation der Erzählung des Jenseits. Sie ist bereits im biblischen Bericht von Henochs Entrückung zu Gott[297] angelegt. Dieser wird aufgegriffen und in 1 Hen (äth) 70-71 ausdifferenziert. Nachdem Henoch am paradiesischen Ort angekommen ist, an dem »die Erzväter und die Gerechten [...] seit uralter Zeit« (1 Hen [äth] 70,4) wohnen, steigt er weiter empor und beginnt eine Himmelfahrt, deren Stationen nur angedeutet werden.[298] Es kommt einzig darauf an, dass die Bewegung im höchsten aller Himmel gipfelt. Denn die an die Bildgebung vor allem von 1 Hen (äth) 14[299] anschließende Darstellung dient der erzählerischen Erzeugung einer Atmosphäre, in der Henoch mit dem ›Menschensohn‹[300] identifiziert werden kann. In dieser abschließenden Himmelfahrt Henochs ist der Höhe- und Schlusspunkt der *Bilderreden* erreicht, in dem die in den *Bilderreden* omnipräsente Figur des Auserwählten und die des gerechten Henoch konvergieren. Jenseits dieser Pointe ist in der Himmelfahrtserzählung zum einen die Möglichkeit einer Homogenisierung des disparaten Jenseitskonzepts des *Buchs der Wächter* gegeben, da hier der Himmel nicht nur als Tempel Gottes imaginiert wird (vgl. 1 Hen [äth] 14),[301] sondern dort auch die jenseitig verborgenen Geheim-

---

297 Vgl. in dieser Arbeit S.35.
298 Es handelt sich um die Offenbarung angelologischer (»die Kinder der heiligen Engel«, 1 Hen [äth] 71,1), eschatologischer (in diese Richtung interpretiere ich »alle Geheimnisse der Barmherzigkeit« und »alle Geheimnisse der Gerechtigkeit«, 1 Hen [äth] 71,3), meteorologischer (»alle Geheimnisse der Enden des Himmels«, 1 Hen [äth] 71,4) und astrologischer (»alle Kammern der Sterne und alle Lichter«, ebenda) Geheimnisse.
299 Vgl. in dieser Arbeit S.55; für weitere Referenzen vgl. Himmelfarb 1993, S.60.
300 Die Figur des ›Menschensohns‹ weist in ihrer eigentümlichen Verschmelzung eigentlich getrennter Figuren einen Berührungspunkt zum Frühchristentum auf, das den ›Menschensohn‹ mit dem auferstandenen und erhöhten Christus identifizierte (vgl. Nickelsburg 1981a, S.223: »It is noteworthy that both this document [gemeint sind die *Bilderreden*, MB] and the early church conflated the originally separate figures of the Servant, the one like a son of man, and the Messiah«).
301 Dahinter steht ein komplexer religionsgeschichtlicher Prozess. Nachdem – beginnend mit Ezechiels Vision des göttlichen Thronwagens – nicht mehr der irdische Tempel, sondern der Himmel als Aufenthaltsort Gottes verstanden wurde, wurde letzterer ›per analogiam‹ als Tempel und königlicher Hof imaginiert. Vgl. hierzu Himmelfarb 1993, S.11-28. Auf breiterer Materialbasis zeigt auch Hartenstein 2001, dass die »Jerusalemer Tempeltheologie, die wirkungsgeschichtlich zum einzigen Paradigma einer kosmischen Heiligtumssymbolik im Alten Testament wurde, [...] vorexilisch noch keine explizite Verortung des Gottesthrones im Himmel« (ebenda, S.166) kannte. Zu Ezechiel vgl. ebenda, S.148 (Herv. i. O.): »Vor diesem religionsgeschichtlichen Hintergrund liegt die Pointe der in Ez 1 (und 10,1ff.) geschauten ›Thronherrlichkeit‹ Gottes in einer im Verhältnis zur vorexilischen Jerusalemer Tempeltheologie neuartigen kosmologischen Verortung des JHWH-Throns, die dessen Überlegenheit und seine (in der Vision) ermöglichte Zugänglichkeit angesichts von Tempelzerstörung und Exil herausstellt. Eine direkte Bindung an ein Heiligtum ist dabei insofern nicht nötig, als die Visionsschilderung die alte Tradition vom *theophanen Kommen und Ein-*

nisse enthüllt werden, die Henoch in der früheren Tradition an den Enden der Erde erfährt (vgl. 1 Hen [äth] 17-19; 21-36). Zum anderen entspricht diese einheitliche Konzeption einer ideenhistorischen Tendenz im hellenistischen Kulturbereich, das Jenseits ausschließlich im Himmel zu lokalisieren.[302] Für das Frühjudentum sind verschiedene Erklärungsmodelle für diese neue Kosmologie entwickelt worden.[303]

Wie dem auch sei: Die Verlegung aller jenseitigen Orte in den respektive die Himmel ergibt im vorliegenden Fall auch textimmanent guten Sinn und erscheint adäquat. Im Fall der Offenbarung meteorologischer und astrologischer Geheimnisse ist dies evident. Hier ist die Transformation des Jenseitsmodells vielleicht auch nur eine Frage des Blickwinkels oder der Bewegungsrichtung: Denn da sich Himmel und Erde an der äußersten Horizontlinie berühren, mag sich Henoch denselben meteorologischen und astrologischen Geheimnissen im *Buch der Wächter* von den Enden der Erde, in den *Bilderreden* aber von den Enden des Himmels her nähern.

Buch der Wächter (1 Hen [äth] 33,2 f.)	*Bilderreden* (1 Hen [äth] 71,1 ff.)
Und östlich von jenen Toren sah ich die Enden der Erde, worauf der Himmel ruht, und die Tore des Himmels offen. Und ich sah, wie die Sterne des Himmels hervorkamen [...].	Und dann geschah es, daß mein Geist entrückt wurde, und er stieg empor in die Himmel [...]. Und er [der Erzengel Michael, MB] zeigte mir alle Geheimnisse der Enden des Himmels und alle Kammern der Sterne und alle Lichter, von wo sie ausgehen vor das Angesicht der Heiligen (= zu den Heiligen).

Ferner wird über die Assoziation vom himmlischen Tempel als Königs- und somit auch Gerichtshof[304] die eschatologische Bedeutung des Himmels prominent. Der Ort angelologischer Ordnungen ist natürlich auch der

---

greifen Gottes im Gewitter (vgl. Ps 18) mit der andersartigen Vorstellung eines *(inner-)himmlischen Thrones* (wie in KAR 307 [Keilschrifttexte aus Assur religiösen Inhalts, in diesem Fall ein mythologisch-kosmologischer Text auf einer neuassyrischen Tafel aus dem 1. Jt. v. Chr., MB]) kombiniert«.

302 Vgl. Bauckham 1990a, S. 375, der diese Entwicklung anhand eines Vergleichs frühjüdischer Höllenfahrten feststellt.
303 Vgl. Dean-Otting 1984, S. 123, die in der griechischen Religion und Philosophie Hintergründe dafür sucht, dass der Hades im Himmel verortet wurde. Für diesen Zusammenhang verweist auch Adela Yarbro Collins 1996, S. 44, auf Plutarch. Zum Hellenismus als ausschlaggebendem Kontext vgl. Stock-Hesketh 2000, S. 56. Collins beschäftigt sich anhand des Problems der Himmelsreise der Seele, das seit den Forschungen der ›religionsgeschichtlichen Schule‹ breit diskutiert wurde (vgl. etwa Bousset 1901), vor allem mit der Anzahl der Himmel und erkennt in der Annahme von sieben Himmeln vor allem babylonischen Einfluss. Angesichts der Quellenlage lassen sich direkte Einflüsse aber wohl kaum rekonstruieren, so dass allen Ausführungen in dieser Frage etwas leicht Spekulatives anhaftet.
304 Vgl. Himmelfarb 1993, S. 58.

Himmel; der verschobene Fokus des *Buchs der Wächter* ist bedingt durch die integrale Erzählung vom Fall und der Bestrafung der Wächterengel.

Es kann angesichts dieser Fülle an himmlischen Geheimnissen nicht verwundern, dass die Homogenisierung des Jenseitsmodells zugleich eine Mehrzahl von Himmeln erfordert, so dass durch die Differenzierung verschiedener Himmel zugleich eine Ordnung jenseitig verborgenen Wissens hergestellt werden kann. Auch dieser Aspekt ist am Ende der *Bilderreden* lediglich impliziert, wo von den Himmeln (vgl. 1 Hen [äth] 71,1) oder dem »Himmel der Himmel« (1 Hen [äth] 71,5) gesprochen wird, ohne dass die genaue Anzahl sowie die Ordnung expliziert würden.

Im sogenannten *Zweiten Henochbuch* wird die Verortung des Jenseits in den Himmeln voll entfaltet,[305] was in Henochs Himmel*fahrt*[306] in den *Bilderreden* nur angelegt ist, da diese Fahrt stark auf das Ziel der Bewegung durch den Raum, die Identifizierung Henochs mit dem ›Menschensohn‹, ausgerichtet ist.

Das *Zweite Henochbuch* ist auf kirchenslawisch in einer längeren und einer kürzeren Fassung überliefert; die auch in dieser Arbeit herangezogene Übersetzung von Böttrich 1996 geht auf die längere Fassung der Hs. 321 der Nationalbibliothek zu Belgrad zurück.[307] Handschriftlich ist der Text erst ab dem 14. Jahrhundert greifbar, es gibt aber sichere Indizien dafür, dass der Text im 10. beziehungsweise 11. Jahrhundert ins Slawische übersetzt wurde. Die Forschung schwankt, was die Entstehungszeit des ursprünglich griechischen Texts betrifft, zwischen dem 1. und dem 9. nachchristlichen Jahrhundert. Ich nehme an, dass der Text wohl vor 70 n. Chr. entstanden ist, und folge damit der Mehrheit der Forschung.[308] In den ›preprints‹ des Max-Planck-Instituts für Wissenschaftsgeschichte findet man die englische Übersetzung eines Teils der Belgrader Handschrift; sie wurde von Florentina Badalanova Geller 2010 veröffentlicht.

Im ersten Teil des *Zweiten Henochbuchs*, das auf der im *Ersten Henochbuch* gesammelten Tradition fußt, wird Henoch von zwei ›angeli interpretes‹, Samoil und Raguil (2 Hen 33,6), auf eine *Reise*[309] durch die sieben Him-

---

305 Vgl. auch die eschatologische Ordnung in den Himmeln des *Testaments Levis*: »Höre nun über die dir gezeigten Himmel! Der unterste erschien dir darum dunkel, weil er alle Ungerechtigkeit der Menschen sieht. Und er hat Feuer, Schnee und Eis, zubereitet für den Tag des Gerichts, an (dem) Gott (sein) gerechtes Gericht (ausübt). In ihm sind alle Geister, die zur Vergeltung an den Menschen dienen. Im zweiten (Himmel) sind die Mächte der Schlachtreihen, aufgestellt für den Tag des Gerichts, Vergeltung zu üben an den Geistern des Irrtums und an Beliar. Und über ihnen sind die Engel. Im (Himmel) über allen verweilt die große Herrlichkeit, hoch über jeder Heiligkeit« (TestLev III,1-3).
306 Zur Unterscheidung von Fahrt und Reise vgl. in dieser Arbeit S.43.
307 Zum Verhältnis der beiden Fassungen vgl. Böttrich 1996, S.788 ff.
308 Vgl. Hahn 1998, S.46, Böttrich 1996, S.812 f., Himmelfarb 1993, S.38 u. S.83 ff..
309 Anders als die Zusammenstellung des *Ersten Henochbuchs* weist das *Zweite Henochbuch* eine einheitliche Konzeption auf, wie Böttrich 1990 gezeigt hat (vgl. dagegen die Auffassung von John J. Collins 1983, S.535, die er vor allem durch formale Argumente begründet: »The legend of Melchizedek is formally a distinct unit, independent of the apocalypse, whether or

mel³¹⁰ genommen, wo er neben meteorologischen (erster Himmel) und astronomischen (vierter Himmel) vor allem angelologische Geheimnisse (bes. sechster Himmel) und schließlich Gott selbst (siebter Himmel)³¹¹ sieht. Einen Teil der angelologischen Offenbarungen bildet auch die Bestrafung der abgefallenen Engel, wobei im *Zweiten Henochbuch* zwischen den einfachen Engeln (zweiter Himmel) und ihren Fürsten (fünfter Himmel)³¹² differenziert wird. Wie auch im *Buch der Wächter* und in den *Bilderreden*³¹³ sind die eschatologischen Orte der Menschen, der Strafort und das Paradies, davon unterschieden. Sie werden im dritten Himmel lokalisiert.³¹⁴

Aber nicht nur diese Unterscheidung zwischen Menschen und Engeln in der Jenseitstopographie, sondern auch die Art und Weise der Erzählung des Jenseitsraums folgt dem Verfahren, das im *Buch der Wächter* etabliert und in den *Bilderreden* produktiv anverwandelt wurde. So wird der Jenseitsraum durch die Strategie erzählter Bewegung linearisiert.³¹⁵ Die Jenseitsorte der Bestrafung oder der Belohnung werden durch die Technik des demonstrativen Dialogs suggeriert. Im Fall der abgefallenen Engel wird die Tortur,

---

not it was originally juxtaposed with it in a single composition«). Der ausgesprochene ›Reise‹-Charakter von Henochs Bewegung durch das Jenseits ist durch diese Anlage, besonders durch die Verbindung der Jenseitsreise mit den Mahnreden, bedingt; denn von Anfang an ist die Rückkehr angelegt. Es geht nicht um eine Auffahrtserzählung, sondern um eine Erfahrung des Jenseits, die der Welt offenbart werden soll.

310 Vgl. zum Sieben-Himmel-Schema Böttrich 1990, S. 133 ff. Er weist auf eine »Grenzlinie« im dritten Himmel hin, die die Himmel des Quälens von denen des liturgischen Dienstes scheide (ebenda, S. 135). Die Annahme einer ›Grenze‹ erscheint mir nicht plausibel, auch wenn freilich die Annäherung an den höchsten der Himmel den Fokus auf englisch-liturgische Dienste lenkt.

311 In den Kapiteln 20-22 finden sich jüdisch-mystische Interpolationen, die das Sieben-Himmel-Schema auf zehn Himmel erweitern. Das *Zweite Henochbuch* wurde in der Merkava-Mystik rezipiert und redigiert, vgl. Böttrich 1996, S. 803. Das hebräisch verfasste sogenannte *Dritte Henochbuch*, das erzählt, wie Rabbi Jischmael – von dem in Metatron verwandelten Henoch geführt – durch das Jenseits reist, fußt auf dem *Zweiten Henochbuch* (vgl. Odeberg 1928, S. 52 ff.). Aber bereits Henochs Himmelfahrt (1 Hen [äth] 14) stellt einen Übergangspunkt von prophetischen zu mystischen Traditionen dar; vgl. Nickelsburg 1981b, S. 576–582.

312 Obwohl die Engel im zweiten und im fünften Himmel mit den Wächtern aus dem *Buch der Wächter* zu identifizieren sind (vgl. Orlov 2009, S. 138 ff.), ist Satanael ihr Anführer (zur Vorbereitung dieser Entwicklung in den *Bilderreden* vgl. ebenda, S. 152 ff.), der eigentlich aus dem Zusammenhang der Paradieseserzählung stammt – diese Überblendung entspricht der Modellierung Henochs als zweitem Adam, womit im *Zweiten Henochbuch* auch eine Vermischung der ursprünglich getrennten Aitiologien des Bösen einhergeht; vgl. Orlov 2009, passim.

313 Vgl. meine Anm. 288 für den notwendigen textkritischen Eingriff.

314 Was das Paradies betrifft, liegt somit eine Parallele zur *Apokalypse des Mose* und partiell auch zur *Paulus-Apokalypse* vor; vgl. hierzu in dieser Arbeit S. 21 f. u. S. 121 ff.

315 Dabei haben die Sätze, mit denen Henochs Bewegung erzählt wird, gliedernde Funktion: vgl. Böttrich 1990, S. 135, Anm. 27. Dies lässt sich in der *Paulus-Apokalypse* ebenfalls beobachten; vgl. in dieser Arbeit S. 114 f.

gefesselt aufgehängt zu sein, erzählt und dann mithilfe der Demonstrativpronomina im Dialog ausgedeutet:

> Und dort schaute ich Gefesselte, die unter Bewachung hingen, die das maßlose Gericht erwarten. Und diese Engel sahen finster aus, mehr als irdische Finsternis. Und unaufhörlich hielten sie alle Stunden hindurch Klage. Und ich sprach zu den Männern, die mit mir waren: »Weshalb werden diese unaufhörlich gemartert?« Die Männer antworteten mir: »Diese sind vom Herrn Abgefallene, die nicht der Anordnung des Herrn gehorcht haben, sondern ihren eigenen Willen getan haben [...].« (2 Hen 7,1 ff.)

Auch im Fall der Sünder wird Henoch an einen »überaus furchtbaren Ort« (2 Hen 10,1) geführt und es wird der entsprechende Raumeindruck erzählt.[316] Anders als die Engel werden die Menschen aber zur Zeit von Henochs Jenseitsreise noch nicht bestraft;[317] vielmehr sind die Orte der Bestrafung oder Belohnung nur »bereitet« (2 Hen 9,1; 10,4).[318] Diese explizierte Differenz verdeutlicht auch der je unterschiedliche Einsatz des demonstrativen Dialogs. Denn der sich hier anschließende Dialog, der nicht durch eine Frage, sondern einen Ausruf des Visionärs eingeleitet wird,[319] erscheint in der Schwundstufe, die aus den *Bilderreden* bekannt ist:

> Und ich sprach: »Wehe, wehe! Wie überaus furchtbar ist dieser Ort!« Und die Männer sprachen zu mir: »Dieser Ort, Henoch, ist denen bereitet, die Gott verunehren; die Böses tun auf Erden, *Unzucht gegen die Natur, das ist Knabenschändung im After, sodomitisch*, Zauberei, Beschwörung, dämonische Magie [...]« (2 Hen 10,4; der kursiv gesetzte Text ist nur in einer Handschrift überliefert)

Auch hier bleibt der Strafort, der Höllenhimmel, leer;[320] doch anders als in den *Bilderreden* stehen Grund- und Schwundstufe des demonstrativen Dia-

---

316 Vgl. 2 Hen 10,2f.: »Es gibt an diesem Ort jede Marter der Folterung, grausame Finsternis und lichtlosen Nebel, und es gibt dort kein Licht. Und dunkles Feuer entbrennt fortwährend. Und ein feuriger Fluß kommt herab auf diesen ganzen Ort. Auf der einen Seite ist Feuer, aber auf der anderen Seite ist kaltes Eis, es brennt und friert. Und [es gibt] überaus grausame Kerker, und peinigende und unbarmherzige Engel, die scharfe Waffen tragen und unbarmherzig martern.«
317 Auch ihre Anführer, die Wächterengel im fünften Himmel, werden noch nicht bestraft.
318 Vgl. hierzu auch die bereiteten Straforte im *Testament Levi* (Anm. 305).
319 So auch in 1 Hen (äth) 21,8; 22,2; 24,5; 32,5. Es kommt einzig auf eine ›appellative Redeform‹ (Achim Behrens) zur Eröffnung des Dialogs an; vgl. in dieser Arbeit S. 51.
320 Spuren der älteren Vorstellung, nach der der Hades (und im Besonderen auch der Strafort der Engel; vgl. 1 Hen [äth] 10,4-6 und Orlov 2009, S. 149 f.) in der Unterwelt lokalisiert wird, haben sich gleichwohl im *Zweiten Henochbuch* gehalten. So berichtet Henoch seinen Kindern über das Wissen, das er auf der Jenseitsreise erworben und schriftlich festgehalten hat: »Ich schrieb die Höhe von der Erde bis zum 7. Himmel nieder, und die Tiefe bis zum untersten Hades, und den Ort des Gerichtes und den überaus großen Hades, geöffnet und klagend« (2 Hen 40,12; nach 18,7 [Henoch im 5. Himmel] ist auch der Strafort der einfachen Engel unter der Erde). Auch hier werden die Sünder noch nicht bestraft, sondern leiden, weil sie ihre ewige Bestrafung antizipieren (vgl. Bauckham 1990a, S. 360 f.).
Für die in der Transformation entstandene Vorstellung eines Höllenhimmels mit seinem Zugleich von äußerster Hitze und Kälte (vgl. das Zitat in Anm. 316) wurden interessanterweise auch Bildelemente übernommen (vgl. Dean-Otting 1984, S. 228), die in Henochs

logs einander kontrastiv gegenüber, da zwischen einer schon erfolgenden Bestrafung der gefallenen Engel und einer erst künftigen der sündigen Menschen differenziert wird. Auch diese Unterscheidung kann als Versuch gelesen werden, die Jenseitskonzeption zu homogenisieren.

Schlussendlich lassen sich aber auch im *Zweiten Henochbuch* viele disparate und inkongruente Elemente finden. So fehlt eine klare Abgrenzung zwischen Diesseits und Jenseits; denn obwohl der zweite Himmel als englischer Strafort eindeutig jenseitig ist,[321] ist das Paradies im dritten Himmel von eigentümlich amorpher Gestalt und nicht klar zuordenbar. Das zuvor vorgeführte Schema, nach dem ein Himmel über dem anderen zu verorten ist, wird durchbrochen. Das Paradies des dritten Himmels und das irdische Paradies, der Garten Eden – oder wie es im *Zweiten Henochbuch* heißt: das ›Paradies Eden‹[322] affizieren einander: Das wiewohl irdische Paradies ist in einem Raum »zwischen Vergänglichkeit und Unvergänglichkeit« (2 Hen 8,5;6) situiert, aber beide Paradiese liegen entlang der für die Jenseitskonzeption des *Zweiten Henochbuch* bedeutenden vertikalen Achse: Der Baum des Lebens wurzelt im irdischen Paradies und überdeckt mit seiner Baumkrone das himmlische (vgl. 2 Hen 8,3f.). Die Ströme von Honig und Milch, Öl und Wein zirkulieren in einem kosmischen Kreislauf und fließen, nachdem sie im himmlischen Paradies entsprungen sind, auch durch das irdische.[323] Wie diese Verbindungen zwischen irdischem und himmlischem Paradies im Einzelnen vorzustellen sind, wird nicht ausgeführt. In dem schon erwähnten, in seinem Verhältnis zur Jenseitsreise nicht unproblematischen Bericht Henochs an seine Kinder verkündet er, dass das Paradies Eden offen sei bis zum dritten Himmel, aber von der Erde abgeschlossen (vgl. 2 Hen 42,3). Insofern erscheint es schlüssig, dass sich Henoch dem himmlischen Paradies über die Himmel und nicht über das irdische

---

Himmelfahrt v. a. als ›Transzendenz-Marker‹ fungieren (vgl. 1 Hen [äth] 14,13: »Und ich trat ein in jenes Haus, und es war heiß wie Feuer und kalt wie Schnee«).

321 In 2 Hen 7,1f. wird die Finsternis des Orts und das finstere Aussehen der gefesselten Engel zweimal explizit von ›irdischer‹ Finsternis abgegrenzt.

322 So lautet die im *Zweiten Henochbuch* übliche Fügung; zu den Problemen, das ›Paradies Eden‹ eindeutig zu interpretieren, vgl. Böttrich 1996, S. 850f., Anm. 6 b.

323 Es heißt in 2 Hen 8,5, nachdem vom irdischen Paradies die Rede war, das zwischen Vergänglichkeit und Unvergänglichkeit liegt: »Und 2 Quellen entspringen, die eine bringt Honig und Milch hervor, [die andere] Öl und Wein. Und sie teilen sich in 4 Teile.« An dieser Stelle könnte man annehmen, dass der dritte Himmel eine Schau des Paradieses Eden aus der Vogelperspektive erlaube (vgl. 2 Hen 8,1, wie ihn aber nur ein Teil der Hss. überliefert: »Und ich schaute hinab, und ich sah den Ort des Paradieses«), die Flüsse also im irdischen Paradies entspringen. Doch diese Vermutung wird vom nächsten Satz explizit widerlegt: »Und sie laufen um mit stillem Lauf, gehen hinaus in das Paradies Eden zwischen Vergänglichkeit und Unvergänglichkeit. Und von dort gehen sie hervor, und sie teilen sich in 40 Teile, und sie gehen auf Erden einzeln hervor« (2 Hen 8,5f.).

Paradies nähert, auch wenn im *Zweiten Henochbuch* insgesamt keine stringente Paradieseskonzeption entworfen wird.[324]

Doch nicht nur wegen inkongruenter oder disparater Elemente ist mit dem Entwurf des *Zweiten Henochbuchs* keine Jenseitstopographie etabliert worden, die weitergehende Geltung hätte beanspruchen können. Man mag verschiedene Erklärungsmuster anführen, etwa den Status der Texte oder die Interdependenzen zwischen der Jenseitskonzeption der Texte einerseits und externen, beispielsweise kosmologischen sowie theologisch-eschatologischen Wissensbeständen andererseits, die wiederum in die Texte nicht einfach nur ›aufgenommen‹, sondern mitunter in diesen modifiziert, transformiert sowie plausibel gemacht oder autorisiert werden. Dabei bedingen der Wandel des Wissens und die narrative Struktur der Texte einander: Ersteres erfordert ein ständiges, transformierendes Neuerzählen, das durch die generative Dynamik des Erzählverfahrens – wenn nicht ermöglicht, so doch befördert wird. Um nun zu entscheiden, welches Erklärungsmuster historisch adäquat ist, hätte die wissenschaftliche Rekonstruktion immer die spezifischen Kontexte der Entstehung, Tradierung und Transformation der Texte einzubeziehen; diese Kontexte sind aber häufig nicht rekonstruierbar, so auch im Fall des *Zweiten Henochbuchs*, dessen Überlieferung erst im Spätmittelalter handschriftlich greifbar wird und über dessen antike Kontexte nichts Genaues bekannt ist.

So bleibt nur festzustellen: Die jenseitstopographischen Vorstellungen unterliegen stetem Wandel, wobei diese ideenhistorische Konstellation auch den Texten selbst eingeschrieben ist – man denke nur an die Differenzen zwischen der ersten und der zweiten Reise an die Enden der Welt im *Buch der Wächter* oder an die Unterschiede zwischen der Erzählung von Henochs Himmelsreise und dem Bericht über selbige im *Zweiten Henochbuch*. Als einzige Konstante der Erzählung des Jenseits erweist sich das Erzählverfahren, das aus der Kombination von erzählter Bewegung und demonstrativem Dialog besteht und auch in Texten eingesetzt wird, die nicht dem Henochkorpus angehören. Nur durch dieses Erzählverfahren lässt sich eine Transformationsgeschichte schreiben, die über Analogien hinausgeht.

---

324 Dadurch, dass zwischen himmlischem Paradies und (irdischem) Paradies Eden nicht unterschieden wird, obwohl es unterscheidbar zu sein scheint, bleibt unklar, wo sich die Gerechten aufhalten werden. Kurz bevor sich Henoch nach dem Ort erkundigt und erfährt, dass er für die Gerechten bereitet ist, ist ausschließlich vom irdischen Paradies die Rede, das ja von den Engeln des Herrn bewacht wird. Da es sich bei Henochs Reise aber um eine Bewegung durch die Himmel handelt und das himmlische Paradies auch topographisch erfassbar zu sein scheint, läge es aber auf der anderen Seite (gerade in Analogie zum bereiteten Strafort in demselben Himmel) nahe, dass das Paradies für die Gerechten im Himmel zu lokalisieren ist. Eventuell halten sich die Gerechten ebenso im himmlischen wie im irdischen Paradies auf.

Im Rahmen dieser Transformationsgeschichte der Erzählung des Jenseits ist es nicht erforderlich, auf die sehr verwickelten Diskussionen zum religionsgeschichtlichen Phänomen der ›Apokalyptik‹ einzugehen. In literaturwissenschaftlicher Hinsicht ist allerdings die Frage nach der Gattung der ›Apokalypsen‹ relevant. Bis heute scheint zumindest von den Grundzügen her der Definitionsvorschlag von John J. Collins 1979 grundlegend zu sein, auch wenn an seinem System berechtigte Kritik geäußert wurde;[325] deshalb wird unter der Gattung ›Apokalypse‹ in dieser Arbeit Folgendes verstanden:

> Eine A[pokalypse] bezieht sich auf eine Serie von Geschehnissen in der Universalgesch[ichte] der Menschheit bzw. des Weltalls […] und stellt eine Gattung des Texttyps Offenbarungslit[eratur] mit narrativem Rahmen dar. Sie enthüllt Erkenntnisse über eine transzendente Wirklichkeit, die sowohl temporal (jetzige versus kommende Weltzeit) ist, sofern sie kosmisches und universales eschatologisches Heil bzw. Verderben in Aussicht stellt […], als auch spatial (diesseitige versus jenseitige Welt), sofern sie eine Jenseitswelt involviert […].[326]

Darauf aufbauend, kommt es in dieser Arbeit aber nur auf einen Teil der Texte an, die man der Gattung ›Apokalypse‹ zurechnen kann: Denn entscheidend ist die stabile Verbindung des Erzählgegenstands ›das Jenseits der Seelen‹ mit dem beschriebenen Erzählverfahren, das aus der Kombination der Strategie erzählter Bewegung und der Technik des demonstrativen Dialogs besteht.

3.2.2.2 Das *Testament Abrahams*

Die Relevanz des Erzählverfahrens zur Konstitution einer Textgruppe zeigt sich im Folgenden, wenn Texte, die nicht wie die Henochschriften von vornherein einen engeren Zusammenhang bilden, in Hinsicht auf ihre Jenseitserzählungen aufeinander bezogen werden können. So ist das humorvoll-ironische *Testament Abrahams* deutlich von den Texten des Henochkorpus unterschieden und geht doch auch von ihnen aus. Die Jenseitsreise Abrahams ist in einen gänzlich anderen Erzählzusammenhang eingelassen und wird deshalb auch völlig anders motiviert: Gott sendet den Erzengel Michael zu dem Patriarchen, um ihm zu verkünden, dass er bald sterben müsse; doch damit ist Abraham nicht einverstanden.

Die Einzelheiten zur Entstehung und Überlieferung des *Testaments Abrahams* sind recht umstritten. Trotz deutlicher christlicher Überarbeitungen ist eine ursprünglich jüdische Fassung anzunehmen, die zwischen dem 2. vor- und dem 2. nachchristlichen Jahrhundert, am ehesten wohl im 1. nachchristlichen Jahrhundert entstanden ist. Der Text ist in zwei griechischen Rezensionen überliefert. Nach der gründlichen Darstellung von

---

325 Vgl. Himmelfarb 1986.
326 Hellholm 1998, Sp. 586.

Allison 2003, S. 4–52, ist das Verhältnis der längeren (L) und der kürzeren (K) Rezension so komplex,[327] dass eine einfache Aussage nicht möglich ist. In der Tendenz scheint aber L gegenüber K zu priorisieren zu sein. Jüngst hat Mirguet 2010 darauf hingewiesen, dass beide Rezensionen über eine kohärente Handlung verfügen: Während L sich vor allem mit Abrahams Weigerung zu sterben beschäftige und eine eher humorvolle Erzählung sei,[328] kreise K – eine ernsthafte Erzählung, die um die Tragik des Todes weiß – um die Trennung von Körper und Seele im Moment des Sterbens.

Nachdem sich Abraham zunächst überhaupt nicht in sein Schicksal fügt, willigt er angesichts seiner ausweglosen Lage schließlich ein, bedingt sich aber aus, vor seinem Tod πᾶσαν τὴν οἰκουμένην (»die ganze Welt«; TestAbr [L] IX,8) zu sehen – eine reine Verzögerungstaktik.[329] Dazu besteigt er einen Cherubenwagen, von dem aus er die Welt in Vogelperspektive wahrnehmen kann. Gemäß der Vorstellung eines sich unmittelbar im Diesseits realisierenden ›Tun-Ergehens-Zusammenhangs‹ lässt der gerechte Abraham jeden Sünder, den er sieht, sofort mit dem Tod bestrafen. Daraufhin befiehlt Gott, der um die Krone seiner Schöpfung fürchtet und daran glaubt, dass sich die Menschen bekehren werden, dem Erzengel Michael:

ἀνάγαγε <δὲ> τὸν Ἀβραὰμ ἐν τῇ πρώτῃ πύλῃ τοῦ οὐρανοῦ, ὅπως θεάσηται ἐκεῖ τὰς κρίσεις καὶ ἀνταποδόσεις, καὶ μετανοήσῃ ἐπὶ τὰς ψυχὰς <τῶν ἁμαρτωλῶν> ἃς ἀπώλεσεν (TestAbr [L] X,15).

Führe Abraham zum ersten Tor des Himmels, daß er dort die Gerichtsentscheidungen und die Vergeltungen sehe, damit er anderen Sinnes werde über die Seelen <der Sünder>, die er vernichtet hat.

Die Darstellung der daraufhin angetretenen Himmelsreise folgt dem aus der Henochtradition bekannten Erzählverfahren; erneut wird hierbei deutlich, welch imaginative Kraft und vor allem auch welche Wandlungsfähigkeit diesem Verfahren eignet. Denn durch die thematische Verengung auf ein postmortales Gericht spielen meteoro-, kosmo- und angelologische Geheimnisse keine Rolle für das Erzählinteresse des *Testaments Abrahams*.[330] Eine Differenzierung in verschiedene Himmel ist somit obsolet; es wird auch mit keinem Wort erwähnt, wo im Himmel sich Gott aufhält, dessen Stimme wiederholt zu hören ist. Insgesamt wird kein topographisch geordneter Jenseits*raum* erzählt, da nur eindrückliche Gerichtsszenen

---

327 Vgl. ferner die methodologischen Überlegungen und Postulate in Kraft 2009, S. 109–127.
328 Vgl. auch Ludlow 2002.
329 Vgl. Allison 2003, S. 201: »His request is nothing but a delaying tactic.«
330 Dies ist eine Transformationstendenz, die sich auch mit Blick auf das *Dritte Baruchbuch* zeigt, also auf einen ursprünglich griechischen Text, der nach der Zerstörung des Zweiten Tempels entstand (vgl. Kulik 2010, S. 11 f.) und in dem meteoro- und kosmologische Wissensbestände zwar noch eine Rolle spielen; das primäre Interesse des Texts gilt aber der Unterscheidung von Heil und Verdammnis, wie auch die immer wieder hergestellte Verbindung von Kosmologie und Ethik zeigt.

interessieren:[331] Hinter dem Text stehen jüdische, ägyptische[332] und platonische[333] Vorstellungen,[334] die allesamt Bilder des Gerichts suggerieren, aus deren Erzählung sich aber keine kohärente Jenseitstopographie ergibt.

Es bleibt vieles unklar,[335] pikanterweise aber vor allem, wo das Gericht denn nun genau stattfindet. So wird in einer ersten Szene erzählt, wie sehr Adam, der erste Sünder, darunter leidet, wenn Seelen auf einem breiten Weg durch ein breites Tor zur Verdammnis geführt werden, wie sehr er sich aber freut, wenn Seelen auf einem schmalen Weg durch ein schmales Tor ins ewige Heil eingehen. An dieser Stelle ergibt es wenig Sinn, wenn Michael und Abraham daraufhin den getriebenen Seelen zu ihrem Richter, Adams Sohn Abel,[336] folgen, der zwischen zwei Toren thront, hinter denen Heil oder Verdammnis warten. Doch ehe man sich wundern kann, wie dies zur vorangegangenen Szene passt, evoziert der Text neue, eindrückliche Bilder des Gerichts:

ἠκολουθήσαμεν[337] δὲ ἡμεῖς τοῖς ἀγγέλοις καὶ ἤλθομεν ἔσωθεν τῆς πύλης ἐκείνης τῆς πλατείας· καὶ ἐν μέσῳ τῶν δύο πυλῶν ἵσταται θρόνος φοβερὸς ἐν εἴδει κρυστάλλου ἐξαστράπτων ὡς πῦρ· καὶ ἐπ' αὐτῷ ἐκάθητο ἀνὴρ θαυμαστὸς ἡλιόρατος ὅμοιος υἱῷ θεοῦ· ἔμπροσθεν δὲ αὐτοῦ ἵστατο τράπεζα κρυσταλλοειδὴς ὅλως διὰ χρυσοῦ (TestAbr [L] XII, 3-7)

Auch wir folgten dem Engel, und wir kamen vor jenes breite Tor. Mitten zwischen den beiden Toren stand ein furchterregender Thron. Sein Aussehen war wie das eines furchterregenden Kristalls, der wie Feuer strahlte. Auf ihm saß ein wunderbarer Mann, anzuschauen wie die Sonne, gleich dem Sohne Gottes. Vor ihm stand ein kristallener Tisch, ganz aus Gold.

---

331 Allison 2003, S.239–241, weist darauf hin, dass hier aufgrund der Parallelen zu Mt 7,13 f., einem im Frühchristentum sehr beliebten Text, eine ganz besonders deutliche christliche Bearbeitung vorliege. Durch die Einbettung in den Erzählzusammenhang aber ist klar, dass auch in der früheren jüdischen Fassung die Himmelsreise durch ein Interesse am Gericht Gottes motiviert wurde, auch wenn deren Fokus einer optimistischeren Grundtendenz folgend eher auf der göttlichen Gnade als auf der Verdammnis gelegen haben mag.
332 Vgl. Dean-Otting 1984, S.204 f.
333 Die Parallelen vor allem zur *Politeia* sind bei Allison 2003, S.258, aufgelistet. Vgl. auch Dean-Otting 1984, S.203.
334 Vgl. die ausführliche Diskussion bei Nickelsburg 1976, bes. S.23–40.
335 Vgl. Allison 2003, S.257.
336 Im *Testament Abrahams* gibt es »drei Gerichte am Ende des Lebens, am Ende der Geschichte, am Ende der Welt« (Janssen 1975, S.235, Anm. 206; das ist aber nicht ganz eindeutig, vgl. Allison 2003, S.285 f.). Der erste Richter ist überraschenderweise (vgl. Nickelsburg 1976, S.34 ff.) Abel, am Ende der Geschichte richten die zwölf Stämme Israels und der dritte Richter ist schließlich Gott. Dieses Dreierschema ist ungewöhnlich und recht wahrscheinlich eine spätere Interpolation (vgl. Allison 2003, S.277).
337 In apokalyptischer Literatur findet sich oft ein Schwanken zwischen der Erzählung in der 1. und in der 3. Person; die Jenseitsreise selbst wird überwiegend in der 1. Person dargeboten. Es ist deshalb besonders auffällig, dass sich an dieser Stelle im *Testament Abrahams*, das eigentlich konsequent in der 3. Person erzählt wird, Spuren einer Ich-Erzählung finden. Vgl. Dean-Otting 1984, S. 216, für die diese Spuren in Kapitel 12 darauf hindeuten, dass zumindest ein Teil einer früheren Textstufe in der 1. Person erzählt war.

3.2 Der Jenseitsraum

Zu den Gehilfen Abels zählen zwei Engel, von denen der eine die guten, der andere die bösen Taten der Verstorbenen aufschreibt, außerdem ein Engel mit Namen Dokiel, der die Seelen wägt, und einer mit Namen Pyriel, der sie mit Feuer prüft. Die erzählten Szenen – und damit das heterogene Jenseits des *Testaments Abrahams* – bestehen einzig aus Gerichtsphantasmen, deren Imagination im Verweisspiel des demonstrativen Dialogs stimuliert wird:

ἠρώτησεν δὲ Ἀβραὰμ τὸν ἀρχιστράτηγον καὶ λέγει· τί ἐστι ταῦτα ἃ θεωροῦμεν; καὶ εἶπεν ὁ ἀρχιστράτηγος· ταῦτα ἅπερ βλέπεις, ὅσιε Ἀβραάμ, τοῦτο ἔστιν ἡ κρίσις καὶ ἀνταπόδοσις. (TestAbr [L] XII,15)

> Da fragte Abraham den Archistrategen Michael: »Was ist das, was wir hier sehen?« Da antwortete dieser: »Was du hier siehst, heiliger Abraham, ist das Gericht und die Vergeltung.«

Diese Emphase auf Gericht und Vergeltung[338] verweist zurück auf die Anfänge der Erzählung des Jenseits: Denn dass der Glaube an einen sich im Diesseits realisierenden ›Tun-Ergehens-Zusammenhang‹ brüchig wird,[339] ist der Ausgangspunkt für eine Differenzierung der uniformen Scheol-Vorstellung.

Im *Buch der Wächter* wird das aus der biblischen Tradition gewonnene Erzählverfahren bereitgestellt, das nicht nur die sprachliche Codierung eines jenseits aller Erfahrung und Erfahrbarkeit liegenden Raumes ermöglicht. Vielmehr wird der Zusammenhang von Deixis, Raum und Bewegung bei der Weiter- und Neuerzählung von Jenseitsräumen produktiv eingesetzt: Noch in den in der Zusammenstellung des *Ersten Henochbuchs* selbst überlieferten Rezeptionsdokumenten der *Bilderreden* wird die mythische Geographie des *Buchs der Wächter* unter Rückgriff auf Henochs Himmelfahrtserzählung transformiert; daran knüpft die umfassende Jenseitserzählung des *Zweiten Henochbuchs* an, von der aus ein eigenständiger Strang zur jüdischen Mystik führt. Davon unabhängig lässt sich anhand des *Testaments Abrahams* eine andere Transformationstendenz ablesen: In dem Maße, in dem es nicht um die Offenbarung jenseitig verborgener Geheimnisse – bis hin zur Schau Gottes[340] – geht, sondern das Jenseits als Kompensations-

---

338 Auch Abraham lernt aus diesen Bildern des Gerichts seinen Teil. Er bittet für eine Seele, bei der sich gute und schlechte Taten die Waage halten; nachdem seine Fürbitte erhört wurde, erkennt er, dass seine unmittelbare Verurteilung der Sünder, die er vom Cherubenwagen aus sah, selbst Sünde war (vgl. hierzu Nickelsburg 1981a, S. 252). Abraham bittet um Vergebung für sich und um Hilfe für die durch ihn Verurteilten.
339 Vgl. in dieser Arbeit S. 46.
340 Gerade dieses Ziel der Himmelfahrten ist samt einer anthropomorphisierenden Imagination Gottes in frühjüdischen Kreisen mitunter kritisch gesehen worden, wie das *Dritte Baruchbuch* zeigt: Baruchs Aufstiegsbewegung endet jäh im fünften Himmel, so dass die Erwartung einer Schau Gottes enttäuscht wird (zum Fehlen der Theophanie und der damit zusammenhängenden Angelolatrie: Kulik 2010, S. 51 f.). Gleichgültig, welche ursprüngliche Konzeption man vermutet (vgl. ebenda, S. 306 ff.), lässt sich an dem erhaltenen Text beobachten, wie sehr die Erwartung einer Theophanie zunächst aufgebaut wird, dann jedoch bewusst enttäuscht wird, indem die Reise unerwartet endet (dies ist die zentrale These von Harlow 1996, S. 34–76): Insofern ist das *Dritte Baruchbuch* als Polemik gegen die Jenseitsreisen zu verste-

und Ordnungsraum[341] verstanden wird, wird der Jenseitsraum entlang der Grundunterscheidung von Heil und Verdammnis eingerichtet. Das in allen Texten, sogar im *Buch der Wächter* mit den unterschiedlichen Kammern im Totenberg erkennbare Anliegen einer unmittelbaren postmortalen Bestrafung oder Belohnung[342] und die synchrone Ausrichtung der hier betrachteten Jenseitsreisen, die überwiegend durch den Raum und nicht durch die Zeit führen,[343] motivieren mindestens eine Verdoppelung des Gerichts und somit die Fokussierung der individuellen neben einer universalen Eschatologie. Im *Zweiten Henochbuch* ist diese Tendenz lediglich angelegt, da die Straforte nur bereitet sind und somit die individuelle Eschatologie nicht ohne die universale zu denken ist.[344] Im *Testament Abrahams* hingegen ist durch die Emphase auf ein postmortales Gericht, das jeder einzelnen Seele gerecht wird, ein wesentlicher Schritt in Richtung Individualisierung des Jenseits greifbar.[345] In welchem Text dann zum ersten Mal eine individuelle, ihren Vergehen gemäße Bestrafung der Sünder imaginiert wurde, lässt sich aufgrund der Überlieferungslage[346] nicht mehr rekonstruieren.

---

hen, die in einer Schau Gottes kulminieren und damit auch eine Transformation des Visionärs in ein engelsgleiches Wesen beinhalten (vgl. hierzu Himmelfarb 1993, S. 90 f., die den Text als Polemik gegen Auffahrtserzählungen wie die *Himmelfahrt Jesajas* liest). Diese Transformationsbewegung hat dabei auch mit einer Ethisierung der Gottesbeziehung zu tun: »The only proper human relation to the divine consists in the doing of good works, for which human beings can expect to be rewarded both in their earthly lives and immediately upon death« (Harlow 1996, S. 76). – Auch in der *anonymen Apokalypse* ist Gott absolut transzendent (vgl. in dieser Arbeit S. 78).

341 Vgl. Weitbrecht 2011a, bes. S. 148–152.
342 Vgl. hierzu meine Anm. 273 und 274.
343 Dies hängt mit der Strategie erzählter Bewegung zusammen: Die Erzählung einer Jenseitsreise, die in der Immanenz zu einem historischen Zeitpunkt ihren Ausgang nimmt, impliziert Synchronie und führt zur Bevorzugung der spatialen Codierung des Jenseits, wohingegen ein zeitlich entferntes Jenseits eher in einer Vision geschaut oder in einer Audition gehört wird (vgl. hierzu etwa die Differenzierung verschiedener Schichten des *Testaments Abrahams* bei Nickelsburg 1976, S. 44 ff.: er nimmt an, dass eine futurische Schau des Gerichts mit der Erzählung einer Jenseitsreise verbunden wurde); dies ist nur eine Tendenzaussage, wie Henochs Reise im *Buch der Wächter* zeigt, der zunächst ein synchrones, spatial codiertes Jenseits an den Enden der Welt und dann aber die endzeitliche Erde mit Jerusalem als dem Mittelpunkt der Welt durchreist.
344 Vgl. John J. Collins 1983, S. 537: »The eschatology of 2 Enoch is primarily concerned with the fate of individuals after death. There is no question of the future establishment of an earthly utopia. Yet this eschatology will be brought into effect by a general judgment which will have cosmic effects. The eschatology of the individual cannot be understood apart from the eschatology of the cosmos.«
345 Vgl. auch das *Dritte Baruchbuch*, in dem es nur um eine individuelle bzw. kleine Eschatologie geht (vgl. Harlow 1996, S. 12 f.). Der Fokus liegt aber nicht wie im *Testament Abrahams* auf dem Gericht, sondern auf den im Himmel lokalisierten Straforten.
346 Vgl. Himmelfarb 1983, S. 143, die an einigen Beispielen zeigt, wie viel an Text verloren ist, und deshalb darauf hinweist, dass eine lückenlose Rekonstruktion nicht möglich ist; vielmehr gelte: »Large gaps […] may be the sign of an accurate reconstruction.«

Bauckham 1990a versucht zu zeigen, dass die erste Reise durch eine Hölle, in der die Sünder individuell körperlich bestraft werden, in einer verlorenen frühjüdischen *Elias-Apokalypse* erzählt wurde. Er verbindet hierzu die hebräische *Elias-Apokalypse* aus frühbyzantinischer Zeit, die die archaische Konzeption des Jenseits an den Enden der Welt bietet, mit einem Fragment der zu rekonstruierenden *Elias-Apokalypse*, das in dem spätantiken, apokryph gewordenen *Titus-Brief* überliefert ist und in dem in verkürzter Form die Bestrafung der Sünder in der Hölle erzählt wird. Die Kombination so unterschiedlicher Texte begründet Bauckham nicht nur damit, dass sich das Fragment aus dem *Titus-Brief* gut in die Struktur einfüge, wie sie die hebräische *Elias-Apokalypse* überliefert, sondern auch damit, dass in beiden Texten von bestraften ›Seelen‹ gesprochen werde. Dass es sich bei dem so rekonstruierten Text um die erste Höllenreise handle, schließt Bauckham daraus, dass dieser Text der einzige sei, der die alte Vorstellung des Jenseits an den Enden der Welt mit einer Beschreibung der Höllenqualen bietet.

Diese Rekonstruktion ist auf der einen Seite ingeniös. Auf der anderen Seite aber spricht gegen Bauckhams Vorgehen, dass seine Argumentation nur dann plausibel ist, wenn man sein Konzept verschiedener, voneinander abgrenzbarer Perioden der Jenseitskonzeption annimmt (dabei ist die kontinuierliche Textüberlieferung ein Beweis gegen die Annahme abgrenzbarer Perioden[347]) und wenn man nicht einkalkuliert, dass die nur im *Titus-Brief* erhaltene Höllenbeschreibung auch eine spätere Interpolation sein kann. Es sei noch angemerkt, dass Bauckham ein wenig zirkulär argumentiert: Vgl. besonders die durch kein Textzeugnis gestützte, suggestive Behauptung bei Bauckham 1990a, S. 364, Anm. 30.

Nicht nur aus diesem Grund ergibt es wenig Sinn, eine stemmatologisch konzipierte Textgeschichte schreiben zu wollen.[348] Denn auch die erhaltenen Texte lassen sich in keine stabile Reihe bringen, da es überwiegend nicht gelingt, direkte literarische Abhängigkeiten nachzuweisen. Deshalb empfiehlt es sich, verschiedene Texte miteinander zu vergleichen, um so im Kontinuum der Überlieferung, in dem Disparates nebeneinander steht,[349]

---

347 Vgl. hierzu den Hinweis in meiner Anm. 349.
348 Obwohl die Problematik bekannt ist, finden sich doch immer wieder Stemmata – selbst bei Forscherinnen wie Martha Himmelfarb (1983, S. 171), die bei der Annahme literarischer Abhängigkeiten sehr vorsichtig ist. Bauckhams Rekonstruktion der *Elias-Apokalypse* als erster Höllenreise, in der die Verdammten bestraft werden, geht von seinem Vorwurf an Himmelfarb aus, dass sie die Verbindung jüdischer Apokalyptik mit den christlichen Höllenreisen durch die ›demonstrative explanations‹ nur wahrscheinlich gemacht, nicht aber bewiesen habe. Meines Erachtens ist Himmelfarbs Vorgehen gegenüber Bauckham unbedingt zu verteidigen, da sich angesichts der Quellenlage kein Bindeglied ›beweisen‹ lässt.
349 Da die Texte über einen längeren Zeitraum kontinuierlich tradiert wurden und geographisch weit verbreitet waren, lassen sich kaum verschiedene Phasen von Jenseitskonzeptionen trennscharf voneinander abgrenzen; deshalb übt auch Leonhardt-Balzer 2010, S. 7, Anm. 25, Kritik an den scharfen Periodisierungen, wie sie Bauckham 1998c, S. 327 ff., postuliert. Nach Bauckham sind Reisen der Seele durch die sieben Himmel ab dem 2. Jh. n. Chr. (außer in der irischen Tradition) verdrängt worden, um gnostische Spekulationen zu unterbinden. Gerade aber die kontinuierliche Tradierung und weite geographische Verbreitung eines Texts wie der *Apokalypse der sieben Himmel* spricht, wie Leonhardt-Balzer zu Recht meint, gegen diese scharfe Periodisierung.

eine sich allmählich vollziehende Transformation der Erzählungen von Jenseitsreisen nachzeichnen zu können.

3.2.2.3 Die *anonyme Apokalypse*

Dass sich die Geschichte der Jenseitsreisen nur als lockere Transformationsgeschichte schreiben lässt, die mit unklaren Übergängen und der Gleichzeitigkeit des Ungleichzeitigen rechnet, zeigt die sogenannte *anonyme Apokalypse*, deren Text erst Ende des 19. Jahrhunderts entdeckt wurde.

Die *anonyme Apokalypse* (der Name des Visionärs wird in den erhaltenen Teilen nicht genannt und lässt sich nicht erschließen) ist zusammen mit der *Sophonias-*[350] und der *Elias-Apokalypse* überliefert, steht aber den beiden Texten nicht in gleicher Weise nahe: Während zwischen der *Sophonias-* und der *anonymen Apokalypse* enge Parallelen bestehen, da beide Texte mit dem bekannten Verfahren eine Jenseitsreise erzählen, werden in der *Elias-Apokalypse* endzeitliche Ereignisse prophezeit.

Anonyme, *Sophonias-* und *Elias-Apokalypse* sind in zwei Konvoluten achmimischer und sahidischer Papyri auf uns gekommen, die aus der Bibliothek des Weißen Klosters bei Sohag in Oberägypten stammen. Die Differenzierung der Texte gestaltete sich schwierig. Zunächst wurde ein Konvolut achmimischer und sahidischer Papyri von Gaston Maspero für die Bibliothèque Nationale erworben und in seiner Gesamtheit als *Sophonias-Apokalypse* identifiziert. Erst der durch Karl Reinhardt, den Dolmetscher des Kaiserlichen General-Konsulats in Kairo, vermittelte Zukauf weiterer Papyri durch die Königlichen Museen in Berlin versetzte Georg Steindorff 1899 in die Lage,[351] zwischen der *Elias-*, der *Sophonias* und einer *anonymen Apokalypse* zu differenzieren. Diese Einteilung darf bis heute als nicht überholt gelten.[352] Es ist allerdings weitverbreitet, die *anonyme Apokalypse* als *Sophonias-Apokalypse* zu bezeichnen, auch wenn es dafür keine Anhaltspunkte gibt.[353]

---

350 Von der Existenz einer *Sophionias-Apokalypse* wusste man bereits durch die Nennung des Titels in verschiedenen Verzeichnissen wie der *Stichometrie* des Nikephorus von Konstantinopel; erhalten war nur ein Zitat in den *Stromata* V,XI,77,2 des Clemens von Alexandrien: ἆρ᾽ οὐχ ὅμοια ταῦτα τοῖς ὑπὸ Σοφονία λεχθεῖσι τοῦ προφήτου; καὶ ἀνέλαβέν με πνεῦμα καὶ ἀνήνεγκέν με εἰς οὐρανὸν πέμπτον καὶ ἐθεώρουν ἀγγέλους καλουμένους κυρίους, καὶ τὸ διάδημα αὐτῶν ἐπικείμενον ἐν πνεύματι ἁγίῳ καὶ ἦν ἑκάστου αὐτῶν ὁ θρόνος ἑπταπλασίων φωτὸς ἡλίου ἀνατέλλοντος, οἰκοῦντας ἐν ναοῖς σωτηρίας καὶ ὑμνοῦντας θεὸν ἄρρητον ὕψιστον. (»Ist das nicht ähnlich dem, was von dem Propheten Sophonias gesagt worden ist? ›Und es nahm mich der Geist in die Höhe und trug mich in den fünften Himmel hinauf, und ich sah Engel, die Herren genannt wurden, und die Krone war ihnen vom Heiligen Geist aufs Haupt gesetzt, und der Thron eines jeden von ihnen leuchtete siebenmal heller als die aufgehende Sonne, und sie wohnten in Tempeln des Heils und priesen den unnennbaren höchsten Gott.«)
351 Zur Fundgeschichte vgl. Steindorff 1899, S. 1–4.
352 Vgl. Diebner 2003, S. 1146 f.; S. 1151–1158.
353 Vgl. etwa Schrage 1980, S. 199, Anm. 28, oder Himmelfarb 1983, S. 14 f.

3.2 Der Jenseitsraum

Was nun die Transformationsgeschichte der Erzählungen von Jenseitsreisen betrifft, ist an der *anonymen Apokalypse* nicht das Besondere, dass ein (mutmaßlich) ursprünglich jüdischer Text in christlichem Kontext überliefert und dabei auch transformiert wird, denn dies gilt für fast alle frühjüdischen Apokalypsen;[354] vielmehr impliziert die Frage danach, ob die frühest annehmbare Fassung klar dem Judentum oder dem Christentum zugeordnet werden kann, zumindest was die *anonyme Apokalypse* betrifft, eine falsche Alternative. Denn der überwiegende Teil des Textes ist gegenüber einer solchen Unterscheidung neutral;[355] einzelne Aussagen und Motive lassen sich zwar einem jüdischen oder einem christlichen Kontext zuordnen,[356] sind aber so sehr mit dem Erzählzusammenhang verwoben, dass eine historische Kritik nicht möglich ist.[357] Diese Zwischenstellung der *anonymen Apokalypse* zeigt sich auch mit Blick auf die Erzählung des Jenseits, soweit sich diese trotz dem fragmentarischen Zustand des Textes rekonstruieren lässt.

Wie im *Testament Abrahams* beginnt die Jenseitsreise mit der Wahrnehmung irdischen Geschehens aus der Vogelperspektive: »U[nd ich sah] / die [g]anze (bewohnte) Erd[e] (οικουμενη)« (anonApk 1,16 f.).[358] Die *anonyme Apokalypse* ist aber von Beginn des erhaltenen Textes an auf Fragen der individuellen Eschatologie ausgelegt, wie sich aus dem Bericht respektive der Ankündigung einer Bestattung erkennen lässt. Wenn der Anonymus daran anschließend den (hier nicht klar lokalisierten) Ort der Gerechten und die Sünder in ihren Strafen sieht,[359] stellt sich die Frage nach Gottes

---

354 Vgl. beispielsweise in dieser Arbeit die Hinweise auf die Überlieferung der Henochliteratur oder des *Testaments Abrahams* S. 35 f., S. 63 u. S. 68 f.
355 So resümiert auch Diebner 2003, S. 1183.
356 In anonApk 1 liegt eindeutig eine Bezugnahme auf Mt 24,40 f. und Lk 17,34 f. vor (gegen Wintermute 1983, S. 509, Anm. 2c), wohingegen die ohne einen einzigen Hinweis auf Jesus Christus beschriebene Interzession der Gerechten (zum *Testament Abrahams* vgl. Anm. 338) eindeutig einem jüdischen Kontext zuzuordnen wäre (gegen Diebner 2003, S. 1179 f., der auf die *Paulus-Apokalypse* verweist, um zu beweisen, dass die Interzession der Gerechten kein »exklusives Merkmal jüdischer Literatur« [ebenda, S. 1180] ist; in der *Paulus-Apokalypse* spielt aber Jesus Christus bei der Interzession die zentrale Rolle, vgl. ApkPl [lat] 44).
Gerade eine Zusammenschau der Argumentationen von Wintermute 1983, für den es »fairly clear« (S. 501) ist, dass der Verfasser Jude war, und von Diebner 2003, S. 1176–1184, der die Frage ›jüdisch oder christlich?‹ offenlässt, aber dieselben Befunde überwiegend christlich interpretiert, legt nahe, dass die Frage falsch gestellt ist. Zum methodischen Problem vgl. Kraft 2009, bes. S. 61 ff.
357 Insofern ist eine präzise Datierung auch nicht möglich; vgl. Diebner 2003, S. 1187: »Für die Abfassung einer vermutlich griechischen, christlich rezipierten und geprägten Vorlage der achmimischen Version unserer Apokalypse nehme ich einen Zeitraum zwischen dem (eher späten) 2. Jh. und dem späten 3. Jh. an.«
358 Griechische Fremdwörter im koptischen Text sind in der hier zitierten Ausgabe in runden Klammern aufgeführt; Hauchzeichen und Akzente fehlen.
359 Vgl. die etwas dunkle Stelle anonApk 2,4 ff., wo im Anschluss an eine Textlücke von einem Brunnen gesprochen wird und sich der Anonymus darüber wundert, dass keine Dunkelheit herrscht: »Er sagte zu mir: ›Nein; denn der Ort, / an dem die Gerechten (δικαιος) sind und / die Heiligen, nicht ist Finsternis an / jenem Ort, so[n]dern (αλλα) sie sind / im Lichte alle

Gerechtigkeit, die sich nur in individuell bemessenen Strafen und Belohnungen im Jenseits erweisen kann. Die Grundlagen für eine in dieser Hinsicht differenzierte Erzählung werden gelegt, wenn dem Ungenannten vom Berg Seir[360] aus von seinem ›angelus interpres‹ die drei gegenüber Vater und Gott ungehorsamen Söhne des Priesters Joatham gezeigt werden;[361] an ihnen wird demonstriert, auf welcher Grundlage das jenseitige Geschick der einzelnen Menschen entschieden wird. Denn sie werden von vier Engeln begleitet, von denen zwei im Dienste Gottes ihre guten und zwei im Dienste des Anklägers[362] ihre schlechten Taten an der Pforte des Himmels aufschreiben.[363]

Hiermit sind die Voraussetzungen dafür geschaffen, dass der Ungenannte selbst das Jenseits erfahren kann. Sein Weg folgt dabei zunächst dem postmortaler Seelen: Er wird mit schrecklich aussehenden Strafengeln konfrontiert und bittet Gott um Schonung. Dass der ›angelus interpres‹ die dämonischen Engel vertreibt und ihm im Folgenden die hinter ehernen Toren verborgene Stadt der Gerechten zeigt,[364] somit also dessen keines-

---

Zeit.‹ Ich sah aber (δε) alle Seelen (ψυχη) der Menschen, / wie sie in [ihren] Strafe[n] (κολασις) sind.« Hier wird offensichtlich die Ablösung der älteren Vorstellung des Aufenthalts der Toten in einem uniformen Schattenreich thematisiert.

360 Die Bedeutung des Berges Seir wird an dieser Stelle nicht deutlich. Nach der kursorischen Schau der Gerechten und der Sünder fragt der Ungenannte nach der Großmut Gottes. Daraufhin kündigt der Engel an, ihm die »[Stätte] der Gerechtigkeit (δικαιοσυνη)« (anonApok 2,18) zu zeigen und führt ihn hinauf auf den Berg Seir, von wo aus er die drei ungerechten Söhne Joathams sieht; diese Szene präludiert die Jenseitsreise. Der Berg scheint damit eine gewisse Rolle als Ort der Offenbarung und Kontaktzone von Diesseits und Jenseits zu haben (vgl. Dtn 33,1f.: »Und das ist der Segen, mit dem Mose, der Mann Gottes, die Söhne Israel vor seinem Tod segnete. Er sprach: ›Der HERR kam vom Sinai und leuchtete ihnen auf von Seïr.‹«).

361 Vgl. Diebner 1982, der an verschiedenen Erzählungen aus der hebräischen Bibel zeigt, dass hier ein »bestimmter Typ von Erzählung« (ebenda, S.42) über ungehorsame Söhne vorliegt, worin sich meist eine »Auseinandersetzung um priesterliche Legitimationsansprüche« (ebenda, S.47) niedergeschlagen hat; dennoch kann der Inhalt der Erzählung von den Söhnen Joathams nicht rekonstruiert werden.

362 Dem Ankläger ist in anonApk 4,4f. folgender Relativsatz attribuiert: »der auf der Erde ist«. Später begegnet der Ungenannte dem Ankläger aber in der Unterwelt (vgl. anonApk 10ff.); Diebner 2003, S.1208, Anm. c, verweist hierzu auch auf die Rolle des διάβολος in Mt 4,1. Hierzu ist anzumerken, dass in der *anonymen Apokalypse* kein Hinweis auf eine solche Verführung gegeben wird.

363 Die Szene mit den ungehorsamen Söhnen des Priesters Joatham spielt sich im Diesseits ab; allerdings sieht der Ungenannte die zweifelsohne dem Jenseits zuzuordnenden Engel, die die Taten verzeichnen; das erste Engelspaar jubiliert, da es in den Diensten des Anklägers steht, wohingegen das zweite weint, da es nichts Gutes aufzuschreiben gibt. Insofern von den Engeln nun einerseits ausgesagt wird, dass sie ›mit‹ den Söhnen ›gehen‹ (anonApk 3,1), andererseits aber betont wird, dass sie die Taten »an der Pforte (πυλη) des Himmels« (anonApk 3,18; 4,8) in ihre Schriftrolle eintragen, wird hervorgehoben, dass die Engel immanente Bedingungen transzendieren.

364 Während Rießler 1984, S.170, die ehernen Tore als Himmelstore versteht, meint Diebner 2003, S.1212, Anm. h, dass es sich um die Tore zum Hades handelt. Letzteres ist aber unwahrscheinlich, da die eisernen Tore in anonApk 7,3 als Tore der Unterwelt zu verstehen

3.2 Der Jenseitsraum

wegs klaren Heilsstatus vorwegnimmt, verdeutlicht, dass es sich bei dem Ungenannten wahrscheinlich um keinen Toten, sondern um einen Jenseitsreisenden handelt.[365] Als solcher sieht er auch das hinter eisernen Toren verschlossene Totenreich, in dem er auf die beiden englischen Widersacher, Eremiel und den Ankläger, trifft. Letzterer hält ein Verzeichnis aller Sünden des Ungenannten in der Hand, während ersterer ihm beisteht. Die Einzelheiten des Gerichts, das nach Maßgabe der erhaltenen Partien strukturell große Ähnlichkeiten zu den Phantasmen aus dem *Testament Abrahams* aufweist,[366] sind wegen einer Textlücke nicht überliefert, das (bereits vorweggenommene) Urteil aber schon: Der Anonymus darf, da sein Name im von Gott geführten Buch der Lebenden steht,[367] das Totenreich verlassen

---

sind (so erstaunlicherweise auch Diebner 2003, S. 1213, Anm. e). Vgl. ferner meine Anm. 371. Über die Stätte der Gerechten wird nur gesagt, dass es eine »schöne Stadt (πολις)« (anonApk 6,14) sei, in deren Mitte sich der Ungenannte begebe; dort verändere der Engel seine Gestalt (vgl. Wintermute 1983, S. 512, Anm. 5a). Mehr erfährt man wohl deshalb nicht, da dieser Ort unsagbar ist (vgl. anonApk 7,1f.: »Ich aber (δε), es wurde verschlossen mein Mund drinnen dort«).

365 Hingegen argumentiert Himmelfarb 1993, S. 52, dass der Ungenannte tot sei, da nur so seine fürchterlichen Erfahrungen und Ängste in der Unterwelt Sinn ergäben. Dagegen aber spricht, dass seine Route sich nicht mit dem Weg postmortaler Seelen deckt (vgl. anonApk 5,8 ff.) und dass der Ungenannte an mehreren Stellen eine Sonderbehandlung erfährt (vgl. etwa den Schutz vor den schrecklichen Engeln in anonApk 5,17 ff.), die nicht darauf zurückgeführt werden kann, dass er ein Gerechter ist (vgl. sein Sündenverzeichnis in anonApk 11). Mit Sicherheit lässt sich diese Frage aber nicht entscheiden, da die Rahmenerzählung der *anonymen Apokalypse* nicht überliefert ist.

366 So entsprechen sich beide Texte in den Berichten der guten und der schlechten Taten durch die Engel, die vor den Toren des Himmels Buch führen, in der Vorstellung des Wägens der Guten und Bösen (vgl. anonApk 13,13 ff.) und in den Jenseitsräumen des Heils und der Verdammnis, die hinter Toren verborgen sind (allerdings in der *anonymen Apokalypse* anders als im *Testament Abrahams* nicht im Himmel).

367 Gott, wie er in der *anonymen Apokalypse* vorgestellt wird, ist gnädig und großmütig. Doch entscheidend ist der Glaube an diese Eigenschaften Gottes: So empfiehlt sich der Ungenannte angesichts der auf seine Sünden und Fehler gestützten Anklage in der Unterwelt dem Mitleid Gottes (vgl. anonApk 12,6 ff.: »Mö[g]e / dein Mitleid bis zu mir gelangen und (mögest) du auswischen / [m]eine Schriftrolle (χειρογραφον); denn dein Mitleid / [i]st an jedem Ort und es erfüllt / jeden [O]rt (τοπος)!«). Daraufhin wird eine andere Schriftrolle gebracht, deren Inhalt mutmaßlich die guten Taten des Ungenannten umfasst (vgl. Diebner 2003, S. 1221, Anm. s).

Die zentrale Bedeutung der Großmut und des Mitleids ist auch im Namen des Engels Eremiel aufgenommen, des Gegenspielers des Anklägers in der *anonymen Apokalypse* (falsche Identifizierungen bei Diebner 2003, S. 1218, Anm. e, u. ö.): Sein Name bedeutet ›Gottes Erbarmen‹ (vgl. Schreiner 1981, S. 321, Anm. 36 a). Er erscheint auch im *Buch der Wächter* in der Liste der sieben Erzengel (allerdings nur in der in Akhmim gefundenen Fassung), wobei seine Funktion nicht ganz klar ist (es ist umstritten, ob ἀνίστημι positiv [i. S. v. auferstehen] oder negativ [i. S. v. sich erheben] zu verstehen ist): Vgl. 1 Hen (gr) 20 (G2): Ῥεμειήλ, ὁ εἷς τῶν ἁγίων ἀγγέλων ὃν ἔταξεν ὁ θεὸς ἐπὶ τῶν ἀνισταμένων. Vgl. auch 4 Esr 4,35 f.: »Nonne de his interrogaverunt animae iustorum in promptuariis suis dicentes: Usquequo spero sic? Et quando venit fructus areae mercedis nostrae? Et respondit ad ea Hieremihel archangelus et dixit: Quando impletus fuerit numerus similium vobis, quoniam in statera ponderavit saeculum et mensura mensuravit tempora et numero numeravit tempora,

und zur Stätte der Gerechten übersetzen; auf der Überfahrt wird er in ein engelähnliches Wesen verwandelt.[368]

An dieser Stelle lässt sich die Jenseitstopographie der *anonymen Apokalypse* erfassen: Der Himmel scheint, der absoluten Transzendenz Gottes entsprechend,[369] völlig verborgen zu sein. Allein an seinen Pforten halten sich die Engel auf, die gute und böse Taten der Menschen aufzeichnen. Das Jenseits der Menschen hingegen, so scheint es, ist am Rand und unter der Welt lokalisiert, aber durch eine eherne respektive eine eiserne Pforte abgeschlossen: Während Amente – so das koptische Wort für das Totenreich[370] – unterirdisch imaginiert wird, liegt die Stadt der Gerechten etwas höher als Erdniveau.[371] Beide Jenseitsräume sind miteinander verbunden, wobei der Übergang, der ein Aufstieg ist, auch eine Überfahrt nötig macht, auf der sich eine Transformation vollzieht, wie sie der Anonymus selbst erlebt.

Damit ist die Jenseitsreise im Sinne einer Bewegung durch den Jenseitsraum[372] zu ihrem Ende gekommen, nicht aber die Erzählung und auch nicht die Geschichte; denn auch wenn der Ungenannte nun selbst die Gerechtig-

---

et non commovet nec excitabit usque dum impleatur praedicta mensura«. (»Haben nicht schon die Seelen der Gerechten in ihren Kammern diese Fragen gestellt, als sie sagten: Wie lange soll ich noch so warten? Wann kommt die Frucht auf der Tenne unseres Lohnes? Darauf hat der Erzengel Jeremiel geantwortet und gesagt: Dann, wenn die Zahl derer voll ist, die euch ähnlich sind. Denn er hat die Welt auf der Waage gewogen, mit dem Maß die Zeiten gemessen, nach der Zahl die Epochen abgezählt. Er setzt nicht in Bewegung und weckt nicht auf, bis das festgesetzte Maß erfüllt ist.«)

368 Vgl. Himmelfarb 1993, S. 54: Dem Ungenannten wird zwar auf der Überfahrt ein Engelsgewand angelegt und er versteht die Sprache der Engel; völlig gleichwertig ist er zumindest dem großen Engel allerdings nicht, da er ihn nicht küssen kann. Vgl. anonApk 14,6ff.: »Ich wollte nämlich (γαρ), ich ›persönlich‹, / ihn küssen (ασπαζειν). (Aber) ich konnte nicht küssen (ασπαζειν) / den grossen Engel (αγγελος); denn ((eine)) / gross((e)) war seine Herrlichkeit.«

369 Vgl. zu diesem Begriffsgebrauch das Zitat in Anm. 811. – Vgl. Wintermute 1983, S. 502 f.: »God's glory is presented indirectly in the Coptic texts. His transcendence is preserved throughout«. Damit widersetzt sich die *anonyme Apokalypse* einer Entwicklungstendenz der Jenseitsreisen, in der Schau Gottes zu kulminieren, die in Richtung der Merkava-Mystik weist (vgl. Anm. 311 und 428). In dem Maße, in dem die Transzendenz Gottes unterstrichen wird, erhalten Engel eine größere Bedeutung. – Zum *Dritten Baruchbuch* vgl. auch Anm. 340.

370 Vgl. Westerhoff 1999, S. 230 f.

371 Die Lokalisierung geht vor allem aus den Richtungsangaben im Zusammenhang mit den Trompetenstößen hervor, die Eremiel vom Ort der Gerechten aus spielt. So heißt es, nachdem sich Eremiel mit Abraham und den anderen Gerechten unterhalten hat: »Er trompete- / te (σαλπιζειν) auf ihr hinauf zum Himmel« (anonApk 14,16 f.). Ein Trompetensignal ertönt auch täglich, um die Gerechten zur Interzession für die Sünder zu rufen. In diesem Zusammenhang wird deutlich, dass sich der Ort der Gerechten leicht über Erdniveau befindet, da es heißt, dass der Engel das Signal »auf die Erde« (anonApk 17,10) respektive »hinunter zur Erde« (anonApk 17,20) blase.

372 Vgl. den präzisen Gliederungsvorschlag von Wintermute 1983, S. 498 f., der zwischen einem ›Reisebericht‹ und ›Trompetenszenen‹ unterscheidet. Während im ersten Fall durch die erzählte Bewegung einzelne Stationen abgegrenzt werden, erfolgt die Gliederung im Schlussabschnitt durch die Trompetenstöße.

3.2 Der Jenseitsraum

keit Gottes erfahren hat, so ist dennoch die Frage nicht beantwortet, die nach der kursorischen Wahrnehmung des Jenseits gestellt worden war:

> Ich / aber (δε), ich stöhnte a[uf] zum HERRn / Pantokrator (παντοκρατωρ): »[Got]t, wenn / du bei den [H]eiligen weilst, wirst du / grossmütig [handeln] an der Welt (κοσμος) / [und] diesen Seelen (ψυχη), die, welche sind in / [dieser St]rafe (κολασις).« (sic; anonApk 2,10 ff.)

In Anwesenheit von Abraham, Isaak, Jakob, Henoch, Elias und David öffnen sich unter Trompetenstößen Himmel, Erde und Unterwelt. Der große Zusammenhang wird gleichsam transparent, wenn die Gerechten für eine Stunde täglich auf die Sünder in ihren Strafen blicken und für sie vor Gott interzedieren. Dies nun ist die Stelle, an der eine individuelle, nach Sünden geordnete, körperliche Bestrafung im demonstrativen Dialog ausgedeutet wird:

> Ich / sah (das) Meer (θαλασσα), das ich (bereits) gesehen hatte am / Grund von Amente. Seine Wellen hoben sich / hoch bis zu den Wolken. Ich sah die Seelen (ψυχη) / alle, wie sie untergegangen waren hinunter in ihn. Ich sah / einige, die gebunden waren »mit« ihren Händen / heran an ihre Nacken, die gefesselt waren an ihren Händen / und an ihren Füssen. Ich sagte: »Wer / sind diese?« Er sagte zu mir: / »Diese (sind) die, die sie zu besitzen (? φορειν) pflegen; / sie geben Gold an sie und Silber, bis sie / irreführen (πλαναν) die Seelen (ψυχη) der Menschen.« (anonApok 14,19 ff.)

Die Strafen sind nicht ewig;[373] Reue und Umkehr sind, so sie mit dem Glauben an die Gnade Gottes einhergehen, auch ›post mortem‹ bis zum Tag des Jüngsten Gerichts möglich. Der erhaltene Teil der *anonymen Apokalypse* endet folgerichtig mit einem Ausblick auf die Drangsale der Endzeit, was ringkompositorisch auf die Allusionen auf Jesu Endzeitreden zurückzuverweisen scheint, die zu Beginn des erhaltenen Texts die erste Schau des Jenseits präludieren. In der *anonymen Apokalypse* ist mit der Idee der postmortalen Umkehr eine Möglichkeit gegeben, individuelle und universale Eschatologie in ein Verhältnis zu setzen, zwischen dem postmortalen und dem Jüngsten Gericht sinnvoll zu differenzieren und das Ende eines jeden Lebens mit dem Ende der Welt zu vermitteln.

---

373 Vgl. hingegen anonApk 5,13 f., wo es heißt, dass die Strafengel die Seelen »vernichten zu ihrer Strafe (κολασις) / bis (in) Ewigkeit.« Diese Aussage ist dem dort evozierten Schreckensszenario geschuldet; denn in anonApk 16,5 ff. wird die postmortale Strafe bis zum Tag des Jüngsten Gerichts begrenzt. Zur Bedeutung der Gnade Gottes vgl. meine Anm. 367. Vgl. Diebner 2003, S. 1189 (Herv. i. O.): »Wir befinden uns – religions- oder theologiegeschichtlich gesehen – in einer Phase des Übergangs von der Auffassung des Höllen-Feuers *vor* dem Endgericht nicht mehr als Ort der unabänderlichen Strafe, sondern als ›Purgatorium‹ (›Fegfeuer‹).« Diese Einordnung erscheint mir wenig treffend, da die Vorstellung des postmortalen Geschicks in dieser Zeit keineswegs festliegt und jeder Text seine eigene Eschatologie entwickelt. In dieser unfesten Laboratoriumssituation kann man keine Übergänge zwischen Phasen diagnostizieren (vgl. hierzu auch Anm. 349).

3.2.2.4 Die *Petrus-Apokalypse*

Die *anonyme Apokalypse* fokussiert nicht nur wie bereits das *Testament Abrahams* das unmittelbare postmortale Gericht individueller Seelen, wobei meteoro-, kosmo- und angelologische Wissensbestände marginalisiert werden. Soweit es der fragmentarische Zustand des Texts erkennen lässt, wird vielmehr ganz umfassend das Jenseits der Seelen in unterschiedlichen räumlichen wie zeitlichen Dimensionen erzählt. Dadurch dass die *anonyme Apokalypse* als Dokument der text- wie ideengeschichtlichen Verflechtungen zwischen Frühjudentum und Frühchristentum lesbar ist,[374] ist mit diesem Text auch *ein* Element der frühchristlichen Jenseitsimagination erhalten. Somit lässt sich zumindest bis zur *anonymen Apokalypse* eine Transformationskette rekonstruieren, die von der Jenseitsreise des *Buchs der Wächter* bis in frühchristliche Zeit reicht, wie nicht nur einzelne Motivkomplexe, sondern vor allem das angewandte Erzählverfahren zeigen.

In diesem Transformationsprozess lassen sich Innovationen identifizieren. Es kann zwar nicht mehr geklärt werden, welcher Text als erster die Bestrafung einzelner Sündergruppen enthielt;[375] in der *anonymen Apokalypse* werden diese Strafbilder jedenfalls erzählt und ihre Imagination durch die Technik des demonstrativen Dialogs stimuliert. Dass die Bestrafung einzelner Sündergruppen gegenüber anderen Aspekten nur eine untergeordnete Bedeutung hat, hängt wohl damit zusammen, dass dieses Element des Jenseitsraums, das in der christlichen Tradition so dominant wird, sich erst allmählich im Transformationsprozess der Jenseitsreisen herausbildet. In der Binnenerzählung des ersten genuin christlichen Texts, der bereits erwähnten *Petrus-Apokalypse*,[376] wird ausführlich und anschaulich von der Bestrafung von Sündergruppen gehandelt. In dieser Hinsicht könnte die *Petrus-Apokalypse* demnach – zumindest vordergründig – als konsequente Fortsetzung der ihr vorausgehenden Texte betrachtet werden. Lenkt man den Fokus hingegen auf die Darbietungsweise, so zeigt sich, dass die Binnenerzählung der *Petrus-Apokalypse* das Erzählverfahren weitestgehend transformiert.

Diese radikale Transformation kündigt sich durch die Gestaltung der Rahmenerzählung bereits an. Während eines nachösterlichen Gesprächs,[377] das zunächst auf dem Ölberg, dann wahrscheinlich auf dem Tempelberg[378]

---

374 Vgl. etwa meine Anm. 356.
375 Vgl. in dieser Arbeit S. 73.
376 Vgl. hierzu S. 31 ff.
377 Es ist erstaunlich, dass die Auferstehung Christi in der *Petrus-Apokalypse* nicht thematisiert wird. Die Situation zu Beginn der Apokalypse deutet aber darauf, dass es sich um den Auferstandenen handelt (vgl. Bauckham 1985, S. 275 f.; Buchholz 1988, S. 389; C. Detlef G. Müller 1997, S. 566, Anm. 2; vgl. aber auch James 1915, S. 14–16, der vor allem wegen der Verklärungserzählung dazu neigt, das Geschehen vor der Passion anzusetzen).
378 James 1915, S. 9, mutmaßt, dass der Berg Tabor am Ostrand der Jezreel-Ebene gemeint sei (wohl wegen der Allusionen auf die Verklärung Jesu; in der *Petrus-Apokalypse* wird die Verklä-

3.2 Der Jenseitsraum

zu lokalisieren ist, fragen die Jünger nach den Zeichen der Parusie, woraufhin Jesus eine Endzeitrede hält. Diese erinnert deutlich an die der synoptischen Evangelien[379] und geht vor allem auf Mt 24 zurück.[380] Der Rekurs auf die Endzeitrede stellt dabei keineswegs nur eine sekundäre Bezugnahme dar wie im Fall der *anonymen Apokalypse*,[381] sondern ist im vollen Wortsinne programmatisch. Denn der Anschluss an das Textmuster der Evangelien[382] bleibt nicht nur auf die Rahmenerzählung beschränkt, sondern prägt auch die intradiegetische Darstellung der Bestrafung der Sünder und des Heils der Auserwählten. Das Jenseits, das hier überwiegend temporal codiert ist, wird Petrus[383] von Jesus offenbart, nicht aber von Petrus auf einer Jenseitsreise erfahren: Jesus zeigt Petrus und den anderen Jüngern in seiner rechten Handinnenfläche Bilder der endzeitlichen Bestrafung;[384] in seiner Rede deutet er diese Bilder aus. Die Endzeitprophetie Jesu kann zwar mit dem schillernden Attribut des ›Apokalyptischen‹ versehen werden, entscheidend aber ist, dass die Strategie erzählter Bewegung nicht zum Einsatz kommt.[385] Da es sich um eine Endzeitrede handelt, ergibt dies auch Sinn; schließlich implizieren Jenseitsreisen in weiten Teilen der Henochtradition und vor allem im *Testament Abrahams* und in der *anonymen Apokalypse* entschieden Synchronizität.

Der demonstrative Dialog ist angesichts der monologischen Struktur zurückgenommen, bleibt allerdings immer noch präsent in der Kopulastruktur der deiktischen Elemente (›Das sind die, welche‹). Was das Erzählverfahren als ganzes betrifft, ist also die Struktur, dass ein Jenseitsreisender

---

rung Jesu selbst überhaupt nicht erzählt, vgl. Bauckham 1994, S. 91). Aus diesem Grund und wegen der Situierung der Eingangsszene auf dem Ölberg spricht mehr für den Tempelberg (vgl. Buchholz 1988, S. 363).

379 Zur Bedeutung des narrativen Rahmens vgl. auch in dieser Arbeit S. 31 ff.
380 Vgl. Bauckham 1985, S. 271–280. Bauckham zeigt auch, dass der Verfasser der *Petrus-Apokalypse* beim Gleichnis vom unfruchtbaren Feigenbaum nicht auf Lk 13,6-9, sondern auf eine davon unabhängige Tradition zurückgreife (ebenda, S. 280–283). Dass diese Deutung allerdings von einem keineswegs gesicherten und geklärten Text ausgeht, zeigt Hills' Untersuchung zum zweiten Kapitel der äthiopisch überlieferten *Petrus-Apokalypse* (vgl. Hills 1991, z. B. S. 563).
381 Vgl. hierzu erneut die Hinweise in Anm. 356.
382 Vgl. die Erklärung für den Anschluss an die Evangelien bei Bauckham 1994, S. 19: »The *Apocalypse of Peter* is probably the earliest extant Christian apocalypse which uses an apostolic pseudonym. The difference which this makes to its literary form is that the narrative framework – which most apocalypses have – is in this case a Gospel framework.«
383 Zu den Gründen, die zur Wahl des Apostels Petrus als Offenbarungsempfänger in der vorliegenden Apokalypse geführt haben können, vgl. Bauckham 1994, S. 97–105.
384 Zu diesem wichtigen Aspekt und den Implikationen vgl. in dieser Arbeit S. 95 ff.
385 Prophetie und Jenseitsreise sind zwei eigentlich unterschiedene Formen apokalyptischer Erzählung: Die koptische *Elias-Apokalypse* beispielsweise unterscheidet sich in ihrer narrativen Organisation signifikant von der *anonymen* und der *Sophonias-Apokalypse*, mit denen sie überliefert ist (vgl. Schrage 1980, S. 198 f.; vgl. auch in dieser Arbeit S. 74); während diese Jenseitsreisen erzählen, die nach dem dafür typischen Verfahren mittels erzählter Bewegung und demonstrativem Dialog dargestellt werden, ist jene eine Endzeitprophetie.

einen Strafort wahrnimmt, der ihm vom ›angelus interpres‹ gezeigt und im demonstrativen Dialog gedeutet wird, hier immer noch grundlegend, wird aber dem Gegenstand (endzeitliche Strafen), der Darbietungsweise (Prophetie) und, wie sich noch zeigen wird, dem Erzählanliegen angepasst: Jesus führt die Jünger nicht von Ort zu Ort, sondern zeigt ihnen in seiner Handinnenfläche unterschiedliche, unverbunden aneinandergereihte Straforte und deutet ihnen diese in seiner ›demonstrativen‹ Endzeitrede:

> Und siehe wiederum ein Ort: Da ist eine große, volle Grube. Darin die, welche verleugnet haben die Gerechtigkeit. Und Strafengel suchen (sie) heim, und hier in ihr zünden sie das Feuer ihrer Strafe an.[386] Und wiederum zwei[387] Weiber: Man hängt sie an ihren Nacken und Haaren auf, in die Grube wirft man sie. Das sind die, welche sich Haarflechten gemacht haben nicht zur Schaffung des Schönen, sondern um sich zur Hurerei zu wenden, damit sie fingen Männerseelen zum Verderben. (ApkPetr [äth] 7)

Der entscheidende, ja zwingende Grund dafür, dass die *Petrus-Apokalypse* das Erzählverfahren der Jenseitsreisen derart transformiert, ist allerdings weder der Anschluss an die Endzeitrede, wie die *anonyme Apokalypse* verdeutlicht, noch der Fokus auf endzeitliche Strafen, wie Henochs Jenseitsreise durch Raum *und* Zeit zeigt.[388] Dies sind vielmehr Konsequenzen eines veränderten Telos des Erzählens: In der *Petrus-Apokalypse* soll kein Jenseitsraum dargestellt werden; vielmehr will die Prophezeiung Bestrafungsphantasmen evozieren.[389] Dadurch wird die paränetisch-didaktische Funktion der Erzählung emphatisch hervorgehoben, die zumindest partielles Erzählanliegen jeder Jenseitsreise ist. Dass aber die Suggestion bloß aggregierter Straforte und damit der Verlust umfassend-räumlicher Anschaulichkeit auch eine Relativierung der Wirklichkeit der Strafhölle möglich macht, ist die eigentliche Pointe der frühesten rekonstruierbaren Fassung der *Petrus-Apokalypse*.

Denn wie das sog. Erzherzog Rainer-Fragment[390] dokumentiert, gipfelt die Binnenerzählung in der frühesten rekonstruierbaren Fassung der *Petrus-Apokalypse* in der Prophezeiung, dass Jesus seinen Berufenen und Auserwählten den gewähren werde, den sie aus den Strafen erbitten:

---

386 Buchholz 1988, S. 199, versteht den nicht ganz verständlichen Satz anders und konjiziert entsprechend: »And angels of punishment go around [and] there in it and ignite the fire of their punishment.«
387 Buchholz 1988, S. 314, vermutet hier eine Verderbnis des äthiopischen Textes; statt »zwei« muss es wohl »andere« heißen.
388 Henoch sieht auf seiner Reise auch die endzeitliche Jenseitstopographie, vgl. in dieser Arbeit S. 56 f.
389 Vgl. Buchholz 1988, S. 307: »This series of descriptions of other-world punishments is often called an inferno, and this term will do so long as we remember that there is no descent beneath the surface in the *Apocalypse of Peter* and that there is no interest in the geography of this inferno but only concern with the punishments themselves.«
390 Vgl. zu diesem Fragment in dieser Arbeit Anm. 154.

3.2 Der Jenseitsraum

ἕξομαι³⁹¹ τοῖς κλητοῖς μου καὶ ἐκ{κ}λεκτοῖς μου, ὃν ἐὰν ἐτήϲωντα᾽ ἱ´ με ἐκ τῆς κολάϲεως, καὶ δώϲω αὐτοῖς καλὸν βάπτιϲμα ἐν ϲωτηρίᾳ Ἀχερουϲία[ϲ λίμνης ἣν καλοῦϲιν ἐν τῷ Ἠλυϲίῳ πεδίῳ, μέροϲ δικαιοϲύνης μετὰ τῶν ἁγίων μου.³⁹²

Ich werde meinen Berufenen und meinen Auserwählten den gewähren, den sie aus der Strafe erbitten, und ich werde ihnen eine gute Taufe geben in der Rettung aus dem Acherusischen See, den man so nennt, im Elysischen Feld, ihren Anteil an der Gerechtigkeit mit meinen Heiligen.

Wer auf die Fürbitte der Berufenen und Auserwählten hin aus den Strafen gerettet wird, wird im Acherusischen See getauft, der sich im elysischen Gefilde befindet:³⁹³ Aus Verdammnis wird Heil. Es wird prophezeit, dass den geretteten Sündern³⁹⁴ die Taufe und ihr μέροϲ an der Gerechtigkeit unter den Heiligen gegeben wird; μέροϲ meint in diesem Zusammenhang ein ›Anteilhaben‹, das eine topographische Bedeutung hat.³⁹⁵ In der äthiopischen Fassung hingegen heißt es, dass Jesus seinen »Erwählten und

---

391 Vgl. Kraus/Nicklas (Hrsg.) 2004, S. 126 ad f. 1ʳ, Z. 1: »Auf vorangehender Seite wohl παρ-, weshalb dann παρ|έξομαι«.

392 P. Vindob. G 39756, f. 1ʳ⁻ᵛ; Text und Übersetzung nach Kraus/Nicklas (Hrsg.) 2004, S. 126 u. S. 128. Der genaue Wortlaut ist seit der Erstedition durch Wessely in der *Patrologia Orientalis* (1924), dem Beitrag von Prümm in den *Biblica* (1929) und dem von James 1931 umstritten: So emendierte James das ursprünglich gelesene ›nomen sacrum‹ (θ[εό]ν) zum Relativpronomen ὅν und das von Prümm vorgeschlagene Prädikat ϲτέϲωντα zu αἰτήϲωνται (vgl. James 1931, S. 271). Beide Konjekturen entsprechen nun aber (hierin erweist sich ein weiteres Mal James' Ingeniosität) tatsächlich dem Text des Fragments, wie Kraus und Nicklas nachgewiesen haben (zu ihrem ἐτήϲωντα᾽ ἱ´ statt James' αἰτήϲωνται bemerken Kraus/Nicklas 2004, S. 126, dass »ε für αι für die griechisch-römische Zeit belegt« sei). Damit sind Interpretationen hinfällig, die James' Konjekturen ablehnen (wie etwa Adamik 2003, S. 83, der vor dem Hintergrund von Platons *Phaidon* nachzuweisen versucht, dass auch der ursprüngliche Wortlaut [mit ϲτέϲωντα] Sinn ergebe).

393 Auch wenn die Abfolge von Orten der Verdammnis und Orten des Heils, die durch Wasser getrennt sind, an die *anonyme Apokalypse* erinnert, so zeigen sich doch im Detail zahlreiche Unterschiede. Abgesehen davon, dass in der *anonymen Apokalypse* von einer Waschung oder gar Taufe keine Rede ist, interzedieren die Gerechten dort täglich eine Stunde lang für die Sünder; um eine Rettung aus den Strafen geht es nicht. Ferner spielen postmortale Reue, Umkehr und Vertrauen auf die Gnade Gottes in der *Petrus-Apokalypse*, anders als in der *anonymen Apokalypse*, keine Rolle (vgl. Copeland 2001, S. 152 f.), ja die Wirksamkeit der Reue wird unmittelbar vor der Passage, die in der frühesten rekonstruierbaren Fassung von der Erlösung handelt, explizit negiert: Vgl. ApkPetr (äth) 13: »Und es kommt der Engel Tatirokos (= Tartarouchos) und züchtigt sie mit noch größerer Qual und sagt zu ihnen: ›Jetzt habt ihr Reue, wo es nicht mehr Zeit zur Reue gibt und nichts vom Leben übriggeblieben ist.‹« Alles kommt hier auf die Fürbitte der Berufenen und Auserwählten an.

394 Im griechischen Text findet ein Numeruswechsel statt; vgl. zu unterschiedlichen Erklärungen hierfür Anm. 400.

395 Es ist die Frage, was unter μέροϲ zu verstehen ist. Kraus/Nicklas 2004, S. 128, übersetzen: »einen Teil der Gerechtigkeit mit meinen Heiligen«. Mir scheint demgegenüber der Text zu betonen, dass ihnen die Taufe und damit ihr Anteil, das heißt auch: ihr Platz unter den Gerechten gegeben werden wird; vgl. die Aussage im Gleichnis vom treuen und untreuen Knecht, das bei Matthäus (vgl. Lk 12,46) in die Endzeitrede integriert ist (Mt 24,45 ff.), nach der Logienquelle Q 12,46: τὸ μέρος αὐτοῦ μετὰ τῶν ἀπίστων (»sein Teil bei den Treulosen«), und Schneider 1942, S. 601.

Gerechten die Taufe und das Heil geben« (ApkPetr [äth] 14) werde, um das sie ihn gebeten haben, »bei dem Gefilde Äkrōsjā (= Acherusia), das man nennt: Ānēsleslejā (= Elysium)« (ebenda).

Die äthiopische Version ergibt gegenüber der des griechischen Fragments wenig Sinn: Denn die Taufe dient der Vergebung der Sünden (Mk 1,4; Lk 3,3), derer die Erwählten und Gerechten nicht bedürfen. Deshalb werden in frühchristlichen Texten auch durchgängig nur die Sünder im Acherusischen See getauft respektive gewaschen.[396] Zwei weitere Gründe sprechen dafür, dass es an dieser Stelle ursprünglich um die Rettung der Sünder ging: Damit ist erstens auch die früheste rekonstruierbare Fassung der *Petrus-Apokalypse* (ähnlich wie die Lehre Jesu im *Neuen Testament*) stärker an der Verkündigung des Heils als an der der Verdammnis ausgerichtet.[397] Und zweitens ist in den *Oracula Sibyllina* eine Passage erhalten,[398] die dem Text der *Petrus-Apokalypse*, der durch das sog. Erzherzog Rainer-Fragment überliefert ist, in vielen Aspekten entspricht:

τοῖς καὶ ὁ παντοκράτωρ θεὸς ἄφθιτος ἄλλο παρέξει.
εὐσεβέσιν, ὁπόταν θεὸν ἄφθιτον αἰτήσωνται,
ἐκ μαλεροῖο πυρὸς καὶ ἀθανάτων ἀπὸ βρυγμῶν

---

396 Copeland 2003 zeigt in ihrer Untersuchung, in der sie den einschlägigen Beitrag von Peterson 1955 einer Revision unterzieht, dass der zentrale Prätext für die Waschung im acherusischen See (nur in der *Petrus-Apokalypse* und in der lat. Fassung der *Paulus-Apokalypse* ist von einer Taufe die Rede), wie sie in frühchristlichen Texten (als solchen sieht sie auch die *Apokalypse des Mose* an, vgl. aber meine Anm. 106) erzählt wird, Platons *Phaidon* ist, der im Frühchristentum bekannt war und gelesen wurde (Copeland 2003, S.104; so auch Waßmuth 2011, S.432 ff.). Erst in dem im 8./9. Jahrhundert entstandenen *Buch der Auferstehung Jesu Christi, unseres Herrn* werde der Bezug zum *Phaidon* abgebrochen und die Taufe im Acherusischen See (erstmals handelt es sich dabei auch um Gerechte) stärker mit dem irdischen Taufritus verbunden. Vgl. auch Kraus 2003b, der den (spät)antiken Gebrauch der Toponyme ›acherusischer See‹ und ›elysisches Gefilde‹ nicht nur in literarischen Texten, sondern auch in Inschriften und Zauberpapyri untersucht.
397 Vgl. Kyrtatas 2009.
398 Auf diese Stelle wies bereits James 1931, S.272, hin und zog sie zur Verbesserung des scheinbar überlieferten Texts des Fragments heran (vgl. meine Anm. 391). Nicht ganz so deutlich ist aufgrund textkritischer Probleme die ebenfalls von James (ebenda, S.272 f.) angemerkte Entsprechung in der *koptischen Elias-Apokalypse* (die zusammen mit der *Sophonias-* und der *anonymen Apokalypse* überliefert ist); der fragliche Abschnitt lautet in der Übersetzung von Schrage: »Die zu den Gerechten zu zählen sind dagegen und die ... [unverständliches Wort, MB] / werden die Sünder sehen in ihren St[ra-] / fen mit denen, die sie verfolgt haben / und sie überantwortet haben dem / Tod. Dann werden die Sünder ... / ... [erneut Buchstaben, die keinen Sinn ergeben, MB] den Ort der Ge[rech]ten sehen, / und auf diese Weise wird Gnade geschehen. / In jenen Tagen wir das, was die Ge[rech-] / ten viele Male erbitten werden, / ihnen gegeben werden« (ApkEl [kopt] 41,10-42,2). Zu weiteren Ähnlichkeiten zwischen der *koptischen Elias-Apokalypse* und der *Petrus-Apokalypse* vgl. Bauckham 1985, S.274, Anm. 17. Dass Christus barmherzig ist, wenn die Gerechten für die Sünder bitten, findet man auch in der äthiopisch und koptisch überlieferten *Epistula Apostolorum* (vgl. James 1931, S.273; Ep. Apost. 40). Es ist deshalb merkwürdig, wenn Bauckham 1985, S.274, schreibt, dass die *Epistula Apostolorum* außer in Kapitel 16 »no other sign of dependence on the *Apocalypse of Peter*« zeige.

ἀνθρώπους σῶσαι δώσει· καὶ τοῦτο ποιήσει·
λεξάμενος γὰρ ἐσαῦθις ἀπὸ φλογὸς ἀκαμάτοιο
ἄλλοσ' ἀποστήσας πέμψει διὰ λαὸν ἑαυτοῦ
εἰς ζωὴν ἑτέραν καὶ αἰώνιον ἀθανάτοισιν
Ἠλυσίῳ πεδίῳ, ὅθι οἱ πέλε κύματα μακρὰ
λίμνης ἀενάου Ἀχερουσιάδος βαθυκόλπου. (Or. Sib. II,330 ff.)[399]

Und der allherrschende, ewige Gott wird noch etwas andres
jenen Frommen verleih'n, wenn sie flehen zum ewigen Gotte:
Aus dem schrecklichen Feuer und unvergänglichen Leiden
wird er die Menschen zu retten verleih'n: Dies wird er vollführen.
Denn er sammelt sie wieder, versetzt sie aus rastloser Flamme
anderswohin und entsendet sie seinem Volke zuliebe
zu einem anderen und ewig währenden Leben, zur Flur des sel'gen
Elysiums, wo weithin die Wasser ihm fließen
vom Acherusischen Fluß, des ew'gen, von grundloser Tiefe.

Damit wird die Version des Fragments bestätigt[400] und es ist offenbar, dass keineswegs angenommen werden kann, dass der äthiopische Text an allen Stellen zuverlässig die früheste rekonstruierbare Fassung repräsentiert.[401]

---

399 Folgende Entgegnung findet man in der Handschriftengruppe Ψ (alle aus dem 15. Jhdt.): »Offenkundig Lügen; denn niemals wird das Feuer aufhören, die Verurteilten zu strafen.« Die große »Menschenfreundlichkeit« der Passage der *Oracula Sibyllina* wird dann dem »dumme[n] Schwätzer Origenes« zugeschrieben (zit. n. Gauger [Hrsg.] 1998, S. 488; vgl. Kraus 2009, S. 371 f.).

400 Aber damit ist natürlich nicht gesagt, dass der Text, den die beiden griechischen Fragmente bieten, nah an der frühesten rekonstruierbaren Fassung liegt: So argumentiert van Minnen 2003, S. 33, dass die früheste rekonstruierbare Fassung nicht in der Allerlösung kulminiere. In der Paradiesesbeschreibung sei vielmehr recht früh in der Überlieferung eine Verschreibung von ὅ zu ὄν passiert: In Folge dieses Fehlers sei dann eine Hinzufügung nötig geworden, da der Relativsatz: ὃ ἐὰν αἰτήσωνταί με aus sich heraus verständlich sei, wohingegen der Relativsatz: ὃν ἐὰν αἰτήσωνταί με durch die Angabe ἐκ τῆς κολάσεως habe präzisiert werden müssen. Außerdem lasse sich mit der Annahme eines ursprünglich anderen Texts auch der Numeruswechsel erklären: Während zuerst von demjenigen gesprochen wird, den respektive das die Berufenen und Auserwählten aus den Strafen erbitten, wird aber αὐτοῖς, also ›diesen‹, die Taufe im Acherusischen See versprochen. Van Minnen 2003, S. 34, erklärt den Plural von αὐτοῖς, indem er αὐτοῖς auf die Berufenen und Auserwählten bezieht (zu meinem Verständnis des Plurals vgl. Anm. 404). Von diesem durch einen Schreiberfehler und den darauf folgenden Eingriff entstellten Text sei dann auch die Passage der *Oracula Sibyllina* abhängig. Mit meiner Deutung versuche ich demgegenüber eine Interpretation zu stützen, die mit weniger Hypothesen auskommt und den frühesten Text, der überliefert ist (die griechischen Fragmente), ernst nimmt (so auch Kraus 2009, S. 395 mit Anm. 124).
Traditionellerweise nimmt man an, dass die *Oracula Sibyllina* von der *Petrus-Apokalypse* abhängen (so auch Lightfoot 2007, S. 131 ff.). Ein handfester Beweis lässt sich nicht erbringen. So kommt auch Waßmuth 2011 am Ende seines detaillierten Vergleichs (vgl. ebenda S. 392 ff.) zu dem Ergebniss, dass die Frage nach dem Abhängigkeitsverhältnis beider Schriften nicht eindeutig beantwortet werden kann (vgl. ebenda S. 436 ff.).

401 Die äthiopische *Petrus-Apokalypse* ist in ein pseudo-klementinisches Werk mit dem Titel *Die Wiederkunft Christi und die Auferstehung der Toten* inkorporiert (vgl. Anm. 159; zum Folgenden vgl. Pesthy 2003). Die *Petrus-Apokalypse*, die sich stilistisch deutlich vom Rest des Werks abhebt (vgl. Buchholz 1988, S. 377 f.), stellt die erste Offenbarung Christi an Petrus dar, auf die zwei weitere folgen: In dieser ersten Offenbarung wird, da sie auch die anderen Apostel

Eine wesentliche Frage aber bleibt offen: Auch in den *Oracula Sibyllina* wird nicht expliziert, wen genau die Berufenen und Auserwählten aus den Strafen erbitten. Da es sich in den *Oracula Sibyllina* nicht um ein überlieferungsgeschichtliches Problem handelt, scheint es selbstverständlich gewesen zu sein, wer aus den Strafen gerettet wird. Mit Sicherheit lässt sich diese Frage nicht beantworten, allerdings lassen sich mit Blick auf den mutmaßlichen Argumentationszusammenhang der frühesten rekonstruierbaren Fassung der *Petrus-Apokalypse* drei Gründe formulieren, die dafür sprechen, dass alle Sünder gemeint sein müssen, dass also die *Petrus-Apokalypse* ursprünglich in der Idee der Allerlösung[402] gipfelte. Erstens werden im sog. Erzherzog Rainer-Fragment keine Bedingungen dafür erwähnt, dass Sünder aus der Höllenpein gerettet werden. Dies geschieht allein durch die Fürbitte der Berufenen und Auserwählten. Für wen aber sollten diese – zweitens – nicht bitten, wenn sogar die Märtyrer der christlichen Tugend der Vergebung soweit folgen, dass sie, wie das Ende des Protomärtyrers Stephanus (vgl. Apg 7,60) lehrt, sterbend um Gottes Gnade für ihre Schuldiger bitten?[403] Das sind natürlich ›argumenta ex silentio‹. Ihre Legitimität aber beziehen sie daraus, dass – drittens – die *Petrus-Apokalypse* in den Kapiteln 7 bis 13 genau darauf bedacht ist, zwischen verschiedenen Sündergruppen und ihrer Bestrafung zu differenzieren. Wenn nun mit einem Mal überhaupt keine Unterscheidungen mehr vorgenommen werden, so kann dies nichts anderes bedeuten, als dass die Aussage universal[404] zu verstehen ist.[405]

Der Bruch könnte schärfer kaum sein: Auf eine detaillierte Prophezeiung der Höllenstrafen, die auch Teil der frühesten erhaltenen (!) Fassung war, wie

---

hören, noch verschleiert, was schließlich in der letzten, die nur Petrus zuteil wird, enthüllt wird: »Only Satan and his demons will descend into Sheol, and those who did not believe in Christ. Those who believed in him will not see the judgement of fire. It is a mystery that those who partook of the body and blood of Jesus will not descend a second time into the underworld« (Pesthy 2003, S. 46). Die Aussage der *Petrus-Apokalypse* und des pseudo-klementinischen Werks decken sich allerdings nicht. Vgl. meine Anm. 411.

402 Der Begriff ist äußerst problematisch; es ist in jedem Fall zwischen Allversöhnung, Allerlösung und Wiederbringung aller (ἀποκατάστασις πάντων) zu unterscheiden. Ich habe den Begriff der ›Allerlösung‹ gewählt, da er keine »Versöhnung aller mit allem und jedem – einschließlich des Bösen bzw. des Üblen –« (Rosenau 2003, S. 775) impliziert, sondern den Vorgang der »Erlösung vom Bösen bzw. Üblen« (ebenda) ins Zentrum stellt. Was im konkreten Fall der *Petrus-Apokalypse* mit diesem Terminus bezeichnet wird, wird im Folgenden interpretativ herausgearbeitet.

403 Vgl. die bloße Vermutung bei Buchholz 1988, S. 348: »I believe it is implied that no saved person could be happy as long as any are being punished, and therefore that all will receive salvation«, und die ausführlichere Argumentation bei Bauckham 1990b, S. 194 ff.

404 Anders als van Minnen 2003 (vgl. Anm. 400) scheint mir der Plural in αὐτοῖc ›ad sensum‹ konstruiert zu sein, was dafür spricht, dass der Relativsatz ὃν ἐὰν ἐτήcωνταἰ´ με ἐκ τῆc κολάcεωc universal verstanden werden muss.

405 Eine umsichtige Diskussion der Frage findet man auch bei Lanzillotta 2003, S. 151 f. u. S. 155 f.

3.2 Der Jenseitsraum

das Fragment aus der *Bodleiana* beweist,[406] folgt die Ankündigung der Allerlösung. Jesu Endzeitprophetie ist damit, so scheint es, alles andere als stringent und kohärent. Der Widerspruch zwischen der Ewigkeit der Strafen, die nur im äthiopischen Text betont wird, und der Möglichkeit der Rettung aus den Strafen lässt sich dabei noch einigermaßen leicht lösen. Denn im griechischen Text aus Akhmim erscheint, wo immer in der parallel überlieferten äthiopischen Fassung die Ewigkeit der Qualen betont wird, entweder nichts Entsprechendes[407] oder höchstens ein Hinweis auf die Permanenz der Strafen.[408] Was aber vielleicht noch mehr zählt: Auch im Fragment der *Bodleiana* werden die Sünder ἀναναπαύςτος,[409] aber nicht ewig bestraft. Daher liegt es nahe, die nur im äthiopischen Text enthaltene Betonung der Ewigkeit der Höllenstrafen für eine spätere Hinzufügung zu halten.[410]

Dennoch bleibt die Frage, wie die Spannung zwischen den vorausgesagten Höllenstrafen, selbst wenn diese nicht ewig sind, und der universalen Rettung aufzulösen ist. Da im pseudo-klementinischen Traktat, in den die äthiopische *Petrus-Apokalypse* inkorporiert ist,[411] auf eine Verdammung beim postmortalen Gericht die Rettung aus den Strafen am Jüngsten Tag erfolgt, kann man davon ausgehen, dass die davon abweichende Abfolge der endzeitlichen Ereignisse, die die äthiopische *Petrus-Apokalypse* überliefert, der der frühesten rekonstruierbaren Fassung entspricht.[412] Nimmt man dies an, so bleibt auch für die früheste rekonstruierbare Fassung die Spannung zwischen den vorausgesagten Höllenstrafen und der universalen Rettung

---

406 Um es nochmals zu betonen: Das Fragment der *Bodleiana* und das sog. Erzherzog Rainer-Fragment stammen aus demselben Manuskript (vgl. Anm. 154). Während ersteres eine ›unaufhörliche‹ Bestrafung derjenigen vorhersagt, die nach Götzenbildern verrückt sind (zu dieser Stelle gerade auch im Verhältnis zu den anderen Textzeugen vgl. Kraus 2007), fokussiert letzteres die Allerlösung.
407 Während beispielsweise die an ihren Schenkeln aufgehängten Männer in ApkPetr (äth) 7 sagen, dass sie nicht gewusst hätten, dass sie »in die ewige Pein« müssen, verweisen sie in ApkPetr (gr) 24 auf den Ort, nicht aber auf die Dauer: οὐκ ἐπιστεύομεν ἐλεύσεσθαι εἰς τοῦτον τὸν τόπον. (»Wir hätten nicht geglaubt, an diesen Ort zu kommen«).
408 Vgl. ApkPetr (äth) 10 (»in Ewigkeit werden sie gequält«) mit der parallelen Stelle in ApkPetr (gr) 32 (ἡσυχίαν οὐκ εἶχον ἀπὸ ταύτης τῆς κολάσεως; »und sie hatten keine Ruhe von dieser Qual«).
409 Bodl. MS Gr. th. f. 4 [P], recto; Text nach Kraus/Nicklas (Hrsg.) 2004, S. 124.
410 Vgl. hierzu auch die Synopse bei Buchholz 1988, S. 148, und die Interpretation auf S. 150f. Vgl. allerdings auch die abweichende Deutung bei Bauckham 1994, S. 59f.
411 Vgl. Pesthy 2003, die die Lehre des Traktats folgendermaßen zusammenfasst: »There are two judgements, and the first one takes place directly after death. It is just: everybody is condemned according to his or her sins. Mercy has no place in it; it is God's justice that prevails. [...] The second judgement takes place after the resurrection, and this time mercy will reign: in this judgement there will be no division, all believers in Christ will receive eternal life and enter God's kingdom« (S. 49f.).
412 Ein weiteres Argument hierfür ist, dass die Ereignisse zwischen Auferstehung und Endgericht ›grosso modo‹ der Darstellung in Offb 20,11-15 entsprechen; allerdings wird in der *Petrus-Apokalypse* die Tausendjährige Herrschaft Christi nicht erwähnt und deshalb wird auch nicht zwischen erster und zweiter Auferstehung differenziert.

bestehen, da es sich bei den Höllenstrafen um endzeitliche[413] handeln muss: Denn es wird deutlich erzählt, dass im Anschluss an die Wiederkehr Christi das Endgericht stattfindet.[414] Zuvor ist es nötig, dass die Seelen ihren postmortalen Aufenthaltsort, die Gehenna,[415] verlassen, die hier nicht mehr zu sein scheint als ein uniformes Schattenreich; es wird nicht darauf eingegangen, dass die Toten darin in irgendeiner Weise gestraft würden. Im Anschluss daran und nach der Auferstehung der Leiber[416] findet die Scheidung der Gerechten und der Sünder statt; letztere erleben in einem Feuerstrom ihr Gericht: Engel bringen die Sünden herbei, woraufhin ein Ort geschaffen wird, an dem »sie für immer bestraft werden, je nach ihrer Versündigung« (ApkPetr [äth] 6).[417]

Die Spannung zwischen der Androhung von Strafe und der Ankündigung universalen Heils, und zwar in beiden Fällen für den ›Tag Gottes‹, ist nicht mit einfachen Mitteln der Logik,[418] sondern mit einem hermeneutischen Modell zu lösen, das aus dem *Alten Testament* bekannt ist und im Frühchristentum eschatologisch interpretiert wurde: das der Prophetenerzählung des Buches *Jona*.[419] Auch dort stehen unbedingte Strafandrohung

---

413 Damit ist es nicht möglich, die Strafen im Sinne eines Purgatoriums zu verstehen (so etwa Kyrtatas 1998, S. 347 f., Anm. 28).

414 Vgl. ApkPetr (äth) 1: »indem ich [sc. Jesus, MB] siebenmal so hell wie die Sonne leuchte, werde ich kommen in meiner Herrlichkeit mit allen meinen Heiligen, meinen Engeln, wenn mein Vater mir eine Krone auf das Haupt setzt, damit ich richte die Lebendigen und die Toten und jedem vergelte nach seinem Tun.«

415 In ApkPetr (äth) 4 ist die Gehenna im Sinne des Hades, also eines bloßen Totenreichs, gemeint (vgl. Buchholz 1988, S. 293; vgl. auch Offb 20,13, wo der Hades allerdings personifiziert erscheint; vgl. zu Identität, Namen, Funktion und Beschreibung des Hades anhand einer Analyse von 3 Bar Kulik 2010, S. 158 ff.). Die von C. Detlef G. Müller 1997 gewählte Übersetzung »Hölle« ist an dieser Stelle irreführend.

416 Vgl. ApkPetr (äth) 4: »Und den wilden Tieren und Vögeln wird er gebieten, daß sie alles Fleisch, was sie gefressen haben, zurückgeben, indem er will, daß die Menschen (wieder) sichtbar werden; denn nichts geht für Gott zugrunde, und nichts ist ihm unmöglich, da alles sein ist.«

417 Vgl. Bauckham 1994, S. 44 ff.

418 Eine andere Möglichkeit, diese Spannung aufzulösen, wird bei Kyrtatas 2009, S. 294, angedeutet: »He composed his work at a time when numerous Christians, some of them voluntarily, were meeting the swords of their executioners, were struggling against beasts in the arenas and were cast into the flames by their persecutors. If such ordeals were thought to be the most secure paths to eternal life, absolving all former transgressions, then afterlife tribulations should also be effective in purifying sinners.«
Ich halte diesen Lösungsvorschlag wegen der großen Differenz zwischen Martyrium und Höllenstrafe für unplausibel. So verbindet auch Copeland 2003, S. 101, den Aspekt der Erlösung der Sünder eher damit, dass sie durch das Blut der Märtyrer, auf deren Bitte sie aus den Strafen kommen, (und nicht durch ihr eigenes Blut!) gereinigt werden. Die in den Text der *Petrus-Apokalypse* tatsächlich eingeschriebene Verfolgungssituation ist insgesamt auf andere Art und Weise im Zusammenhang mit den Höllenstrafen aufgegriffen worden: Vgl. hierzu in dieser Arbeit S. 99 ff.

419 Diese Idee verdanke ich dem Beitrag von Bauckham 1998b, der zeigt, wie sehr sich eine Position, die eine von Augustinus in *De civitate Dei* 21,18 bekämpfte Gruppe ›mitleidiger‹

3.2 Der Jenseitsraum

und tatsächliche Gnade und Barmherzigkeit Gottes kontrastiv gegeneinander, da Gott, »langsam zum Zorn und groß an Güte, [...] sich das Unheil gereuen lässt« (Jon 4,2). Sinn der Strafandrohung ist dabei, das Verhalten der Menschen im Diesseits zu korrigieren, was in einer Linie steht mit der Ausblendung postmortaler Umkehr sowie der paränetisch-didaktischen Funktion der Prophezeiung der Höllenstrafen in der *Petrus-Apokalypse*. Aber nicht nur hierin besteht eine Analogie: Auch das Thema der Gnade Gottes wird wie im Buch *Jona* so auch in der *Petrus-Apokalypse* prominent entwickelt und um den Aspekt des Mitleids der Gerechten erweitert.[420] So fragt Petrus, nachdem er die Bestrafung der Sünder beim Endgericht gesehen[421] hat:

> »O Herr, erlaube mir, daß ich betreffs dieser Sünder dein Wort sage: ›Es wäre ihnen besser, sie wären nicht geschaffen.‹« Und der Heiland antwortete mir und sagte zu mir: »O Petrus, warum redest Du so, ›das Nichtgeschaffensein wäre ihnen besser‹? Du bist es, der wider Gott streitet. Und du würdest dich seines Gebildes nicht mehr erbarmen als er; denn er hat sie geschaffen und hat sie dahin gebracht, wo sie (vorher) nicht waren (*wohl Fehler für:* und hat sie aus dem Nichtsein in das Dasein gebracht). (ApkPetr [äth] 3)

Die früheste rekonstruierbare Fassung der *Petrus-Apokalypse* transformiert Gegenstand und Erzählverfahren der Jenseitsreisen in den Modus der Endzeitprophetie, um in der Konfrontation von wahrer Strafandrohung und ebenso wahrer Heilsbotschaft zu einem gottgerechten Leben im Diesseits zu mahnen und zugleich auf das Mitleid der Auserwählten und die letztlich alles überwindende Gnade und Barmherzigkeit Gottes gegenüber seiner Schöpfung[422] zu verweisen. Im Modus prophetischen Sprechens setzt die *Petrus-Apokalypse* diese zwei Aspekte der einen Wahrheit um.

Christen vertritt, mit der Aussage der frühesten rekonstruierbaren Fassung der *Petrus-Apokalypse* deckt. Die ›mitleidigen‹ Christen beziehen sich in ihrer Argumentation, laut Augustinus, auf das Buch *Jona*.

420 Vgl. Lanzillotta 2003, S. 147: »The compassion of the righteous at work in *ApPt* 3 E and in *R*, by introducing and closing, respectively, the sight of pain and the suffering of hell, intentionally functions as a frame intended to mitigate the predominance of punishment and suffering in the application of divine justice«.

421 Vgl. in dieser Arbeit S. 95 ff.

422 Vgl. die zitierte Passage der *Petrus-Apokalypse* mit Jon 4,10 f. (Herv. i. O.): »Und der HERR sprach: Du bist betrübt wegen des Rizinus, um den du dich nicht gemüht und den du nicht großgezogen hast, der als Sohn *einer* Nacht entstand und als Sohn *einer* Nacht zugrunde ging. Und *ich*, ich sollte nicht betrübt sein wegen der großen Stadt Ninive, in der mehr als 120 000 Menschen sind, die nicht unterscheiden können zwischen ihrer Rechten und ihrer Linken, und eine Menge Vieh?«

3.2.3 Von der frühjüdischen zur frühchristlichen Tradition

Wie oben gezeigt wurde, wird im *Buch der Wächter* Henochs Jenseitsreise konkret-anschaulich dargestellt, indem davon erzählt wird, wie sich Henoch durch den Jenseitsraum bewegt, und indem die jenseitstopographischen Elemente, die er wahrnimmt, im demonstrativen Dialog ausgedeutet werden. Die von dieser Erzählung ausgehende Tradition der Jenseitsreise entwickelt sich in verschiedenen Zusammenhängen auf unterschiedliche Weise weiter. So führt eine Linie, wie besonders deutlich die *Henochbücher* zeigen,[423] zur jüdischen Merkava-Mystik,[424] eine weitere zur Gnosis;[425] man denke an die koptisch-gnostische *Paulus-Apokalypse* (NHC V,2), in der Paulus das in zehn Himmel differenzierte Jenseits erfährt:[426] Nicht nur die Struktur der Apokalypse und die Strategie erzählter Bewegung erinnern an die frühjüdische Tradition, sondern auch einzelne Motive; so weist die Vorstellung von Engeln, die im fünften Himmel wetteifern, »indem sie mit Peitschen in den Händen die Seelen zum Gericht treiben« (ApkPl [NHC], p. 22), große Parallelen zum *Testament Abrahams*[427] und zur *anonymen Apokalypse* auf, in der Engel mit »Geisseln (φραγγελιον) von Feuer in ihren / Händen« (anonApk 5,3f.) »zu den Seelen (ψυχη) zu gehen pflegen / der gottlosen (<α>σεβης) Menschen« (anonApk 5,9f.), um sie ihrer Strafe zuzuführen.

Für die Argumentation dieser Arbeit ist wichtig, dass *mehrere* Linien der frühjüdischen Tradition ins Frühchristentum führen.[428] Nicht alle Linien lassen sich rekonstruieren, wie etwa der interessante, diskussionswürdige Fall der *Esra-Apokalypse* zeigt. Während man zunächst davon ausging, dass die

---

423 Vgl. in dieser Arbeit Anm. 311. Vgl. ferner Mach 2006, bes. S. 238 ff.
424 Vgl. hierzu auch Himmelfarb 1983, S. 65 f.
425 Vgl. Rudolph 1983, S. 785: »Sicherlich lebt die Gnosis auch von der christlichen Tradition, aber ihr ap[o]k[alyptischer] Grundzug ist unabhängig davon direktes Erbe der jüdischen Ap[o]k[alyptik]: für beide ist das esoterische Wissen ein Heilsmittel und die dualistische Weltsicht bestimmend.«
426 Vgl. Plisch 2010, S. 300: »Nachdem Paulus im vierten und fünften Himmel dem Gericht über die Seele beigewohnt hat, liegt der dramatische Höhepunkt des Textes in der Begegnung des Paulus mit dem Demiurgen im siebten Himmel. Nach einem Gesprächsgang überwindet Paulus die Sphäre des Demiurgen mittels Paßformen und Zeichen. Der Durchgang in den achten, neunten und zehnten Himmel wird anschließend nur noch ganz knapp und kunstlos nachgetragen«. Pesthy 2007, S. 206, differenziert hingegen zwischen den Geschehnissen im vierten (vgl. hierzu Anm. 123) und im fünften Himmel (Pesthy 2007, S. 206: »in the fifth heaven Paul sees angels whipping a soul and leading it to judgment, but nothing more is said about it«).
427 Vgl. TestAbr [L] XII,1.
428 Die Henochliteratur war in gewissen frühchristlichen Kreisen sehr beliebt; vgl. Bauckham 1976, S. 451. – Für eine umfassende Rekonstruktion der Aneignungen jüdischer Apokalyptik im Frühen Christentum mit den je spezifischen Kontexten für Ägypten, Syrien und Palästina, Kleinasien sowie Rom und Karthago vgl. Frankfurter 1996 u. ders. 2006.

3.2 Der Jenseitsraum

Jenseitsreise in diesem Text eine spätere Interpolation darstellt,[429] so sieht man nach der Entdeckung eines weiteren, sehr ausführlichen Zeugen der *Visio beati Esdrae*[430] Anhaltspunkte dafür gegeben, dass es sich nicht um spätere Interpolationen handle, sondern dass die früheste annehmbare christliche Fassung der *Esra-Apokalypse* aus dem 3. oder 4. nchr. Jahrhundert bereits eine Jenseitsreise enthalten habe, die möglicherweise auf einen ursprünglich jüdischen Text zurückgehe.[431] Auch wenn man angesichts der Überlieferungssituation sehr skeptisch sein muss, was die Rekonstruktion und damit auch die historische Einordnung der frühesten annehmbaren Fassung betrifft: Wenn sie für etwas spricht, dann für eine Traditionslinie, die vom Frühjudentum ins Frühchristentum und darüber hinaus ins Mittelalter führt. Auch die *anonyme Apokalypse* ist bei allen Unklarheiten im Detail ein Teil der frühjüdischen und der frühchristlichen Jenseitsraumimagination.

Selbst die *Petrus-Apokalypse* bleibt bei allen transformativen Verschiebungen letztlich auf die Tradition bezogen: Auch wenn es in der *Petrus-Apokalypse* nicht um die Erzählung einer Jenseitstopographie geht, weswegen die Strategie erzählter Bewegung nicht eingesetzt wird, werden Bilder endzeitlicher Strafen suggeriert. Der charakteristische Zusammenhang von Jenseitsreisendem, ›angelus interpres‹ und wahrgenommenem Strafort ist in das Gesicht endzeitlicher Strafen transformiert worden, die den Jüngern von Jesus aber nicht nur prophezeit, sondern gezeigt und unter Nutzung der demonstrativen Kopulastruktur gedeutet werden.[432] In Hinsicht auf das Erzählverfahren und den Erzählgegenstand, das Jenseits der Seligen wie der Verdammten, schließt die *Petrus-Apokalypse* an die Texte der frühjüdischen Tradition an, geht aber auch deutlich über sie hinaus. In frühjüdischen Texten der Jenseitsreise wird zunehmend das postmortale Geschick von Seelen fokussiert, da eine der wesentlichen Funktionen des Jenseits, nämlich das Diesseits zu ›desambiguieren‹,[433] zu Gerichtsphantasien führt, die ihrerseits die Imaginierung der konkreten Formen des Heils und der Verdammnis stimulieren. In diesem Sinne erzählt die *Petrus-Apokalypse* in aller Ausführlichkeit, was im Henochkorpus und im *Testament Abrahams* vorbereitet und was in der *anonymen Apokalypse* punktuell bereits eingelöst wird.

Im Codex von Akhmim, der *Petrus-Evangelium*, *Petrus-Apokalypse* und einen Teil des *Buchs der Wächter* enthält,[434] materialisiert sich anachronistisch diese wesentliche Konstellation,[435] in der sich die visionsliterarischen Aspekte der frühchristlichen Jenseitsvorstellung herausbilden. Die Adäquatheit dieser

---

429 Vgl. Ulrich B. Müller 1976, S. 88 ff.
430 Vgl. Bogaert 1984.
431 Vgl. Bauckham 2010, bes. S. 336 ff.
432 Vgl. hierzu in dieser Arbeit S. 96 ff.
433 Vgl. Pezzoli-Olgiati 2003.
434 Vgl. hierzu in dieser Arbeit S. 31 f.
435 Vgl. Nickelsburg 1981b, S. 600.

Textreihe haben auch Martha Himmelfarb und Richard Bauckham unabhängig voneinander gegen Albrecht Dieterich nachgewiesen, der einen orphisch-pythagoreischen Kontext annahm. Dieterich argumentierte in seiner zuerst 1893 erschienenen Studie zur neuentdeckten (griechischen) *Petrus-Apokalypse*, dass die »ägyptische Christengemeinde [...] die Vision von Himmel und Hölle aus der griechischen orphischen Gemeinde herübergenommen«[436] habe. In seiner Monographie setzt sich Dieterich auch mit der jüdischen Apokalyptik auseinander, kommt aber zu dem Ergebnis, »daß die Hölle der Apokalypse keine jüdische ist, daß ihr Verfasser aus jüdischen Schriften nicht geschöpft haben kann«.[437] Erstaunlicherweise war die um 1910 gefundene äthiopische Fassung der Apokalypse kein der Entdeckung in Akhmim vergleichbarer Stimulus für die religionswissenschaftliche Forschung, weswegen Dieterichs Verdikt, die *Petrus-Apokalypse* stehe in orphisch-pythagoreischer Tradition, erst durch die Ergebnisse der Forschungen von Martha Himmelfarb zur Geschichte der Höllenfahrten und von Richard Bauckham zur *Petrus-Apokalypse* in den 1980er Jahren endgültig revidiert wurde.[438] Seitdem ist die Priorität der frühjüdischen Tradition erwiesen.

Gleichwohl ist hiermit noch nicht das gegenüber der frühjüdischen Tradition Neue der *Petrus-Apokalypse* erklärt und es ist auch nichts über den Einfluss griechischer, babylonischer, iranischer oder ägyptischer Vorstellungen gesagt; gerade die Adäquatheit einer strikten Unterscheidung zwischen paganem und frühjüdisch-frühchristlichem Traditionshintergrund ist unter Hinweis auf die Diffusions- und Transformationsprozesse in hellenistisch-römischer Zeit entschieden zurückzuweisen.[439] Was die hier in Frage stehende Abgrenzung respektive mögliche Verbindung zwischen orphischem Gedankengut und der jüdischen Tradition anbelangt,[440] ist wiederholt auf die in Alexandria entstandene jüdische Imitation eines orphischen *Hieros Logos* hingewiesen worden.[441] Allerdings ist zu betonen, dass der »geringe Textbestand [...] nur eingeschränkte Schlussfolgerungen«[442] zulässt. Es ist also durchaus offen, wie einzuschätzen ist, dass sich mit dem jenseitstopographischen Element des βόρβορος[443] ein Charakteristikum orphischer

---

436 Dieterich 1913, S. 228.
437 Dieterich 1913, S. 224.
438 Scharf kritisiert wurde Dieterich bereits in Rezensionen (vgl. von Dobschütz 1894).
439 Vgl. etwa Himmelfarb 1983, S. 68f., u. Boustan/Reed 2004, S. 5f.
440 Indem er das Prinzip spiegelbildlicher Strafe auf das Judentum zurückführt, argumentiert auch Fiensy 1983 für die Priorität der jüdischen Tradition, auch wenn er zugesteht, dass es sein mag, dass hinter dem Text der *Petrus-Apokalypse* letztendlich die Orphik stehe.
441 Vgl. Riedweg 1993 u. Jourdan 2010; zum Zusammenhang mit der *Petrus-Apokalypse* vgl. Bremmer 2003, S. 14, u. ders. 2010, S. 308.
442 Maier 2011, S. 101.
443 Vgl. P.Cair. 10759, f. 9ᵛ, Z. 1, 4, u. 8, sowie f. 10ᵛ, Z. 12f. (zitiert nach der Edition von Kraus/Nicklas [Hrsg.] 2004, S. 110 u. S. 114).
Vgl. Bauckham 1994, S. 70f., Bremmer 2002, S. 22f., und Czachesz 2003, S. 118.

3.2 Der Jenseitsraum

Unterweltsimagination in der Akhmim-Fassung der *Petrus-Apokalypse* identifizieren lässt. In der äthiopischen Fassung findet man an den fraglichen Stellen kein der Semantik von βόρβορος entsprechendes Wort.⁴⁴⁴ Deshalb kann nicht entschieden werden, ob dieses möglicherweise orphische Element der Jenseitstopographie in einem bestimmten Kontext in den griechischen Text der *Petrus-Apokalypse* aus Akhmim inkorporiert⁴⁴⁵ oder ob es im Lauf der äthiopischen Überlieferung, die sich vom hellenistischen Kontext entfernte, getilgt wurde. Letzteres wird wahrscheinlich, wenn man die Vielzahl verderbter jenseitstopographischer Elemente und unzweifelhaft griechischer Toponyme im äthiopischen Text bedenkt: So stehen, während der griechische Text guten Sinn ergibt, im äthiopischen Text die Frauen, die ihre Kinder abgetrieben haben, in »Gericht(?) und Schauderhafte[m] und Aussonderungen« (ApkPetr [äth] 8), wobei im Äthiopischen die verderbte Form eines Substantivs steht, das »any bodily discharge such as excrement, menstruation, or a runny abscess«⁴⁴⁶ bezeichnet. Und während das Erzherzog Rainer-Fragment vom acherusischen See und dem elysischen Gefilde spricht, werden in der äthiopischen Fassung die Orte des Heils als ›Äkrōsjā‹ und ›Änēslesjā‹ bezeichnet.⁴⁴⁷

Möglicher Einfluss griechischer Traditionen ist damit kein Widerspruch zur in dieser Arbeit herausgestellten Traditionslinie, sondern ein Teil von ihr: Die *Apokalypse des Mose* belegt, dass der acherusische See als Ort der Heiligung, in der frühjüdischen Tradition,⁴⁴⁸ wenn auch nicht weitverbreitet,⁴⁴⁹ so doch nicht unbekannt ist.⁴⁵⁰ Insgesamt wird man davon ausgehen müssen, dass eine sich schon immer mit Elementen der Umwelt anreichernde Tradi-

---

444 Darauf weist auch Bremmer 2010, S. 307, hin (»›borboros‹ [...], which is lacking in the Ethiopic translation«), allerdings ohne sich interpretativ zu diesem Befund zu verhalten.
445 Kraus 2001, S. 341–343, weist bei seiner Analyse des stark hellenistisch geprägten *Zweiten Petrusbriefes*, in dem (2,22) das Nomen βόρβορος ebenfalls genannt wird, darauf hin, dass der Gebrauch von βόρβορος in der Akhmim-Fassung der *Petrus-Apokalypse* »womöglich als Angleichungstendenz an 2Petr« (Kraus 2001, S. 393) zu verstehen sei. Allerdings betont Kraus auch, dass die beiden Kontexte völlig unterschiedlich sind: Während βόρβορος in 2 Petr 2,22 Bestandteil eines Sprichworts sei, spiegele der Gebrauch in der *Petrus-Apokalypse* »die traditionelle Beschreibung des Hades in der griechischen Literatur« (Kraus 2001, S. 393, Anm. 101) wider.
446 Buchholz 1988, S. 316f.
447 Vgl. in dieser Arbeit S. 83f.
448 Ich folge hier also der Einschätzung Dochhorns (vgl. in dieser Arbeit Anm. 106); für eine andere Einschätzung und weitere Literatur vgl. Copeland 2003, S. 92, Anm. 3.
449 Vgl. Copeland 2003, S. 93f., die die in der Forschung vorgebrachten Einwände gegen Peterson 1955 zusammenfasst: Demnach gehört die Waschung im acherusischen See nicht zum »common Jewish lore« (Copeland 2003, S. 94).
450 Vgl. ApkMos 37,3: [...] ἓν τῶν σεραφὶμ [...] ἥρπασε τὸν Ἀδὰμ καὶ ἀπήγαγεν αὐτὸν εἰς τὴν Ἀχερουσίαν λίμνην καὶ ἀπέλουσεν αὐτὸν τρίτον καὶ ἤγαγεν αὐτὸν ἐνώπιον τοῦ θεοῦ (»[...] einer der Seraphim [...] nahm Adam mit und brachte ihn in den Acherusischen See, wusch ihn dreimal ab und führte ihn vor Gott«). Vgl. Niebuhr 2011, S. 58 u. S. 61f.

tion, als deren erstes umfassenderes Zeugnis das *Buch der Wächter* auf uns gekommen ist, sich bis ins Frühchristentum fortsetzt[451] und zur differenzierten Darstellung verschiedener Orte der Bestrafung und des Heils Elemente unterschiedlicher Provenienz transformierend aufnimmt. Gerade die Demonstrativa bieten dabei die Möglichkeit, die inkorporierten Elemente in ihrer Bedeutung festzulegen, mit neuem Sinn zu versehen und so in die Logik des eigenen Systems zu integrieren. Neben einzelnen Bildelementen können aber auch Strukturen übernommen sein: So ist es, wie Jan Bremmer jüngst gezeigt hat, sehr wahrscheinlich, dass die Kataloge anonymer Sünder, wie sie die Struktur der Hölle der *Petrus-* und der *Paulus-Apokalypse* prägen, letztlich auf die Verbindung von Strafgruppen und Bestrafungen in orphischen Texten zurückgehen;[452] aber auch dies wäre über jüdische Schriften (möglicherweise aus Alexandria) vermittelt, so dass man für die Ursprünge der christlichen Strafimaginationen doch auf jüdische Traditionen verweisen kann.[453]

Wenn dies alles auf eher mittelbaren Einfluss paganer Traditionen hindeutet, so ist damit unmittelbarer Einfluss keineswegs ausgeschlossen.[454] Dass in der *Petrus-Apokalypse* das griechische Toponym des Elysiums (vgl. ApkPetr [äth] 14) neben Paradiesesbildern steht, die dem *Buch der Wächter* entstammen (vgl. ApkPetr [äth] 16),[455] zeigt, wie heterogen und komplex diese hellenistische Textur ist. Und dass darüber hinaus die Generierung der Strafbilder, die die *Petrus-Apokalypse* auszeichnen, in einem paganen Kontext stattgefunden hat, prägt den Text der *Petrus-Apokalypse* entschieden: Anders als Eduard Norden und Jan Bremmer halte ich nicht orphische Texte, sondern die paganen ›spectacula‹ für den Kontext, innerhalb dessen die *Petrus-Apokalypse* vor allem zu verstehen und *das Neue an ihr* zu erklären ist.

---

451 Vgl. Bauckham 1994, S.18f.: »So far as apocalypses go, this distinction between Old Testament Pseudepigrapha and New Testament Apocrypha is wholly artificial. The Christian tradition of writing apocalypses was almost entirely continuos with the Jewish tradition.«
452 Vgl. Bremmer 2011, S.14ff.
453 Vgl. auch Markschies 2005, S.90f.: »Einen eigenen orphischen *hierós lógos* bzw. einen pseudo-orphischen Hymnus haben die Christen jedenfalls – im Unterschied zu den Juden – nicht gefälscht, obwohl sie sonst in so vielen Punkten bei ihrer Lektüre der paganen Mythen die jüdischen Lesarten voraussetzten.«
454 Auf den wichtigen Unterschied zwischen mittelbaren und unmittelbaren Quellen macht Bauckham 1988 in seiner umsichtigen Forschungsdiskussion aufmerksam (S.4726–4733, bes.S.4732).
455 Vgl. Buchholz 1988, S.367ff., der nicht nur bestätigt, dass der Text den im *Buch der Wächter* evozierten Bildern folgt, sondern auch dafür argumentiert, dass der äthiopisch überlieferte Text der frühesten rekonstruierbaren Fassung nahekommt und die ausführlichere Beschreibung der griechischen Fassung sekundär ist. Vgl. auch Kyrtatas 1998, S.342.

3.3 ›Pompa diaboli‹ – ›pompa Dei‹.
Das Jenseitsspektakel der Christen

3.3.1 Die Visualität des endzeitlichen Geschehens

Über die integrativ-generative Funktion hinaus dienen Elemente der Deixis in visionsliterarischen Texten auch der Imaginationsstimulierung:[456] In dieser Hinsicht ist das Verweisspiel des demonstrativen Dialogs wesentlicher Bestandteil der Jenseitsreisen. Durch ihn wird die rezipientenseitige Erzeugung eines Gesichts angeregt, das dem Visionär auf seiner Jenseitsreise zuteil wurde und im Medium der Schrift gespeichert ist. Diese suggestive Technik wird mit der Strategie erzählter Bewegung verbunden, die die einzelnen Stationen zu einem Jenseitsraum zusammenschließt. Beide Facetten der Erzählung der Jenseitsreise werden durch die eigenwillige, inhaltlich motivierte Struktur der *Petrus-Apokalypse* zurückgenommen.[457] Der demonstrative Dialog wird zu einem Monolog Jesu reduziert, so dass Elemente der Deixis nur noch in Spuren erhalten sind. Erzählte Bewegung spielt in dieser Prophezeiung Jesu keine Rolle, so dass die Strafphantasmen nicht koordiniert, sondern in rein didaktisch-paränetischer Absicht in der Endzeitprophetie unverbunden aneinandergereiht werden. Es wird kein topographisch gegliederter Jenseitsraum erzeugt. Dies hängt auch damit zusammen, dass der ontologische Status der Höllenstrafen nach dem hermeneutischen Modell von wahrer Strafandrohung und wahrer Heilsbotschaft modifiziert wird: Der Text gipfelt in einer Allerlösungsphantasie.

Das Verhältnis der *Petrus-Apokalypse* zu der Tradition, in der sie steht, ist nicht nur restriktiv-selektiv. Der Grad der Visualität des Erzählten ist gegenüber den früheren Erzählungen von Jenseitsreisen gesteigert. Während in den Erzählungen von Jenseitsreisen die visuelle Qualität des Dargestellten nur insofern impliziert ist, als es sich um die Erzählung eines Gesichts handelt, ist sie in der *Petrus-Apokalypse* explizit und somit konzeptuell präsent, auch wenn auf der anderen Seite die Unmittelbarkeit der Jenseitsreise in der Mittelbarkeit der Endzeitprophetie zurückgenommen ist. Denn vor der intradiegetischen Prophezeiung der Straforte wird die in der *Petrus-Apokalypse* imaginierte Rezeptionssituation beschrieben. Petrus und die anderen Jünger sehen in der rechten Handinnenfläche,[458] was im Folgenden im Modus prophetischer Rede dargeboten wird:

---

456 Beide Funktionen werden in dieser Arbeit anhand einer Analyse des *Buchs der Wächter* entwickelt: vgl. S. 52 ff.
457 Es folgt eine knappe Zusammenfassung der auf den Seiten 80 ff. entwickelten Argumentation.
458 Das bedeutet auch angesichts des nachösterlichen Zeitpunkts nicht, dass die Bilder der endzeitlichen Bestrafung in einem Stigma des Herrn gesehen werden, da bei einer Kreuzigung – anders als es die heutige Ikonographie nahelegt – die Nägel nicht durch die Handknochen,

Und er zeigte mir in seiner Rechten die Seelen von allen (Menschen) und auf seiner rechten Handfläche das Bild von dem, was sich am Jüngsten Tage erfüllen wird; und wie die Gerechten und die Sünder geschieden werden, und wie diejenigen tun(?) werden, die rechten Herzens sind, und wie die Übeltäter für alle Ewigkeit ausgerottet werden. Wir[459] sahen, wie die Sünder in großer Betrübnis und Trauer weinten, bis alle, die es mit ihren Augen sahen, weinten, seien es Gerechte oder Engel oder auch er selbst. (ApkPetr [äth] 3)

Petrus und die Jünger sind Zuschauer der wortwörtlichen Präsentation der endzeitlichen Ereignisse: Sie sehen diesem Geschehen zu, das vor ihnen, aber von ihnen räumlich und vor allem zeitlich getrennt abläuft. Auf das, was sie sehen, reagieren sie emotional, wobei der Kreis der Zuschauer schließlich um die Gerechten, die Engel und auch Jesus Christus selbst erweitert zu sein scheint. Diese Visualität des Geschehens, das sich am Jüngsten Tag ereignen wird, interferiert in doppelter Hinsicht mit der Endzeitprophetie Jesu. Denn im Text der *Petrus-Apokalypse* steht die Beschreibung der Rezeptionssituation *vor* der Rede Jesu, deren textinterne Funktion es ist, das Endzeitgesicht der Jünger zu deuten; auf der metaliterarischen Ebene wird hingegen durch die Rede Jesu das Endzeitgesicht versprachlicht.[460] Während textintern die Jünger die endzeitliche, von Jesus kommentierte Bestrafung tatsächlich sehen, liest (oder hört) der Rezipient der *Petrus-Apokalypse* nur die Rede Jesu. Die rezipientenseitige Imagination der einzelnen Höllenorte, die demnach nur von dieser Rede ausgehen kann, wird immer auch mit der visuellen Rezeptionssituation der Apostel koordiniert:[461] Die Lektüre des Rezipienten und die Schau der Apostel sind miteinander verschaltet.

Der Einsatz von Deiktika, der der Rede Jesu den Charakter eines demonstrativen Monologs verleiht, unterstützt diese Koordinierung. Denn die deiktischen Ausdrücke der Endzeitprophetie verweisen einerseits auf die Bildinhalte des von den Aposteln wahrgenommenen Endzeitgesichts, andererseits aber auch auf das Produkt der »konstruktiven Phantasie«[462] des

---

sondern die Handgelenke geschlagen wurden. Deshalb liegt Bernstein 1993, S. 283, falsch: »[...] the very palm through which the torments are viewed will soon be pierced in the Passion that liberates from hell.«
Auch auf Jes 46,19 (»Siehe, in <meine> beiden Handflächen habe ich dich eingezeichnet.«), wo die enge Bindung zwischen Zion und dem Herrn verhandelt wird, lässt sich die Offenbarungssituation nicht beziehen.

459 Obwohl zunächst nur von Petrus als Offenbarungsempfänger die Rede ist, sehen wohl alle auf dem Ölberg versammelten Jünger die Geschehnisse der Endzeit.
460 Ich gehe somit davon aus, dass die Kapitel 4 ff. der *Petrus-Apokalypse* in Form einer Rede Jesu das erzählen, über dessen Rezeption durch Petrus (und wohl auch die Jünger, vgl. Anm. 459) das Kapitel 3 informiert.
461 Das setzt m. E. aber nicht voraus, dass sich auch die Reaktionen der Jünger (als Modell-Zuschauer) und der Leser gleichen; vgl. Lanzillotta 2003, S. 137: »As the seers represent the community of the righteous protected by God's justice, the reader necessarily identifies himself with them and consequently their reactions are equal to his reactions«.
462 Bühler 1982, S. 123 (›Phantasie‹ ist i. O. kursiv gesetzt); vgl. in dieser Arbeit S. 50 f.

3.3 ›Pompa diaboli‹ – ›pompa Dei‹. Das Jenseitsspektakel der Christen

Rezipienten der *Petrus-Apokalypse*, also auf die von der Endzeitprophetie Jesu angeregte mentale Repräsentation:

> Und siehe wiederum ein Ort: Da ist eine große, volle Grube. Darin die, welche verleugnet haben die Gerechtigkeit. (ApkPetr [äth] 7)

Selbst in der vorliegenden Reduktion erweisen sich der Einsatz von Deiktika und die polyvalenten demonstrativen Strukturen als besonders passförmig für die intentionale Struktur der Rahmenerzählung, denn das Erzählverfahren der Jenseitsreise und die Rahmenerzählung der *Petrus-Apokalypse* forcieren eine Logik der Evidenz, die den Jenseitsräumen zumindest der frühjüdisch-frühchristlichen Tradition gerade in ihrem Verhältnis zum Diesseits inhärent ist: Im Jenseits ist alles sichtbar, es gibt keinen Platz für Mehrdeutigkeit oder Verstellung. Dieser Aspekt unbedingter Desambiguierung von Welt wird in den unterschiedlichen Jenseitsräumen auf je spezifische Weise transparent: In der Hölle forciert er die nach dem Prinzip der Spiegelbildlichkeit[463] organisierte Transposition verschiedener Sünden ins stets materiell Körperliche der Bestrafung, was zugleich immer auch die Anschaulichkeit eines konkreten Raums impliziert:

> Und an einem nahe bei ihnen [sc. bei denen, die Märtyrer getötet haben, MB] gelegenen Ort, auf dem Stein eine Feuersäule(?), und die Säule ist spitzer als Schwerter – Männer und Weiber, die man kleidet in Plunder und schmutzige Lumpen und darauf wirft, damit sie das Gericht unvergänglicher Qual erleiden. Das sind die, welche vertrauen auf ihren Reichtum [...].[464] (ApkPetr [äth] 9)

Die Sünder werden auf einer feurigen, spitz zulaufenden Säule gepfählt. Die Beschreibung zielt dabei zunächst ausschließlich darauf, intensive Bilder grausam-körperlicher Bestrafung zu evozieren. Die heilsgeschichtliche Deutung tritt gegenüber der unbedingten Gewalt der Strafbilder zurück: Das Horrorszenario der Feuerpfählung bereitet zwar mit der Betonung ärmlicher Bekleidung bereits vor, welches diesseitige Verhalten solch schreckliche jenseitige Konsequenzen zeitigt. Welche Sünde aber genau zu einer so grausamen Bestrafung führt, wird erst mit Hilfe deiktischer Ausdrücke expliziert, wobei die Deiktika nicht nur die Funktion haben, die Identifizierung der Sünder an die Beschreibung der Strafe anzuschließen: Vielmehr verweisen sie auch auf das Schreckensphantasma, das der Text beschreibt und das der Rezipient imaginiert, und halten so die intensiven Bilder grausam-körperlicher Bestrafung präsent, wenn der Zusammenhang von diesseitigem Tun und jenseitigem Ergehen formuliert wird. Der didaktisch-paränetische Effekt, um dessentwillen die Bilder erzeugt werden, wird verstärkt.

---

463 Das Prinzip spiegelbildlicher Strafe sollte nicht unumwunden mit der ›lex talionis‹ gleichgesetzt werden, von der es aber ohne jeden Zweifel ausgeht; vgl. hierzu ausführlich Anm. 495.
464 Im äthiopischen Text folgt eine verderbte Stelle, in der nach Buchholz 1988, S. 213 u. S. 325 f., von Witwen und Frauen mit Kindern, die keinen Vater mehr haben, (also alleinerziehenden Müttern) die Rede war. Diese hilfsbedürftigen Gruppen haben die Wohlhabenden nicht beachtet, die auf ihren Reichtum vertrauten.

Darüber hinaus gibt es Passagen, in denen Sichtbarkeit nicht nur wie hier konzeptuell präsent ist, die Bildsuggestion also nicht nur einen Effekt der Verschaltung von textinterner Schau und textexterner Lektüre darstellt, sondern in denen dramatische Interaktionen zwischen Figuren in der Binnenerzählung der Höllenstrafen selbst erzählt werden. Diese Interaktionen sind durch das Prinzip der wechselseitigen Sichtbarkeit aufeinander bezogen. Die Logik der Evidenz wird also auch intradiegetisch umgesetzt, indem der Jenseitsraum durch Blickachsen[465] aufgespannt wird:

> Andere Männer und Weiber stehen nackt oberhalb davon. Und ihre Kinder stehen hier ihnen gegenüber an einem Ort des Entzückens. Und sie seufzen und schreien zu Gott wegen ihrer Eltern: »Das sind die, welche vernachlässigt und verflucht und deine Gebote übertreten haben. Und sie töteten uns und fluchten dem Engel, der (uns) geschaffen hatte, und hängten uns auf. Und sie enthielten das Licht, das du für alle bestimmt hast, (uns) vor.« Und die Milch ihrer Mütter fließt von ihren Brüsten und gerinnt und stinkt, und daraus gehen fleischfressende Tiere hervor, und sie gehen heraus, wenden sich und quälen sie in Ewigkeit mit ihren Männern, weil sie verlassen haben das Gebot Gottes und ihre Kinder getötet haben. Und ihre Kinder wird man dem Engel Temlakos geben. Und die sie getötet haben, wird man ewig quälen, weil Gott es so will. (ApkPetr [äth] 8)

Der destruktiv eingesetzten Aktivität der Eltern, die ihre Kinder getötet haben, entspricht ihre absolute Passivität; nun sind sie schutzlos den Strafen ausgeliefert, wie ihre Nacktheit verdeutlicht. Sie werden dabei Opfer ihrer eigenen verdorbenen Körperlichkeit: Die Muttermilch, eigentlich lebenspendende Flüssigkeit, verkehrt sich in ihr Gegenteil, wird zum übelriechenden Nährboden für fleischfressende Tiere und spiegelt so die Perversion der Eltern wider. Entscheidend für die Dynamisierung dieser Bestrafungsphantasie ist aber das Moment dramatischer Interaktion, das auf der auch aus der Lazarus-Erzählung des *Lukas-Evangeliums* bekannten wechselseitigen Sichtbarkeit von Strafort und Ort des Heils basiert (vgl. Lk 16,19-31): Die Opfer, die Geschädigten, klagen ihre Eltern vor Gott an. Die Auflösung dieser dramatischen Miniatur soll schließlich mit der Aussicht auf die Bestrafung der Eltern und die Übergabe der Kinder zwar nicht in Abrahams Schoß, aber doch an einen Schutzengel nicht nur bei den Zuschauern, also bei Petrus und den Aposteln, sondern auch beim Rezipienten der *Petrus-Apokalypse* zu einer emotionalen Reaktion führen.

---

465 Kurz zuvor spielen Blicke bereits eine besondere Rolle, wenn die Strafe der Frauen prophezeit wird, die ihre Kinder abgetrieben haben; die Ungeborenen klagen ihre Mütter nicht nur an, sondern strafen sie auch ›mit Blicken‹: »Gegenüber von ihnen ist ein anderer Ort, wo ihre Kinder sitzen; [...] und sie schreien zu Gott. Und Blitze gehen aus [und] von diesen Kindern, welche die Augen derer durchbohren, welche durch diese Hurerei ihren Untergang bewirkt haben« (ApkPetr [äth] 8). Dass die geschädigten Kinder auch eine strafende Funktion haben, ist eine Besonderheit der Darstellung der *Petrus-Apokalypse*, vgl. Czachesz 2003, S. 121.

In dem Maße, in dem der erzählte Jenseitsraum nicht nur entsprechend der Implikationen seines Aufbaus und seiner Struktur, sondern auch nach expliziter Maßgabe des narrativen Rahmens und in Handlungselementen der Binnenerzählung selbst einer Logik der Evidenz folgt und heilsgeschichtliche Zusammenhänge sichtbar macht, geht der Text über erzählte Wahrnehmung heraus: Die visuelle Komponente, die der Visionsliteratur insgesamt eignet, wird in der *Petrus-Apokalypse* signifikant ausgebaut; diese Steigerung wird dabei auch im Text selbst in der explizierten Rezeptionssituation reflektiert. Gleichwohl verhält sich die *Petrus-Apokalypse* aus inhaltlichen Gründen ambivalent zur Tradition der Jenseitsreise und vermindert gerade dadurch, dass der demonstrative Dialog zurückgenommen erscheint, die Visualitätspotenz des Erzählverfahrens. Durch den Fokus auf die Allerlösung und die dadurch motivierte Transformation der Jenseitsreise in eine Endzeitprophetie wird die Unmittelbarkeit der Darstellung reduziert; der Text muss hier, gerade was seine visuelle Qualität betrifft, hinter den eigenen Möglichkeiten zurückbleiben.[466] Doch ehe auf die Spannungen zwischen narrativen Möglichkeiten und ihrer Realisierung eingegangen werden kann, ist zunächst nach den kultur- und wahrnehmungshistorischen, medienspezifischen und ästhetischen Kontexten dieses Visualität forcierenden Texts zu fragen, um die textintern modellierte Rezeptionssituation, die evozierten Bilder der Endzeitprophetie und ihre Implikationen historisch adäquat einordnen und mit der nicht konsequent umgesetzten Prädominanz des Visuellen interpretativ umgehen zu können. Erklärungsbedürftig ist sie allemal, wie der Anachronismus zeigt, den Dennis Buchholz gebraucht, um das textintern modellierte Rezeptionsmodell zu charakterisieren: Für ihn ist Jesu Handinnenfläche »somewhat like a television screen«.[467]

3.3.2 Die Transformation paganer ›spectacula‹: Die virtuelle Höllenschau der *Petrus-Apokalypse*

Um das textintern modellierte Rezeptionsmodell der *Petrus-Apokalypse* historisch adäquat verstehen zu können, muss man über die anachronistische Betrachtung hinausgehen, wie sie Buchholz mit der Konzeptualisierung der Handfläche Jesu als »television screen«[468] vorlegte. Sein als Verlegenheitslösung vorgeschlagener Begriff der ›Tele-Vision‹, also des ›Fern-Sehens‹, ist zwar gerade insofern durchaus treffend, als er sowohl die entschieden visuelle Qualität des revelatorischen Ereignisses[469] als auch den hohen Grad an

---
466 Dieser Gedanke wird in dieser Arbeit auf S. 112 ff. wieder aufgegriffen.
467 Buchholz 1988, S. 289; vgl. auch Bernstein 1993, S. 282: »as if at a screen«.
468 Buchholz 1988, S. 289.
469 Revelatorische Ereignisse werden in der jüdischen und frühchristlichen ebenso wie in der paganen Tradition (vgl. Anm. 83 und Hanson 1980, S. 1410 ff.) meist als visuell und auditiv

Vermitteltheit ausstellt, der daraus resultiert, dass es sich um endzeitliche, also weniger um räumlich als vielmehr zeitlich von den Zuschauern entfernte Geschehnisse handelt. Dennoch ist in diesen Begriff, wie die Vorstellung des ›Bildschirms‹ zeigt, die Medientechnologie des 20. Jahrhunderts unhintergehbar eingeschrieben. Hinter diesem vermutlich gesuchten Anachronismus steht das tatsächliche Problem, dass sich das textintern modellierte Rezeptionsmodell kaum auf *einen* Begriff bringen lässt, da sich in hellenistisch-römischer Zeit keine direkte außerliterarische Entsprechung zu diesem findet. Es ist deshalb nicht nach einer Analogie zu suchen, sondern nach einem Wahrnehmungs- oder Rezeptionsmuster, auf das sich die *Petrus-Apokalypse* transformativ bezieht, wobei nicht nur die Form, sondern auch die Motivation der Bezugnahme zu rekonstruieren sind.

Insofern die Apostel einem von ihnen getrennt stattfindenden, aber im Moment der Betrachtung für sie ablaufenden Geschehen zusehen und auf das Dargebotene emotional reagieren (vgl. ApkPetr [äth] 3), besteht eine Strukturanalogie zur Rezeption einer Aufführung. Gerade deren Visualität liefert den entscheidenden Hinweis für das historisch adäquate Konzept, auf das die in der *Petrus-Apokalypse* beschriebene Rezeptionssituation bezogen werden kann: das ›spectaculum‹, wie es sich seit dem 1. vchr. Jahrhundert herausgebildet hat.[470] In historischer Perspektive[471] versteht man da-

---

(gelegentlich auch ausschließlich visuell oder ausschließlich auditiv) wahrgenommene Ereignisse erzählt; die Prädominanz des Visuellen zeigt sich darin, dass das Gesehene durch Worte gedeutet wird, das visuell Wahrgenommene also dem auditiv Wahrgenommenen vorausgeht.

470 Unter ›spectaculum‹ ist all das zu verstehen, »quod in theatris et circo populo spectandum præbetur animi causa: et præcipue ludi, certamina, venationes, fabulæ« (»was in den Theatern und im Zirkus dem Volk, um es zu unterhalten, zur Betrachtung dargeboten wird: v. a. Spiele, Wettkämpfe, Tierhatzen, Dramen«; Forcellini IV [1940], S. 438). Aus unterschiedlichen Veranstaltungsinhalten, -orten und -formen mit ihren je verschiedenen Aufführungskontexten hatte sich im späten 1. Jahrhundert vor Christus ein Zusammenhang herausgebildet: In Rom gab es »what might be called ›conglomerate spectacles‹, [...] multi-dimensional entertainments combining any or all of the once distinct elements [...]. Different events were held in sequence throughout the day: ›venationes‹ in the morning gave way to ›meridiani‹, the midday games – essentially executions – and ›munera‹ followed in the afternoon. Such conglomerate spectacles conflated pretexts (e.g. funerals, victory ›ludi‹, magisterial duty, electoral largesse, hunts, public banquets, patronage, punishment, vengeance) and were soon institutionalized by autocracy. From the circus to the theater, formerly seperate elements continued in combination, with violence as the common mortar.« (Kyle 1998, S. 50f.) Vgl. ferner auch Castelli 2005, S. 105–112, die die jüngere Forschungsliteratur zu den ›spectacula‹ verzeichnet und in verschiedene theoretisierende Erklärungsmodelle einführt.

Die ›spectacula‹ wurden auch historisch als Zusammenhang wahrgenommen, wie besonders deutlich Martials *Liber de spectaculis* oder auch Suetons Ausführungen *De spectaculis Romanorum* (aus dem *Pratum de rebus variis*, Buch 5 u. 6: Περὶ τῶν παρὰ Ῥωμαίοις θεωριῶν καὶ ἀγώγων [vgl. Sallmann 2001, Sp. 1086] – für das lat. ›spectaculum‹ gibt es also keinen entsprechenden griech. Begriff), aber auch die christlichen Zeugnisse (vgl. Anm. 496) zeigen.

471 Wer möchte, kann hier an das kulturwissenschaftlich intensiv diskutierte Konzept der Theatralität denken; vgl. Fischer-Lichte 2004, S. 10: »Der Begriff der Theatralität meint [...] den Aufführungscharakter kultureller Handlungen – seien dies nun Sprechakte, Verhaltensfor-

3.3 ›Pompa diaboli‹ – ›pompa Dei‹. Das Jenseitsspektakel der Christen   101

runter nicht nur die vielfältigen Formen szenischer[472] Darbietung (›ludi scaenici‹), wie die literarischen Formen der Tragödie und der ›praetexta‹ sowie der ›palliata‹ und der ›togata‹ oder die eher mündlich-improvisierten Formen der ›atellana‹, des ›mimus‹[473] und des ›pantomimus‹, sondern auch ›naumachiae‹,[474] ›munera (gladiatoria)‹,[475] und ›venationes‹[476] sowie ›ludi circenses‹, also vor allem hippische, aber auch gymnische Agone,[477] wobei letztere in Rom nicht die entsprechende Bedeutung hatten wie in Griechenland.[478]

Die *Petrus-Apokalypse* teilt mit einigen Gattungen der ›spectacula‹ aber nicht nur die strukturanaloge Rezeptionssituation, sondern in gewisser Hinsicht auch den Aufführungsgegenstand. Denn was das Prinzip der Inszenierung von Bestrafung sowie den Grad an obszöner Brutalität betrifft, entsprechen die endzeitlichen Geschehnisse denjenigen Gattungen der ›spectacula‹, in denen unter anderem zum Tod verurteilte Verbrecher auftreten, die während der Darbietung tatsächlich getötet werden.[479] Das sind vor allem ›venationes‹, ›naumachiae‹, ›munera gladiatoria‹ und ›mimi‹. Der Grad der Inszenierung und die Emphase des Strafcharakters sind dabei unterschiedlich: Während eine ›venatio‹ hauptsächlich eine Tierhatz ist, die auch »Gelegenheit zur Vollstreckung der Todesstrafe ›ad bestias‹«[480] bietet, stellen Seeschlachten[481] und Gladiatorenkämpfe mitunter bühnenwirksame Massenhinrichtungen dar;[482] für die ›munera‹ werden die Verurteilten teilweise in Gladiatorenschulen trainiert, so dass es in erster Linie nicht

---

men, Interaktionen, Rituale, Zeremonien, Feste, Spiele, politische Veranstaltungen, Sportwettkämpfe oder Aufführungen der Künste.«
Da es hier um eine dezidiert historische Perspektive geht und der Begriff der Theatralität in eher breiter Verwendung keine analytisch ertragreiche ›differentia specifica‹, ja in engerer Verwendung sogar einige gerade für diese Perspektive problematische Implikationen aufweist (vgl. Anm. 487), verzichte ich hier auf ihn; er findet bei einem mittelalterlichen Text Anwendung; vgl. hierzu in dieser Arbeit S. 263 ff.
472 Vgl. für einen Überblick Opelt 1978.
473 Zum ›mimus‹ allgemein vgl. Rieks 1978, bes. S. 349 f., S. 361 ff. u. S. 369 ff. – In Verbindung mit der Analyse grotesker Körperbilder in der *Petrus-Apokalypse* wird der ›mimus‹ von Czachesz 2003, S. 119, erwähnt.
474 Vgl. Coleman 1993.
475 Vgl. Hönle 2000, Sp. 486: »Eine spezielle Ausprägung des ›m[unus]‹ (›Geschenk‹, ›Leistung‹ für die Götter oder für die Öffentlichkeit‹, entsprechend griech. ›leiturgía‹ [...]) war das ›m[unus] gladiatorium‹. Dieses wurde von der röm. Bevölkerung am meisten geschätzt; es wurde das ›m[unus]‹ schlechthin, auch ohne den Zusatz ›gladiatorum‹ oder ›gladiatorium‹.«
476 Vgl. Hönle 2003.
477 Vgl. Hönle 1997, bes. Sp. 1216 f.
478 Vgl. Decker 2001, Sp. 853.
479 Vgl. Coleman 1990, S. 60 ff.
480 Hönle 2003, Sp. 3. Vgl. ferner Epplett 2001, S. 90 u. S. 99–101.
481 Vgl. Kyle 1998, S. 51, u. Bernert 1935.
482 Vgl. Wessels 2006, S. 2 (es gab auch die Verurteilung ›ad ludum‹; das war kein sicheres Todesurteil, da es zunächst nur bedeutete, dass Verbrecher in die Gladiatorenschule geschickt wurden).

auf die Tötung, sondern auf den spektakulären Kampf ankommt.[483] Besonders deutlich kann der Zusammenhang von Vergehen, Spektakel und Bestrafung im ›mimus‹ ausgestellt werden. So wurde zur Eröffnung des ›amphitheatrum Flavium‹ im Jahr 80 n. Chr. ein ›mimus‹[484] aufgeführt, in dem ein zum Tod verurteilter Verbrecher einen Kriminellen darstellt.[485] Der ungenannte Verbrecher wird auf offener Bühne ebenso wie der von ihm verkörperte Laureolus seiner gerechten Strafe zugeführt, da er entweder seinen Herrn tötete, Gold aus einem Tempel stahl oder heimlich Feuer legte: Er wird gekreuzigt, anschließend wird ein wilder Bär auf ihn losgelassen.[486] Diese Bestrafung ist zugleich Rechtsfolge und Teil einer ästhetischen Inszenierung, so dass nicht zwischen Ernst und Spiel unterschieden werden kann.[487] Es handelt sich um ein ausgesprochenes Alteritätsphänomen der römischen Kultur.

Die pagane Form der ›spectacula‹ erfordert eine besondere Rezeptionshaltung gerade in diesen Gattungen, die sich durch besondere Grausamkeit gegen Menschen von anderen ›spectacula‹ wie den rein sportlichen ›ludi‹, etwa den Wagenrennen oder den gymnischen Wettbewerben, abheben: Diese Rezeptionshaltung besteht in der emotional engagierten Betrachtung

---

483 Mit der Zeit gab es auch freiwillige, gleichsam ›professionelle‹ Gladiatoren, sog. auctorati (vgl. Kyle 1998, S. 59 ff.), die allerdings teurer waren als Verurteilte und Kriegsgefangene (ein Umstand, der in Zeiten knapper Kassen möglicherweise traurige Konsequenzen hatte; vgl. ebenda, S. 250).

484 Bezeugt ist eine Aufführung dieses ›mimus‹ bereits zum Ende der Regierungszeit Caligulas, wobei man aus Suetons knappen Angaben nichts über die Handlung erfahren kann: Er berichtet von der Aufführung im Zusammenhang mit den Prodigien für die Ermordung Caligulas. Ihm kommt es nur auf die enorme Menge (künstlichen) Bluts auf der Bühne an (vgl. Suet. Cal. 57,4). Der *Laureolus* geht auf den Mimographen Catullus zurück, der entweder in der späten Republik oder unter der Regentschaft der julisch-claudischen Kaiser lebte (vgl. Wiseman 1979, S. 180; für zweiteres plädiert auch Coleman 2006, S. 83).

485 Vgl. Coleman 1990, S. 64 f.

486 Vgl. Mart. spect. 9 [7], Herv. d. m.: »Qualiter in Scythica religatus rupe Prometheus / adsiduam nimio pectore pauit auem, / nuda Caledonio sic uiscera praebuit urso / *non falsa* pendens *in cruce* Laureolus. / uiuebant laceri membris stillantibus artus / inque omni nusquam corpore corpus erat. / denique supplicium <meruit quo crimine tantum?> / uel domini iugulum foderat ense nocens, / templa uel arcano demens spoliauerat auro, / subdiderat saeuas uel tibi, Roma, faces. / uicerat antiquae sceleratus crimina famae, / *in quo, quae fuerat fabula, poena fuit.*« (»Wie an den skythischen Fels gefesselt Prometheus ständig mit seiner mächtigen Brust den Vogel nährte, so bot nackt den Leib dem kaledonischen Bären, *an einem richtigen Kreuz* hängend, Laureolus. Es lebten noch die zerfetzten Glieder, obwohl die Teile von Blut trieften, und am ganzen Körper war nirgends Körper mehr. Durch welches Verbrechen verdiente er eine so große Strafe? Er hatte seines Herrn Kehle durchbohrt mit dem Schwert, der Übeltäter, oder Tempel ihres Goldschatzes voller Wahnsinn beraubt oder rasende Fackeln an dich, Rom, gelegt. Übertroffen hatte die Verbrechen des alten Mythos der Frevler, *bei dem, was Sage gewesen war, wirkliche Strafe war.*«)

487 Zum Problem der Ununterscheidbarkeit vgl. Wessels 2006. Die Kategorie des theatralen ›als ob‹ trägt für das römische ›spectaculum‹ demnach nichts ein, da beispielsweise der Verbrecher die Rolle des Laureolus spielt, dieses Spiel ›sub persona‹ aber für ihn in seiner Einzelmenschlichkeit existenzielle Konsequenzen hat.

einer unmittelbar dargebotenen, brutalen, für die Zuschauer inszenierten Bestrafung, die einerseits eine Attraktion mit sensationsheischendem Überbietungsgestus, andererseits eine »Exekution imperialer Verfügungsgewalt«[488] in abschreckender Absicht darstellt. Neben der Rezeptionssituation,[489] dem inszenierten Charakter der Strafe und der Brutalität des Dargebotenen ist es gerade das Changieren zwischen faszinierender Sensation und gerechter Strafdemonstration,[490] worin eine deutliche Entsprechung zwischen den paganen ›spectacula‹ und dem besteht, was die Apostel in der Handinnenfläche Jesu sehen und wovon der Rezipient des Texts liest oder hört:[491]

> Und die Mörder und die mit ihnen gemeinschaftliche Sache gemacht haben, wirft man ins Feuer, an einen Ort, der angefüllt ist mit giftigen Tieren, und sie werden gequält ohne Ruhe, indem sie ihre Schmerzen fühlen […] (ApkPetr [äth] 7).

Diese Entsprechungen finden sich vor allem auf einer abstrahierten Ebene, schließlich sind kulturelle Praktik und literarische Imagination nicht analog zu denken. Aber selbst wenn man die ›spectacula‹, wie sie in der *Petrus-Apokalypse* imaginiert werden, mit den paganen, die tatsächlich stattgefunden haben, vergleicht, unterscheiden sie sich darin, dass in der *Petrus-Apokalypse* eine postmortal-endzeitliche Situation geschaut wird. Damit korreliert erstens eine Verschiebung der entscheidenden Frage nach Leben oder Tod zu der auch für das Christentum bedeutenderen Unterscheidung von Heil oder Verdammnis; während in den paganen ›spectacula‹ nichts mehr zu fürchten ist als ein grausamer, entwürdigender Tod, ist es in der *Petrus-Apokalypse* die Verdammnis, die in den brutalen Bildern unaufhörlicher Qual ausgedrückt wird. Zweitens ist der Spielcharakter im christlichen Jenseits völlig getilgt; wenn im ›mimus‹ der ungenannte Mörder hingerichtet wird, trifft die Strafe zwar zum einen ihn selbst, zugleich aber auch Laureolus, den er verkörpert. Ähnliches gilt für die zum Tode verurteilten Verbrecher, die in den ›naumachiae‹ bei der Darstellung einer großen Schlacht sterben. Diese Mehrdeutigkeit ist im Jenseits desambiguiert, wo jede Maske gefallen ist. Drittens kann das endzeitliche Geschehen nicht in dem Raumzeitzusammenhang stattfinden, in dem sich die Apostel befinden, wohingegen das Geschehen der paganen ›spectacula‹ direkt vor den Zuschauern dargeboten wird. Aus dieser Verschiedenheit resultiert auch viertens, dass die

---

488 Wessels 2006, S. 4.
489 Vgl. hierzu auch Coleman 1990, S. 49 f., die zusammenstellt, dass es für ein ›spectaculum‹, das auch dem Strafvollzug diente, folgende Elemente brauchte: eine Person oder ein Verwaltungssystem, das das ›spectaculum‹ ausrichtet, einen für die Darbietung geeigneten Ort, eine Menge an Personen, die vorgeführt werden kann, und geneigte Zuschauer.
490 Vgl. Coleman 1990, S. 57 ff.
491 Für diese Form der inszenierten Bestrafung gibt es zahlreiche Belege ab der zweiten Hälfte des 1. nachchristlichen Jahrhunderts (vgl. Coleman 1990, S. 72 f.); dies macht diese ›spectacula‹ zu einem historischen Kontext der im frühen 2. Jahrhundert entstandenen *Petrus-Apokalypse*. – Zur Struktur der Bestrafungen vgl. auch Markschies 2009, S. 133.

104   3. Die Formierung und Transformation von Jenseitsräumen in der nicht-paganen Antike

Abläufe im Jenseits nicht den bekannten Gesetzen dieser Welt folgen müssen: Neben der Möglichkeit, im Jenseits unaufhörlich gequält zu werden, ohne auf einen von den Schmerzen erlösenden Tod hoffen zu können,[492] ist hierbei besonders wichtig, dass die Bestrafung nicht der Ordnung des römischen Rechts folgt, sondern mehrheitlich nach dem Prinzip der spiegelbildlichen Strafe modelliert wird,[493] worin der auch im Text explizierte Konstruktcharakter der Hölle anschaulich wird:[494] Jeder Sünde wird eine Bestrafung zugeordnet, die keine Einzelmenschen, sondern Sündergruppen trifft. Das dabei wirksam werdende Prinzip spiegelbildlicher Strafe, das in einer Vielzahl von Hängestrafen umgesetzt wird, ist angesichts der besonderen Visualität des Geschehens in hohem Maße passförmig.[495]

Ausgehend von der endzeitlichen Verortung der ›spectacula‹ und den dadurch motivierten vier Abweichungen lässt sich die besondere Form der Bezugnahme der *Petrus-Apokalypse* auf die paganen ›spectacula‹ näher bestimmen: Es handelt sich um einen mehrschichtigen Transformations-

---

492   Die Perspektive der *Petrus-Apokalypse*, die allerdings während der Schilderung der Höllenqualen noch nicht gewusst werden kann, ist die Allerlösung; vgl. in dieser Arbeit S. 80 ff.
493   Vgl. Himmelfarb 1983, S. 75–105, Buchholz 1988, S. 276, und Lanzillotta 2003, S. 144 f.
494   Vgl. ApkPetr (äth) 6 (Herv. d. m.): »Und die Bösewichte und die Sünder und die Heuchler aber werden in den Tiefen nicht verschwindender Finsternis stehen, und ihre Strafe ist das Feuer, und Engel bringen ihre Sünden herbei, und bereiten ihnen einen Ort, wo sie für immer bestraft werden, je nach ihrer Versündigung.«
495   Das Prinzip spiegelbildlicher Strafe ist nicht identisch mit der ›lex talionis‹ (Fiensy 1983 u. Gray 2001, S. 318 u. ö., sprechen hingegen von der ›lex talionis‹; die Kritik an der fehlenden Unterscheidung bei Lanzillotta 2003, S. 144 f., Anm. 38, und bei Callon 2010, passim). Auch Himmelfarb 1983, S. 76, setzt die ›lex talionis‹ mit dem ›Principle of Measure-for-Measure‹ gleich (so auch Bauckham 1994, S. 61–70), obwohl ihre Ausführungen zeigen, dass ihr Verständnis des ›Principle of Measure-for-Measure‹ sich weitgehend mit dem Prinzip spiegelbildlicher Strafe deckt, vgl. Callon 2010, S. 32, Anm. 13; allerdings impliziert die Bezeichnung des ›Measure-for-Measure‹ »the need for punishments to be measured in response (which is the purpose of the talio)« (ebenda, S. 34, Herv. i. O., jedoch nicht in Bezug auf Himmelfarb).
Während die ›lex talionis‹ eine Strafbegrenzungsmaßnahme darstellt, die Rachehandlungen unterbindet, die in keinem angemessenen Verhältnis zum begangenen Vergehen stehen, kommt es bei dem Prinzip spiegelbildlicher Strafe gerade nicht auf die Verhältnismäßigkeit der Strafe an. Vielmehr hebt das Prinzip spiegelbildlicher Strafe darauf ab, dass Vergehen und Strafe in einem analogen Verhältnis stehen: Der Entsprechungspunkt kann entweder das das Verbrechen begehende Körperteil, das Tatwerkzeug oder die hinter dem Verbrechen stehende Motivation sein (vgl. Callon 2010, S. 33, im Anschluss an Wong 2001). Das Prinzip spiegelbildlicher Strafe ist damit weiter als das der ›talio‹, von der es ausgeht: Es fasst aber unterschiedliche Vergleichspunkte und ermöglicht auch metaphorische Verweisungen (vgl. Callon 2010, S. 33 f.). – Die jeweilige Spiegelbildlichkeit der Strafe zu verstehen, erfordert Kontextwissen: Zur Strafe der Frauen, die abgetrieben haben, vgl. Gray 2001, S. 320, sowie Callon 2010, S. 47 f., und zur Strafe derer, die ihre Kinder ausgesetzt haben (beides ApkPetr [äth] 8), vgl. Gray 2001, S. 324 f., sowie Callon 2010, S. 48; zur Bestrafung der Zauberer (ApkPetr [äth] 12) vgl. Callon 2010, S. 35–46.

prozess.⁴⁹⁶ Es wird ein von der ›Welt‹ distinkter, christlich eingerichteter Jenseitsraum konstruiert und zwar im Medium eines Texts. In diesem Prozess werden Struktur- und Rezeptionsmuster des paganen ›spectaculums‹ in die im narrativen Rahmen explizierte Rezeptionssituation und in die narrative Darstellung der Endzeitschau der *Petrus-Apokalypse übersetzt*.⁴⁹⁷ Bei diesem intermedialen Transfer wird auf das Erzählverfahren der Jenseitsreisen rekurriert, das die narrative Suggestion von Jenseitsräumen ermöglicht und sich deshalb für das Erzählanliegen der *Petrus-Apokalypse* als passförmig erweist. Dabei wird das Erzählverfahren insofern reduziert, als die Technik des demonstrativen Dialogs in deiktische Strukturen eines Monologs überführt⁴⁹⁸ und die Strategie erzählter Bewegung zugunsten eines Aggregats von Strafbildern völlig zurückgenommen wird. Dies geschieht in Hinsicht auf die didaktisch-paränetische Funktion des Endzeit-›Spektakels‹,⁴⁹⁹ denn die so evozierten eindringlichen Strafbilder lassen sich mit der Schlusspointe der Allerlösung verbinden.

Der Text der *Petrus-Apokalypse* setzt sich also deutlich von der Tradition ab: Er erzählt keine Jenseitsreise und somit auch keinen umfassenden Jenseitsraum, sondern eine virtuelle ›Höllenschau‹, die auf die postmortalendzeitliche Bestrafung *fokussiert* ist.⁵⁰⁰ Die vornehmlich didaktisch-par-

---

496 Wesentlicher Gesichtspunkt jeder Transformation ist die ›Allelopoiese‹, also die wechselseitige Konstruktion von Referenz- und Aufnahmebereich (vgl. Bergemann u. a. 2011, S. 39; vgl. grundsätzlich Böhme 2011). So wird nicht nur die Struktur und die Einrichtung des Endzeit-›spectaculums‹ der *Petrus-Apokalypse* durch den transformativen Rekurs auf die paganen ›spectacula‹ generiert. Vielmehr erhält auch die pagane Kultur durch diese Transformation eine spezifische Kontur (zur Formierung einer abgelehnten paganen Kultur in der christlichen Kritik vgl. etwa Weismann 1972, Jürgens 1972, Sallmann 1990 u. Binder 1998). Im Fall der paganen ›spectacula‹ ist dieser Aspekt der Fremdkonstruktion besonders deutlich zu greifen, da ein Großteil der Informationen über die ›spectacula‹ aus der aus christlicher Perspektive formulierten Kritik daran stammen.
Angesichts dieses Konstruktcharakters geht es hier nicht darum, ob die in der Auseinandersetzung der christlichen Autoren mit den paganen ›spectacula‹ hergestellte Dichotomie von paganer und christlicher Kultur historisch adäquat ist. Im Gegenteil: Gerade Christen hingen der Spektakelkultur an und fördertern sie (vgl. Mratschek 2007); und auch von paganen Römern wurden die ›spectacula‹ kritisiert, die christlichen Argumente bauen darauf auf (vgl. bes. Weismann 1972).
497 Vgl. Bergemann u. a. 2011, S. 53: »Transformation, die die Inhalte aus einer Referenzkultur in eine Aufnahmekultur transponiert und damit unter veränderten Bedingungen rekombiniert. Dies betrifft nicht nur Text-zu-Text-Übersetzungen in eine andere Sprache, sondern auch Phänomene wie etwa die ›Übersetzung‹ des Stoizismus in die politische Theorie der Renaissance oder in den Staatsroman des Barock.«
498 Vgl. hierzu auch Bauckham 1994, S. 56 f., der allerdings weder auf den ›spectaculum‹-Charakter des Dargebotenen noch auf das Fehlen erzählter Bewegung eingeht.
499 Vgl. in dieser Arbeit S. 80 ff.
500 Vgl. Bergemann u. a. 2011, S. 50: »Transformation, bei der das Interesse des Transformationsagenten auf ein bestimmtes Objekt konzentriert ist, während andere Gegenstände oder Sachverhalte im Umkreis dieses Objekts vernachlässigt oder ausgeblendet werden. Fokussierung bedeutet also Verengung, zugleich aber auch Intensivierung des Umgangs mit den je spezifisch hervorgehobenen Aspekten des Referenzobjekts.«

änetische Funktion dieser ›Höllenschau‹ wird unterstützt durch die *Hybridisierung*[501] der Bilder inszenierter, grausam-körperlicher Bestrafung des paganen ›spectaculums‹ mit dem aus der jüdischen Tradition vertrauten[502] Prinzip der spiegelbildlichen Strafe. Es ist in diesem Zusammenhang nicht unerheblich, dass die zentralen Strafformen der Hölle der *Petrus-Apokalypse*, nämlich die Bestrafung durch Aufhängen,[503] durch Feuer und durch wilde Tiere, den in den ›spectacula‹ häufig praktizierten Strafen der ›crux‹, der ›crematio‹ und der ›damnatio ad bestias‹ entsprechen. Dies heißt allerdings nicht, dass die Strafphantasmen unumwunden aus den Praktiken der ›spectacula‹ hervorgehen. Denn die Strafformen der *Petrus-Apokalypse* können auch auf literarisierte[504] Strafphantasmen jüdischer wie paganer[505] Provenienz zurückgehen, die in schriftlichen Quellen überliefert sind[506] und in der *Petrus-Apokalypse* mit Praktiken der spektakulären Bestrafung des konkreten raumzeitlichen Kontexts verbunden werden.[507]

Mit der eigentümlichen Endzeiterzählung der *Petrus-Apokalypse* liegt also eine frühe christliche Transformation der paganen ›spectacula‹ vor:[508]

---

501 Vgl. Bergemann u. a. 2011, S. 50: »Transformation, bei der aus Elementen der Referenz- und Aufnahmekultur neuartige, kulturelle Konfigurationen entstehen, die Überschneidungen, charakteristische Synkretismen und Verschmelzungen auch des Gegensätzlichen und sich Widersprechenden einschließen.«

502 Das Prinzip spiegelbildlicher Strafe lässt sich auch in paganen Kontexten finden; vgl. Himmelfarb 1983, S. 76, u. Bauckham 1994, S. 61.

503 Die Hängestrafe zeichnet sich durch die Möglichkeit aus, die Bestrafung auszustellen und zugleich auf Dauer zu stellen (vgl. Himmelfarb 1983, S. 85).

504 Vgl. den großen Einfluss von Jes 66,24 (»Und sie werden hinausgehen und sich die Leichen der Menschen ansehen, die mit mir gebrochen haben. Denn ihr Wurm wird nicht sterben und ihr Feuer nicht verlöschen, und sie werden ein Abscheu sein für alles Fleisch.«) auf die Höllenimagination. Solche literarisierten Strafphantasmen können natürlich ihrerseits auch auf reale Strafpraktiken zurückgehen (vgl. Bauckham 1994, S. 68 f.).

505 Vgl. Bernstein 1993, S. 282 ff., Bauckham 1994, S. 58 f., und Bremmer 2010, S. 311 ff.

506 Diese literarisierten Strafphantasmen sind (welchen Ursprungs auch immer) sehr wahrscheinlich über Texte der jüdischen Apokalyptik vermittelt; vgl. Bauckham 1988, S. 4726–4733.

507 Das Verhältnis von literarischer Tradition und aktuellem Kontext ist komplex und bei jedem jenseitstopographischen Element neu zu bestimmen: So geht der »Bach unverlöschlichen Feuers«, zu dem in ApkPetr (äth) 5 die Menschen getrieben werden, sicherlich einerseits auf den bereits im *Buch der Wächter* anverwandelten griechischen Unterweltsfluss Pyriphlegethon (vgl. in dieser Arbeit S. 52 f.) zurück. Andererseits ist er in der *Petrus-Apokalypse* zum Gerichtsort transformiert (vgl. ApkPetr [äth] 6 und Bauckham 1994, S. 52 f.), in ihm findet die Prüfung der Einzelmenschen statt. Von diesem »warmup« (Buchholz 1988, S. 302) zu unterscheiden ist der Einsatz des strafenden Feuers in der Hölle selbst (vgl. Buchholz 1988, S. 298), das einerseits ein konventionelles Element biblischer Höllenmetaphorik (vgl. Anm. 504) umsetzt, andererseits aber auch der praktizierten Strafe der ›crematio‹ entspricht.

508 Der genaue Kontext, in dem die *Petrus-Apokalypse* entstand, lässt sich nicht mehr rekonstruieren (vgl. Anm. 150 und 151; meines Erachtens lässt die Bezogenheit der *Petrus-Apokalypse* auf die ›spectacula‹ auch keine Rückschlüsse auf den Entstehungskontext der *Petrus-Apokalypse* zu, da eine solche Argumentation auf eine ›petitio principii‹ hinauslaufen muss); aller-

3.3 ›Pompa diaboli‹ – ›pompa Dei‹. Das Jenseitsspektakel der Christen 107

Die schöpferische Kraft dieser Transformation[509] liegt gerade darin, Komponenten der frühjüdisch-frühchristlichen Tradition, wie das Erzählverfahren, mit genuin christlichen Elementen unter Rekurs auf ein wesentliches Muster paganer Kultur zur eindringlichen Erzählung umfassender endzeitlicher Strafbilder einzusetzen, also aus Elementen der Jenseitsreise und der ›spectacula‹ die virtuelle Höllenschau zu entwickeln.

Vor dem Hintergrund dieser Überlegungen spricht die Eigenständigkeit der *Petrus-Apokalypse* dafür, dass sie als erster Text die postmortal-endzeitliche Bestrafung fokussierte, auch wenn sie sich auf nicht erhaltene jüdische Jenseitsreisen beziehen mag,[510] in denen neben anderem auch die Bestrafung von Sündergruppen imaginiert wurde. Denn natürlich steht sie in dieser Tradition, doch hebt sie sich quantitativ wie qualitativ durch die Vielzahl und die Verschiedenheit, die Gewalt und die Intensität der Strafbilder, von allem ab, was überliefert oder rekonstruierbar ist,[511] also auch von der *Elias-Apokalypse*, die von Bauckham ins Spiel gebracht wurde, aber nur Hängestrafen erzählt.[512] Durch den Rekurs auf die Spektakelkultur kann man das qualitativ und quantitativ Neue der *Petrus-Apokalypse* gerade in ihrer transformativen Bezogenheit auf die Tradition erklären. So gesehen, stellt die pagane Spektakelkultur mit ihren grausam-inszenierten Strafen den unmittelbaren Kontext dar, in dem sich die literarische Imagination der christlichen Hölle herausbildet.

---

dings war sie vor 200 in Rom bekannt und wurde dort in der Kirche gelesen (vgl. Jakab 2003, S. 175), so dass zumindest gesagt werden kann, dass die *Petrus-Apokalypse* früh verstärkt in einem Umfeld rezipiert wurde, das seit der 2. Hälfte des 1. nachchristlichen Jahrhunderts durch die ›spectacula‹ geprägt war.

509 Für die frühchristliche Erzählung vom Tod der Märtyrer ist die schöpferische Kraft der transformativen Aneignung von Elementen der ›spectacula‹ bereits gezeigt worden: Vgl. Castelli 2005, S. 129: »Christian writers who emphasized the positive aspects of the spectacle of Christian martyrdom understood the power of visuality, the emotional and affective charges embedded in representations of violence, and the capacity for images to work in the service of both Christian piety and Christian conversion.« Auch die Kirchenväter lehnten die ›spectacula‹ nicht nur ab, sondern nahmen in ihre Predigten auch »theatralische[ ] Elemente« (Klein 2004, S. 173) auf, wie vor allem bei Johannes Chrysostomus deutlich wird.

510 Vgl. in dieser Arbeit S. 90 ff.

511 Vgl. Bauckham 1994, S. 57: »The view, which was propounded by M. R. James and once rather commonly held, that the *Apocalypse of Peter* was the source of this whole tradition of descriptions of the punishments in hell has proved to be untenable. The *Apocalypse of Peter* is simply one product of a tradition which antedated it and which continued after it independently of it.« Zum einen ist dies richtig, zum anderen darf die Traditionsgebundenheit nicht den Blick auf das Neue verstellen, das sich eben gerade aus den Eigenheiten der *Petrus-Apokalypse* erklären lässt.

512 Bis auf die beiden letzten Gruppen (die Jungfrauen und die nicht näher bestimmten anderen Seelen) werden nur Hängestrafen erzählt; Himmelfarb 1983, S. 35 f., zeigt, dass diese beiden letzten Gruppen später, vielleicht sogar durch den Verfasser des *Titus-Briefs*, hinzugefügt worden sind. Zu den Problemen mit der Annahme, die *Elias-Apokalypse* stelle die ›erste Höllenfahrt‹ dar, vgl. S. 73 f.

In die Struktur der Hölle ist dabei auch besonders deutlich der kulturhistorische Kontext eingeschrieben, der den beschriebenen Transformationsprozess motiviert. Aus dem narrativen Rahmen sowie aus Struktur und Inhalt der Höllenstrafen, die immer auf das Diesseits bezogen sind,[513] kann eine Norm der Darstellung extrapoliert werden, die zu sozialhistorisch spezifischen Kontexten führt.[514] Entscheidend hierbei ist, dass der Text der *Petrus-Apokalypse* ganz offensichtlich in einer Verfolgungssituation[515] verfasst wurde, wie die mehrfache Erwähnung von ›Märtyrern‹[516] bereits im narrativen Rahmen (vgl. ApkPetr [äth] 2) zeigt. Aber gerade auch in der Hölle[517] wird auf Verfolgung und Apostasie eingegangen;[518] dies ist ein Alleinstellungsmerkmal der *Petrus-Apokalypse*.[519] Schließlich offenbart Jesus Petrus sogar sein Martyrium unter Nero.[520] Diese signifikante Eigenheit fügt sich

---

513 Vgl. in dieser Arbeit S. 46 ff. und bes. Anm. 238.
514 Vgl. hierzu anhand einer Untersuchung von ApkPetr (äth) 8 Gray 2001.
515 Bereits die Warnung Jesu vor den falschen ›Messiassen‹ in ApkPetr (äth) 2 ist verknüpft mit dem Hinweis auf deren Charakter als Verfolger der Christen (vgl. Bauckham 1985, S. 278). Vgl. außerdem Bauckham 1994, S. 30 ff. u. S. 43 f. Kryptisch hingegen bleibt, welche historische Figur sich hinter dem falschen Messias verbergen kann: Mit den ›spectacula‹ ist somit der Kontext gefunden, in dem die Höllenstrafen in aller Ausführlichkeit imaginiert werden; der konkrete Anlass, gegen den vor allem das zweite Kapitel anschreibt, kann hingegen bislang nicht mit Sicherheit benannt werden. Dafür, dass es sich nicht um jüdische, sondern um pagane Verfolger handelt, argumentiert Nicklas 2011, S. 42 ff.
516 Dieser Wortgebrauch (vgl. ApkPetr [äth] 2;9) ist zumindest für die als Entstehungszeit angenommene erste Hälfte des 2. Jahrhunderts auffällig: »Der Titel M[ärtyrer] und der Terminus Martyrium in der eindeutigen Bedeutung des Todes durch die feindliche staatl. Macht finden sich zum ersten Mal« (Wischmeyer 2002, Sp. 862) im aus dem ausgehenden 2. Jahrhundert stammenden *Martyrium Policarpi* (Moss 2010 erwägt eine Entstehung Mitte des 3. Jahrhunderts); das Konzept des Martyriums lässt sich hingegen bereits im *Neuen Testament* finden (vgl. Slusser 1992, S. 208).
517 In der Paradieseskonzeption spielen die Märtyrer hingegen keine große Rolle (vgl. Buchholz 1988, S. 370 f., und van Minnen 2003, S. 29, Anm. 21): Der Text von C. Detlef G. Müller 1997, S. 577, beruht auf einer Emendation des äthiopischen Texts (»Wie ihre [sc. der Patriarchen, MB] Ruhe ist, so ist die Ehre und Herrlichkeit derer, die man um meiner Gerechtigkeit willen verfolgt«). Näher am äthiopischen Wortlaut ist der Text von Buchholz 1988, S. 238: »And I rejoiced and believed that this (will be) ›the honor and the glory of those who pursued my righteousness.‹« Dass Jesus betont, dass die Gerechten direkt ins Paradies eingehen, fügt sich gut zu ApkPetr (äth) 6, wo Jesus offenbart, dass die Gerechten nach ihrem Tod direkt zu Jesus kommen (vgl. Buchholz 1988, S. 303 ff.); spatiale und personale Jenseitskonzeption würden sich so decken.
518 Vgl. ApkPetr (äth) 9: »Das sind die Verfolger und Verräter meiner Gerechten. [...] ‹Das sind die›, welche die Märtyrer getötet haben lügnerischerweise«, d. h. mit einer Lüge (vgl. Buchholz 1988, S. 324).
519 So Bauckham 1985, S. 285; vgl. auch das Textmaterial, das die Grundlage seiner Aussage bildet: ebenda, Anm. 56.
520 Vgl. Buchholz 1988, S. 360, und P. Vindob. G 39756, f. 2$^{r\text{-}v}$; Text und Übersetzung nach Kraus/Nicklas (Hrsg.) 2004, S. 127 f.: καὶ πορεύου εἰς πόλιν ἀρχούσαν δύσεως, καὶ πίε τὸ ποτήριον ὃ ἐπηγγειλάμην σοι ἐν χειρεὶ τοῦ υ(ἱο)ῦ τοῦ ἐν Ἅιδου, εἵνα ἀρχὴν λάβῃ αὐτοῦ ἡ ἀφάνια (»Und geh in die Stadt, die herrscht über den Westen, und trinke den Kelch, den ich dir verheißen habe in der Hand des Sohnes im Hades, so dass einen Anfang

zu der transformativ-subversiven Bezugnahme auf die Spektakelkultur der paganen Antike. Diese wird in doppelter Weise durch die *Petrus-Apokalypse umgedeutet*.[521] Zunächst wird das, was die Christen im paganen ›spectaculum‹ zu erleiden haben, ins Verhältnis gesetzt zu dem, was Verfolger und vor allem Apostaten am Tag des Jüngsten Gerichts zu erwarten haben. Dabei geht es weniger um eine Rachephantasie gegenüber den Verfolgern; es dominiert die Binnenperspektive, die innerhalb der christlichen Rezeptionsgemeinschaft die ›spectacula‹ zu relativieren versucht. Schließlich wird mit der Logik und Darbietungsweise des ›spectaculums‹ durch die umfassende Barmherzigkeit der Gerechten und die Gnade Gottes vollständig gebrochen. Barmherzigkeit und Gnade werden darin vorbereitet, dass auch die Zuschauer, die Apostel, das grausame Geschehen nicht belustigt anschauen, sondern Erbarmen zeigen. In letzter Konsequenz weist die *Petrus-Apokalypse* über alle immanenten Zusammenhänge und Logiken hinaus.[522]

Die *Petrus-Apokalypse* stellt somit nicht nur eine Anverwandlung der paganen ›spectacula‹ dar, sondern auch eine frühe Kritik; vor dem Hintergrund der Endzeit-Spektakel der *Petrus-Apokalypse* erscheinen auch die paganen ›spectacula‹ in neuem Licht.[523] Aus der Form der doppelt relativierenden, subversiven Bezugnahme geht hervor, wie sich Christen bemüht haben, eine angemessene Antwort auf die nicht nur wirkmächtigen, sondern durch Apostasie auch ihre Einheit bedrohenden ›spectacula‹ zu finden. Dass diese Antwort nicht einfach zu finden war, ja vielleicht überhaupt nicht gefunden wurde, zeigt die jahrhundertelange Auseinandersetzung mit den ›spectacula‹. Schon bei den Apologeten des Ostens und später in weiten Teilen der patristischen Literatur nimmt die christliche Kritik daran einen prominenten Platz ein.[524] Dies hängt wohl nicht zuletzt mit der anhaltenden, enormen Beliebtheit der ›spectacula‹ zusammen, die auch von vielen Christen besucht und später selbst von christlichen Kaisern in Auftrag gegeben wurden.[525] Die Antworten des Christentums bestehen dabei zumeist aus einer Doppelstrategie: Zum einen werden die paganen ›spectacula‹ abgewertet; zum anderen wird ihnen aber mit deutlichem Überbietungsgestus etwas entgegengesetzt, was am Bedürfnis nach Spektakulärem ansetzt, aber das Interesse in christlicher Richtung abbiegt.[526] Das wohl prominenteste

---

nehme seine Vernichtung«). Vgl. ferner Bauckham 1994, S. 105, der diese Allusion auf das Martyrium Petri sehr umständlich auf den Bar Kochba-Aufstand bezieht.
521 Vgl. Bergemann u. a. 2011, S. 53.
522 Vgl. Lanzillotta 2003, S. 157.
523 Zur ›Allelopoiese‹ vgl. Anm. 496.
524 Dieser Aspekt ist überaus breit erforscht; vgl. etwa Weismann 1972, Jürgens 1972, Sallmann 1990 u. Binder 1998.
525 Vgl. Mratschek 2007, S. 32 ff.
526 Vgl. etwa Castelli 2005, S. 129: »When Augustine describes congregants listening to the stories of the martyrs and conjuring pictures of their suffering, he creates a connection between the words of the liturgical reading and the personal reception and translation of those

Beispiel stammt von Tertullian aus seinem *Liber de spectaculis*, dessen Form der Bezugnahme sich in drei Gesichtspunkten von der der *Petrus-Apokalypse* unterscheidet: Erstens expliziert er das Verhältnis der beiden ›spectacula‹; seine Darstellung bleibt dabei zweitens diskursiv, er bietet keine ästhetisch geformte Widerlegung. Drittens verharrt Tertullian in der Logik der ›spectacula‹,[527] da er keine Perspektive entwickelt, in der diese in der Immanenz steckende Logik der Bestrafung transzendiert wird:

> At enim supersunt alia[528] spectacula, ille ultimus et perpetuus iudicii dies, ille nationibus insperatus, ille derisus, cum tanta saeculi uetustas et tot eius natiuitates uno igni haurientur. [...] Tunc magis tragoedi audiendi, magis scilicet uocales in sua propria calamitate; tunc histriones cognoscendi, solutiores multo per ignem; tunc spectandus auriga, in flammea rota totus rubens; [...]. Et tamen haec iam quodammodo habemus per fidem spiritu imaginante repraesentata. (Tert. spect. XXX,2;5;7)

> Aber es kommen noch ganz andere Schauspiele: Der Tag des letzten und endgültigen Gerichts, den die Heiden nicht erwarten, über den sie spotten, der Tag, wo die alt gewordene Welt und alle ihre Hervorbringungen in gemeinsamem Brand verzehrt werden. [...] Dann verdienen die Tragöden aufmerksameres Gehör, da sie nämlich ärger schreien werden in ihrem eigenen Missgeschick; dann muss man sich die Schauspieler anschauen, wie sie noch weichlicher und lockerer durch das Feuer geworden sind; dann muß man sich den Wagenlenker ansehen, wie er auf flammendem Rade erglüht; [...]. Und doch haben wir diese Dinge durch den Glauben im Geiste und in der Vorstellung bereits gewissermaßen gegenwärtig.

Demgegenüber entwickelt Novatian im frühen 3. Jahrhundert eine Position, die wieder stärker an einer Heilsperspektive ausgerichtet ist. Er empfiehlt die besseren ›spectacula christiana‹, die nicht wie die irdischen des Teufels,[529] sondern gleichsam ›pompae Dei‹ sind, die sowohl in der tatsächlichen Betrachtung der Schöpfung (vgl. Novat. spect. IX) als auch in der Lektüre der Heiligen Schrift – von der *Genesis* an – bestehen können. Letzteres ist insofern ein ›spectaculum‹, als bei der Lektüre mentale Bilder generiert werden:

> Scripturis, inquam, sacris incumbat christianus fidelis: ibi inueniet condigna fidei spectacula. Videbit instituentem Deum mundum suum et cum ceteris animalibus homines, illam admirabilem fabricam melioremque facientem. [...] Et in his omnibus iam maius uidebit spectaculum, diabolum illum qui totum detriumphauerat mundum sub pedibus Christi iacentem. [...] Hoc est spectaculum *quod uidetur etiam luminibus amissis*, hoc est spectaculum quod non exhibet praetor aut consul,

---

words into mental images, images that are supposed to supplant the popular civic spectacles and to provide material for spiritual reflection and advancement.«
527 Vgl. Castelli 2005, S. 119 f. Zu Tertullians ›Skopophilie‹ vgl. West 2004, S. 87 ff. Gardner 1976, S. 11, weist auf die Bedeutung der Imaginationskraft hin, durch die das Schauspiel des Jüngsten Tages vergegenwärtigt wird.
528 Zuvor geht es um das Schauspiel der Wiederkunft des Herrn.
529 Vgl. pointiert Caes. Arel. serm. XII,4: »Omnia spectacula vel furiosa vel cruenta vel turpia, pompae diaboli sunt.« (»Alle wahnsinnigen, grausamen, schändlichen Spektakel sind Festzüge des Teufels«). Zu weiteren Zeugnissen zu diesem Gedanken vgl. Jürgens 1972, S. 1 f.

3.3 ›Pompa diaboli‹ – ›pompa Dei‹. Das Jenseitsspektakel der Christen

sed qui est solus et ante omnia et super omnia, immo ex quo omnia, Pater Domini nostri Iesu Christi, cui laus et honor in saecula saeculorum. (Novat. spect. X,1;3 f.; Herv. d. m.)[530]

Der gläubige Christ soll sich, ich betone es, mit der Heiligen Schrift beschäftigen. Dort wird er dem Glauben angemessene Spektakel finden. Er wird sehen, wie Gott seine Welt einrichtet und wie er mit den übrigen Tieren die Menschen, jenes bewundernswerte und bessere Geschöpf schafft. [...] Und unter diesem allem wird er ein größeres Schauspiel sehen, nämlich wie jener Teufel, der die ganze Welt besiegt hatte, unter den Füßen Christi liegt. [...] Dies ist ein Spektakel, *das auch nach Verlust des Augenlichts gesehen werden kann*, dies ist ein Spektakel, das kein Prätor oder Konsul veranstaltet, sondern derjenige, der allein vor und über allem ist, ja aus dem sogar alles entstanden ist, der Vater unseres Herrn Jesus Christus, dem Lob und Ehre in alle Ewigkeit [gebührt].

Die Höllenschau, wie sie in der *Petrus-Apokalypse* erzählt wird, stellt gegenüber solchen späteren Positionen einen frühen umfassenden Entwurf dar: Zum einen wird die Grausamkeit der ›spectacula‹ direkt aufgenommen und in die Strafphantasmen der Hölle übersetzt, zum anderen beansprucht die *Petrus-Apokalypse* Heilige Schrift zu sein: Bei der Lektüre der *Petrus-Apokalypse* werden mentale Bilder eines ›spectaculum christianum‹ generiert. Neben der Höllenschau der *Petrus-Apokalypse* funktioniert die subversiv-allelopoietische Bezugnahme auf die paganen ›spectacula‹ in Märtyrerakten und Passionsberichten wie der *Passio Sanctarum Perpetuae et Felicitatis* auf dieselbe Weise. Während diese Texte mit ihrer direkten Bezugnahme auf die inszenierte Hinrichtung der Christen nur in Verfolgungskontexten plausibel sein konnten, liefert das Modell der Höllenschau eine Bezugnahme, die auch in einer christlichen Mehrheitskultur, die immer noch den ›spectacula‹ nachhängt, aktuell ist und deren Strafphantasmen jederzeit aktualisierbar sind.[531]

---

530 Vgl. Weismann, S.108.
531 Vgl. Berns 2002, S.258: »Die Qualikonographie von Fegefeuer- und Höllenpeinen schließlich ist weder der ›compassio‹ noch der ›imitatio Christi‹ verpflichtet, sondern bietet ein Drohungs- und Abschreckungspotential, das zu allen anderen Formen der Schmerzandacht insofern in striktem Kontrast steht, als es einem Innovations- und Modernisierungszwang folgt, der der Anpassung an die technischen Standards von weltlichen Körperstrafen, Züchtigung und Folter genügen muß. Die Ikonographien der drei ersten Typen – der Christus-, Marien- und Märtyrerschmerzen – sind nicht modernisierbar, in der Höllenmeditation aber gehen Phantasie und Wirklichkeit, nämlich strafmechanische und kriegsmechanische Wirklichkeit, groteske und damit merkwürdige Verbindungen ein.«

4. Das christliche Jenseits zwischen Spätantike und Mittelalter

4.1 Die *Paulus-Apokalypse*

4.1.1 Das Spektakel der Jenseitsreise

Die Erzählung der Jenseitsreise, deren Prototyp Henochs im *Buch der Wächter* enthaltene Reise an die Enden der Welt ist, gründet bei der Darstellung von Jenseitsräumen zunächst überwiegend auf erzählter Wahrnehmung. In dem Maße aber, in dem der Visionär in der Position eines Zuschauers ein gerade zum Zwecke der Betrachtung inszeniertes Geschehen sieht und durch seine Erzählung bezeugt, geht der Text über die Strukturen erzählter Wahrnehmung hinaus. Angelegt ist diese Entwicklung bereits in der theatralen Gerichtsszene des *Testaments Abrahams*,[532] vollumfänglich realisiert erst im expliziten Endzeit-›spectaculum‹ der *Petrus-Apokalypse*, das von den Aposteln in der Handinnenfläche Jesu gesehen und in der Form der Endzeitprophetie von Jesus erzählt wird. Der gerade in der textintern imaginierten Rezeptionssituation hergestellte Anschluss an die pagane Spektakelkultur steht in einem ursächlichen Verhältnis zur Ausdifferenzierung der Strafstätten.[533] Was die Suggestion von Unmittelbarkeit betrifft, fällt die *Petrus-Apokalypse* aber hinter die erzählerischen Möglichkeiten der Jenseitsreisen zurück. Für die eingangs gestellte Frage[534] nach strukturellen und inhaltlichen Differenzen zwischen der *Petrus-* und der fast zweihundert Jahre später entstandenen *Paulus-Apokalypse* ist es deshalb besonders aufschlussreich, dass Paulus so wie Henoch durch das Jenseits reist und dort so wie Petrus die grausam inszenierte Bestrafung von Sündern[535] sieht:

> Et profectus sum cum angelo et tulit me per ocansu solis. [...] Et cum fuissem ad exteriora Oceani, aspexi et non erat lumen in illo loco, sed tenebre et tristicia et mesticia, et suspiraui. Et uidi illic fluuium ignis feruentem [...]. Respexi adhuc in flumine igneo et uidi illic hominem subfocari ab angelis tartarucos abentes in

---

[532] Vgl. in dieser Arbeit S. 68 ff.
[533] Zur Transformationsanalyse vgl. S. 99 ff.
[534] Diese Frage wird am Ende der Analyse der Autorisierungs- und Legitimierungsstrategien der *Paulus-Apokalypse* formuliert; vgl. in dieser Arbeit S. 35.
[535] Zu Unterschieden bei den Sündergruppen der *Petrus-* und der *Paulus-Apokalypse* vgl. Czachesz 2007. In der *Paulus-Apokalypse* dominiert, der späteren Abfassungszeit entsprechend, eine innerkirchliche Perspektive, wie die Bestrafung von Priestern, Lektoren, Diakonen usw. zeigt.

manibus suis ferrum trium angulorum, de quo perfodiebant uiscera senes illius. Et interrogaui angelum et dixi: Domine, quis est iste senes, cui talia ponuntur tormenta? Et respondens angelus et dixit mihi: Istum quem uides presbyter fuit qui non consumauit ministerium suum bene. Cum erat manducans et bibens et fornicans, offerebat hostia deo ad sanctum altare eius. (ApkPl [lat] 31; 34 [Par]; ein Punkt unter dem Buchstaben zeigt an, dass dieser Buchstabe nicht sicher lesbar ist)

Und ich brach mit dem Engel auf und er brachte mich in Richtung Sonnenuntergang. [...] Und nachdem ich an der Außenseite des Oceanus gewesen war, schaute ich mich um, aber es gab kein Licht an jenem Ort, sondern Finsternis und Traurigkeit und Betrübtheit, und ich seufzte. Und ich sah dort einen siedenden Feuerfluss [...]. Und ich blickte noch auf den Feuerfluss und sah dort, dass ein Mensch ertränkt wurde von Tartarusengeln, die in ihren Händen ein dreizinkiges Eisen hatten, mit dem sie die Eingeweide jenes Greises durchbohrten. Und ich fragte den Engel und sagte: Herr, wer ist dieser Greis da, dem solche Qualen auferlegt werden? Und antwortend sagte der Engel zu mir: Dieser da, den du siehst, war ein Priester, der seinen Dienst nicht gut versehen hat. Obwohl er aß und trank und hurte, brachte er dem Herrn das Opfer an seinem heiligen Altar dar.

Die Bestrafung des Priesters, der sowohl Einzelmensch ist als auch für eine ganze Sündergruppe steht,[536] ist effektvoll inszeniert; insofern Paulus dieser Inszenierung zusieht und emotional darauf reagiert, erzählt auch die *Paulus-Apokalypse*[537] in der frühesten rekonstruierbaren Fassung von einem Jenseitsspektakel.[538] Gerade aber die Art und Weise, auf die Paulus seine emotionale Reaktion mit der Infragestellung der Sinnhaftigkeit menschlicher Existenz überhaupt verbindet, zeigt den bedeutenden Unterschied: Er ist weniger ein emotional beteiligter Zuschauer als vielmehr ein existenziell Betroffener; die Trennung zwischen ihm und dem unmittelbar vor ihm stattfindenden Gesehenen ist nicht mehr so ausgeprägt wie in der *Petrus-Apokalypse*, weswegen er das, was der Engel ihm sagt, auch auf sich selbst bezieht:

ApkPetr (äth) 3:	ApkPl (lat) 42 (Par):
Wir sahen, wie die Sünder in großer Betrübnis und Trauer weinten, bis alle, die es mit ihren Augen sahen, weinten, seien es Gerechte oder Engel oder auch er selbst. Und ich fragte ihn und sagte zu ihm: »O Herr, erlaube mir, daß ich betreffs dieser Sünder dein Wort sage: ›Es wäre ihnen besser, sie wären nicht geschaffen.‹«	Haec autem audiens extendi manus meas et fleui et suspirans iterum dixi: Melius erat nobis si non fuisemus nati nos omnes qui sumus peccatores.
	Als ich dies hörte, streckte ich meine Hände aus und weinte, und seufzend sagte ich wiederum: Besser wäre es für uns, wenn wir nicht geboren wären, wir alle, die wir Sünder sind.

---

536 Hierin liegt ein Unterschied zur *Petrus-Apokalypse*, in der Petrus stets die Bestrafung von Sünder*gruppen* sieht.
537 Zur Datierung und der damit verbundenen Forschungskontroverse vgl. in dieser Arbeit S. 25 f.
538 Für einen kurzen Blick auf die mediävalen Bearbeitungen vgl. die Ausführungen auf S. 133 f.

Der Jenseitsraum wird unmittelbar. Es fehlt die rahmende Erzählung der textintern imaginierten Rezeptionssituation des ›spectaculums‹; in der *Paulus-Apokalypse* fungiert Paulus als Jenseitsreisender, der nicht die Geschehnisse der Endzeit sieht, sondern das Jenseits selbst erfährt. Diese stärkere Involvierung der Figur des Paulus in die Jenseitserzählung ist ein wesentlicher Aspekt der Erzählweise der *Paulus-Apokalypse*. Darüber hinaus wird nicht nur durch die Technik des demonstrativen Dialogs, wie das oben genannte Beispiel zeigt, die Imagination jenseitiger Bestrafungsszenarien stimuliert, sondern auch durch die Strategie erzählter Bewegung die koordinierte Darstellung eines Jenseitsraums ermöglicht.

Die einzelnen Stationen werden in der den Jenseitsraum zugleich konstituierenden Bewegung des Apostels koordiniert, indem sie sukzessive in ein umfassendes Kosmosmodell[539] eingeordnet werden. Durch die Erzählung der körperlichen Bewegung werden die einzelnen Orte in ihrem Verhältnis, mithin der gesamte Jenseitsraum, auf erzählökonomische Weise nachvollziehbar gemacht. Die körperliche Bewegung kann dabei in Wahrnehmungsbewegung übergehen, wobei das sinnlich Erfahrene, also das Gesehene, Gehörte und bisweilen auch Gerochene, Ausgangspunkt des demonstrativen Dialogs in seiner ebenso imaginativen wie interpretativen Funktion ist:

> Et profectus sum retro post angel[um] et duxit me in celum. Et re[s]pexi in firmamentum et uidi [...][540] angelos sine misericordia, nullam habentes pietatem, corum uultus plenus erat furore et dentes eorum extra hos inminentes. Oculi eorum fulgebant ut stella matutina orientes et de capillis capitis eorum scintille ignis exiebant siue de ore eorum. Et interrogaui angelum dicens: Qui sunt isti, domine? Et respondens angelus dixit mihi: Hii sunt qui destinantur ad animas impiorum in ora necessitatis, qui non crediderunt dominum habere se aiutorem nec sperauerunt in eum. (ApkPl [lat] 11 [Par])
>
> Und ich ging hinter dem Engel und er führte mich in den Himmel. Und ich sah auf das Firmament und sah [...] Engel ohne Erbarmen, die kein Mitleid hatten, deren Angesicht voller Wut war, und ihre Zähne ragten aus dem Mund hervor. Ihre Augen blitzten wie der Morgenstern des Ostens und aus ihrem Haupthaar sowie ihrem Mund drangen Feuerfunken. Und ich fragte den Engel und sagte: Wer sind diese da, Herr? Und antwortend sagte der Engel mir: Das sind die, welche bestimmt werden für die Seelen der Gottlosen in der Stunde der Not, die nicht geglaubt haben, dass sie den Herrn als Helfer hätten, und nicht auf ihn gehofft haben.

Erzählte Bewegung wird dabei zugleich zum Gliederungsprinzip des Textes.[541] Auf die ›Tarsus-Praefatio‹ (Kap. 1-2) folgen zunächst die moraldidaktische Erzählung der Klage der Schöpfung vor Gott (Kap. 4-6) und eine

---

539 Vgl. hierzu ausführlich in dieser Arbeit S. 121 ff.
540 An dieser Stelle wird im Zitat die Beschreibung der bösen Mächte ausgelassen, die sich »sub firmamento caeli« (ApkPl [lat] 11 [Par]) befinden.
541 Dies gilt auch für das *Zweite Henochbuch*; vgl. in dieser Arbeit Anm. 315. – Vgl. zur Struktur auch Rosenstiehl 1990, S. 198–206, und zur Gliederung durch Bewegung Carozzi 1994a, S. 36 f.

direkte Paränese (Kap. 7); daran anschließend wird erzählt, wie die Engel täglich vor Gott über die Taten der Menschen berichten (Kap. 8-10). Dargestellt wird so in verschiedenen Facetten der Imperativ, Gottes Gebote zu befolgen, umzukehren, Buße zu tun und den Herrn zu preisen, da er alle Sünden kennt. Die Allwissenheit Gottes und die Notwendigkeit der Umkehr werden dabei sowohl in Gottes Reaktion auf die Klage der Schöpfung ausgestellt, als auch im Bericht der Engel fundiert. Zugleich wird mit Letzterem ein zumindest individualeschatologischer Dualismus eingeführt,[542] der die strikte Zuordnung der Jenseitsräume zu Räumen des Heils und der Verdammnis exponiert. Gegenüber diesen im Grunde einleitenden Kapiteln 1-10 beginnt mit Kapitel 11 das *Bewegungsnarrativ*:

> Et respondens angẹl[us] dixit mihi: Sequere me et hostendam tibi locum sanç[torum] ubi ducuntur cum defunct[i] fuerint. Et post hẹc adsụmens te in abyssum oste[n]dam tibi animas peccatọ[rum], in qualem loco ducuntur cum defuncti fuerint. (ApkPl [lat] 11 [Par])
>
> Und antwortend sagte der Engel zu mir: Folge mir und ich werde dir den Ort der Heiligen zeigen, wohin sie geführt werden, wenn sie gestorben sind. Und danach werde ich dich zum Höllenschlund nehmen und dir die Seelen der Sünder zeigen, an welchen Ort sie geführt werden, wenn sie gestorben sind.

Die Erzählung und, analog zu ihr, der erfahrene Jenseitsraum werden durch Zäsuren gegliedert, die nach folgendem Muster aus der Kombination von Elementen eines resümierenden Dialogs und erzählter Bewegung bestehen:

> Respondit angelus et dixit mihi: Cognouisti aec omnia? Et dixi: Ita, domine. Et dixit mihi: Iterum sequere me et adsummens te hostendam tibi loca iustorum. Et secutus sum angelum et substullit me usque a tercium celum et statuit me ad ganuam porte. (ApkPl [lat] 19 [Par])
>
> Der Engel antwortete und sagte zu mir: Hast du das alles wahrgenommen? Und ich sagte: Ja, Herr. Und er sagte zu mir: Folge mir wiederum und dich mitnehmend werde ich dir die Orte der Gerechten zeigen. Und ich folgte dem Engel und er erhob mich bis zum dritten Himmel und stellte mich an die Tür der Pforte.

Es ergibt sich folgende Struktur: Auf die Szenen, in denen das unmittelbare postmortale Geschick eines Gerechten und zweier Sünder erzählt werden (Kapitel 11-18),[543] folgt die Darstellung der Räume des Heils (Kapitel 19-30) und der Verdammnis (Kapitel 31-44). Deren Erzählung gipfelt in

---

542 Diese Kapitel finden sich nur in Par und Arn; während in Par die Kapitel 8 und 9 den täglichen Bericht der glücklichen Engel vor Gott erzählen, dem in Kapitel 10 der der traurigen Engel gegenübergestellt wird, bietet Arn mit Kapitel 8 eine Einleitung zu beiden Szenen, in der der Dualismus bereits explizit wird: »Omnibus statutis horis omnes angeli quicumque gaudent simul in uno procedent. Similiter et angeli flentes eunt ad dominum ut occurrant in hora precepti [sic]« (»Zu allen festgesetzten Stunden werden alle Engel, ein jeder froh, zusammen vor Gott schreiten. Ähnlich gehen auch die weinenden Engel zum Herrn, um zur festgesetzten Stunde zusammenzukommen«; ApkPl [lat] 8 [Arn]).

543 An späterer Stelle wird analog dazu das postmortale Geschick derjenigen erzählt, die zu Lebzeiten bereuen, büßen und umkehren; vgl. in dieser Arbeit Anm. 583.

der durch Jesus Christus gewährten sonntäglichen Unterbrechung der Höllenstrafen, bei der sich über den Stätten der Qual der Himmel öffnet und selbst in der Verdammnis ein Heilszusammenhang transparent wird. Daran anschließend durchwandert Paulus nochmals die Räume des Heils (Kapitel 45–51).[544]

Die *Paulus-Apokalypse* verortet die eindrücklichen Strafphantasmen, wie sie in der *Petrus-Apokalypse* im Zeichen einer subversiv-allelopoietischen Aneignung der paganen ›spectacula‹ umfassend sprachlich dargestellt wurden, und das Heil der Gerechten im Jenseitsraum und greift dabei auf das in der Tradition der Jenseitsreise entwickelte Erzählverfahren zurück, das text- und raumerzeugend sowie -strukturierend eingesetzt wird. Durch die imaginativen Effekte des Erzählverfahrens wird die Unmittelbarkeit dieses jenseitigen ›spectaculum christianum‹ forciert, das Paulus für das Diesseits bezeugt. Aus dieser ersten wichtigen Differenz zur *Petrus-Apokalypse* folgt zwingend auch die zweite: Denn die Bewegung des Apostels impliziert, da ihn seine Reise vor allem durch den Raum führt,[545] eine Synchronizität von diesseitigem und jenseitigem Geschehen: Deshalb geht es in der *Paulus-Apokalypse* auch nicht um die Endzeit und den Tag des Jüngsten Gerichts, sondern um das unmittelbar postmortale Geschehen. Nach dem postmortalen Gericht werden die Seelen zu den Orten des Heils respektive der Verdammnis gebracht, bis die Gerechten am Tag des Jüngsten Gerichts in ihre Körper, die Sünder in ihr Fleisch zurückkehren werden:[546] Während die Seele des Gerechten aufgefordert wird, sich an ihr ›corpus‹ zu erinnern, da es nötig sei, »in eodem corpore reuerti in die resurreccionis« (»am Tag der Auferstehung in denselben Körper zurückzukehren«; ApkPl [lat] 14 [Arn]),[547] wird der Seele des Sünders prophezeit, dass sie »in carnem tuam in die resurreccionis« (»in ihr Fleisch am Tag der Auferstehung«; ApkPl [lat]

---

544 Diese Strukturanalyse geht vom Text des Pariser Codex (L[1]) aus: Er enthält die umfangreichste und stringenteste Darstellung. Insgesamt sind die Kapitel 11–44 am breitesten überliefert; Par hat die einleitenden Kapitel 3–10 wie Arn (L[3]) und ApkPl (syr) sowie den zweiten Besuch in den Räumen des Heils (Kapitel 45–51) wie Gz, Z (L[2]), ApkPl (kopt) und (syr).
545 Auch zeitlich Entferntes wird im Jenseits synchron verortet: vgl. Anm. 549.
546 Vgl. Hogeterp 2007, der gezeigt hat, dass die positive Konnotation des ›corpus‹ und die negative der ›caro‹ den Konzeptualisierungen von ›σῶμα‹ und ›σάρξ‹ in den paulinischen Briefen an die Korinther entsprechen. Zu den Differenzen zwischen *Petrus-* und *Paulus-Apokalypse* in Bezug auf die Auferstehungskonzeption vgl. ebenda, S. 128.
Mit der Forderung, sich den Leib zu merken, entspricht die *Paulus-Apokalypse* allerdings dem (lukanischen) Verständnis, dass bei der Auferstehung die Körper wieder mit der Seele vereinigt werden, und nicht der paulinischen Idee des Überkleidetwerdens (so auch Hogeterp 2007, S. 124; vgl. ferner Angenendt 1997, S. 721).
547 So heißt es auch bei der Stätte der Gerechten: »Anime ergo iustorum cum exierint de corpore, in hunc locum *interim* dimituntur.« (»Nachdem die Seelen der Gerechten aus dem Körper getreten sind, werden sie *einstweilen* an diesen Ort geschickt«; ApkPl [lat] 21 [Par], Herv. d. m.; so auch in StG; die Einschränkung »interim« findet sich allerdings nicht in Esc, Arn, ApkPl (kopt) u. (syr); die Passage fehlt in F, Gz u. Z).

15 [Arn]) zurückkehren müsse, der später als ›dies magni iudicii‹ charakterisiert wird.[548] Die Endzeit mit der Herrschaft Christi[549] und der Tag des Jüngsten Gerichts sind in der *Paulus-Apokalypse* als künftige Ereignisse präsent und stellen bedeutende Zäsuren der Heilsgeschichte dar; sie selbst werden aber nicht Gegenstand der *Paulus-Apokalypse,* so dass der Text die Frage nach Heil und Verdammnis ›sub specie aeternitatis‹ offenlässt. In der Stunde des Todes wird dem Gerechten lediglich in Aussicht gestellt, dass er am Jüngsten Tag die »promissa [cum] omnibus sanctis« (ApkPl [lat] 14 [Par]) empfange, wohingegen dem Sünder gedroht wird, dass ihm nach dem Endgericht etwas »peccatis tuis condignum et impietatum tuarum« zuteilwerde. Es bleibt aber unklar, ob Gerechte ebenso wie Sünder nach der Auferstehung der Leiber körperlich erfahren, was ihre Seelen im Interim zwischen postmortalem und Jüngstem Gericht bereits erlebten oder ob sie etwas qualitativ völlig Neues erwarten. Aufgrund der Periodisierung der Heilsgeschichte ist es auch konsequent, dass die Höllenstrafen ganz überwiegend »incessabiliter« (ApkPl [lat] 36 [Par] u. ö.), aber nicht ewig erlitten wer-

---

548 Vgl. ApkPl (lat) 18 (Par), (StG) u. (Arn).
549 Vgl. ApkPl (lat) 21 (Par): »Et aec terra repromissionis tunc hostendetur et erit sicut ros aut nebula et tunc manifestabitur dominus Iesus Christus rex etternus. Et cum omnes sanctos suos ueniet habitare in eam et regnabit super illos mille annos et manducabunt de bonis, quasi nunc ostendam tibi.« (»Und dieses Land der Verheißung wird dann gezeigt werden und es wird sein wie Tau oder eine Wolke und dann wird der Herr Jesus Christus, der ewige König offenbart werden. Und mit allen seinen Heiligen wird er kommen, um in ihm zu leben, und er wird über sie tausend Jahre regieren, und sie werden essen von den Gütern, die ich dir nun zeigen werde.«) Die Idee der 1000-jährigen Herrschaft Christi wird nicht weiter ausgeführt und spielt konzeptuell allenfalls bei der Aufhebung eines Zwischenzustands eine Rolle, vgl. ApkPl (lat) 24 (Par): »Et quoniam hic est ingressus homnium sanctorum eius ingrediencium in ac ciuitate, propterea derelicti sunt in hooc loco, ut quando ingreditur cum sanctis suis rex aeternus Christus, intro ente eo homines iusti petunt pro his et tunc cum illis ingrediuntur in ciuitate.« (»Und weil hier der Eingang aller Heiligen ist, die in diese Stadt eintreten, deswegen sind sie an diesem Ort zurückgelassen, dass, wenn der ewige König Christus mit seinen Heiligen einzieht, alle gerechten Menschen bei ihrem Eintritt für diese bitten und sie dann mit jenen in die Stadt einziehen.«)
Dass die Idee der 1000-jährigen Herrschaft Christi so zurückgenommen erscheint, hängt wohl damit zusammen, dass millenaristische Ideen seit dem 3. Jahrhundert überwiegend zurückgewiesen wurden, vgl. Kyrtatas 1998, S. 342: »By the 3rd century the ›millenarian‹ ideas of Revelation seem to have been rejected by the most important Christian centres, and there were many church leaders who regarded the entire book [Offb, MB] as heretical«, und S. 345: »The only heterodox (i.e. primitive orthodox) view which survived in fringe groups throughout the Middle Ages was the ›millenarianism‹ cherished by Revelation – only because this work was, at long last, accepted as a genuine product of an apostle.« Imaginationen der 1000-jährigen Herrschaft Christi werden in dem Maße, in dem die Parusieerwartung schwindet, in Bilder eines bereits existierenden, rein räumlich begriffenen Jenseits überführt. Einen detaillierten Vergleich der verschiedenen Fassungen findet man bei Copeland 2001, S. 117 ff. Zum ›post-millenarian chiliasm‹ der *Paulus-Apokalypse* vgl. ausführlich ebenda, S. 84 ff.

den.⁵⁵⁰ Gegen Ende der Bewegung durch die Hölle sieht Paulus eine Grube, in der die Seelen all derer auf engstem Raum zusammengeschmolzen sind, die die Inkarnation Gottes in Jesus Christus, die Jungfrauengeburt und die Identität von konsekrierter Hostie und Wein mit Fleisch und Blut Christi leugneten. Die Grube, aus der bei der Öffnung entsetzlicher Gestank hervordringt, ist mit sieben Siegeln verschlossen. Die abgesperrte entdifferenzierte Masse scheint von jeder heilsgeschichtlichen Entwicklung ausgeschlossen:

> Et respexi in puteo et uidi massas igneas ex omni parte ardentes et angustia. Et angustum erat in ore putei ad capiendum unum hominem solum. Et respondit angelus et dixit mihi. Si quis misus fuerit in hunc puteum abyssi et signatum fuerit super eum, numquam comemoracio eius fit in conspectu patris et filii et spiritu sancti et sanctorum angelorum. (ApkPl [lat] 41 [Par])
>
> Und ich blickte in die Grube und sah feurige Massen, die von allen Seiten brannten, und Enge. Und an der Öffnung der Grube war es so eng, dass sie nur einen einzigen Menschen zu fassen vermochte. Und der Engel antwortete und sagte mir: Wenn einer in diese Grube des Höllenschlunds geschickt und über ihm versiegelt worden ist, wird niemals an ihn erinnert im Angesicht des Vaters und des Sohnes und des Heiligen Geists und der heiligen Engel.

Selbst an dieser Stelle wird – gerade in Verbindung mit zentralen christlichen Glaubensinhalten – eine Perspektive auf die Ewigkeit lediglich möglich, sie ist keineswegs forciert. Dieses Desinteresse an Fragen von Heil und Verdammnis ›sub specie aeternitatis‹ und die Fixierung auf das unmittelbare postmortale Geschick der Seelen manifestieren den von der *Petrus-Apokalypse* abweichenden Fokus der *Paulus-Apokalypse*, der nicht nur Ergebnis einer verschobenen Parusieerwartung ist, sondern auch aus der Hintansetzung theologischer Fragen zugunsten einer ›packenden‹ Darstellung resultiert. Die sicherlich auch vorhandene didaktisch-paränetische Funktion tritt hinter einem sensationsheischenden Gestus zurück. Die in der *Paulus-Apokalypse* angesichts der Strafen exponierte ›misericordia‹-Problematik gipfelt deshalb auch nicht in einer umfassend heilsgeschichtlichen Perspektive, sondern in einem weiteren ›spectaculum‹, dem des ›refrigerium‹.⁵⁵¹

---

550 Vgl. allerdings ApkPl (lat) 40 (Par): »Patres autem et matres eorum strangulabantur in perpetuum penam« (»ihre Väter und Mütter aber wurden zur ewigen Strafe erstickt«), ebenso in StG, Arn u. ApkPl (kopt).

551 Dass dieses ›refrigerium‹ (vgl. zum Kontext Carozzi 1994a, S.121–164; Hofmann 2011) problematisch war, zeigen nicht nur die ablehnenden Worte des Augustinus (vgl. Anm. 552), sondern auch die Abweichungen zwischen den einzelnen Versionen (vgl. hierzu umfassend Lanzillotta 2007, S. 192f.). Die früheste rekonstruierbare Fassung stellte wohl eine sonntägliche Unterbrechung in Aussicht (so ganz deutlich in der koptischen Übersetzung); dies findet sich auch in L¹ (vgl. ApkPl [lat] 44 [Par]: »Anc autem magnam percepistis graciam, nocte et die dominice refrigerium propter Paulum, dilectissimum dei, qui descendit ad uos.« [»Diese große Gnade aber habt ihr erhalten: in der Nacht und am Tag des Sonntags Erquickung wegen des von Gott hochgeliebten Paulus', der zu euch herabgestiegen ist.«] Hier figuriert Paulus also deutlich als ›imitator Christi‹, vgl. zum *Descensus Christi ad inferos* auch

4.1 Die *Paulus-Apokalypse*

Petrus- und *Paulus-Apokalypse* unterscheiden sich demnach in Hinsicht auf die narrative Struktur und auf das dargestellte jenseitige Geschehen: Anders als in der *Petrus-Apokalypse* geht es in der *Paulus-Apokalypse* nicht um die Rezeption eines ›spectaculums‹; stattdessen wird durch den Anschluss an das Erzählverfahren der Jenseitsreise die Unmittelbarkeit dessen forciert, was Paulus erfährt, sieht und für das Diesseits bezeugt. Die so implizierte Gleichzeitigkeit deckt sich mit dem alleinigen Fokus auf das Schicksal der Seelen im Interim zwischen postmortalem und Jüngstem Gericht. Die Perspektive der *Paulus-Apokalypse* reicht deshalb auch nicht viel weiter als bis zum ›refrigerium‹, der sonntäglichen Unterbrechung der Höllenstrafen. Dadurch dass die *Paulus-Apokalypse* mit dem Geschehen beim Tod ansetzt, dann sehr stringent den Weg der Seelen zu Heil und Verdammnis erzählt und dabei ein umfassendes Kosmosmodell nachvollziehbar macht, liefert sie eine ebenso kohärente wie spektakuläre und unerhörte Geschichte. Dass die *Paulus-Apokalypse* eher eine zutiefst diesseitige ›curiositas‹ befriedigt und somit hinter der letztlich theologisch motivierten Konzeption der *Petrus-Apokalypse* zurückbleibt, hat ihrer Rezeption ebenso wenig geschadet wie die Verdikte eines Augustinus.[552]

Anm. 571). Zuvor scheint allerdings das ›refrigerium‹ nur auf den Ostersonntag beschränkt zu sein: Vgl. ApkPl (lat) 44 (Par): »in die enim qua resurrexi a mortuis dono uobis omnibus qui estis in penis noctem et diem refrigerium in perpetuum« (»an dem Tage nämlich, an dem ich von den Toten auferstanden bin, gewähre ich euch allen, die ihr in Qualen seid, eine Nacht und einen Tag Erquickung für immer«).

In Kapitel 49 findet man das Nomen ›refrigerium‹ auch im Sinne des ›refrigerium interim‹ gebraucht, das sich auf den postmortalen Aufenthaltsort der Gerechten bezieht: »Scio enim quia labores seculi istius nihil sunt ad refrigerium quod est postea« (»Ich weiß nämlich, dass die Mühsale dieser Welt nichts sind gegen die Erquickung, die später ist«; vgl. hierzu Röm 8,18).

Zum ›refrigerium‹ im Vergleich von *Paulus-Apokalypse* und *Esra-Apokalypse* vgl. Bauckham 2010, S. 338 ff., wobei es meiner Ansicht nach für Bauckhams Vermutung, dass sich das Motiv zuerst in der *Esra-Apokalypse* findet (deren Datierung noch dazu sehr unsicher ist), kein wirklich überzeugendes Argument gibt.

552 Vgl. Aug. tract. in Ioh. 98,8: »Qua occasione uani quidam Apocalypsim Pauli, quam sana non recipit ecclesia, nescio quibus fabulis plenam, stultissima praesumtione finxerunt, dicentes hanc esse unde dixerat raptum se fuisse in tertium caelum, et illic audisse ineffabilia uerba ›quae non licet homini loqui‹. Vtcumque illorum tolerabilis esset audacia, si se audisse dixisset quae adhuc non licet homini loqui; cum uero dixerit: ›quae non licet homini loqui‹, isti qui sunt qui haec audeant impudenter et infeliciter loqui?« (»Unter diesem Vorwande haben einige lügnerische Menschen die mit gewissen Fabeln angefüllte Apokalypse des Paulus, welche die auf ihre Reinheit bedachte Kirche nicht annimmt, in törichter Anmaßung erdichtet, indem sie sagten, diese sei es, wovon er gesagt habe, er sei in den dritten Himmel entrückt worden und habe dort unaussprechliche Worte gehört, ›die einem Menschen zu reden nicht gestattet ist‹. Ihre Verwegenheit wäre noch einigermaßen erträglich, wenn er gesagt hätte, er habe gehört: die einem Menschen zu sagen noch nicht gestattet ist; da er aber gesagt hat: ›Was einem Menschen zu sagen nicht gestattet ist‹, was für Leute sind das, die das in schamloser und unheilsamer Weise zu sagen sich unterfangen?«) Ein genauer Blick auf die *Paulus-Apokalypse* zeigt sehr wohl, dass das Verkündigungsverbot ernst genommen wurde (vgl. in dieser Arbeit S. 27 f.). – Augustinus äußert sich an mehreren Stellen ablehnend zur *Paulus-*

Das den Texten eingeschriebene Ringen um Geltung bildet diese im 5. Jahrhundert einsetzende Verschiebung zwischen *Petrus-* und *Paulus-Apokalypse* ab. Während noch die koptische Fassung der *Paulus-Apokalypse* mit der Ölbergszene an den narrativen Rahmen der *Petrus-Apokalypse* anschließt und damit die unwahrscheinliche Erzählung der *Paulus-Apokalypse* zu autorisieren versucht,[553] hat sich die visionsliterarische Jenseitserzählung bis ins Frühe Mittelalter so durchgesetzt, dass in der Akhmim-Fassung der *Petrus-Apokalypse* die auch im Fragment der Bodleian Library dokumentierte ursprüngliche Darbietung in Form einer Endzeitprophetie Jesu in den präteritalen Bericht eines jenseitsreisenden Petrus transformiert wurde (zugleich ist der Fokus auf die nahende Endzeit aufgegeben):[554]

ApkPetr (äth) 8:	ApkPetr (gr) 26:
Und bei dieser Flamme ist eine große und sehr tiefe Grube, und es fließt da hinein(?) alles von überall her: Gericht(?) und Schauderhaftes und Aussonderungen.	πλησίον δὲ τοῦ τόπου ἐκείνου εἶδον ἕτερον τόπον τεθλιμμ[έ]νον, ἐν <ᾧ(ι)> ὁ ἰχὼρ καὶ ἡ δυσωδία τῶν κολαζομένων κατέρρεε καὶ ὥσπερ λίμνη ἐγίνετο ἐκεῖ […].
	Nahe bei jenem Ort sah ich einen anderen engen Ort, an dem der Blutfluss und der Unrat der Bestraften herabfloss und dort wie ein See wurde […].

Die Wirkung der *Paulus-Apokalypse* hielt – anders als die der *Petrus-Apokalypse* – an: Im Mittelalter wurde die *Paulus-Apokalypse* breit überliefert. Neben solchen Texten, die im Großen und Ganzen die Struktur der frühesten annehmbaren Fassung von 400 n. Chr. beibehalten,[555] wurde die *Paulus-Apokalypse* aber auch weitestgehend transformiert, indem der narrative Rahmen geändert, die Jenseitstopographie auf die Strafregionen beschränkt und das diese Stätten organisierende Talionsprinzip durch eine Tendenz zur Kumulierung aufgehoben wurde.[556] Mit gutem Recht kann man deshalb

---

Apokalypse. Hauptsächlich wendet er sich gegen den Gedanken des ›refrigeriums‹; nach anfänglich scharfer Ablehnung beurteilte Augustinus später diese nach wie vor nicht gebilligte Theorie milder; vgl. hierzu Altaner 1949, S. 242 f.
553 Vgl. in dieser Arbeit S. 31 ff.
554 Van Minnen 2003 dreht dies unverständlicherweise um. Er schreibt: »The *Apocalypse of Paul (ApPl)* follows the Akhmim version of the *ApPt* in presenting the fate of the sinners also as a vision rather than a prophecy as in the Ethiopic versions and the other Greek fragments«, ebenda, S. 30 f. Zur Begründung merkt er an: »It would be odd if the *ApPl* would have preceded the edited version of the *ApPt*. In that case the publication of the *ApPl* would have triggered the revision of the *ApPt*«, ebenda, S. 31, Anm. 27. Genau dies ist aber meines Erachtens der Fall.
555 Zu L¹, L² und L³ vgl. in dieser Arbeit S. 25 f.
556 Vgl. Jiroušková 2006, S. 26–27 u. S. 366.

im Anschluss an Lenka Jiroušková anstatt von mittelalterlichen Redaktionen der *Paulus-Apokalypse* von verschiedenen zeitgleich zur *Paulus-Apokalypse* tradierten, von ihr zu unterscheidenden *Visiones Pauli*[557] sprechen. Die *Visiones Pauli* stellen offene, polysemantische und polyfunktionale Texte dar,[558] denen in spezifischen Gebrauchskontexten eine je besondere Funktion zugewiesen wird: Die *Visiones Pauli* werden in Predigten integriert oder erscheinen als ›miraculum‹ und ›exemplum‹; eher selten stellen sie tatsächlich einen Visionsbericht dar.[559] Gemeinsam ist ihnen durch diese Funktionalisierung, dass kein Jenseitsraum, sondern ein Aggregat von Strafstätten erzählt wird.[560]

4.1.2 Der Jenseitsraum

Von einem Jenseitsraum zu sprechen, setzt die stabile Unterscheidung von Diesseits und Jenseits voraus. In diesem Sinne sind Himmel und Erde in der *Paulus-Apokalypse*[561] durch das »firmament[um] caeli« (ApkPl [lat] 11 [Par]) geschieden; der die Welt ringförmig umfließende »Oceanus« (ApkPl [lat] 21 [Par]) trennt zudem die Orte der Verheißung im Osten und der Verdammnis im Westen von der Erde ab.[562] Da die Fundamente des Himmels auf dem ›Oceanus‹ gründen, erscheinen die Welt und ihr Jenseits klar getrennt. Es handelt sich aber dennoch nicht um eine scharfe Grenze. Denn »sub firmamento caeli« (ApkPl [lat] 11 [Par]) befindet sich gleichsam eine Kontaktzone von Diesseits und Jenseits, die beim Übergang vom Leben in den Tod als liminaler Raum fungiert, durch den hindurch sich jede Seele[563]

---

557 Von *Visiones Pauli* zu sprechen, scheint mir eine konsequente Umsetzung der Forschungsergebnisse von Jiroušková zu sein, allerdings ohne dass sie selbst dies täte.
Zimmermann 2012 hat in der *Tiroler Predigtsammlung* die erste deutschsprachige *Visio Pauli* entdeckt, die der Gruppe A zuzuordnen ist, vgl. ebenda S. 22 f.: »Bei aller gebotenen Vorsicht ließe sich die *Visio Pauli* der Tiroler Sammlung aus dieser Perspektive als deutsche Bearbeitung einer aus dem italienischen Raum stammenden und im 11.-13. Jahrhundert dominierenden, lateinischen *Visio Pauli*-Fassung verstehen, deren Überlieferung das deutschsprachige Gebiet nördlich der Alpen offenbar nicht erreichte und überdies mit dem 13. Jahrhundert nahezu vollständig versiegte.«
558 Vgl. Jiroušková 2006, S. 372.
559 Vgl. Jiroušková 2006, S. 371–402.
560 Vgl. hierzu Benz/Weitbrecht 2011.
561 Es geht im Folgenden nicht darum, auf die Herkunft einzelner Motive hinzuweisen (vgl. aber Anm. 571). Hierzu gibt es in der Forschung bereits detaillierte Beobachtungen; vgl. Himmelfarb 1983, bes. S. 140–158; Hilhorst 2007, S. 6–15; Copeland 2001; Allison 2003, S. 37; van Ruiten 2003, S. 270 ff., bes. S. 281; Kulik 2010, S. 41 f.
562 Vgl. zu den Transformationen des Gebiets jenseits des Ozeans vom Ort philosophischer Spekulation zu einem Ort der Offenbarung Copeland 2007.
563 Vgl. ApkPl (lat) 12 (Par): »Vna est uia per quam omnes transeunt ad deum« (»Es gibt einen Weg, auf dem alle zu Gott gehen«).

bei der Auffahrt in den Himmel zu Gott, ihrem Richter, bewegen muss.[564] In dieser Kontaktzone befinden sich Engel voller Barmherzigkeit, die dem Himmel näher sind als die erbarmungslosen Engel, die sich bei einer (feurigen)[565] Wolke aufhalten: Diese umspannt die ganze Welt, steht für die Ungerechtigkeit und ist, nach der Darstellung des Pariser Codex, mit den personifizierten Grundübeln[566] vermischt.[567] In der Topologie von Wolke, erbarmungslosen und sich erbarmenden Engeln ist das Zugleich von Gutem und Bösem, wie es auf der Welt noch zum Zeitpunkt des Todes herrscht,[568] bereits ethisch stratifiziert; die Abgrenzung von Diesseits und Jenseits wird als gradueller Übergang im Sinne einer Desambiguierung von Welt prozessualisiert.

Über dem Firmament liegen sieben Himmel, wobei nur der dritte und der siebte näher beschrieben werden: Vor dem dritten Himmel steht eine Pforte, hinter der sich das Paradies[569] befindet, in dem Paulus Henoch und Elias[570] begegnet. In diesem Detail hängt die *Paulus-Apokalypse* wohl von

---

564 Vgl. ApkPl (lat) 14 (für den Gerechten); 16 (für den Sünder).
565 In Kapitel 13 heißt es in Arn: »uidi nubem magnam aspersam super omnem mundum« (»ich sah eine große Wolke hingestreut über die ganze Welt«), wohingegen Paulus in Par eine »nubem magnam igne spansam per omnem mundum« (»ich sah eine große Wolke von Feuer ausgebreitet über die ganze Welt«) sieht; diese Lesart wird durch die syrische Fassung (»eine finstre Feuerwolke über die Erde ausgebreitet«, S. 145) unterstützt.
566 Dies sind die bösen Mächte, die die Menschen anfechten, vgl. ApkPl [lat] 11 [Par]: »Et re[s]pexi in firmamentum et uidi hibidem potestate[s] et erat ibi obliuio que fallet et deducet a[d se] corda hominum et s[piritus] detraccionis et spiritus f[ornicacio]ɲis et spiritus furoris et spiritus audaciǫ et ibi erant principes maliciarum«. (»Und ich blickte aufs Firmament und ich sah ebendort Mächte: Dort war das Vergessen, welches täuscht und die Herzen der Menschen zu sich führt, und der Geist der Verleumdung und der Geist der Hurerei und der Geist der Wut und der Geist der Unverschämtheit. Und dort waren die Fürsten der Bosheiten«).
567 Vgl. zu Kapitel 13 die Charakterisierung in Par (»Haec iniusticia obmixta a principibus peccatorum« [»Dies ist die Ungerechtigkeit, vermischt von den Fürsten der Sünder«] – da dies offensichtlich wenig Sinn ergibt [vgl. Duensing/de Santos Otero 1997, S. 651], verstehe ich die Stelle so, dass die Wolke der Ungerechtigkeit *mit* den Fürsten der Sünder vermischt ist; letztere identifiziere ich aufgrund ihrer Funktion und der Lokalisierung unter dem Firmament mit den »principes maliciarum«, vgl. Anm. 566) mit der Charakterisierung in Arn (»Hoc est iniquitas commixta deprecacioni peccatorum« [»Das ist die Ungerechtigkeit, vermischt mit der Bitte der Sünder«]) und der sehr viel ausführlicheren Erläuterung in der syrischen Fassung (S. 145), die eine mögliche Verbindung von ›iniusticia‹, den ›principes peccatorum‹ und ›deprecacio‹ erahnen lässt: »Diess ist die mit dem Gebete der Menschen vermischte Bosheit, wenn sie nämlich Gebete hersagen, während sie in ihrem Herzen Böses aussinnen, und so wird das Licht ihres Gebetes verfinstert«.
568 Vgl. ApkPl (lat) 14 (Par): »Et antequam exiret de mundo asteterunt sancti angeli simul et impii« (»Und bevor er aus der Welt ging, traten ihm gleichzeitig zur Seite heilige und gottlose Engel«), beim Tod des Sünders in Kapitel 16 verhält es sich analog.
569 Nur in Par wird der dritte Himmel als Paradies bezeichnet. In der syrischen Fassung (S. 154) ist eigentümlicherweise von einer Stadt die Rede.
570 Die Handschriften der Gruppe L¹ gehen hier auf einen fehlerhaften griechischen Text zurück, der ἥλιος anstelle von Ἠλίας hatte: Darauf ist nämlich das Nomen »solem« in Par zurückzuführen; StG hat mutmaßlich aus »solem« »solum« gemacht, wohingegen in Esc mit »Salomonem« das Bemühen erkennbar wird, aus dem überlieferten »solem« einen Eigenna-

der Paradiesimagination der sich in der ersten Hälfte des 2. Jahrhunderts herausbildenden Tradition des *Descensus Christi ad inferos* ab.[571] Das Paradies des dritten Himmels gehört zu den »loca iustorum« (ApkPl [lat] 19 [Par]). Doch auch wenn auf goldenen Tafeln[572] vor der Pforte die Namen aller Gerechten angebracht sind,[573] scheint es sich beim Paradies des dritten Himmels nicht um den postmortalen Aufenthaltsort der Gerechten zu handeln; vielmehr hängen die Tafeln wohl mit Henochs Funktion als »scriba iusticiae« (ApkPl [lat] 20 [Par]) zusammen. In den dritten Himmel dürfen nur die eintreten, »qui habent bonitatem et innocencia corporis« (»deren Körper gut und unschuldig ist«; ApkPl [lat] 19 [Par]). Insofern erscheint es konsequent, dass Paulus dort nur Henoch und Elias begegnet, da ja beide körperlich in den Himmel entrückt wurden[574] und sich auch Paulus – allerdings nur im Pariser Codex (und wohl auch in der koptischen Fassung) – körperlich durch das Jenseits bewegt.[575] Gerade in diesem

---

men zu bilden. L² und L³ haben »Helyas« (ebenso die koptische und die syrische Fassung); vgl. hierzu und zur Bedeutung des Fehlers bei der Erstellung von Handschriftengruppen Silverstein/Hilhorst 1997, S. 15, und Hilhorst 1997, S. 10 f.

571 Da dies bislang nicht überall gesehen wurde (vgl. aber Carozzi 1994a, S. 43), weise ich darauf hin. Vgl. DescChr (lat) 9 (A): »Dominus autem tenens manum Adae tradidit Michaeli archangelo: et omnes sancti sequebantur Michaelem archangelum, et introduxit omnes in paradisi gratiam gloriosam. Et occurrerunt eis obviam duo viri vetusti dierum. Interrogati autem a sanctis Qui estis vos qui nobiscum in inferis mortui nondum fuistis et in paradiso corpore collocati estis? respondens unus ex eis dixit Ego sum Enoch, qui verbo domini translatus sum huc; iste autem qui mecum est Elias Thesbites est, qui curru igneo assumptus est« (»Der Herr aber hielt die Hand Adams und übergab sie dem Erzengel Michael: Und alle Heiligen folgten dem Erzengel Michael, und er führte alle in die ruhmvolle Freude des Paradieses. Und es kamen ihnen zwei Männer, alt an Tagen, entgegen. Als sie gefragt wurden von den Heiligen: Wer seid ihr, die ihr noch nicht mit uns als Tote in der Unterwelt wart und körperlich ins Paradies versetzt wurdet?, sagte einer von ihnen in seiner Antwort: Ich bin Henoch und wurde durch das Wort Gottes hierhin versetzt. Dieser da, der mit mir ist, ist Elias der Thesbiter, der im Flammenwagen aufgefahren ist«). Darauf folgt der Hinweis auf den Tod im Kampf mit dem Antichristen und die anschließende Auferstehung. Entsprechendes fehlt natürlich in der auf das Interim fixierten *Paulus-Apokalypse*. In der Erzählung vom *Descensus* treffen die Heiligen abschließend auch auf die lukanische Figur des Schächers. Zur weiteren Geschichte der Lehre von der Höllenfahrt Christi vgl. Beinert 2006. Zum Fortleben der Höllenfahrt im mittelalterlichen Spiel vgl. Haas 1981.
572 Die Nennung der »tabulae aureae« (ApkPl [lat] 19 [StG]) fehlt nur in Par.
573 Vgl. Offb 21,11 ff.
574 Vgl. in dieser Arbeit Anm. 173.
575 Vgl. Copeland 2001, S. 4 f. – So heißt es im Pariser Codex in Kapitel 3: »Qui dum in [cor]pore essem qua raptus sum usque a tercium celum« (»Während ich im Leibe war, in welchem ich entrückt wurde bis in den dritten Himmel«). Analog dazu betont Maria gegenüber Paulus in Kapitel 46, dass alle Heiligen Jesus darum gebeten hätten, »ut uenires hic in corpore«. Vgl. hingegen Rosenstiehl 1990, S. 209: »[...] de 45 à 51 ajouté le rapt (en esprit) au Paradis de II Corinthiens 12,4«. Es scheint dabei aber gerade eine Besonderheit vor allem des Pariser Codex zu sein, dass Paulus ›in corpore‹ durch das Jenseits reist (vgl. auch das Kapitel 46 in der koptischen Fassung, in der die Kapitel 3 und 11 allerdings nicht überliefert sind: »Will you agree [πειθεῖν] with us and bring Paul up to us so that we may see him in the flesh [σάρξ] before he leaves the body [σῶμα]?«). Denn zu Beginn des Bewegungsnarra-

Zusammenhang wird deutlich, dass die Märtyrer, deren Seelen auch im Interim im Himmel zu erwarten wären,[576] überraschenderweise keine Rolle in der *Paulus-Apokalypse* spielen, was dafür spricht, dass der Text in einer Zeit entstanden ist, in der Christen keiner Verfolgung mehr ausgesetzt waren.

Die Seelen der Gerechten kommen für das Interim zwischen Tod und Jüngstem Gericht in das jenseits des ›Oceanus‹ gelegene »paradis[us] exultacionis« (»Paradies des Frohlockens«; ApkPl [lat] 14 [Par])[577] auf die ›terra repromissionis‹[578] beziehungsweise in die ›ciuitas Christi‹, die mit dem himmlischen Jerusalem identifiziert wird.[579] Dabei findet zumindest für die Zeit zwischen einzelmenschlichem Tod und dem tausendjährigen Reich

    tivs in Kapitel 11 heißt es im Codex aus Arnhem: »Et factus sum in spiritu« (so auch in der syrischen Fassung). In Arn ist es dann auch in Kapitel 19 denen gestattet, den dritten Himmel zu betreten, »qui innocentes sunt facti malicia et mundo corde.« Vgl. hierzu Esc (L¹!): »qui digni sunt et abent bonitatem et innocenciam in corde suo« (»die würdig sind und Güte und Unschuld in ihrem Herzen haben«) sowie die koptische (»No one has been allowed to go through it, except [εἰ μή τι] the pure [ἀκέραιος] and the innocent and those who have no wickedness [κακία] whatsoever«) und die syrische Fassung (»Nicht Jedem ist es gestattet hineinzukommen, sondern nur Jenen, die grosse Zuversicht [Konjektur von Zingerle, MB] haben und ganz und gar ohne etwas Böses sind«, S. 154).

576 Dies gilt für Antike wie Mittelalter gleichermaßen. Vgl. Offb 6,9 ff. und Angenendt 1997, S. 685. Vgl. auch die Darstellung bei Honorius Augustodunensis (Anm. 577).

577 Vgl. zu diesem Terminus die Systematisierung bei Hon. Aug. Expositio, Sp. 428: »Anagogice paradisus exsultationis, est habitatio sanctorum in coelis, plena omnibus deliciis. In hunc paradisum raptus est Paulus, et in hunc introduxit latronem Dominus. [...] Sunt ergo quatuor paradisi, scilicet paradisus voluptatis, terrestris; paradisus exsultationis, coelestis; paradisus religionis, Ecclesiarum; paradisus virtutis, animarum«. (»Anagogisch ist das Paradies der Frohlockens die Wohnstatt der Heiligen im Himmel, voll mit allen Annehmlichkeiten. In dieses Paradies ist Paulus entrückt worden, und in dieses führte der Herr den Schächer. [...] Es gibt folglich vier Paradiese, nämlich das irdische Paradies der Lust; das himmlische des Frohlockens; das kirchliche Paradies der Religion; das seelische Paradies der Tugend.«) Vgl. zum irdischen Paradies in der *Paulus-Apokalypse* ApkPl (lat) 45 (Par): »[Iusti, MB] parati sunt obuiam tibi uenire cum gaudio et *exultacione*«. (»[Die Gerechten] sind bereit, dir entgegenzugehen in Freude und *Frohlocken*«; Herv. d. m.).
Zur Landschaft der Verheißung vgl. ferner Aitken 2003, die die Darstellung der *Paulus-Apokalypse* im Kontext römischer Landschaftsmalerei und Landschaftsbeschreibungen auf ihre imaginativen Effekte hin untersucht.

578 Vgl. unter Zitierung von Mt 21,42 ApkPl (lat) 21 (Par): »Haec est terra repromissionis. Adhuc non audisti quod scriptum est: Beati mansueti, quoniam ipsi haeredibunt terram? Anime ergo iustorum cum exierint de corpore, in hunc locum interim dimituntur.« (»Das ist das Land der Verheißung. Hast du noch nicht gehört, was geschrieben ist: Selig sind die Sanftmütigen, denn sie werden das Land erben? Nachdem die Seelen der Gerechten aus dem Körper getreten sind, werden sie einstweilen in diesen Ort geschickt.«) Allerdings wird bei den Orten des Heils dann zwischen der ›terra repromissionis‹ und der ›ciuitas Christi‹ differenziert.

579 In L³, also im Codex aus Arnhem, findet diese Identifizierung bereits in Kapitel 22 statt, in L¹ hingegen erst in Kapitel 29; während in Esc (L¹) und Arn (L³) in Kapitel 29 allerdings von »Ierusalem celestis« die Rede ist, heißt es in Par nur »Hierusalem«. Auch in der koptischen Fassung wird in Kapitel 29 vom »heavenly Jerusalem«, in der syrischen Fassung vom »Jerusalem Christi« (S. 162) gesprochen.

4.1 Die *Paulus-Apokalypse*

Christi eine Differenzierung der Gerechten statt: Wer in einer Ehegemeinschaft, aber keusch lebt und seine Begierden überwindet, gelangt auf die ›terra repromissionis‹. Die besondere Hochschätzung asketischen respektive monastischen Lebens, die die *Paulus-Apokalypse* insgesamt auszeichnet,[580] zeigt sich nicht nur darin, dass derjenige, der jungfräulich bleibt, in die ›ciuitas Christi‹[581] einzieht, sondern auch darin, dass gegenüber den Verheirateten selbst die privilegiert sind, die sich zwar aus jeder sozialen Beziehung zurückziehen und eine monastische respektive asketische Lebensform wählen, dabei aber hochmütig sind. Diese befinden sich in einem Zwischenzustand, indem sie zwar einerseits näher an der ›ciuitas Christi‹ sind als die Verheirateten, andererseits aber für ihre ›superbia‹ büßen müssen:[582] Sie warten auf fruchtlosen Bäumen vor der ›ciuitas Christi‹, in die sie am Ende der Zeit auf Bitten der Gerechten eintreten dürfen.

Aber auch eine andere Gruppe wird den Verheirateten vorgezogen, nämlich diejenigen, die zu Lebzeiten bereuen, büßen und umkehren.[583] Sie

---

580 Vgl. zum Kontext Copeland 2001, S. 160–163. Zur Logik der Differenzierung zwischen verschiedenen Gruppen im Heilsjenseits, die man in früheren Jenseitsreisen nicht findet und die in Zusammenhang mit weiterer monastischer Literatur ägyptischer Provenienz steht, vgl. Copeland 2010.

581 In die ›ciuitas Christi‹ gelangen vor allem die Seelen derjenigen, die monastische Tugenden pflegen; vgl. meine Anm. 584 und Copeland 2001, S. 125 f.; S. 147.

582 Vgl. ApkPl (lat) 24 (Par): »Hi sunt qui abrenunciauerunt studentes die hac nocte geiuṇiis, sed cor superbum abuerunt pre ceteros homines, semetipsos glorificantes et laudantes et nichilum facientes proximis.« (»Das sind die, die eifrig mit Fasten Tag und Nacht Verzicht geübt haben, aber sie haben ein Herz gehabt, das stolz war gegenüber den übrigen Menschen, indem sie sich selbst rühmten und lobten und den Nächsten nichts taten.«) Im koptischen Text finden sich an dieser Stelle griechische Fremdworte mit spezifisch monastischer Konnotation, vgl. Copeland 2001, S. 139. Vgl. auch ApkPl (lat) 24 (StG): »Alios enim salutabant amicabiliter, alios uero nec aue dicebant et quidem cui uolebant aperiebant ianuam monasterii et faciebant modicum boni«. (»Denn die einen grüßten sie freundlich, anderen sagten sie nicht einmal: Sei gegrüßt! und welchem sie wollten, öffneten sie die Pforte des Klosters und taten wenig Gutes«).

583 Vgl. ApkPl (lat) 22 (Par): »Et si quis est fornicator et impius et conuersus penituerit et fecerit fructum dignum penitenciae, primum quidem cum exierit de corpore ducitur et adora dominum deum et inde iussu dei tradatur Michaelo angelo et baptizat eum in Acerosium lacum. Sic inducet eum in ciuitatem Christi iusta eos qui nihil peccauerunt«. (»Und wenn einer ein Hurer und Gottloser ist und sich bekehrend Buße tut und der Buße würdige Frucht bringt, wird er, wenn er aus dem Körper herausgegangen ist, zuerst hingeführt und betet Gott an und von dort wird er auf Befehl des Herrn dem Engel Michael übergeben und der tauft ihn im Acherusischen See. So führt er ihn in die Stadt Christi neben die, die nicht gesündigt haben.«) In der koptischen Fassung ist hingegen nur von einer Waschung die Rede, in der syrischen fehlen sämtliche Hinweise auf eine Taufe respektive Waschung.
Dieser Umgang mit Sündern, die zu Lebzeiten bereuen, büßen und umkehren, entspricht dem, was Gott etwas detaillierter bei der Verurteilung der Seele eines Sünders betont, vgl. ApkPl (lat) 17 (Par): »[...] quoniam si penituisset ante v annum quam moriretur, propter unius anni conuersacionem obliuione nunc fieret omnium quę peccauit retro malorum et indulgenciam et remissa peccatorum haberet« (»[...] dass, wenn sie fünf Jahre, bevor sie starb, bereut hätte, wegen des gottesfürchtigen Wandels eines Jahres nun ein Vergessen aller

werden nach dem Tod vom Erzengel Michael im acherusischen See getauft, der die ›terra repromissionis‹ von der ›ciuitas Christi‹ trennt. Die ›ciuitas Christi‹ ist Ort gesteigerter Verheißung und Höhe- sowie Endpunkt der Bewegung des Apostels in Richtung Osten: Auch wenn die ›terra repromissionis‹ Flüsse aus Milch und Honig sowie eine sagenhafte Vegetation aufweist, also paradiesisch ist, wird sie doch von der ›ciuitas Christi‹ übertroffen, die von den vier Paradiesesflüssen um- und durchflossen wird.

Neben der überwiegend topographisch-räumlichen Codierung des Jenseits findet man zur Binnendifferenzierung der Räume des Heils auch Aspekte einer personalen Codierung, die stets mit einer räumlichen Disposition überblendet werden:[584] Denn in der ›ciuitas Christi‹ werden die gerechten Seelen biblischem Personal zugeordnet, was weder für die gerechten Seelen auf der ›terra repromissionis‹ noch für die auf den Bäumen vor der ›ciuitas‹ zutrifft. In der ›ciuitas Christi‹ zu sein, bedeutet also auch, im ›Interim‹ unter den Gerechten des Alten Testaments zu sein.[585]

Die Räume des Heils liegen im Osten und werden dem Aufgang der Sonne entsprechend mit Licht assoziiert,[586] wohingegen der Raum der Ver-

---

Übeltaten eintreten würde, die sie vorher gesündigt hat, und ihre Sünden verziehen und nachgelassen würden«).

584 In der frühesten rekonstruierbaren Fassung war die ›ciuitas Christi‹ durch eine stabile Zuordnung von Himmelsrichtung, Fluss (vgl. für eine ausführliche quellenkritische Untersuchung zu den Paradiesesflüssen gerade im Vergleich zur Genesis van Ruiten 2003), biblischem Personal und Gerechten gegliedert (vgl. Copeland 2001, S. 136 ff.); im Prozess der Überlieferung haben sich die festen Bezüge aufgelöst. Die folgenden Zuordnungen gehen überwiegend von der koptischen Fassung aus, sind aber im Fall des Wein- und des Ölflusses konjiziert (vgl. insgesamt ApkPl 23 sowie 25-28): Im Westen fließt der Honigfluss, der dem Phison gleicht; bei ihm befinden sich die Propheten und die Seelen derjenigen, die nicht ihrem eigenen Willen, sondern den Weisungen Gottes folgten. Im Süden fließt der Milchfluss, dem auf Erden der Euphrat entspricht. Dort befinden sich die von Herodes getöteten Kinder und die Seelen derjenigen, die ihre Jungfräulichkeit (so zumindest die syrische und die koptische Fassung) bewahrten. Im Osten fließt der Weinfluss, an dem sich die Patriarchen befinden und dem auf Erden der Gihon entspricht; dorthin werden die Seelen derjenigen geführt, die gastfreundlich waren. Und im Norden fließt der Ölfluss, dem der Tigris entspricht. Hier wird kein biblisches Personal genannt, aber es befinden sich an ihm die Seelen derer, die sich demütig Gott hingaben.

585 Diese personale Codierung ist Merkmal der eschatologischen Äußerungen Jesu, in denen sie ebenfalls mit einer räumlichen Disposition verbunden wird: So besteht der Raum des Heils in Lk 13,28 und Lk 16,22-26 rein personal im Sein bei Abraham (sowie im Fall von Lk 13,28 bei Isaak, Jakob und allen Propheten); der Raum des Heils ist in Lk 16,26 von dem der Verdammnis durch ein χάσμα (ein neutestamentliches ›Hapax legomenon‹) räumlich getrennt. Vgl. Angenendt 1997, S. 686: »In der ausgehenden Patristik ist dabei die Tendenz festzustellen, Abraham zusammen mit den beiden anderen Patriarchen Isaak und Jakob in das Paradies zu versetzen, was dann einen einheitlichen Warteort für die Guten ergab.« Vgl. ferner zum paulinischen Bei-Gott-Sein ebenda, S. 726.

586 Während es in L¹ nur heißt, dass Paulus beim Verlassen des Himmels in östlicher Richtung erkennt, dass das »lumen caeli« (ApkPl [lat] 21 [Par]) die ganze Erde erleuchte, ist in L³ von der »lux dei« (ApkPl [lat] 21 [Arn]) die Rede. In L² hingegen nimmt Paulus eine nicht näher charakterisierte »lux« (ApkPl [lat] 21 [Gz]) in einem anderen Himmel wahr, von dem aus er

dammnis im Westen durch Dunkelheit charakterisiert ist.[587] Diese Kombination aus analoger Struktur und konträrem Verhältnis setzt sich fort, wobei in dieser entgegengesetzten Bezogenheit die symbolische Einrichtung des Jenseitsraums deutlich wird. Denn zum einen ist der Raum der Verdammnis – wie der des Heils – in zwei distinkte Teilräume gegliedert,[588] wobei der westlicher liegende Teilraum ebenfalls um das Siebenfache größer (in diesem Fall heißt dies nun: schrecklicher) ist.[589] Zum anderen verhalten sich der Heilsraum und der der Verdammnis in ihrer räumlichen Ausdehnung punktsymmetrisch zueinander: Während die ›terra repromissionis‹ mit ihren Pflanzen und mehr noch die ›ciuitas Christi‹ durch die nach innen höher werdenden Mauern und ihre Türme nach oben aufragen, also konvex sind, ist der Raum der Verdammnis konkav. Die vorherrschende Dimension des Raums der Verdammnis ist die Tiefe.[590] Die Topographie besteht aus den Objektregionen[591] zahlreicher Gruben und eines Feuerflusses, in dem nicht nur die Seelen derer, die weder zu den Gerechten noch zu den Ungerechten gehören,[592] sondern auch die anderer Sünder eingesunken sind,

---

auch die ›terra repromissionis‹ sieht (vgl. ApkPl [lat] 21 f. [Gz]): »Tunc in aliud celum duxit eum, unde fulget lux super omnem terram. Hinc aspexit quandam terram omni auro pulchriorem«. [»Dann führte er ihn in einen anderen Himmel, von dem ein Licht über die ganze Erde leuchtet. Von dort sah er ein bestimmtes Land, das mehr strahlte als alles Gold.«]). In der syrischen Fassung ist die Stelle nicht mehr verständlich (vgl. S. 156). In der koptischen Fassung erkennt Paulus lediglich, dass die Sonne auch die ›terra repromissionis‹ erleuchtet.

587 Vgl. ApkPl (lat) 31 (Par): »Et cum fuissem ad exteriora Oceani, aspexi et non erat lumen in illo loco, sed tenebre et tristicia et mesticia, et suspiraui«. (»Und nachdem ich an der Außenseite des Oceanus gewesen war, schaute ich mich um, aber es gab kein Licht an jenem Ort, sondern Finsternis und Traurigkeit und Betrübtheit, und ich seufzte.«)

588 Die Zäsur wird in beiden Fällen durch das textstrukturierende Moment der erzählten Bewegung angezeigt; vgl. ApkPl (lat) 22 (StG): »Et post haec adsumpsit me ex apeliote loci illius.« [»Und danach nahm er mich mit in den Osten dieses Ortes«]) mit 41 (»Et tuli me ad septemtrionem locum omnium penarum et statuit me super puteum et inueni eum signatum septem signaculis.« [»Und er brachte mich zum nördlichen Ort aller Strafen und setzte mich über die Grube und ich fand diese mit sieben Siegeln versiegelt«]). In den lateinischen Fassungen sind die Richtungsangaben zum Teil verderbt (vgl. die widersinnige Präposition »ex« im ersten Zitat; im Pariser Codex wird Paulus auch in Kap. 41 »a septemtrionale« geführt); in beiden Fällen haben aber die syrische wie die koptische Fassung übereinstimmende und sinnvolle Angaben.

589 Dass die Raumstruktur sich auch in der Gliederung des Textes niederschlägt, zeigt die syrische Fassung an dieser Stelle besonders deutlich. Denn nachdem entgegen der Darstellung in der koptischen Fassung oder in den lateinischen Texten eine Vielzahl von Sündergruppen aus dem ersten Raum der Verdammnis nicht erwähnt wurden, setzt die Erzählung mit der Bewegung nach Westen in den zweiten Raum der Verdammnis (vgl. S. 168) wieder ein.

590 Vgl. ApkPl (lat) 32 (Par).

591 Vgl. Dennerlein 2009, S. 124.

592 Vgl. ApkPl (lat) 31 (Par): »Neque calidi neque frigidi sunt, quia neque in numero iustorum inueni sunt neque in numero impiorum. Isti enim inpenderunt tempus uite suae in terris dies aliquos facientes in oracionibus dei, alios uero dies in peccatis et fornicacionibus usque ad mortem«. (»Sie sind weder heiß noch kalt, weil sie weder in der Zahl der Gerechten gefunden sind noch in der Zahl der Gottlosen. Diese da verwandten nämlich die Zeit ihres Lebens

etwa eines Priesters, Bischofs, Diakons und Lektors, die dem Grad ihrer Sündhaftigkeit entsprechend noch zusätzlich durch Strafengel oder Würmer gequält werden.[593]

In seiner Anlage unterscheidet sich der Raum der Verdammnis strukturell von dem des Heils. Zum einen liegt zwar eine Differenzierung verschiedener Sündergruppen vor; anders als im Heilsjenseits, in dem die personale Identität einer jeden Seele gewahrt bleibt, bedeutet der Aufenthalt in den Straforten in vielen Fällen Entdifferenzierung. Die Semantiken der Enge und des Einschmelzens zeigen die unterschiedslose Agglomeration von Seelen an. Zum anderen lässt sich das topologische Verhältnis respektive die topographische Anordnung der einzelnen Straforte sowie der Lauf des Feuerflusses nicht bestimmen. Durch die Bewegung des Apostels werden die Räume der Verdammnis zwar in einem umfassenden Kosmosmodell im Westen jenseits des ›Oceanus‹ verortet und in zwei Teilräume gegliedert, die der Überbietungsrhetorik der *Paulus-Apokalypse* folgend zueinander im Verhältnis stehen, anders aber als bei der Beschreibung der ›terra repromissionis‹ und der ›ciuitas Christi‹ legt die Erzählung nur in Bezug auf die Objektregionen der einzelnen Stafstätten Wert auf konkret-räumliche Anschaulichkeit. Jeder dieser einzelnen Orte stellt einen Teilaspekt der Verdammnis dar, die in ihrer schrecklichen Gesamtheit nicht erzählerisch dargeboten werden kann. Deshalb werden die Straforte *paradigmatisch-metonymisch* erzählt: Durch die Erzählung der Teilaspekte wird eine Gesamtheit evoziert.[594] Insofern die einzelnen Strafstätten durch die körperliche Bewegung des Apostels in ein Kosmosmodell integriert und durch seine Wahrnehmungsbewegung koordiniert werden, liegt mehr vor als ein bloßes Aggregat, das in den mediävalen Transformationen der *Visiones Pauli* dominiert, die kein Interesse an der Erzählung eines Jenseitsraums haben.[595] In der *Paulus-Apokalypse* ist die Verdammnis mittels der paradigmatisch-metonymischen Erzählung der Straforte Raum geworden, der

---

auf Erden, indem sie einige Tage mit Gebeten zubrachten, andere Tage aber in Sünden und Hurereien bis zum Tode.«)

593 Vgl. hierzu die Kapitel 34-36. Das hieraus resultierende Anachronismusproblem wurde historisch wahrgenommen, wie eine Marginalie des Zürcher Codex (Zentralbibl., C 101, f. 72^v, in marg. sin.; ediert in Silverstein/Hilhorst [Hrsg.] 1997, S. 193) zeigt: »omnia que hic narrantur exemplariter de futuris intelliguntur et licet loquatur de preterito per anticipacionem siue preuencionem futurorum contingendorum quia sanctus paulus fuit unus de primitiis in nouo testamento quem scimus ex scripturis multa archana uidisse que per modum documenti dantur«. (»Alles, was hier erzählt wird, wird beispielhaft über die Zukunft verstanden und zwar wegen der Vorwegnahme beziehungsweise Verhütung dessen, was künftig geschehen muss, obwohl er über die Vergangenheit spricht, weil der Hl. Paulus einer der Ersten war im Neuen Testament, von dem wir wissen, dass er vieles Verborgene aus den Schriften gesehen hat, was wie eine Unterweisung gegeben wird«).

594 Vgl. für diesen theoretischen Zugang zu alteritären Erzählweisen die programmatische Skizze von Haferland/Schulz 2010.

595 Vgl. Benz/Weitbrecht 2011.

4.1 Die *Paulus-Apokalypse*

sowohl Funktion als auch Position innerhalb eines heilsgeschichtlich differenzierten Jenseitsraums besitzt.

Somit liegen hinter der Erzählung des Jenseits in der *Paulus-Apokalypse* komplexe und heterogene Raummodelle.[596] Anders als die Himmelsräume, die *überwiegend* personal codiert sind – im dritten Himmel befinden sich Henoch und Elias, im siebten Himmel Gott und Jesus –, wobei zur Beschreibung des dritten Himmels auch ein Toponym und die Objektregion der Pforte eingesetzt werden, werden die Räume des Heils und der Verdammnis im Osten respektive im Westen in ihrer konkreten Räumlichkeit durchaus anschaulich erzählt, wobei auch hier zur Binnendifferenzierung räumliche und personale Codierungen überblendet werden. Diese Räume jenseits des ›Oceanus‹ sind dabei keine ›terra incognita‹, sondern unterscheiden sich qualitativ vom Raum des Diesseits, indem sie sich in folgenden Hinsichten immanenten Kategorien entziehen. So werden *erstens* bei der Beschreibung der Jenseitsräume ›Transzendenz-Marker‹ eingesetzt. Die Ausmaße der völlig goldenen, durch zwölf einander nach innen überragende Mauern strukturierten ›ciuitas Christi‹ kann nur in Stadien gemessen werden,[597] wobei ein Stadium »[t]antum est quantum inter dominum deum et homines qui sunt in terris, quia sola est enim magna ciuitas Christi« (»so viel ist wie zwischen dem Herrn Gott und den Menschen, die auf Erden sind, weil nämlich die Stadt Christi einzig groß ist«; ApkPl [lat] 23 [Par]).[598] Die Größe der ›ciuitas Christi‹ übersteigt somit, wie auch immer die Angabe genau zu verstehen ist,[599] jedes menschliche Maß und jede menschliche Vorstellungskraft. Gleich zu Beginn der Erzählung der Räume der Verdammnis wird auch deren Verhältnislosigkeit ausgestellt: »Abyşus mensuram non habet« (»der Höllenschlund hat kein Maß«; ApkPl [lat] 32 [Par]). Diese klare und apodiktische Aussage konterkariert die im selben Kapitel vorgenommenen Versuche, die Maßstabslosigkeit des Jenseitsraums durch Vergleiche mit diesseitigen Erfahrungen anschaulich zu machen:

---

596 Die aus heutiger Perspektive alteritären Raummodelle der *Paulus-Apokalypse* sind keineswegs voraussetzungslos. Von besonderer Bedeutung scheint mir die Raumkonstruktion des *Zweiten Henochbuchs* zu sein (vgl. hierzu in dieser Arbeit S. 63 ff.).
597 Zur Vermessung des himmlischen Jerusalems vgl. Offb 21,15-17. Zur Bedeutung des Vermessens bei der Beschreibung von Jenseitsräumen vgl. in dieser Arbeit S. 48 ff.
598 Vgl. hingegen die koptische Fassung: »The stade (στάδιον) is a day's journey (μονή)«.
599 Die Raumbeschreibung ist nicht mehr völlig verständlich: Die Mehrheit der Handschriften legt nahe, dass jede der Mauern je ein Stadium lang ist (so auch im koptischen Text, aber mit verändertem Maß: »each wall was a hundred stades (στάδιον) around«); der Text des Pariser Codex suggeriert, dass zwischen den einzelnen Mauern je ein Stadium Abstand liegt: »singuli muri abebant inter se singula stadia in circuitu«, wobei allerdings »in circuitu« eigentlich ›im Umfang‹ meint, da ›circuitus‹ der Raum ist, auf dem man um ein Gebäude umgeht (vom Abstand zwischen den Mauern ist auch in einer syrischen Fassung die Rede [vgl. Duensing/de Santos Otero 1997, S. 658, Anm. 82], in der von Zingerle übersetzten syrischen Fassung ist der Text allerdings korrupt [vgl. dort S. 180, Anm. 54]).

> Et erat profunditas loci illius quasi tria milia cubitorum. [...] Et ita est ut si forte aliquis accipiat lapidem et mittat in puteum ualde profundum et post multarum orarum perueniat ad terram, sic est abyssus. Cum enim mittuntur illic anime, uix post quingentos annos perueniunt in profundum. (ApkPl [lat] 32 [Par])
>
> Und die Tiefe jenes Ortes war ungefähr 3000 Ellen. [...] Und es ist so, wie wenn etwa jemand einen Stein nimmt und in eine sehr tiefe Grube wirft und er nach vielen Stunden zur Erde gelangt, so ist der Höllenschlund. Wenn Seelen dort hineingeworfen werden, gelangen sie kaum nach fünfhundert Jahren auf den Grund.

Zweitens ist in den Jenseitsräumen heilszeitlich Diachrones verdichtet. So sind die Heilsräume des Ostens in rein synchroner Perspektive nicht auflösbar. Die ›terra repromissionis‹ ist einerseits ein simultaner, jenseitig-postmortaler Aufenthaltsort, zugleich aber auch in der Heilszukunft, nämlich während der tausendjährigen Herrschaft Christi,[600] der diesseitig offenbarte Aufenthaltsort der Gerechten. Analog zur Darstellung in der *Offenbarung*[601] ist anzunehmen, dass auch die ›ciuitas Christi‹ nicht nur im Interim der Aufenthaltsort der Gerechten und der Heiligen ist, sondern auch – mutmaßlich am Ende der Zeit – als neues Jerusalem offenbart werden wird.[602] Die Verschränkung eines nur räumlich und eines zeitlich differenzierten Jenseits ist auch der Grund dafür, dass ›terra repromissionis‹ und ›ciuitas Christi‹ sowohl für die Seelen Verstorbener wie auch für den jenseitsreisenden Paulus nur über den Weg über die Himmel erreicht werden können.[603] Die Erde und das östlich von ihr zu lokalisierende Jenseits bilden kein raumzeitliches Kontinuum. ›Terra repromissionis‹ und ›ciuitas Christi‹ sind insofern in synchroner und diachroner Perspektive unterschieden, als Heilsstatus und Heilsgeschichte in einem räumlichen Zusammenhang anhand der Himmelsrichtung koordiniert sind: In dem Maße, in dem ›ciuitas Christi‹ östlicher als die ›terra repromissionis‹ liegt, ist sie nicht nur für die Seelen ein Ort gesteigerter Verheißung, sondern wird auch heilszeitlich spä-

---

600 Vgl. in dieser Arbeit Anm. 549.
601 Vgl. Offb 21,1-2.
602 So weit würde Copeland 2004 nicht gehen; sie betont zurecht, dass in der Vorstellung der ›ciuitas Christi‹ kaum mehr eine engere Verbindung zwischen irdischem und himmlischem Jerusalem besteht. Allerdings wird die ›ciuitas Christi‹ nach wie vor als Stadt im Osten beschrieben, so dass die Jerusalembezüge nicht völlig gekappt sind.
603 Vgl. die Route in ApkPl (lat) 21 (Par): »Et deposuit me de tercio celo et induxit me in secundo caelo. Et iterum duxit me in firmamento et de firmamento duxit super ganuas celi. Erat inicium eius fundatum super flumen que inrigat omnem terram. Et interrogaui angelum et dixi: Domine, quis est hic fluuius aque? Et dixit mihi: Hec est Oceanus. Et subito exiui de celo [...]. Illic autem terra clarior argento septiaes. Et dixi: Domine, quis est hic locus? Et dixit mihi: Haec est terra repromissionis«. (»Und er ließ mich vom dritten Himmel herab und führte mich in den zweiten Himmel, und wiederum führte er mich an das Firmament, und vom Firmament führte er mich zu den Toren des Himmels. Und es war der Anfang seines Fundaments über einem Fluss, der die ganze Erde bewässert. Und ich fragte den Engel und sagte: Was für ein Wasserfluss ist das? Und er sagte zu mir: Dies ist der Oceanus. Und plötzlich ging ich aus dem Himmel [...]. Dort aber das Land ist siebenmal heller als Silber. Und ich sagte: Herr, was ist dieser Ort? Und er sagte zu mir: Das ist das Land der Verheißung.«)

ter offenbart werden. Diese Form der Koordinierung gibt es auch bei den Räumen der Verdammnis: Die westlichere Lage des zweiten Raums bedeutet eine gesteigerte Gottferne, wobei auch hier der in seiner ›extremitas‹ räumlich markierte Heilsstatus eine heilsgeschichtliche Differenzierung mit sich bringt. Von denen, die in einer schrecklich stinkenden, versiegelten Grube, deren Fassungsvermögen eigentlich nur für einen Menschen ausreicht, förmlich zusammengeschmolzen sind, wird explizit gesagt, dass ihrer vor der Trinität nie mehr gedacht wird, sie also womöglich von der Auferstehung zum Gericht ausgeschlossen sind.[604] Dasselbe scheint auch für diejenigen zu gelten, die an einem demgegenüber noch schrecklicheren Ort[605] von einem ruhelosen Wurm in bedingungsloser Kälte gequält werden. Dabei handelt es sich um Sünder, die die Auferstehung Christi und des Fleisches bestritten, wobei gemäß der Logik der spiegelbildlichen Strafe wohl zu ergänzen ist, dass auch sie deshalb nicht auferstehen werden.

Drittens affizieren sich einzelne Räume über diese raumzeitlichen Überblendungen hinaus. ›Terra repromissionis‹, ›ciuitas Christi‹ und das Paradies des dritten Himmels werden in den Kapiteln 45 bis 51 ineinander integriert.[606] Die fusionierten Räume werden mit Bildelementen des eschatologisch interpretierten Gartens Eden der *Genesis* überblendet.[607] Der durch diese Integration und Überblendung entstandene Raum entzieht sich jeder Lokalisierung[608] und stellt, der Schlussposition folgend, eine ›summa‹ der Heilsräume dar: Als solcher ist er überdeterminiert.[609] Durch ihn fließen nicht nur die vier Paradiesesströme, die auch durch und um die ›ciuitas

---

604 Vgl. in dieser Arbeit S. 118.
605 Der Ort wird durch eine Wahrnehmungsbewegung im Norden oder Westen lokalisiert (vgl. ApkPl [lat] 42 [Par]): »Et respexi ad septemtrionem in hoccasum«; Duensing/de Santos Otero 1997, S. 666, übersetzen: »Und ich blickte von Norden nach Westen«, was aber keine handschriftliche Basis hat; in der koptischen und der syrischen Fassung fehlt die Richtungsangabe bedauerlicherweise gänzlich). Meines Erachtens ist bei der diffusen Richtungsangabe Nord/West die Assoziierbarkeit von Dunkelheit und Kälte entscheidend.
606 Zwischen ›ciuitas Christi‹ und dem siebten Himmel besteht ebenfalls eine (an das Raummodell des *Zweiten Henochbuchs* erinnernde) Transparenz; vgl. ApkPl (lat) 29 (Par): »Et dixi: Domine, quomodo solus Dauid pre ceteris sanctis inicium fecit psallende? Et respondens angelus et dixit mihi: Quia Christus filius dei sedet ad dexteram patris suii et hic Dauid psallet ante eum in vii.mo celo. Et sicut ita et fiunt in celis, ita et in terris similiter«. (»Und ich sagte: Herr, weshalb macht allein David vor den übrigen Heiligen den Anfang des Psalmodierens? Und antwortend sagte der Engel zu mir: Weil Christus, der Sohn Gottes, zur Rechten seines Vaters sitzt, wird auch dieser David vor ihm psalmodieren im siebten Himmel. Und wie es in den Himmeln geschieht, so [geschieht es] auch ähnlich auf Erden«).
607 Vgl. Gen 2f. und ApkPl (lat) 45 (Par): »Hic est paradisus in quo errauit Adam et mulier eius«. (»Dies ist das Paradies, in welchem Adam irrte und seine Frau«).
608 Vgl. Rosenstiehl 1990, S. 205 f.
609 Aufgrund der Überdeterminierung ist es nicht gerechtfertigt, den Raum als jenseitig-irdisch zu charakterisieren, wie dies Carozzi 1994a, bes. S. 40–46, getan hat, oder ihn im Himmel zu verorten (vgl. Hilhorst 1999, S. 138 f.; so auch Copeland 2001, S. 6). Beides verengt die Bedeutungsbreite dieses heterogenen Raumarrangements.

Christi‹ fließen,⁶¹⁰ sondern in ihm liegt auch ihre Quelle – und zwar unter einem Baum, auf dem der Geist Gottes ruht. Neben diesen jenseitstopographischen Elementen bildet sich die Verschmelzung der verschiedenen Räume auch in der Jenseitspopulation ab: Es scheint sich bei diesem Raum analog zu den Heilsräumen im Osten auch um den Aufenthaltsort der Gerechten zu handeln.⁶¹¹ Dem entsprechend begegnet Paulus den Propheten, Patriarchen und anderen Gerechten wie Lot und Hiob, die er bereits in der ›ciuitas Christi‹ sah. Darüber hinaus aber trifft er auch auf Maria, Mose, Noah, Elischa, von denen zuvor nicht die Rede war, sowie Elias (und wohl auch Henoch),⁶¹² denen er im dritten Himmel begegnet war. Die in der Koordinierung von ›terra repromissionis‹ und ›ciuitas Christi‹, dem himmlischen Jerusalem, vorbereitete Annäherung von irdischem und himmlischem Paradies⁶¹³ ist am Ende der *Paulus-Apokalypse* zu einem finalen Raum des Heils verdichtet worden, der das Kosmosmodell mit seinen Differenzierungen sprengt.⁶¹⁴ Den Raum zeichnet – durch Toponyme, topographische Elemente und Figuren – eine besondere Dichte an Informationen aus, die

---

610 Auffällig an den Paradiesesflüssen ist, dass sie innerhalb und außerhalb der ›ciuitas Christi‹ lokalisiert werden: Sie fließen also unter den Mauern durch. Außerdem stehen sie in einem unauflösbaren Identitäts- respektive Entsprechungsverhältnis zu den irdischen Flüssen Gihon, Phison, Euphrat und Tigris. Vgl. hierzu besonders die Konzeption des Jenseitsraums im *Zweiten Henochbuch* (in dieser Arbeit auf S. 63 ff. analysiert).
Die Darstellung der vier Flüsse in Kapitel 45 ist wesentlich näher am biblischen Text der *Genesis* als die in Kapitel 23, vgl. hierzu ausführlich van Ruiten 2003, S. 269.
611 Dort befindet sich nicht nur das auch in der *Paulus-Apokalypse* hervorgehobene biblische Personal, sondern auch all die Gerechten, die auf Erden der Weisung des Apostels Paulus folgten (vgl. ApkPl [lat] 46 [Par]).
612 Die koptische Fassung setzt dementsprechend die Stelle fort, an der L¹ (Par) und L² (Gz) sowie die syrische Version recht unvermittelt enden. Somit scheint, auch was den Schluss betrifft, die koptische Fassung Elemente der frühesten annehmbaren Fassung zu enthalten, auch wenn die zahlreichen Stationen, die Paulus in dieser Fassung noch bis zur abschließenden Ölbergszene (vgl. in dieser Arbeit S. 31 f.) durchwandert, keineswegs der frühesten annehmbaren Fassung entstammen dürften (vgl. Copeland 2001, S. 6). Denn zum einen fallen die massiven Dubletten bei gleichzeitig scharfen – und nicht erklärbaren – konzeptionellen Brüchen auf (so wird er nochmals in den dritten Himmel [vgl. ApkPl [kopt] 55] und in das himmlische Paradies [vgl. ApkPl [kopt] 56] geführt, von dem nun ausführlich erzählt wird [vgl. ApkPl [kopt] 58 ff.]), zum anderen enthalten diese Kapitel nicht-integrierte Elemente anderer, ägyptischer Jenseitserzählungen (etwa die Figur des κατήγορος und das Toponym ›Amente‹ [so auch in einer ebenfalls nur in der koptischen Fassung überlieferten Passage des 46. Kapitels], die sich auch in der *anonymen Apokalypse* finden).
613 Seit Augustinus sind das himmlische und das irdische Paradies die zentralen Begriffe der Paradiesesauslegung; vgl. Grimm 1977, S. 20. An dieser Stelle soll – obwohl sich dies aus gattungshistorischen und vor allem chronologischen Gründen eigentlich von selbst versteht – darauf hingewiesen werden, dass die *Paulus-Apokalypse* mit den Systematisierungsleistungen des Augustinus in keinerlei Verbindung steht (vgl. auch Anm. 577).
614 Bereits die ›Transzendenz-Marker‹ lassen wegen der Frage des Maßstabs jeden Versuch, das Kosmosmodell zu ›mappen‹, inadäquat erscheinen. Spätestens aber der finale, verdichtete Heilsraum entzieht sich selbst einer auf den textimmanenten Beobachtungen aufbauenden Lokalisierung; vgl. hierzu Benz 2013.

eine konkret-räumliche Vorstellung stimulieren und dabei bereits an früherer Stelle der *Paulus-Apokalypse* evozierte Jenseitsimaginationen aufnehmen und integrieren.

Das bisher zur *Paulus-Apokalypse* Ausgeführte bezog sich – gerade in der Abgrenzung von der *Petrus-Apokalypse* und bei dem Versuch, Struktur und Gestalt des Jenseitsraums zu beschreiben – auf die früheste annehmbare und aus den mittelalterlichen Handschriften auch weitestgehend rekonstruierbare Fassung aus der Zeit um 400 n. Chr. Mit einigen Abstrichen scheinen der Pariser Codex und die koptische sowie die syrische Übersetzung dieser frühesten Fassung besonders nahezukommen. Die ungewöhnlich gute Überlieferungssituation erlaubt es aber abschließend nicht nur auf die früheste annehmbare Fassung in der Spätantike, sondern auch auf die Bearbeitungstendenzen innerhalb der mediävalen Textüberlieferung zu schließen und insofern transformationstheoretische Fragen auf materialphilologischer Basis zu berücksichtigen. Die Überlieferung der Texte zeigt dabei deutlich, dass es gerade bei zwei Aspekten, in denen das Jenseitsraummodell besonders komplex ist, zu Problemen kam. Erstens finden sich die Kapitel 45 bis 51 nur in den lateinischen Texten der Codices aus Paris (L^1) sowie Graz und Zürich (L^2) und in der syrischen sowie der koptischen Fassung. Dabei überrascht besonders, dass dieser finale Raum sowohl im Codex aus Arnhem (L^3), der ansonsten dem Aufbau der frühesten rekonstruierbaren Fassung folgt, als auch im Codex aus St. Gallen (L^1) fehlt, der zumindest das Bewegungsnarrativ ab Kapitel 14 vollständig enthält. Es kann nicht mehr rekonstruiert werden, weshalb die Schlusskapitel in diesen Fällen nicht überliefert wurden. Möglich erscheint dabei zum einen, dass das Raumkonzept nicht verstanden wurde: Der finale Raum nimmt Elemente der zuvor beschriebenen Jenseitsräume auf und entzieht sich dabei allen vorher in der *Paulus-Apokalypse* selbst entwickelten Ordnungs- und Lokalisierungsmöglichkeiten. In dem Maße, in dem dieser letzte Abschnitt aus der etablierten Logik der vorangegangenen Jenseitserzählung fällt, mag er obsolet erscheinen. Dies gilt zum anderen umso mehr, als die Schlusskapitel wegen der Doppelungen als redundant beziehungsweise wegen der Integrationen und Überblendungen als inkonsistent angesehen werden konnten: So wird von Elias und von den Patriarchen zweimal erzählt und die zuvor verschiedenen Räumen zugewiesenen Figuren werden in einem Raum verortet. Schließlich hat vielleicht auch eine Rolle gespielt, dass mit dem ›refrigerium‹ des Kapitels 44 nicht nur ein Höhe-, sondern auch ein möglicher Endpunkt der Erzählung erreicht ist. Damit würden diese ›Himmel-Hölle-Fassungen‹ einer Bearbeitungstendenz der *Visiones Pauli* entsprechen, die ebenfalls meist mit dem ›refrigerium‹ enden.[615] Innerhalb der gebrauchsbedingten Profile dieser Transformationen wird dabei in den Textgruppen B und C der

---

615 Vgl. einführend Jiroušková 2006, S. 15 f.

Visiones Pauli das Motiv der Sonntagsheiligung und Sonntagsruhe besonders fokussiert.[616]

Zweitens wurde bereits zu einem frühen Zeitpunkt der Überlieferung die differenzierte Binnengliederung der Jenseitsräume nicht mehr verstanden. So bietet einzig die koptische Fassung eine sowohl für die Räume des Heils wie für die der Verdammnis eindeutig nach Osten respektive nach Westen gehende horizontale Bewegung und innerhalb der ›ciuitas Christi‹ eine einigermaßen stabile Zuordnung der vier Flüsse zu Himmelsrichtungen. Die Unverständlichkeit des Raummodells mag dabei mit dem Nichtverstehen oder der Verderbnis griechischer Nomina zusammenhängen. Dies legen zumindest die eigenartigen Verderbnisse der Himmelsrichtungsbezeichnungen und des Nomens πύργος[617] sowie das allmähliche Verschwinden der griechischen Eigennamen der Engel nahe.[618]

Obwohl also die komplexe Jenseitsraumkonzeption der frühesten rekonstruierbaren Fassung wohl schon bald nicht mehr verstanden wurde, liegt mit der *Paulus-Apokalypse* doch ein Text vor, der in seinen verschiedenen Überlieferungsvarianten das Interesse am postmortalen Geschick der Seelen befriedigt, indem in ihm mittels der Strategie erzählter Bewegung und der Technik des demonstrativen Dialogs von einem ebenso umfassenden wie konkreten räumlich-anschaulichen Jenseitsraum erzählt wird. Vor allem aufgrund dieser prägnanten Erzählweise und der damit verbundenen Akzentuierung des Interims gegenüber der Endzeit setzt sich die *Paulus-Apokalypse* durch[619] und wird für mediävale Jenseitserzählungen modellbildend – nicht nur, was die von ihr ausgehenden Jenseitsreiseerzählungen betrifft. So sehr das Verdikt des Augustinus gerade in theologischer Hinsicht adäquat erscheinen mag: Demgegenüber sind die ›fabulae‹ der *Paulus-Apokalypse* wohl doch zu gut erzählt.

4.2 Die *Dialogi* Gregors des Großen

Im späten fünften respektive frühen 6. nachchristlichen Jahrhundert – zu der Zeit, als das griechische Original der *Paulus-Apokalypse* ins Lateinische übersetzt wird[620] – sind die christlichen Jenseitsvorstellungen, die sich sowohl bei den apostolischen Vätern und in der patristischen Theologie, als auch in erzählenden Entwürfen unter stetem Rekurs auf biblische Aussagen

---

616 Vgl. Jiroušková 2006, S. 376 ff. Sie geht auch auf die Unterschiede zur narrativen Gestaltung des ›refrigerium‹ in den ›Himmel-Hölle-Fassungen‹ ein.
617 Vgl. ApkPl 23.
618 Vgl. zur Bedeutung (und Umdeutung) der Namen Tartarouchos und Temelouchos Rosenstiehl 1986 und Bauckham 1994, S. 74 f.
619 Vgl. Hilhorst 2007, S. 21 f.
620 Vgl. Silverstein/Hilhorst 1997, S. 12, und Bremmer 2011, S. 32.

allmählich herausbilden, keineswegs systematisiert.[621] Gerade was die von Augustinus abgelehnte[622] konkret-anschauliche Imagination der postmortalen Situation der Seelen betrifft, herrscht Klärungsbedarf; die ins Lateinische übersetzte Apokalypse kann die aufgeworfenen Fragen in gewisser Hinsicht, aber keineswegs endgültig beantworten. Das hinter der Abfassung der *Paulus-Apokalypse* stehende Problem ist nach wie vor virulent und kann je nach Kontext unterschiedliche Lösungsversuche stimulieren.

Papst Gregor der Große widmet das gesamte vierte Buch seiner *Dialogi* eschatologischen Fragen.[623] Dies kommt nicht von ungefähr: Gregors Ausrichtung auf Jenseitiges ist vor allem soteriologisch motiviert;[624] darüber hinaus lassen Pest, Krieg und Naturkatastrophen, also die äußeren Umstände seines Pontifikats, eschatologische Fragen besonders drängend werden.[625] Es ist bemerkenswert, dass das Endzeitbewusstsein, das auf diese äußeren Umstände zurückgeht,[626] gerade nicht zu einem Desinteresse an Fragen nach dem unmittelbar postmortalen Geschick der Seelen und zu einer Ausrichtung auf das endzeitliche Geschehen führt.[627] Vielmehr wird jede Art von Offenbarungen eschatologischen Inhalts, also auch solche, die von

---

621 Vgl. Dassmann 1996.
622 Vgl. Dassmann 1996, Sp. 372, u. Wlosok 2002, Sp. 301, u. dies. 2010, Sp. 101.
623 Die *Dialogi* wurden 593/594 abgefasst (vgl. Fiedrowicz 2002, S. 293). Ihre Echtheit ist umstritten, zuletzt hat Clark 1987 in seiner zweibändigen Arbeit Gregor die Autorschaft der *Dialogi* abgesprochen. Ein Aspekt seiner umfänglichen Argumentation sind auch die im vierten Buch erzählten Jenseitsreisen, vgl. Clark 1987, II, S. 643: »Nowhere in Gregory's authentic works is there any sanction for the belief that souls can thus return from a temporary sojourn in the next world to report their experiences to those living in earth«. Auf Clarks Provokation hin ist eine Forschungsdiskussion entbrannt, an deren Ende ihm mehrheitlich widersprochen wird; vgl. (auch für weitere Literatur) dal Santo 2010, der unter Rekurs auf Wundergeschichten in einem Brief Gregors zeigt, dass – anders als es eine postreformatorisch-neuzeitliche Sicht nahelegt – die Inhalte der *Dialogi* der intellektuellen Statur Gregors nicht entgegenstehen. – Es sei auch bemerkt, dass für die Fragestellung dieser Arbeit die Echtheitsdiskussion insofern irrelevant ist, als es vor allem auf die Wirkung der *Dialogi* im Mittelalter und nicht auf die tatsächliche Autorschaft ankommt.
624 Vgl. Kisić 2011, S. 60f. u. S. 265: Die »Betonung der eschatologischen Orientierung in Gregors Überzeugung [basiert] darauf, dass die Diesseits- bzw. Jenseitsorientierung eine tiefgreifende existenzielle Einstellung darstellt, von der die persönliche Erlösung jedes Menschen abhängig ist.«
625 Vgl. zum historischen Kontext Kisić 2011, S. 7ff.
626 Vgl. Kisić 2011, S. 53ff. u. S. 261f. (er weist darauf hin, dass zumindest in Gregors Sicht die Spätantike als Zeit des Niedergangs und nicht des Übergangs erscheint).
627 Gerade in diesem Fokus auf das unmittelbar postmortale Geschehen entsprechen die *Paulus-Apokalypse* und die fraglichen Passagen der *Dialogi* einander. Weshalb Zaleski 1987, S. 30f., hier einen Gegensatz erkennt, bleibt mir unverständlich. Die *Paulus-Apokalypse* und die entsprechenden Passagen der *Dialogi* weisen vielmehr dasselbe Bezugsproblem auf, vgl. Kabir 2001, S. 79: »Towards the end of the sixth century, it appears that the Church could neither evade questions on the interim, nor ignore the particular answer provided by the *Visio Sancti Pauli*. A desire to clarify the ›official‹ position on interim eschatology and fill this gap in patristic exposition seems to have motivated Gregory's reports of otherworldly visions in Book IV of his *Dialogi*.« Eine solche Motivierung greift angesichts der Zeitumstände auf

einem räumlich differenzierten und konkret-anschaulichen Jenseits handeln, als Indiz betrachtet, dass man sich tatsächlich in einer liminalen Phase befindet:

> Nam quantum praesens saeculum propinquat ad finem, tantum futurum saeculum ipsa iam quasi propinquitate tangitur et signis manifestioribus aperitur. (Greg. dial. IV,43,2)
>
> Denn je mehr die gegenwärtige Zeit sich dem Ende nähert, um so mehr wird die kommende Welt sozusagen auf dem Grenzgebiet berührt und an sicheren Zeichen erkenntlich.

Zu Beginn des vierten Buchs beginnt Gregor mit dem für seine Theologie so bedeutenden Fall des Anfangs, der gerade auch in erkenntnistheoretischer Hinsicht einen wesentlichen Ausgangspunkt für die Beschäftigung mit Eschatologischem und Jenseitigem darstellt. Seit der Vertreibung aus dem Paradies sieht der Mensch nur noch mit den leiblichen Augen, die jenseitige und nichtsichtbare Welt ist dem Menschen verschlossen. Gerade in dem Maße, in dem das Prinzip der ›adtestatio rei visae‹ wertgeschätzt wird, haftet an allem Nichtsichtbaren der Zweifel. Eben dies ist die Ausgangssituation des vierten Buchs der *Dialogi*, in denen Petrus stellvertretend für den Menschen mit seiner postlapsal eingeschränkten Wahrnehmungsfähigkeit spricht: »Recte totum dicitur. Sed mens refugit credere, quod corporeis oculis non ualet uidere.« (»Das ist alles richtig, aber der Geist weigert sich, das zu glauben, was er mit leiblichen Augen nicht sehen kann«; Greg. dial. IV,5,5). Diese Zweifel versucht Gregor auszuräumen. Um zu zeigen, dass man auch im Diesseits sichere Kenntnis über das Jenseits erlangen kann, verweist er auf die Weltverachtung der Apostel und der Märtyrer, die durch nichts anderes als Jenseitsgewissheit motiviert sein konnte. Ferner führt Gregor Berichte vom Sterben und unmittelbar postmortalen Geschehen an. Auch wenn diese Bericht noch stark der Immanenz verhaftet sind,[628]

---

jeden Fall etwas zu kurz. Zum Verhältnis von *Paulus-Apokalypse* und *Dialogi* vgl. ferner meine Anm. 639.

628 Beispielsweise erzählt Gregor von zwei Mönchen, die von den einfallenden Langobarden gehängt wurden; dabei wird, seiner Quelle (dem Klostervorsteher) entsprechend, nur über Transzendenzphänomene in der Immanenz, aber nicht über das tatsächliche postmortale Geschick der beiden Mönche berichtet: Greg. dial. IV,22,1 f.: »Qui [sc. monachi, MB] suspensi eodem die defuncti sunt. Facto autem uespere, utrorumque eorum spiritus claris illic apertibusque uocibus psallere coeperunt, ita ut ipsi quoque qui eos occiderant, cum uoces psallentium audirent, nimium mirati terrentur. [...] Sed has uoces spirituum omnipotens Deus idcirco pertingere uoluit ad aures corporum, ut uiuentes quique in carne discerent quia, si Deo seruire studeant, post carnem uerius uiuant.« (»Diese aufgehängten [Mönche] starben noch am nämlichen Tag. Als es aber Nacht wurde, fingen die Geister beider an, dort mit hellen und vernehmlichen Stimmen Psalmen zu singen, so daß sogar ihre Mörder, als sie dies hörten, in Staunen und Schrecken gerieten. [...] Der allmächtige Gott ließ aber deshalb diese Geisterstimmen zu leiblichen Ohren dringen, damit alle, die noch im Fleische leben, erkennen können, daß sie nach ihrem Tode ein wahrhaftigeres Leben besitzen werden, wenn sie jetzt Gott zu dienen trachten.«)

zeigt sich hier bereits, dass der Jenseitsraum in seiner Struktur die Fundamentalunterscheidung von Heil und Verdammnis realisiert: Die Seelen der Vollkommenen gelangen in den Himmel, die der Gottlosen in die Hölle.[629] Was die detailliertere Einrichtung und Binnendifferenzierung der Jenseitsräume betrifft, geht Gregor stets von der Heiligen Schrift aus.[630] So spielt die Lazarus-Erzählung des *Lukas-Evangeliums* eine wichtige Rolle gerade für die wechselseitige Sichtbarkeit von Räumen des Heils und der Verdammnis[631] oder für die Zusammenstellung von Sündergruppen in der Hölle.[632]

Für die Darstellung der *Dialogi* ist charakteristisch, dass über einen rein diskursiven Charakter hinaus in Gregors Antworten immer wieder anschauliche ›exempla‹ erzählt werden. Im Fortgang des Texts lösen sich diese ›exempla‹ allmählich von ihrem starken Immanenzbezug; schließlich findet man ›exempla‹, in denen die Transzendierung immanenter Ordnungen vollzogen wird. So sind im 37. Kapitel Elemente einer ekstatischen Jenseitsreise und damit Rudimente einer Jenseitstopographie enthalten. Diese Jenseitsreise ist deutlich von der des Apostels Paulus unterschieden. So handelt es sich zum einen um einen ungenannten Soldaten, den es zur Zeit der Pest dahinrafft. Zum anderen ist der Jenseitsraum völlig anders strukturiert: Die

---

629 Es ist bezeichnend, dass der Aspekt des Fegefeuers erst an späterer Stelle (vgl. Greg. dial. IV,41) thematisiert wird. Es handelt sich gegenüber der Unterscheidung von Heil und Verdammnis, Himmel und Hölle um ein nachgeordnetes Phänomen, das keine entschieden räumliche Ausprägung erfährt. Dementsprechend wird zwar der Ort der Hölle erörtert (allerdings sehr zurückhaltend, vgl. Greg. dial. IV,44,3: »[...] quid obstet non uideo ut sub terra esse infernus credatur«; »[...] so sehe ich keinen Grund, was dagegen spricht, zu glauben, dass die Hölle unter der Erde ist«), nicht aber der Ort des Fegefeuers: Denn es hat keinen eigenen (vgl. hierzu in dieser Arbeit auch S. 199 f.).
Auch Gatch 1970, bes. S. 82, weist daraufhin, dass man nicht erkennen kann, ob bei Gregor die Lehre eines postmortalen Fegefeuers oder die reinigende Wirkung des Feuers am Tag des Jüngsten Gerichts gemeint sei. Deshalb solle man sich davor hüten, die Lehre vom Fegefeuer bei Gregor formuliert zu sehen.
630 Für die Explikation dieses Prinzips vgl. Greg. dial. IV,38,6: »PETRVS. Putamusne hoc auctoritate sacri eloquii posse monstrari, ut culpae carnalium foetoris poena puniantur?« (»*Petrus.* Läßt sich das wohl durch das Ansehen der Heiligen Schrift beweisen, daß die Fleischessünden durch üblen Geruch bestraft werden?«)
631 Vgl. Greg. dial. IV,30 u. 34.
632 Für die Differenzierung nach Sündergruppen wird auf das Gleichnis vom Unkraut des Ackers rekurriert (vgl. Mt 13,24 ff.), vgl. Greg. dial. IV,36,14: »Messores quippe angeli zizania ad conburendum in fasciculis ligant, cum pares paribus in tormentis similibus sociant, ut superbi cum superbis, luxuriosi cum luxuriosis, auari cum auaris, fallaces cum fallacibus, inuidi cum inuidis, infideles cum infidelibus ardeant.« (»Die Engel lesen als Schnitter das Unkraut in Büscheln zum Verbrennen zusammen, wenn sie Gleiches und Gleiches in derselben Pein vereinigen, so daß Stolze mit Stolzen, Unzüchtige mit Unzüchtigen, Geizige mit Geizigen, Betrüger mit Betrügern, Neidische mit Neidischen, Ungläubige mit Ungläubigen brennen müssen.«)

Räume des Heils und der Verdammnis, die in der *Paulus-Apokalypse* durch Lokalisierungen im Osten und im Westen klar voneinander getrennt sind, werden durch die Innovation des jenseitstopographischen Elements der Brücke zueinander ins Verhältnis gesetzt.[633] Der ungenannte Soldat erzählt

> quia pons erat, sub quo niger atque caligosus foetoris intolerabilis nebulam exhalans fluuius decurrebat. Transacto autem ponte amoena erant prata atque uirentia, odoriferis herbarum floribus exornata, in quibus albatorum hominum conuenticula esse uidebantur. [...] Haec uero erat in praedicto ponte probatio, ut quisquis per eum iniustorum uellet transire, in tenebroso foetentique fluuio laberetur, iusti uero, quibus culpa non obsisteret, securo per eum gressu ac libero ad loca amoena peruenirent. (Greg. dial. IV,37,8 ff.)

> es sei eine Brücke da gewesen, unter welcher ein schwarzer, düsterer Strom dahinfloß, der einen Nebel von unerträglichem Geruch ausdünstete. Jenseits der Brücke waren freundliche, grünende Wiesen voll von wohlriechenden Blumen, und dort schien der Sammelpunkt von weißgekleideten Menschen zu sein. [...] Auf der Brücke aber mußte man die Probe bestehen; wenn ein Ungerechter über sie gehen wollte, fiel er in den düstern, übelriechenden Fluß, während die Gerechten, denen keine Schuld ein Hindernis in den Weg legte, sicheren und unbehinderten Schrittes zu den freundlichen Gestaden gelangten.

Woher dieses Motiv der Jenseitsbrücke stammt, lässt sich nicht mehr klären.[634] Entscheidend ist, dass durch dieses Motiv nicht nur – analog zur Lazarus-Erzählung des *Lukas-Evangeliums* – die Jenseitsräume einander transparent werden, sondern zugleich die Möglichkeit eröffnet wird, das für die Jenseitsreise konstitutive Element der erzählten Bewegung in verschiedenen Hinsichten auszuweiten.

Diese figuren-, ereignis- und motivbezogenen Aspekte sind aber eher angelegt als tatsächlich ausgeführt. Auch weist die Erzählung der *Dialogi* allenfalls Spuren der Tradition der Jenseitsreise auf: Wegen ihrer Kürze spielt die Strategie erzählter Bewegung fast keine Rolle – allenfalls der ›ablativus absolutus‹ »transacto ponte« setzt Bewegung voraus – und der demonstra-

---

633 Eine ähnliche Struktur findet sich bereits in der *anonymen Apokalypse* (vgl. hierzu in dieser Arbeit S. 74 ff., nicht aber in der *Petrus-Apokalypse*, vgl. meine Anm. 393), die dort im Bild der Überfahrt realisiert ist, auf der der Jenseitsreisende in eine engelsgleiche Gestalt transformiert wird. Das Motiv der Überfahrt ist dann in der *Paulus-Apokalypse*, ihrer strikten Dichotomie von Heil und Verdammnis folgend, auf die Räume des Heils beschränkt.

634 Vgl. Dinzelbacher 1973, S. 14 ff. Die Jenseitsbrücke erscheint auch in der *Historia Francorum* Gregors von Tours: In Sunniulfs Vision führt sie – als Probebrücke – über einen Straffluss, in den die Sünder unterschiedlich tief eingesunken sind. Da die beiden Darstellungen unabhängig voneinander sind (vgl. Dinzelbacher 1973, S. 17) und die *Dialogi* breitere Wirkung entfalteten, konzentriere ich mich auf die Darstellung bei Gregor dem Großen. Zur Jenseitsbrücke in der *Visio beati Esdrae* vgl. Bauckham 2010, S. 333 ff. Zum weiteren Kontext vgl. auch Philonenko 1994, zur unterschiedlichen Funktionalität von Brücke und Leiter vgl. Graf 2004.

tive Dialog erscheint zurückgenommen,⁶³⁵ da die Ausdeutung des Gesichts gerade im Gespräch zwischen Gregor und Petrus erfolgt:⁶³⁶

> PETRVS. [...] Ridiculum est ualde, si credimus quod in illa uita adhuc metallis talibus egeamus.
> GREGORIVS. Quis hoc, si sanum sapit, intellegat? Sed ex eo quod illic ostensum est, quisquis ille est cui mansio ista construitur, aperte datur intellegi quid est quod hic operatur. Nam quoniam praemium lucis aeternae elemosinarum largitate promerebitur, nimirum constat quia auro aedificat mansionem suam. Quod enim superius memoriam fugit ut dicerem, isdem miles qui haec uiderat narrabat quod eosdem laterculos aureos ad aedificationem domus senes ac iuuenes, puellae et pueri ferebant. Qua ex re collegitur quia hii, quibus hic pietas facta est, ipsi illic operatores esse uidebantur. (Greg. dial. IV,37,15 f.)
>
> *Petrus.* Es wäre doch eigentlich lächerlich, zu glauben, daß man dort noch solches Baumaterial benötigt.
> *Gregorius.* Welcher vernünftige Mann wird aber auch das darunter verstehen? Vielmehr wird durch das Geschaute angezeigt, was derjenige auf Erden für Werke tat, für den diese Wohnung bereitet wird, mag er nun sein, wer er will. Denn wer durch reichliches Almosen den Lohn des ewigen Lichtes sich verdient, der baut sich ohne Zweifel seine Wohnung mit Gold. Ich habe nämlich vorher vergessen, zu sagen, daß nach der Erzählung des Soldaten, der dies sah, Greise und Jünglinge, Mädchen und Knaben die goldenen Steine zum Bau des Hauses herbeitrugen. Daraus erkennt man, daß diejenigen, denen er hier Gutes erwies, dort als seine Bauleute erschienen.

Es sei nebenbei bemerkt, dass sich bei dieser Diskussion der Imagination eines aus goldenen Ziegeln gebauten Hauses bereits ein symbolisches Verständnis des Gesichts ankündigt.⁶³⁷ Wichtig nun ist, dass das vierte Buch der *Dialogi* trotz den schwierigen Traditionsbezügen einen zweifachen Beitrag für die Erzählung von Jenseitsreisen leistet: *Zum einen* wird durch die Darstellung in dem Werk eines Papstes die ekstatische Jenseitsreise ganz grundsätzlich zu einer legitimen Quelle für das unmittelbar postmortale Geschick der Seelen, so dass dem einst hoch umstrittenen Text der *Paulus-Apokalypse* nicht mehr unbedingt der ›haut goût‹ einer ›Apocalypsis nescio

---

635 Ein ›angelus interpres‹ fehlt. Die antwortende Stimme kommt gleichsam aus dem ›Off‹, vgl. Greg. dial. IV,36,11: »Qui [sc. Miles, MB] dum requireret cur ita esset, ea se dixit audisse quae nos, qui eum in hac ecclesiastica domo nouimus, scientes eius acta recolimus. Dictum namque est: [...]« (»Als er fragte, warum das so wäre, hat er Dinge vernommen, an die wir uns gar gut erinnern; haben wir ihn ja doch in diesem geistlichen Hause wohl gekannt. Es wurde ihm nämlich gesagt: [...]«).
636 Vgl. Moorhead 2002 zur Figur des Petrus; er nimmt von Buch zu Buch eine immer aktivere Rolle ein, was nach Moorhead allerdings nichts mit dem Inhalt der Bücher zu tun habe (vgl. ebenda, S. 477). Aber nur durch die aktive Rolle ist es möglich, dass das Gesicht des ungenannten Soldaten nicht im demonstrativen Dialog, sondern im Dialog zwischen Gregor und Petrus ausgedeutet wird.
637 Vgl. Zaleski 1987, S. 30. Vgl. ferner im Zusammenhang mit dem ›viktorinischen Symbolismus‹ und dem *Tractatus de Purgatorio S. Patricii* in dieser Arbeit S. 207 ff.

quibus fabulis plena‹ anhaftet.⁶³⁸ Auch wenn sich die *Dialogi* nicht explizit mit diesem Text beschäftigen, so machen sie doch ein Erzählmodell diskursfähig, das zuvor jenseits der Zirkel, in denen der Text entstand oder geglaubt werden wollte, keine Geltung beanspruchen konnte.⁶³⁹ Tatsächlich lässt sich eine Wirkung der *Dialogi* auf die *Paulus-Apokalypse* insofern nachweisen, als in einigen ihrer mittelalterlichen Transformationen, der *Visiones Pauli*, das jenseitstopographische Element der Brücke, der Darstellung der *Dialogi* folgend, eingefügt wurde.⁶⁴⁰ *Zum anderen* enthält gerade diese Innovation bereits in den *Dialogi* die Möglichkeit, den Jenseitsraum in seiner Struktur zu dynamisieren, da das Prinzip der Bewegung auch auf die Seelen ausgeweitet und das Jenseits zum Ort der Aushandlung und Veränderung des Heilsstatus werden kann. Zusätzlich verändert sich in dem Maße der Charakter der Erzählung weitreichend, in dem der Jenseitsreisende, der nicht mehr biblischer Heros, sondern ein einfacher Gläubiger ist,⁶⁴¹ dieselbe Bewegung vollzieht und selbst einer Probe unterzogen wird.

4.3 Die *Visio Baronti* und die Dynamisierung des Jenseitsraums in der Konversion des Drycthelm

Die enorme Bedeutung des vierten Buchs der *Dialogi*, gerade auch für die Wirkung der *Paulus-Apokalypse*, schlägt sich in der ersten eigenständig überlieferten Vision des Frühmittelalters nieder, der *Visio Baronti*.⁶⁴² Dement-

---

638 Vgl. zur Unwahrscheinlichkeit der *Paulus-Apokalypse* und den daraus resultierenden Geltungsproblemen in dieser Arbeit S. 24 ff.
639 Ein Zeugnis einer frühen und direkten Wertschätzung der *Paulus-Apokalypse* findet man in den Werken des Caesarius von Arles, der einen Satz des lateinischen Textes (»inpedimenta mundi fecerunt eos miseros«, ApkPl [lat] 10 [Par]) zwölfmal als Satz der Heiligen Schrift zitiert, vgl. hierzu Fischer 1951.
Es scheint mir sehr unwahrscheinlich zu sein, dass Gregor mit seiner Jenseitserzählung der *Paulus-Apokalypse* etwas entgegenstellen wollte, wie Kabir 2001, S. 79 ff., meint. Kabir ist darin zuzustimmen, dass sich die Erzählung des ›miles‹ und die *Paulus-Apokalypse* in vielen Aspekten widersprechen. In einer Situation, in der sicherlich mehrere Erzählungen über das postmortale Geschick der Seelen kursierten (vgl. Kabir 2001, S. 81), muss ein (noch dazu gegenüber der umfassenden Erzählung der *Paulus-Apokalypse*) sehr kurzer Text bei Gregor nicht unbedingt als intentionale Widerlegung der *Paulus-Apokalypse* gemeint gewesen sein. In der unmittelbaren zeitgenössischen Wahrnehmung hat die Jenseitserzählung der *Dialogi* die Geltung der *Paulus-Apokalypse* in keiner Weise eingeschränkt; vielmehr wurden im 7. und 8. Jahrhundert Elemente beider Texte miteinander verbunden, worauf Kabir 2001, S. 100, selbst hinweist.
640 Vgl. Dinzelbacher 1973, S. 48 ff.
641 Vgl. Zaleski 1987, S. 31.
642 Die *Dialogi* haben natürlich auch darüber hinaus im gesamten Mittelalter gewirkt; angeführt sei noch folgendes Beispiel aus karolingischer Zeit, in dem davon erzählt wird, dass sich Wetti nach einer Teufelserscheinung aus dem vierten Buch der *Dialogi* Gregors vorlesen lässt und daraufhin in Ekstase fällt, vgl. VisWett IV: »In ipsa ergo inmensitate timoris anxius proruit in terram coram praedictis fratribus, distenso omni corpore in crucis modum postulavit, ut omni

4.3 Die *Visio Baronti* und die Dynamisierung des Jenseitsraums 141

sprechend werden unter den Bedingungen der Möglichkeit dieses Texts an erster Stelle Gregors *Dialogi* genannt.[643] Dennoch darf aber keine »lunga catena che da Gregorio Magno conduce fino a Dante«[644] angenommen werden: Denn auch die *Paulus-Apokalypse* zirkulierte im Frühmittelalter in lateinischer Übersetzung. Statt eine mit Gregor beginnende teleologische Entwicklung zu konstruieren, sollte vielmehr davon ausgegangen werden, dass sich in einem je synchron zu denkenden Zusammenhang mit der Wirkung der Schriften Gregors[645] aus der frühchristlichen Apokalyptik allmählich in Gestalt der Gesichte des Paulus und des Barontus sowie weiterer, zum Teil erhaltener, zum Teil sicherlich auch verlorener Texte eine Gattung formiert.[646]

Ausgehend von der *Visio Baronti* wird im überwiegenden Teil der Forschung das 7. Jahrhundert als der Zeitpunkt identifiziert, ab dem von einer Gattung ausgegangen werden kann.[647] Mir scheint eine terminologische Präzisierung nötig, was hier mit dem Terminus ›Gattung‹ allenfalls gemeint sein kann: Es ist zutreffend, dass ab dem 7. Jahrhundert

---

virtute qua possent, pro peccatis eius intercederent. Illo ergo sic prostrato coeperunt praedicti fratres tam VII psalmos penitentiae, quam etiam caeteros tantae anxietati aptos, qui sibi ad memoriam occurrerant, pro eo decantare. His ergo finitis surrexit et resedit in lectulo, postulans Dialogum beati Gregorii sibi legi. Principia ergo ultimi libri eiusdem Dialogi audiente eo lecta sunt usque ad consummationem novem aut decem foliorum.« (»In eben dieser unermesslichen Furcht und Angst stürzte er vor den genannten Fratres auf die Erde und bat, nachdem er den ganzen Körper wie ein Kreuz ausgestreckt hatte, dass sie mit aller Kraft, die ihnen zur Verfügung stand, für seine Sünden interzedieren. Nachdem er sich so hingelegt hatte, fingen also die genannten Fratres an ebenso die sieben Bußpsalmen wie auch andere Psalmen, die in dieser Not passend waren und die ihnen eingefallen waren, für ihn zu singen. Nachdem sie damit fertig waren, stand er auf und setzte sich auf sein Bett. Er bat darum, dass ihm aus den *Dialogi* des Hl. Gregor vorgelesen werde. Vom Anfang des letzten Buchs der *Dialogi* an wurden neun oder zehn Seiten mit ihm als Zuhörer ganz gelesen.«)

643 Vgl. Moreira 2000, S.138 ff. In der Tat wird mehrfach und explizit in der *Visio Baronti* auf die *Dialogi* rekurriert, vgl. das Zitat in meiner Anm. 659. Vgl. zu den Entsprechungen zwischen der *Visio Baronti* und den *Dialogi* Contreni 2003, S.681 ff.
644 Ciccarese 1981/82, S.29.
645 Neben den *Dialogi* sind auch die *Homiliae in Evangelia* zu berücksichtigen, vgl. Moreira 2000, S.138.
646 Die Formierung dieser Gattung steht im Kontext eines größeren religionsgeschichtlichen Wandels, den Brown 1999 als ›peccatization‹ beschrieben hat. Damit meint Brown die sich im Übergang von der Spätantike ins Frühmittelalter durchsetzende »definitive reduction of all experience, of history, politics, and the social order quite as much as the destiny of individual souls, to two universal explanatory principles, sin and repentance« (ebenda, S.313). Ein Aspekt dieses Wandels zeigt sich auch in den Imaginationen des postmortalen Geschicks der Seelen, die anders noch als in antik-christlichen Zusammenhängen nun ganz auf Sünde und Buße ausgelegt sind.
647 Vgl. die initiale Einschätzung von Ciccarese 1981/82 und zur weiteren Forschung Moreira 2000, S.136. Hingegen meint Hen 1996, S.485, dass man erst aber der Karolingerzeit von einer Gattung sprechen könne: »Yet, it seems that one cannot refer to visionary literature as a genre before the Carolingian period, because only a scattering of visionary accounts survive, and none of them, apart from the *Visio Baronti* and the *Visio Fursei*, is seperate«. Leider nicht zugänglich ist die Dissertation von Lucey-Roper 2000.

Texte entstehen, die insofern einen engeren Zusammenhang bilden, als sie Erzählgegenstand und Erzählverfahren teilen. Allerdings werden die Jenseitsreisen sowohl als ›Visiones‹ als auch als ›Revelationes‹ bezeichnet; beide Termini sind nicht trennscharf, da sie noch dazu Uneinheitliches bezeichnen.[648] Mit der Bezeichnung als Gattung geht es mir darum, einen gewussten historischen Zusammenhang anzuzeigen. Man wird allerdings kaum von einer historisch spezifischen literarischen Institution, also im Fricke'schen Sinne von einem ›Genre‹, aber auch nicht nur von einer ›Textsorte‹ sprechen wollen,[649] wobei es generell fraglich ist, ob Frickes Definitionen in ›vormodernen‹ Kontexten unumwunden Anwendung finden können.

Die Jenseitsreise des Furseus, die strukturell und motivisch kaum an die christliche Tradition der Jenseitsreise anschließt, zeigt, dass zunächst auch alternative Formen der Textualisierung versucht wurden: So wurde diese Jenseitsreise in der Mitte des 7. Jahrhunderts nicht als ›Jenseitsreise‹ verschriftlicht, sondern in den Zusammenhang einer *Vita* integriert, die fast ausschließlich aus dieser Jenseitsreise besteht.[650]

Im Zuge des diskontinuierlich ablaufenden Prozesses[651] der Herausbildung einer Gattung kommt es zu Wechselwirkungen – so wird in einer Fassung der *Visio Pauli* aus dem 9. Jahrhundert der Erzengel Michael durch Raphael, den Jenseitsführer der *Visio Baronti* ersetzt[652] – und Innovationen, die in rudimentärer und isolierter Form zwar bereits in einzelnen Entwürfen, etwa den Jenseitserzählungen Gregors des Großen aufscheinen, deren Kraft sich aber erst im Laufe der Zeit entfaltet. Dieser Prozess der Emergenz von Neuem sollte unabhängig von den Notwendigkeiten literarhistorischer Darstellungen nicht als chronologische Abfolge von Texten, die durch ihre Entstehung zeitlich klar eingeordnet werden können, sondern als eine Folge von Gleichzeitigkeiten der transformierenden Überlieferung älterer und der Entstehung neuer Texte begriffen werden.

Die *Visio Baronti* geht vom Interesse am postmortalen Geschehen aus und erzählt zu dessen Befriedigung die Jenseitsreise eines Mönchs, der die Vorzüge seines adligen Lebens hinter sich gelassen hat und in ein Kloster eingetreten ist. Anders aber als die Ekstase des ›miles‹ in den *Dialogi* wird

---

648 Vgl. Cavagna 2005, S. 51.
649 Zur Terminologie vgl. Fricke 1981, S. 132 ff., der »zwischen einer ›literarischen Textsorte‹ als rein systematischem literaturwissenschaftlichem *Ordnungsbegriff* und einem ›Genre‹ als einer historisch begrenzten literarischen *Institution*« (S. 132, Herv. i. O.) unterscheidet.
650 Vgl. Berschin 1988, S. 107: »Die *Vita S. Fursei* [um 653 verfasst, MB] ist in ihrer biographischen Konzeption und Konzentration auf ein einziges seelisches Erlebnis ein Experiment geblieben. Die um 680 [...] geschriebene *Visio Baronti* macht keinen Versuch, das Schaugesicht des Mönches Barontus in eine Vita einzubinden«; vgl. Ciccarese 1984/85 u. Palmer 1999.
651 Zu einer ähnlichen Beschreibung der Transformationen zwischen dem *Buch der Wächter* und der frühchristlichen Literatur vgl. in dieser Arbeit S. 90 ff.
652 Vgl. Contreni 2003, S. 696. Zu der Fassung der *Visio Pauli* (St. Gallen Stiftsbibliothek, Hs. 682) vgl. auch Jiroušková 2006, S. 281 ff.; die Passage, in der Raphael auftritt, ist auf S. 920 ediert.

4.3 Die *Visio Baronti* und die Dynamisierung des Jenseitsraums 143

die Jenseitsreise des Barontus, die sich am 25. März 678 oder 679 ereignet haben soll,[653] in der ersten Person erzählt. Nicht nur in diesem Punkt,[654] sondern auch in der umfassenden Darbietung des postmortalen Geschehens, beginnend mit dem Kampf der Dämonen und der Engel um die Seele[655] und einer detaillierten Beschreibung des Austritts der Seele aus dem Körper,[656] ähnelt die *Visio Baronti* der Jenseitserzählung der *Paulus-Apokalypse*. Auch der Jenseitsraum ist gerade in struktureller Sicht ähnlich eingerichtet: Während die Räume des Heils durch die Abfolge von vier Pforten eine topographische Ordnung aufweisen, darüber hinaus aber vor allem personal codiert sind,[657] handelt es sich bei der Hölle um eine paradigmatisch-metonymische Erzählung von Strafstätten.[658] Die *Visio Baronti* greift

---

653 Vgl. Levison 1910, S. 370.
654 Vgl. Moreira 2000, S. 159.
655 Barontus verliert sein Bewusstsein am frühen Morgen; der Streit um die Seele dauert aber bis zum Abend (vgl. VisBar 3: »Sic illis tota die altercantibus, venerunt usque ad vespertina ora«), erst danach tritt seine Seele aus dem Körper, so dass Barontus' Ekstase streng genommen nur eine Nacht lang dauert, nicht aber eine Nacht und einen Tag (so Dinzelbacher 1981, S. 142).
656 Die Detailliertheit der Darstellung ist hervorhebenswert, vgl. VisBar 4: »Hoc audito, sanctus Rafahel extendens digito tetigit gutturem meum, et ego miser statim sensi animam meam evulsam a corpore meo. Sed et ipse animam, in quantum mihi visum fuit, quam parva sit, referam. Sic mihi videbatur, similitudinem de parvitatem haberet ut pullus aviculae, quando de ovo egreditur.« (»Nach diesem Wortwechsel streckte der Hl. Raphael seinen Finger aus und berührte meine Kehle und ich Armer fühlte plötzlich, wie meine Seele aus meinem Körper herausgerissen wurde. Aber ich selbst möchte erzählen, wie klein mir die Seele zu sein schien. Es schien mir so, sie hätte – klein wie sie war – eine Ähnlichkeit mit dem Jungen eines kleinen Vogels, wenn er aus dem Ei schlüpft.«) Die Seele kann bereits wahrnehmen; zu sprechen aber vermag sie erst, nachdem sie ein ›corpus aerium‹ angenommen hat. Vgl. hierzu Dinzelbacher 1993, S. 307 f.
657 Vgl. Ciccarese 1981/82, S. 44; zur räumlichen und personalen Codierung des Heilsjenseits in der *Paulus-Apokalypse* vgl. meine Anm. 584. Die personale Jenseitscodierung wird unter Rekurs auf das *Lukas-Evangelium* in der *Visio Baronti* besonders prägnant umgesetzt: Zwischen Paradies und Hölle sitzt Abraham auf einem Thron; sein Schoß ist ein personal codiertes Heilsjenseits, vgl. VisBar 16 (es sprechen die ›fratres‹ des Barontus): »Ipse est Abraham pater noster, et, tu frater, oportet te semper Dominum rogare, ut, cum te a corpore iusserit migrare, in sinu ipsius Abrahae te faciat quietem habitare.« (»Es ist Abraham höchstpersönlich, unser Vater, und, du Bruder, musst stets den Herrn bitten, dass er dich in Abrahams Schoß eine ruhige Heimstatt finden lässt, nachdem er Dir die Trennung vom Körper befohlen hat.«)
658 Vgl. zu diesem theoretischen Einsatz in dieser Arbeit S. 128. Allerdings fehlt in der *Visio Baronti* die klare Verortung der Strafräume innerhalb eines Kosmosmodells: So scheinen sie sich im Himmel zu befinden (vgl. VisBar 7, wo sich die Seele des Barontus gemeinsam mit Raphael eindeutig überirdisch befindet: »Et iuxta inferno iter habuimus et custodes infernorum vidimus.« [»Und wir gingen an der Hölle vorbei und sahen die Wächter der Hölle«]), andererseits wird die Hölle aber mit einer Bewegungsrichtung nach unten, also mit der Dimension der Tiefe in Verbindung gebracht; Vgl. VisBar 4: »Sanctus Rafahel pugnabat pro animam meam elevare ad caelum sursum et daemones cupiebant semper praecipitare deorsum.« (»Der Hl. Raphael kämpfte für meine Seele, um sie nach oben in den Himmel emporzuheben, und die Teufel wollten sie immer nach unten stürzen.«)

aber nicht nur auf die *Paulus-Apokalypse*, sondern auch auf die Jenseitserzählungen in Gregors *Dialogi* zurück.[659]

So sehr sich die Jenseitsentwürfe der *Paulus-Apokalypse* und Gregors des Großen dabei auch in der *Visio Baronti* ineinander fügen und miteinander kombinieren lassen, an einer Stelle zeigt sich ein Widerspruch: Während es für den biblischen Heros besonders angemessen ist, zunächst die Räume des Heils, dann die der Verdammnis zu durchreisen, ergibt diese Abfolge bei einem einfachen, eben auch sündigen Mönch weniger Sinn: Sein Heilsstatus ist zu Beginn der Ekstase keineswegs geklärt, weswegen er den Kampf der Dämonen und der Engel auch nicht nur beobachtet, sondern in Bezug auf die eigene Seele erlebt: Zwei Dämonen begleiten Barontus und Raphael. Vor der ersten Pforte des Paradieses, vor der Mönche auf den Jüngsten Tag warten, wird Barontus auf diese ungewöhnliche Begleitung angesprochen und bekennt sich zu seiner Schuld:

> Hi omnes [sc. fratres monasterii Baronti, MB], ut nos viderunt et daemones latere meo sinistro vehementer adstringere, stupefacti sermocinare nobiscum voluerunt. Sed nequissimi daemones nullo modo locum dare de illorum parte volebant, sed servus Dei magnus nomine Leodoaldus sanctum Rafahelum per creatorem caeli et terrae coniuravit, qui me paululum repausaret. Tunc ipse humiliter sanctum Rafahelum et me infelicem sciscitantes, de qualem conoebium fuissem et quam ob causam sic graviter errassem, ut daemones in me accipissent talem potestatem. Et ego aio ad eos: »Ex monasterio sancti Petri Longoreto nomen, et ista omnia quae patior pro culpas meas et facinora evenisse non denego.« (VisBar 8)

> Sobald [die Fratres des Klosters von Barontus] gesehen hatten, dass uns die Dämonen an meiner linken Seite heftig angingen, wunderten sie sich und wollten mit uns sprechen. Aber die ganz nichtsnutzigen Dämonen wollten in keiner Weise von ihrer Position weichen, aber ein großer Diener Gottes mit Namen Leodoaldus beschwor den Hl. Raphael beim Schöpfer des Himmels und der Erde, dass er mir ein wenig Ruhe gönne. Dann fragten sie selbst demütig den Hl. Raphael und mich Unglücklichen, aus welchem Kloster ich gewesen war und weshalb ich so schwer gefehlt hatte, dass die Dämonen eine solche Macht über mich erhalten hatten. Und ich sage zu ihnen: »Mein Name stammt aus dem Kloster des Hl. Petrus in Longoretum, und dies alles, was ich erleide, ist, wie ich nicht abstreite, wegen meiner Schuld und meiner Sünden geschehen.«

---

659 In einigen Punkt decken sich beide Erzählungen, besonders bei der Koordinierung von Sündergruppen und Straforten. Vgl. VisBar 17: »Tenebantur ibi superbi cum superbis, luxoriosi cum luxoriosis, periuri cum periuris, homicidi cum homicidis, invidi cum invidis, detractores cum detractoribus, fallaces cum fallacibus; gemebant, iuxta quod et sanctus Gregorius in Dialigorum exposuit: Ligabant eos in fasciculis ad conburendum, et reliqua« (»Es wurden dort die Hochmütigen mit den Hochmütigen festgehalten, die Wollüstigen mit den Wollüstigen, die Meineidigen mit den Meineidigen, die Mörder mit den Mördern, die Neider mit den Neidern, die Verleumder mit den Verleumdern, die Betrüger mit den Betrügern. Sie stöhnten, wie auch der Hl. Gregor in den *Dialogi* ausführte: Sie banden sie in Büscheln zum Verbrennen usw.«). Vgl. hierzu das Zitat in meiner Anm. 632.

4.3 Die *Visio Baronti* und die Dynamisierung des Jenseitsraums 145

Die Dämonen begleiten und quälen Barontus bis zur letzten Station seiner Reise durch das Paradies, bis vor die vierte Pforte. Dort vertreibt sie der herbeigerufene Petrus, da Barontus all seine Sünden beichtete, Almosen gab und ins Kloster eintrat. Dennoch hat Barontus gegen die Benediktsregel verstoßen, indem er heimlich Geld behielt. Weshalb die Dämonen ihn dessen nicht angeklagt haben, wird nicht ersichtlich; jedenfalls verordnet Petrus im Habitus eines Buchhalters detaillierte Bußvorschriften.[660]

Diese Episode, die den Mittel- und Wendepunkt von Barontus' Jenseitsreise bildet, verdeutlicht, dass die *Visio Baronti* nicht nur allgemein einen Beitrag zur Formierung des monastischen Subjekts darstellt,[661] sondern im Besonderen in Zusammenhang mit neuen Bußpraktiken zu sehen ist, wie gerade auch die paränetischen Schlusskapitel zeigen.[662] Der erzählte Jenseitsraum der *Visio Baronti* erweist sich in verschiedener Hinsicht als diesem Erzählanliegen dysfunktional. Die konventionelle Struktur des Jenseitsraums mit dem Dualismus von Heil und Verdammnis kann durch die Androhung ewiger Strafe natürlich zu Umkehr und Buße führen. Gleichwohl ist diese Struktur – noch dazu, wenn sie in der paulinischen Folge von Räumen des Heils und der Verdammnis erfahren wird – wenig geeignet, das zentrale Ereignis der Umkehr mit der anschließenden Buße zu dramatisieren. Eben dies dürfte auch der Grund für die so knappe Darstellung der Hölle sein, die weit hinter die Darstellung des Paradieses zurückfällt:[663] Zu dem Zeitpunkt, zu dem Barontus die Hölle sieht, ist in Hinsicht auf sein eigenes Heil bereits das Wesentliche geschehen.

Dem lässt sich die Erzählung einer Jenseitsreise kontrastiv gegenüberstellen, die in Bedas *Historia Ecclesiastica* aus dem ersten Drittel des 8. Jahrhunderts überliefert ist. Im 12. Kapitel des fünften Buchs wird davon erzählt, dass ein rechtschaffener, religiöser Bürger der Stadt Cunningham in Folge einer Krankheit stirbt, am nächsten Morgen aber aufersteht. Die Trauergemeinde sucht erschrocken das Weite, nur seine Gattin, »quae

---

660 Vgl. VisBar 13: »Ad Kal. April. incipe et sic per singulos menses in anno circulo in unumquemque mensem unum solidum in manu pauperis mitte [...].« (»Fang am 1. April an und gebe so Monat für Monat im Jahreskreis monatlich einen Solidus in die Hand eines Armen [...].«)
661 Der monastische Kontext ist an allen Stellen der *Visio Baronti* zu greifen; außerdem werden die »fratres karissimi« (VisBar 1) als Adressaten im Text angesprochen.
662 Vgl. Hen 1996, S. 488 f.: »Finally the whole composition ends, as we have seen, with three concluding chapters, homiletic in tone, which revolve around the issues of penance and the forgiveness of sins. Such a theme for a didactic treatise, composed in the late seventh century, would coincide extremely well with the introduction of the so-called private penance (›paenitentia privata‹) on the Continent. Developed in the monasteries of the British Isles, private penance, or the ›tariffed penance‹ as it is sometimes called, was brought onto the Continent by Anglo-Saxon and Irish missionaries. Its main characteristics were the lack of any public rite, the fact that it could be administered by a priest, and the possibility of repeating the action whenever necessary.«
663 Vgl. Ciccarese 1981/82, S. 43 u. S. 48.

amplius amabat« (»die ihn mehr liebte«; Beda hist. eccl. V,12,1,12 f.), bleibt bei ihm. Dies wird ihr nicht gedankt; der Mann eröffnet ihr, dass er sein Leben radikal ändern müsse, verlässt sie, verteilt seinen Besitz – immerhin ein Drittel wird ihr zugestanden – und zieht sich ins Kloster Melrose zurück, wo er

> usque ad diem mortis in tanta mentis et corporis contritione durauit, ut multa illum quae alios laterent uel horrenda uel desideranda uidisse, etiamsi lingua sileret, uita loqueretur. (Beda hist. eccl. V,12,1,26 ff.)
>
> bis zum Todestag in solcher Zerknirschung des Geistes und des Körpers ausharrte, daß, wenn auch seine Zunge schweigen würde, doch sein Leben erzählen würde, daß er vieles, was anderen verborgen blieb, Schreckliches und Erstrebenswertes, gesehen hatte.

Ohne auch nur ein Wort über die Jenseitsreise erzählt zu haben, ist sein Leben dabei intellegibler Text:[664] Es handelt sich um eine Konversionserzählung, mit dem Dreischritt von ›Davor – Wende – Danach‹.[665] Das Entscheidende für die Gattung der Jenseitsreisen ist, dass die so funktionalisierte Jenseitsreise auch einen gegenüber etwa der *Paulus-Apokalypse,* der gregorianischen Jenseitserzählung des ›miles‹ oder der *Visio Baronti* wesentlich veränderten Jenseitsraum provoziert, in dem diese radikale Umkehr, die sich in der Rahmenhandlung realisiert, begründet werden kann.

Zu Beginn sieht sich Drycthelm schutz-, aber nicht orientierungslos in diesen Jenseitsraum versetzt, der ganz generell im Osten lokalisiert wird: Während die Räume der Strafe sich im Nordosten befinden, liegen die des Heils im Südosten. Von einem Engel geführt, durchquert er zunächst ein tiefes Tal, wobei zu seiner Linken Feuer brennt und zu seiner Rechten Hagel und Kälte herrschen. Drycthelm ist hier beobachtender Jenseitsreisender, den das unmittelbar betrachtete ›spectaculum‹, das Paulus zur ›misericordia‹ bewegt hatte,[666] sehr erschreckt.[667] Das Ausmaß des Schreckens erkennt man darin, dass sich Drycthelm fälschlicherweise in der Hölle wähnt. Diese Fehleinschätzung unterstreicht aber nicht nur die Grausamkeit der erzählten Strafbilder. Wenn Drycthelm auch an späterer Stelle meint, bereits im

---

664 Rabin 2009 hat auf den Zusammenhang von Konversion und Zeugenschaft aufmerksam gemacht, zwischen der Stimme Drycthelms und der des Erzählers (Bedas) differenziert (vgl. ebenda, S. 390: »While Drythelm would distinguish between witnessing and testimony, Bede's narrator links the two in order to define subjectivity through the act of testifying.«) und auf die zentrale Rolle des Lesers hingewiesen; vgl. ebenda, S. 397: »The articulation of selfhood that Dryhthelm finds in witnessing and that the narrator finds in testifying, the reader finds in the act of interpretation«.

665 Vgl. Luckmann 1987, bes. S. 42 f., der sich an dieser Stelle auf die Magisterarbeit Bernd Ulmers stützt (vgl. hierzu Ulmer 1988, bes. S. 22 ff.); zum Zusammenhang von ›peregrinatio‹ und ›conversio‹ vgl. Weitbrecht 2011a, S. 17 ff.

666 Zum ›refrigerium‹ der *Paulus-Apokalypse* vgl. meine Anm. 551.

667 Vgl. Beda hist. eccl. V,12,3,1 f: »At cum me hoc spectaculo tam horrendo perterritum paulatim in ulteriora produceret, [...]« (»Aber als er mich, der ich durch dieses schreckliche Schauspiel zutiefst erschrocken war, allmählich ins jenseitige Gebiet weiterführte, [...]«).

4.3 Die *Visio Baronti* und die Dynamisierung des Jenseitsraums   147

Königreich der Himmel zu sein,[668] bedeutet dieses wiederholte Irren, dass Drycthelms Vorausnahmen über die jenseitigen Orte insgesamt widerlegt werden sollen: Der heilsgeschichtliche Dualismus von Verdammnis und Heil wird aufgebrochen. Es ist das Neue an dieser Jenseitserzählung, dass der Jenseitsreisende selbst die Funktionsveränderung des Jenseitsraums und seiner Bewegung durch ihn erfährt.

Ausgangspunkt dieser Verschiebungen ist, dass der durchmessene Jenseitsraum den Jenseitsreisenden in noch stärkerem Maße existenziell betrifft, als dies beim Hl. Paulus der Fall war. Diese Steigerung wird in der folgenden Szene umgesetzt, deren literarischer Anspruch durch ein Zitat aus der Vergil'schen ›katabasis‹ hervorgehoben wird:

> Et cum progrederemur sola sub nocte per umbras,[669] ecce subito apparent ante nos crebri flammarum tetrarum globi ascendentes quasi de puteo magno rursumque decidentes in eundem. Quo cum perductus essem, repente ductor meus disparuit, ac me solum in medio tenebrarum et horridae uisionis reliquit. At cum idem globi ignium sine intermissione alta peterent, modo ima baratri repeterent, cerno omnia quae ascendebant fastigia flammarum plena esse spiritibus hominum, qui instar fauillarum cum fumo ascendentium nunc ad sublimiora proicerentur, nunc retractis ignium uaporibus relaberentur in profunda. (Beda hist. eccl. V,12,3,6 ff.)

> Und als wir in einsamer Nacht durch die Schatten weitergingen, da erschienen doch plötzlich vor uns zahlreiche Bälle abstoßender Flammen, die gleichsam aus einem großen Schlund aufstiegen und wieder in ihn zurückfielen. Als ich dorthin geführt worden war, verschwand plötzlich mein Führer und ließ mich allein inmitten der Finsternis und des schrecklichen Anblicks zurück. Als diese Feuerbälle ohne Unterlaß bald in die Höhe stiegen, bald in den tiefsten Abgrund zurückfielen, erkannte ich, daß alle Flammenspitzen, die aufstiegen, voller Menschenseelen waren, die, im Rauch aufsteigenden Funken gleich, bald in die Höhe geschleudert wurden, bald mit der zurückgehenden Feuerglut in die Tiefe zurückglitten.

Da Drycthelm stark in den Jenseitsraum involviert ist und den Jenseitsraum eher erleidet, als dass er ihn aus sicherer Distanz zu den Strafen beobachten und somit begreifen könnte, werden ihm erst am Ende seiner Reise die einzelnen Orte von seinem ›angelus‹ erläutert; aufgrund der Entfernung von

---

[668] Vgl. Beda hist. eccl. V,12,2,15 ff.: »Cumque hac infelici uicissitudine longe lateque, prout aspicere poteram, sine ulla quietis intercapedine innumerabilis spirituum deformium multitudo torqueretur, cogitare coepi quod hic fortasse esset infernus, de cuius tormentis intolerabilibus narrari saepius audiui. Respondit cogitationi meae ductor, qui me praecedebat, ›Non hoc‹, inquiens, ›suspiceris; non enim hic infernus est ille, quem putas.‹« (»Und weil durch diesen unglücklichen Wechsel eine unzählbare Menge entstellter Seelen weit und breit, so weit ich sehen konnte, ohne jede Ruhepause gequält wurde, begann ich anzunehmen, daß dies vielleicht die Hölle sei, von deren unerträglichen Qualen ich öfter erzählen hörte. Aber meine Gedanken beantwortete der Führer, der mir vorausging und sagte: ›Das sollst Du nicht annehmen, diese Hölle ist nämlich nicht jene, für die Du sie hältst.‹«) – Zum vermeintlichen Königreich der Himmel vgl. ebenda V,12,4,18 ff.
[669] Vgl. Verg. Aen. VI,268: »Ibant obscuri sola sub nocte per umbram […].« (»Sie gingen, nur vom Dunkel der Nacht umgeben, durch den Schatten […]«).

den Gesichten handelt es sich nicht um einen demonstrativen Dialog.[670] Drycthelm erfährt, dass das schreckliche Tal der Ort der Prüfung und Reinigung der Seelen, wohingegen die Grube, aus der die Flammen aufsteigen, der Höllenschlund ist.[671] Im Angesicht dieses Höllenschlunds, also der Gefahr ewiger Verdammnis, wird die Seele Drycthelms geprüft, ohne aber gereinigt zu werden.[672] In dieser Episode, in der die Wahrnehmung des Jenseitsreisenden zwischen Gehör und Gesicht eindrucksvoll erzählt wird,[673] wird narrativ entfaltet, dass Drycthelm zwar gefährdet, aber keineswegs verdammt ist: Die Dämonen können ihn lediglich bedrohen, nicht aber verletzen.[674] Diese Perspektive auf Heilung und Heil wird im Folgenden beibehalten, indem Drycthelm durch die Räume des Heils geführt wird, wobei auch hier der Raum absoluten Heils verschlossen bleibt. Unter dem Eindruck eines ins Unermessliche gesteigerten multisensorischen Erlebens und in dem Wissen, dass nur prämortale Buße und Umkehr postmortale Reinigung ermöglichen, kehrt Drycthelm in seinen Körper zurück.

Die erzählte Ereignisfolge und die Struktur des Jenseits, die einander in der *Visio Baronti* widersprechen, bedingen einander in der Jenseitsreise Drycthelms. Dadurch dass hier kein liminaler Übergang vom Diesseits ins Jenseits erzählt wird, unterbleiben die Scheidungsprozesse der Desambiguierung, die in der *Paulus-Apokalypse* auserzählt sind und auch in der *Visio*

---

670 Für ein in Hinsicht auf dieses Wissen allegorische Verständnis der Räume des Heils sehe ich keine Veranlassung, vgl. aber Rowley 2009, S. 178: »The power of the guide to take him onto the wall and into the light becomes a metaphor for the knowledge he provides at the end of Dryhthelm's vision.«

671 Da der Schlund, aus dem die Seelenflammen aufsteigen, der Eingang zur Hölle ist, rechne ich den Ort, von dem aus Drycthelm den Schlund der Hölle sieht, dem Prüf- und Reinigungsbereich zu (»in quo examinandae et castigandae sunt animae illorum, qui differentes confiteri et emendare scelera quae fecerunt, in ipso tandem mortis articulo ad paenitentiam confugiunt, et sic de corpore exeunt« [»an dem die zu prüfenden und zu reinigenden Seelen derer sind, die zögern, die Verbrechen, die sie begingen, zu bekennen und wiedergutzumachen, schließlich in der Bedrängnis des Todes zur Reue Zuflucht nehmen und so den Körper verlassen«], Beda hist. eccl. V,12,6,5 ff.). Wer die Prüfung nicht besteht, wird in die Hölle abgeführt.

672 Vgl. das Zitat in meiner Anm. 671 mit Beda hist. eccl. V,12,6,31 ff. (es spricht der ›angelus interpres‹): »Namque ego, cum ad tempus abscessissem a te, ad hoc feci ut quid de te fieri debet agnoscerem«. (»Als ich Dich nämlich für einige Zeit verließ, habe ich es getan, um herauszufinden, was mit Dir geschehen soll.«)

673 Vgl. Beda hist. eccl. V,12,3,18 ff.: Unsicher, was er tun soll, steht Drycthelm still, als er plötzlich in seinem Rücken schreckliches Gejammer und höhnisches Gelächter hört. Die Geräusche kommen näher, da sieht Drycthelm fünf Dämonen, wie sie fünf Seelen in den Schlund führen. Er kann sie nicht mehr sehen und auch Gejammer und Gelächter dringen nur noch vermischt aus dem Schlund an sein Ohr.

674 Vgl. Beda hist. eccl. V,12,3,37 ff.: »[...] forcipibus quoque igneis, quos tenebant in manibus, minitabantur me comprehendere, nec tamen me ullatenus contingere, tametsi terrere, praesumebant« (»sie drohten, mich auch mit feurigen Zangen, die sie in den Händen hielten, zu ergreifen, doch wagten sie nicht, mich in irgendeiner Weise zu berühren, sondern nur mich zu erschrecken«).

Baronti ihren Platz haben.[675] Durch den ›raptus‹ wird die Seele mit allem Guten und allem Schlechten plötzlich in den Jenseitsraum versetzt. Damit kann die Seele nicht bloß beobachtend den Raum erfahren, sondern muss ihn als Raum der Strafe wie der Belohnung wahrnehmen. Umso mehr gilt dies für einen Jenseitsraum, in dem die Heilsstatus der einzelnen Seelen nicht fixiert sind, sondern in dem Reinigung möglich ist. Ein solcher Jenseitsraum setzt keine scharfe Desambiguierung voraus, sondern nimmt sie in sich auf, indem er die Scheidung des Guten vom Schlechten in sich selbst prozessiert. Zwischen die Pole des Heils und der Verdammnis treten Zwischenzustände, die die Strafen in Hinsicht auf Heilung perspektivieren oder die Valeurs des Guten und des Vollkommenen unterscheiden. Werden diese Zustände der Logik des Jenseitsraums entsprechend hypostasiert, so treten zwischen die Hölle und das himmlische Paradies zwei weitere Jenseitsorte, zwischen denen Bewegung möglich ist.[676] Eine gesteigerte Dynamik des Jenseits resultiert daraus, dass die Seelen nicht nur am Tag des Jüngsten Gerichts, sondern – durch Fürbitte, Almosen, Askese und Messstiftungen der Lebenden – bereits vorher aufsteigen können.[677]

Diese Dynamik des Jenseitsraums impliziert dabei zugleich die Dynamik der Figur. Ihre Reise durch den Jenseitsraum dient Drycthelm als Erkenntnisweg, auf dem er zum einen seinen ursprünglich angenommenen heilsgeschichtlichen Dualismus überwindet, zum anderen aber auch seinen eigenen, gefährdeten Heilsstatus erfährt. Da ihm der Jenseitsraum nur zur Prüfung, nicht aber zur Reinigung dient, also für ihn als Raum der Umkehr, nicht der Buße fungiert, büßt er fortan unter den milderen irdischen Bedingungen im Kloster Melrose:

> Cumque tempore hiemali defluentibus circa eum semifractarum crustis glacierum, quas et ipse aliquando contriuerat, quo haberet locum standi siue immergendi in

---

675 Dieses Muster findet sich auch in einer Jenseitsreise, die in einem 716 bzw. 717 verfassten (vgl. Kabir 2001, S. 77) Brief des Bonifatius an die Äbtissin Eadburg von Thanet erzählt wird. Ein ungenannter Mönch aus dem Kloster Wendlock stirbt nach einer Krankheit, woraufhin seine Seele aus dem Körper in die Himmel fährt. Dieser Weltabschied, dessen Schmerz im Anblick des Feuers, das die Erde umgibt, metaphorisiert ist, wird als liminaler Übergang erzählt. Desambiguierung heißt in diesem Fall, dass sowohl die Sünden und Begierden, als auch die Tugenden personifiziert aus der Seele heraustreten und mit ihr sprechen. Nach dieser Scheidung sieht die Seele des ungenannten Mönchs ein viergliedriges Jenseits (vgl. hierzu Anm. 676), das sie aber nicht erleidet, sondern – analog zum Apostel Paulus – für das Diesseits bezeugt.
676 Von einem ähnlichen viergliedrigen Jenseitsraum erzählt auch der Brief des Bonifatius (vgl. meine Anm. 675). Bislang hat man die Viergliedrigkeit auf die Unterscheidung des Augustinus zwischen ›boni‹, ›mali‹, ›non valde boni‹ und ›non valde mali‹ im *Enchiridion* zurückgeführt. Kabir 2001, S. 90 ff., zeigt, dass die Viergliedrigkeit auf Julians von Toledo *Prognosticon* zurückgeht; Julian nutzt die zwei Paradiese Isidors von Sevilla, um zwischen Paradies und Himmel zu unterscheiden. Außerdem differenziert er zwischen einer oberen und einer unteren Hölle.
677 Vgl. Beda hist. eccl. V,12,6,9 ff.

fluuio, dicerent qui uidebant: »Mirum, frater Drycthelme (hoc enim erat uiro nomen), quod tantam frigoris asperitatem ulla ratione tolerare praeuales«, respondebat ille simpliciter (erat namque homo simplicis ingenii ac moderatae naturae): »Frigidiora ego uidi.« Et cum dicerent: »Mirum quod tam austeram tenere continentiam uelis«, respondebat: »Austeriora ego uidi.« (Beda hist. eccl. V,12,8,11 ff.)

Und wenn er zur Winterszeit von treibenden Eisschollen umgegeben war, die er auch manchmal selbst zerschlagen hatte, um einen Platz zum Stehen oder Eintauchen im Fluß zu haben, und diejenigen, die ihn sahen, sagten: »Es ist wunderbar, Bruder Drycthelm«, so hieß der Mann nämlich, »daß Du solch rauhe Kälte überhaupt ertragen kannst«, antwortete er einfach, denn er war ein Mann einfachen Geistes und besonnenen Charakters: »Ich habe es schon kälter gehabt.« Und wenn sie sagten: »Es ist wunderbar, daß Du solch harte Enthaltsamkeit üben willst«, antwortete er: »Ich habe Härteres gesehen.«

5. Jenseitsreisen um 1150 und die Folgen

5.1 Die imaginäre Reise durch das Jenseits in der *Visio Tnugdali*

5.1.1 Das Drama der Konversion

Das von Henochs Jenseitsreise im *Buch der Wächter* ausgehende und sich in der frühjüdischen Tradition entwickelnde Erzählverfahren gipfelt in der spätantik entstandenen, im Mittelalter breit überlieferten Jenseitsreise des Apostels Paulus, in deren Erzählung die Räume des Heils und der Verdammnis im Zusammenhang eines umfassenden Kosmosmodells verfügbar gemacht werden. Von diesem Text und den entsprechenden Abschnitten der *Dialogi* Gregors des Großen gehen die frühmittelalterlich entstandenen Jenseitsreisen aus, die den Jenseitsraum modifizieren und schließlich als Raum darstellen, in dem sich eine Konversion ereignen kann.

Dies ist die Ausgangslage, als um 1150[678] im Umfeld der Regensburger Schottenklöster[679] die *Visio Tnugdali* im Auftrag der Äbtissin G.[680] von einem anonym gebliebenen Iren aufgezeichnet wurde,[681] der sich Frater Marcus nennt. Sie handelt von Tnugdalus, einem jungen Adligen aus dem

---

[678] Die Datierung der Vision ist umstritten (vgl. zum Folgenden Pfeil 1999, S. 94 ff.), obwohl der lateinische Text sie auf 1149 datiert und zahlreiche Angaben macht (vgl. VT 4,26 ff.): Die genannten historischen Referenzen lassen sich aber nicht durchgehend dem Jahr 1149 (nach unserer Rechnung) zuordnen. So hat Gardiner 1982, bes. S. 88 f., für die Berechnung des Jahres 1149 nach dem ›Calculus Pisanus‹ (25. März 1148 – 24. März 1149) argumentiert. Wirklich entscheiden lässt sich die Frage wohl nicht (vgl. Pfeil 1999, S. 96).
Der ›terminus post quem‹ der Verschriftlichung hängt am unsicheren Zeitpunkt der Vision; auch der ›terminus ante quem‹ lässt sich nicht sicher bestimmen. Man könnte März 1152 annehmen. Denn in der *Visio Tnugdali* wird von zwei erzbischöflichen Sitzen in Irland gesprochen (vgl. VT 6,11 f.: »Hec ergo insula civitates habet precipuas triginta quattuor, quarum presules duobus subsunt metropolitanis«. [»Denn diese Insel hat 34 Diözesen, deren Bischöfe zwei Erzbischöfen unterstehen«.]) – »apparently reflecting the state of the church prior to the Synod of Kells in 1152 which increased the number to four.« (Marshall 1975, S. 15; zur Synode von Rathbreasail und zu der in Kells vgl. auch Krebs 1977, S. 172 f.). Diese Datierung lässt sich aber bestreiten (vgl. die Hinweise bei Pfeil 1999, S. 97, Anm. 362), so dass nur der Todestag Bernhards von Clairvaux im August 1153 als sicherer ›terminus ante quem‹ angenommen werden kann. Denn im ›prologus‹ wird Bernhard (vgl. VT 5,7) genannt, nicht aber als ›beatus‹ oder ›sanctus‹ bezeichnet (vgl. Pfeil 1999, S. 96).
[679] Vgl. Spilling 1975, S. 11 ff. – Zu den Bedingungen des Verschriftlichungsprozesses vgl. Röckelein 1987, S. 121 ff.
[680] Sie konnte von Spilling 1975, S. 18, identifiziert werden: Es handelt sich um Gisela, die dem Frauenkloster von St. Paul vorstand.
[681] Vgl. Spilling 1975, S. 5 ff.

südirischen Cashel. Er ist ein angenehmer, ebenso gutaussehender wie gutgekleideter Zeitgenosse, kurz: ein Mann, der, höfisch gebildet, die Vorzüge des ritterlichen Lebens zu genießen weiß.[682] Da er ausschließlich auf Äußeres fixiert ist, kann sein pralles Weltleben ›sub specie salutis‹ natürlich kein gutes Ende nehmen. In diesem Sinne hat Frater Marcus in der ihm zu Gebote stehenden Sprache ein ›opus Christi‹ dokumentiert:[683] Tnugdalus' ›crudelitas‹ stellt die Folie dar, vor der sich die ›divina misericordia‹ umso deutlicher erweisen kann.[684]

Tnugdalus' Lebens*wandel* bezeugt zugleich die Kraft der Gnade Gottes *und* die Wahrheit der Jenseitsreise, wohingegen die Bewohner der irischen Stadt Cork allenfalls dafür einstehen, dass Tnugdalus drei Tage und Nächte tot dalag und nur eine leichte Wärme des linken Brustkorbs die Bestattung verhindern konnte:

> Nam, ut plurimi Corcagensis civitatis testantur incole, qui ei tunc aderant, per trium dierum et noctium spatium jacuit mortuus, per quod spatium amare didicit, quicquid antea suaviter deliquid, nam vita ejus presens testatur, quecunque patiebatur. (VT 7,7 ff.)

> Denn, wie sehr viele Einwohner der Stadt Cork bezeugen, die ihm damals beistanden, lag er für den Zeitraum von drei Tagen und Nächten tot da. In dieser Zeit lernte er lieben, was er zuvor gerne vernachlässigte, denn sein jetziges Leben zeigt, was er erduldete.

Es ist durchaus konventionell, dass die Authentifizierungsstrategie nicht in einer rein externen ›adtestatio‹ besteht, sondern in den Text selbst hineingenommen wird: So zeugt auch in Bedas *Historia Ecclesiastica* Drycthelms Lebenswandel von dem, was er auf der Jenseitsreise erfahren hat.[685] In dem Maße aber, in dem durch die Drastik der Umkehr das Ausmaß der göttlichen Gnade ausgedrückt werden soll, wird das Erzählmuster der Konversion qua Jenseitsreise, das auf Drycthelms Gesichte zurückgeht,[686] ganz entschieden radikalisiert. Tnugdalus ist (anders als Drycthelm) keineswegs krank, sondern im Vollbesitz seiner Kräfte, als er stirbt.[687] Die Plötzlichkeit dieses Einbruchs findet ihre Entsprechung in der Rigorosität des Wandels. War Tnugdalus ›zuvor‹ damit beschäftigt, aus eitler Ruhmsucht all seinen

---

682 Vgl. VT 6,18 ff.: »Erat namque vir prefatus [sc. Tnugdalus, MB] etate juvenis, genere nobilis, vultu hilaris, aspectu decorus, curialiter nutritus, vestibus compositus, mente magnanimus, militari arte non mediocriter instructus, habilis, affabilis atque jocundus«. (»Denn der vorgenannte Mann war jung, von adliger Herkunft, zeigte ein heiteres Gesicht, sah schön aus, war höfisch erzogen, anständig gekleidet, großmütig eingestellt, im Kriegswesen gut ausgebildet, umgänglich, leutselig und fröhlich«).
683 Vgl. VT 4,21: »Noster enim stilus, set Christi est opus« (»Die Sprache ist unsere, aber das Werk stammt von Christus«).
684 Vgl. VT 6,16; 7,6.
685 Vgl. anhand der Vision des Drycthelm in dieser Arbeit S. 146.
686 Vgl. in dieser Arbeit S. 145 ff. und Zaleski 1987, S. 33.
687 Vgl. Spilling 1975, S. 172.

5.1 Die imaginäre Reise durch das Jenseits in der *Visio Tnugdali* 153

Besitz den »[s]curris mimis et joculatoribus« (»Possenreißern, Spielmännern und Gauklern«; VT 7,4 f.) zu geben,[688] andererseits aber selbst bei Freunden unerbittlich Schulden einzutreiben und mit Appetit zu essen, nimmt er ›danach‹ andere Nahrung zu sich, nämlich den Leib Christi, lobt Gott und verzichtet auf seinen Besitz, den er den Bedürftigen spendet.[689] Dieser radikale Wandel eines gottvergessenen in ein gottgefälliges Leben muss in der Erzählung der Jenseitsreise plausibel werden.

Die Begründung des radikalen Wandels beginnt mit Tnugdalus' Ekstase, die minutiös erzählt wird: Zwar ist Tnugdalus' Seele schlagartig aus dem Körper herausgetreten; dennoch handelt es sich nicht wie im Fall Drycthelms um einen ›raptus‹, sondern vielmehr um einen liminalen Prozess, der sich detailliert erzählen lässt. Die Passivität der Seele, ihr Ausgeliefertsein wird bereits darin vorbereitet, dass Tnugdalus, am Tisch sitzend, seine Hand nicht mehr zum Mund führen kann und dies bewusst wahrnimmt. Außerhalb des Körpers befindet sich Tnugdalus' Seele noch im Haus des Schuldners, wo sie sich ›reatus sui conscia‹[690] nicht nur Dämonen ausgeliefert sieht, die sie verhöhnen, sondern auch den Beistand eines Engels erfährt. Dieser fordert sie auf, ihm zu folgen, woraufhin sie die Dämonen verlassen und auf einem nicht näher beschreibbaren Weg – einzig der Engel hat die Orientierung – in den ersten Straf- und Läuterungsraum gelangen:

> Cumque longius simul pergerent et nullum preter splendorem angeli lumen haberent, tandem venerunt ad vallem valde terribilem ac tenebrosam et mortis caligine coopertam. (VT 12,22 ff.)
>
> Als sie weiter miteinander gingen und ihnen einzig der Glanz des Engels Licht spendete, kamen sie schließlich zu einem sehr furchtbaren und dunklen Tal, das vom Nebel des Todes bedeckt war.

Die gesamten Straf- und Läuterungsräume werden von Tnugdalus in Bewegung erfahren. Dabei wandelt er aber nicht auf dem postmortalen Weg, den jede Seele gehen muss. Denn die Seelen der Gerechten und der Sünder durchwandern, ehe sie zu ihrem Ort der Strafe, der Läuterung oder des Lohns gelangen, die jeweils anderen Orte:

> Respondens angelus dixit: Si hoc te movet, cur justi, qui penas non patiuntur, ad videndas illas ducuntur, ideo fit, ut visis tormentis, a quibus liberantur per divinam gratiam, ardentius in laudem sui creatoris ferveant et amorem. Sic e contrario anime peccatorum, que digne eternis suppliciis judicantur, prius ad sanctorum gloriam perducuntur, ut visis premiis, que sponte deseruerant, cum ad penas venerint,

---

688 Die Kritik an Spielleuten und Gauklern ist ein mittelalterlicher Topos; zu der Frage, ob der ›mimus‹ auch im Mittelalter fortlebte, vgl. die Hinweise auf die Forschungsdiskussion bei Weismann 2004, S. 175 f., Anm. 5. Zum Zusammenhang von Weltleben und Konversion vgl. Weitbrecht 2011b.
689 Vgl. VT 7,15 ff.
690 Vgl. VT 9,13 ff.

magis doleant et ipsam gloriam, quam ante potuissent acquirere, in memoriam revocent ad augmentationem pene. (VT 26,20 ff.)

Antwortend sagte der Engel: Wenn dich das umtreibt, warum die Gerechten, die keine Strafen erleiden, zu diesen geführt werden, um sie zu sehen: Es geschieht deshalb, damit sie, nachdem sie die Qualen gesehen haben, von denen sie durch die Gnade Gottes befreit werden, noch heftiger brennen für das Lob ihres Schöpfers und die Liebe zu ihm. So werden im Gegensatz dazu die Seelen der Sünder, die als der ewigen Strafen würdig verurteilt werden, zunächst zum Glanz der Heiligen geführt, damit sie, nachdem sie die Belohnungen gesehen haben, die sie von sich aus ausgeschlagen hatten, in ihren Strafen mehr Schmerz empfinden und sich eben diesen Glanz, den sie zuvor hätten erwerben können, zur Vergrößerung der Strafe ins Gedächtnis rufen.

Demgemäß müsste Tnugdalus, der Sünder, zunächst die Lohnorte sehen, ehe er dann in den Straforten büßt. Tnugdalus wird aber zunächst die Läuterungs- und Strafräume erfahren, deren Qualen er zum Teil erleiden muss,[691] und erst dann die Räume des Heils sehen: Er wird also auf der Route der Gerechten geführt, muss aber einen Teil der Strafen erdulden. Sein Weg durch das Jenseits ist demnach ein Hybrid, der in Tnugdalus' Sonderstellung begründet ist. Denn er erfährt zu Beginn seiner Jenseitsreise ebenfalls, dass er in seinen Körper zurückkehren wird und das, was er im Jenseits gesehen und erlitten hat, im Diesseits bezeugen soll.[692] Die Erzählung von Tnugdalus' Konversion auf der Jenseitsreise hat in diesem Sinne eine besondere Funktion:

Ipse [scil. redemptor noster, MB] enim non desiderat mortem peccatoris, set ut convertatur et vivat. (VT 32,10 f.)

Er selbst [unser Erlöser] will nämlich nicht den Tod des Sünders, sondern dass er sich bekehrt und lebt.

In Abbreviatur durchläuft Tnugdalus den Prozess postmortaler Läuterung, der bei ihm immer schon auf Heilung ausgerichtet ist, und zeugt sowohl von der Schwere der Sünden als auch von der Mächtigkeit der Gnade. Dies ist der tiefere Sinn, wenn Tnugdalus den Engel bereits bei ihrem ersten Zusammentreffen mit biblischen Worten anspricht: »Heu, inquit, domine pater, dolores inferni circumdederunt me, preoccupaverunt me laquei mortis.« (»Oh je, sagte er, Herr und Vater, die Qualen der Hölle umgaben mich, es umfingen mich Bande des Todes«; VT 11,9 f.)[693] Trotz ihren schreckli-

---

691 Vgl. VT 11,22 ff.: »Tantum esto secura et leta, quia patieris pauca de multis, que patereris, nisi tibi subvenisset misericordia nostri redemptoris«. (»Sei nur unbeschwert und froh, weil du weniges von dem vielen erleidest, was du erleiden würdest, wenn dir nicht das Erbarmen unseres Erlösers zu Hilfe gekommen wäre.«)

692 Vgl. VT 11,25 ff.: »[...] quecumque tibi monstravero, memoriter tene, quia iterum ad corpus tuum debes redire« (»[...] behalte alles, was ich dir gezeigt haben werde, im Gedächtnis, weil du wieder in deinen Körper zurückkehren musst«).

693 Vgl. Ps 18,6 bzw. in der *Vulgata* Ps 17,6: »dolores inferi circumdederunt me / praeoccupaverunt me laquei mortes«.

chen Höllenphantasmen geht es in der *Visio Tnugdali* zuallererst um eine Heilsbotschaft, die gleichwohl um die Möglichkeit der Verdammnis weiß. Tnugdalus' Jenseitsreise ist somit auf den durchschnittlichen Gläubigen ausgerichtet und will ihn zur Konversion führen.

Tnugdalus' Weg hat eine doppelte Funktion: *Zum einen* dient er der Bewusstmachung von Tnugdalus' Sünden: Tnugdalus bereut, bekennt und wird geläutert. Es handelt sich dabei um einen notwendigen und schmerzhaften Prozess, den die Gnade Gottes allein ermöglicht und unterstützt, der aber nicht erlassen werden kann. Dieser seelische Prozess wird in der *Visio Tnugdali* konkret-räumlich imaginiert. So hat Tnugdalus längst vergessen, dass er eine Kuh stahl. Im Jenseits wird er mit dieser Tat konfrontiert, erkennt sein Handeln als sündig und wird im schmerzhaften Prozess der Läuterung von dieser Schuld frei. Die Strafen folgen dabei keinem bloßen Vergeltungsprinzip, »sie führen (gleichsam als asketische Übungen) hier zusätzlich zur Selbstthematisierung und Selbst-Sorge, sind also Instrument der Ausbildung moralischer Subjektivität«.[694] Imaginiert wird dieser Prozess in konkret-räumlicher Anschaulichkeit, indem Tnugdalus eine wilde Kuh über eine mit Nägeln gespickte Brücke führen und mit Gegenverkehr umgehen muss.[695] Am Ende des Prozesses steht die schmerzliche Einsicht in die eigene Sündhaftigkeit:

> Meminisse debes, quam veloces erant pedes tui ad effundendum sanguinem (VT 22,18 ff.).
>
> Du musst dich daran erinnern, wie schnell deine Füße waren, wenn es darum ging, Blut zu vergießen.

Diese Einsicht führt durch die göttliche Gnade zur unmittelbaren Heilung, so dass der Prozess fortgesetzt werden kann:

> [...; sc. angelus, MB] tangens eam sanavit et sic precessit. (VT 22,22)
>
> [...] indem sie [der Engel] berührte, heilte er sie. Und so ging er voran.

Zum anderen aber dient Tnugdalus' Weg auch dazu, einen Jenseitsraum narrativ verfügbar zu machen, der nicht nur in Hinsicht auf Heil und Verdammnis strukturiert ist, sondern in dem auch postmortale Läuterung möglich ist. Dass Tnugdalus' Seele weiter geführt wird bzw. höher aufsteigt, als sie es eigentlich verdient hätte,[696] entspricht dabei nicht nur dem Bewegungsprinzip, das jede Seele das Jenseits von Heil und Verdammnis umfas-

---

694 Weitbrecht 2011a, S. 166. Dies ist auch der Grund dafür, weshalb in der *Visio Tnugdali* – anders als in Albers *Tnugdalus* – die Fürbitte keine Rolle spielt, vgl. Spilling 1975, S. 165, die betont, »daß Marcus die Bestrafung primär als Einsicht und Buße weckendes Mittel auffaßt und erst danach als Vollzug der Gerechtigkeit, den die Seele nun anerkennen kann. So gesehen, bliebe der Fürbitte in der Tat kaum ein Betätigungsfeld.« Vgl. ferner Krebs 1977, S. 190.
695 Vgl. VT 19,5 ff.
696 Vgl. VT 46,21 f.: »Licet non promerearis, tamen his meliora videbis«. (»Auch wenn Du es nicht verdienst: Du wirst dennoch Besseres als das sehen.«)

send erfahren lässt,[697] sondern auch der Ausrichtung des Jenseitsraums in Richtung auf Heilung und Heil.

Diese Ausrichtung des Jenseitsraums bedingt, dass er vor allem topologisch – und weniger topographisch – strukturiert ist. Bewegungsrichtung und Heilsstatus sind koordiniert: In der tiefsten Tiefe ist der Raum absoluter Verdammnis lokalisiert, der ›infernus inferior‹,[698] aus dem niemand entrinnen kann. Dieser wird zunächst ähnlich der Hölle der *Visio Drycthelmi* geschildert als Abgrund, aus dem Flammen aufsteigen, in denen sich Seelen befinden.[699] Hinter diesem Geschehen steht Luzifer,[700] der, selbst gequält, personifizierter Strafort ist.[701] Dort befinden sich nicht nur diejenigen, die nicht auf die Barmherzigkeit Gottes hofften und nicht an Gott und Christus glaubten, sondern – neben den Mächtigen – auch die Ehebrecher, Mörder, Diebe und Höchmütigen, die keine rechte Buße ableisten.[702] Darüber befinden sich Orte gemäßigter Strafen, die auch von den Seelen, die im ›infernus inferior‹ ewige Qualen leiden, durchlaufen werden mussten;[703] in den Orten gemäßigter Strafen sind die Seelen aber noch nicht gerichtet und Läuterung ist möglich:

> Omnes, quos vidisti superius [dazu gehören auch die Mörder der ersten Strafe, MB], judicium dei expectant, set isti, qui adhuc sunt in inferioribus, jam judicati sunt. (VT 32,12 ff.)
>
> Alle, die du weiter oben gesehen hast, erwarten das Gericht Gottes, aber diese da, die jetzt in den tieferen Gebieten sind, sind bereits gerichtet.

Wer nicht in den ›infernus inferior‹ stürzt, kann ›de inferni cruciatibus ereptus‹[704] in die Räume des Heils aufsteigen. Damit steht die *Visio Tnugdali* deutlich jenseits des Dogmas: Nicht nur spielt das Endgericht überhaupt keine Rolle; vielmehr wird die Existenz von Reinigungs- und Läuterungsstrafen erst auf dem Konzil von Lyon (1274) bestätigt werden.[705] Die Orte

---

697 Vgl. VT 26,20 ff. (in dieser Arbeit zitiert auf S. 153 f.).
698 Honorius Augustodunensis kennt auch zwei ›inferni‹, wobei die obere Hölle konkret-räumlich unter der Erde lokalisiert, die untere aber als ein »locus spiritualis« (Hon. Aug. Eluc. III,13) charakterisiert wird; es ist umstritten, inwiefern der Redaktor der *Visio Tnugdali* auf Honorius rekurriert (eine Übersicht über die Literatur zu dieser Frage findet man bei Ehlen 1998, S. 277 f., Anm. 104.); jedenfalls ist die Einrichtung der beiden Höllen in der *Visio Tnugdali* deutlich von der bei Honorius unterschieden.
699 Vgl. VT 33,15 ff. mit Beda hist. eccl. V,12,3,6 ff. (vgl. in dieser Arbeit S. 147).
700 Vgl. meine Anm. 718.
701 Vgl. VT 37,6 ff.
702 Vgl. VT 37,22 ff.
703 Vgl. VT 38,7 ff.: »Patiuntur quidem primitus ea, que ante videbas minora, et tunc ducuntur ad ista, de quibus nullus, qui semel intraverit, exire amplius potest.« (»Sie erleiden allerdings zuerst das weniger Schlimme, was Du zuvor gesehen hast, und dann werden sie zu diesem da geführt, aus dem keiner, der einmal eingetreten ist, wieder herauskommen kann«).
704 Vgl. VT 41,20.
705 Vgl. DH 856 (Hinzufüg. i. O.): »Quod si vere paenitentes in caritate decesserint, antequam dignis paenitentiae fructibus de commissis satisfecerint et omissis: eorum animas poenis pur-

gemäßigter Strafen, die auch von den Gerechten durchwandert werden, setzen dabei das Prinzip postmortaler Bewegung besonders anschaulich um. Von zentraler Bedeutung für die Metaphorik des Falls sind Brücken, die unverkennbar durch die *Dialogi* Gregors des Großen inspiriert sind:[706]

> Tabula autem longissima ab uno monte in alium in modum pontis se super vallem extenderat, qui mille passus in longitudine, in latitudine vero unius pedis mensuram habebat. Quem pontem transire nisi electus nemo poterat. De quo vidit multos cadere, neminem autem preter presbiterum unum illesum pertransire. Erat autem ille presbiter peregrinus, portans palmam et indutus sclavinio et ante omnes intrepidus pertransibat primus. (VT 15,6 ff.)
>
> Die sehr lange Planke aber war von einem Berg zum anderen wie eine Brücke über das Tal gespannt, die in der Länge 1000 Meilen maß, aber nur einen Fuß breit war. Diese Brücke konnten nur die Auserwählten überschreiten. Er sah, dass viele von ihr fielen und dass niemand außer einem Priester unversehrt herüberging. Dieser Priester aber war ein Pilger, der einen Palmwedel hielt und einen Pilgermantel trug und vor allen als erster furchtlos über sie ging.

Während die Straf- und Läuterungsräume vor allem durch Szenen des Falls oder des Abstiegs[707] geprägt sind und auch den Aufstieg als beschwerlich und quälend imaginieren,[708] ist die Bewegung durch die Räume des Heils als fortwährender schwereloser Aufstieg beschrieben,[709] der schließlich in den Himmel führt, von wo aus die Seelen den kosmischen Zusammenhang erfassen können.[710] Gerade im Übergang von den Räumen der Strafe zu den Räumen des Heils, der das Kernstück der *Visio Tnugdali* ausmacht, zeigt sich, dass die topologische Ordnung der Jenseitsräume durch eine emotionale sowie sensitive Codierung unterstützt wird, so dass die Räume des Jenseits in besonderem Maße als Räume des Fühlens und des Gefühls imaginiert werden. Die hier konkret-räumlich vorgestellte Umkehr der Seele auf ihrem Weg, die zugleich eine Abwendung von der Sünde und eine Hinwendung zu Gott bedeutet, geht mit einer Verkehrung ihrer Wahrneh-

---

gatoriis seu cathartteriis, sicut nobis frater Iohannes [*Parastron O. F. M.*] explanavit, post mortem purgari«. (»Wenn sie aber in wahrer Buße in der Liebe verschieden sind, ohne zuvor durch würdige Früchte der Buße für das Begangene und Unterlassene Genugtuung geleistet zu haben, so werden ihre Seelen, wie uns der Bruder Johannes [*Parastron OFM*] erklärte, nach dem Tod durch Reinigungs- bzw. Läuterungsstrafen gereinigt«).

706 Vgl. Greg. dial. IV,37,12.
707 Vgl. VT 30,10 ff.: »Erat quippe via valde angusta et quasi de cacumine altissimi montis in precipitium semper descendens, et quanto plus descendebat, tanto minus anima reditum ad vitam sperabat«. (»Denn der Weg war ja sehr schmal und führte gleichsam vom Gipfel eines sehr hohen Berges immer in die Tiefe. Und je weiter sie hinabstieg, desto weniger hoffte die Seele auf eine Rückkehr zum Leben.«)
708 Vgl. VT 14,7 ff.: »Erat vero mons hinc et inde paratus ad puniendum animas, tortoribus plenus, ita ut nullus transitus transire volentibus appareret tutus«. (»Der Berg war aber auf beiden Seiten eingerichtet zur Bestrafung von Seelen und voll von Peinigern, so dass denen, die ihn überqueren wollten, kein Überweg sicher erschien«).
709 Vgl. VT 45,3: »Ascendamus«. (»Schreiten wir hinauf«).
710 Am Ende ihres Weges befindet sich die Seele »in celis« (»in den Himmeln«; VT 55,20).

mung und ihres Gefühls einher. Konversion und Läuterung, die in Tnugdalus' Jenseitsreise enggeführt werden, konvergieren an dieser Stelle:

> Conversa ergo anima sequebatur angelum se precedentem et cum non longe pergerent, fetor evanuit et destructis tenebris lux apparuit, fugatoque timore cita securitas rediit, et deposita preterita tristitia anima repleta est gaudio et letitia, ita ut semet ipsam tam cito mutatam miraretur dicens: Domine mi, indica mihi, obsecro, quid est, quod tam cito me mutatam sentio? Eram namque ceca et modo video, tristis et leta sum, passa per totam illam viam intolerabilem fetorem, nunc vero nullum malum sentio odorem. (VT 39,24 ff.)

> Die Seele also, die umgekehrt war, folgte dem Engel, der ihr vorausging. Und als sie nicht lange gingen, verschwand der Gestank und, nachdem sich die Dunkelheit aufgelöst hatte, erschien das Licht. Und nachdem die Angst vertrieben worden war, kehrte schnell die Sicherheit zurück. Und nachdem die vormalige Traurigkeit abgelegt worden war, wurde die Seele von Heiterkeit und Freude erfüllt, so dass sie sich über die eigene, so schnelle Veränderung wunderte und sagte: Mein Herr, sag mir, bitte, was ist der Grund dafür, dass ich mich so schnell verändert fühle? Denn ich war blind, jetzt sehe ich, war traurig und bin froh, ertrug jenen ganzen Weg lang unerträglichen Gestank, nun aber rieche ich keinen üblen Geruch.

In den Räumen des Heils findet sich nichts desto weniger eine weitere Binnendifferenzierung in eigene Läuterungsräume für die ›mali non valde‹ und die ›boni non valde‹. Und auch in den unbedingten Lohnstätten wird zwischen Eheleuten, Märtyrern und Asketen, Mönchen und Nonnen[711] bis hin zu den Jungfrauen und den neun Chören der Engel unterschieden, so dass für den Jenseitsraum als ganzen gilt, dass er ein in sich stark differenzierter Bewegungsraum ist, der von jeder Seele in einer ihrem vorläufigen Heilsstatus entsprechenden Richtung durchschritten wird, ehe die Seele in einem unterschiedlich langen Prozess individuell nach ihren Sünden und Verdiensten und dem Maß ihrer postmortalen Läuterung von Ort zu Ort auf- oder absteigt. Dieser Bewegungsraum, in dem es um Heil, Läuterung und Verdammnis aller Seelen geht und den Tnugdalus erfährt, um ihn für das Diesseits zu bezeugen, ist zugleich immer auch der Raum, in dem sich das Drama seiner Konversion abspielt.

5.1.2 Die Suggestion der Anschaulichkeit und das Jenseits der Darstellung

Die Radikalität von Tnugdalus' Umkehr, von der in der Rahmenerzählung berichtet wird, findet ihre Entsprechung im Drama der Konversion, deren Prozess in der Jenseitsreise imaginiert wird. Das, was Tnugdalus im Jenseits gesehen und erlebt hat, soll nicht nur seine Umkehr plausibel machen, sondern gerade als Erzählung im Diesseits auch der Erbauung dienen und den Rezipienten seinerseits zur Konversion führen:

---

711 Zur besonderen Position der Mönche und Nonnen vgl. Spilling 1975, S. 182 f.

> Ipse [sc. deus] quidem reddet unicuique secundum opus et meritum, set tamen unumquemque de suo fine judicabit. (VT 18,27 ff.)
>
> [Gott] selbst wird zwar einem jeden gemäß seiner Taten und seinem Verdienst vergelten, aber er wird dennoch jeden mit Blick auf sein Ende richten.

Deshalb müssen die evozierten Bilder eine besondere Kraft haben. Die *Visio Tnugdali* steht in der Tradition der Jenseitsreisen, wie sie sich seit dem *Buch der Wächter* herausgebildet hat. Bereits zu Beginn von Tnugdalus' Jenseitsreise wird dies vom ›angelus interpres‹ gleichsam programmatisch angekündigt:

> Me igitur sequere et quecunque tibi monstravero, memoriter tene [...]. (VT 11,24 f.)
>
> Folge mir also und behalte, was ich dir gezeigt haben werde, im Gedächtnis [...].

Das Erzählverfahren auch der *Visio Tnugdali* gründet auf einer Kombination der Strategie erzählter Bewegung mit der suggestiven Technik des demonstrativen Dialogs. Das Zusammenspiel beider Elemente lässt sich zu Beginn des Wegs durch die oberen Strafräume beobachten. Nachdem Tnugdalus die Strafe der Mörder gesehen hat, führt ihn der Engel zu einem hohen Berg, über den der Weg der Seelen führt. Auf der einen Seite des Berges drohen Feuer und Schwefel, auf der anderen Schnee, Hagel und stürmischer Wind: Dämonen verhindern den sicheren Überweg der Seelen und quälen sie, wobei die Seelen abwechselnd Hitze und Kälte ausgesetzt werden. Tnugdalus' sieht dies nur, sein eigener Weg ist an dieser Stelle nicht gefährdet. Hinter dem Berg befindet sich ein Tal, über das die schmale Jenseitsbrücke führt, über die nur diejenigen, die zur Rettung bestimmt sind, gehen können. Mit der Hilfe des vorangehenden Engels gelingt es auch hier Tnugdalus, seinen Weg unbeschadet fortzusetzen. Im Anschluss daran werden beide Straforte, der Berg und das Tal, in einem gemeinsamen demonstrativen Dialog erläutert, so dass an dieser Stelle der Eindruck einer zusammenhängenden Topographie entsteht.[712]

Dieser Eindruck wird freilich an der nächsten Station der Jenseitsreise eindrucksvoll widerlegt. Tnugdalus und sein Deuteengel nähern sich der nach Behemot modellierten Bestie Acherons, des zum Ungeheuer transfor-

---

712 Während auf das Tal, das beiden noch vor Augen steht, mit dem Pronomen ›ista‹ verwiesen wird, unterbleibt eine deiktische Referenz auf den Berg, von dem sie schon weiter entfernt sind, vgl. VT 15,21 ff.: »Obsecro, domine, si placet, indica mihi, quarum animarum sunt ista, que vidimus modo, tormenta? Et angelus ad eam: Ista vallis valde horribilis locus est superborum, mons vero putridus atque sulphureus pena est insidiatorum«. (»Ich bitte dich, Herr, wenn du einverstanden bist, eröffne mir, welche Seelen in diesen Qualen da, die wir eben gesehen haben, sind? Und der Engel sagte zu ihr: Dieses sehr schreckliche Tal da ist der Ort der Hochmütigen, der stinkende und sweflige Berg aber ist die Strafe der Hinterhältigen«). Noch in Drucken des 15. Jahrhunderts sieht man den ›angelus interpres‹, wie er mit ausgestrecktem Finger auf das zu erklärende Gesicht weist (vgl. die Abbildungen bei Düwel 1995, S. 97 ff.): In den Holzschnitten ist somit das Prinzip des demonstrativen Dialogs in Form der deiktischen Geste ins Bild gebracht.

mierten Unterweltsflusses der paganen Antike.⁷¹³ Acherons' Mund wird durch die zwei Giganten Fergusius und Conallus aufgehalten. Dämonen treiben die Seelen in den Mund der Bestie, aus dem Feuer und Geschrei herausdringen. Es bleibt aber nicht dabei, dass Tnugdalus dieses »horribile et metuendum spectaculum« (»schreckliche und fürchterliche Schauspiel«; VT 17,2) lediglich sieht, er wird es erleiden; schließlich handelt es sich um die Strafe der Geizigen. Der Engel lässt Tnugdalus alleine:

> Demones autem, cum eam cernerent desolatam, conveniunt miseram ut canes rabidi secumque pertrahunt in ventrem bestie flagellatam. Qualia autem vel quanta ibi tormenta passa fuerit, etiam si ipsa taceret, in colore vultus et conversatione morum facillime cognoscere poterit, quisquis sapiens notare voluerit. (VT 17,24 ff.)
>
> Als die Dämonen aber sahen, dass die Seele nun alleine ist, bedrängen sie die Elende wie reißende Hunde und ziehen die Gequälte mit sich in den Bauch der Bestie. Welche aber und wie große Strafen sie dort erlitt, wird jeder Verständige, der es bemerken will, – auch wenn sie selbst schweigen sollte – an der Farbe seines Gesichts und der Veränderung seines Charakters sehr leicht erkennen können.

Die Strafe im Bauch der Bestie ist in ihrer Schrecklichkeit nicht narrativierbar. Es ist von besonderer Bedeutung, dass Tnugdalus alleine gelassen und in den Bauch der Bestie gezwungen wird. Hier ist kein Raum mehr für einen Dialog, der Distanz schafft und das Inkommensurable verfügbar macht. Diese Doppelfunktion des Dialogs zeigt sich ›ex negativo‹ gerade an dieser Stelle, wo über Leerstellen und Unsagbarkeitstopoi das Absolute suggestiv zur Darstellung gebracht werden soll: Es fehlt die distanzierte Beobachterposition (der Held wird selbst durch die Höllenstrafen gequält), so dass in der Tat nichts erzählt werden.

Die Kraft des Ereignisses sprengt die Darstellung, die dieses absolute Jenseits nicht nur in Form einer Leerstelle anzeigt; vielmehr lässt der Rekurs auf die Rahmenhandlung bei aller Inkommensurabilität die rohe Gewalt ahnen. Bei diesem kühnen Abbruch der ansonsten detailgenauen Erzählung⁷¹⁴ geht Marcus über den konventionellen Gedanken, eine Jenseitsreise durch den Lebenswandel der Figur zu authentifizieren,⁷¹⁵ hinaus, indem er aus der Erzählung heraus auf den Ursprung des Texts im Erzählen verweist: Die Schrecklichkeit des Gesichts steht dem erzählenden Tnugdalus ins Gesicht geschrieben. Auf die Exorbitanz des Nichterzählten ist auch der

---

713 Vgl. Spilling 1975, S. 71 f. Vgl. VT 17,10 f. mit Ijob 40,23.
714 Vgl. unmittelbar im Anschluss an die Episode in Acherons VT 19,6 ff.: »Illa autem surgens quasi languida, debiles temptans firmare gressus, magnopere illum sequi volebat, set nullo modo poterat, erat enim nimis afflicta. Tangens autem eam angelus domini confortavit et valido cursu precedens ad explendum iter, quod ante dixerat, illam suasit«. (»Jene aber stand gleichsam schlaff auf, versuchte ihre wackeligen Schritte zu festigen. Sehr wollte sie jenem folgen, aber sie konnte es überhaupt nicht: Denn sie war zu angegriffen. Mit einer Berührung aber kräftigte sie der Engel des Herrn und ermunterte jene, indem er in entschlossenem Gang voranschritt, dazu, den Weg, den er ihr zuvor gesagt hatte, zu vollenden.«)
715 Vgl. in dieser Arbeit S. 146.

folgende Satz hin formuliert, in dem sich Marcus auf das Stilideal der ›brevitas‹ beruft, nur um unter Hinweis auf die Erbauung der Leser in einem erneuten Anlauf die Nichtdarstellbarkeit des Ungeheuren in einer ansonsten in der *Visio Tnugdali* nicht eingesetzten asyndetischen Reihung zu betonen. Hinter der unvollständigen Aufzählung scheint die grässliche Totalität des multisensorischen Erlebnisses auf:

> Passa est enim ibidem canum, ursorum, leonum, serpentium seu innumerabilium aliorum incognitorum monstruosorum animalium ferocitatem, demonum ictus, ardorem ignis, asperitatem frigoris, fetorem sulphuris, caliginem oculorum, fluxus lacrimarum ardentium, copiam tribulationum et stridorem dentium. [...] (VT 18,6 ff.)

> Denn sie erlitt ebendort die Bestialität von Hunden, Bären, Löwen, Schlangen und anderer unzählbarer unbekannter Tiere, die Schläge der Dämonen, die Glut des Feuers, die Rauheit der Kälte, den Gestank des Schwefels, das Dunkel vor den Augen, den Fluss glühender Tränen, eine Vielzahl an Qualen und das Knirschen der Zähne. [...]

Das Erzählverfahren der Jenseitsreise wird demnach in der *Visio Tnugdali* in seinem suggestiven Potenzial ausgebaut. Wie in früheren Texten der Gattung wird auch hier mittels der Technik des demonstrativen Dialogs auf Abwesendes verwiesen und eine über die Erzählung hinausgehende Imagination stimuliert, wo nicht schon allein durch detaillierte Beschreibungen die Vorstellungskraft der Rezipienten angeregt wird. Die Kraft der mit den Mitteln der Narration nicht stimulierbaren Bilder aber wird dadurch ausgedrückt, dass Leerstellen bewusst gesetzt werden. In der Schwärze dieses Jenseits der Darstellung liegt der Grund für die Radikalität der Umkehr; zugleich ist dieser schwarze Grund der ins Unermessliche gesteigerte Freiraum der Imagination.

Dieses imaginative Zusammenspiel von Erzählung und Leerstelle lässt sich auch an dem wohl grausamsten Strafphantasma der *Visio Tnugdali* beobachten. Es handelt sich um eine vogelartige Bestie mit zwei Füßen und zwei Flügeln, einem sehr langen Hals sowie einem eisernen Schnabel und eisernen Krallen, die aus ihrem Maul Feuer speit. Sie frisst die Seelen von Mönchen, Kanonikern, Nonnen und anderen Geistlichen, die nicht so gelebt haben, wie es sich für ihren Stand gehört. Sie werden von der Bestie auf einem Eissee geboren, wo ihre Qual weitergeht:

> Impregnabantur vero omnes anime tam virorum quam mulierum, que descendebant in stagnum, et ita gravide prestolabantur tempus, quod eis conveniebat ad partum. Intus vero mordebantur in visceribus more viperino a prole concepta, sicque vegetabantur misere in unda fetida maris mortui glacie concreta. Cumque tempus esset, ut parerent, clamantes replebant inferos ululatibus et sic serpentes pariebant. Pariebant, dico, non solum femine, set et viri, non tantum per ipsa membra, que natura constituit tali officio convenientia, verum per brachia simul et per pectora, exibantque erumpentes per cuncta membra. Habebant vero ipse, que pariebantur, bestie capita ardentia ferrea et rostra acutissima, quibus ipsa, unde exibant,

dilaniabant corpora. In caudis autem suis eedem bestie multos habebant aculeos, qui, quasi hami retro retorsi, ipsas, e quibus exibant, pungebant animas. Bestie enim volentes exire, cum caudas suas secum non possent trahere, in ipsa, unde exibant, corpora rostra ardentia ferrea retorquere non cessabant, donec ea usque ad nervos et ossa arida consumebant. (VT 28,2 ff.)

Es wurden aber alle Seelen sowohl der Männer als auch der Frauen, die auf den See herabkamen, geschwängert, und so schwanger erwarteten sie die Zeit, in der sie gebären sollten. Innerlich aber wurden sie in ihren Eingeweiden von ihrer empfangenen Brut nach Schlangenart gebissen, und so lebten sie elend im stinkenden, eisig-gefrorenen Wasser des Todesmeeres. Als es Zeit für die Geburt war, schrien sie und erfüllten mit ihrem Geheul die Hölle und gebaren so Schlangen. Es gebaren, sage ich, nicht nur die Frauen, sondern auch die Männer, und zwar nicht nur durch eben die Glieder, die von Natur aus für diese Tätigkeit vorgesehen waren, sondern zugleich durch Arme und durch Brüste. Und [sc. die Schlangen, MB] brachen durch alle Glieder und kamen zur Welt. Die Ungeheuerbrut selbst hatte eisernglühende Häupter und sehr scharfe Schnäbel, mit denen sie die Körper selbst, aus denen sie zur Welt kamen, zerrissen. An ihren Schwänzen aber hatten die Ungeheuer viele Stacheln, die wie Widerhaken eben die Seelen verletzten, von denen sie zur Welt gebracht wurden. Denn die Ungeheuer wollten zur Welt kommen, konnten aber ihre Schwänze nicht mit sich ziehen und wendeten deshalb ihre eisernglühenden Schnäbel unaufhörlich zurück gegen die Körper, aus denen heraus sie zur Welt kamen, bis sie diese bis auf die Nerven und die dürren Knochen zerstörten.

Zu dieser Höllenstrafe ließe sich viel bemerken,[716] entscheidend ist, dass der Ablauf bis ins widerwärtigste Detail vorgestellt werden kann. Auch Tnugdalus muss diese Qual erleiden. Daran ist nun aber nicht so sehr auffällig, dass man ihm schwerlich vorwerfen kann, dass er sich nicht so verhalten hat, wie dies ein Geistlicher tun sollte,[717] sondern dass Marcus anmerkt, dass er das, was die verschlungene Seele »vel intus passa fuerit vel in stagno fetido« (»innen beziehungsweise auf dem stinkenden See erlitt«; VT 29,26 f.), nicht zu wiederholen brauche, »quia ante diximus« (»weil wir es vorher gesagt haben«; VT 30,1) – es sich also jeder Leser selbst vorstellen kann und soll.

Unbedingte Anschaulichkeitssuggestion und die Freiräume der Imagination bedingen einander in der *Visio Tnugdali*. So ist die untere Hölle, im Gegensatz zu einer Vielzahl von Jenseitserzählungen, durchaus wahrnehmbar: Tnugdalus kann den gebundenen, auf dem Höllenrost gequälten Luzi-

---

716 Vgl. hierzu Böhme 2004, S.26: »Die hier zugrundeliegende Vorstellung ist die einer aggressiv oralen Einverleibung, die im Verdauungsapparat eine Annihilation zur Folge hat, aus der wiederum über den Darmausgang eine die christliche Resurrektion obszön pervertierende Wiedergeburt hervorgeht. Diese ermöglicht, daß die Qual ›ad infinitum‹ verlängert werden kann. Die unendliche Zeitdehnung ist für die Strafform der Hölle charakteristisch«. Vgl. auch Gardner 1976, S.67ff., Czerwinski 1993, S.322ff., und Heisler 2007, S.92.

717 Im Text wird dies damit begründet, »quia te ipsum, dum in corpore fueras, immoderate non verebaris coinquinare« (»dass du dich selbst, solange du im Körper gewesen warst, nicht davor scheutest, dich unmäßig zu besudeln«; VT 29,23 f.). Auch hierin ist im Text selbst eine Spur historischer (in diesem Fall natürlich monastischer) Textproduktion sowie -rezeption festgehalten, vgl. zu einem weiteren prägnanten Beispiel meine Anm. 728.

fer sehen,[718] wohingegen Drycthelm beispielsweise nur den Höllenschlund sieht. Wenn etwas in der *Visio Tnugdali* nicht erzählt wird, stellt die Erzählung nicht die Nichterfahrbarkeit aus, sondern stimuliert durch das Zusammenspiel mit detaillierten Beschreibungen die Imagination dessen, was vom Jenseitsreisenden durchaus erfahren wurde, sich aber nicht auf Pergament bannen lässt. Die dezidierte Überwältigungsrhetorik der *Visio Tnugdali* setzt somit entschieden auf die konkret-räumliche Anschaulichkeit und Nachvollziehbarkeit eines primär seelischen Vorganges – gerade auch an den Stellen, an denen die Erzählung an ihre eigenen Grenzen stößt. Vor allem in den Straf- und Läuterungsräumen, aber auch in den Räumen des Heils geht es um das plastische Vor-Augen-Stellen einer jenseitigen Wirklichkeit.

Der Versuch, die Visionsliteratur als allegorische Form zu betrachten,[719] wurde von Dinzelbacher 1981, S.169 ff., vehement zurückgewiesen. Meines Erachtens lässt sich diese bislang unentschiedene Streitfrage[720] differenziert beantworten. Während im Text des *Tractatus de Purgatorio S. Patricii* selbst eindeutige Hinweise gegeben werden, dass die erzählten Bilder nicht wörtlich zu verstehen sind,[721] werden in der *Visio Tnugdali* wirkmächtige Bilder erzählt, die in didaktisch-paränetischer Absicht eine eigene Kraft entwickeln sollen,[722] ohne über sich hinauszuweisen; auch aus (konventionellen) Unsagbarkeitstopoi lässt sich kein Imperativ für ein allegorisches Verständnis ableiten,[723]

---

718 Vgl. VT 36,3 ff.: »Erat namque prefata bestia nigerrima sicut corvus, habens formam humani corporis a pedibus usque ad caput, excepto, quod illa plurimas habebat manus et caudam. Habet quoque illud horribile monstrum non minus mille manibus et una queque manus in longitudine quasi centum cubitos, in grossitudine decem. Est autem unaqueque manus digitis insita vicenis, qui digiti habent in longitudine centenas palmas et in grossitudine denas, ungulas lanceis militum longiores, et ipsas ferreas, et in pedibus totidem ungulas, rostrum autem habet nimis longum et grossum, caudam etiam asperrimam et longam et ad nocendum animabus aculeis acutissimis preparatam. Iacet itaque illud horribile spectaculum pronum super cratem ferream suppositis ardentibus prunis ab innumerabili multitudine demonum follibus sufflatis«. (»Denn die oben genannte Bestie war ganz schwarz wie ein Rabe, hatte die Gestalt eines menschlichen Körpers von den Füßen bis zum Haupt, abgesehen davon, dass jene sehr viele Hände und einen Schwanz hatte. Jenes schreckliche Ungeheuer hat auch nicht weniger als tausend Hände und eine jede Hand war gleichsam 100 Ellen lang und 10 Ellen breit. An jeder Hand aber befinden sich je zwanzig Finger. Die Finger messen in der Länge je hundert Spannen und in der Breite je zehn. Die Krallen sind länger als die Lanzen von Soldaten und selbst eisern; und an den Füßen sind ebenso viele Krallen. Sie hat auch einen sehr langen und breiten Schnabel, auch einen Schwanz, der sehr scharf ist und lang und darauf ausgelegt, den Seelen mit den sehr scharfen Stacheln zu schaden. Und so liegt jenes schreckliche Schaustück vornüberhängend über einem eisernen Rost mit daruntergelegten glühenden Kohlen, nachdem eine unzählbare Menge von Dämonen Blasebälge betätigt hat.«)
719 Vgl. Ebel 1968, Haubrichs 1979, S.252 f., u. Seitschek 2009, S.56 ff.; Gurjewitsch 1989, S.33.
720 Vgl. Pfeil 1999, S.49.
721 Vgl. hierzu in dieser Arbeit S.207 ff.
722 Vgl. Böhme 2004.
723 Das hat Ebel 1968, S.207, für die *Visio Tnugdali* versucht; vgl. hingegen Spilling 1975, S.210: »Marcus hat sich bei der Ausarbeitung von Tnugdals Bericht nicht von solchen diffizilen Unterscheidungen beeinflussen lassen, was er schilderte, war Realität, zu deren Beschrei-

ebenso wenig daraus, dass im Paradies von einem Baum gesagt wird, er sei »typus [...] sancte ecclesie« (VT 51,9). Selbstverständlich ist damit nicht bestritten, dass auch ein Text wie die *Visio Tnugdali* allegorisch gelesen werden konnte.[724]

Man hat dieses konkret vorzustellende Jenseits der *Visio Tnugdali* mit gewissem Recht als ›parzelliert‹ und diskontinuierlich beschrieben,[725] obwohl gerade die finale Szene im Himmel einen umfassenden Überblick über den Kosmos ermöglicht – jenseits diesseitiger Bedingungen der Wahrnehmung wie des Winkels:

> Ab illo ergo loco, in quo tunc stabant, non solum omnem, quam ante viderant, gloriam, verum etiam predictarum supplicia penarum videbant, et quod magis miramur, terrarum orbem quasi sub uno solis radio videre valebant. Non enim quicquam poterat creature visum obtundere, cui semel concessum est, omnium creatorem videre. Et miro modo, cum starent in eodem loco, in quo prius steterant, non se vertentes in aliam partem, cunctos tamen ex eodem loco ante et retro positos videbant. (VT 52,21 ff.)
>
> Denn von jenem Ort aus, an dem sie nun standen, sahen sie nicht nur den ganzen Glanz, den sie zuvor gesehen hatten, sondern auch die Nöte der vorgenannten Strafen und, was noch mehr verwundert, sie konnten den Erdkreis gleichsam unter einem Strahl der Sonne sehen. Denn nichts konnte dem Geschöpf die Sicht nehmen, dem einmal gestattet worden ist, den Schöpfer von allem zu sehen. Und merkwürdigerweise sahen sie, obwohl sie an ein und derselben Stellen standen, an der sie zuvor gestanden waren, und sich nicht in eine andere Richtungen drehten, dennoch alle, die sich vor und hinter diesem Ort befanden.

Anders als in der beobachtenden Jenseitsreise des Apostels Paulus, der immer weiß, wo er sich bewegt, ist Tnugdalus in so hohem Maße involviert, dass er erst am Ende des Parcours übersehen kann, was er hinter sich hat. Da Tnugdalus' Jenseitsreise immer auch auf den Leser der Erzählung ausgerichtet ist, ergibt sich ein besonderer Effekt dadurch, dass die Erzählung stark an Tnugdalus' Perspektive gebunden ist:[726] Die Überwältigungsrhetorik der *Visio Tnugdali* geht in diesem Sinne mit einer Augenblicksemphase einher, die das schreckliche oder gnadenvolle Erleben in den Mittelpunkt stellt. Dabei kommt es weniger auf ein kohärentes Ganzes an als auf die Eindrücklichkeit eines in Hinsicht auf Verdammnis, Läuterung – also Heilung – und Heil ausgerichteten Jenseits.[727] In der Lektüre der *Visio Tnugdali* vollzieht

---

       bung es keiner ›Zeichen-Sprache‹ bedurfte. Sein Luzifer ist kein ›signum‹, sondern Diabolus in Person«.
724 Vgl. hierzu Spilling 1975, S. 37 f.; Dinzelbacher 1981, S. 177, Anm. 853; vgl. zur Problematik der Aussage einer Wirklichkeit der Hölle in dieser Arbeit S. 219.
725 Vgl. etwa Spilling 1975, S. 49; S. 60.
726 Vgl. Spilling 1975, S. 159.
727 Wenn man die Anschaulichkeitssuggestion und das sukzessive Erleben gegenüber der Kohärenz des Jenseitsraums fokussiert, fällt der eigentümliche Zwischenort des Cormachus auch nicht so sehr aus dem Rahmen (das betont Pfeil 1999, S. 249 f.; kritisch dazu Weitbrecht 2011a, S. 158).

der Leser die Stationen der Jenseitsreise imaginativ nach. Sukzessive erkennt der Leser seine eigene Schuld, die er in der Folge von Ort zu Ort kontinuierlich bearbeiten kann, ehe er sich selbst, geläutert und umgekehrt, als geheilt wahrnimmt. Wie sehr dies gerade in historischer Perspektive gilt, lässt sich daran ermessen, dass einer der ersten Rezipienten von Tnugdalus' Erzählung, der Mönch Marcus, selbst imaginiert, wie er vom Hl. Ruadanus begrüßt wird, wo er doch eigentlich von Tnugdalus' Aufenthalt im Himmel hört und dies schließlich dann auch in dieser Weise erzählt.[728] Der Mönch, der Tnugdalus' Bericht nicht nur niederschreibt, sondern auch redigiert und gestaltet, unterliegt seiner eigenen Anschaulichkeitssuggestion und immergiert[729] in seinen eigenen Text.[730]

5.1.3 Albers Adaptation

Am Ende von Albers frühmittelhochdeutscher *Tnugdalus*-Dichtung begegnen die Seele und ihr Engel nicht dem Hl. Ruadanus, von dem begrüßt zu werden Frater Marcus imaginierte. Stattdessen treffen die beiden auf den Hl. Brandan, der sie ebenso herzlich anspricht, sich aber weder selbst vorstellt noch seinen Bezug zu Tnugdalus respektive (in diesem Fall) Alber expliziert:

---

728 Spilling 1975, S. 9 f., hat sich zu Recht daran gestoßen, dass es gegen jede Wahrscheinlichkeit sei, dass ausgerechnet der Sünder Tnugdalus vom Hl. Ruadanus im Himmel »cum magna letitia« (VT 53,10) gegrüßt und umarmt wird. Darüber hinaus konnte Spilling zeigen, dass auch die Selbstvorstellung (»Ego sum, ait, Ruadanus, patronus tuus, cui jure debitor es sepulture.« [»Er sagte: Ich bin Ruadanus, dein Patron. Ich garantiere dir eine Bestattung auf meinem Friedhof.«]) nur dann Sinn ergibt, wenn sie an jemanden gerichtet ist, der dem Klosterverband von Lorrha angehört hat (zum Sinn der kryptischen Stelle vgl. Spilling S. 9: »Ruadans Wort [...] ist so zu verstehen, daß der Angeredete einen rechtlich gesicherten Anspruch auf ein Begräbnis auf dem Friedhof des Klosters Lorrha besaß«). Deshalb schließt sie, dass hier eine Identifizierung von Marcus und Tnugdalus vorliegen muss.
Mit der Immersion in den eigenen Text könnte Marcus das Modell für weitere irische Rezipienten abgegeben haben, die sich damals ebenfalls in Regensburg aufhielten. Vgl. Krebs 1977, S. 182, der darauf hinweist, dass die Episode mit dem Hl. Ruadanus zeige, »daß Marcus weniger für seine deutsche Gönnerin als vielmehr für ein irisches Publikum schrieb«. Dass die irische Kirchenreform des 12. Jahrhunderts zweifelsohne einen äußerst relevanten Kontext der *Visio Tnugdali* darstellt, sagt aber noch nicht, dass der Text auch für einen in Irland lebenden Rezipientenkreis geschrieben wurde (so Düwel 1994, S. 533).
729 Vgl. Bleumer 2012, bes. S. 7 u. 9.
730 Was die *Visio Tnugdali* betrifft, stimme ich nicht mit Gardner 1976 überein. Gardner geht davon aus, dass die Darstellung der Höllenstrafen, die er als ›grotesk‹ charakterisiert, den Leser eher frappiere, als dass sie ihn erschrecke (vgl. ebenda, S. 55 ff.). Der Leser könne so eine gewisse Distanz gegenüber dem Erzählten aufbauen. Das scheint mir gerade gegenüber diesem Erzählgegenstand aber eine genuin moderne Haltung zu sein; es ist bezeichnend, dass sich Gardner auf Edmund Burkes Reaktionen auf bildnerische Darstellungen der Hölle beruft.

Alber Tnug. 2033 ff.	VT *55,2 ff.
Ein heileger hêrre zuo ir [der Seele, MB] gie der sî mit vlîze enphie, sante Prandânus. ze der sêle sprach er sus »got müeze dîn walten, dîner herverte gewalten, und ouch hin wider varnde sî er dich bewarnde, nû und immer mêre. durch sîn selbes êre gebe er dir sô getân heil daz dû dirre genâden teil verdienest ûf der erde, daz dîn sêle werde bevolhen ze mîner phlege. got gesegne alle dîne wege.«	[...] affuit ei sanctus Ruadanus confessor. cum magna leticia salutans eam.´ et amplectens intime caritatis visceribus ait. »Dominus custodiat introitum tuum et exitum tuum.´ ex hoc nunc et usque in seculum. Ego sum« ait »Ruadanus patronus tuus.´ cui iure debitor es sepulture.« Et cum hoc dixisset.´ stetit nil amplius dicens. [...] der Hl. Ruadanus, ein Bekenner, war bei ihr. Mit großer Freude grüßte er sie und sagte zu ihr, als er sie von ganzem Herzen und mit inniger Liebe umarmte: »Der Herr wache über deinen Eingang und deinen Ausgang von nun an und bis in Ewigkeit. Ich bin Ruadanus, dein Patron. Ich garantiere dir eine Bestattung auf meinem Friedhof. Und nachdem er dies gesagt hatte, stand er da, ohne weiteres zu sprechen.

Die persönlich-affektive Beziehung des Frater Marcus zum Hl. Ruadanus hat für Alber, der den lateinischen Text um das Jahr 1190 im Kloster Windberg übersetzte,[731] keinen Sinn mehr ergeben. Denn Albers gesamter Übersetzung eignet eine gewisse Distanz zu Irland, das nun ganz aus kontinentaler Sicht wahrgenommen wird: So werden unbekannte Figuren wie der Hl. Ruadanus oder die Riesen Fergusius und Conallus nicht mehr namentlich erwähnt[732] oder eben durch bekanntere Figuren ersetzt; zugleich wird

---

[731] Möglicherweise kann man die Abfassung mit Krebs 1977, S. 197, auf den Zeitraum zwischen Juli 1190 (der Heiligsprechung des Malachias von Armagh) und Mai 1191 (dem Beginn des Abbatiats Konrads I. in Windberg) eingrenzen. Albers *Tnugdalus* ist unikal überliefert und zwar in einer Handschrift, die etwa um 1300 im südbairisch-österreichischen Raum geschrieben wurde (vgl. Pfeil 1999, S. 28). Als Auftraggeberinnen werden Ôtegebe, Heilke und Gisel (vgl. Alber Tnug. 70) genannt, die Abfassung in Reimen geht auf den »bruoder Kuonrât« (Alber Tnug. 2151; vgl. Krebs 1977, S. 169) zurück, der möglicherweise mit dem späteren Abt gleichzusetzen ist; geht man von der Identität aus, so resultiert aus dem Beginn von Konrads Abbatiat der ›terminus ante quem‹.

Die detailreiche Studie Brigitte Pfeils stellt den Ausgangspunkt jeder Forschung zu Albers *Tnugdalus* dar, auch mein Beitrag geht von ihren Ergebnissen aus. – Eine Übersicht über die volkssprachlichen Bearbeitungen der *Visio Tnugdali* gibt Palmer 1982; vgl. auch Düwel 1994, S. 533 ff.

[732] Vgl. Spilling 1975, S. 115: »Fergus mac Roig und Conall Cernach waren zwei gewaltige Kämpen im Kreis um den unbesiegbaren Cuchulainn« – diese irische Tradition war Alber wohl unbekannt, weswegen die beiden bei ihm nur noch als schreckliche Riesen erscheinen,

das, was man auf dem Kontinent über das fremde Irland weiß, im Text ausgebaut: Die Giftlosigkeit Irlands wird durch einen Rekurs auf die auf dem Kontinent zirkulierende Patrickslegende angereichert.[733] Dass Alber den Hl. Ruadanus durch den Hl. Brandan ersetzt, lässt sich aber *nicht nur* durch die kontinentale Wahrnehmung Irlands erklären. Denn gerade die Tatsache, dass Alber den Hl. Ruadanus durch einen anderen *irischen* Heiligen und nicht durch einen Heiligen substituiert, zu dem er eine ähnlich persönlich-affektive Beziehung hat wie Marcus zum Hl. Ruadanus, steht geradezu programmatisch für Albers veränderte Erzählweise ein, die nun nicht mehr mit einer Überwältigungsrhetorik operiert, von der sich schließlich Marcus selbst überwältigen ließ.

Unabhängig von der Frage nach Albers Adressaten,[734] zeichnet Albers Erzählweise ein entschieden kollektives Moment aus, das den imaginativen Nachvollzug von Tnugdalus' schmerzhaft-schrecklicher Erfahrung auf einen im Diesseits konstituierten Rezipientenkreis hin perspektiviert.[735] Durch die permanent explizierten Bezüge zwischen ›hie‹ (auf Erden) und ›dort‹ (im Jenseits), mit der Alber die ›origo‹, die im lateinischen Text im Jenseits verortet ist, ins Diesseits verschiebt, wird der Fokus der Erzählung zugunsten paränetischer Eindeutigkeit vom Jenseitsraum weg hin auf das Diesseits der Rezeptionsgemeinschaft verschoben:

> die hie ze hôhe stîgent,
> daz sint die dort nîgent. (Alber Tnug. 665 f.)[736]

Damit kommt es Alber nicht mehr darauf an, dass die überwältigenden Wahrnehmungen von Tnugdalus' Seele wie in der *Visio Tnugdali* in all ihrem Leiden und Schmerz zur Darstellung gebracht werden, damit diese vom Rezipienten intensiv nachvollzogen werden können. Alber versucht nicht, einen geschlossenen Jenseitsraum zu evozieren, in den der Rezipient gleichsam durch die Kraft der Narration immergiert. Denn Alber hält zur Provozierung von Umkehr, Reue und Buße den Umweg über die suggestive Anschaulichkeit des Jenseitsraums für unnötig: Station für Station sollen all diejenigen, die sich im Diesseits als Rezeptionsgemeinschaft von Albers *Tnugdalus*-Dichtung konstituieren, über ihre Sündhaftigkeit reflektieren.

---

vgl. Alber Tnug. 679 ff.: »im stuont offen der munt, / ez was ein vreislîcher slunt: / dar inne stuonden zwêne man, / daz wâren risen vreissam«.
733 Vgl. hierzu in dieser Arbeit meine Anm. 852 und S. 257.
734 Nach Krebs 1977, S. 193, »zielte Alber ausschließlich auf die (ritterliche) Laienwelt« (so auch Düwel 1994, S. 541). Man wird Krebs 1977, S. 195, aber nicht so weit folgen können, Albert III. von Bogen und sein hochadliger Kreis seien die direkten Adressaten gewesen (vgl. Düwel 1994, S. 543).
735 Dies zeigen bereits die ersten Verse des Texts mit der konventionellen Bitte um Ruhe, vgl. Alber Tnug. 1 ff.: »Die vernemen wellen / wunder diu wir zellen, / die tuon uns ein stille.«
736 Vgl. hierzu Pfeil 1999, S. 152.

Die Erzählung hebt auf reflexive Distanz und Einsicht und nicht auf Überwältigung und Immersion ab; damit ist für Alber das Erzählverfahren der Jenseitsreise obsolet. Der Weg, den Tnugdalus' Seele durch das Jenseits zurücklegen muss, spielt bei Alber im Grunde keine Rolle mehr;[737] das »in der Beschreibung einer Fortbewegung enthaltene Moment der Dynamik«,[738] das für die Anschaulichkeitssuggestion der *Visio Tnugdali* so entscheidend ist, ist bei Alber zurückgenommen:[739]

Alber Tnug. 544 ff.	VT *11,22 ff.
sî kômen in kurzer stunt ze einem vreislîchen tal, daz was vinster über al.	Et his dictis.' profecti sunt. [...] Cumque longius simul pergerent. et nullum preter splendorem angeli lumen haberet.' tandem venerunt ad vallem valde terribilem. ac tenebrosam. et mortis caligine coopertam.[740]

Der Jenseitsraum hat aber auch in einer zweiten Hinsicht seinen Charakter als Bewegungsraum verloren: Der Jenseitsraum der *Visio Tnugdali* mit seiner vertikalen Schichtung, die die Bewegungsbilder von Aufstieg und Fall ermöglicht, ist in Albers *Tnugdalus* nicht nur horizontal ausgerichtet, die Seelen selbst scheinen sich nicht zu bewegen. Dies hängt ebenfalls mit der Ausrichtung auf eine im Diesseits konstituierte Rezeptionsgemeinschaft zusammen: Wie die sehr unterschiedlichen Antworten des Engels auf die Frage nach Gottes Barmherzigkeit zeigen, betont Alber in Abweichung von der *Visio Tnugdali*, wo an der entsprechenden Stelle die Kompensationsfunktion des Jenseits für das Diesseits expliziert wird, ganz entschieden die Notwendigkeit prämortaler Buße[741] und steht damit anders als die *Visio Tnugdali* innerhalb des Dogmas:

Alber Tnug. 937 ff.	VT *25,16 ff.
grôze genâde got begât, iedoch sî niht enstât über ander deheinen, wan über den einen der mit riuwen wirt bevangen,	Deus enim licet sit misericors. est tamen iustus. Iusticia reddit unicuique secundum sua merita.' [...] Nam si in corpore peccatoribus penitentiam non agentibus. misericorditer parcitur.' hic tamen pro suis meritis. dictante

---

737 Vgl. Weitbrecht 2011a, S. 178: »Der Wandel wird [...] [bei Alber] weniger über Raum und Bewegung im Raum dargestellt als über Einsicht und Vermittlung«.
738 Pfeil 1999, S. 199.
739 Vgl. hierzu den ausführlichen Vergleich bei Pfeil 1999, S. 190 ff.
740 »Nach diesen Worten sind sie aufgebrochen. [...] Als sie weiter miteinander gingen und ihnen einzig der Glanz des Engels Licht spendete, kamen sie schließlich zu einem sehr furchtbaren und dunklen Tal, das vom Nebel des Todes bedeckt war«.
741 Darauf dass auch die Martern im Jenseits weniger als läuternde Strafe denn als Bußleistung erscheinen, hat Pfeil 1999, S. 158, hingewiesen.

des er zunrehte hât begangen,
unde des widerkêret,
als uns diu schrift lêret,
und ein besserz dar nâch tuot,
unde enhât deheinen muot
wider ze den schulden:
der mac sich gote gehulden.
swer mit den sünden blîbet
und von im niht entrîbet
unrehte gelust
unde ander âkust
unz an sînen tôt,
der muoz lîden dise nôt.

iusticia digna paciuntur. Et licet iustis pro suis excessibus temporale commodum iuste in corpore degentibus tollitur.´ bona eis sine fine manentia. cum angelis dum exeunt corpora misericorditer largitur. In hoc quoque misericordia eius superat iusticiam. quia nullum bonum opus ab ipso erit irremunerabile.´ multa vero opera condonat ipse. Nemo enim liber est a peccato. nec infans unius noctis.´ multi vero liberantur a pena. ut etiam non tangat eos umbra mortis.[742]

In der *Visio Tnugdali* hebt der Engel das Ineinander von Gottes Barmherzigkeit und Gerechtigkeit hervor; nicht expliziert werden dabei die Kriterien, welche Sünden durch Gottes Barmherzigkeit vergeben und welche durch Gottes Gerechtigkeit gestraft werden. In Albers Text hingegen fokussiert der Engel ganz entschieden die prämortale Buße, durch die es jedem Menschen selbst möglich ist, sein jenseitiges Geschick zu beeinflussen. Dieser veränderte Fokus schlägt sich bei Alber auch in der Konzeption der Figur des Tnugdalus nieder: Anders als in Marcus' Text verlangt Tnugdalus kurz vor dem Tod – aber eben zu spät – nach einem Priester[743] und bereut auf dem Weg in die Hölle, dass er nicht schon im Diesseits seine Sünden gebüßt hat.[744] Schließlich wird für Albers Tnugdalus – so wie für Drycthelm – das Diesseits zum Bußraum, wie er den Worten des Engels entnehmen kann, ehe er in den Körper zurückkehren muss:

---

742 »Auch wenn Gott Erbarmen zeigt, ist er dennoch gerecht. Seine Gerechtigkeit gibt einem jeden nach dem, was er verdient hat. [...] Denn wenn er diejenigen, die keine Buße tun, im Körper barmherzig verschont, erleiden sie dennoch hier, weil es die Gerechtigkeit fordert, das, was angesichts ihrer Verdienste würdig ist. Und wenn auch den Gerechten, solange sie leben, angesichts ihrer Übertretungen ein zeitlicher Vorteil gerecht genommen wird, schenkt er ihnen barmherzig, wenn sie die Körper verlassen, Güter mit den Engeln, die ihnen ewig bleiben. Darin auch übertrifft seine Barmherzigkeit die Gerechtigkeit, dass kein gutes Werk von ihm selbst nicht vergolten wird, er selbst aber viele Werke vergibt. Denn niemand ist frei von der Sünde, nicht einmal ein Kind, das erst eine Nacht alt ist; viele aber werden von der Strafe erlöst, so dass auch diese nicht der Schatten des Todes berührt.«
743 Vgl. Alber Tnug. 238 f.: »mit vlîze er des pfaffen gert. / er viel nider vür tot.«
744 Vgl. Alber Tnug. 1224 ff.: »ich hête deheine aht / ûf der sêle genist, / hête ich nû vrist, / wie gerne ich büezen wolde!« Vgl. auch VT *35,5 f.: »Ve mihi ut quid ego non morior? Et quare ego miserrima sanctis scripturis credere nolui? Que me dementia decepit?« (»Weh mir! Warum sterbe ich nicht? Und weshalb wollte ich Ärmste nicht der Heiligen Schrift glauben? Welcher Wahnsinn täuschte mich?«)

Alber Tnug. 2112	VT *56,19 ff.
var hin unde büeze dîne grôze missetât; sô mac dîn denne werden rât, unde maht reste enphâhen. dû wil nû ze harte gâhen.	Revertere ergo ad corpus tuum unde exieras.´ et stude abstinere ab his que ante faciebas. Consilium nostrum simul et auxilium tibi non deerunt.´ sed presentialiter atque fideliter tibi manebunt.[745]

Dass Alber auf die prämortale Buße abhebt, wird durch die Scheidung des ›hie‹ des Diesseits vom ›dort‹ des Jenseits unterstützt: Um möglichst wirkungsvoll die Notwendigkeit von Umkehr, Reue und Buße im ›hie‹ zu betonen, muss das Verhalten im ›hie‹ eindeutige Konsequenzen für das Ergehen im ›dort‹ haben, so dass die Möglichkeit postmortaler Läuterung und damit seelischer Bewegung durch den Jenseitsraum zurückgenommen werden muss. Während in der *Visio Tnugdali* betont wird, dass alle, die die Strafen der oberen Hölle erleiden, noch nicht gerichtet sind, heißt es bei Alber pauschal: »vor gote sint sî verstôzen« (Alber Tnug. 1096). Besonders deutlich zeigt sich die fehlende Dynamik im Jenseitsraum aber darin, dass nicht gesagt wird, woher die ›boni non valde‹ kommen, so dass der besonders wichtige Übergang aus den Räumen der Strafe in die Räume des Lohns bei Alber nicht mehr erwähnt wird:[746]

Alber Tnug. 1555 ff.	VT *43,5 ff.
dû sihest ein teil vröuden hie, hie suln ein vrist haben die die niht wâren vil guot. bezzer genâde in noch tuot an dem der rehte trôst lît, swenn er in volle vröude gît. von dem lebentigen brunnen ist ein ursprinc ensprungen: der des ze einem mâle bekort, der hât des êwegen lîbes hort und erstîrbet nimmer mêre: er ist vrî vor allem sêre.	hic habitant boni non valde. qui de inferni cruciatibus erepti.´ nondum merentur sanctorum consortio coniungi. Fons quoque hic quem vides vocatur vivens.´ ›si quis gustaverit ex hac aqua. vivet in eternum nec siciet ultra‹. Hier halten sich die nicht ganz Guten auf, die, aus den Qualen der Hölle entrissen, noch nicht verdienen, mit der Gemeinschaft der Heiligen verbunden zu werden. Diese Quelle auch, die du siehst, heißt lebendige Quelle. Wenn jemand von diesem Wasser gekostet haben wird, wird er in Ewigkeit leben. Nie mehr wird es ihn dürsten.

---

745 »Kehre also zurück zu deinem Körper, aus dem du herausgegangen warst, und bemühe dich, dich dessen zu enthalten, was du zuvor tatest. Unser Rat und zugleich unsere Hilfe werden dir nicht fehlen, sondern werden dir gegenwärtig und beständig bleiben.«
746 Vgl. Pfeil 1999, S. 179 (Herv. i. O.): »[…]; dabei bleibt der vorhergehende Aufenthaltsort der Seelen unerwähnt. Somit verliert der Ort, an dem Engel und Seele sich zu diesem Zeitpunkt aufhalten, seine Funktion als *Durchgangsstation* zwischen den Straf- und den Freudenorten und wird statt dessen zum *Vorort* des paradiesischen Bereichs.«

Aber nicht nur was Bewegung betrifft, setzen sich Albers Transformationen vom Erzählverfahren der Jenseitsreise und den davon ausgehenden Innovationen der *Visio Tnugdali* ab. Dass Alber keinen geschlossenen Jenseitsraum zur Darstellung zu bringen versucht, in den der Rezipient immergiert, zeigt sich auch in der Zurücknahme illusionssteigernder Elemente. Dies hat nichts mit Albers Fähigkeiten zu tun, da er über die entsprechenden erzählerischen Mittel gleichwohl verfügt: So nutzt Alber im Strafort der Hinterhältigen und Perfiden das aus dem demonstrativen Dialog stammende, imaginative Verweisspiel der Pronomina,[747] obwohl dieser Strafort in der *Visio Tnugdali* erst im Zusammenhang mit dem folgenden Tal erklärt wird.[748] Dieser imaginative Stimulus scheint für ihn aber nicht wesentlich gewesen zu sein, da er an zahlreichen anderen Stellen das demonstrative Verweisspiel zugunsten der ›hie‹/›dort‹-Paränese aufhebt.

Auch das kalkulierte Abbrechen der Darstellung, das in der Leerstelle den unbegrenzten Freiraum der Imagination hervorbringt, findet man in Albers Text nicht. Wie Tnugdalus die Strafe im Bauch der Vogelbestie erleidet, ist bei Marcus nicht erzählt und der Imagination des Rezipienten überantwortet; bei Alber muss Tnugdalus diese Strafe überhaupt nicht mehr erleiden,[749] so dass die Leerstelle des lateinischen Texts völlig getilgt wird.[750] Wie sehr die Immersionseffekte der *Visio Tnugdali* zurückgenommen sind, zeigt wohl am deutlichsten die Episode im Bauch Acherons'. Während der lateinische Text mit der Leerstelle und der asyndetischen Reihung den Rezipienten geradezu auffordert, selbst das Ungeheuerliche, das Tnugdalus erlebt hat, zu imaginieren beziehungsweise sich in den Bauch der Bestie zu phantasieren und sich so dem totalen Schrecken imaginativ anzunähern, hebt Alber auf die Notwendigkeit prämortaler Umkehr ab, die genau das verhindern soll, was der Rezipient der *Visio Tnugdali* an dieser Stelle schon durchgemacht hat:

wir sulen dar nâch ringen,
daz uns iht belûche
daz tier in sînem bûche. (Alber Tnug. 726 ff.)

---

747 Vgl. Alber Tnug. 612 ff. (Herv. d. m.): »sihestû disen ungemach, / den die sêle lîdent hie? / nû merke rehte, *daz sint die / die* mit meintæten / und mit meinen ræten / sich habent geunreinet, / der herze daz niht meinet / daz in der munt sprichet.«
748 Vgl. zum lateinischen Text meine Anm. 712.
749 Vgl. Pfeil 1999, S. 167 f.
750 Eine »Entgrenzung der Imagination« (Heisler 2007, S. 92) lässt sich auch für Albers Text feststellen; nur wird diese Entgrenzung in der lateinischen *Visio* – durch das pointierte Setzen von Unsagbarkeitstopoi und Leerstellen – stärker forciert und im Zuge einer Überwältigungsrhetorik eingesetzt. Damit ist natürlich nicht bestritten, dass bei Alber gerade die repetitive Verwendung von Unsagbarkeitstopoi in Verbindung mit Ausrufen wie ›hei‹, ›owî‹ und ›owê‹ auch einen ganz eigenen Effekt hervorbringen kann: »In solchen Schmerzgesängen wird eine Stimme hörbar, die viel stärker hervortritt als ihr lateinisches Pendant« (Lechtermann 2010, S. 99).

Vor dem Hintergrund des lateinischen Text zeigt sich zuallererst, worin Alber abweicht, das heißt vor allem: welche erzählerischen Mittel nicht nachgeahmt beziehungsweise nicht konsequent eingesetzt werden. Diese Negativbefunde dürfen aber nicht darüber hinwegtäuschen, dass Alber eine Erzählung eigenen Rechts hervorbringt, die man aus dem selbstgesetzten Erzählanliegen heraus verstehen muss und nicht vor dem Hintergrund der imaginativen Darstellung der *Visio Tnugdali* abwerten darf.[751] Alber geht es um die Gemeinschaft der Rezipienten im Diesseits, die er direkt anzusprechen versucht. Während in der *Visio Tnugdali* Läuterung und, mit Blick auf die Rezipienten, Aspekte einer äußeren Bußleistung eine gewichtige Rolle spielen, die im imaginativen Durchleiden der Jenseitsstrafen breiten Raum einnehmen, betont Alber Reue und Umkehr stärker; darin scheint Alber einer Entwicklung des 12. Jahrhunderts zu folgen.[752] Im frühscholastischen Kontritionismus gelangte man zu der Überzeugung, dass »im Bußsakrament die contritio als der für die Sündenvergebung entscheidende Faktor«[753] gelten müsse.[754] Diese Wandlungen im Verständnis des Bußsakraments sollte man allerdings nicht einfach mit der Entstehung eines ›neuen‹ Gottesbildes kurzschließen. Ganz abgesehen davon, dass Gott auch in der *Visio Tnugdali* äußerst barmherzig ist, stellt es eine Verkürzung dar, wenn man für das Hohe Mittelalter einen Wandel vom Herrschergott zum ›lieben Gott‹ (bzw. vom strafenden zum liebenden Gott) annimmt: Die Vielschichtigkeit des Gottesbildes im Früh- und Hochmittelalter lässt die Annahme einfacher Entwicklungslinien nicht zu.[755]

Wie dem im Einzelnen auch sei: Bei Alber steht der diesseitig-innere Mensch im Vordergrund, der in der Konfrontation mit seiner Sündhaftigkeit Schmerz über sein gestörtes Verhältnis zu Gott empfindet, die Notwendigkeit von Umkehr und Buße einsieht. Damit ist der affektive Nachvollzug des Leids und des Schmerzes nicht mehr notwendig. Da somit die Funktion der läuternden Strafen zurückgenommen ist, ergeben bei Alber auch Fürbitten Sinn, die das jenseitige Leiden verkürzen.[756] Darüber hinaus zeigt sich in der Frage der Fürbitten auch die Bedeutung der Gemeinschaft: Albers Tnugdalus ist damit der Prototyp des einsichtigen Sünders, der der christlichen Tugend des

---

751 Dies auf der Grundlage einer detailgenauen Analysen gezeigt zu haben, ist das Verdienst der Arbeit von Pfeil 1999. Becker 2009, S. 132–145 u. S. 296, hat Dreigliedrigkeit als Strukturprinzip Albers ausgewiesen.
752 Der historische Kontext ist bekannt: Im 6. Jahrhundert war auf dem Kontinent von irischen Mönchen das System der Tarifbuße eingeführt worden. Im 12. Jahrhundert verlagerte sich aber »das Schwergewicht der Heilsgewinnung von der äußeren Bußleistung auf die innere Reue und Gewissensbildung« (Wehrli-Johns 1994, S. 50).
753 Faber 1997, Sp. 333.
754 Vgl. Sattler 1994, Sp. 848.
755 Vgl. Goetz 2011, S. 290–295; ich bin hier also skeptischer als Pfeil 1999, S. 188.
756 Vgl. Spilling 1975, S. 165, und Pfeil 1999, S. 187 ff.

Mitleids fähig ist.⁷⁵⁷ Auch die Rezeptionsgemeinschaft im Diesseits kann ihren rechten Glauben erweisen, indem sie für die Seelen Verstorbener bittet. Der Fokus der *Visio Tnugdali* auf Läuterung durch körperlichen Schmerz im Jenseits und auf das Angewiesensein auf die Gnade Gottes zielt entschieden darauf ab, dass die Rezipienten durch den affektiven Nachvollzug der Jenseitsstrafen umkehren und büßen. Bei Alber lässt sich demgegenüber eine Verschiebung in Richtung einer stärkeren Betonung des eigenen Willens, der reuigen Gesinnung, des Mitleids und der ›satisfactio operis‹ im Diesseits beobachten.⁷⁵⁸ Gerade was den Kontext dieser Bußtheologie betrifft, erweist sich Albers *Tnugdalus* somit als Transformation, die in dieser Hinsicht dem *Tractatus de Purgatorio S. Patricii* nähersteht als der *Visio Tnugdali*.

5.2 Die Pilgerreise ins Jenseits. Das Purgatorium des Heiligen Patrick

5.2.1 Die Konversion des Tnugdalus und die Buße Oweins

Zu der Zeit, als Tnugdalus kurz vor 1150 ins Jenseits gerissen wurde, dürfte sich nach allem, was wir wissen können, ein Ire namens Owein in Baltinglass aufgehalten haben. Dort unterstützte er als ›procurator‹ und ›interpres‹ Zisterzienser aus dem englischen Louth Park beim Aufbau einer Abtei. Gilbert, der vom Abt des Klosters Louth Park nach Irland gesandt worden war, und die weiteren Mönche dürften sich zwischen 1148 und 1150/51 in Baltinglass aufgehalten haben.⁷⁵⁹ Im Zuge der Zusammenarbeit kam Owein mit

---

757 Vgl. Alber Tnug. 1435 ff.: »noch muot mich michel mêre / diu unmæzlîche sêre, / die ich hie bin sehende an, / denn al daz ich erliten hân. / hilf mir hinnen durch got, / daz ich des übelen tiuvels spot / iht werde mit mînem künne / in dirre unwünne.« Vgl. hierzu Pfeil 1999, S. 177: »Wo aber Marcus die kathartische Wirkung beschreibt, die Schrecken und Furcht auf die Seele ausüben und zu ihrer Wandlung führen, da zeigt der volkssprachliche Text die Veränderung der Seele des Protagonisten anhand ihrer Einstellung zum Leiden jener Seelen auf, die den Qualen des Ortes ausgesetzt sind.«
758 Vgl. Pfeil 1999, S. 184 (Herv. i. O.): »Folglich wird in der volkssprachlichen Fassung ein kausaler Zusammenhang zwischen der Reue und dem Erwerb göttlicher Gnade hergestellt, so daß ein Verharren in der Sünde als die mangelnde Bemühung des Sünders um Gottes Geneigtheit erscheint. Demgegenüber erkennt Marcus zwar die Kraft der Reue und Buße an, *Sündenstrafe* zu tilgen, verbindet hiermit allerdings nicht zwangsläufig auch einen Nachlaß der Schuld, der seinen Vorstellungen zufolge nur aufgrund der Barmherzigkeit Gottes gewährt werden kann.«
759 Vgl. Easting 1986a, S. 166. Dass Owein bei der Gründung von Baltinglass als Übersetzer tätig war, bezeugt der *Tractatus de Purgatorio S. Patricii* (T 1070 ff.): »Eodem autem tempore pie memorie Geruasius, abbas cenobii Ludensis, qui a prefato rege locum ad construendum monasterium inpetrauerat, monachum suum nomine Gilebertum de Luda cum quibusdam aliis (qui scilicet Gilebertus fuit postea abbas de Basingewerch) ad eundem regem in Hyberniam misit, ut et locum susciperet et monasterium fundaret. Qui cum ueniens ad regem susceptus esset, conquestus est quod illius patrie linguam ignoraret. Quod audiens rex ait, ›Optimum interpretem tibi commendabo.‹ Et accito prefato milite [sc. Owein, MB], iussit

dem Zisterzienser Gilbert ins Gespräch und berichtete über seine Jenseitsreise, die er wohl um 1146/47 angetreten hatte.[760] Nachdem er schwere Sünden auf sich geladen hatte, sah er keine andere Möglichkeit, diese zu büßen, als in das Purgatorium des Heiligen Patrick hinabzusteigen. Gilbert, der seit 1155 Abt in Basingwerk war, hat diese Geschichte seinem Bruder H. aus der Abtei Sawtry erzählt. Dieser H. hat den Bericht von Oweins ›descensus‹ in seinem *Tractatus de Purgatorio S. Patricii* auf Bitten Hugos, des Abts in Old Wardon, in einer ersten Fassung zwischen 1180 und 1184 niedergeschrieben.[761]

Es liegt bislang keine textkritisch befriedigende Ausgabe des *Tractatus de Purgatorio S. Patricii* vor;[762] dies dürfte daran liegen, dass der Text in nicht weniger als 150 Handschriften überliefert ist.[763] Der Text in der *Patrologia Latina* ist absolut unzufriedenstellend. Neben einem längeren β-Text gibt es auch eine kürzere α-Fassung. Welcher der beiden Fassungen die Priorität zukommt, kann nicht einfach entschieden werden.[764] Der längere β-Text jedenfalls ergibt ein kohärentes Ganzes.[765] Diese längere Fassung lege ich meiner Deutung zugrunde.

Nicht nur darin, dass sich Owein freiwillig ins Jenseits begeben hat, liegt ein Unterschied zur Jenseitsreise des Tnugdalus, von der Frater Marcus erzählt. Zahlreiche Differenzen zwischen den beiden raumzeitlich nahen Jenseitsreisen irischer Ritter treten deutlich hervor, so dass sich zeigt, dass der *Tracta-*

---

ut cum monacho maneret«. (»Zu eben dieser Zeit aber schickte Gervasius seligen Angedenkens, Abt des Klosters Louth Park, der vom vorgenannten König einen Ort zur Errichtung eines Klosters erbeten hatte, seinen Mönch namens Gilbert von Louth Park mit einigen anderen – dieser Gilbert war später Abt in Basingwerk – zu eben diesem König nach Irland, damit er den Ort übernahm und ein Kloster gründete. Bei seiner Ankunft war er beim König empfangen worden; er beklagte sich, dass er die Sprache dieses Landes nicht verstehe. Als der König dies hörte, sagte er: ›Ich werde dir meinen besten Übersetzer geben.‹ Und nachdem der vorgenannte Soldat herbeigerufen worden war, befahl er ihm, dass er bei dem Mönch bleibe«). Zu Oweins und Gilberts Funktionen in Baltinglass vgl. T 1088 ff.

760 Vgl. Easting 1986a, S. 166.
761 Easting 1978 grenzt die Abfassungszeit des *Tractatus* auf 1179 bis 1181 ein; dabei geht er aber von einigen schwer haltbaren Hypothesen aus. Sichere Grundlage für die Angabe eines ›terminus ante quem‹ scheint mir lediglich Hugos von Warden Tätigkeit als Abt zu sein; wie Easting (S. 781) selbst schreibt, ist sein Nachfolger erst 1185/86 bezeugt. Vgl. auch de Pontfarcy 1995, S. 6: »Le moine de Saltrey eut donc connaissance de l'aventure du chevalier Owein, après 1179 lorsque Gilbert n'était plus abbé de Basingwerk, et il la mit par écrit à la demande de son supérieur, avant 1185 alors que Hugh était encore abbé de Sartis«.
762 Vgl. schon de Pontfarcy 1984, S. 460.
763 Bisher unbekannte Handschriften des *Tractatus* verzeichnet Weitemeier 2006, S. 213 ff.
764 Easting argumentiert stets auch für die Priorität des β-Texts (vgl. etwa Easting 1986a, S. 168). Die Gründe hierfür legt Easting nur in seiner unveröffentlichten Dissertation dar (vgl. Easting 1976, S. lxix-xc [nicht zugänglich]). De Pontfarcy 1984, S. 464, und dies. 1995, S. 11 ff., argumentiert gegen die Priorität des β-Texts.
765 Vgl. de Pontfarcy 1995, S. 19: »Easting a tout à fait raison, ces additions ne sont pas des éléments parasites, elles forment un tout cohérent, relèvant le vif intérêt que le moine de Saltrey prit, à deux reprises, à la rédaction de cette œuvre qu'il structura, amplifia le faisant sienne tout en transmettant le récit de Gilbert de Louth Park«.

5.2 Die Pilgerreise ins Jenseits. Das Purgatorium des Heiligen Patrick 175

tus einen Neuanfang in der Erzählung des Jenseits markiert, während die *Visio Tnugdali* eine konsequente Fortsetzung der Gattung der Jenseitsreisen darstellt. Gleichwohl weist auch der *Tractatus* vielfältige Traditionsbezüge auf, die erst offengelegt werden können, nachdem die Unterschiede und Eigenheiten gegenüber der Erzählung der *Visio Tnugdali* analysiert wurden.

Während Owein seinen Weg durch das Jenseits als Abschluss einer Bußleistung im Sinne einer Bewährung als ›uerus miles Christi‹[766] versteht, wird Tnugdalus unfreiwillig aus seinem allzu weltlichen Leben gerissen; erst in der Konfrontation mit dem Jenseits kann Tnugdalus umkehren, dessen Weg durch das Jenseits dementsprechend den Prozess seiner Konversion abbildet.[767] Die Entrückung ist das Initialmoment seiner Umkehr, die insofern ein absolutes Transzendenzphänomen darstellt, als in Tnugdalus' Entrückung alle immanenten Ordnungen transzendiert werden, in denen er zuvor gefangen war. Die Plötzlichkeit dieses Ereignisses markiert ebenso wie die Trennung von Körper und Seele die Unbedingtheit der Zäsur. Ganz anders verhält es sich mit Owein, dessen Umkehr der Jenseitsreise vorausgeht, so dass er in der Integrität seiner gesamten Person, also mit Körper und Seele, das Jenseits betreten kann. Plötzlichkeit spielt beim intentionalen Übergang vom Diesseits ins Jenseits keine Rolle mehr, vielmehr wird der Übergang als Prozess dargestellt: Die Transgression kann in konkret-räumlicher Anschaulichkeit als Abstieg imaginiert werden.

Während sich in der *Visio Tnugdali* der Übertritt vom Diesseits ins Jenseits unvorhergesehen ereignet, ist der Raum im *Tractatus* zurückgebunden an einen heiligen Ort. Anders als die unverfügbare Erfahrung, die Tnugdalus zunächst als kontingent wahrnehmen muss, ehe er ihren providenziellen Sinn begreifen kann, ist der Abstieg in das Purgatorium des Heiligen Patrick rituell und kultisch eingehegt und somit provozierbar, auch wenn der Ausgang der Bewährung unkalkulierbar ist.[768] Owein reiht sich in eine Folge von Gläubigen ein, die sich entschlossen haben, »propria uoluntate illud

---

766 Vgl. T 295 ff.: »Miles itaque, ad noui generis militiam instructus, qui quondam uiriliter oppugnabat homines, iam presto est uiriliter certare contra demones. Armis igitur Christi munitus exspectat quis eum demonum ad certamen primo prouocet. Justicie lorica induitur; spe uictorie salutisque eterne mens, ut capud galea, redimitur; scuto fidei protegitur. Habet etiam gladium spiritus«. (»Daher ist der Soldat, zu einem Kriegsdienst neuer Art ausgestattet – einst kämpfte er tapfer gegen Menschen –, schon bereit, tapfer gegen Dämonen zu kämpfen. Mit den Waffen Christi bewehrt, erwartet er, welcher der Dämonen ihn zuerst zum Kampf auffordert. Er zieht sich den Harnisch der Gerechtigkeit an; mit der Hoffnung auf Sieg und ewiges Heil wird sein Sinn, wie das Haupt mit einem Helm, ausgestattet; er wird vom Schild des Glaubens geschützt. Er hat auch das Schwert des Geistes«.)

767 Zaleski 1987 ebnet all diese Unterschiede ein, vgl. etwa S. 35: »Despite its idiosyncrasies, the *Treatise* can be read as a typical medieval vision story. Like the visions of Drythelm, Tundal, and others, the *Treatise* is essentially a conversion narrative, in which the hero is a sinner who changes his way of life after a visit to the other world.«

768 Vgl. T 172 ff. De Pontfarcy 1988 erkennt hierin eine Spur anachoretischer Traditionen, die dem Abstieg ins Purgatorium vorausgehen: »When H. of Saltrey states that many entered the

[sc. purgatorium, MB] intrare pro peccatis suis« (»aus freien Stücken jenes [Purgatorium] wegen ihrer Sünden zu betreten«; T 179). Die Praktiken, die den heiligen Ort zugänglich machen, sind dabei zugleich auch exklusiv, da nur so das Purgatorium als heiliger Ort abgegrenzt und gesichert werden kann. Dies fügt sich in die Buß- und Bewährungslogik, die den *Tractatus* von der Konversions- und Läuterungslogik der *Visio Tnugdali* unterscheidet: Anders als Tnugdalus, der in der ihm gnadenhaft erwiesenen Entrückung erwählt ist, muss sich derjenige erst als würdig erweisen, der in das Purgatorium des Hl. Patrick hinabsteigen möchte. Als würdig kann der gelten, dessen Entschluss sich sowohl auf das Bewusstsein der eigenen Sündhaftigkeit als auch auf sein unerschütterliches Gottvertrauen gründet. Beides ist Voraussetzung für die Eintrittserlaubnis. Dreimal – einmal durch den Bischof,[769] zweimal durch den Prior[770] – wird dem reuigen Sünder unter Hinweis auf die Gefahren vom Besuch des Purgatoriums abgeraten. Zudem hat er seine Bußfertigkeit unter Beweis zu stellen, indem er die ihm verordnete Askese[771] aushält; vor und nach dem ›descensus‹ muss er fünfzehn Tage fasten und beten. In dieser ›mortificatio‹ wird der Körper insofern auf den Übertritt ins Jenseits eingestellt, als die Welt bereits transzendiert wird, was im tatsächlichen Übertritt vom Diesseits ins Jenseits im heiligen Ort dann seine konkret-räumliche Umsetzung findet.[772] Auf diesen Übertritt, ja auf die gesamte Reise, die ihn ins Jenseits führt und von der er vielleicht nicht mehr zurückkehren wird, wird der reuige Sünder im Anschluss an die Askese in einer Eucharistiefeier mit einem ›uiaticum‹ vorbereitet. Alle liturgischen Vollzüge, das Besprengen mit Weihwasser ebenso wie die Segnung, markieren die Bedeutung des Schwellenereignisses, dessen transgressiver Charakter in der geordneten und abgesicherten Bewegung einer Prozession unter dem Beten einer Litanei ausgeglichen wird. Der Übergang ins Jenseits und die Wiederkehr sind eingehegt in liturgisch-kultische Handlungen, deren Gleichförmigkeit und Ordnungsmäßigkeit sich auch im folgenden Fluss polysyndetisch gereihter Sätze niederschlägt:

cave but never came back, he in fact reveals the former existence of a pilgrimage that a recluse would enter upon for the rest of his life and accordingly would never be seen again« (S. 11).

769 Vgl. T 182 f.: »Si uero perseuerauerit, perceptis episcopi litteris ad locum festinat«. (»Wenn er aber entschlossen geblieben sein wird, eilt er nach Empfang der Bischofsschreiben zur Stelle«).

770 Vgl. T 194 ff.: »Quodsi perseuerauerit, introducit [eum] in ecclesiam [...]« (T 187); »Si uero constans in proposito fuerit, [...] ingreditur [...]«. (»Wenn er aber entschlossen geblieben sein wird, führt er ihn in die Kirche [...]. Wenn er aber am Vorsatz festgehalten haben wird, tritt er ein«).

771 Im Grunde lässt sich die Jenseitsreise selbst auch als Form asketischen Handelns begreifen, da sie absichtlich, freiwillig, schmerzlich und gegenüber immanenten Zielsetzungen zweckfrei ist (vgl. zu diesem Eigenschaftskatalog Schlatter 1990, S. 69 f.). Walsh 1999, S. 107, spricht dementsprechend von einer »asketische[n] Probe in der Höhle«.

772 Insofern trifft für das Purgatorium in gesteigertem Maße zu, was Mircea Eliade als Charakteristikum jedes heiligen Raumes herausgearbeitet hat: »In der heiligen Umhegung wird die profane Welt transzendiert« (Eliade 1998, S. 26). Er sieht diese ›Möglichkeit des Transzendierens‹ in der Darstellung einer Öffnung umgesetzt.

5.2 Die Pilgerreise ins Jenseits. Das Purgatorium des Heiligen Patrick

> Si uero constans in proposito fuerit, percepta ab omnibus sacerdotibus benedictione et omnium se commendans orationibus propriaque manu fronti sue signum crucis inprimens, ingreditur, moxque a priore ostium obseratur, sicque processio ad ecclesiam reuertitur, que die altera iterum mane de ecclesia ad ostium fosse ingreditur, ostiumque a priore aperitur. (T 194 ff.)
>
> Wenn er aber an dem Vorsatz festgehalten haben wird, tritt er nach der Segnung durch alle Priester ein, wobei er sich den Gebeten aller anempfiehlt und mit der eigenen Hand auf seiner Stirn das Kreuzzeichen macht, und schon wird die Tür vom Prior verschlossen und so zieht die Prozession zurück zur Kirche, die am folgenden Tag erneut in der Frühe von der Kirche zur Tür der Grube geht, und die Tür wird vom Prior geöffnet.

Trotz dieser Einhegung steht bei dem Aufenthalt im Purgatorium das Äußerste auf dem Spiel: In konsequenter Fortführung einer religiös aufgeladenen Bewährungslogik geht es um die Differenz von Heil und Verdammnis, da nur ein Teil derer, die in das Purgatorium hinabsteigen, tatsächlich wieder zurückkehrt. In dem Maße, in dem der heilige Ort dabei über ein einzelmenschlich-kontingentes Erleben, wie es Tnugdalus' Entrückung ist, hinausweist, stimuliert das Purgatorium Bußpraktiken, die die Jenseitsreise zum zentralen Abschnitt einer ins Jenseits verlängerten Pilgerreise werden lassen. Gegenüber der starken Alleinstellung, die Tnugdalus auszeichnet, ist Owein Teil einer großen Gruppe von Sündern, die seit den Tagen Patricks zum heiligen Ort und durch das Jenseits pilgert. Darauf weist H. mehrfach hin, etwa wenn er betont, dass »et tempore sancti Patricii et aliis postea temporibus multi homines Purgatorium intrauerunt« (»sowohl zur Zeit des Hl. Patrick also auch zu anderen Zeiten später viele Menschen das Purgatorium betraten«; T 172 f.).

Das Purgatorium ist demnach durch die strenge Reglementierung des Zutritts, die kultisch-liturgische Provozierbarkeit der Transzendenzerfahrung und die Konsequenzen für das Seelenheil als heiliger Ort markiert, der sowohl anzieht, wie auch – gerade angesichts der äußersten Gefährlichkeit des Unterfangens – abschreckt.[773] Aus der Struktur des heiligen Ortes geht seine prinzipielle Funktionalität als Ziel einer Pilgerreise hervor. Für die Attraktivität des heiligen Ortes ist es darüber hinaus von großer Bedeutung, dass seine Ursprungserzählung so mit der Beschreibung seiner Wirksamkeit verknüpft wird, dass das vom heiligen Ort ausgehende Heilsversprechen auf größtmögliche Weise authentifiziert wird. Das Purgatorium wird als Ort inszeniert, der vom Herrn selbst dem Heiligen Patrick geoffenbart wurde:

> Sanctum uero Patricium Dominus in locum desertum eduxit, et unam fossam rotundam et intrinsecus obscuram ibidem ei ostendit, dicens, quia quisquis ueraciter penitens uera fide armatus fossam eandem ingressus unius diei ac noctis spacio

---

[773] Für die mittlerweile kanonische Beschreibung der Erfahrung des Doppelcharakters des Numinosen als »Kontrast-Harmonie« (Otto 1991, S. 42) zwischen den Momenten des ›tremendum‹ und des ›fascinans‹ vgl. ebenda, bes. S. 13 ff. u. S. 42 ff.

moram in ea faceret, ab omnibus purgaretur tocius uite sue peccatis, sed et per illam transiens non solum uisurus esset tormenta malorum uerum etiam, si in fide constanter egisset, gaudia beatorum. (T 129 ff.)

Den Hl. Patrick aber führte der Herr an eine wüste Stelle und zeigt ihm dort eine runde, innen dunkle Grube. Er sagte, dass jeder, der in aufrichtiger Reue mit dem wahren Glauben bewehrt eben diese Grube betrete und dann für einen Tag und eine Nacht in ihr bleibe, von allen Sünden seines ganzen Lebens gereinigt würde und auch bei der Durchmessung der Grube nicht nur die Qualen der Üblen, sondern auch, wenn er sich im Glauben standhaft bewährt haben sollte, die Freuden der Seligen sehen würde.

Für die Etablierung des Ortes als Ziel einer Pilgerreise spielt darüber hinaus die architektonische und institutionelle Einrichtung durch den Heiligen Patrick eine besondere Rolle. Der Heilige errichtet eine Kirche und setzt in ihr Augustiner-Chorherren ein, die auch über die Exklusivität des heiligen Ortes wachen: Denn der Prior der Gemeinschaft erhält den Schlüssel zu der Tür, mit der der Heilige Patrick das Purgatorium vor leichtfertigem und unerlaubtem Zutritt bewahren will.[774] Trotz des an dieser Stelle besonders offensichtlichen Anachronismus[775] werden auch im weiteren Gang der Erzählung die Elemente der rituell-liturgischen Einhegung des Zugangs zum Purgatorium durch Rekurs auf den Hl. Patrick beglaubigt.[776] Allerdings ist das Purgatorium keineswegs ein Ort der Heiligenverehrung, so dass der Heilige Patrick auch nicht dieselbe Bedeutung für den heiligen Ort hat wie etwa der Heilige Jakob für Santiago de Compostela, dem neben Rom und Jerusalem drittwichtigsten Pilgerziel im Mittelalter.[777] Insgesamt unterscheidet sich das Purgatorium, in das man immer nur als einzelner

---

774 Vgl. T 137 ff.: »Statimque in eodem loco [sc. beatus Patricius, MB] ecclesiam construxit et beati patris Avgustini canonicos uitam apostolicam sectantes in ea constituit. Fossam autem predictam, que in cimiterio est extra frontem ecclesie orientalem, muro circumdedit et ianuas serasque apposuit, ne quis eam ausu temerario et sine licentia ingredi presumeret. Clauem uero custodiendam commendauit priori eiusdem ecclesie«. (»Und sofort errichtete der Hl. Patrick an eben dieser Stelle eine Kirche und setzte Augustiner-Chorherren, die ein apostolisches Leben führen, in ihr ein. Die vorgenannte Grube aber, die auf dem Friedhof an der östlichen Kirchenseite liegt, umgab er mit einer Mauer und tat Türen und Riegel hinzu, damit sich niemand unüberlegt verwegen und unberechtigt vornahm, einzutreten. Den Schlüssel aber gab er dem Prior eben dieser Kirche zur sicheren Verwahrung.«)
775 Dass in den α-Fassungen der Name des Augustinus fehlt (vgl. Easting 1991, S. 239), ändert nichts an dem Anachronismus, da auch in den α-Fassungen von »canonicos regulares« bzw. »canonicos regularem uitem ducentes« (ebenda) genannt werden, die Regularkanoniker aber aus Reformbestrebungen der Kanoniker im Rahmen der Erneuerungsbewegung des 11. Jahrhunderts hervorgegangen sind (vgl. Borgolte 2004, S. 47 f.).
776 Genau darauf scheint es dem Text anzukommen, schließlich werden die einzelnen Elemente sowohl präskriptiv entwickelt (vgl. T 176 ff.: »Est autem consuetudo, tam a sancto Patricio quam ab eius successoribus constituta, ut Purgatorium illud nullus introeat nisi qui [...]« [»Es ist aber Sitte, die sowohl auf den Hl. Patrick als auch auf seine Nachfolger zurückgeht, dass nur der das Purgatorium betrete, der [...]«]), als auch narrativ entfaltet (vgl. T 206 ff.), so dass Oweins Handeln genau dem zuvor entwickelten Protokoll entspricht.
777 Vgl. Walsh 1999, S. 69.

eingelassen wurde, von anderen Wallfahrtsorten mit ihrer »Form der Frömmigkeit im gemeinschaftlichen Sinn, als erlebter sozialer Kommunikation«.[778]

Die Sonderstellung des *Tractatus de Purgatorio S. Patricii* tritt damit klar vor Augen: Anders als in der Visionsliteratur üblich reist Owein ›in corpore‹ ins Jenseits. Mit dieser abweichenden Figurenkonzeption hängt zum einen eine veränderte Figurenzeichnung zusammen – Owein ist vor dem Eintritt ins Jenseits bereits umgekehrt –, die auch die Funktion der Jenseitsreise betrifft: Sie bildet nicht den Prozess einer Konversion ab, sondern stellt eine Bußleistung dar. Zum anderen bietet dieser körperliche Übergang ins Jenseits die Möglichkeit, den liminalen Bereich an einen heiligen Ort zurückzubinden, ihn rituell-liturgisch zu regulieren und damit die Transzendenzerfahrung als provozierbar auszustellen. Auch wenn es sich um eine exklusive und einzelmenschliche Erfahrung des Jenseits handelt, schließt der *Tractatus* die Jenseitsreise explizit an eine historische Pilgerpraxis an.

Gerade in diesem Sprung zwischen Einmaligkeit und Wiederholbarkeit des erzählten Erlebnisses, also in der Komposition von Jenseitsreise, heiligem Ort und Pilgerpraxis wird die Stringenz des Erzählten problematisch. Denn im Rahmen der Aitiologie des heiligen Ortes wie seines Kultes spielt die Figur des Heiligen Patrick eine wichtige Rolle, wohingegen er für die eigentliche Jenseitsreise Oweins unbedeutend zu sein scheint. Es erscheint deshalb fraglich, welche Funktion ein Heiliger für die Erzählung eines Jenseitsraums im Allgemeinen und welche der Heilige Patrick im Speziellen für die im *Tractatus* erzählte Jenseitsreise ausübt. In einem ersten Schritt soll deshalb genauer betrachtet werden, in welchem Verhältnis der *Tractatus* und das in ihm Erzählte zur Patrickslegende stehen. Auf der Grundlage dessen soll daran anschließend diese eigentümliche Komposition des Erzählens über einen Heiligen, einen heiligen Ort und eine Jenseitsreise in Hinsicht auf die Intention des Zisterziensermönchs H. beziehungsweise seines zisterzienischen Umfelds analysiert werden, ehe die Jenseitsreise selbst und ihre spätmittelalterlichen Transformationen in den Blick genommen werden.

5.2.2 Der Anschluss an die Patrickslegende

Die Offenbarung des Purgatoriums ereignet sich im *Tractatus* keineswegs situationslos, sondern ist in das Leben und Handeln des Heiligen Patrick integriert, dessen Aufgabe es ist, Irland zu missionieren. Die Schwierigkeit dieses Unterfangens wird an dieser Stelle des *Tractatus* durch eine Anekdote Gilberts unterstrichen: Ein konversionswilliger Ire sei vor Ostern zu ihm gekommen, um beim Fest selbst kommunizieren zu können. Im Zuge des erforderlichen Beichtgesprächs erwähnt der Ire, dass er mindestens fünf

---

778 Walsh 1999, S. 107 f.

Menschen getötet habe – möglicherweise auch mehr, da viele von ihm verwundet worden seien, von denen er nicht wisse, ob sie starben.[779] Er ist sich keiner großen Schuld bewusst: »Putabat enim homicidium esse non peccatum dampnabile.« (»Denn er glaubte, Mord sei keine verdammenswerte Sünde«; T 99). Auch Patrick sieht sich nicht nur vor das Problem gestellt, dass die Iren über keine dem christlichen Glauben auch nur ansatzweise entsprechenden ethischen Vorstellungen verfügen, sondern dass er sein Ziel, »bestiales hominum illius patrie animos terrore tormentorum infernalium a malo reuocare et paradysi gaudiorum promissione in bonum confirmare« (»die tierischen Gemüter der Menschen jenes Landes durch die Furcht vor den Höllenstrafen vom Bösen zurückzurufen und durch die Aussicht auf die Freuden des Paradieses zum Guten zu bekräftigen«; T 80 ff.; vgl. auch T 110 ff.), weder allein durch seine Predigt noch durch die Wunder erreichen kann, die er wirkt. Die Iren wollen sich nur durch einen autoptischen Beweis von der Wirklichkeit des von Patrick Gepredigten überzeugen lassen und betonen, dass sie ihm nicht folgen würden, »nisi aliquis eorum et tormenta illa malorum et gaudia bonorum posset intueri, quatinus rebus uisis certiores fierent quam promissis« (»es sei denn, dass jemand von ihnen sowohl jene Strafen der Schlechten als auch die Freuden der Guten sehen könne, da sie durch gesehene Dinge besser überzeugt würden als durch versprochene«; T 114 ff.).

Mit diesem Begehr verstoßen die Iren ganz offensichtlich gegen den Wortlaut des Evangeliums, wie die im *Lukas-Evangelium* erzählte Episode vom armen Lazarus und dem reichen Mann verdeutlicht: Der Reiche, der im Hades Qualen erdulden muss, während Lazarus im Schoße Abrahams geborgen ist, ist über sein jenseitiges Ergehen entsetzt und will, dass Abraham Lazarus in das Haus seines Vaters schicke, um seine fünf Brüder über die fatalen jenseitigen Konsequenzen ihres diesseitigen Tuns zu belehren. Abraham lehnt dies ab: εἰ Μωϋσέως καὶ τῶν προφητῶν οὐκ ἀκούουσιν, οὐδ' ἐάν τις ἐκ νεκρῶν ἀναστῇ πεισθήσονται (»Wenn sie Mose und die Propheten nicht hören, so werden sie auch nicht überzeugt werden, wenn jemand aus den Toten aufersteht«; Lk 16,31). In dem Gleichnis geht es keineswegs darum, dass im Jenseits die Guten belohnt und die Schlechten bestraft werden; ethische Maximen spielen dezidiert keine Rolle.[780] Dem reichen Mann ergeht es demnach nicht deshalb im Jenseits schlecht, weil er falsch gehandelt hat, sondern weil ihm im Diesseits schon alles Gute widerfahren ist; das Umgekehrte gilt für Lazarus.[781] Stein des Anstoßes im Gleich-

---

779 Vgl. T 94 ff.
780 Vgl. Lk 16,25.
781 Dies zeigt Bauckham 1991 anhand eines Vergleichs des lukanischen Gleichnisses mit der ägyptischen Erzählung von Setme und seinem Sohn Si-Osiris sowie der frühesten jüdischen Version dieser Erzählung im palästinischen Talmud (vgl. zum Fehlen der ethischen Ebene bes. S. 232 f.). Zustimmend hierzu Wolter 2008, S. 557 f. Die Bauckham'sche Deutung wurde

nis sind die ungerechten diesseitigen Verhältnisses, zu deren Behebung es – wie Abrahams Weigerung zeigt[782] – keines Einblickes in das jenseitige Geschehen, sondern ausschließlich der Befolgung dessen bedarf, was Mose und die Propheten vorschreiben.[783]

Die Begründung der Ethik aus den Strukturen eines auf Lohn und Strafe ausgerichteten Jenseits wird im lukanischen Gleichnis dezidiert abgelehnt. Auch wenn sich im *Tractatus* kein Hinweis darauf findet, dass der illegitimen und inadäquaten Forderung der Iren nach einer autoptischen Erfahrung des Jenseits explizit widersprochen wird, so scheint dies doch implizit zu geschehen, wenn im Folgenden erzählt wird, wie Christus selbst dem Heiligen Patrick das Purgatorium offenbart und ihm den Text der Evangelien und einen Stab gibt:[784] Denn Christus bestimmt das Purgatorium nicht als Ort der Erfahrung des Jenseits für Ungläubige, sondern als Bußstätte für Rechtgläubige.

Damit aber wird die Rückbindung des Purgatoriums an die Figur des Heiligen Patrick, die mit Blick auf die von dieser Figur losgelöste Jenseitserzählung bereits kontingent erscheint, in einer weiteren Hinsicht problematisch: Denn abgesehen davon, dass Patrick das Purgatorium geoffenbart wird und die institutionelle wie rituell-liturgische Einrichtung des heiligen Ortes auf ihn zurückgeführt wird, erscheint für die Zusammenhänge des *Tractatus* die starke Anbindung an sein Leben und Handeln, nämlich die mit einigem Aufwand in ihrer Schwierigkeit ausgestellte Missionierung Irlands, in keinerlei ursächlichem Verhältnis zur Offenbarung des Purgatoriums zu stehen, deren Zweck Patrick selbst nicht zu verstehen scheint, indem er der Forderung der Iren entspricht.[785] Der Text des *Tractatus* erhellt

---

von Lehtipuu 2007 kritisiert (vgl. bes. S. 164f. u. S. 195): Lehtipuu ist der Ansicht, dass im Gleichnis durchaus ein moralisches Fehlverhalten des Reichen vorliege (er habe sich des armen Lazarus nicht erbarmt), für das er im Jenseits bestraft werde; aber diese moralische Ebene spielt im Gleichnis an keiner Stelle (erst recht nicht bei der Begründung der jenseitigen Verhältnisse durch Abraham) eine Rolle. Zu Abrahams Schoß vgl. auch Merkt 2011.

782 Vgl. Bauckham 1991, S. 244 ff.
783 Vgl. Bauckham 1991, S. 246: »By refusing an apocalyptic revelation from the world of the dead, the parable throws the emphasis back onto the situation with which it began. The second part of the parable, like the first, is also a comment on that situation. After the excursion into the hereafter, it brings us back to the world in which the rich coexist with the destitute because they do not listen to Moses and the prophets.«
784 Beides zusammen steht für ein Verständnis des Episkopats als einer auf den Evangelien gründenden Führung. Vgl. T 118 ff.: »[...] pius dominus Ihesus Christus ei [sc. Patricio, MB] uisibiliter apparuit, dans ei textum ewangeliorum et baculum unum«. (»[...] unser lieber Herr Jesus Christus erschien ihm sichtbar und gab ihm den Text der Evangelien und einen Stab«).
785 Vgl. T 134 ff.: »Sicque ab oculis eius Domino disparente iocunditate spirituali repletus est beatus Patricius tam pro Domini sui apparitione quam pro fosse illius ostensione, per quam sperabat populum ab errore conuersurum«. (»Und so wurde der Hl. Patrick, als der Herr aus seinen Augen verschwand, von geistiger Fröhlichkeit beseelt – sowohl wegen der Erscheinung seines Herrn, als auch wegen der Offenbarung jener Grube, von der er hoffte, dass er das Volk durch sie vom Fehler abbringen werde«).

nicht, wie nun die Missionierung Irlands, also die Forderung der Iren sowie das entsprechende Handeln Patricks, und die Offenbarung des Purgatoriums zusammengedacht werden können. Zwischen der Forderung der Iren und dem Erscheinen Christi steht im *Tractatus* lediglich folgender Satz:

> Beatus uero Patricius, Deo deuotus, etiam tunc pro salute populi deuotior in uigiliis, ieiuniis et orationibus atque operibus bonis effectus est. (T 116 ff.)
>
> Der gottergebene Hl. Patrick aber wurde für das Heil des Volkes damals sogar frommer im Wachen, Fasten, Beten und in guten Werken.

Deshalb ist es erforderlich, die Patrickslegende, die dem *Tractatus* vorausgeht und auf die sich dieser Text gerade in den hier besprochenen einleitenden Kapiteln stark bezieht, mit in die Analyse einzubeziehen, um vor diesem Hintergrund die Zusammenhänge adäquat verstehen zu können, die im Text des *Tractatus* nicht hinreichend deutlich werden. Mit diesem Bezug auf legendarisches Erzählen setzt sich der *Tractatus* von den Erzählungen der Jenseitsräume ab, die – wie etwa die *Visio Tnugdali* – vornehmlich in visionsliterarischer Tradition stehen.

5.2.2.1 Die Transzendierung immanenter Ordnungen. Erzählen vom Heiligen

Was die Ebene der ›histoire‹ betrifft, versteht man unter legendarischem Erzählen die narrative Darstellung »von heiligen Personen, Dingen oder Ereignissen«,[786] die in spezifische frömmigkeits- und medienhistorische Zusammenhänge eingelassen ist und deshalb eine besondere Rezeptionshaltung erfordert: In der Legende wird in heilsgeschichtlicher Hinsicht Maßgebliches verhandelt. Es geht im Folgenden nicht um eine umfassende Theorie der Legende, weswegen weder eine kulturanthropologische Perspektivierung[787] vonnöten ist noch die Anwendung einer »Sprache, die noch *vor* den Semantiken religiöser Diskurstraditionen haltmacht«.[788] Da für den Zusammenhang des *Tractatus* die Patrickslegende interessiert, ist es zudem legitim, die Aspekte der Maßgeblichkeit und Verbindlichkeit der Legende zu personalisieren, also die Figur des Heiligen zu fokussieren und von hier aus die Ebene des ›discours‹ in den Blick zu nehmen. Deshalb soll zunächst untersucht werden, wie die Heiligkeit Patricks erzählt und zur Darstellung gebracht wird, ehe die Frage beantwortet werden kann, in wel-

---

786 Kunze 2000, S. 389.
787 Vgl. Ecker 1993: »Ihrem an sich zutiefst chaotischen Geschehenskern, den der Einbruch des ganz Anderen ins Vertraute darstellt, begegnet die Legende mit einer komplexen gegenläufigen Vertextungsstrategie, deren Hauptleistung in einer *Reduktion kognitiver Dissonanz* besteht« (Ecker 1993, S. 137; Herv. i. O.). – Ecker fasst die Kriterien, Grenzen und Spielräume der Gattung zu bestimmen, in einem Katalog auf S. 345 f. zusammen.
788 Strohschneider 2010, S. 144 (Herv. i. O.).

chem Maße die Verbindung der Irlandmission mit der Offenbarung des Purgatoriums in der Figur des Heiligen Patrick plausibel ist.

Auch in den frühesten Zeugnissen der Patrickslegende erscheint der Heilige als »religiöse[r] Ausnahmemensch[..]«,[789] dessen Exzeptionalität, da sie sich nicht in einem Martyrium zeigt, in seinem Handeln immer aufs Neue hergestellt werden muss[790] – so bereits in Muirchús[791] kurz vor 700 n. Chr.[792] verfasster *Vita S. Patricii*. Eine in ihr erzählte Episode handelt von der Königstochter Moneissan, die noch vor der Missionierung Britanniens völlig vom heiligen Geist erfüllt ist[793] und keinen der zahlreichen Männer heiraten will, die um ihre Hand anhalten. Auch durch die regelmäßige Anwendung grausamer Foltermethoden[794] lässt sie sich nicht zur Heirat bewegen, sondern bescheidet ihre Eltern: »Nequaquam [...] hoc faciam« (»Niemals werde ich das tun«; M I,27,22). Da all ihr Sehnen dem Schöpfer gilt, begeben sich die verzweifelten Eltern nach reiflicher Überlegung schließlich gemeinsam mit ihr nach Irland, wo sie den Heiligen Patrick[795] aufsuchen. Ihm eröffnen sie im Gespräch, dass sie die unstillbare Sehnsucht ihrer Tochter, Gott zu sehen, zu ihm geführt habe.[796] Nachdem Moneissan Patrick ihren Glauben an Gott bekannt hat, tauft er sie. Unverzüglich legt sich die Königstochter auf den Boden und übergibt ihren Geist in die Hände der Engel. Im Moment des Todes wird sie eins mit Gott.[797] Noch zu der Zeit, als Muirchú die *Vita* verfasst, werden die Reliquien der Königstochter in einem irischen Kloster verehrt.[798]

---

789 Angenendt 1997, S. 10.
790 Vgl. Feistner 1995, S. 23 ff., die im Rahmen ihrer Analyse der ›morphologischen Elemente und Bauformen der Legende‹ die ›syntagmatischen Verknüpfungen‹ der Märtyrergeschichten von der ›paradigmatischen Reihung‹ der Bekennergeschichten unterscheidet.
791 Vgl. Ó Cróinín 1993, Sp. 893.
792 Vgl. Howlett 2006, S. 180 ff.
793 Vgl. M I,27,7: »Spiritu Sancto repleta«.
794 Vgl. M I,27,9 u. I,27,12.
795 Zum historischen Patrick vgl. C. Schmidt 2002, S. 548, allerdings wurde Patricks Mission schon früh mit der des Palladius (bd. 5. Jh. n. Chr.) verschmolzen. Von Patrick sind zwei Werke enthalten: seine *Confessio* und die *Epistula ad milites Corotici*. Vgl. bes. zum Stil Patricks Berschin 1988, S. 225–230.
796 Vgl. M I,27,31: »Cupidissimae filiae uidendi Deum causa coacti ad te uenire facti sumus«. (»Wegen des unstillbaren Begehrens unserer Tochter, Gott zu sehen, sahen wir uns gezwungen zu dir zu kommen.«)
797 Vgl. M I,27,38: »Ubi moritur ibi et adunatur«. Ludwig Bieler versteht in seinem Kommentar ›adunare‹ i. S. v. ›beisetzen‹ (also als Synonym für ›sepelire‹); vgl. Bieler 2004, S. 206. Diese Verwendung ist aber sonst nirgends belegt, weswegen ich der Lesart Howletts folgt.
798 Vgl. M I,27,39 ff.: »Tunc Patricius prophetauit quod post annos uiginti corpus illius ad propinquam cellulam de illo loco tolleretur cum honore. quod postea ita factum est. Cuius transmarinae reliquiae ibi adorantur usque hodie«. (»Dann prophezeite Patrick, dass nach zwanzig Jahren ihr Körper von jenem Ort mit Ehre zu einem nahen Kloster gebracht würde, was später so auch geschehen ist. Ihre überseeischen Reliquien werden dort bis heute verehrt.«)

Moneissan wird also wie eine Heilige verehrt, in Muirchús Text aber durchaus mit Recht nicht als ›Heilige‹ bezeichnet. Auch wenn ihr pointiertes irdisches Ende in äußerster Konsequenz absolute Weltflucht im Zeichen der Einswerdung mit Gott bedeutet, so ist der britischen Königstochter in dieser Welt Gottverähnlichung nicht möglich. Für Moneissan bleibt die asketische Form der Weltabkehr insuffizient; weit davon entfernt, in der asketischen ›mortificatio‹ das Heil zu finden, wird ihr Sehnen erst in der ›mors‹, das heißt beim Eingang in ein personal codiertes Jenseits befriedigt.

Von all dem hebt Muirchú die Heiligkeit Patricks ab, auf den auch Moneissan bis zuletzt angewiesen ist: Von ihm wird erzählt, dass er schon auf Erden »ab aeterno Deo« (»vom ewigen Gott«; M I,28,26) besucht werde und zwar »septima semper die« (»immer am siebten Tag«; ebenda). Während also Moneissan, mag sie auch ebenso wie Patrick vom Heiligen Geist erfüllt sein, Gott zu Lebzeiten nur sucht und ihn erst mit Hilfe des Heiligen im Tode findet, gelingt dem Heiligen bereits im Diesseits Weltabschied und Gottverähnlichung;[799] er figuriert in konsequenter ›imitatio Christi‹[800] das Paradox vom Ewigen in der Zeit, vom Unendlichen im Endlichen, vom Universalen im Konkreten.

In dem Maße, in dem der Heilige Christus nachfolgt, die Welt verlässt und sich so Gott veränhlicht, ist er selbst Vorbild und Muster, eine ›persona imitabilis‹.[801] Diese Sonderstellung des Heiligen Patrick, von der zu erzählen

---

799 Vgl. Strohschneider 2010.
800 Vgl. zur Christusnachfolge M I,22,1 ff.: »Sanctus autem Patricius secundum praeceptum Domini Iesu. iens et docens omnes gentes. baptizansque eas in nomine Patris. et Filii. et Spiritus Sancti. profectus a Temoria. praedicauit ubique. Domino cooperante et sermonem confirmante sequentibus signis«. (»Der Hl. Patrick aber ging nach der Lehre des Herrn Jesu und lehrte alle Völker und taufte sie im Namen des Vaters und des Sohnes und des Hl. Geistes. Von Temoria brach er auf und predigte dann überall, wobei der Herr half und seine Predigt durch entsprechende Wunder bestärkte.«)
801 Vgl. grundsätzlich Jolles 1968, S. 36 ff., der vom Heiligen als einem ›imitabile‹ spricht. Von zentraler Bedeutung für das legendarische Erzählen ist der Aspekt der ›imitatio‹, den Jolles als ›Geistesbeschäftigung‹ fasst. Unter ›Geistesbeschäftigung‹ sind »kollektive Erfahrungs- und Denkweisen« (Eikelmann 1997, S. 422) zu verstehen, die den jeweiligen ›einfachen Formen‹ – beispielsweise der Legende (vgl. hierzu aufklärend Köbele 2012, bes. S. 395 u. 402, die von der Illusion der einfachen Form spricht) – zugrunde liegen. Demgegenüber erscheint es sinnvoll, ›imitatio‹ in figuren- und ereignisbezogener textimmanenter (der Heilige als ›imitator Christi‹, vgl. hierzu Strohschneider 2010) sowie in rezeptionsästhetischer Hinsicht zu konzeptualisieren. ›Imitatio‹ als ›Nachfolge‹ kann im Text der Legende selbst dargestellt sein – so etwa, wie Strohschneider 2009, S. 580 ff., zeigt, in der Legende von Ursula und den elftausend Jungfrauen. Vgl. zu den zwei Aspekten von ›imitatio‹ Weitbrecht 2012, S. 209 f.: »In der ›imitatio‹ wird – während auf der Ebene des Erzählten die Heilige in Martyrium oder Askese alleingestellt und isoliert wird, um seine exklusive Erwähltheit zu verdeutlichen – diese Distanz zum Heiligen gleichzeitig immer wieder aufgegeben, wird also Heiligkeit, gerade indem sie als das Ganz-andere aufgerufen wird, in die Immanenz hineingeholt und als Heilsteilhabe, als potentiell übertragbar dargestellt. ›Imitatio‹ ermöglicht somit die praktische Annäherung an das kategorial Unnahbare.«

Muirchús Text sich müht, wird auch im folgenden Kapitel der *Vita* hervorgehoben. Patrick tritt dort nicht nur als ›imitator Christi‹, sondern auch als ›imitator Sancti Stephani‹ auf. Zugleich wird sein liebster Knabe Benignus eingeführt, dessen Eignung als Nachfolger Patrick prüfen will. Als ›imitator‹ und ›successor Patricii‹ wird auch Benignus als ›sanctus‹[802] bezeichnet. Und auch die Prüfung meistert er, indem er wie Patrick (und wie Stephan kurz vor der Steinigung) den »caelum apertum et Filium Dei. et angelos eius« (»offenen Himmel und den Sohn Gottes und dessen Engel«; M I,28,15)[803] sieht, was keinem Menschen sonst zu Lebzeiten zuteil wird.[804] Als aber das Gebet, während dessen sie den offenen Himmel sehen, unter verschärften Bedingungen, nämlich in der Mitte eines Flusses fortgesetzt werden soll, erweist sich erneut Patrick als der wahre Heilige, der – wiewohl in der Welt handelnd – doch die Welt verlassen hat. Denn ihm kann das Flusswasser nichts anhaben, das Benignus zunächst zu kalt, dann an einer anderen Stelle zu heiß ist, weswegen Benignus sein Gebet unterbrechen und an Land gehen muss.[805]

Muirchús Text erzählt das Leben des *Heiligen* Patrick zunächst auch als Geschichte der Gottverähnlichung und Weltabkehr.[806] Am Ende des Textes hingegen sind mehrere Mirakel aggregiert, die keiner biographischen, sondern einer rein hagiographischen Ordnung folgen. In diesen ›signa‹ wird die Sonderstellung des Heiligen Patrick immer wieder hergestellt,[807] indem davon erzählt wird, wie Patrick, in der Immanenz handelnd, alles Immanente transzendiert.

Eine genaue Betrachtung dieser Handlungsstruktur, die in der Erzählung des Weltabschieds vorbereitet wird, zeigt, dass die Unterscheidung von Immanenz und Transzendenz keineswegs deckungsgleich mit der Differenz von Diesseits und Jenseits ist. Denn die Differenz von Diesseits und Jenseits ist sowohl zeitlich als auch räumlich spezifiziert: Zum einen eignet ihr eine temporale Qualität, die, wie im Fall der Moneissan, individual-eschatologische Zäsuren definiert, die wiederum in universal-eschatologischen Periodisierungen aufgehoben sind. Zum anderen aber impliziert diese Differenz auch eine räumliche Qualität, da über die Grenze zwischen Diesseits und Jenseits zwei disjunkte Teilräume geschieden sind: So muss Moneissan in dem Moment, in dem sie

---

802 Vgl. M I,28,9. Für das Erzählen vom Heiligen spielen auch Nebenfiguren, wie der Begleiter resp. Schüler, eine wichtige Rolle: Neben der pragmatischen Funktion der (Amts-)Nachfolge sind sie als ›imitatores‹ der ›persona imitabilis‹ Modellfiguren, die gerade die Schwierigkeit der ›imitatio‹ herausstellen und damit die Ausnahme des Heiligen betonen.
803 Vgl. Apg 7,55.
804 Muirchú hebt dies eigens hervor: Vgl. M I,28,3 »in carne adhuc stanti«.
805 Vgl. M I,28,25: »Tunc ille non sustinens in eo loco diu stare terram ascendit«. (»Dann hielt es jener nicht aus, länger an diesem Ort zu stehen, und ging an Land«). – Vgl. hierzu Bieler 2004, S. 207: »The miracle of the disciple or guest who tries to share a saint's prayer in ice-cold water and finds it first too cold, then, in a different place, too hot, has several parallels in the Lives of Irish saints«.
806 Zum Beginn von Muirchús Text vgl. unten S. 188 f.
807 Vgl. erneut Feistner 1995, S. 33 ff.

im personalen Jenseits bei Gott ist, das Diesseits verlassen haben, also tot sein. Für Benignus wird die Grenze zwischen den immer noch disjunkten Teilräumen nur transparent, da er, wenn er den Himmel sieht, an die Weltwahrnehmung, in Form von Hitze und Kälte, gebunden bleibt. Ganz anders verhält sich dies bei Patrick, der im transzendenzreligiösen Sinne heilig ist.[808]

Peter Strohschneider und im Anschluss an ihn zahlreiche weitere Altgermanisten verwenden insofern einen anderen Begriff von ›Transzendenz‹, als Strohschneiders Begriff all das meint, was dem Immanenten entzogen ist.[809] Seine Unterscheidung von ›Immanenz‹ und ›Transzendenz‹ scheint damit weitestgehend der Unterscheidung von ›Diesseits‹ und ›Jenseits‹ zu entsprechen. Nur so ergibt es auch Sinn, vom ›Hereinragen der Transzendenz in die Immanenz‹ zu sprechen.[810]

Ich verstehe Transzendenz demgegenüber in den Zusammenhängen, in denen es nicht um die Transzendenz des Absoluten, also Gottes, geht, als ein Konzept, das das ›Übersteigen‹ der immanent getroffenen Unterscheidungen (also auch der Abgrenzung eines Diesseits von einem Jenseits) meint.[811] Gegenüber der theoretisch-abstrakten Sprache, die Strohschneider wählt,[812] ist mein Transzendenz-Begriff wohl eher christologisch gedacht und damit freilich bestimmten Diskurstraditionen verpflichtet, was in meinen Augen – zweifelsohne zu Lasten seiner interkulturellen und transhistorischen Applizierbarkeit – seine besondere Gegenstandsadäquatheit ausmacht.

In der tranzendenten Figur des Heiligen ist die Differenz von Diesseits und Jenseits aufgehoben. Das ist der tiefere Sinn, wenn Muirchú davon erzählt, Patrick werde immer am siebten Tag von Gott besucht oder sehe im Fluss betend den offenen Himmel, ohne unter Hitze oder Kälte zu leiden: Als Heiliger ist er Teil der Welt und doch außerhalb von ihr; er nimmt die Welt wahr und ist ihr gegenüber doch insofern insensibel, als er über ihre Begrenzungen hinaus empfindet. Denn was den anderen Figuren Grenze ist, ist

---

808 Vgl. Strohschneider 2010, S. 144.
809 Vgl. Strohschneider 2002, S. 111: »Für die dabei verfolgten Zwecke mag genügen, was sonst (insbesondere im Rahmen christlicher Theologie einerseits sowie andererseits einer allgemeinen Religionswissenschaft) möglicherweise nicht hinreichend sein könnte: Das Heilige wird hier ganz formal aufgefaßt als Transzendentes, als das aus der Immanenz Ausgeschlossene«; so auch im Anschluss an Strohschneider Hammer/Seidl 2008, S. 278.
810 Vgl. Strohschneider 2002, S. 113.
811 Vgl. Danz 2005, Sp. 551–553, der zwei religionsphilosophisch relevante Grundbedeutungen des Terminus beschreibt, die sich aus dessen Begriffsgeschichte ergeben: »Einmal bez. er die T. des Absoluten oder Gottes und zum anderen den Vollzug des Transzendierens und meint dann soviel wie ›Überstieg‹ oder ›Überschreiten‹. Mit der ersten Bedeutung verbindet sich die Vorstellung einer strikten Differenz zw. der T. und allem, was diesseits dieser liegt. Dieses kann in seiner Gesamtheit als Welt oder als Bedingtes gefaßt werden. Das, was jenseits dieser Grenze liegt, ist nicht nur unbedingt, unverfügbar und nicht verobjektivierbar, sondern fungiert als Grund des Bedingten. [...] Auch für die zweite Bedeutung von T. ist eine Relation konstitutiv, nämlich die zw. dem, was überschritten und dem, woraufhin überschritten wird« (Danz 2005, Sp. 551). Für die transzendenzreligiöse Fundierung von Heiligkeit ist das zweite Verständnis konstitutiv.
812 Vgl. das in meiner Anm. 788 belegte Zitat.

von ihm immer schon überwunden, oder mit Blick auf seinen Status gesagt: ist für ihn als Heiligen überhaupt nicht existent. Der Heilige ist eine paradoxe Konfiguration. Er handelt als ›imitator Christi‹ wie jemand, der nicht von dieser Welt und doch in ihr ist.[813] Sein Handeln wird deshalb mit einem Terminus gefasst, der den Aspekt des Transzendierens immanenter Ordnungen in zweifacher Hinsicht immer mit sich führt: Der Heilige wirkt zu Lebzeiten und nach seinem Tod Wunder.[814]

Spätestens an dieser Stelle wird einsichtig, weshalb es eine an sich unmögliche Aufgabe ist, vom Heiligen erzählen zu wollen. Denn wie sollte eine Erzählung in dieser Welt etwas repräsentieren können, was sich allenfalls in Akten des Transzendierens von Welt zeigt?[815] Die Legende geht hierzu in religiöser, aber auch ästhetischer Hinsicht ein kalkuliertes Risiko nicht nur ein;[816] sie »erzeugt *und* umgeht«[817] dieses Risiko, da es die Bedingung der Möglichkeit des Erzählens ist. Das Risiko besteht in religiöser Hinsicht darin, dass Heilserlangung an potentiellen Heilsverlust gebunden bleiben muss; ›imitatio‹ kann kein schematisch ablaufender Prozess sein, da sich das Unverfügbare der Distanzkategorie ›Heiligkeit‹ sonst auflösen würde. Indem nun Handlungen des Heiligen erzählt werden, in denen sein Status als Heiliger nur deshalb erkennbar wird, weil er auf dem Spiel steht, versuchen legendarische Texte, sowohl die Schwierigkeit als auch das exzeptionelle Gelingen der ›imitatio Christi‹ darzustellen. Zugleich können diese Handlungen nicht einfach nur erzählt werden. Hier zeigt sich das ästhetische Risiko der Legende. Allein mit den Mitteln der Darstellung, also textimmanent, lässt sich der Geltungsanspruch der Legende nicht absichern. Die Texte bleiben stets auf einen religiösen Zusammenhang angewiesen, der ihre Poetik prägt: Im Zentrum legendarischer Erzählungen steht das ›mysterium‹, das wiederum nur insofern als Grund des Erzählten fungieren kann, als es als geglaubtes inkommensurable Wunder und kommen-

---

813 Vgl. Strohschneider 2002, S.115: »Dies ist eine paradoxe Struktur. Die Legende erzählt, was sie als unerzählbar konstituiert. Sie setzt die Zeitlichkeit vergangener Immanenz (als *Geschichte* des Heiligen) und die Zeitlosigkeit ewiger Transzendenz (als Geschichte des *Heiligen*) in eins, sie erzählt sozusagen Geschichtlichkeit und Geschichtslosigkeit gleichzeitig und überspringt so gleich wieder ihre primordiale Unterscheidung von Immanenz und Transzendenz.« (Herv. i. O.) Ich würde demgegenüber betonen, dass die Legende – in ihren elaborierteren Entwürfen auch in der Reflexion ihrer Medialität selbst, im Gros der Literatur wohl nur in dem, wovon sie erzählt, also in der Figur des Heiligen – von der Immanenz ausgehend, deren Teil sie ja ist, diese doch zu transzendieren, also über sie hinauszuweisen versucht. Im Ergebnis bedeutet dies freilich: »Die Legende repräsentiert die Möglichkeit gnadenhafter Gottverähnlichung – also: radikalen Weltverlustes – als in der Welt realisierte« (ebenda).
814 Vgl. Jolles 1968, S.29f.
815 Zur systemtheoretisch beschriebenen ›Paradoxie der Einheit von Immanenz und Transzendenz‹ vgl. meine Anm. 99.
816 Vgl. Köbele 2012, passim.
817 Köbele 2012, S.378 (Herv. i. O.).

surable Zeichen vermittelt;[818] innerhalb des Textes zeigt sich die Spur dieses ›mysteriums‹ nur indirekt, indem von den Affekten des Erschreckens, Staunens oder anderem erzählt wird.[819] Diese Vermittlungsleistung vom Inkommensurablen zum Kommensurablen, die das Inkommensurable gleichwohl nicht zum Verschwinden bringt, lenkt den Blick zurück auf Christus, der nicht nur ›medium‹, sondern auch ›mediator‹ schlechthin ist,[820] und auf das Erzählen von ihm: Denn ›imitatio‹ spielt nicht nur in Hinsicht auf das Figurenkonzept, sondern auch in Hinsicht auf das Erzählkonzept als ganzes eine wesentliche Rolle.[821] Das Narrativ vom Leben Christi liefert das entscheidende Modell, wie sich davon erzählen lässt, dass sich das Heilige immanent handelnd in Akten des Transzendierens gezeigt hat. Über die Einschreibung in typologische Verweisungszusammenhänge hinaus – Patrick als ›alter Iona‹, als ›alter Moyses‹[822] –, die die ›imitatio Christi‹ bereits implizieren, wird in Legenden versucht, das selbsterzeugte Risiko in der Intensität stets prekärer Rekurse auf die Evangelien zugleich zu umgehen.

Besonders deutlich wird dies zu Beginn von Muirchús Text, wo im Anschluss an Patricks *Confessio*[823] die Geschichte der Weltabkehr erzählt wird: Als sechzehnjähriger Junge wird Patrick aus Britannien nach Irland verschleppt und bleibt sechs Jahre lang in Gefangenschaft. Obwohl er bereits aus einer christlichen Familie zu stammen scheint – sein Vater ist Diakon, sein Großvater Priester –, findet er erst in der Gefangenschaft, im Zurückgeworfensein auf sich selbst, zu Gott, der ihn auch rettet. In diesen abenteuerlichen Verschaltungen von Kontingenz und Providenz scheint der Heilsstatus Patricks auf, der bereits »sanctus« (M I,2,18) ist, wenn er zusammen mit Heiden drei Tage lang zurück nach Britannien fährt; dort angekommen bringen Patrick und die Heiden weitere achtundzwanzig Tage in einer unwirtlichen Gegend zu. Seinem Status entsprechend handelt Patrick

---

818 Vgl. Köbele 2012, S. 394f.
819 Vgl. Köbele 2012, S. 393.
820 Hier fällt die in christologischer Perspektive wichtige Differenzierung »zwischen einer konstitutionellen, ontologischen Mittlerschaft (›medium‹) und einer funktionellen, kommunikativen (›mediator‹)« (Kiening 2010, S. 21) in eins.
821 Vgl. Kiening 2004b, S. 56f.
822 Vgl. M I,2,1 ff.: »Ternis itaque diebus totidemque noctibus quasi ad modum Ionae in mari cum iniquis fluctuans. postea bis denis simul et octenis diurnis luminibus Moysico more alio licet sensu per desertum fatigatus«. (»Drei Tage und ebenso viele Nächte lang trieb er gleichsam wie Jona im Meer mit den Ungerechten; danach wurde er 28 Tage wie Moses, aber in einem anderen Sinne, in der Wüste ermattet«). Die Form der Bezugnahme ist diffus, da Jona zwar drei Tage und Nächte im Fisch verbrachte, die Schifffahrt selbst aber keineswegs so lange dauerte, bis Jona ins Meer geworfen wurde (vgl. Jona 1 f.).
823 Vgl. Howlett 2006, S. 16 ff. Howlett identifiziert in der *Confessio* bestimmte Elemente (z. B. signifikante Silben- oder Buchstabenanzahlen bzw. -aufteilungen), durch die Patrick die Integrität seines Textes sicherstellen wollte. Er kann im Einzelnen zeigen, dass Muirchú diese Elemente verstanden und in ähnlicher, aber neuer Weise in seinen Text eingebaut hat (so ebenda, S. 10 u. S. 15).

dort als ›intercessor‹, indem er für seine Mitreisenden um Nahrung bittet, selbst aber fastet, da die Nahrung als Opferfleisch missbraucht wird.[824] Damit befolgt Patrick ein paulinisches Gebot.[825] In der eigentümlichen Form legendarischer ›bricolage‹ wird die Befolgung dieses Gebots nicht nur mit den Speisungen des Volkes durch Wachteln während der Wüstenwanderungen, die in den Büchern *Exodus* und *Numeri* erzählt werden,[826] sondern auch mit dem Leben Johannes' des Täufers in der Wüste von Judäa, der sich von wildem Honig ernährt,[827] und dem vierzigtägigen Fasten Jesu in der Wüste und der anschließenden Versuchung durch den Teufel hybridisiert.[828] Wie diese steht die Versuchung Patricks am Anfang seines Wirkens. Wie Jesus verspürt auch Patrick weder Hunger noch Durst, kann sich aber nur mithilfe der Anrufung Elias'[829] der Anfechtung Satans entziehen.[830]

---

824 In Muirchús Text heißt es lediglich: »immolaticium enim erat« (»denn es war ein Opfer«; M I,2,19). In der mittelirisch-lateinischen *Vita Tripartita* (vgl. Anm. 835) findet man hingegen eine ausführlichere Erklärung, vgl. Stockes (Hrsg.) 1887, S. 23: »Homines autem barbari, et de sancti beneficio ingrati, partem porcorum a vero Deo donatorum, suis idolis immolarunt. Et hinc sanctus vir, nolens porcorum istorum degustare carnes, integro viginti dierum spatio jeiunauit; et diuinæ tandem gratiæ dono factum est, vt non minus primo quam postremo the fame laborauerit«. (»Die unzivilisierten Menschen aber zeigten sich undankbar gegenüber der Wohltat des Heiligen und opferten einen Teil der Schweine, die vom wahren Gott geschenkt worden waren, ihren Götzen. Und deshalb fastete der heilige Mann, der das Fleisch dieser Schweine nicht essen wollte, während des kompletten Zeitraums von zwanzig Tagen. Durch das Geschenk der göttlichen Gnade geschah es schließlich, dass er am letzten Tag nicht mehr als am ersten am Hunger litt.«)
Ich zitiere nach der Ausgabe von Stockes, obwohl 1939 eine kritische Ausgabe von Kathleen Mulchrone erschienen ist; dort sind die mittelirischen Passagen jedoch nicht übersetzt, so dass ich auf die Ausgabe von Stockes angewiesen bin.
825 Vgl. 1 Kor 10,28. In seinem Quellenapparat verweist Howlett 2006, S. 50, für die Zeile »Ille autem sanctus Patricius nihil gustans de hiis cibis« (»Jener Heilige Patrick aber aß nichts von diesen Speisen«, M I,2,18) auf Apg 23,24, wo es darum geht, dass sich die Juden mit einem Fluch verschworen haben, nichts zu genießen, bis sie Paulus getötet hätten. Die Logik des Verweises (jenseits einer kontingenten begrifflichen Entsprechung) verstehe ich nicht.
826 Vgl. Ex 16; Num 11.
827 Vgl. Mt 3,1 ff. Anstelle der Heuschrecken ernähren sich die Heiden von Schweinen: Patrick »abundantiam cibi ex grege porcorum a Deo misso sibi uelut ex coturnicum turma Deo adiuuante praebuit. mel quoque siluestre ut quondam Iohanni subuenit. mutatis tamen pessimorum gentilium merito porcinis carnibus pro locustarum usu« (»reichte ein Übermaß an Speise dar aus einer Herde von Schweinen, die ihm der Herr geschickt hatte, wie aus einem Schwarm Wachteln mit Gottes Hilfe, auch Waldhonig, wie er einst dem Johannes half, nachdem dennoch das Schweinefleisch an die Stelle der Heuschrecken getreten war – handelte es sich doch um sehr schlechte Heiden«; M I,2,19 ff.).
828 Vgl. Mt 4,1 ff.
829 Dass Elias angerufen wird, hängt eventuell mit folgender Passage aus dem *Alten Testament* zusammen, vgl. 1 Kön 19,8: »Da stand er [sc. Elias, MB] auf und aß und trank, und er ging in der Kraft dieser Speise vierzig Tage und vierzig Nächte bis an den Berg Gottes, den Horeb.« – In der *Vita* des Probus ruft Patrick nicht Elias, sondern Christus an, vgl. VitProb I,8.
830 Vgl. M I,2,21 ff.: »Eadem uero nocte dormiens. temptauit Satanas grauiter fingens saxa ingentia et quasi conminuentia membra. sed inuocato Helia. bina uoce ortus est ei sol qui refulgens expulit omnes caliginum tenebras«. (»Als er aber in eben dieser Nacht schlief, ver-

Gegenüber der Darstellung in der *Confessio* sind die Bezüge zu den alt- und neutestamentlichen Schriften deutlich ausgebaut und expliziert, die Erzählung von Handlungen und Wiedergabe von Dialogen hingegen sind zurückgenommen:

Conf 19:	M I,2,1 ff.:
et post triduum terram cepimus et uiginti octo dies per desertum iter fecimus	Ternis itaque diebus totidemque noctibus quasi ad modum Ionae in mari cum iniquis fluctuans. postea bis denis simul et octenis diurnis luminibus
et cibus defuit illis et fames inualuit super eos, et alio die coepit gubernator mihi dicere: »Quid est, Christiane? tu dicis deus tuus magnus et omnipotens est; quare ergo non potes pro nobis orare? quia nos a fame periclitamur; difficile est enim ut aliquem hominem umquam uideamus.« Ego enim confidenter dixi illis: »Conuertemini ex fide ex toto corde ad Dominum Deum meum quia nihil est impossibile illi, ut hodie cibum mittat uobis in uiam uestram usque dum satiamini quia ubique habundat illi«, et adiuuante Deo ita factum est: ecce grex porcorum in uia ante oculos nostros apparuit, et multos ex illis interfecerunt et ibi duas noctes manserunt et bene refecti et carnes eorum releuati sunt, quia multi ex illis defecerunt et secus uiam semiuiui relicti sunt, et post hoc summas gratias egerunt Deo et ego honorificatus sum sub oculis eorum, et ex hac die cibum habundanter habuerunt; etiam mel siluestre inuenerunt (…)	Moysico more alio licet sensu per desertum fatigatus. murmurantibus gentilibus quasi Iudaei fame et siti paene deficientibus conpulsus a gubernatore temptatus. atque ut illis Deum suum ne perirent oraret rogatus mortalibus exoratus turbae misertus spiritu contribulatus. merito coronatus. a Deo magnificatus.

abundantiam cibi ex grege porcorum a Deo misso sibi uelut ex coturnicum turma Deo adiuuante praebuit.

mel quoque siluestre ut quondam Iohanni subuenit. mutatis tamen pessimorum gentilium merito porcinis
    carnibus pro locustarum usu. |

---

    suchte ihn der Teufel sehr, indem er ungeheure Felsen bildete und damit seine Glieder gleichsam zertrümmerte. Aber nach der zweimaligen Anrufung Elias ging für ihn die Sonne auf, die mit ihren Strahlen alles Dunkel der Nebel vertrieb.«)

Und nach drei Tagen landeten wir an und gingen 28 Tage durch die Wüste.	Drei Tage und ebenso viele Nächte lang trieb er gleichsam wie Jona im Meer mit den Ungerechten; danach wurde er 28 Tage wie Moses, aber in einem anderen Sinne, in der Wüste ermattet. Von den Heiden, die wie die Juden murrten und aus Hunger und Durst beinahe starben, wurde er angeklagt und vom Steuermann versucht. Und als er gebeten wurde, dass er für jene seinen Gott bitte, dass sie nicht zugrunde gingen, erbarmte er sich der Menge auf die inständige Bitte der Sterblichen hin, weil es ihm geistig zusetzte. Durch seine Tat wurde er erhoben und von Gott geehrt.
Und jene hatten keine Nahrung und ihr Hunger wurde heftiger und am folgenden Tag sagte der Steuermann zu mir: »Was ist, Christ? Du sagst, dein Gott ist groß und allmächtig. Weshalb also kannst du nicht für uns bitten? Da wir wegen des Hungers in Todesgefahr geraten. Denn es ist unwahrscheinlich, dass wir jemals irgendeinen Menschen sehen.« Ich aber sagte jenen zuversichtlich: »Bekehrt euch im Glauben und aus ganzem Herzen zu meinen Herrn und Gott, weil ihm nichts unmöglich ist, damit er euch heute Speise schicke auf euren Weg, bis ihr satt seid, weil er überall Überfluss hat.« Und durch Gottes Hilfe ist es so geschehen: Siehe da, eine Schweineherde erschien auf dem Weg vor unseren Augen und sie töteten viele von jenen und blieben dort zwei Nächte und wurden gut gestärkt und ihr Leib wurde aufgerichtet. Weil viele von jenen starben und halbtot neben der Straße zurückgelassen wurden, dankten sie danach Gott sehr und ich wurde unter ihren Augen geehrt. Und seit diesem Tag hatten sie Speise im Überfluss. Sie fanden auch Waldhonig [...].	Er reichte ein Übermaß an Speise dar aus einer Herde von Schweinen, die ihm der Herr geschickt hatte, wie aus einem Schwarm Wachteln mit Gottes Hilfe, auch Waldhonig, wie er einst dem Johannes half, nachdem dennoch das Schweinefleisch an die Stelle der Heuschrecken getreten war, da es sehr schlechte Heiden waren.

In dem so intensivierten Verweisungsdickicht der Legende werden nicht nur heterogene Erzähltraditionen und Motive miteinander verbunden, sondern auch verschiedene Figurenkonzepte ineinandergeblendet, die über typologische Verweisungsmuster zusammengehalten werden und in einer umfassenden ›imitatio Christi‹ ihren Grund finden. Zugleich wird damit das Leben Patricks auf den Status des Heiligen reduziert, als solches aber so aufwendig erzählt, dass dieser Status in immer neuen Schleifen, Verweisungen und Rekursen nicht nur markiert oder konstituiert, sondern problematisiert und zugleich stabilisiert wird. Ausgehend von diesem transzendenzreligiösen Verständnis von Heiligkeit soll im Folgenden der Aspekt der

Patrickslegende fokussiert werden, an dem sich an die Erzählung von der transzendenten Figur des Heiligen die Erzählung von einem heiligen Ort, dem Purgatorium, anlagert.

5.2.2.2 Heiligkeit, Heiligung und heiliger Ort im Zeichen der ›imitatio‹

Der achtundzwanzig Tage dauernde Aufenthalt in der Wüste, das Fasten Patricks und die anschließende Versuchung durch den Teufel beziehen sich auf eine Vielzahl alt- und neutestamentlicher Stellen; dass die Ereignisfolge von Wüste, Fasten und Versuchung in Muirchús Darstellung einen Zusammenhang bilden kann, der gerade für das Erzählen vom Heiligen Patrick von Bedeutung ist, ist letztlich durch einen nur impliziten Rekurs[831] auf das Leben Jesu begründet. Während also bei Muirchú das vierzigtägige Fasten Jesu in der Wüste und die anschließende Versuchung durch den Teufel im Verweisungsdickicht lediglich aufscheinen, ist die neutestamentliche Ereignisfolge in einem Kapitel der *Collectanea de sancto Patricio*, die Tírechán vor 700 n. Chr. zusammenstellte[832] und die wie Muirchús *Vita* im *Liber Ardmachanus* überliefert sind,[833] deutlicher aufgegriffen worden.

Dort begibt sich der Heilige Patrick zum Berg Cruachán Aigle, um vierzig Tage und Nächte zu fasten. Nach dem Tod seines Wagenlenkers Totmáel und der Bestattung in der angrenzenden Ebene geht der Heilige erneut zu diesem Berg und besteigt den Gipfel des Cruachán Aigle, um dort weitere vierzig Tage und Nächte – wohl fastend – auszuharren. Der Bezug auf die Ereignisfolge im Leben Jesu wird dadurch zum einen deutlich hergestellt, zum anderen aber auch in Hinsicht auf die Figur des Heiligen Patrick transformiert: Das vierzigtägige Fasten wird nun, den Begebenheiten Irlands entsprechend, von der Wüste auf einen Berg verlegt und zugleich verdoppelt. Es rahmt eine Episode, in welcher der Handlungszusammenhang durch die Bestattung des Wagenlenkers um einen eschatologischen Aspekt erweitert wird. Zugleich wird die Versuchung Jesu durch den Teufel allegorisiert,

---

[831] Vgl. demgegenüber die entsprechende Darstellung in der *Vita Tripartita*, die die Bezüge expliziert; vgl. das Zitat in meiner Anm. 824.

[832] Mit der Benennung von Tírecháns Text als ›Collectanea‹ folge ich einem Vorschlag Ludwig Bielers (vgl. hierzu ders. 1986, S.4). Häufig wird der Text als ›Vita‹ bezeichnet, vgl. Birkett 2010, S.26, Anm. 3: »Although Tírechán's text is not really a ›vita‹ but a collected record of local traditions, for ease of reference it will be referred to as Tírechán's *Vita* throughout this study«. Vgl. auch Herbert 2001, S.330f.

[833] Vgl. Windau 2002. Das Verhältnis von Muirchús *Vita* und Tírecháns *Collectanea* ist nicht leicht zu bestimmen, vgl. Bieler 2004, S.42: »There is no reference, however indirect, by either writer to the other. The immediate purpose of Tírechán's work was quite different from Muirchú's; their only link is the fact that both are engaged in promoting the interests of the see of Armagh. If they knew each other, which in itself is quite possible, they saw no reason for saying so«.

wenn davon erzählt wird, dass Patrick von schwarzen Vögeln bedrängt wird. Durch eine Lücke im Text[834] ist nicht erhalten, wie diese Situation durch Patrick gelöst wird; gleichwohl wird sein Handeln, das als ›imitabile‹ ausgestellt wird, mit der Segnung des irischen Volkes in Verbindung gebracht:

> Et perrexit Patricius ad montem Egli, ut ieiunaret in illo quadraginta diebus et quadraginta noctibus, Moysaicam tenens disciplinam et Heliacam et Christianam. Et defunctus est auriga illius hi Muiriscc Aigli, hoc est campum inter mare et Aigleum, et sepiliuit illum aurigam Totum Caluum et congregauit lapides erga sepulcrum et dixit: »Sit sic in aeternum, et uissitabitur a me in nouissimis diebus.« Et exiit Patricius ad cacumina montis super Crochan Aigli et mansit ibi quadraginta diebus et quadraginta noctibus, et graues aues fuerunt erga illum et non poterat uidere faciem caeli et terrae et maris <...> quia Hiberniae sanctis omnibus praeteritis praesentatis futuris Deus dixit: »Ascendite, o sancti, super montem qui inminet et altior omnibus montibus qui sunt ad occidentem solis ad benedicendos Hiberniae populos«, ut uideret Patricius fructum sui laboris, quia corus sanctorum omnium Hibernensium ad eum uenit ad patrem eorum uissitandum [...] (TCN 38)
>
> Und Patrick brach auf zum Berg Cruachán Aigle, um auf jenem vierzig Tage und vierzig Nächte zu fasten und dabei dasselbe Opfer wie Moses, Elias und Christus zu bringen. Und sein Wagenlenker starb in Muraisc, das ist die Ebene zwischen dem Meer und dem Cruachán Aigle, und er bestattete jenen Wagenlenker Totmáel und häufte Steine neben seinem Grab auf und sagte: »So sei es in Ewigkeit, und er wird von mir am Jüngsten Tage aufgesucht werden.« Und Patrick ging weg zum Gipfel des Berges auf den Cruachán Aigle und blieb dort vierzig Tage und vierzig Nächte, und Beschwerden bringende Vögel waren neben jenem und er konnte nicht das Antlitz des Himmel und der Erde und des Meeres sehen <...> Denn Gott sagt allen gewesenen, gegenwärtigen und zukünftigen Heiligen Irlands: »Steigt herauf, ihr Heiligen, auf den Berg, der höher aufragt als alle Berge, die im Westen liegen, um die Völker Irlands zu segnen«, damit Patrick die Frucht seiner Mühen sehe, da die Gemeinschaft aller Heiligen Irlands zu ihm kommt, um ihren Vater zu besuchen.

Bei Tírechán sind die Bezüge auf die neutestamentliche Ereignisfolge gegenüber Muirchú expliziert und dabei insofern auf die ›vita‹ des Heiligen ausgerichtet, als das Fasten und die Überwindung dämonisch-teuflischer Anfechtung mit dem zentralen Gegenstand des Heilshandelns Patricks assoziiert werden, der Missionierung Irlands. Die paradigmatische Episode vom

---

834 Bieler 2004, S. 152, merkt zu dieser Lücke an, dass das, was ausgefallen sei, bei Probus gefunden werden könne. Die entsprechende Passage lautet: »[...] multitudo auium uenit circa illum, ita ut non posset uidere faciem caeli et terrae ac maris propter aues. Mansit ergo sanctus Patricius in monte quadraginta diebus orans et responsa diuina frequenter accipiens. Exinde facta est consuetudo omnibus sanctis Hiberniorum, ut ascenderent super eundem montem, dicente ad eos Domino: ›Ascendite, o sancti mei, [...]‹«. (»Eine Menge Vögel bedrängte ihn, so dass er wegen der Vögel das Antlitz des Himmels und der Erde und des Meeres nicht sehen konnte. Der Hl. Patrick blieb vierzig Tage auf dem Berg; er betete und empfing häufig Antworten Gottes. Daher stammt die Gewohnheit aller irischen Heiligen, dass sie auf eben diesen Berg steigen, wobei der Herr zu ihnen sagt: ›Steigt auf, meine Heiligen, [...]‹«; VitProb II,19). Auch hier wird die Bedrängnissituation nicht aufgelöst, sondern Patricks transzendenter Status in der Kommunikation mit Gott dargestellt.

Geschehen auf dem Cruachán Aigle wird dabei auf den übergreifenden Zusammenhang hin geöffnet, ohne diese Verweisung zu explizieren. Nicht zuletzt weil nicht erhalten ist, wie Patrick die Anfechtung überwindet, bleibt bei Tírechán dunkel, inwiefern auch Patricks Handeln auf dem Cruachán Aigle zur Mehrung des ›fructus laboris‹ beigetragen hat.

Eben diese bei Tírechán fehlende Einordnung in den Zusammenhang der Irlandmission wird in der zwischen dem späten 9. und dem 12. Jahrhundert entstandenen mittelirisch-lateinischen *Vita Tripartita* (*Bethu Phátraic*)[835] hergestellt, indem das Heilshandeln zur zentralen Funktion des Fastens auf dem Cruachán Aigle wird – mit weitreichenden Konsequenzen. Denn anders als in den *Collectanea* resultiert Patricks Entschluss, auf dem Berg zu fasten, nicht ausschließlich daraus, Moses, Elias und Christus nachfolgen zu wollen; vielmehr handelt er instrumentell. Durch sein Fasten auf dem Cruachán Aigle will er Gott dazu bringen, seinen Bitten stattzugeben.[836] Diese ›petitiones Patricii‹ finden sich in je unterschiedlicher Gestalt bereits in Muirchús *Vita* und in den *Notae suppletoriae ad Tirechanum*.[837] Während die Bitten in Muirchús *Vita* als Kompensationsleistung dafür gewährt werden, dass Patrick dem göttlichen Willen entsprechend nicht in dem von ihm geliebten Armagh bestattet werden soll, ereignen sie sich in den *Notae* situationslos.[838] In der *Vita Tripartita* (*Bethu Phátraic*) werden die ›petitiones Patricii‹, die in dieser Form zum Teil auf die der *Notae* zurückgehen,[839] neu kontextualisiert, so dass die Ereignisfolge auf dem

---

835 Vgl. zur Datierung Dumville 1993, der ausgehend von der mittlerweile widerlegten Position von Kathleen Mulchrone, die die Entstehung um 900 angesetzt hatte, die Forschung zusammenfasst; vgl. auch Herbert 2001, S.341: »Regarding the vernacular *Vita Tripartita*, while there are some textual references indicative of ninth-century date, in my opinion the text was continued thereafter and completed around or after the mid-tenth century. Some decades later, in the eleventh century, the text was edited as a tripartite homily designed for preaching during celebration of the saint's feast. It is this edition which is reflected in the designation *Vita Tripartita*.« Vgl. ferner die Hinweise in meiner Anm. 824.
836 Vgl. Stockes (Hrsg.) 1887, S.113f. (Herv. i. O.): »Then Patrick went unto Cruachan Aigle on Saturday of Whitsuntide. The angel came to commune with him, and said to him: ›God gives thee not what thou demandest, because it seems to him excessive and obstinate, and great are the requests.‹ ›Is that His pleasure?‹ saith Patrick. ›It is,‹ saith the angel. ›Then this is *my* pleasure (saith Patrick), I will not go from this Rick till I am dead or till all the requests are granted to me.‹«
837 Vgl. Bieler 2004, S.44, zur Verfasserschaft der *Notae Suppletoriae*: »Contrary to Gwynn, who thinks this was an anonymous note appended to Tírechán in Ferdomnach's exemplar, it seems to me that Tírechán's authorship is a distinct possibility«.
838 Vgl. M II,4-7; TCN 52; Bieler 2004, S.233f.
839 Vgl. TCN 52 (»ut suscipiatur unusquisque nostrum poenitentiam agens licet in extremo uitae suae iudicii die, ut non claudetur in inferno« [»dass jeder von uns aufgenommen werde, der büßt, sei es auch am Ende seines Lebens, dem Tag des Gerichts, dass er nicht in der Hölle eingesperrt werde«]; »ne barbarae gentes dominentur nobis in sempiternum« [»dass wir auf ewig von keinem fremden Volk beherrscht werden«]; »ut ne superuixerit aliquis nostrum, id est Hibernensium, ante septem annos ante diem iudicii, quia septem annis ante iudicium delebuntur equore« [»dass keiner von uns, also den Iren, sieben Jahre vor dem Tag des

Cruachán Aigle in Hinsicht auf die Heilswirkung von Patricks Handeln perspektiviert wird; die Plausibilität dieser Verbindung resultiert dabei aus der konkreten eschatologischen Dimension, die in der von asketischen Vollzügen auf dem Cruachán Aigle gerahmten Bestattung Totmáels bei Tírechán ebenso angelegt ist wie in den ›petitiones Patricii‹ selbst, die – trotz allen Unterschieden – bei Muirchú[840] wie auch in den *Notae*[841] zumindest zum Teil ein eschatologischer Bezug auszeichnet. Dieser wird in der *Vita Tripartita* (*Bethu Phátraic*) deutlich ausgebaut,[842] so dass die gesamte Episode vom Aufenthalt auf dem Cruachán Aigle in der Heiligung der lebenden wie der toten Iren durch den Heiligen Patrick gipfelt,[843] der hier weniger einen ›imitator Christi‹ denn vielmehr einen impertinenten und renitenten ›intercessor‹ figuriert.[844]

Während also die bei Tírechán nicht überlieferte oder fehlende Verbindung von Fasten und Heilshandeln in der *Vita Tripartita* (*Bethu Phátraic*) narrativ hergestellt wird, ist die Bedeutung der ›imitatio Christi‹ für die Figur des Heiligen zurückgenommen und damit der Zusammenhalt der Ereignisfolge gelockert. Denn die eigentümlich autonome Figurenzeichnung der *Vita Tripartita* (*Bethu Phátraic*) lässt auch die Überwindung der dämonischen Anfechtung, die wesentlicher Bestandteil der Ereignisfolge im Leben Jesu ist, in den Hintergrund treten. Zwar wird Patrick am Ende des vierzigtägigen Fastens von schwarzen Vögeln angegriffen und kann sie mit Hilfe seiner Glocke vertreiben; diese individuelle Befreiung aus der Bedrängnis führt aber nur zu einer temporären Heiligung des Landes. Dazu fügt sich, dass die allegorische Lösung der Situation – das Erscheinen weißer,

---

Gerichts lebt, weil sieben Jahre vor dem Gericht [alles] durch eine Flut zerstört werden wird«]) mit Stockes (Hrsg.) 1887, S. 117 ff. (»a great sea to come over Ireland seven years before the Jugdment« [vom Engel angekündigt]; »that the Saxons should not dwell in Ireland, by consent or perforce, so long as I abide in heaven«; »every one who shall perform (?) penitence in Ireland, his soul shall not go to Hell«).

840 Hier dominiert der Fokus auf den Heiligen Patrick als Richter, vgl. M II,6,4 f. u. 11: »ut quicumque ymnum qui de te conpositus est in die exitus de corpore cantauerit tu iudicabis poenitentiam eius de suis peccatis« (»dass jeder, der den Hymnus, der über dich komponiert wurde, am Tag des Ausgangs aus dem Körper sang, dass du richten wirst über dessen Buße seiner Sünden«); »ut Hibernenses omnes in die iudicii a te iudicentur« (»dass alle Iren am Tag des Gerichts von dir gerichtet werden«).

841 Vgl. hierzu das Zitat aus TCN in meiner Anm. 839.

842 Vgl. Stockes (Hrsg.) 1887, S. 115 ff.

843 Vgl. Stockes (Hrsg.) 1887, S. 121: »›What thou hast prayed for, thou shalt have. Strike thy bell,‹ saith the angel. ›A <...> will <...> on thee from heaven, so that thou shalt fall on (thy) knees, and there will be a consecration of the men of the folk of Ireland, both living and dead.‹ Saith Patrick: ›A blessing on the bountiful King who hath given; and the Rick shall (now) be departed from.‹«

844 Dies zeigt der Bericht des Engels, vgl. Stockes (Hrsg.) 1887, S. 121: »The Lord said, ›There hath not come, and there will not come, after the apostles, a man more admirable, were it not for thy hardness.‹«

lieblich singender Vögel – allein Patrick Trost spenden soll.[845] Der Kern seines Heilshandelns liegt hingegen in den Verhandlungen, die er mit einem Engel um die Gewährung der ›petitiones‹ führt.

Demgegenüber wird in der *Vita Tertia*, die irgendwann zwischen dem 9. Jahrhundert und spätestens 1130 in Irland entstand und auch auf dem Kontinent weite Verbreitung fand,[846] die in der *Vita Tripartita* (*Bethu Phátraic*) etablierte Zusammenführung des Fastens und der Gewährung der auch eschatologisch bedeutenden ›petitiones Patricii‹ handlungslogisch eng an die dämonische Anfechtung und ihre Überwindung angebunden. Somit wird das umfassende Heilshandeln Patricks im Zeichen der ›imitatio Christi‹ verdichtet. In eben dieser übt sich der Heilige Patrick nach seiner Rückkehr aus Rom, von wo er nicht nur die Reliquien der Heiligen Petrus, Paulus und Stephan, sondern auch das Tuch mitbrachte, »super quod fuit sanguis Iesu Christi Domini nostri« (»auf dem das Blut unseren Herrn Jesus Christus war«; VitTert 84).[847] Im Anschluss daran wiederholt der Heilige Patrick explizit, was sich je nachdem, ob man dem linearen Verlauf der Heilsgeschichte folgt oder ob man sich am Zyklus des Kirchenjahres orientiert, zu einer anderen beziehungsweise zu derselben Zeit ereignet hat und was je nachdem, ob man von der konkreten Topographie ausgeht oder ob man die Struktur des Ortes fokussiert, an einem anderen beziehungsweise doch demselben Ort stattfand:

> Deinde sanctus Patricius secundum exemplum Domini exiit in desertum, id est hi Chrochan Aigle, in tempore quadragesimae ante Pascha, et erat ibi super lapidem sedens et quatuor lapides circa ipsum a quatuor partibus. Tunc magna multitudo de auibus nigris, id est demonibus, uolabant super eum et grauiter impediebant orationem eius. Patricius uero percussit cymbalum suum et fugauit eos trans mare. Et statim repleuit totum montem multitudo angelorum in formis candissimis auium et suauia carmina cantabant.
>
> In isto monte tres petitiones rogauit. Prima, ut omnes habitatores huius insulae, si quis ex ipsis una hora paenitentiam egerit, infernus non claudatur super eum. Secunda, ut alienigenae in hanc insulam non habitent usque in diem iudicii. Tercia, ut quatuor annis ante diem iudicii istam insulam mare operiat. Cum uero de monte illo descendisset, benedixit hanc insulam percussitque cimbalum suum, et omnes habitatores huius insulae siue uiui siue mortui audierunt sonum cimbali illius. (VitTert 85)

---

845 Vgl. Stockes (Hrsg.) 1887, S. 115: »Then Patrick weeps till his face and his chasuble in front of him were wet. No demon came to the land of Erin after that till the end of seven years and seven months and seven days and seven nights. Then the angel went to console Patrick, an cleansed the chasuble, and brought white birds around the Rick, and they used to sing sweet melodies for him.«

846 Vgl. Bieler 1971, S. 13; S. 25 f. Die *Vita Tertia* geht zurück auf die *Vita Tripartita* (*Bethu Phátraic*), der Verfasser hatte wohl aber auch Zugang zu Patricks eigenen Schriften und zu den Texten Muirchús und Tírecháns (vgl. Birkett 2010, S. 26).

847 Die *Vita Tertia* wird nach der Γ-Fassung zitiert, die aus den auf dem Kontinent zirkulierenden Handschriften rekonstruiert wurde; vgl. Bieler 1971, S. 14–21.

5.2 Die Pilgerreise ins Jenseits. Das Purgatorium des Heiligen Patrick

> Hierauf ging der Hl. Patrick dem Beispiel des Herrn folgend in die Wüste, das heißt auf den Cruachán Aigle, in der vierzigtägigen Fastenzeit vor Ostern, und er saß dort auf einem Stein und an vier Seiten lagen vier Steine um ihn. Dann flog eine große Menge schwarzer Vögel, das heißt Dämonen, über ihn und störten heftig sein Gebet. Patrick aber schlug sein ›cymbalum‹ und vertrieb sie über das Meer. Und plötzlich erfüllte den ganzen Berg eine Menge von Engeln in sehr heller Vogelgestalt und sang liebliche Lieder.
>
> Auf diesem Berg bat er um drei Bitten. Die erste, dass alle Einwohner dieser Insel – wenn einer von ihnen eine Stunde lang büßte, dass sich die Hölle nicht über ihm schließe. Die zweite, dass Fremde bis zum Tag des Gerichts nicht auf dieser Insel lebten. Die dritte, dass vier Jahre vor dem Tag des Gerichts das Meer diese Insel bedecke. Als er aber von jenem Berg herabgestiegen war, segnete er diese Insel und schlug sein ›cymbalum‹, und alle Einwohner dieser Insel, seien sie lebendig oder tot, hörten den Klang jenes ›cymbalum‹.

Dass Patrick fastet, muss nicht eigens erzählt werden, da es sich aus dem Rekurs auf das ›tempus quadragesimae ante Pascha‹ von selbst versteht. Patrick befindet sich auf dem Cruachán Aigle an einem Ort der Weltüberwindung, in deren aussagekräftigstem Symbol er Platz nimmt: Er sitzt, ohne dass dies explizit gesagt würde, in der Mitte eines durch Steine gebildeten Kreuzes, das auf das Begräbnis seines Wagenlenkers Totmáel zurückzuführen sein dürfte,[848] zugleich aber die heilsgeschichtliche Funktion seines Handelns in der Nachfolge Christi anzeigt. Denn Weltabschied meint immer auch Desambiguierung, die Voraussetzung für das Heilshandeln ist. Das Böse muss sich vom Guten scheiden, um als solches erkannt und überwunden werden zu können: Wie Jesus in die Wüste geführt wird, um vom Teufel verführt zu werden (vgl. Mt 4,1) und eben dieser Versuchung zu widerstehen, so wird Patrick auf dem Cruachán Aigle von den Dämonen angegriffen, eben um das Böse vertreiben zu können: In beiden Fällen folgen auf den Teufel respektive die Dämonen die Engel.[849] Patricks Heilshandeln weist aber wie auch das Leben Jesu im Zeichen des Kreuzes eine universale Komponente auf, die beide in der *Vita Tertia* in ihrem Zusammenhang dargestellt werden: Indem Patrick die Dämonen durch das Schlagen seines ›cymbalum‹ vertreibt und auf dieselbe Weise im Anschluss an die drei Bitten einen Klangraum konstituiert, der als Heilsraum die gesamte Insel umfasst, wird betont, dass er in seinem Fasten, der dämonischen Anfechtung und ihrer Überwindung nicht nur selbst als Heiliger handelt, sondern als solcher auch die gesamte Insel der Iren geheilt hat.

Dieser in der *Vita Tertia* erreichte Grad an Verdichtung und Stringenz hat auch die späteren Transformationen des Erzählens vom Heiligen Patrick geprägt. So greift etwa der zisterziensische Historiograph Jocelin von Fur-

---

848 Vgl. TCN 38 (in dieser Arbeit zitiert auf S. 193).
849 Vgl. Mt 4,11.

ness im 17. Kapitel seiner um 1185 geschriebenen[850] *Vita S. Patricii* diese in der ›imitatio Christi‹ verdichtete Ereignisfolge auf[851] und pointiert die paradigmatische Episode in Hinsicht auf den übergeordneten Zusammenhang: Die Heilung des missionierten Landes wird allegorisiert, indem nicht nur die schwarzen Vögel, sondern sämtliche giftigen Tiere vertrieben werden und diese Vertreibung als vorgeordneter Zweck des vierzigtägigen Fastens Patricks erscheint,[852] mit dem Patrick Moses, Elias und vor allem Christus nachfolgen will.[853] Auch bei Jocelin entscheidet er sich, zu der im Kirchenjahr dafür vorgesehenen Zeit, in der ›quadragesima‹, zu fasten[854] und zugleich die Funktion dieser Memorial- und Heilshandlung auf dem Cruachán Aigle äußerlich sichtbar zu machen. An dieser Stelle wird bei Jocelin – anders als in der *Vita Tertia* – die Intentionalität des Handelns betont: Der Heilige nimmt nicht nur in der Mitte von fünf Steinen Platz, sondern ordnet sie bewusst so an, dass sie ein Kreuz ergeben. Indem bei Jocelin nicht nur Patricks Handeln in Erzählerkommentaren im Sinne der Christusnachfolge eingeordnet, sondern die entsprechenden Intentionen

---

850 Vgl. Birkett 2010, S. 7.
851 Die *Vita* Jocelins geht wohl von einer nicht erhaltenen Fassung der *Vita Tertia* aus (vgl. Birkett 2010, S. 26) und zwar einem »Γ-Π hybrid« (ebenda, S. 30). Zur besonderen Abhängigkeit von der *Vita Tertia* vgl. ebenda, S. 27–32.
852 Vgl. J 149: »Præcellentissimus Pastor Patricius, vt nullum in Hibernia aut ceteris Insulis a se benedictis relinqueretur alicuius reptilis venenati vestigium […] seu consueta concederetur commoratio cateruis dæmonum, absque victuali terreno quadragenarium transegit ieiunium.« (»Der ganz herausragende Hirte Patrick hielt ein vierzigtägiges Fasten fern irdischer Speise, damit keine Spur irgendeines giftigen Gewürms auf Irland oder den übrigen von ihm gesegneten Inseln zurückgelassen werde […] oder den Massen der Dämonen der gewohnte Aufenthalt zugestanden werde.«) – Nur der Vollständigkeit halber sei auch hier betont, dass es im nacheiszeitlichen Irland keine Schlangen gab, die Patrick hätte vertreiben können. Dieser Aspekt der Patrickslegende (vgl. hierzu Birkett 2010, S. 31f., Anm. 28) wird in der Populärwissenschaft bis zum Überdruss immer wieder verhandelt, so auch in der Rubrik »Stimmt's?« der Wochenzeitung *Die Zeit* (Ausgabe vom 5. Februar 2004). Die Fragesteller stehen auf einer Stufe mit dem Mann, der 1831 die Nachhaltigkeit von Patricks Heilshandeln auf die Probe stellen wollte und sechs Schlangen in seinem Garten freiließ; der Ausgang des Experiments ist schnell erzählt: Die Nachbarn erschlugen die Schlangen; vgl. Drösser 2005, S. 51.
Vgl. zur Schlangenvertreibung im *Passional* und den möglichen Quellen in dieser Arbeit S. 257.
853 Vgl. J 149: »Desiderabat enim dilectus Domini imitari ieiunio mystico Moysen, adhuc naturali tantum lege constrictum, vel potius Eliam Prophetam sub lege constitutum; sed potissimum placere gliscens Conditori naturæ, legis largitori et gratiæ Christo Iesu, […] qui in se sacrauit tale ieiunium«. (»Denn der Geliebte Gottes sehnte sich danach, im geheimnisvollen Fasten Moses, noch nur vom Naturgesetz gebunden, oder eher Elias den Propheten, unter dem Gesetz stehend, nachzuahmen. Aber am meisten glühte er danach, dem Schöpfer der Natur, dem Spender des Gesetzes und der Gnade, Jesus Christus, zu gefallen, […] der in sich ein solches Fasten heiligte«).
854 Vgl. J 149: »Subijt ergo in montem excelsum, Cruachanaigle vocatum, in Connactia constitutum, Quadragesimali tempore ante Pascha«. (»Er ging also auf einen hohen Berg, Cruachán Aigle genannt, in Connachta gelegen, in der vierzigtägigen Fastenzeit vor Ostern«).

5.2 Die Pilgerreise ins Jenseits. Das Purgatorium des Heiligen Patrick

auch dem Figurenbewusstsein zugeschrieben werden,[855] erhält die Verdichtung der Ereignisfolge in der ›imitatio Christi‹ eine Vertiefung. Nachfolge wird als handlungsleitendes Prinzip ausgestellt, was rezeptionsästhetisch die Figuration Patricks als eines ›imitator imitabilis‹ bedeutet.

Die im Leben Jesu angelegte Verbindung des Fastens mit der teuflischen Anfechtung zum Zweck ihrer Überwindung bildet den Grund der von Muirchú und Tírechán ausgehenden Transformationskette, in der diese Ereignisfolge zur Erzählung einer paradigmatischen Episode der ›vita‹ des Heiligen Patrick in Teilen allegorisiert, durch spezifische Aspekte der Irlandmission erweitert und in ihrer heilsgeschichtlichen Bedeutung modifiziert wird, bis sich ein geschlossener Zusammenhang bildet, der in einer umfassenden ›imitatio Christi‹ seinen Grund findet. In dem Maße, in dem durch die Betonung von Intentionalität Nachfolge als handlungsleitendes Prinzip etabliert wird, eröffnet sich die Möglichkeit, die Nachhaltigkeit von Patricks Heilshandeln nicht nur in den drei ›petitiones‹ auszudrücken, sondern in der Erzählung von Nachfolge-Handlungen darzustellen.

Bereits bei Tírechán ist dies angelegt, wenn in der Rede Gottes alle Heiligen aufgefordert werden, wie Patrick zum Zwecke der Heilung den Cruachán Aigle zu besteigen und darin den ›fructus laboris Patricii‹ auszudrücken. Gegenüber dieser exklusiven Lösung bei Tírechán, in der nur Heilige in die Nachfolge-Handlungen einbezogen werden, wird bei Jocelin das Prinzip der ›imitatio‹ universalisiert. Da aber personal konkretisierte Heiligkeit eine prinzipiell unverfügbare Kategorie ist, wird die Heiligkeit Patricks samt der heilsgeschichtlichen Relevanz seiner Handlungen in einem heiligen Ort hypostasiert. An die Stelle einer Figur, die in der Immanenz handelnd alle immanenten Ordnungen transzendiert, tritt ein heiliger Ort, an dem Transzendierung als Überschreiten der Grenze zwischen Diesseits und Jenseits gefasst und somit die paradoxe Konfiguration des transzendenzreligiös begriffenen Heiligen in eine entproblematisierte Struktur überführt werden kann. Gleichwohl bleibt auch dem heiligen Ort das Risiko der Heilsverlustmöglichkeit eingeschrieben.[856] Hier emergiert im Medium legendarischen Erzählens das Purgatorium als Jenseitsraum, der an einen Ort in dieser Welt rückgebunden ist.

Auch wenn die Thesen Le Goffs 1991 zur ›Geburt des Fegefeuers‹ im Einzelnen widerlegt wurden,[857] ist ihm wohl dennoch darin zuzustimmen, dass sich das Purgatorium im

---

855 Vgl. J 149: »modoque et forma sessionis suæ, sicut et abstinentiæ mortificatione se seruum Crucis Christi indicauit« (»dadurch, wie er sich hinsetzte, und auch dadurch, dass er den Körper in der Enthaltung abtötete, zeigte er an, dass er ein Diener des Kreuzes Christi war«).
856 Vgl. meine Anm. 768.
857 Vgl. etwa Edwards 1985; Easting 1986b, bes. S. 27 ff.; Angenendt 1997, S. 711; Auffarth 2002, S. 151 ff.; Bremmer 2002, S. 64–69, der die Konjunktur des spatialen Konzepts des Purgatoriums im 12. Jh. als Gegenreaktion zum Erfolg der Katharer deutet.

12. Jahrhundert als eigener – aber wohlgemerkt nicht ›dritter‹ – Ort ausdifferenziert;[858] es mag sein, dass »ein örtlich gedachter und satisfaktorisch begriffener Zwischenzustand zwischen Tod und Auferstehung«[859] ebenso wie der dazugehörige »Versuch der Lebenden, auf das Geschick der Toten Einfluss zu nehmen«,[860] bereits im Nordafrika des 2. bzw. 3. nchr. Jhdts. greifbar sind. Zwischen diesen zweifelsohne frühen Konzepten postmortaler Reinigung und der breiten Durchsetzung eines ›Purgatoriums‹ als eines ausdifferenzierten Jenseitsortes neben Hölle und irdischem respektive himmlischem Paradies, die erst im 12. Jahrhundert stattfindet, muss allerdings unterschieden werden.[861] Für die Etablierung des ›Purgatoriums‹ als eigenständigem Jenseitsraum spielt natürlich auch der weitverbreitete *Tractatus* eine bedeutende Rolle.[862] In der vorliegenden Arbeit zeigt sich ergänzend zu früheren Kontextualisierungen, dass zur Genealogie des ›Purgatoriums des Heiligen Patrick‹ im 12. Jahrhundert nicht nur die Ideengeschichte postmortaler Reinigung, sondern unbedingt auch die Literaturgeschichte der Patrickslegende gehört.

Diese Hypostase transzendenten Handelns in einem heiligen Ort des Überschreitens bedeutet die Emergenz des Purgatoriums im Medium legendarischen Erzählens und gründet sich ihrerseits auf drei Aspekte, die sich allmählich als Spezifika der Ereignisfolge auf dem Cruachán Aigle herausgebildet haben. Zugleich erhellen diese Aspekte die Funktionsweise und die Struktur des Purgatoriums. Dadurch dass die in Patricks vierzigtägigem Fasten manifest gewordene Transzendierung immanenter Ordnungen, also das Öffnen immanenten Geschehens auf einen transzendenten Heilszusammenhang hin nicht ortlos, sondern an einer bestimmten lokalisierbaren Stelle geschehen ist, kann diese Stelle – erstens – als Erinnerungsort fungieren und zum Ort der Vergegenwärtigung von Patricks Heilshandeln im Zeichen der ›imitatio‹ werden. Dabei ist die Spitze des Berges – zweitens – nicht nur Ort der Transzendierung immanenter Ordnungen, sondern auch der Desambiguierung von Welt, die jeder Transzendierung vorangeht: Was in der Welt untrennbar verbunden ist, wird während des vierzigtägigen Fastens geschieden. Erzählt wird dies in der koordinierten Abfolge englischer und dämonischer Wesen, die Patricks gezieltes Heilshandeln, also die Reinigung vom Bösen, erst ermöglicht; diese Desambiguierung und Sichtbarmachung entlang der fundamentalen Differenz von Heil und Verdammnis stellt dabei zugleich – drittens – eine Antizipation eschatologischen Geschehens, nämlich bereits im Diesseits realisierte liminale Scheidungsprozesse dar, die ›condiciones sine quibus non‹ des Übergangs vom Diesseits ins Jenseits sind. All diese Elemente verdichten sich in der vergegenwärtigenden ›imitatio‹ der Gläubigen: Da also mit dem Gipfel des Cruachán Aigle ein Ort gegeben ist, an dem an

---

858 Vgl. zu dieser Einschätzung Weitbrecht 2011a, S. 151f.
859 Merkt 2005, S. 11.
860 Merkt 2005, S. 11.
861 Vgl. hingegen Merkt 2005, S. 65, der jedoch übersieht, dass der frühchristliche Reinigungsort keineswegs die ausdifferenzierte und stabile Form des ›Purgatoriums‹ aufweist.
862 Vgl. Le Goff 1991, S. 233–246.

den Heiligen Patrick erinnert werden kann und an dem prämortal die Desambiguierung von Welt und das heißt auch Heiligung möglich ist, nimmt es kaum wunder, dass die ›imitatio Patricii‹ auf eine derart immanentisierte eschatologische Funktion hin konkretisiert wird:

> In huius igitur montis cacumine ieiunare, ac vigilare consuescunt plurimi, opinantes se postea numquam intraturos portas inferni: quia hoc impetratum a Domino existimant meritis et precibus S. Patricij: referunt etiam nonnulli, qui pernoctauerant ibi, se tormenta grauissima fuisse perpessos, quibus se purgatos a peccatis putant, vnde et quidam illorum locum illum purgatorium S. Patricij vocant. (J 150)
>
> Auf dem Gipfel dieses Berges fasten und wachen für gewöhnlich sehr viele in dem Glauben, dass sie später niemals die Pforten der Hölle betreten werden, weil sie glauben, dass dies beim Herrn so durch die Verdienste und Bitten des Hl. Patrick erreicht worden sei. Einige, die dort übernachtet hatten, erzählen sogar, dass sie sehr schlimme Strafen durchlitten, durch die sie, so glauben sie, von ihren Sünden gereinigt wurden. Deshalb nennen einige von jenen jenen Ort Purgatorium des Hl. Patrick.

Mit dem Purgatorium ist ein heiliger Ort gegeben, an dem der ›fructus laboris Patricii‹ sichtbar wird, wie er schon bei Tírechán in Aussicht gestellt wurde: Die missionierten Iren finden zum Heil, indem sie ihrerseits dem Heiligen Patrick in seiner ›imitatio Christi‹ an den Gipfel des Cruachán Aigle nachfolgen und sich dabei auf die Gewährung der ersten ›petitio‹ der *Vita Tertia* berufen können – »ut omnes habitatores huius insulae, si quis ex ipsis una hora paenitentiam egerit, infernus non claudatur super eum« (»dass alle Einwohner dieser Insel – wenn einer von ihnen eine Stunde lang büßte, dass sich die Hölle nicht über ihm schließe«; VitTert 85). Die Hypostase des Heilshandeln Patricks im heiligen Ort bedingt demzufolge auch eine Transformation vom Aspekt der teuflisch-dämonischen Anfechtung hin zur Bußleistung, die ihrerseits nicht in der Struktur der ›imitatio Christi‹, sondern in einer ›petitio Patricii‹ begründet ist.

Der heilige Ort des Purgatoriums geht somit strukturell auf die transzendente Figur des Heiligen Patrick zurück, dessen Heilshandeln in der Einrichtung des Ortes nachhaltig wirkt. Diese kontingenten Zusammenhänge der Patrickslegende stehen im Hintergrund des *Tractatus de Purgatorio S. Patricii* und sind für dessen Verständnis von zentraler Bedeutung. Denn die implizite Zurückweisung der illegitimen Forderung der Iren nach der Offenbarung der Hölle und des Paradieses[863] muss ergänzt werden durch die im Rekurs auf die Patrickslegende angelegte Begründungsstruktur für die Offenbarung des Purgatoriums. Die zentrale Leistung des Heiligen Patrick ist die Missionierung Irlands, die nun einerseits in der Vertreibung von giftigen Tieren allegorisiert werden kann, andererseits aber nichts anderes als die Heiligung des Landes und seiner Bewohner bedeutet. Zu diesem

---

863 Vgl. in dieser Arbeit S. 180 ff.

Zweck fastet und betet Patrick, worauf im *Tractatus* in unmittelbarem Anschluss an die Erzählung von den Schwierigkeit eben dieser Missionierung verwiesen wird:

> Beatus uero Patricius, Deo deuotus, etiam tunc pro salute populi deuotior in uigiliis, ieiuniis et orationibus atque operibus bonis effectus est. (T 116 ff.)
>
> Der gottergebene Hl. Patrick aber wurde für das Heil des Volkes damals sogar frommer im Wachen, Fasten, Beten und in guten Werken.

An dieser Stelle steht auch der *Tractatus* im Intertext legendarischer Erzählungen, zu dessen Charakterisierung ich auf die von Gilles Deleuze und Félix Guattari geprägte Metapher des ›Rhizoms‹[864] zurückgreifen möchte: Auf der Oberfläche des Texts zeigen sich scheinbar unverbundene Phänomene, die durch das subtextuelle Rhizom miteinander verbunden sind. Von entscheidender Bedeutung ist dabei, dass die einzelnen Verweise keineswegs fest und eindeutig, sondern flexibel sind, und die hergestellten Verbindungen auch jenseits des erzählten Figurenbewusstseins[865] liegen können. Dass Patrick Christus nachfolgt, wird dabei im *Tractatus* in eine Handlungsminiatur übersetzt: Christus erscheint Patrick, der in seinem Fasten die Welt überwunden hat, und führt ihn »in locum desertum« (T 127),[866] womit nicht nur auf die Verlassenheit des Landstrichs, sondern auch auf die Nachfolgestruktur legendarischen Erzählens referiert wird, wie sie die *Vita Tertia* expliziert: »Deinde sanctus Patricius secundum exemplum Domini exiit in desertum, id est hi Chrochan Aigle« (»Hierauf ging der Hl. Patrick nach dem Beispiel des Herrn hinaus in die Wüste, das heißt auf den Cruachán Aigle«; VitTert 85).

Da es für das Erzählanliegen des *Tractatus* nicht darauf ankommt, Patricks Heiligkeit als solche narrativ verfügbar zu machen, sondern eine Ursprungserzählung des Purgatoriums zu entwickeln, die von Patricks Heiligkeit ausgeht, wird die Ereignisfolge von Fasten, Wüste und Anfechtung in der rezeptionsästhetisch modifizierten Form aufgegriffen, wie sie unter anderem auch bei Jocelin greifbar ist:[867] Der Überwindung dämonischer Anfechtung entspricht einer ›petitio Patricii‹ folgend die Bußhandlung. Wenn also dem Heiligen Patrick von Jesus Christus an einem abgelegenen Ort Irlands der Zugang zum Purgatorium offenbart wird, wird damit keineswegs der illegitimen Forderung der Iren entsprochen, sondern ein Kult

---

864 Vgl. Deleuze/Guattari 1977. Vgl. Hoffstadt 2009, S. 138 f.
865 Vgl. das entsprechende Textzitat in meiner Anm. 785 und meine Anm. 868.
866 De Pontfarcy 1988, S. 8 ff., hat mit Recht auf anachoretische Traditionen hingewiesen. Allerdings versuche ich die Struktur des Purgatoriums stärker aus der legendarischen Überlieferung herzuleiten, die natürlich ihrerseits deutlich von anachoretischen Mustern geprägt ist.
867 Mit großer Wahrscheinlichkeit sind der *Tractatus* und Jocelins *Vita* unabhängig voneinander entstanden, vgl. Birkett 2010, S. 8.

5.2 Die Pilgerreise ins Jenseits. Das Purgatorium des Heiligen Patrick

der Patrick-Nachfolge eingesetzt,[868] in dem die Leistung Patricks, also die Heiligung Irlands und seiner Bewohner auf Dauer gestellt wird: Mit dem Purgatorium wird ein Ort verfügbar, in dessen Struktur riskanter Weltabschied und mögliche Heilswirkung hypostasiert sind.

In Patricks ›ieiunia‹,[869] dem Gang ›in locum desertum‹ und der Funktion des Ortes als Bußstätte zeigt sich die Einbindung des *Tractatus* in das Rhizom legendarischer Patrickserzählungen. Erst mit Blick auf diese Einbindung wird ersichtlich, inwiefern die Aitiologie des Purgatoriums mit der Figur des Heiligen Patrick zusammenhängen kann. In einer Hinsicht nimmt der *Tractatus* allerdings eine markante Sonderstellung ein: Der Ort des heilsgeschichtlich bedeutenden Weltabschieds – in der Patrickslegende der Cruachán Aigle – scheint für den *Tractatus* keine Rolle zu spielen, denn es wird im Zusammenhang der Kultaitiologie nicht deutlich, wie der topische ›locus desertus‹, zu dem Patrick von Jesus geführt wird, referenzialisiert werden soll. Auch an späterer Stelle, also etwa dort, wo die Ursprungserzählung in den Geschehnissen um Owein aktualisiert wird, wird jede Referenz auf den Georaum unterbunden:

> Contigit autem hiis temporibus nostris, diebus scilicet regis Stephani, militem quemdam nomine Owein, de quo presens est narratio, ad episcopum, in cuius episcopatu prefatum est Purgatorium, confessionis gratia uenire. (T 206 ff.)
>
> Es geschah aber zu diesen unseren Zeit, das heißt in den Tagen des Königs Stephan, dass ein Ritter namens Owein, von dem die vorliegende Erzählung handelt, zum Bischof kam, in dessen Bistum das vorgenannte Purgatorium liegt, um zu beichten.

Während die Zeit der erzählten Handlung gegenüber den entfernten Ereignissen der Patrickslegende nicht nur als der Gegenwart respektive der jüngsten Vergangenheit zugehörig bestimmt wird, indem auf die Regierungszeit König Stephans II. verwiesen wird,[870] bleibt der Ort opak. Denn in einer eigentümlich tautologischen Ausdrucksweise wird der Bischof umschrieben, so dass weder über seinen Namen noch über die Nennung der Diözese erschlossen werden kann, wo das Purgatorium liegt. Aber nicht nur Gilbert, dessen Erzählung H. hier wiedergibt, sondern auch H. selbst scheint die Lokalisierung des Purgatoriums nicht wichtig gewesen zu sein.

---

868 Am Ende der Kultaitiologie ist von der zunächst thematisierten Funktion des Purgatoriums, im Rahmen der Missionierung des Landes autoptische Jenseitserfahrungen zu ermöglichen, nicht mehr die Rede; statt dessen wird die Bußfunktion – nun auch auf der Ebene des erzählten Figurenbewusstseins – ausgestellt, vgl. T 145 ff., Herv. d. m.: »Ipsius autem beati patris tempore *multi penitentia ducti* fossam ingressi sunt, qui regredientes et tormenta se maxima perpessos et gaudia se uidisse testati sunt«. (»Zur Zeit des seligen Vaters selbst gingen *viele von ihrer Reue geführt* in die Grube, die bei ihrer Rückkehr bezeugten, dass sie sowohl sehr große Strafen durchlitten als auch die Freuden gesehen haben«).

869 Der Zusammenhang von Heiligung, Fasten und Jenseitsreise wird auch zu Beginn der irischen *Vision des Laisrén* hergestellt.

870 Easting 1991, S. 240.

Wenn er gegen Ende des *Tractatus*[871] von einem nicht sicher zu identifizierenden Bischof Florentinianus spricht, geht es ihm darum, dass dieser für die Authentizität des Erzählten bürgt:

> Nuper etiam affatus sum episcopum quendam, nepotem sancti Patricii tertii, socii uidelicet sancti Malachye, Florentianum nomine, in cuius episcopatu, sicut ipse dixit, est idem Purgatorium. (T 1135 ff.)
>
> Neulich habe ich auch einen Bischof angesprochen namens Florentianus, den Neffen des Hl. Patrick III., des Gefährten des Hl. Malachias, in dessen Bistum, wie er selbst sagte, eben dieses Purgatorium liegt.

Ausgehend von der Patrickslegende könnte man demgegenüber annehmen, dass das Purgatorium des Hl. Patrick selbstverständlich mit dem Cruachán Aigle identifiziert wurde, eine Lokalisierung also nicht nötig war. Allerdings wird in der *Topographia Hibernica* Geralds von Wales, die in der zweiten Hälfte der 1180er-Jahre entstand, das Purgatorium auf einer Insel in einem See in Ulster lokalisiert.[872] Ferner war eine Insel im Lough Derg – und nicht der Cruachán Aigle – das Ziel der einigermaßen gut dokumentierten spätmittelalterlichen Pilgerfahrten zum Purgatorium,[873] das heißt, dass diese Insel seit Peter von Cornwall auch in den literarischen Reiseberichten, die in der Tradition des *Tractatus* stehen, als Ort des Purgatoriums erwähnt wird.[874]

Kompliziert werden diese Zusammenhänge dadurch, dass die Pilgerstätte auf der Insel im Lough Derg, der Angabe in der Kultaitiologie des *Tractatus* entsprechend, von regulierten Augustiner-Chorherren verwaltet

---

871 Der vorangegangene Abschnitt endet mit den Worten »Hucusque Gilebertus« (T 1127 f.), der vorliegende Abschnitt beginnt mit dem Rollendeiktikon »Ego« (T 1130), das sich auf H. bezieht. Vgl. Easting 1991, S. 252.

872 Diese Lokalisierung findet man im fünften Kapitel der zweiten Abteilung der *Topographia Hibernica* (vgl. zur Datierung Bartlett 1982, S. 213). Da in Geralds Darstellung keine hagiographische, sondern eine topographische Ordnung strukturbildend ist, spielt die Patrickslegende primär keine Rolle; nur in Textzeugen, die der zweiten oder dritten Überarbeitungsstufe der *Topographia Hibernica* angehören, findet sich eine Ursprungserzählung, die in die Beschreibung inkorporiert ist und das Purgatorium an die Irlandmission Patricks rückbindet; auffälligerweise dient das Purgatorium Patrick hier tatsächlich dazu, die ungläubigen Iren mit eigenen Augen die jenseitigen Konsequenzen diesseitigen Handelns sehen zu lassen. Die Forderung der Iren scheint Teil des Erzählens vom Purgatorium gewesen zu sein; im *Tractatus* wird diese problematische Begründung des Purgatoriums allerdings abgewiesen, wie ich oben zu zeigen versucht habe.

Darauf kommt es Gerald von Wales gerade nicht an: Es dominiert der Fokus auf die Topographie, durch den die Prozesse des Purgatoriums in eine binär-synchrone Struktur überführt werden. So ist die Insel – anders als der Berg in Jocelins Darstellung – bei Gerald zweigeteilt, wobei einer von Engeln bevölkerten amönen Seite eine den Dämonen zugeschriebene grauenerregende Seite gegenübergestellt wird. Die dämonische Hälfte ist dabei funktionsäquivalent zum Gipfel des Cruachán Aigle: Wer in einer der Gruben eine Nacht verbracht und dort schreckliche Qualen erlitten hat, muss im Jenseits keine Höllenstrafen erleiden.

873 Vgl. de Pontfarcy 1988, Walsh 1999 u. Paravicini 2007.

874 Vgl. Easting 1979, bes. S. 402.

wurde.⁸⁷⁵ Während also die einzige nähere topographische – will man sie nicht nur topisch verstehen – Angabe, dass Patrick »in locum desertum« (T 127) geführt werde, ebenso wie der Anschluss an die vorgängige Patrickslegende eher auf eine Lokalisierung auf dem Cruachán Aigle deuten, weist die Praxis des späten Mittelalters und die Erwähnung der regulierten Augustiner-Chorherren eher auf eine Insel im Lough Derg.⁸⁷⁶ Nicht zuletzt des-

---

875 Mitte des 17. Jahrhunderts wurde das Purgatorium des Hl. Patrick in die Obhut von Franziskanern gegeben, vgl. Weitemeier 2006, S. 2.

876 Die Bollandisten sind bei der Entscheidung dieser Frage zweifelsohne am weitesten gegangen. Sie haben den Widerspruch zwischen den Darstellungen bei Jocelin und Gerald für wenig sinnvoll erachtet und die Ausführungen Jocelins für fehlerhaft erklärt, vgl. AASS Martii II, S. 589: »Iocelino circa eadem tempora recenter appulso in Hiberniam aggressoque Patricij Acta colligere, cum de hoc Purgatorio nihil apud antiquos reperiret, sermone autem inaudisset aliquid, facile fuit locorum homonomia decipi: et ei qui Purgatorium S. Patricij audierat esse sub montibus S. Patricij, quo nomine dicuntur montes inter Ernæum lacum et Deargh interiecti, teste in suis tabulis Mercatore; legeretque altissimum montem Conaciæ veteribus Cruachan Aichle dictum, postquam in eo ieiunasset Patricius ab eodem nomen retinuisse et frequentari a multis; pronum fuit vt ignorans homonymorum montium differentiam vtrosque confunderet, hunc in modum scribens de prædicto Conaciæ monte nu. 150. ›In huius igitur montis cacumine vigilare ac ieiunare consuescunt plurimi, opinantes se numquam postea intraturos portas inferni: quia hoc impetratum a Domino existimant meritis et precibus S. Patricius.‹ hactenus de Cruachan Aichle vera fortassis: deinde de loco altero in insula Vltoniæ. ›Referunt etiam nonnulli qui pernoctauerunt ibi, se tormenta grauissima fuisse perpessos, quibus se purgatos a peccatis putant, vnde et quidam illorum locum illum Purgatorium S. Patricij vocant.‹« (»Nachdem Jocelin etwa um dieselbe Zeit frisch nach Irland gekommen war und sich daran gemacht hatte, die Geschichte Patricks zusammenzutragen, konnte es leicht geschehen, dass er [also Jocelin, MB] von der Gleichnamigkeit der Orte getäuscht wurde, da er über dieses Purgatorium nichts bei den Alten fand, im Gespräch aber etwas mitgekriegt hatte. Er hatte gehört, dass das Purgatorium des Hl. Patrick am Fuß der Berge des Hl. Patrick liege, womit die zwischen dem Lough Erne und dem Lough Derg gelegenen Berge bezeichnet werden, was Mercator auf seinen Karten bezeugt. Und er hatte gelesen, dass der höchste Berg Connachtas, der von den Alten Cruachán Aigle genannt wurde, von Patrick, nachdem er auf ihm gefastet hatte, seinen Namen erhalten habe und von vielen besucht werde. Es geschah leicht, dass er in Unkenntnis des Unterschieds der gleichnamigen Berge beide vermengte, wenn er auf folgende Weise über den vorgenannten Berg in Connachta in Kapitel 150 schreibt: ›Auf dem Gipfel dieses Berges fasten und wachen für gewöhnlich sehr viele in dem Glauben, dass sie später niemals die Pforten der Hölle betreten werden, weil sie glauben, dass dies beim Herrn so durch die Verdienste und Bitten des Hl. Patrick erreicht worden sei.‹ Das mag vielleicht für den Cruachán Aigle stimmen. Hierauf aber spricht er über den anderen Ort auf der Insel in Ulster: ›Einige, die dort übernachtet hatten, erzählen sogar, dass sie sehr schlimme Strafen durchlitten, durch die sie, so glauben sie, von ihren Sünden gereinigt wurden. Deshalb nennen einige von jenen jenen Ort Purgatorium des Hl. Patrick.‹«)
Dies ist eine anachronistische Entscheidung, denn die Vereinheitlichung der heteromorphen legendarischen Erzählungen zum Purgatorium des Heiligen Patrick erfolgt erst im 13. Jahrhundert und ist ein Aspekt der Wirkungsgeschichte des *Tractatus de Purgatorio S. Patricii*. So geht auch Easting 1979 davon aus, »that the mortifications endured at both sites [Lough Derg u. Cruachán Aigle, MB] were held to be a sufficient purgatory in this life to exempt one from hell and purgatory after death. It is possible that the Croagh Patrick pilgrimage may have been called St. Patrick's Purgatory before the name became irrevocably attached to Lough Derg« (ebenda S. 397 f., Anm. 4).

halb, weil bis heute eine Insel im Lough Derg mit dem Purgatorium des Heiligen Patrick identifiziert wird und als solche Ziel von Pilgerfahrten ist,[877] gilt die Lokalisierung des Purgatoriums, von dem im *Tractatus* erzählt wird, trotz aller Bedenken in der Forschung als ausgemacht. Selbst Robert Easting, der in seinem Kommentar bei der Erwähnung des ›locus desertus‹ daraufhinweist, dass H. an keiner Stelle einen See oder eine Insel erwähne,[878] geht letztlich davon aus, genau zu wissen, wo das Purgatorium liegt:

> St Patrick's Purgatory lies near the junction of the boundaries of the bishoprics of Raphoe, Derry, and Clogher, and now lies in Clogher [...]. Henry of Sawtry's circumlocutions here and at L178 may indicate uncertainty or ignorance about which bishopric was concerned.[879]

Da man so immer schon von einer Lokalisierung auf einer Insel im Lough Derg ausgeht, meint man auch aus der Angabe, dass die Grube des Purgatoriums »in cimiterio est extra frontem ecclesie orientalem« (»auf dem Friedhof jenseits der östlichen Kirchenseite liegt«; T 140 f.), die wiederum Reglis genannt werde, darauf schließen zu können, dass im *Tractatus* die größere der fraglichen Inseln im Lough Derg – Saints' Island – und nicht die kleinere – Station Island – gemeint sei, auf der das Purgatorium bis heute lokalisiert wird.[880] Dass dieser Schluss einerseits von problematischen Prämissen ausgeht und dass andererseits die nahezu ostentative Weigerung, das Purgatorium zu lokalisieren, auf etwas anderem als auf Unsicherheit oder Ignoranz beruhen könnte, ist in der Forschung bislang nicht erwogen

---

877 Vgl. Easting 1986b, S. 23: »Every year during the season 1 June – 15 August some 15,000 pilgrims nowadays perform their three-day rites of fasting, prayer, vigil and circuits of the ›beds‹ of the saints at Saint Patrick's Purgatory, Lough Derg, Co. Donegal, Ireland.« Auch zum Cruachán Aigle, der in christlicher Tradition Croagh Patrick (Cruach Phádraig) genannt wird, gibt es bis heute Pilgerfahrten, die aber nicht mehr mit dem Purgatorium in Verbindung stehen; vgl. Mackillop 2004, S. 112.
Wer bei *Google Maps* nach dem Patrickspurgatorium sucht, wird auf Station Island im Lough Derg verwiesen. Über die ›Streetview‹-Funktion kann man auch die 1931 geweihte achteckige Basilika sehen (http://maps.google.de, abgerufen am 16. Januar 2013).
878 Easting 1991, S. 238: »Note that Henry of Sawtry nowhere mentions a lake or island«.
879 Easting 1991, S. 240.
880 Vgl. ferner Easting 1979, S. 402: »This naturally suggests that the Purgatory was on Saints' Island.« – Warnke 1938, S. VI f., ging sogar so weit, von zwei Purgatorien zu sprechen: einem auf Saints' Island (in dem Owein gewesen sei und das erst wieder 1491 erwähnt werde) und einem auf Station Island (in das alle anderen Pilger hinabstiegen; vgl. auch die knappen Ausführungen Leslies 1932, bes. S. vii ff.). Vgl. hierzu auch den Rekonstruktionsversuch Bielers 1960, S. 143: »Taking the evidence of the Owen story at its face value, one would have to conclude that the ›Purgatory‹ was originally on Saints' Island, but that it was transferred to the smaller island some time between the end of the twelfth century and *c.* 1230. An artificial cave, one might go on to infer, was made there (or, possibly, an existing cave was artificially consolidated), and a chapel was built over it as a substitute for the ›Reglis‹ of the Canons (hence Rathold's error that the fair part of the island was called Reglis).« – Gelegentlich wird das Purgatorium des *Tractatus* auf Station Island verortet (freilich ohne nähere Begründung), vgl. Watkins 1996, S. 233: »The cave which had been shown to Saint Patrick on Station Island was the ideal location in which Henry of Saltrey could deploy the synthesis.«

worden. Demgegenüber soll im Folgenden nicht erneut die Geschichte gleichsam von hinten erzählt,[881] sondern die fehlende Lokalisierung ernst genommen und nach Maßgabe des Textes selbst interpretiert werden.

5.2.3 Die Erkenntnis von ›spiritalia‹. Die zisterziensische Intention

Um die Intention zu erfassen, die hinter dem *Tractatus* steht und die somit auch eine Begründung für die verweigerte Lokalisierung enthalten kann, bietet sich ein Blick in die ›prefatio‹ des *Tractatus* an. Diese prägt nicht nur das Rezeptionsverhalten und das Verständnis des gesamten Erzähltextes, sondern ist auch der Ort einer reflektierenden Auseinandersetzung mit dem Erzählten. Kernanliegen der ›prefatio‹ ist es, zugleich die Annäherung des Lesers an den Text zu erleichtern und das Erzählte abzusichern: Neben der Darstellung des Ursprungs der Erzählung[882] heißt das vor allem, die Konventionalität und Orthodoxie des Erzählten auszustellen. In dreifacher Hinsicht findet diese Absicherung statt: Zum einen beruft sich H. darauf, durch Hugo, den Abt in Old Wardon, mit der Abfassung dieses »obedientie munus« (»Werk des Gehorsams«; T 5) beauftragt worden zu sein.[883] Somit wird durch den *Tractatus* lediglich eine mündlich zirkulierende Erzählung schriftlich festgehalten, für deren Gottgefälligkeit H. selbst einsteht. Ihren Nutzen hat H. zum anderen am eigenen Leib erfahren, der sie selbst rezipiert hat, ehe er sie weitererzählen konnte: Durch keine andere Erzählung – ob gelesen oder gehört – sei sein ›timor et amor Dei‹ derart gestärkt worden.[884] Schließlich aber kann sich H. – und das ist das gewichtigste Argument – auf eine Autorität, nämlich Gregor den Großen, berufen:

---

881 Vgl. etwa auch de Pontfarcy 1988, S. 15f.: »Although H. of Saltrey offers the earliest description of the pilgrimage, he is rather vague about the place of its happening. He does not name the diocese to which the Purgatory of St Patrick belongs nor the bishop Owein went to see. He does not mention any lake or island. Fortunately two other authors gave more information.« Im Folgenden widmet sich de Pontfarcy Gerald von Wales und Petrus von Cornwall.

882 Vgl. T 172ff.: »Hoc autem sciendum quod et tempore sancti Patricii et aliis postea temporibus multi homines Purgatorium intrauerunt, quorum alii reuersi sunt, alii in ipso perierunt. Redeuntium uero narrationes a canonicis eiusdem loci scripto mandantur«. (»Das aber muss man wissen, dass sowohl zur Zeit des Hl. Patrick als auch später zu anderen Zeiten viele Menschen das Purgatorium betraten, von denen die einen zurückgekehrt sind, die anderen aber eben darin umkamen. Die Geschichten derer, die zurückkehren, werden von den Kanonikern dieses Ortes schriftlich festgehalten«).

883 Vgl. T 6f.: »Iussistis, pater uenerande, ut scriptum uobis mitterem, quod de Purgatorio in uestra me retuli audisse presentia«. (»Ihr, verehrter Vater, habt befohlen, ich solle euch schriftlich schicken, von dem ich in eurer Anwesenheit erzählt habe, dass ich es über das Purgatorium gehört hatte«).

884 Vgl. T 11ff.: »Uestram uero minime lateat paternitatem me numquam legisse quicquam uel audisse, unde in timore et amore Dei tantum proficerem«. (»Eurer väterlichen Liebe ist es keineswegs entgangen, dass ich niemals etwas gelesen oder gehört habe, durch das ich in meiner Furcht vor Gott und in meiner Liebe zu Gott solche Fortschritte gemacht habe.«)

Et quoniam beatum papam Gregorium legimus multa dixisse de hiis, que erga animas fiunt terrenis exutas, et corporali narratione plurima proposuisse, ut et tristibus negligentium animos terreret et letis iustorum affectum ad deuotionem inflammaret, fiducialius quod iubetis ad profectum simplicium perficiam. (T 13 ff.)

Und weil wir lesen, dass der Hl. Papst Gregor vieles darüber gesagt hat, was die Seelen im Jenseits erleben, und sehr vieles in einer körperlichen Erzählung vorgelegt hat, um sowohl durch das Traurige der Heilsvergessenen die Gemüter zu schrecken und durch das Freudige der Gerechten die Leidenschaft zur Gotteshingabe zu entzünden, werde ich recht zuversichtlich euren Auftrag erfüllen zum Nutzen der Einfältigen.

Bei der Berufung auf Gregor den Großen und das vierte Buch seiner *Dialogi* drückt sich H. sehr differenziert aus, indem er zwischen ›histoire‹ und ›discours‹ unterscheidet: Gregor habe vieles über das jenseitige Geschick der Seelen gesagt und das meiste in Form einer ›körperlichen‹ Erzählung, das heißt in einer anschaulichen Erzählung konkret-räumlich körperhafter Ereignisse vor Augen gestellt. In welchem Verhältnis aber steht das jenseitige Geschick der Seelen zur anschaulichen Erzählung konkret-räumlich körperhafter Ereignisse? Mit dieser an der vorliegenden Stelle noch offenen Frage führt die dritte Absicherung des Erzählens, der Autoritätsverweis, zum Zentrum der poetologischen Reflexion der ›prefatio‹.

Auch in die Erzählung des *Tractatus* ist ein – bereits aus der Tradition stammendes – Problem eingeschrieben. Über das postmortale Ergehen der Seelen kann der Mensch entweder »ex responsione conscientie interiori siue per reuelationes exterius factas« (»aus einer inneren Antwort seines Gewissens oder durch von außen geschehene Offenbarungen«; T 23 f.) etwas wissen; eine dritte Quelle sind die Berichte von ekstatischen Jenseitsreisen. Die entrückten und dann in ihre Körper zurückgekehrten Seelen berichten von der Ekstase »nichil nisi corporale uel corporibus simile« (»nichts außer Körperhaftem beziehungsweise Körpern Ähnlichem«; T 28). Dabei geht es nicht einfach nur um einen Widerspruch zwischen der Verfasstheit der Seelen und der Körperhaftigkeit dessen, wovon erzählt wird; vielmehr wird der Gegensatz zwischen den Seelen und dem Körperhaftem überlagert durch eine Spannung zwischen den Wahrnehmungen der Seelen und dem Erzählen der in ihre Körper zurückgekehrten Seelen. Beide Problemlagen kulminieren in der auffälligen Diesseitigkeit des Jenseits, zu deren Illustration H. unter Rekurs auf die Schrift *De sacramentis Christianae fidei* Hugos von St. Viktor[885] zahlreiche konkret-räumlich körperhafte jenseitstopographische Elemente aufzählt:

---

[885] Auch die vorangegangenen Sätze stammen bereits aus diesem Werk Hugos; H. verweist allerdings nur auf Gregor als Quelle. Auch die eindeutig Hugo zuzuweisenden Sätze werden Gregor zugeschrieben, indem H. etwa in T 26 mitten in einen aus Hugos Schrift übernommenen ›AcI‹ ein »dicit« einfügt, dessen Subjekt im *Tractatus* nur Gregor sein kann. Vgl. hierzu auch Spilling 1975, S. 210.

T 29 ff.:	SChrF II,16,2:
flumina, flammas, pontes, naues, domos et nemora, prata, flores, homines nigros uel candidos, et cetera qualia in hoc mundo solent uel ad gaudium amari uel ad tormentum timeri; se [sc. animas, MB] quoque, solutas corporibus, manibus trahi, pedibus duci, collo suspendi, flagellari, precipitari et multa huiusmodi, que nostre minime repugnat narrationi.[886]	flumina. flammas. pontes. naues. domos. nemora. prata. flores. Homines nigros. candidos. et cetera qualia in hoc mundo uideri et haberi solent. et uel ad gaudium amari uel timeri ad tormentum. Se [sc. animas, MB] quoque solutas corporibus manibus trahi pedibus deduci. collo suspendi. flagellari. precipitari. et alia huiusmodi que nisi corporali nature conuenire omnino non possunt.

Flüsse, Flammen, Brücken, Schiffe, Häuser und Haine, Wiesen, Blumen, schwarze und weiße Menschen und weiteres, was so in dieser Welt für gewöhnlich [SChrF: sichtbar vorhanden ist und] zur Freude geliebt oder zur Qual gefürchtet wird; sie [sc. die Seelen, MB] würden auch, obwohl sie körperlos sind, an den Händen gezogen, an den Füßen geführt, am Genick aufgehängt, gepeitscht, gestürzt

und vieles dieser Art, was sich mit unserer Erzählung vollständig deckt.	und anderes dieser Art, was überhaupt nur einer körperhaften Natur zukommen kann.

Wie die Veränderung des letzten zitierten Relativsatzes zeigt, hat H. die Explikation des erkenntnistheoretischen Problems zurückgenommen, wie einer Seele etwas zukommen kann, was sonst nur Körperhaftes betrifft; stattdessen weist er darauf hin, dass seine Erzählung adäquat sei. Dies tut H. mit gewissem Recht, denn auch im *Tractatus* wird von konkret-räumlich körperhaften Ereignissen anschaulich erzählt. Außerdem ist in ihm weder das epistemologische Problem gelöst noch das Verhältnis von Wahrnehmen und Erzählen geklärt. Vielmehr ist die Prekarität des Erzählens in der Figurenkonzeption des *Tractatus* abgebildet: Owein reist ›in corpore‹ durch das Jenseits der Seelen.[887] Ehe die Verschiebungen des *Tractatus* genauer unter-

---

886 Spilling 1975, S.210f., geht an dieser Stelle von dem problematischen Text Mignes aus (»quae naturae minime repugnant«) und meint deshalb, dass die Differenz zwischen ›corporalia‹ und ›spiritalia‹ im *Tractatus* nur für die von den Seelen geschauten jenseitstopographischen Elemente gelte, die Seele selbst aber körperhaft sei (eine von Hugo abgelehnte Auffassung).

887 Carozzi 1994b leitet die Tatsache, dass Owein ›in corpore‹ durch das Jenseits reist, aus einer veränderten Auffassung in Bezug auf die Jenseitsreise der Seele ab. Vgl. Carozzi 1994b, S.557: »Il est certain que le voyage d'Owen avec son corps fut, au XIIe siècle, un des éléments les plus nouveaux dans un genre littéraire caractérisé, avant tout, par le transfert, le déplacement de l'âme seule. Cela n'entraînait pas uniquement le doute sur la véracité du récit, c'était aussi le signe d'un changement majeur, qui allait dans le sens de l'abandon de la convention du voyage de l'âme.« Vgl. hierzu auch Angenendt 1997, S.705: »Was den frühmittelalterlichen Visionären ganz selbstverständlich gewesen war, daß nämlich die Seele den Leib zeitweilig verlassen konnte, war der Scholastik höchst problematisch, sah sie doch Seele und Leib engstens aufeinander verwiesen. Den ›raptus‹ vermochte man sich deswegen nur als eine zeitweilige Aufhebung der dem Verstand eigentümlichen Zuwendung zu den Sinnenbildern

sucht werden können, ist es nötig, mit Blick auf Hugos Schrift *De sacramentis Christianae fidei* das Problem zu rekonstruieren, auf das sich H. in seiner ›prefatio‹ bezieht.[888]

Ausgangspunkt bei Hugo sind die Visionsberichte, die mit nicht zu übergehender Autorität ausgestattet sind, aber – zumindest wenn man sie wörtlich versteht – keinen Sinn ergeben: Wieso sollte Seelen etwas zustoßen, »que nisi corporali nature conuenire omnino non possunt« (»was überhaupt nur einer körperhaften Natur zukommen kann«; SChrF II,16,2)? Die Antwort auf diese Frage ist nicht trivial, da Körper und Seele in der Theorie Hugos keineswegs einfach gegeneinander ausgespielt werden. Vielmehr geht er von einer komplexen Wahrnehmungs- und Kommunikationssituation aus, der die offengelegten Paradoxien inhärent sind. Denn die Seelen kehren nach der Ekstase in ihre Körper zurück, um das, was sie wahrgenommen haben, für das Diesseits zu bezeugen. Der Raum des Jenseits ist aber als absoluter Bereich all dessen, was die diesseitigen Ordnungen – auch die der Wahrnehmung – transzendiert, seit dem Sündenfall immanent menschlicher Wahrnehmung unzugänglich.[889] Ohne sich also zunächst näher mit den jenseitigen Geschehnissen zu beschäftigen, ist klar, dass die Seelen – wollen sie sich in der Immanenz verständlich machen – von nichts anderem als konkret-räumlich Körperhaftem anschaulich erzählen können:

> Quamuis enim illa aliter ibi a corporibus exute uidere possent. non tamen hic nobis aliter narrare possent. et manerent semper occulta illa. nec esset quod de illis nobis a redeuntibus diceretur. nisi exeuntibus et uidentibus secundum ista monstraretur. (SChrF II,16,2)

> Obschon nämlich die von den Leibern Entkleideten jene Dinge dort anders sehen könnten, könnten sie sie uns doch hier nicht anders erzählen, und jene Dinge blieben immer verborgen, und es gäbe nichts, was uns von den Zurückkehrenden über sie gesagt würde, außer es würde den Hinausgehenden und Sehenden diesen Dingen gemäß gezeigt.

Jenseits der Transzendierung immanenter Ordnung gibt es keine Möglichkeit, das Jenseits unmittelbar wahrzunehmen. Mit der ›narratio‹ liegt also eine gewisse Vermittlungsleistung vor, die das Jenseits mittelbar in der Form

---

vorzustellen, nicht aber als Trennung der Seele vom Leib.« Im Folgenden arbeite ich einen etwas spezifischeren Kontext heraus.

888 Der unbekannte Zisterziensermönch, der um 1180 die Visionen der Alpais von Cudot aufgezeichnet hat, rekurriert ebenfalls auf Hugos Schrift *De sacramentis Christianae fidei*, vgl. Stein 1995, S. 56 f.

889 Zur postlapsal eingeschränkten Erkenntnisfähigkeit des Menschen vgl. Aris 1996, S. 26 f. Die Wahrnehmung des Menschen ist an Immanentes gebunden. Denn seit dem Sündenfall ist nur das Auge des Fleisches ununterbrochen geöffnet, während das Auge des Verstandes, das sich »auf den Menschen selbst als geistiges Wesen« (ebenda, S. 26) richtet, in seiner Erkenntnis getrübt und das Auge der Betrachtung, das sich auf Gott selbst richtet, »völlig erblindet und ausgelöscht« (ebenda, S. 27) ist. Zur postlapsal eingeschränkten Erkenntnisfähigkeit des Menschen bei Gregor dem Großen vgl. in dieser Arbeit S. 136.

darstellt, die immanentem Wahrnehmen und Verstehen kommensurabel ist. Die Frage nach der Wahrnehmung des Jenseits durch die Seelen wird also ersetzt durch die Frage nach der Adäquatheit der Erzählungen als strukturell bedingten Übersetzungsleistungen. In einem zweiten Schritt stellt sich aber dennoch die Frage, inwiefern nun die den Wahrnehmungs- und Erkenntnismöglichkeiten des postlapsalen Menschen entsprechende Erzählung in Hinsicht auf das Erzählte überhaupt adäquat sein kann. Dass dies möglich ist, dass also die dem Menschen gemäße Körperhaftigkeit des Inhalts der Erzählungen nicht durch einen Abstrich an der Wahrheit des Erzählten erkauft wird,[890] erhellt das ästhetische Modell, das Hugos Denken zugrunde liegt und das er in seiner Frühschrift *De tribus diebus* entfaltet.[891] Um den Ertrag dieser Überlegungen für das Problem der Jenseitserzählung sichtbar machen zu können, ist es nötig, die Ebene der Unterscheidung von Diesseits und Jenseits kurz zurückzustellen und bei dem Verhältnis von konkret-räumlich körperhaft Anschaulichem zu Geistigem anzusetzen.

In der Schrift *De tribus diebus* entwickelt Hugo eine Wirklichkeitsauffassung, in der in der Schönheit der Welt ihr Schöpfer erkannt werden kann.[892] Der Raum, in dem der Mensch wahrnimmt und lebt, ist – mit einer vielgebrauchten, im Wesentlichen zuerst bei Augustinus entfalteten Metapher – ›lesbar‹[893] in Hinsicht auf die drei ansonsten nichtsichtbaren Eigenschaften Gottes: Macht, Weisheit und Güte.

---

890 Daher greift es zu kurz, wenn Spilling 1975, S. 209, nur darauf hinweist, dass H. bezweifelt, »daß die jenseitige Wirklichkeit mit der Berichterstattung der Visionäre übereinstimmte«. Vielmehr weist H. daraufhin, dass das Erzählte zwar nicht die jenseitige Wirklichkeit ›abbildet‹, wohl aber adäquat ›repräsentiert‹, wie der Rekurs auf die Schrift *De tribus diebus* zeigt.

891 Im Folgenden geht es darum, ein Wahrnehmungs- und Wirklichkeitsmodell zu rekonstruieren und keineswegs aus den Schriften Hugos eine Ästhetik im kunsttheoretischen Sinne abzuleiten. Zu Recht betont Senger 1993, dass in den auch bei Tatarkiewicz 1980 zugrunde liegenden Passagen »›kunst‹-theoretische Äußerungen Hugos nicht auszumachen sind« (Senger 1993, S. 53). Vgl. etwa folgende Zusammenfassung Tatarkiewicz' 1980, S. 223, die die theologische Dimension vollkommen ausblendet: »Dass Hugo der Kunst ein so breites Bedeutungsfeld gab, war die natürliche Folge der von ihm befürworteten Sinnerstreckung des Begriffs ›schön‹: er sah überall das Schöne, deshalb sah er auch überall Raum für die Kunst. Er vertrat den Panartismus und den Panästhetizismus«.

892 Tatarkiewicz 1980, S. 224 u. S. 232 f., grenzt die Position Hugos von der der Zisterzienser ab. Im Folgenden wird der Aspekt zisterziensischer Spiritualität zunächst zurückgestellt. Da in H.s ›prefatio‹ intensiv auf Hugos Schrift *De sacramentis Christianae fidei* rekurriert wird, erscheint es adäquat, die Implikationen des zugrunde gelegten Modells anhand der Schriften Hugos zu rekonstruieren, ehe die genuin zisterziensische Intention untersucht wird (vgl. in dieser Arbeit S. 222 f.).

893 Vgl. etwa Aug. En. in Ps. (Ps 45,7): »Liber tibi sit pagina diuina, ut haec audias; liber tibi sit orbis terrarum, ut haec uideas. In istis codicibus non ea legunt, nisi qui litteras nouerunt; in toto mundo legat et idiota« (»Ein Buch sei für dich Bibel, um dies zu hören. Ein Buch sei für dich die ganze Welt, um dies zu sehen. In diesen Büchern lesen nur die, die das Alphabet kennen. In der gesamten Welt liest auch der Analphabet«); vgl. Mews 2005, S. 95 f. u. S. 100 ff. Für die Forschungsgeschichte zur Lesbarkeit der Welt verweise ich hier nur auf die metaphorologische Schrift von Blumenberg 1993 (zu Augustinus: S. 48–50) und – für medi-

Hugo zeigt in dieser Schrift – die lange als siebtes Buch des *Didascalicon* überliefert wurde –, wie in der ›creaturarum immensitas‹ die Macht, im ›creaturarum decor‹ die Weisheit und in der ›creaturarum utilitas‹ die Güte des Schöpfers erkannt werden können. Die drei Tage sind dabei symbolisch zu verstehen: Denn nicht nur vom körperlichen Auge können Tag und Nacht wahrgenommen werden; auch das geistige Auge kennt diese. Macht, Weisheit und Güte sind die drei Sonnen dieser drei symbolischen Tage, wobei der erste Tag ›timor‹ bedeutet und auf den Vater verweist, der zweite ›veritas‹ bedeutet und auf den Sohn verweist sowie der dritte ›caritas‹ bedeutet und auf den Hl. Geist verweist.[894]

Die von Gott geschaffene Welt geht dabei insofern nicht in immanenten Zusammenhängen auf, als ihre Schönheit nicht nur den Menschen erfreuen, sondern zugleich zur Erkenntnis des Schöpfers leiten soll. Dieser Zweck ist der Schöpfung inhärent, weshalb der Schluss vom Sichtbaren auf das Nichtsichtbare keineswegs willkürlich ist, sondern von einem intentional angelegten Verweischarakter des Sichtbaren ausgehen kann, so dass »durch die zutreffende Deutung des Sichtbaren sichere Erkenntnis des Nichtsichtbaren gewonnen werden«[895] kann. Diesen hermeneutischen Prozess produktionsästhetisch wendend und in eine Metapher übertragend, bedeutet dies, dass die gesamte Welt ein von Gott verfasstes Buch ist:

> Vniversus enim mundus iste sensilis quasi quidam liber est scriptus digito Dei, hoc est uirtute diuina creatus, et singulae creaturae quasi figurae quaedam sunt non humano placito inuentae, sed diuino arbitrio institutae ad manifestandam et quasi quodammodo significandam inuisibilem Dei sapientiam. Quemadmodum autem si illiteratus quis apertum librum uideat, figuras aspicit, litteras non cognoscit, ita stultus et animalis homo qui non percipit ea quae Dei sunt, in uisibilibus istis creaturis foris uidet speciem, sed non intelligit rationem; qui autem spiritalis est et omnia diiudicare potest, in eo quidem quod foris considerat pulcritudinem operis, intus concipit quam miranda sit sapientia creatoris. [...] Bonum ergo est assidue contemplari et admirari opera diuina, sed ei qui rerum corporalium pulcritudinem in usum nouit uertere spiritalem. (TD 4)

> Denn diese ganze wahrnehmbare Welt ist gleichsam ein Buch, das mit dem Finger Gottes geschrieben wurde, das heißt von der göttlichen Vollkommenheit geschaf-

---

ävistische Zwecke – auf die große Synthese bei Ohly 1995 (zu Hugo von St. Viktor: S. 729–731); weitere Literatur zum Zusammenhang, in der Hugo von St. Viktor aber meist nur gestreift wird, ist aufgeführt und kommentiert bei Aris 1996, S. 11, Anm. 59, und Mews 2005, S. 97 f.

894 Bei Poirel 2002 wird Hugos Frühschrift im Zusammenhang der Trinitätskonzeptionen des 12. Jahrhunderts ausführlich erläutert. Eines der zentralen Ergebnisse Poirels ist, dass man in Bezug auf die Zusammenstellung von ›potentia‹, ›sapientia‹ und ›benignitas‹ nicht davon ausgehen kann, dass Hugo von Abaelard abhängt (dagegen wiederum wendet sich Perkams 2004, der in Auseinandersetzung mit der Argumentation Poirels die Innovation dieser Begriffstrias nach wie vor Abaelard zuschreibt). Mews 2004 weist darauf hin, dass das Verhältnis der Philosophie Hugos zu den Überlegungen Anselms von Laon und Wilhelms von Champeaux noch genauer analysiert werden müsste (vgl. hierzu Mews 2005, S. 111 ff.).

895 Aris 1996, S. 16.

fen wurde. Und die einzelnen Geschöpfe sind gleichsam gewisse Gebilde, die nicht dazu erschaffen wurden, dem Menschen zu gefallen, sondern die vom göttlichen Willen so eingerichtet wurden, dass sie die unsichtbare Weisheit Gottes offenbaren und gleichsam auf gewisse Weise bezeichnen. Wie aber, wenn irgendein des Lesens Unkundiger ein aufgeschlagenes Buch erblickt, die Formen sieht, die Buchstaben aber nicht erkennt, so sieht der einfältige und tierische Mensch, der nicht das wahrnimmt, was Gottes ist, in eben diesen sichtbaren Geschöpfen nur die äußerliche Gestalt, versteht aber nicht die Art der Verweisung; wer aber geistig ist und alles beurteilen kann, erfasst in dem, was er äußerlich als Schönheit der Schöpfung betrachtet, innerlich, wie bewundernswert die Weisheit des Schöpfers ist. [...] Es ist also gut, die Schöpfung Gottes beständig zu betrachten und zu bewundern – aber nur für den, der die Schönheit der körperlichen Dinge in einen geistigen Gebrauch zu wenden versteht.

Wenn man die Welt in ihrer Schönheit betrachtet, darf man sich demnach nicht nur an der Erscheinung (›species‹)[896] erfreuen, sondern muss tiefer dringen respektive, dem Modell der ›contemplatio‹ folgend, höher steigen, um das konkret-körperhaft Anschauliche, die ›corporalia‹, in Hinsicht auf das durch es bezeichnete Geistige, die ›spiritalia‹, zu transzendieren,[897] von dem die gesamte Schöpfung ja ihren Ursprung nimmt.

Das so gesicherte Verweisungsverhältnis zwischen ›corporalia‹ und ›spiritalia‹ liegt auch den Visionsberichten zugrunde, die – auch wenn sie das Jenseits thematisieren – doch an die Wahrnehmungs- und Verstehensordnungen des Diesseits gebunden sind. Die konkret-räumlich körperhaften, anschaulichen Ereignisse des Jenseits, von denen in den Visionsberichten die Rede ist, dokumentieren demnach nicht das eigentliche Jenseits, sondern repräsentieren es im Diesseits. Damit wird die Buchmetaphorik verdoppelt:[898] In einem konkreten Text wird von einem konkret-räumlich körperhaften Jenseits anschaulich erzählt, das selbst wiederum – nun im uneigentlichen Sinne – ein Text ist, der gelesen werden muss, so dass die ›corporalia‹ nicht einzig in ihrer Gestalthaftigkeit rezipiert werden dürfen, sondern in der Zeichenhaftigkeit ihrer Gestalt als Signifikanten verstanden werden müssen. Der Leser der Visionsberichte muss deshalb im eigentlichen wie im uneigentlichen Sinne ›lesen‹ können, um die ›narrationes‹

---

896 Vgl. Karfíková 1998, S. 135: »Das Einzelne unmittelbar zu erfahren, ist nun Sache unserer fünf Sinne, unter denen Hugo das Sehen privilegiert. Die Schönheit des Einzelnen, wie sie sich den Augen bietet, zeigt sich in der ›species‹. Dieser unübertragbare Ausdruck in seiner semantischen Breite (Sehen, Anblick, Blick, Ansehen, Gestalt, Erscheinung, schöne Gestalt, Schönheit, Musterbild, Idee) bezeichnet das ganze Geschehen des Schauens wie auch das Geschaute selbst.«
897 Hierbei spielt der »Doppelcharakter des Menschen als eines sichtbar-unsichtbaren Wesens« (Karfíková 1998, S. 154) eine wichtige Rolle.
898 Durch den Rekurs auf die Schriften Hugos von St. Viktor lässt sich das Modell des Verhältnisses von ›corporalia‹ und ›spiritalia‹ adäquater beschreiben, als es eine rein immanent verfahrende Lektüre des *Tractatus* vermag. So überschätzt Bloch 2003 die Bedeutung der ›Schrift‹: »[...] that which is seen spiritually is given corporeal substance through words.«

zunächst überhaupt, dann aber auch adäquat verstehen zu können; für einen derartigen Verstehensprozess stehen die Verfahren der Bibeltextauslegung zur Verfügung, d. h. vor allem die Allegorese.[899]

Die Visionsberichte ergeben also wörtlich genommen keinen Sinn, da sie auch nicht wörtlich zu verstehen sind. Vielmehr müssen die in ihnen anschaulich erzählten konkret-räumlich körperhaften Ereignisse in Hinsicht auf das durch sie bezeichnete Geistige transzendiert werden, da es im Diesseits keine adäquatere Form gibt, kommensurabel vom Jenseits zu sprechen. Auch wenn die Frage, wie das Jenseits an sich beschaffen ist, aufgehoben ist und der Konstruktcharakter des Jenseits, der an das immanente Wahrnehmen und Verstehen gebunden bleibt, offen zu Tage tritt, ist dennoch die Differenz von ›corporalia‹ und ›spiritalia‹ nicht völlig deckungsgleich mit der von Diesseits und Jenseits. H. selbst weist in der ›prefatio‹ darauf hin, dass die Seelen körperliche Strafen im Jenseits leiden, woraus er nicht nur die konkret-räumliche Verfasstheit der entsprechenden Jenseitsorte, sondern auch eine Jenseitstopologie ableitet.[900]

Die Paradoxie von ›corporalia‹ und ›spiritalia‹ zeichnet demnach das Jenseits selbst aus, da Augustinus und Gregor, auf die sich H. in dieser Frage beruft, »incorporeos spiritus dicunt pena corporalis ignis posse cruciari« (»sagen, dass nicht-körperhafte Geister durch die Strafe körperhaften Feuers gequält werden können«; T 61); damit folgt der *Tractatus* zugleich der Position Hugos von St. Viktor, der nicht die sich auf Johannes Scotus Eriugena berufende Überzeugung teilte, dass die Jenseitsstrafen übertragen zu verstehen sind.[901] Da die Körperlichkeit des Jenseits durch die Form der Strafe bedingt ist, bleibt sie im Wesentlichen auf die Räume der Strafe beschränkt, von denen sich die Räume des Heils deshalb auch strukturell unterscheiden.[902] Die am Gegensatz von Körperhaftem und Geistigem ausgerichtete Differenzierung zwischen Orten der Strafe und des Heils ist bereits in Hugos Schrift *De sacramentis Christianae fidei* expliziert: Dabei betont er, dass die Frage nach der Struktur des Jenseits an sich nicht beant-

---

899 Vgl. Aris 1996, S. 36 ff.
900 Vgl. T 45 ff.: »Vnde, quemadmodum a Deo corporales pene dicuntur preparate, ita ipsis penis loca corporalia, in quibus sunt, dicuntur esse distincta. Creduntur tamen tormenta maxima, ad que culpa deorsum premit, in imo esse, et maxima uero gaudia, ad que sursum per iusticiam ascenditur, in summo; in medio autem bona esse et mala media«. (»Daher: Wie man sagt, dass körperliche Strafen von Gott bereitet wurden, so sagt man auch, dass durch eben diese Strafe körperhafte Orte, an denen sie sind, unterschieden wurden. Man glaubt, dass sehr schlimme Strafen, zu denen die Schuld nach unten drückt, ganz tief seien, und dass die sehr großen Freuden, zu denen man durch die Gerechtigkeit nach oben aufsteigt, ganz hoch seien. In der Mitte aber seien gute und schlechte Zwischenorte.«)
901 Vgl. Carozzi 1981, der die philosophische Debatte im Zusammenhang einer Analyse der *Visio Tnugdali* zusammenfasst.
902 Deshalb ist es nicht ganz korrekt, wenn Ebel 1968, S. 185 f., von »*nicht-materiellen*, bildhaften Elementen der Vision« (Herv. d. m.) spricht.

wortet werden kann, dass es aber recht wahrscheinlich sei, dass die Qualität des Strafjenseits, dem Prinzip der Spiegelbildlichkeit entsprechend, durch die konkret-räumliche körperhafte Anschaulichkeit bestimmt sei, von der sich die Sünder in ihrer Diesseitsbezogenheit zu Lebzeiten nicht zu lösen vermochten:

> [...] ille que in corporibus uiuentes per delectationem rerum uisibilium corporalibus imaginibus afficiuntur a corporibus exeuntes in eisdem illic imaginibus tormenta patiuntur. Neque enim omnino corporalem passibilitatem exuunt quando corporalium imaginanationibus delectationis praue usu impressis obuolute et inuolute exeunt. Que uero hic manentes ab eisdem delectationibus et cogitationum fantasiis mundare se ac spoliare studuerunt illic postmodum postquam a corporibus egresse fuerint penam in eis et tormenta non sentiunt. quia in hoc ipso quodammodo impassibiles existunt quod nichil pena dignum secum ferunt. (SChrF II,16,2)

> [...] jene, welche, in Körpern lebend, durch das Ergötzen an den sichtbaren Dingen mit körperhaften Bildern betroffen werden, erleiden, wenn sie weggehen, dort in denselben Bildern Qualen. Denn sie ziehen nicht völlig die leibliche Leidensfähigkeit aus, wenn sie umwickelt und eingewickelt von durch im Gebrauch schlechten Ergötzens eingeprägten Vorstellungen von körperhaften Dingen hinweggehen. Die aber im Diesseits sich bemüht haben, sich von solchen Ergötzungen und Phantasien von Gedanken zu reinigen und zu entkleiden, werden hernach dort, nachdem sie aus den Körpern herausgegangen sind, in ihnen keine Strafe und Qualen verspüren, weil sie eben darin in gewisser Weise leidensunfähig sind, worin sie nichts der Strafe Würdiges mit sich tragen.

Körper und Seele werden an dieser Stelle voneinander deutlich abgehoben, was eine christliche Transformation des weithin bekannten platonischen Gedankens der Philosophie als einer ›commentatio mortis‹[903] zu sein scheint. Zurückbezogen auf die Übersetzungsleistung der Visionsberichte bedeutet diese Dichotomie, dass die Räume der Strafe strukturell besser geeignet sind, um in die konkret-räumliche körperhafte Anschaulichkeit der ›narratio‹ übersetzt zu werden. Möglicherweise könnte man hierin einen tieferen Grund dafür finden,[904] weshalb in visionsliterarischen Texten des

---

903 Für die Vermittlung durch Cicero vgl. Cic. Tusc. I,31,75, wo er sich explizit auf Sokrates bezieht: »Tota enim philosophorum vita [...] commentatio mortis est. nam quid aliud agimus, cum a voluptate, id est a corpore, cum a re familiari, quae est ministra et famula corporis, cum a re publica, cum a negotio omni sevocamus animum, quid, inquam, tum agimus nisi animum ad se ipsum advocamus, secum esse cogimus maximeque a corpore abducimus? secernere autem a corpore animum, nec quicquam aliud, est mori discere«. (»Das ganze Leben der Philosophen ist ja [...] eine Bekümmerung um den Tod. Denn was anderes tun wir, wenn wir den Geist von der Lust, also vom Körper, vom Besitz, also von der Gehilfin und Dienerin des Körpers, vom Staat und von aller Geschäftigkeit wegrufen, was tun wir dann anderes, sage ich, als daß wir die Seele zu sich selbst rufen, sie zwingen, bei sich selbst zu sein, und sie so weit als möglich vom Körper entfernen? Den Körper aber von der Seele trennen bedeutet eben dies: sterben lernen«).
904 Es lässt sich noch ein weiterer Grund für die Präferenz der Strafräume anfügen; vgl. hierzu in dieser Arbeit S. 218 f.

Mittelalters die Erzählung der Strafräume gegenüber derjenigen der Räume des Heils präferiert wird, auch wenn (spät-)antike Quellen eine andere Raumordnung vorgeben.[905]

Wie dem auch sei: Im *Tractatus* selbst findet man eine Differenzierung der verschiedenen Jenseitsräume, für die die Nähe der Strafräume zu konkret-räumlich körperhaften Imaginationen keineswegs das einzige Kriterium ist. Zwar ist das himmlische Paradies, einem Gedanken einer bei Hugo von St. Viktor erzählten Jenseitsreise folgend,[906] aus der Erzählung ausgeschlossen; darstellbar hingegen ist zum einen das irdische Paradies, das aber dennoch insofern problematisch erscheinen muss, als es der entwickelten Differenzierung von Räumen der Strafe und des Heils in Hinsicht auf seine Körperhaftigkeit widerspricht;[907] die Transformationen, die an den *Tractatus* anschließen, greifen diesen Aspekt auf, der die Koordinierung von ›corporalia‹ und ›spiritalia‹ mit den Räumen der Strafe und des Heils verwischt.[908] Zum zweiten ist die Hölle, der Raum absoluter Verdammnis, jenseits der Erzählbarkeit.[909] Nicht nur was die Strafräume betrifft, antwortet H. mit der Erzählung des *Tractatus* auf das Problem der Vermittlung von Geistigem durch konkret-räumlich Körperhaftes.

Indem Owein als körperhafter und sterblicher Mensch ins Jenseits übertritt, verkörpert er das Prinzip des Erzählens vom Jenseits, das im Übersetzen der immanenten Wahrnehmungs- und Verstehensordnungen in das Jenseits besteht. Dass dabei die Jenseitsreise als einzelmenschliche Bußleistung fungiert, lässt sich mit dem Zweck der diesseitigen Bezeugung des Jenseits verbinden, das dem in der Immanenz gefangenen Menschen unzugänglich ist, der die Kraft zur Transzendierung nicht aufbringt. Auch im *Tractatus* stehen die anschaulich erzählten konkret-räumlich körperhaften

---

905 Vgl. zu diesem Befund anhand der *Visiones Pauli* – d.h. den genuin mediävalen Transformationen der *Paulus-Apokalypse*, die ebenfalls im Mittelalter überliefert wurden – Jiroušková 2006, S. 25 ff.
906 Hugo erzählt von der Jenseitsreise eines Pilgers, der über Stand und Aussehen der Engel im Himmel nichts zu sagen vermag: »[...] nichil in hoc mundo esse dicebat simile illis. quo illam quam in ipsis uiderat qualitatem exprimere potuisset nisi forte ignem aut lucem et ipsam tamen longe et ualde dissimiliter. Memorem quidem se esse. sed exprimere nullo modo posse quod uiderat« (»[...] sagte er, es gebe nichts ihnen Ähnliches in dieser Welt, mit dem er jene Beschaffenheit, die er bei ihnen gesehen hatte, hätte ausdrücken können, wenn nicht etwa Feuer oder Licht, und diese – fern und sehr – unähnlich. Er erinnere sich zwar, aber er könne auf keine Weise ausdrücken, was er gesehen hatte«; SChrF II,16,2).
907 Auch aus einem anderen Grund war das irdische Paradies umstritten: Es schiebt den unmittelbaren Eintritt der gereinigten Seelen in die himmlischen Freuden auf. Zwar war auch Johannes XXII. der Ansicht, dass die Seelen vor dem Jüngsten Tag nicht der Schau Gottes teilhaftig werden. Aber: »This doctrine was denounced by his successor Benedict XII and immediate entry into Heaven for the purged was subsequently confirmed by Clement VI and at the Council of Florence in 1439« (Easting 1986b, S. 44).
908 Vgl. hierzu in dieser Arbeit anhand der *Visiones Georgii* S. 249 ff.
909 Vgl. zum Jenseits des *Tractatus* in dieser Arbeit S. 227 ff.

5.2 Die Pilgerreise ins Jenseits. Das Purgatorium des Heiligen Patrick   217

Ereignisse dabei in einem festen Verweisungsverhältnis zu dem Geistigen, das sie bezeichnen und zu dem in einem Akt doppelter Lektüre aufgestiegen werden kann. Deshalb endet die ›prefatio‹ H.s mit folgendem programmatischen Satz, der von H. selbst stammt und an die Überlegungen Hugos in *De sacramentis Christianae fidei* anschließt, ohne tatsächlich unumwunden aus ihnen allein ableitbar zu sein:[910]

> Vnde et in hac narratione a corporali et mortali homine spiritalia dicuntur uideri quasi in specie et forma corporali. (T 71 ff.)
> Deshalb wird auch in dieser Erzählung gesagt, dass Geistiges von einem körperhaften und sterblichen Menschen gleichsam in körperhafter Erscheinung und Gestalt gesehen wird.

Mit dem *Tractatus* liegt demnach eine im Diesseits kommensurable Erzählung vor, da nicht nur der Erzähler, sondern auch der Jenseitsreisende ein leibhaftiger Mensch ist und somit das Geistige, wovon der *Tractatus* handelt, immer schon in konkret-räumlich körperhafte, anschauliche Erscheinung und entsprechendes Aussehen übersetzt sein muss. In der Wahrnehmung Oweins und mittelbar in der Erzählung des *Tractatus* wird das eigentlich Nichtsichtbare Gestalt, es tritt in Erscheinung, worauf die Verbindung von ›species‹ und ›forma‹ mit Nachdruck hinweist. Nach der Frühschrift *De tribus diebus* ist unter ›species‹ nämlich eine »forma uisibilis quae oculo discernitur, sicut colores et figurae corporum« (TD 1), also ein durch das menschliche Auge wahrnehmbares Äußeres zu verstehen, das von konkret-räumlicher Gestalthaftigkeit ist und eine bestimmte – etwa farbige – Qualität aufweist.[911] Damit ist zu Beginn des Textes zugleich aber auch gesagt, dass das Erzählte nicht wörtlich, sondern in Hinsicht auf einen ›usus spiritalis‹ zu verstehen ist; ein Verfahren zur Transzendierung des konkret Erzählten wird weder in der ›prefatio‹ noch an einer anderen Stelle des *Tractatus* entwickelt, so dass die Kenntnis der dem *Tractatus* zugrunde liegenden Ästhetik Hugos verstehensnotwendig ist.

---

910 Unmittelbar vor diesem Satz findet sich folgender Satz, der aus Hugos Schrift übernommen ist (vgl. Easting 1991, S. 237) und der eigentlich nicht zur Erzählanordnung des *Tractatus* passt, da Owein ja ›in corpore‹ durch das Jenseits reist: »Ab eis tamen, quorum anime a corporibus exeunt et iterum iubente Deo ad corpora redeunt, signa quedam corporalibus similia ad demonstrationem spiritualium nuntiantur, quia, nisi in talibus et per talia ab animabus corporibus exutis uiderentur, nullo modo ab eisdem, ad corpora reuersis, in corpore uiuentibus et corporalia tantum scientibus, intimarentur«. (»Aber von denen, deren Seelen ihre Körper verlassen und durch den Befehl Gottes wiederum zu den Körpern zurückkehren, werden gewisse Zeichen, die Körperhaftem ähnlich sind, zur Bezeichnung von Geistigem berichtet. Wenn sie nämlich nicht in solchem und durch solches von den Seelen, nachdem sie die Körper verlassen haben, gesehen würden, würden diese auf keine Weise von diesen, nachdem sie in ihre Körper zurückgekehrt sind, denen erzählt werden, die in ihren Körpern leben und nur Körperhaftes kennen«; T 65 ff.).
911 Die Übersetzung der Begriffe ›figura‹, ›forma‹ und ›species‹ aus Hugos Ästhetik mit ›Gestalt‹, ›Aussehen‹ und ›Erscheinung‹ hat Ohly 1972, S. 98, Anm. 6, vorgeschlagen.

Symbol und Allegorie sind »Zentralbegriffe[ ] dieses Welt- und Schriftverständnisses«[912] der viktorinischen Philosophie:[913] Zu Beginn von Oweins ›descensus‹ werden unter Rekurs auf Eph 6,11-17 in der Erzählung Symbole eingesetzt und in ihrem Verweischarakter expliziert, um die ›Rüstung‹ des ›miles Christianus‹ darzustellen.[914] Aber nicht nur diese Passage, sondern die gesamte Jenseitserzählung des *Tractatus* ist symbolisch zu verstehen, da H. bereits in der ›prefatio‹ betont, dass der Erzählgegenstand, die Wahrheit der ›spiritalia‹ eines Jenseits, in der konkret-räumlichen körperlichen Anschaulichkeit der Jenseitsimagination offensichtlich nicht abgebildet ist, sondern diese als »signa quedam corporalibus similia ad demonstrationem spiritualium« (»gewisse Körperhaftem ähnliche Zeichen zur Bezeichnung von Geistigem«; T 67f.) zu verstehen sind. Insofern die Zeichen dem Körperhaften ähnlich sind respektive ihm entsprechen, zeigen sie das Geistige nicht in seiner tatsächlichen Gestalt, sondern tragen den Stimulus zur Transzendierung des Körperhaften in Richtung des Geistigen in sich.[915]

An dieser Stelle lässt sich noch eine weitere Erklärung anbringen, weshalb in mittelalterlichen Erzählen die Darstellung der Strafräume präferiert wird: Hierzu ist ein Rekurs auf die Differenzierung des Symbolbegriffs instruktiv, die Hugo aus der Schrift *De coelesti Hierarchia* des Ps.-Dionysius Areopagita übernommen hat.[916] Das ästhetische Modell der Gotteserkenntnis wird im *Tractatus* zunächst auf die Erkenntnis eines geistig verfassten Straf- und Lohnjenseits übertragen. Da nun aber auch dieses Jenseits von Gott geschaffen ist, ist Gott selbst in der nichtsichtbaren Wirklichkeit dieses Jenseits ganz generell und im Jenseits der Strafräume aufgrund der Unähnlichkeit des Bezeichnenden mit dem Bezeichneten besonders gut zu erken-

---

912 Aris 1996, S.28.
913 Vgl. zu Symbol und Allegorie in der viktorinischen Philosophie Aris 1996, S.28–44. Für das Symbolverständnis sind die Schriften des Ps.-Dionysius Areopagita von zentraler Bedeutung, die »in der verbesserten eriugenischen Übersetzung« (Aris 1996, S.28) in St. Viktor vorlagen.
914 Vgl. T 297 ff. (zitiert in meiner Anm. 766).
915 Vgl. Aris 1996, S.34: »Die Hinweisfunktion dieser Handreichungen beruht auf der ihnen durch ihre Materialität inhärierenden Unähnlichkeit im Verhältnis zu ihrem nicht sichtbaren Verweisungsziel, so daß zu ihrer vollständigen Erkenntnis das Vernehmen des Imperativs gehört, sie zu übersteigen.« Was dies in Bezug auf die Visionsliteratur bedeutet, zeigt Ebel 1968, S.186: »Mit den Begriffen Hugos läßt sich deshalb besonders gut die Dreistufigkeit der Visionstypologie aufzeigen. Die ›visibilia‹ des Diesseits führen über die ›sensibilibus similia‹ des beschriebenen Jenseits zu den ›invisibilia‹, dem hinter den Erscheinungsformen des geschauten Jenseits oder in der Zukunft verborgenen Wesen Gottes.« Im *Tractatus* gleichen die ›sensibilibus similia‹ des Jenseits den ›visibilia‹ des Diesseits; vgl. T 71 ff. (in dieser Arbeit zitiert auf S.198).
916 Vgl. Aris 1996, S.31: »Die ähnlichen Symbole dienen dazu, die Wahrheit des Nichtsichtbaren in einer entsprechenden Gestalt zu zeigen, während die unähnlichen Symbole schon im Symbolisierungsvorgang selbst dartun, daß von der äußeren Gestalt des Zeichens zur Wahrheit des Bezeichneten fortzuschreiten sei, statt bei dem zu bleiben, was selbst nicht wahr sein kann.«

nen.⁹¹⁷ Der dem gesamten *Tractatus* inhärente Stimulus, die körperhaften anschaulichen Bilder in Hinsicht auf das nichtsichtbare Geistige zu transzendieren, wird bei der Erzählung der Strafräume durch diese Unähnlichkeit der Symbole noch gesteigert. Gerade in diesem Endzweck, der Erkenntnis Gottes, würden die Jenseitserzählung des *Tractatus* und das Anliegen des ästhetischen Modells Hugos von St. Viktor konvergieren.

Diese Überlegungen weisen insofern weiterreichende Implikationen auf, als sie nicht nur für das adäquate Verständnis des *Tractatus* von zentraler Bedeutung sind, sondern in Zusammenhang mit den allgemeineren Überlegungen Hugos zu visionsliterarischen Jenseitsreisen bezeugen, dass es im Hochmittelalter einen Diskurs darüber gab, dass die konkret-räumlich körperlichen Imaginationen des Jenseits keineswegs der transzendenten Wirklichkeit entsprechen.

Damit erscheinen die notorischen Emphasen auf die ›Wirklichkeit‹ eines konkret vorgestellten Jenseits im Mittelalter zumindest in pauschaler Form inadäquat, vgl. exemplarisch Suntrup/Veenstra 2009, S. IX, die natürlich mit gewissem Recht auf die Alteritätsthematik abheben: »Für den mittelalterlichen Menschen waren das Bewusstsein und der Lebensalltag vom Glauben an das konkret vorgestellte Jenseits in einer Selbstverständlichkeit und Intensität geprägt, die für den modernen Menschen kaum noch nachvollziehbar ist«.⁹¹⁸ Zugleich differenzieren meine Überlegungen auch das, was in der Forschung zur Bedeutung der Visionsliteratur diskutiert wurde. So weist Dinzelbacher 1981, S. 169 ff., zu Recht daraufhin, dass Ebel 1968 zu pauschal für ein allegorisches Verständnis der Visionsliteratur plädiert.⁹¹⁹ Dinzelbacher selbst ist aber, was den sog. Visionstyp I betrifft, zu einseitig, wenn er, eine einfache Dichotomie von Wahrheit und Fiktion voraussetzend, schreibt: »Eine Lektüre gerade der hier angezogenen Jenseitsvisionen vom 6. bis zum 13. Jahrhundert zeigt vielmehr, daß durchwegs meist in Ekstase erfahrene Gesichte geschildert werden, nicht aber fiktive Konstruktionen wie die *Comedia*. Daß diese Schauungen vom aufzeichnenden Kleriker einer Exegese unterzogen werden, ist durchaus unüblich, immer geht es um eine getreue Wiedergabe des vom Seher Berichteten, nicht um dessen Interpretation«.⁹²⁰ Im *Tractatus* geht es ganz entschieden um die ›Interpretation‹ (d. h. um die Offenlegung der Bedeutung) dessen, was Owein wahrgenommen hat.⁹²¹

Die konkret-räumlich körperlichen Imaginationen des Jenseits enthalten als Zeugnisse immanenten Sprechens einen Stimulus zur Transzendierung ihrer selbst in Richtung einer nichtsichtbaren und auch nicht direkt darstellbaren

---

917 So bereits Ebel 1968, S. 186: »Die ›dissimilia‹ führen nämlich den erkennenden Geist nicht in die Versuchung, schon die sichtbaren ›figurae‹ fälschlich für die angestrebte ›veritas‹ zu nehmen, sondern zwingen ihn, vom Abbild der Wahrheit zur Wahrheit selbst vorzudringen. Aus der höheren Form der Erkenntnis, die den ›dissimilia‹ gegenüber den ›similia‹ zugesprochen wird, läßt sich möglicherweise auch das fast allen Visionen gemeinsame Mißverhältnis zwischen ausführlicher Darstellung der gottfernen Orte des Jenseits (Hölle und Fegefeuer) und den knapperen – zuweilen sogar ganz ausgesparten – Schilderungen des Paradieses erklären.«
918 Vgl. hingegen Lecouteux 1992, S. 89.
919 Vgl. hierzu in dieser Arbeit S. 163 f.
920 Dinzelbacher 1981, S. 170.
921 Vgl. auch Dinzelbacher 1981, S. 177.

Wahrheit. Dabei werden ›spiritalia‹ und ›corporalia‹ keineswegs gegeneinander ausgespielt, da zum einen auch das Jenseits – und zwar nicht nur in den Strafräumen, sondern, was problematisch ist, auch im irdischen Paradies – von konkret-räumlicher körperhafter Anschaulichkeit affiziert ist, zum anderen keine andere Möglichkeit besteht, ›spiritalia‹ unter den Wahrnehmungs- und Verstehensbedingungen des Diesseits darzustellen.

Die expliziten Hinweise auf die nötigen Vermittlungs- und Übersetzungsleistungen, die im *Tractatus* in der ›narratio‹ Oweins erbracht werden, könnten dahingehend missverstanden werden, dass durch die Vermittlungs- und Übersetzungsleistungen die Wahrheit der ›narratio‹ selbst relativiert würde. Um einem solchen Missverständnis prophylaktisch entgegenzuwirken, wird in einem Aggregat von Geschichten vor allem am Ende des *Tractatus* die Wahrheit des Texts gegenüber den Differenzierungen der ›prefatio‹ gesichert; dieselbe Funktion übt zu Beginn des *Tractatus* die Erzählung aus, die auf die Kultaitiologie folgt und von einem einzähnigen alten Mönch handelt, der asketisch lebt und täglich von Engeln besucht wird.[922] Diese Erzählung und die schließlich erzählten »Teufelsschnurren«[923] fungieren als Beweise für das, was mittels des Rekurses auf die Ästhetik Hugos von St. Viktor eigentlich immer schon gesichert ist, nämlich dass aus der prinzipiellen Unverfügbarkeit des Jenseits im Diesseits weder folgt, dass das Jenseits nicht sicher erkannt werden kann, noch dass in der Immanenz keine Transzendenzerfahrungen möglich wären.

Gilbert will die Realität des Jenseits dadurch beweisen, dass Owein dieses Jenseits »corporeis oculis« (T 1103) gesehen, »corporaliter« (ebenda) erfahren und somit unzweifelhaft für das Diesseits bezeugt habe; durchaus bedeutend für die Wahrheit des Arguments ist dabei, dass Gilbert selbst Augenzeuge wurde, wie die Wunden, die einem Mönch von Dämonen zugefügt wurden, bis zu dessen Tod fünfzehn Jahre lang nicht verheilten.[924] An diese Ausführungen Gilberts schließt H. an, indem er sich ebenfalls für die Wahrheit des Jenseits und insbesondere des Purgatoriums des Hl. Patrick auf die Bezeugung immerhin eines irischen Abts beruft[925] und daran anschlie-

---

922 Vgl. T 165 ff.: »Porro illi canonici in cella senis angelos audiebant a dormitorio suo sepius circa eum cantantes. Cantus autem eorum hunc habebat modum: ›Beatus es tu, et beatus est dens qui est in ore tuo, quem nunquam tetigit cibus delectabilis!‹ Eius enim cibus erat sal et panis siccus, potus autem eius aqua frigida«. (»Ferner hörten jene Kanoniker von ihrem Dormitorium häufig Engel, die in der Zelle des Alten um ihn herum sangen. Ihr Gesang hatte aber diesen Inhalt: ›Du bist selig und selig ist der Zahn, der in deinem Mund ist, den niemals erquickliche Speise berührte!‹ Seine Nahrung nämlich war Salz und trockenes Brot, sein Getränk aber kaltes Wasser.«)
923 Warnke 1938, S. XXVI.
924 Vgl. T 1108 ff.
925 Ein zweiter Abt antwortet, »quod numquam in patria sua audierat talia« (»dass er niemals in seiner Heimat solches gehört hatte«; T 1132), was wohl die Glaubwürdigkeit der Angaben H.s erhöhen soll.

ßend die Erzählungen des Bischofs Florentianus und eines Kaplans wiedergibt, die von Transzendenzerfahrungen in der Immanenz handeln. Diese ›exempla‹ – sei es das ›exemplum‹ vom guten und schlechten Eremiten[926] oder das von einem Priester, der sich der Verführung durch die Teufel nur durch Selbstkastration entziehen kann[927] – verdeutlichen, dass Transzendenzphänomene in der Immanenz sicher erkannt werden können. In letzterer Erzählung treten die Dämonen zwar nicht sichtbar auf, werden aber in der ›narratio‹ sichtbar gemacht. Der *Tractatus* wird durch die ›prefatio‹ und die Erzählungen von Transzendenzerfahrung des Schlusses gerahmt.[928]

Vor diesem Hintergrund lässt sich nun die Frage erklären, weshalb im *Tractatus* keine exakte Lokalisierung des Purgatoriums vorgenommen wird. Zunächst stellen die an Hugos Ästhetik anschließenden Überlegungen der ›prefatio‹ heraus, dass die konkret-räumliche körperhafte Anschaulichkeit des Purgatoriums, auch wenn man sie mit eigenen Augen sehen kann, dennoch transzendiert werden muss in Richtung der ›spiritalia‹, die sie bezeichnet. Durch die ›narratio‹ des *Tractatus* wird eine weitere Ebene eingezogen; entscheidend aber ist, dass auch die autoptische Erfahrung keine unmittelbare Wahrnehmung des Jenseits ermöglicht, weil der ›corporalis et mortalis homo‹ dieses vor seinem Tod nicht erfahren kann. In gewisser Hinsicht ist also die Erfahrung des Jenseits immer vermittelt, weswegen die Lektüre der ›narratio‹ (also des *Tractatus*) der Autopsie im Grunde nicht wirklich nachsteht, da in beiden Fällen zum adäquaten Verstehen die Transzendierung des konkret Anschaulichen respektive des konkret-anschaulich Erzählten gehört. Besondere Kraft entwickelt dieses Argument im Zusammenhang mit dem monastischen Kontext, in dem der *Tractatus* zweifelsohne steht: Nicht nur wird er auf Bitten des Zisterzienserabts Hugo vom Zisterziensermönch H. verfasst und geht auf die Erzählung seines Ordensbruders Gilbert zurück; auch im Jenseits selbst werden die Zisterzienser vor allen anderen herausgehoben. Es ist dabei nicht einmal nötig, in den weiß gekleideten Mönchen, die Owein zu Beginn seiner Jenseitsreise trifft, Zisterzienser zu erkennen.[929] Owein selbst betont die Herausstellung der Zis-

---

926 Vgl. T 1150 ff. Hierin wird betont, dass die Dämonen »uisibiliter« (T 1151) erscheinen und der Eremit sie »manifeste« (T 1155) sieht.
927 Vgl. T 1191 ff.
928 Vgl. die Hinweise am Ende meiner Anm. 759.
929 Vgl. T 262 ff.: »Aula uero non habebat parietem integrum, sed columpnis et archiolis erat undique constructa in modum claustri monachorum. [...] Cumque solus aliquandiu sedisset, ecce quindecim uiri quasi religiosi et nuper rasi, albis uestibus amicti, domum intrauerunt et, salutantes illum in nomine ʻDomini' [von möglicherweise späterer Hand am Rand hinzugefügt, MB], consederunt«. (»Der Saal aber hatte keine durchgehende Wand, sondern war an allen Seiten mit Säulen und kleinen Bögen gebaut nach Art eines Mönchsklosters. [...] Und nachdem er eine Zeit lang allein gesessen war, da betraten fünfzehn Männer, gleichsam Mönche und frisch geschoren, weiß gekleidet, das Haus, grüßten jenen im Namen des Herrn und setzten sich.«)

terzienser im Jenseits, als er sein Einverständnis ausdrückt, für die Zisterzienser zu arbeiten:[930]

> Gratanter ei [sc. Gilbert, MB] seruire debeo. Sed et uos cum magna gratiarum actione monachos Cysterni ordinis in regno uestro suscipere debetis, quoniam, ut uerum fatear, in sanctorum requie non uidi homines tanta gloria preditos ut huius religionis uiros. (T 1081 ff.)
>
> Dass ich ihm dienen muss, ist mir sehr willkommen. Aber auch ihr müsst unter großen Gunstbezeugungen die Mönche des Zisterzienserordens in eurem Königreich aufnehmen, weil ich, um die Wahrheit zu sagen, im Ruhebezirk der Heiligen keine Menschen in solchem Glanze sah wie die Männer dieses Ordens.

Aus diesen Gründen hat die ältere Forschung im *Tractatus* ein zisterziensisches Manifest erkannt, das die Zisterzienser als legitime Nachfolger Patricks in der Irlandmission ausweist.[931] Dem ist sicherlich beizupflichten, allerdings verkennt man mit der alleinigen Annahme einer solchen exoterischen Intention, dass der *Tractatus* gerade für einen monastischen, mutmaßlich spezifisch zisterziensischen Kontext verfasst wurde,[932] wie nicht nur die ›prefatio‹, sondern auch die in die Erzählung der Jenseitsreise eingeschobenen Homilien zeigen.[933] Mit Blick auf die fehlende Lokalisierung des Purgatoriums lässt sich neben dieser exoterischen Intention auch eine esoterische annehmen.

Ausgangspunkt der Rekonstruktion ist das Interesse am postmortalen Geschehen, das bei Hugo ganz allgemein formuliert, in der von monastischen Kontexten ausgehenden ›prefatio‹ aber ebenso thematisiert wird: »Notum est autem multos multociens quesisse qualiter anime a corporibus exeant, quo pergant, quid inueniant, quid percipiant quidue sustineant.« (»Es ist aber bekannt, dass viele oft gefragt haben, wie die Seelen ihre Körper verlassen, wohin sie gehen, was sie vorfinden, was sie wahrnehmen und was sie aushalten«; T 34 ff.). Spätestens in der zweiten Hälfte des 12. Jahrhun-

---

930 Vgl. zu dieser Stelle die zahlreichen Hinweise auf zisterziensische Kontexte bei Easting 1991, S. 251 f.
931 Vgl. van der Zanden 1928, S. 72–75. Vgl. ferner Zaleski 1985, S. 477 ff.
932 Dies fügt sich gut zum bekannten Interesse der Zisterzienser an Mirakel- und Visionsliteratur, die häufig zudem »einen ausgeprägt lokalen Charakter hat« (Palmer 1998, S. 83). Der *Tractatus* mit seiner weiten Verbreitung stellt eine Ausnahme dar.
933 Vgl. T 583 ff.: »Et quibus grauis et aspera uidetur in monasterio sui ipsius pro Christo temporalis abnegatio, reminiscantur, oro, quam amara sit illorum tormentorum diuturna excruciatio. Incomparabiliter enim leuior est uita claustralis et districtissime regule rigor discipline cenobialis, ubi tam corporum quam animarum necessaria sine sollicitudine queruntur, quam supradicta penarum loca in quibus miseri pro peccatis in hac uita non emendatis, non tantum maximis sed etiam minimis negligenter multiplicatis, diuturna miseria cruciari creduntur«. (»Und diejenigen, denen im Kloster die irdische Entsagung ihrer selbst um Christi willen hart und schwer erscheint, sollen sich, bitte, erinnern, wie bitter die ewige Qual jener Strafen ist. Denn unvergleichlich leichter ist das Klosterleben und die Härte der sehr strengen Regel klösterlicher Ordnung, wo das, was Körper und Seele brauchen, sorglos erworben wird, als die oben erwähnten Orte der Strafe, in denen die Armen für die nicht nur sehr großen, sondern auch für die sehr kleinen, nachlässig vervielfältigten Sünden, die in diesem Leben nicht gebüßt wurden, in ewigem Elend gestraft werden, wie man glaubt.«)

5.2 Die Pilgerreise ins Jenseits. Das Purgatorium des Heiligen Patrick 223

derts zirkuliert in Irland, wie Jocelin und Gerald bezeugen,[934] diffuses Wissen über das Purgatorium des Hl. Patrick, in dem Antworten auf diese Fragen gefunden werden können. Es liegt nun nahe, dass auch zisterziensische Mönche nicht nur in Irland, sondern auch in England Kunde vom Purgatorium erlangten und dorthin reisen wollten, was mit der ›stabilitas loci‹ natürlich keineswegs vereinbar ist. Entsprechende Dokumente aus der Geschichte des Zisterzienserordens belegen,[935] dass Mönche und Konversen, die ihr Kloster um einer Pilgerreise willen verlassen wollten, ein beträchtliches Problem darstellten; neben Pilgerreisen an die großen Wallfahrtsorte spielten »auch Fahrten zu den vielen Wallfahrtsorten von nur regionaler oder lokaler Bedeutung eine Rolle«.[936] In diesem Sinne würde der *Tractatus* die ›curiositas‹ der Mönche nicht nur adäquat befriedigen, da zwischen ›narratio‹ und Autopsie sowieso ein nur gradueller Unterschied festgestellt werden kann, und zugleich Pilgerfahrten zum Purgatorium des Hl. Patrick unterbinden, sondern auch zu einem gottgefälligen monastischen Leben führen, wie die Homilien zeigen:[937] Das Jenseits ist in der Kontemplation, also auf einer rein geistigen und keiner körperlichen Reise aufzusuchen. Insofern ersetzt nicht unbedingt der Text des *Tractatus*,[938] sondern die Meditation über die in ihm offenbarten Heilswahrheiten die körperliche Pilgerfahrt.

Dass eine körperliche Pilgerfahrt durch eine geistige Jenseitsreise gleichsam ersetzt wird, war ein den Zisterziensern des 12. Jahrhunderts geläufiger Gedanke, wie die *Visio Gunthelmi*[939] zeigt.[940] Darin wird davon erzählt, dass ein von einem weltlichen hin zu einem gottgefälligen Leben konvertierter Engländer nach Jerusalem reisen möchte, um dort als ›miles Christi‹ dessen Feinde zu bekämpfen.[941] Bevor er ins Heilige Land aufbricht, holt er den Rat in einem benachbarten Zisterzienserkloster ein. Dessen Abt fordert

---

934 Vgl. hierzu in dieser Arbeit S. 197 ff.
935 Vgl. Füser 2000, S. 260–310.
936 Füser 2000, S. 274.
937 Vgl. T 695 f.: »Transeamus igitur, karissimi, sepius mente per hec loca tormentorum« (»Lasst uns also, ihr Liebsten, recht häufig im Geiste durch diese Straforte gehen«).
938 Zu Texten im zisterziensischen Kloster vgl. Stalley 1987, S. 162.
939 In den Handschriften erscheint der Name Vuillelmus (Willelmus/Willermus) – vgl. VisGunth, S. 108, Z. 10 u. App. –, bei Helinand von Froidmont und Vinzenz von Beauvais wird der Zisterziensernovize allerdings Gunthelm (Gunthelin) genannt, vgl. Constable 1956, S. 103. Die Vision ist Petrus Venerabilis zugeschrieben, was aber nicht als gesichert gelten kann, vgl. zur Diskussion ebenda, S. 93 ff. Vgl. auch Carozzi 1994b, S. 475 ff.
940 Pfeil 1999, S. 47 f., Anm. 168, meinte, es könne »vorerst nur spekuliert werden«, inwiefern die Zunahme der Schilderung von Jenseitsreisen im 12. Jahrhundert mit dem aus monastischen Kreisen stammenden Konzept der ›inneren‹ bzw. geistigen Pilgerfahrt‹ zusammenhänge. Die folgende Argumentation versucht an einem der beiden Haupttexte der Gattung der Jenseitsreisen im 12. Jahrhundert eben diese Verbindung herauszuarbeiten.
941 Vgl. VisGunth, S. 106, S. 4 f.: »Sedit animo Ihrosolimam proficisci, ut de famoso suo robore Christum placans, eius sterneret inimicos«. (»Er will unbedingt nach Jerusalem aufbrechen, um mit seiner berühmten Stärke Christus zu besänftigen und seine Feinde niederzustrecken.«)

ihn auf, das himmlische Jerusalem zu suchen, da die Autopsie des irdischen Jerusalem zu seinem Seelenheil nichts beitrage.[942] Damit erweist sich der Abt als ›imitator Bernardi‹, denn Bernhard von Clairvaux hatte in seinem 64. Brief Alexander, den Bischof von Lincoln, um seine Zustimmung gebeten, dass ein Geistlicher aus seinem Bistum, der ursprünglich auf Pilgerfahrt nach Jerusalem war, nun in Clairvaux bleiben darf:[943]

> PHILIPPUS vester, volens proficisci Ierosolymam, compendium viae invenit, et cito pervenit quo volebat. Transfretavit in brevi hoc mare magnum et spatiosum, et, prospere navigans, attigit iam litus optatum atque ad portum tandem salutis applicuit. [...] Factus est ergo non curiosus tantum spectator, sed devotus habitator et civis conscriptus Ierusalem, non autem terrenae huius, cui Arabiae mons Sina coniunctus est, quae servit cum filiis suis, sed liberae illius, quae est sursum mater nostra. (Bernardus, ep. 64,157,6 ff.)

> Euer Philipp wollte nach Jerusalem aufbrechen. Er fand einen Weg, die Reise abzukürzen, und kam rasch, wohin er wollte. In kurzer Zeit überquerte er dieses große und weite Meer und erreichte in günstiger Fahrt schon den ersehnten Strand und landete schließlich im Hafen des Heils. [...] Er ist also nicht lediglich ein neugieriger Zuschauer, sondern ein frommer Bewohner und eingeschriebener Bürger in Jerusalem; freilich nicht in dem irdischen, das am Berg Sinai in Arabien liegt und das mit seinen Söhnen in der Knechtschaft lebt, sondern in jenem freien Jerusalem, das unsere Mutter im Himmel ist.

An diese Erzählung des Bernhard'schen Briefs schließt die *Visio Gunthelmi* an, zeigt aber, wie schwer es sein kann, sich vom irdischen Jerusalem ab- und sich dem himmlischen zuzuwenden. Denn in der *Visio Gunthelmi* kehrt der Novize, von einem bösen Geist verführt, zu seinem ursprünglichen Entschluss zurück und möchte nach Jerusalem aufbrechen. Die sofortige Abreise kann der Prior aber wegen der Abwesenheit des Abts verhindern, woraufhin der Novize die Gnade Gottes erfährt. Ihm erscheint der Teufel in Affengestalt, der in halb totschlägt:[944]

> Percussus itaque frater sensus corporeos amisisse uidebatur, et sic iacens per triduum semiuiuus, intuentium se aspectui magis mortis quam uitae praetendebat se incolam esse. Ei igitur iam non mortuo, sed quasi in extremo uitae perducto, et apertis luminibus proprio tamen officio carentibus, solum uitalem flatum tenuiter in pectore retinenti, sanctus apparuit Benedictus. (VisGunth, S. 106, Z. 31 ff.)

> Nach dem Anschlag schien der Mönch seine körperlichen Sinne verloren zu haben. Und so lag er drei Tage lang halbtot da: Dem Blick derer, die ihn ansahen, zeigte er, dass er eher im Reich des Todes als des Lebens war. Der Hl. Benedikt erschien ihm, der noch nicht tot, sondern gleichsam ans äußerste Ende des Lebens geführt war, bei offenen Augen, die aber ihres eigentlichen Amtes entbehrten, nur einen Lebenshauch sanft in der Brust hielt.

---

942 VisGunth, S. 106, Z. 9 ff.
943 Vgl. Constable 1976, S. 134 ff.; Auffarth 2002, S. 119 ff.
944 Zu Prügelerlebnissen in der Visionsliteratur vgl. anhand von Otloh von St. Emmeram (und dem Traum des Hieronymus) Röckelein 1987, S. 41 ff.

5.2 Die Pilgerreise ins Jenseits. Das Purgatorium des Heiligen Patrick

Der Novize nimmt nun nicht mehr mit den körperlichen, sondern mit den geistigen Augen wahr, da ihn der Hl. Benedikt auf eine ekstatische Jenseitsreise führt, auf der er auch das himmlische Jerusalem sieht, das im Text als prächtige Stadt im Paradies unter Rekurs gerade auch auf die ›ciuitas Christi‹ der *Paulus-Apokalypse* imaginiert wird.[945] Auch wenn der Darstellung der *Visio Gunthelmi* eine wesentlich einfachere Dichotomie zwischen Körper und Seele zugrunde liegt, als dies im *Tractatus* mit dem darin entwickelten komplexen ästhetischen und hermeneutischen Modell der Fall ist, expliziert die *Visio Gunthelmi*, was vom zisterziensischen Standpunkt aus von einer Pilgerfahrt zu halten ist: Sie ist mit der monastischen Lebensweise nicht vereinbar.[946] Was im *Tractatus* impliziert ist und als Aspekt der intentionalen Struktur rekonstruiert werden muss, wird in der *Visio Gunthelmi* thematisiert, die mit ihrer ›narratio‹ nicht die ›curiositas‹ der Mönche befriedigen, sondern ganz explizit einen Beitrag zur Formierung des monastischen Subjekts leisten will.

Wie sehr die *Visio Gunthelmi* auf monastische Normen ausgerichtet ist, zeigt nicht nur die auffällige Menge an Mönchen, von deren postmortalem Geschick erzählt wird,[947] sondern gerade auch die Figur des Hl. Benedikts als Jenseitsführer, der auch in der Rahmenhandlung auftritt. Denn der Novize Gunthelm hat zwar auf seiner Jenseitsreise gelernt, dass der Aufstieg in der ›contemplatio‹ hin zu den ›spiritalia‹ jeder Bewegung durch die Welt mit welch frommem Ziel auch immer vorzuziehen ist; die »innermonastische Subjektformierung«[948] ist aber dennoch am Ende der Jenseitsreise nicht abgeschlossen, denn er hält sich nicht an das Offenbarungsverbot, das

---

945 Vgl. VisGunth, S. 108, Z. 36 ff. Neben den aus der *Offenbarung des Johannes* stammenden Charakteristika des himmlischen Jerusalems, die sich auch in der *Paulus-Apokalypse* finden, verweisen vor allem die vier Paradiesflüsse, die die Stadt durchfließen, auf die ›ciuitas Christi‹ des apokryph gewordenen Texts.

946 Vgl. Constable 1956, S. 102: »The opening sentences are valuable evidence for the Cistercian attitude towards pilgrimage and crusading.«

947 Zur Bestrafung von Mönchen und Nonnen vgl. den Gewaltexzess in VisGunth, S. 110, Z. 37 ff.: »Vnde ex merito scilicet prauae actionis, uidebantur irruere in eos quasi homines teterrimi, ualidae iniuriae ultores, qui eorum capita nodosis fustibus caedentes, tamdiu tali tamque crudeli ultionis ministerio insistebant, donec excusso cerebro fractisque ceruicibus eliderentur, et prae immanitate uexationis a propriis sedibus oculi eorum eruerentur, ut qui in terris sub disciplinae iugo noluerunt Deum habere rectorem, dictante iustitia nequam spiritum cui famulabantur dirum in poenis sentiant exactorem, et sicut ipsi uiciis noluerunt finem dare, sic et isti nesciunt a torquendo cessare«. (»Weil sie es wegen ihrer bösen Handlung natürlich verdient hatten, schienen gleichsam ganz schwarze Menschen auf diese zuzustürmen. Es waren Rächer der göttlichen Gerechtigkeit, die deren Köpfe mit knotigen Stöcken schlugen. Sie blieben so lange bei diesem so großen und so grausamen Rachedienst, bis sie, nachdem das Hirn herausgeschleudert und das Genick gebrochen waren, völlig zertrümmert waren und aufgrund der Heftigkeit der Qual ihre Augen aus den Augenhöhlen kullerten, damit die, die auf Erden unter dem Joch der Zucht Gott nicht als Lenker haben wollten, aus Gerechtigkeit den unnützen bösen Geist, dem sie dienten, in den Strafen als Vollstrecker spüren. Wie sie selbst den Lastern kein Ende machen wollten, so wissen auch diese nicht, wie man mit dem Quälen aufhört.«)

948 Füser 2000, S. 337.

ihm der Hl. Raphael erteilt, und erzählt seinen Mitbrüdern von der Jenseitsreise. Daraufhin muss der Hl. Benedikt dem Novizen die Gehorsamkeit gegenüber Normen, »das rechte monastische Leben cisterziensischer Prägung«,[949] ein letztes Mal einprügeln:

> Intrauerat [sc. nouicius, MB] iam narrationem, cum ecce sanctus Benedictus cum pastorali baculo asstitit, uirgam sustulit, inobaedientis ora cedere nisus in digitum manus obiectae ab egro contra baculum, ictum quo non captabat ualide intorsit. Leditur membrum; dolor angit; clamat reus; percussionis molestae sciscitans causam. (VisGunth, S. 112, Z. 21 ff.)

> [Der Novize] hatte schon mit seiner Erzählung begonnen, als plötzlich der Hl. Benedikt mit einem Hirtenstab dastand, die Rute hob und beim Versuch, den Mund des Ungehorsamen zu schlagen, auf den Finger der Hand, die der Unwillige dem Stock entgegenbewegte, mit dem er den Schlag aber nicht abfing, heftig einen Schlag setzte, mit dem er ihn nicht traf. Das Glied wird verletzt, der Schmerz quält, der Sünder schreit und will den Grund für die peinigende Dresche wissen.

Was an monastischen Normen, insbesondere in Hinsicht auf die ›stabilitas loci‹ für Gunthelm gilt, haben auch die Zisterziensermönche zu befolgen, die sich für das Purgatorium des Hl. Patrick interessieren. Die Stringenz der Figurenzeichnung des *Tractatus* erweist sich nun gerade darin, dass ausgerechnet Owein – anders als Gunthelm – ›corporaliter‹ dorthin gereist ist, wohin er wollte: Denn Owein ist zumindest zum Zeitpunkt seines ›descensus‹ und seiner Pilgerfahrt nach Jerusalem eben kein Zisterzienser. Er macht zwar den Besuch des Purgatoriums zur Voraussetzung für den Eintritt in ein Kloster,[950] ist aber nach seiner Jenseitsreise und der anschließenden Pilgerfahrt[951] noch nicht dazu bereit.[952] Dafür, ob Owein schließlich in ein Zisterzienserkloster eintritt oder nicht, scheint sich der β-Text nicht zu interessieren, schließlich wird dies nicht expliziert;[953] im α-Text wird sogar explizit verneint, dass

---

949 Füser 2000, S. 4.
950 Vgl. T 222 ff.: »Admonuit episcopus ut monachorum uel canonicorum susciperet habitum. Miles uero respondit hoc se nulla ratione facturum, donec prefatum intrasset Purgatorium«. (»Der Bischof ermahnte ihn, das Gewand eines Mönchs oder Kanonikers anzunehmen. Der Ritter aber antwortete, dass er das auf keinen Fall tun werde, ehe er das vorgenannte Purgatorium betreten hätte«).
951 Im *Tractatus* heißt es lediglich: »Deinde, signo dominice crucis in humero suscepto, dominici corporis sepulchrum Ierosolimis uisitare perrexit.« (»Danach nahm er das Zeichen des Kreuzes des Herrn auf seine Schulter und brach auf, das Grab des Leichnams des Herrn in Jerusalem zu besuchen«; T 1065 ff.). Easting 1986a, S. 166 f., geht davon aus, dass es sich um eine Pilgerfahrt und nicht um die Teilnahme an einem Kreuzzug handle. Dem ist, gerade in Vergleich mit der eindeutigen Formulierung in der *Visio Gunthelmi* (vgl. das Zitat in meiner Anm. 941), zuzustimmen.
952 Vgl. T 1085 ff.: »Mansitque cum eodem Gileberto miles ille, sed nondum monachus uel conuersus fieri uoluit«. (»Jener Ritter blieb mit eben diesem Gilbert zusammen, wollte aber noch nicht Mönch oder Laienbruder werden.«)
953 Mit leichter Tendenz für einen schließlichen Eintritt in ein Kloster rekonstruiert Easting 1986a, S. 167 ff., die entsprechende Passage. Diese Deutung belegen vor allem zwei Textstellen: vgl. T 1067 ff.: »Et inde rediens, regem, dominum suum, cui familiaris exitterat, utpote

Owein Mönch wird.⁹⁵⁴ Damit dient Owein keineswegs als Identifikationsfigur für die Mönche, die den *Tractatus* rezipieren; vielmehr bleibt er ausgeschlossen, ist aber gerade darin, dass er in seiner ›narratio‹ das Purgatorium ›in specie et forma corporali‹ verfügbar macht, den Zisterziensern als Übersetzer zu Diensten: Er ist ihr »interpres fidelissimus« (T 1090).

5.2.4 Das Jenseits des *Tractatus*

Das Jenseits des *Tractatus* ist vier-, wenn nicht sogar fünfgliedrig:⁹⁵⁵ Denn neben der Hölle, dem Purgatorium, dem irdischen und dem himmlischen Paradies⁹⁵⁶ gibt es im Übergangsbereich vom Diesseits in das Jenseits einen Ort der Initiation, der keinem der Räume eindeutig zuweisbar ist. Schemenhaft zeichnet sich im schwachen Jenseitslicht⁹⁵⁷ ein klosterähnliches Gebäude ab,⁹⁵⁸ in dem Owein nicht nur von fünfzehn⁹⁵⁹ weiß bekleideten Mönchen in

---

uirum industrium et prudentem adiit, quatinus eiusmodi quem sibi consuleret ipse religionis habitum susciperet« (»Und hierauf ging er bei seiner Rückkehr zum König, seinem Herrn, zu dessen Gesinde er gehörte, wie zu einem fleißigen und klugen Mann, damit der ihm rate, welchen Ordenshabit er anlegen solle«), und T 1094 ff.: »Postea uero monachi qui cum eo missi fuerant ad Ludense cenobium in Angliam redierunt militemque in Hybernia honeste et religiose uiuentem dimiserunt.« (»Nachher aber kehrten die Mönche, die mit ihm entsandt worden waren, nach England ins Kloster Louth Park zurück und verließen den Ritter, der ehrenhaft und fromm in Irland lebte.«) Eindeutig betont wird der Ordenseintritt allerdings nicht, ja die letzte explizite Figurenrede Oweins in dieser Hinsicht ist ablehnend (vgl. das Zitat in meiner Anm. 952).

954 Vgl. Easting 1986a, S. 168.
955 Eine präzise Beschreibung des erzählten Jenseitsraums findet man auch bei Easting 1986b, S. 29 ff.
956 Der Jenseitsraum des *Tractatus* geht deutlich auf die *Visio Drycthelmi* zurück und differenziert dabei die Funktion der einzelnen Räume (vgl. Easting 1986b, S. 30 f.).
957 Vgl. T 261 f.: »Lux autem ibi non apparuit nisi qualis hic in hyeme solet apparere post solis occasum«. (»Das einzige Licht, das es gab, war so, wie es hier für gewöhnlich im Winter nach Sonnenuntergang ist«). – Die erzählte Lichtregie ist nicht nur für die Erzeugung von Atmosphäre und Stimmung der Jenseitsräume insofern von entscheidender Bedeutung, als in dem Kontrast von Helligkeit und Dunkelheit die Differenz von Heil und Verdammnis metaphorisiert werden kann, sondern dient zunächst auch der Markierung der anderen Wirklichkeit eines Jenseitsraums. In dieser Funktion wird das Licht etwa auch direkt im Anschluss an das Binnenproöm des sechsten Buchs der *Aeneis* eingesetzt, vgl. Verg. Aen. VI, 268 ff.: »Ibant obscuri sola sub nocte per umbram / perque domos Ditis uacuas et inania regna, / quale per incertam lunam sub luce maligna / est iter in siluis, ubi caelum condidit umbra / Iuppiter, et rebus nox abstulit atra colorem.« (»Sie gingen, nur vom Dunkel der Nacht umgeben, durch den Schatten, durch den öden Palast des Dis und sein wesenloses Reich: So bietet sich ein Weg im Wald bei vagem Mondschein in zweifelhaftem Licht dar, wenn Iuppiter den Himmel in Schatten gehüllt und die schwarze Nacht den Dingen die Farbe geraubt hat.«)
958 Vgl. T 262 ff. (zitiert in Anm. 929).
959 In zahlreichen Manuskripten ist von nur zwölf Mönchen die Rede; die einzelnen Forschungspositionen zu Überlieferungsvarianten sind zusammengestellt und diskutiert bei Easting 1991, S. 241.

die ›noui generis militia‹ eingeführt wird; vielmehr wird diese ›militia spiritalis‹,[960] konzipiert als Bewährung angesichts dämonischer Anfechtung, auch in ihrer Funktion als Bußleistung konkretisiert: Nachdem die Mönche das Gebäude verlassen haben, erscheinen Dämonen, die am selben Ort einen Scheiterhaufen errichten, der die läuternde Wirkung des Wegs durch den Jenseitsraum im Feuer metaphorisiert.[961] Der Ort der Initiation liegt unterirdisch, was sich problemlos in die Rahmenerzählung und die Struktur des heiligen Orts des Purgatoriums fügt. Gleichwohl wird das uneigentliche Bedeuten des konkret-anschaulich erzählten Jenseitsraums – entsprechend dem in der ›prefatio‹ entwickelten hermeneutischen und ästhetischen Modell[962] – darin angezeigt, dass das Jenseits, das von Owein durchmessen wird, keineswegs ausschließlich auf unterirdische Räume beschränkt bleibt, sondern auch auf weitere Räume eines umfassenden Kosmosmodells ausgreift.

Die vier jenseitigen Räume des *Tractatus* symbolisieren in diesem Ausgreifen die umfassende heilsgeschichtliche Ordnung, indem sie Verdammnis und Heil in der Topologie von ›unten‹ und ›oben‹ stratifizieren und so in ein Verhältnis setzen. Dieser Verweisungszusammenhang wird dadurch unterstützt, dass die einzelnen Räume nicht voneinander abgeschlossen sind. Aus der Möglichkeit der einzelnen Seelen, ihren Heilsstatus zu verändern, resultiert vielmehr eine Dynamik innerhalb dieser Ordnung, die in Bewegungsbildern von Aufstieg und Fall Ausdruck findet. Besonders prägnant werden diese bei Oweins Überquerung der Jenseitsbrücke umgesetzt,[963] die ihn über den Fluss, unter dem sich die Hölle befindet, vom Purgatorium ins irdische Paradies führt. Durch den Weg, den Owein zurücklegt, werden dabei nicht nur die einzelnen Räume zueinander ins Verhältnis gesetzt, sondern das Purgatorium und das irdische Paradies werden in Bewegung erfahren und somit überhaupt erst verfügbar gemacht. In dieser Hinsicht schließt der *Tractatus*, was sein Erzählverfahren betrifft, an die lateinische Tradition der Jenseitsreisen an. Zugleich aber setzt er sich auch von ihr ab, was gerade dort besonders deutlich wird, wo sich motivische Übernahmen beobachten lassen – etwa in der Erzählung der Seelenqual im ›Balnearium‹:

---

960 Vgl. T 344 ff.: »Sed uir Dei, tam regis sui munimine septus quam a prefatis uiris nuper instructus, arma militie spiritalis nequaquam oblitus est«. (»Aber der Mann Gottes, der ebenso durch den Schutz seines Königs geschützt wie von den vorgenannten Männern eben erst instruiert worden ist, vergaß der Waffen des geistigen Waffendienstes nicht.«)
961 Vgl. T 339 ff.
962 Vgl. hierzu in dieser Arbeit S. 207 ff.
963 Vgl. T 541 ff. Besonders wichtig für die Etablierung dieses jenseitstopographischen Elements ist eine Erzählung aus dem vierten Buch der *Dialogi* Gregors des Großen (vgl. hierzu in dieser Arbeit S. 138 ff.). Dass die Brücke beweglich ist, wird zuerst in der irischen *Vision des Adamnán* erzählt (vgl. Dinzelbacher 1973, S. 19).

5.2 Die Pilgerreise ins Jenseits. Das Purgatorium des Heiligen Patrick

ApkPl (lat) 31 (Par):	T 476 ff.:
Et uidi illic fluuium ignis feruentem et ingressus multitudo uirorum et mulierum dimersus usque ad ienua et alios uiros usque ad umbiculum, alios enim usque ad labia, alios autem usque ad capillos. [...] Et interrogaui et dixi: Qui sunt hii, domine, dimersi usque ad ienua in igne? Respondens dixit mihi: Hi sunt qui, cum exierint de aecclesia, inmitunt se in sermonibus alienis disceptare. [...]	Erant autem fosse singule metallis diuersis ac liquoribus feruentibus plene, in quibus utriusque sexus et diuerse etatis mergebatur hominum multitudo non minima. Quorum alii omnino erant inmersi, alii usque ad supercilia, alii ad oculos, alii ad labia, alii ad colla, alii ad pectus, alii ad umbilicum, alii ad femora, alii ad genua, alii ad tibias; alii uno pede tantum tenebantur, alii utraque manu uel una tantummodo. Omnes pariter pre dolore plangentes clamabant et flebant. »Ecce«, inquiunt demones, »cum istis balneabis«.
Und ich sah dort einen siedenden Feuerfluss, und eine Menge von Männern und Frauen war hineingeschritten und eingesunken bis an die Knie, und andere Männer bis an den Nabel, andere bis an die Lippen, andere aber bis zu den Haaren. [...] Und ich fragte und sagte: Wer sind die, Herr, die bis zu den Knien im Feuer eingesunken sind? Antwortend sagte er zu mir: Das sind die, die, wenn sie aus der Kirche gegangen sind, sich damit beschäftigten, in nicht zur Sache (des Glaubens) gehörenden Gesprächen zu debattieren.	Die einzelnen Gruben waren voll von verschiedenen siedenden Metallen und Flüssigkeiten; in ihnen war eine sehr große Menge von Menschen beiderlei Geschlechts und verschiedenen Alters eingesunken. Von diesen waren die einen komplett eingesunken, andere bis zu den Augenbrauen, andere bis zu den Augen, andere bis zu den Lippen, andere bis zu den Hälsen, andere bis zur Brust, andere bis zum Nabel, andere bis zu den Oberschenkeln, andere bis zu den Knien, andere bis zu den Schienbeinen; die einen hielten sich nur auf einem Bein, die anderen auf beiden Händen oder nur auf einer. Alle klagten zugleich vor Schmerz und schrien und weinten. »Schau hin«, sagen die Teufel, »mit diesen da wirst du ein Bad nehmen.«

Anders als etwa in der *Paulus-Apokalypse* geht es im *Tractatus* bei der Erzählung des Jenseitsraums weder um die Zuordnung bestimmter Sünden zu bestimmten Strafen, noch um eine Anschaulichkeitssuggestion, sondern um den Stimulus zur Transzendierung konkret-räumlich anschaulich erzählter Ereignisse, von denen jede Erkenntnis des eigentlich nicht Sichtbaren ausgehen muss. Weil die Technik des demonstrativen Dialogs in Hinsicht auf das Erzählanliegen des *Tractatus* nicht nur nicht funktional, sondern vielmehr sogar in dem Maße, in dem sie die Eindringlichkeit der erzählten Imaginationen erhöht, kontraproduktiv ist, wird sie nicht aufgegriffen[964] – und zwar weder im Purgatorium, wo Owein zwar von den

---

964 Genau umgekehrt verhält es sich bei den mittelalterlichen Transformationen der *Paulus-Apokalypse*: In den *Visiones Pauli* wird die Technik des demonstrativen Dialogs beibehalten,

Dämonen immer wieder angesprochen wird, selbst aber nur Jesus Christus anruft, noch im irdischen Paradies, wo mit den zwei Erzbischöfen durchaus dem ›angelus interpres‹ funktionsäquivalente Figuren gegeben sind. Zwar finden sich in den Reden der Dämonen und der Erzbischöfe situativ notwendige Demonstrativpronomina,[965] deren vereinzelter Einsatz aber keineswegs mit dem imaginationsstimulierenden Verweisspiel des demonstrativen Dialogs vergleichbar ist.

Der Rezipient des *Tractatus* soll nicht bei den evozierten Imaginationen stehen bleiben, sondern diese transzendieren. Dieses Prinzip prägt auch die Erzählung der einzelnen Jenseitsräume, deren Unähnlichkeit zur transzendenten Wirklichkeit ausgestellt wird, indem betont wird, dass die Läuterungsräume wie auch das irdische Paradies von einem ›mortalis et corporalis homo‹ nicht in der ihnen eigenen Direktionalität, sondern lediglich im Querschnitt durchgangen werden und auch nur unter dieser Maßgabe ›in specie et forma corporali‹, d.h. nur in einer Reduktion ihrer eigentlichen Ganzheit erfasst werden können.[966] Zudem sind die Räume absoluter Verdammnis und absoluten Heils – also die Hölle und das himmlische Paradies – gänzlich unzugänglich, so dass Oweins Weg immer nur eine Annäherung bedeutet.

Allein der Läuterungsraum besteht aus einer Vielzahl von Aspekten, die jeweils für sich genommen bereits der menschlichen Wahrnehmung inkommensurabel sind. Zur Anschauung gebracht werden diese Aspekte in der Abfolge von transversal durchschrittenen Feldern, die paradigmatisch-metonymisch[967] das Purgatorium als absoluten Strafraum qualifizieren: Da es nur auf diesen Aspekt ankommt, wird zur Betonung der Unähnlichkeit des Erzählten mit dem Bezeichneten zunächst von der suggestiven Raumerzählung mittels Objektregionen abgesehen und stattdessen von einer unübersehbar großen Menge an auf die Felder genagelten nackten Seelen erzählt. Hierbei wird die Affizierung des Raumes durch konkret Körperhaftes im

---

die Strategie erzählter Bewegung aber zusammen mit der Fokussierung des Raums der Verdammnis zugunsten eines Aggregats von Straforten zurückgenommen; vgl. Benz/Weitbrecht 2011.

965 Vgl. für die Rede der Dämonen etwa T 381 f.: »Dicunt ei [sc. Owein, MB] demones, ›Hec tormenta que uides sentiendo experieris […]‹« (»Zu ihm [sc. Owein, MB] sagen die Dämonen: ›Diese Qualen, die du siehst, wirst du erfahren, indem du sie spüren wirst‹«), u. ö. sowie für die der Erzbischöfe etwa T 837 f.: »Patria igitur ista terrestris est paradysus […]« (»Diese Heimstatt da ist das irdische Paradies«).

966 Vgl. T 405 ff.: »Finis huius campi pre sui longitudine uideri non potuit nisi in latitudine, qua intrauit et exiuit; in transuersum enim campos pertransiuit« (»Das Ende dieses Feldes konnte angesichts seiner Länge nicht gesehen werden – außer in der Breite, durch die er eintrat und hinausging; denn er ging quer über die Felder«), und T 791 f.: »Finem uero patrie pre nimia ipsius magnitudine scire non potuit nisi tantum ex ea parte qua per portam intrauit«. (»Er konnte aber das Ende dieser Gegend angesichts ihrer allzu großen Ausdehnung nicht wissen – außer von dieser Seite aus, an der er sie durch die Tür betrat«).

967 Vgl. zu diesem Prinzip anhand der *Paulus-Apokalypse* in dieser Arbeit S. 128.

5.2 Die Pilgerreise ins Jenseits. Das Purgatorium des Heiligen Patrick   231

Zeichen der ›corporalis passibilitas‹[968] der Seelen, die Ergebnis ihrer irdischen ›passiones‹ ist, in Variationen ausgestellt – einmal liegen sie bäuchlings, einmal rücklings[969] – und schließlich so sehr verdichtet, dass die Körper im Raum hinter der Strafe verschwunden sind und der Raum nichts als Strafe geworden ist.[970] Erst im Anschluss daran wird explizit auf die christlich-lateinischen Imaginationen der postmortalen Strafe rekurriert, indem nicht nur Hänge- und Feuerstrafen, sondern distinkte Strafräume mittels der Objektregionen von Gruben u. ä. erzählt werden.[971]

Schließlich werden sogar Ansätze einer Jenseitstopographie entwickelt, in der die einzelnen Objektregionen zueinander ins Verhältnis gesetzt sind: Seelen sind auf einem Berg dem frostigen Nordwind ausgesetzt und werden von ihm in einen stinkenden Fluss auf der anderen Seite des Bergs geweht, was Owein der hybriden Erzählkonstruktion zwischen teilnehmender und beobachtender Jenseitsreise folgend nicht nur wahrnimmt, sondern auch am eigenen Leib erleidet.[972] Kontrastiv dazu sieht Owein im Süden eine feurig-schweflige Grube, aus der Seelen herausgeschleudert werden und wieder zurückfallen.[973] Dieser Ort, den die Dämonen zunächst als Hölle bezeichnen,[974] bereitet die bloße Nennung der tatsächlichen Hölle vor.[975]

---

968 Vgl. SChrF II,16,2 (in dieser Arbeit auf S. 215 zitiert).
969 Dass es sich um eine Variation handelt, stellt der Text selbst aus, vgl. T 393 ff.: »Istos inter autem et alterius campi miseros hec erat diuersitas, quod illorum quidem uentres, istorum dorsa terre herebant«. (»Zwischen diesen Armen da und den Armen des anderen Feldes war der Unterschied, dass von jenen die Bäuche, von diesen da die Rücken an der Erde hafteten«). Das erste und das zweite Feld stehen zudem in einem Steigerungsverhältnis zueinander, da auf dem zweiten Feld die Seelen nicht nur von Dämonen gegeißelt, sondern auch von Drachen, Schlangen und Kröten gequält werden.
970 Vgl. T 414 ff.: »Iste etenim campus hominibus utriusque sexus diuerseque etatis plenus erat, qui ita in terram clauis ferreis candentibusque fixi iacebant ut pre multitudine clauorum a summitate capitum usque ad digitos pedum locus uacuus non inueniretur quantus digiti unius summitate tegeretur.« (»Dieses Feld da war voll von Menschen beiderlei Geschlechts und verschiedenen Alters, die so auf der Erde mit eisernen und glühenden Nägeln fixiert lagen, dass angesichts der Menge der Nägel von der höchsten Stelle der Köpfe bis zu den Zehen kein freier Platz gefunden werden konnte, der von einer Fingerspitze bedeckt werden konnte.«) – Das Motiv, Seelen mit feurigen Nägeln zu quälen, stammt wohl aus der irischen Tradition, vgl. Easting 1991, S. 243, mit dem Hinweis auf die entsprechenden Passagen in den *Visionen des Laisrén* und *des Adamnán*.
971 Vgl. T 449 ff.
972 Vgl. T 489 ff.
973 Vgl. T 508 ff.
974 Damit findet sich auf der Ebene des Textes selbst ein Widerhall dessen, was die Forschung unter dem Schlagwort der Infernalisierung des Purgatoriums zu fassen sucht (vgl. Easting 1986b, S. 35, unter Rekurs auf Le Goff): Die Strafbilder des Purgatoriums entsprechen den Strafbildern der Hölle früherer Texte, in denen eine reinigende Strafe im Grunde lediglich mit Feuer (und Eis) verbunden war.
975 Der letzte von Drycthelm gesehene Strafort wird im *Tractatus* mit dem Motiv der Jenseitsbrücke so verbunden, dass die Hölle aus der Erzählung ausgeschlossen bleibt.

Indem in den ersten drei Feldern das Purgatorium jenseits anschaulicher Raumimaginationen ausschließlich als abstrakter Strafraum dargestellt wird, ist hier das besonders deutlich narrativ umgesetzt, was in der Vorrede diskursiv entwickelt wird, nämlich dass die evozierten Imaginationen symbolisch zu verstehen sind. Dadurch wird die Plastizität der Strafen in dampfenden Gruben oder an Rädern ebenso wie in den topographisch differenzierten und orientierten Jenseitsregionen gezielt vorbereitet, so dass die dezidierte Unähnlichkeit des konkret-körperhaft und anschaulich Erzählten mit der transzendenten Wirklichkeit nicht allein daraus hervorgeht, dass es sich ja um Seelen handelt, die in der Erzählung als konkret körperhaft imaginiert werden. Für ein adäquates Verständnis sind demnach die konkreträumlich körperhaften Bilder selbst des Purgatoriums nicht wörtlich zu verstehen, obwohl dessen transzendente Wirklichkeit möglicherweise durchaus auch von Körperhaftigkeit als einer Spur des Falls geprägt ist.[976] Daran lässt auch die im Anschluss an die Erzählung des Läuterungsraums eingeschaltete Homilie keinen Zweifel, die in den eigenständigen Teilen, in denen H. keine paränetischen Passagen aus der *Meditatio ad concitandum timorem* Anselms von Canterbury und aus dem *Liber meditationum* Johannes' von Fécamp übernahm,[977] den Zusammenhang zwischen der von der Rezeption des *Tractatus* ausgehenden ›contemplatio‹ transzendenter Wirklichkeit und den diesseitigen ›passiones‹ pointiert:

> Comparentur igitur, karissimi, passiones huius uite predictorum locorum tormentis et miserie. Que si igitur inuicem opponantur in mentis statera, [...] grauior apparebit eorundem locorum inestimabilis miseria. Carneis ut credo, motibus sane mentis nemo delectabitur, quamdiu puro mentis intuitu talia contemplabitur. (T 577 ff.)
>
> Es sollen also, ihr Liebsten, die Leidenschaften dieses Lebens mit den Qualen und dem Leid der vorgenannten Orte verglichen werden. Wenn diese auf einer geistigen Waage einander gegenübergelegt werden, wird, [...] das unschätzbare Leid eben dieser Orte schwerer erscheinen. Niemand, der bei Trost ist, wird sich, wie ich glaube, an fleischlichen Leidenschaften erfreuen, solange er in der reinen Anschauung des Geistes solches betrachten wird.

Im Anschluss an diese interpolierte Homilie erfährt Owein das irdische Paradies,[978] das als Kontrastraum zum Purgatorium erscheint. Die Requisiten eines ›locus amoenus‹ geben das ausgewogene und harmonische Prinzip zu erkennen, das – mit Ausnahme des gleißend hellen Lichts – den

---

976 Vgl. in dieser Arbeit S. 214 f.
977 Vgl. Easting 1991, S. 246.
978 Wie schwierig eine adäquate motivgeschichtliche Zusammenschau (allein mit Beschränkung auf die geistliche und weltliche französische Literatur des Mittelalters) ist, zeigt die Untersuchung von Wolfzettel 2008. Er untersucht das irdische Paradies des Purgatorium vor allem ausgehend von der Darstellung Maries de France und kann dabei nur kursorisch verfahren (vgl. ebenda, S. 71 f.), da eine ausführliche Rekonstruktion auch eine Analyse des *Tractatus* einbeziehen müsste.

Raum des Heils bestimmt. Seine besondere Qualität wird aber nicht vorrangig in seiner physischen Beschaffenheit fassbar, etwa auf der Skala der Temperatur,[979] da anders als im Purgatorium die Sensationen aufgrund der fehlenden Leidensfähigkeit der Seelen keine Rolle mehr spielen. Betont wird vielmehr die selbstbestimmte Aktivität der Seelen, die nun nicht wie im Purgatorium Teil einer entdifferenzierten Masse, sondern sie selbst sind. Die Gestalten, die Owein im irdischen Paradies sieht, bedeuten ihm anhand des Aussehens und der Farbe der Kleidung die Unverwechselbarkeit und Erkennbarkeit des Einzelmenschen[980] sowie seinen besonderen jenseitigen Lohn.

Dass es sich also beim irdischen Paradies keineswegs um eine Art Schlaraffenland handelt, sondern die konkret-räumlichen körperhaften Imaginationen auf einen seelischen Zustand der Ruhe – nämlich das »refrigerium« (T 746) – verweisen, zeigt besonders deutlich der Rekurs auf Adam, dessen prälapsale Existenz sich nicht durch leiblichen Genuss, sondern vor allem in »cordis munditia et celsitudine uisionis interne« (»der Reinheit des Herzens und der Erhabenheit einer inneren Vision«; T 842) durch »beatorum angelorum uisione« (»den Besuch seliger Engel«; T 843) auszeichnete.[981] Da Jesus Christus als ›alter Adam‹ die Menschen, die seinen Glauben in der Taufe annehmen, von der Ursünde befreite,[982] ist der Urzustand seelischer Ruhe wieder erreichbar. Die vollständige Überwindung des Falls des Anfangs geschieht erst im endgültigen Aufstieg in das himmlische Paradies, der absolute Transzendierung bedeutet.[983] Es ist konsequent, dass dieser Raum absoluten Heils unverfügbar bleibt, dennoch durch die Metaphorik des Vorgeschmacks in die Erzählung hineingeholt wird: Einmal täglich genießen alle im irdischen Paradies eine Speise, die vom Himmel herabkommt.

> […] quasi flamma ignis de celo descendit, que patriam totam cooperuit et, quasi per radios diuisim super singulorum capita descendens, tandem in eos tota intrauit. Sed et super militem inter alios descendit et intrauit. Vnde tantam dilectationis dulcedinem in corde et corpore sensit ut pene pre nimietate dulcedinis non intellexerit utrum uiuus an mortuus fuisset. (T 892 ff.)

---

979 Vgl. T 489 ff., wo der Norden für Kälte steht, mit T 508 ff., wo der Süden mit Hitze identifiziert wird. Für das irdische Paradies heißt es demgegenüber: »Nec estum nec frigus ibi sentiebat« (»Weder Hitze noch Kälte spürte er dort«; T 825 f.), wobei hier eher von einer Nicht-Empfindung die Rede ist, die den Kontrast zu den extremen Sensationen im Purgatorium umso deutlicher hervortreten lässt.
980 Vgl. T 775 f. u. 806 ff.
981 Vgl. zum Zusammenhang dieser Stelle (im Vergleich mit der Beheim'schen Übersetzung) in dieser Arbeit S. 236 f.
982 Vgl. T 849 ff.
983 Wie in anderen Texten, die das postmortale Geschick der Seelen fokussieren, spielt auch im *Tractatus* das Endgericht – abgesehen von einer von der ›narratio‹ losgelösten Passage in einer Homilie (vgl. T 714 ff.) – keine Rolle.

> Gleichsam eine Feuerflamme kam vom Himmel herab, die die ganze Heimstatt bedeckte und, sich gleichsam durch Strahlen getrennt über den Häuptern der einzelnen senkend, dennoch in diese als ganze eindrang. Aber unter anderen kam sie auch auf den Ritter herab und drang in ihn ein. Davon verspürte er eine solche Freudensüße in Herz und Körper, dass er angesichts des Ausmaßes der Süße nicht begriff, ob er lebendig oder tot gewesen war.

Die himmlische Speisung wird in den Bildern ausgedrückt, die in der *Apostelgeschichte* das Herabkommen des Hl. Geists darstellen[984] und somit die Sphäre des himmlischen Paradieses als rein geistig fassbaren Zustand weitestgehender Transzendierung im Zeichen göttlicher Inspiration charakterisieren. Dass auch Owein dieser Erfahrung teilhaftig sein kann und so das himmlische Paradies zumindest temporär erfährt, auch wenn er noch nicht in diesen Raum eingehen darf, unterstreicht seinen Heilsstatus; denn der einzige Raum, der in der Erzählung entschieden ausgegrenzt bleibt, ist die Hölle. Dies ist vor dem Hintergrund der Bedingungen des Erzählens stringent: Denn all diejenigen, die sich auf dem Weg durch das Purgatorium nicht bewähren, sind verdammt, ›fallen‹ hinab und erfahren die Hölle, ohne ins Diesseits zurückkehren und davon Zeugnis ablegen zu können. Gerade also für die Hölle gilt, was H. im Anschluss an Hugo von St. Viktor ganz allgemein formuliert: »Que [...] a nobis sunt abscondita, magis nobis sunt timenda quam querenda.« (»Was [...] von uns verborgen ist, müssen wir eher fürchten als es zu erforschen«; T 37 f.).

5.2.5 Transformationen des ›descensus‹

Die gesamte Komplexität, die den *Tractatus de Purgatorio S. Patricii* auszeichnet, hat möglicherweise die Wirkmächtigkeit gerade seiner Jenseitsraumerzählung noch gesteigert, auf keinen Fall aber geschmälert. Vom *Tractatus* sind nicht nur nicht weniger als 150 lateinische Handschriften auf uns gekommen,[985] der Text wurde auch bereits wenige Jahre nach seiner Entstehung, etwa um 1190,[986] durch Marie de France ins Anglonormannische übersetzt und in Verse gebracht. Was den Inhalt betrifft, stellt *L'espurgatoire Seint Patriz* eine prinzipiell vorlagentreue Übertragung dar, wobei Michael Curley zu Recht darauf hingewiesen hat, dass sich trotz dieser Treue im Detail zahlreiche Innovationen finden lassen.[987] Am wesentlichsten ist dabei sicherlich, dass Marie mit ihrer Übersetzung in eine Volkssprache den engen monastischen Kontext des *Tractatus* verlässt und sich an

---

984 Vgl. Apg 2,3 ff.
985 Vgl. meine Anm. 763.
986 Vgl. Pontfarcy 1995, S. 9 f.
987 Vgl. Curley 1993, S. 19–33.

5.2 Die Pilgerreise ins Jenseits. Das Purgatorium des Heiligen Patrick   235

ein laikales, vornehmlich höfisches Publikum wendet.[988] Auch wenn die Genauigkeit, mit der im *Tractatus* auf zisterziensische Äbte und Klöster eingegangen wird, aufgegeben ist[989] und die weltliche Sphäre gegenüber der monastischen Lebensweise ein gewisses Recht behauptet,[990] bleibt der Text dennoch deutlich dem monastischen und gerade auch zisterziensischen Milieu verpflichtet.[991] Auch in einem weiteren zentralen Punkt überrascht die Treue Maries gegenüber dem *Tractatus*. So behält sie die Differenz zwischen ›corporalia‹ und ›spiritalia‹ bei; während es im *Tractatus* stark um die Kommunikabilität des Jenseits im Diesseits geht, ist die Darstellung der Differenz im *L'espurgatoire Seint Patriz* allerdings entproblematisiert. Dass Seelen Geistiges wahrnehmen respektive das Jenseits zuallererst geistig beschaffen ist, wohingegen Menschen nur konkret-räumlich Anschauliches wahrnehmen und verstehen können, wird nicht mehr thematisiert. Stattdessen wird unumwunden festgestellt, dass das, was die Seelen geistig wahrnähmen, körperhaft erscheine,[992] weswegen ein körperlicher Mensch auch Geistiges in körperhafter Gestalt und Erscheinung sehen könne:

> E si nus dit k(e)'home mortel
> unt ço veü e corporel
> si cume en forme e en semblance
> de home corporel sustance. (ESP 177 ff.)

> Und doch sagt man uns, dass sterbliche und körperliche Menschen dies [es bezieht sich auf die im Abschnitt zuvor geschilderten Visionen, MB] gesehen haben, als ob sie die Gestalt, die Erscheinung und die Substanz eines körperlichen Menschen hätten.

Den Laien, die Maries Dichtung rezipierten, dürfte das ästhetische Modell Hugos unbekannt gewesen sein; insofern ist es konsequent, dass in ihrer Version der Jenseitsreise die Transzendierung des konkret Räumlichen in Richtung eines Geistigen nicht mehr angelegt ist. Die erste Übertragung ins

---

988 Vgl. Shields 1988, S.84, und ESP 2297 ff.: »Jo(e), Marie, ai mis, en memoire, / le livre de l'Espurgatoire / en romanz, k'il seit entendables / a laie genz e covenables.« (»Ich, Marie, habe das Buch über das Purgatorium in die romanische Sprache übersetzt, um es vor dem Vergessen zu bewahren und damit es für Laien verständlich und zugänglich ist.«) – Dennoch ergibt es meines Erachtens wenig Sinn, *L'espurgatoire Seint Patriz* zu sehr in die Nähe des höfischen Romans zu bringen, wie es Bloch 2003, S.209 ff., durch eine Reihe wenig aussagekräftiger Analogiebildungen tut.
989 Vgl. Curley 1993, S.24.
990 Der irische König rät Owein nach seinem ›descensus‹, dass er als Ritter weiterleben solle, vgl. ESP 1927 f.: »E li reis lui ad respondu / chevaliers seit, si cum il fu« (»Aber der König antwortete ihm, dass er bleiben solle, was er war: ein Ritter«).
991 So erscheint – anders als bei Michel Beheim (vgl. in dieser Arbeit S.237) – der Jenseitsort der Instruktion nach wie vor als Kloster (vgl. ESP 691 f.); nach der Rückkehr aus dem Jenseits betont Owein, dass dort die Zisterzienser in höchsten Ehren stehen (vgl. ESP 1965 ff.)
992 Vgl. ESP 77 f.: »Il veien espiritelment / ço ke semble corporelment«. (»Sie sehen geistig, was körperhaft erscheint«).

Deutsche, die aus dem 15. Jahrhundert stammt und zeitlich vor den verschiedenen Prosaübersetzungen⁹⁹³ liegt, geht in dieser Hinsicht noch weiter.

In Michel Beheims ›Langer Weise‹,⁹⁹⁴ in der er *Von Sant Patericÿ fegfeur* erzählt, fehlen die Textelemente, die für den spezifisch zisterziensisch-monastischen Entstehungskontext von besonderer Bedeutung sind; demgemäß weist sein Gedicht auch keine expliziten Hinweise darauf auf, dass das Erzählte symbolisch zu verstehen und in Richtung der nichtsichtbaren ›spiritalia‹ zu transzendieren ist: Wohl deshalb wurde von Beheim auch die allegorische Beschreibung der Rüstung des »zu ainer newen riter schaffte« (Beheim 239) unterwiesenen Awende nicht übersetzt⁹⁹⁵ und all das getilgt, was auf eine problematische Differenz zwischen ›corporalia‹ und ›spiritalia‹ hinweisen könnte. So wird in der Rede der beiden Erzbischöfe beim Rekurs auf den Sündenfall einfach auf die Leiblichkeit Adams und Awendes verwiesen, wo doch in der entsprechenden Stelle des *Tractatus* gerade die Differenz zwischen Adam und Owein betont und die Insuffizienz der Wahrnehmung Oweins thematisiert wird, die H. zu Adams prälapsaler Wahrnehmung ins Verhältnis setzt:

Beheim 943 ff.:	T 839 ff.:
Und er [sc. Adam, MB] macht dise frod so gross / leiplich nit mer gespehen, / die du bist hie in salcher mass / mit augen ane sehen. /	Postquam enim inobediens Deo subici contempsit, ultra uidere que uides, immo incomparabiliter maiora gaudia non potuit. Hic enim ipsius Dei uerba sedulo audierat cordis mundicia et celsitudine uisionis interne, hic beatorum angelorum uisione perfrui poterat. Cum autem per inobedientiam a tanta beatitudine cecidisset, etiam lumen rationis quo illustrabatur amisit. [...] Huius autem uniuersa posteritas ob ipsius inobedientie culpam, sicut et ipse, mortis suscepit sententiam.⁹⁹⁶
darumb nam er und sein gesellschafft / da unerbermiglich urtail / zu dem grymmigen tate.	

---

993 Vgl. die Übersicht bei Palmer 1980, Sp. 716.
994 Miedema 2009, S. 65, hat darauf aufmerksam gemacht, dass Beheim »in diesem (gesungenen) Text keinerlei Parallele zwischen seiner eigenen Melodie und den Himmelsgesängen [zieht]. Die Meistersinger in der Nachfolge Beheims scheuten diesen Vergleich jedoch durchaus nicht«.
995 Das unterscheidet Beheims Übersetzung von der Mehrzahl der volkssprachlichen Transformationen, vgl. Roling 2003, S. 223 f., Anm. 249.
996 »Denn nachdem er es in seinem Ungehorsam gering geschätzt hatte, sich Gott zu fügen, konnte er das, was du siehst, und noch unvergleichlich größere Freuden nicht länger sehen. Denn hier hatte [Adam] aufmerksam die Worte Gottes selbst gehört in der Reinheit seines Herzens und in der Erhabenheit innerer Vision, hier konnte er das Gesicht seliger Engel genießen. Als er aber wegen seines Ungehorsams von einer so großen Glückseligkeit abgefallen war, verlor er auch das Licht der Vernunft, durch das er erleuchtet wurde. [...] Seine gesamte Nachkommenschaft empfing wegen der Schuld seines Ungehorsams, wie auch er selbst, das Todesurteil.«

5.2 Die Pilgerreise ins Jenseits. Das Purgatorium des Heiligen Patrick

In deutlichen Worten wird dem Menschen im *Tractatus* nicht nur das ›lumen contemplationis‹, sondern auch das ›lumen rationis‹ abgesprochen, das doch eigentlich seit dem Sündenfall nur getrübt ist.[997] Derartige Differenzierungen spielen bei Beheim keine Rolle, so dass es keinen Sinn ergibt, wenn Beheim bei der Einführung der beiden Erzbischöfe im irdischen Paradies ein die Uneigentlichkeit des konkret Körperhaften anzeigendes »quasi« übersetzt: »Da das gesank der schönn praces / genummen het ain ende, / da namen zwen, als weren es / erczbischof, den Awende / in ir geselschafft« (Beheim 827 ff.).[998]

Ganz im Gegensatz zur Konzeption des *Tractatus* will Beheim in seiner Dichtung die konkret-räumlich körperhafte Anschaulichkeit des Jenseits zur Darstellung bringen. Gerade was die Struktur dieses Jenseits betrifft, hält sich Beheim deshalb auch auffällig exakt an die ›schrifft‹ des *Tractatus*, übernimmt zur Beschreibung sogar bildliche Vergleiche beinahe wörtlich.[999] Die einzige Abweichung besteht darin, dass die ›aula‹ nicht mehr als klosterähnlich charakterisiert, sondern als »balast« (Beheim 156) bezeichnet wird. An dieser Stelle entfernt sich der Text Beheims weiter von dem monastischen Kontext[1000] des *Tractatus* als die Dichtung Maries de France. In einem anderen Punkt entspricht Beheims Übertragung der der Marie de France. Bei beiden geht die Vorlagentreue in Hinsicht auf die Erlebnisse Oweins und die Erzählung der Jenseitsräume so weit, dass das Purgatorium nicht näher lokalisiert wird:

Beheim 1 ff.:	T 206 ff.:	ESP 503 ff.
Ich tun euch kant, / wÿ daz in den gezeiten / ains kunges ausser Engelant / al da peschach grass abenteüre, / sagt uns die schrifft fur ware. / der kung was Steffenus genant. / der het ain riter, hiess Awende. / Der kam gedrat zu ainem pischaff dare / in daz pistum, da innen stat / Sant	Contigit autem hiis temporibus nostris, diebus scilicet regis Stephani, militem quemdam nomine Owein, de quo presens est narratio, ad episcopum, in cuius episcopatu prefatum est Purgatorium, confessionis gratia uenire. Es geschah aber zu diesen unseren Zeit, das heißt in	El tens le rei Estefne dit / si cum(e) nus trovum en escrit, / k'en Yrlande esteit un produm / (chevaliers fu, Owens out nun), / de qui nus volums ci parler / e la dreite estoire mustrer. / A l'eveske de cel païs, / ou li Purgatoires ert mis, / vint Owens a confessïun, / de ses pechiez querre pardun

---

997 Vgl. hierzu in dieser Arbeit Anm. 889.
998 Dass an anderen Stellen ein im lateinischen Text stehendes ›quasi‹ nicht übersetzt wurde, hat insofern nichts zu bedeuten, als es bereits in Beheims lateinischer Vorlage gefehlt haben könnte.
999 Auch die Lichtregie wird übernommen: Vgl. Beheim 146 ff.: »Do waz kain licht. / nit heller dann pesunder, / alz man hie dem winter sicht, / so under gangen ist dy sunne« mit T 261 f. (zitiert u. erläutert in dieser Arbeit in Anm. 957).
1000 Ansonsten folgt die Beschreibung der ›aula‹ bei Beheim sehr genau der des *Tractatus*; vgl. Beheim 150 ff.: »der sal was gancz durch hawen / und het kain gancze want mit nicht, / sunder mit seulen und swibagen / Was er gar wild / und wunderlich gepawen«, mit T 262 ff. (zitiert in meiner Anm. 929).

Patericÿ feure. / da kam er zu im reiten, / daz er het seiner sünden rat / von dem an vang pis zu dem ende.	den Tagen des Königs Stephan, dass ein Ritter namens Owein, von dem die vorliegende Erzählung handelt, zum Bischof kam, in dessen Bistum das vorgenannte Purgatorium liegt, um zu beichten.	Zur Zeit des Königs Stephan, so erzählt man, wie wir es auch niedergeschrieben finden, gab es einen Adligen (er war Ritter und hieß Owein), über den wir jetzt sprechen und seine wahre Geschichte darlegen wollen. Owein kam zum Bischof dieses Landes, in dem das Purgatorium lag, um zu beichten und um die Verzeihung seiner Sünden zu erlangen.

Michel Beheims Vorlagentreue ist an dieser Stelle erklärungsbedürftig. Denn die erstmals bei Peter von Cornwall vorgenommene Lokalisierung[1001] hatte sich zur Mitte des 15. Jahrhunderts längst durchgesetzt. Der weitgereiste Beheim[1002] dürfte ohne jeden Zweifel von der Zuordnung des Purgatoriums zu ›Station Island‹ im Lough Derg erfahren haben. Die Lage des Purgatoriums auf einer Insel am Ende der Welt und die Kombinierung von Jenseitsreise und heiligem Ort waren ihrerseits für die weite Verbreitung des Textes nicht unwesentlich;[1003] beides wurde zur Mitte des 14. Jahrhunderts durch die *Visiones Georgii* bekannt, deren handschriftliche Überlieferung auf den bairisch-österreichisch-böhmischen Raum weist,[1004] in dem auch Beheim tätig war. Dass ein Lied, das in seinem Titel ankündigt, *Von Sant Patericÿ fegfeur* zu handeln, die Lokalisierung gegenüber ihrer Vorlage aber nicht ergänzt, ist erstaunlich.

Einiges spricht dafür, dass die Identifizierung des Purgatoriums des Hl. Patrick mit dem entsprechenden Ort in Irland für Beheim schlicht selbstverständlich war. So erscheint bereits 1413 ein entsprechender Eintrag auf einer italienischen Landkarte Irlands; auf dem berühmten Globus Martin Behaims aus den frühen 1490er-Jahren ist das Patrickspurgatorium sogar der einzige irische Eintrag.[1005] Und noch für das frühe 16. Jahrhundert gilt, dass »die ersten Kartographen, die [...] die Insel Irland in ihre Arbeiten aufnahmen, dabei aber nur eine recht vage Vorstellung von den Konturen des Landes hatten, unter den wenigen ihnen bekannten Ortschaften der Insel jedoch aus-

---

1001 Vgl. hierzu in dieser Arbeit S.204.
1002 Vgl. Rosenfeld 1955 u. Ulrich Müller 1978, Sp.672ff.
1003 Vgl. exemplarisch für eine solche Einschätzung Easting 1991, S. xvii f.: »The popularity of Owein's story is not hard to explain for it combines the fascination of an other-world journey and matter from a long tradition of vision literature with the actual, yet geographically remote, location of the purgatorial ›cave‹.«
1004 Vgl. Weitemeier 2006, S.217.
1005 Vgl. Paravicini 2007, S.113.

nahmslos das *Purgatorium Sancti Patricii* eingezeichnet haben.«[1006] Durchaus treffend bezeichnet Louis L. Hammerich die Zeit zwischen der Mitte des 14. und dem Ende des 15. Jahrhunderts als »Glanzperiode«[1007] des Purgatoriums. Fußend auf der Emergenz im Medium legendarischen Erzählens hat sich dieser heilige Ort ausgehend von dem im zisterziensischen Kontext entstandenen *Tractatus* im Lauf des Mittelalters also so sehr in das kulturelle Gedächtnis Europas eingeschrieben, dass er in transformierter Form im 15. Jahrhundert mit einer gewissen Selbstverständlichkeit unter den ›Langen Weisen‹ Michel Beheims neben *der gepurt unsers hern* oder dem Gleichnis *von dem reichen man und dem betler Lasaro* zwischen einem *exempel von dem tad* und einem *ewangilg von dem jungsten tag*[1008] erscheint.

Die relative Vorlagentreue Maries de France und Michel Beheims ist allerdings nicht repräsentativ. Der Text des *Tractatus* wurde im Laufe der Zeit auch stärker bearbeitet und die Geschichte vom heiligen Ort des Purgatoriums und der Jenseitsreise weitererzählt. Da Patrickslegende und Pilgerbericht, die im *Tractatus* vereint sind, auseinandertreten, werden die Darstellungen in der *Legenda Aurea* und dem *Passional* sowie in den *Visiones Georgii* einzeln betrachtet.

5.2.5.1 Die *Visiones Georgii*

Im Jahr 1353 macht sich der 24-jährige adlige Ungar Georg Grissaphan[1009] auf den Weg nach Irland zum Purgatorium des Heiligen Patrick. Zuvor war er als Teilnehmer am zweiten Italienfeldzug des ungarischen Königs Ludwig des Großen[1010] in Apulien – vor allem in der Stadt Trani – in der Funktion eines ›capitaneus‹ tätig, erfüllte dort also in der kommunalen Verwaltung eine Führungsaufgabe,[1011] zu der auch die Rechtsprechung gehörte. In seiner Amtsführung erwies sich Georg als »valde rigidus« (VG [lat] 87,16), da er die gegnerische Partei »vltra modum« (VG [lat] 88,1) verfolgte und sich dabei zahlreicher Plünderungen und mehrerer hundert Morde[1012] schuldig machte. Allein diese Vielzahl an exakten Informationen, die dem Protagonisten der

---

[1006] Walsh 1999, S.108.
[1007] Hammerich 1930, S.6.
[1008] Vgl. die Übersicht bei Gille/Spriewald (Hrsg.) 1971, S. X f.
[1009] Vgl. zu den folgenden Angaben v. a. VG (lat) 86,15-88,6. Vgl. auch Weitemeier 2006, S.18–23.
[1010] Vgl. Weitemeier 2006, S.552.
[1011] Der Ausdruck diente der »Bezeichnung eines mit militär. Aufgaben verbundenen Führungsamtes in der kommunalen Organisation« (Keller 1983, Sp.1475). Bei Weitemeier 2006, S.552f., finden sich Hinweise für eine mögliche Verbindung zum Johanniterorden, der in den *Visiones Georgii* eine wichtige Rolle spielt (vgl. den Brief Johannes' von Frowick, der Prior des Johanniterordens in Irland war: VG [lat] 85,11 ff.).
[1012] Die Angaben schwanken in den verschiedenen Textzeugen; Hammerich 1930, S.69f., geht von einer widersprüchlichen Ausgabe bereits im Archetypus aus.

Jenseitsreise eine biographische Tiefe verleihen, die Owein absolut fehlt,[1013] weist auf ein Erzählanliegen hin, das sich von dem des *Tractatus* deutlich unterscheidet, in dessen Tradition die *Visiones Georgii* gleichwohl stehen.

In dem von einem, wie man üblicherweise annimmt,[1014] provenzalischen Augustiner-Eremiten[1015] zwischen 1354 und 1358[1016] niedergeschriebenen Text[1017] liefern zu Beginn drei ausführliche Sätze sowohl präzise Angaben zur Figur Georgs[1018] als auch zur raumzeitlichen Verortung des Geschehens[1019] und weisen auf die Beurkundung des Erzählten durch Beglaubigungsschreiben hin,[1020] die – im Anschluss an die ›prefatio‹ unmittelbar vor der Erzählung der Jenseitsreise in voller Länge in die *Visiones*

1013 Vgl. Weitemeier 2006, S. 86.
1014 Vgl. die Kritik von Fasbender 2012, S. 133 f.
1015 So argumentierte zuerst Voigt 1924, S. 183–189.
1016 Der ›terminus post quem‹ folgt aus den Datumsangaben der Beglaubigungsschreiben, deren letzte vom 22. Februar 1354 stammen (vgl. VG [lat] 81,10 ff.; 83,2 f.). Der ›terminus ante quem‹ resultiert aus dem Todesjahr der Königin Isabella von Frankreich, die in VG (lat) 310,12 f. (als noch lebend) erwähnt wird. Vgl. hierzu auch Weitemeier 2006, S. 23.
1017 Der lateinische Text ist in der kritischen Ausgabe von Louis L. Hammerich zugänglich, der sich am Clm 21658 der Bayr. Staatsbibliothek in München als Leithandschrift orientierte. Weitemeier 2006, S. 286, Anm. 1035, regt eine Neuausgabe der lateinischen *Visiones Georgii* an, da gegenüber der Ausgabe Hammerichs neue Textzeugen entdeckt wurden – mittlerweile weiß man von 20 lat. Handschriften (vgl. Weitemeier 2006, S. 17) – und außerdem das auf die Rekonstruktion eines Archetyps ausgerichtete Editionsverfahren Hammerichs der mittelalterlichen Überlieferung in ihrer differenzierten Struktur kaum gerecht wird.
Von den deutschen Übersetzungen und Redaktionen – die *Visiones Georgii* findet man in 26 deutschen Handschriften (vgl. Weitemeier 2006, S. 17) – hat Weitemeier die Übersetzung C3 nach dem Cod. Reg. lat. 522 der Biblioteca Apostolica Vaticana in Rom, dessen lateinische Vorlage allerdings verloren ist und nicht rekonstruiert werden kann (vgl. Weitemeier 2006, S. 285), und die Redaktion C7 nach dem Cgm 4872 der Bayr. Staatsbibliothek in München historisch-kritisch ediert.
In der vorliegenden Arbeit steht die lateinische Fassung, wie sie Hammerich rekonstruierte, mit der gebotenen Vorsicht im Mittelpunkt; die deutsche Übersetzung und die Redaktion werden an aussagekräftigen Stellen punktuell und vergleichend einbezogen, ohne dass sie eingehend interpretiert würden (zum Verhältnis der Übersetzung zur lateinischen Vorlage vgl. Weitemeier 2006, S. 285 ff., und zum Verhältnis der Redaktion zur Übersetzung vgl. ebenda, S. 307 ff.; bes. S. 335: »Wie gezeigt wurde, ist die Redaktion C (*Z) das Resultat einer zielgerichteten und konsequenten Überarbeitung der Übersetzung C (*Y), und zwar ohne daß dem Bearbeiter die Benutzung einer anderen lateinischen oder deutschen Handschrift nachzuweisen ist«).
1018 Vgl. VG (lat) 76,3 ff.
1019 Vgl. VG (lat) 75,8: »anno domini MCCCLIII«, und VG (lat) 77,5 ff.: »[…] domini Nicolai, nunc Clochorensis episcopi, in cuius dyocesi est ostium purgatorij supradicti.« Vgl. zur entsprechenden Stelle im *Tractatus* in dieser Arbeit S. 203.
1020 Vgl. VG (lat) 78,11-86,13. Ob diese Beglaubigungsschreiben ›echt‹ sind, ist keine für diese Arbeit relevante Frage. Es sei aber darauf hingewiesen, dass es auffällige Diskrepanzen zwischen ihnen und dem Text der *Visiones Georgii* gibt (vgl. hierzu Weitemeier 2006, S. 29 ff. – am auffälligsten ist, dass die finale Christusschau in keinem der Schreiben erwähnt wird), die die Historizität der Schreiben zumindest denkbar erscheinen lassen. Der Inhalt der Schreiben wird bei Haren 1988a, S. 120–124, wiedergegeben; zu ihrer Anordnung vgl. ebenda, S. 127.

Georgii montiert – als gleichsam textualisierte Pilgerzeichen fungieren.[1021] Auf die Spitze getrieben wird diese Tendenz in der deutschsprachigen Redaktion C:[1022] In ihr erhält Georg am Ende seiner Jenseitsreise die Botschaften, die er kirchlichen und weltlichen Würdenträgern übermitteln soll, »jngeschrifft an einem prief, der da vermacht was, also das in nÿemant torst aufgeprechen, nür der Georÿ alain, der die potschaft do müst berüeffen.« (VG [dt] 39,49 ff. [Red. C]) Die Botschaften selbst werden nicht genannt, wohl aber hält der Leser die *Visiones Georgii* in der Hand, die ›nür der Georÿ alain‹ offenbart hat. In der Redaktion C wird somit der Ursprung des Textes als einer Jenseitsbotschaft im Text selbst abgebildet.

Diese Emphase auf die Glaubwürdigkeit des Erzählten, die der Abgrenzung nicht von fiktionalem Erzählen,[1023] sondern von der Lüge dient, lässt keinen Platz für differenzierende Überlegungen, wie sie im *Tractatus* in H.s ›prefatio‹ entwickelt werden. Denn in den *Visiones Georgii* geht es um Georgs Pilgerreise, wohingegen die Frage nach der Differenz von ›spiritalia‹ und ›corporalia‹ sowie der Anschluss an die Patrickslegende – beides dominiert den Erzählanfang des *Tractatus* – erst im Laufe des Texts aufgegriffen werden. Darüber hinaus zeichnet die *Visiones Georgii* eine Verschiebung weg vom monastischen Kontext, der die Erzählung des *Tractatus* prägt, hin zur ritterlichen Welt aus, die dann auf der Pilgerfahrt und im Jenseits sukzessive überwunden wird.[1024] Damit will der Augustiner-Eremit anders als der Zisterzienser H. nicht das Purgatorium des Hl. Patrick im Medium einer Erzäh-

---

[1021] Vgl. Kühne 2000, S. 68 ff. Die Pilgerzeichen dienten als »Rechtszeichen, die ihren Träger als Pilger ausweisen, der Rechtsschutz und barmherzige Werke erwarten darf« (ebenda, S. 69). Die montierten Schreiben weisen eine analoge Funktion auf, indem sie nicht nur Georg als Pilger des Patrickspurgatoriums ausweisen, sondern auch Empfehlungen für die Aufnahme an anderen Orten enthielten, wie es im Brief des Priors Paul besonders deutlich wird: »Quare vniuersitatem vestram attente rogamus precibus quibus possumus, quatenus pietatis intuitu precumque nostrarum interuentu benefaciatis pro eodem Georgio et eius ministro, quamdiu vobiscum moram traxerit, et sibi in hijs, que vobis dixerit de miraculis insule nostre, firmiter credatis, quoniam ad plenum constat de confessione et conscientia dicti peregrini«. (»Daher bitten wir euch alle inständig und auf jede nur mögliche Weise, dass ihr eben diesem Georg und seinem Diener gegenüber wohltätig seid um der Frömmigkeit und um unserer Fürsprache willen, solange er sich bei euch aufhält, und ihm darin, was er euch über die Wunder unserer Insel erzählt, fest glaubt, weil wir uns über das Bekenntnis und die Gewissenhaftigkeit des genannten Pilgers vollständig im Klaren sind«; VG [lat] 83,17 ff.).

[1022] Das Folgende nach Prica 2008, S. 322, vgl. auch Weitemeier 2006, S. 49.

[1023] Dass die Dichotomie von ›fiktional‹ und ›faktual‹ für mittelalterliches Erzählen zu kurz greift und dass die Frage nach der Authentizität der Jenseitsreise Georgs für literaturwissenschaftliche Untersuchungen schlicht irrelevant ist, betont Weitemeier 2006, S. 38 ff.

[1024] Der Text wurde zunächst hauptsächlich für Kleriker verfasst, vgl. Haren 1988a, S. 129: »However, the initial success, to which the visions as they have been transmitted owed their formulation, lay in the story's appeal for the academically trained clerical imagination«. Bereits im lateinischen Text finden sich aber gerade in den Versuchungen Georgs Elemente, die eher ein laikales Publikum adressieren (vgl. hierzu auch ebenda, S. 137). Die deutschen Fassungen wurden »von lateinunkundigen Konversen und weltlichen Laien« (Weitemeier 2006, S. 221) gelesen.

lung zugänglich machen, sondern Georgs mustergültigen Weg dokumentieren, der ihn zunächst durch die Welt und dann aus ihr heraus geführt hat.

Nach dem nächtlichen Entschluss zur Umkehr begibt sich Georg an den päpstlichen Hof in Avignon,[1025] wo er von seinen Sünden freigesprochen wird. Wie schon bei der Bekehrung erhebt Georg aber seine »consciencia« (VG [lat] 88,17;89,8) zum alleinigen Maßstab und erachtet die ihm auferlegte Buße für nicht ausreichend, so dass er freiwillig nach Santiago de Compostela pilgert. Dass Buße für Georg Weltabschied bedeutet, ist daran zu erkennen, dass er sich »a tumultu et consorcio hominum« (»vom Zusammenlauf und der Gemeinschaft der Menschen«; VG [lat] 90,5) in Santiago trennen will und sich an einen entlegenen Ort nahe der Kirche »sancte Marie de Finibus Terre« (VG [lat] 90,9) zurückzieht. Der fünfmonatige Aufenthalt findet ein Ende, als ›Georgius eremita‹ eine verehrungswürdige Berühmtheit wird, deren Anbetung dem Entschluss der Ruhm- und Weltflucht entgegensteht.[1026] Deshalb pilgert Georg an das tatsächliche Ende der Welt und darüber hinaus: nach Irland zum Purgatorium des Hl. Patrick.

In der Erzählung der *Visiones Georgii* findet sich ganz im Einklang damit, dass die Differenz von ›spiritalia‹ und ›corporalia‹ anfangs nicht thematisiert wird, zunächst kein Hinweis darauf, dass das, was Georg im Purgatorium erfährt, von einer anderen Qualität ist als das, was zuvor auf der Pilgerfahrt von ihm erlebt wurde. Die vorbereitenden asketischen Praktiken werden gegenüber den Vorschriften des *Tractatus* um Totenämter erweitert, die an fünf Tagen morgens mit Messe und abends ohne Messe zelebriert werden. Der Abstieg in das Purgatorium wird deutlich an Georgs Programm der asketischen Weltflucht angebunden, dem schon der Aufenthalt in der galicischen Einöde diente; gerade in den Totenämtern wird die asketische ›mortificatio‹ besonders deutlich umgesetzt.[1027] Insgesamt scheint der Weg durch das Purgatorium Georgs Weg durch die Welt und aus ihr heraus schlichtweg zu verlängern, so dass auch die topographischen Begebenheiten, die im *Tractatus* völlig im Unklaren bleiben, mit erzählerischer Akkuratesse dargeboten werden können.[1028] Da die Erzählung den Eintritt in das

---

1025 Die deutschen Übersetzungen B, C und D aktualisieren den Stadtnamen und lassen Georg nach Rom reisen, vgl. Weitemeier 2006, S. 553.
1026 Vgl. VG (lat) 90,16 ff.
1027 Deshalb ist der Anschluss an anachoretischen Traditionen, den de Pontfarcy 1988, S. 8 ff., bereits für die Vorbereitungspraktiken im *Tractatus* in Anschlag brachte (vgl. meine Anm. 866), gerade für die *Visiones Georgii* von zentraler Bedeutung.
1028 Vgl. VG (lat) 95,8 ff., bes. 14 ff.: »[...] supradicti prior et conuentus duxerunt eundem Georgium ad quandam insulam valde modicam et satis prope iuxta eorum monasterium, in qua quidem insula est quedam valde modica capella et in capella introitus ad modum porte putei seu cellarij« (« [...] die Vorgenannten, der Prior und der Konvent führten eben diesen Georg zu einer sehr kleinen Insel, die recht nah bei ihrem Kloster lag. Auf dieser Insel aber ist eine sehr kleine Kapelle und in der Kapelle ist der Eingang nach Art einer Gruben- oder Kellertür«).

5.2 Die Pilgerreise ins Jenseits. Das Purgatorium des Heiligen Patrick

Purgatorium nicht als Übertritt in eine kategorial andere Welt konzeptualisiert, kann der Übergang plastisch auserzählt werden, wohingegen im *Tractatus* nach einem Hinweis auf die Uneigentlichkeit des Erzählten[1029] das Durchschreiten der Tür lediglich erwähnt wird:

VG (lat) 97,11 ff.:	T 248 ff.:
Qui quidem Georgius modo ordinato indutus tribus tunicis albis sine zona et capucio, discalciatus et capite discoopertus ac eciam dezonatus, premisso signaculo sancte crucis dicendo: »Jhesu Christe, fili dei viui, miserere michi peccatori!« ostium Purgatorij intrauit, qui quidem introitus est puteus profundissimus profunditatis duorum miliarium et vltra, habens gradus vertiles et volutuosos ad modum vitis gradualis, qui in campanilibus et ipsorum ascensu seu descensu fieri consueuit. Qui cum sic descendisset quasi vsque ad medium vel medietatem persone sue, tunc ad rogatum deuotissimi supranominati regis Magrath ac aliorum astancium idem prior in manu sinistra Georgij crucem Sancti Patricij magne nobilitatis magnique precij cum quadam cordula satis forti […] alligauit. Hijs ergo itaque factis et conpletis idem Georgius fortificatus in domino et in fide Christi firmissimus descendit gaudenter cum maxima spe et fiducia […]	Et qui quondam ferro munitus pugnis interfuit hominum, modo, ferro durior, fide, spe, et iusticia, de Dei misericordia presumens, ornatus, confidenter ad pugnam prorumpit demonum. Primo namque se commendans omnium orationibus et dextera eleuata fronti sue inprimens sancte crucis signaculum, confidenter hilariterque per portam intrauit.
Dieser Georg, ordnungsgemäß gekleidet mit drei weißen Kutten ohne Gürtel und Kapuze, barfuß, am Kopf nicht bedeckt und ungegürtet, bekreuzigte sich, sagte: »Jesus Christus, Sohn des lebendigen Gottes, erbarme dich meiner, des Sünders!«, und ging durch die Tür des Purgatoriums. Dieser Eingang ist ein sehr tiefes Loch, mehr als zwei Meilen tief, mit einer spiralförmig gedrehten Wendeltreppe wie ein	Und der einst mit einem Eisen ausgestattet an den Kämpfen der Menschen teilnahm, bricht jetzt, härter als ein Eisen, mit Glaube, Hoffnung und Gerechtigkeit geschmückt und auf das Erbarmen Gottes hoffend zuversichtlich zum Kampf mit den Dämonen. Zu Beginn empfahl er sich den Gebeten aller und bekreuzigte sich mit der erhobenen Rechten auf seiner Stirn,

---

[1029] Vgl. zur an einer späteren Stelle des *Tractatus* erfolgenden Explikation der Symbolik der ›Rüstung‹ Georgs in dieser Arbeit S. 218.

sich rankender Weinstock – man kennt das vom Auf- oder Abstieg in Glockentürmen. Als er so hinabgestiegen und bis etwa zur Körpermitte versunken war, band auf Veranlassung des völlig gottergebenen, oben erwähnten Königs Magrath und der anderen Anwesenden eben dieser Prior das sehr edle und sehr wertvolle Kreuz des Hl. Patrick mit einer hinreichend festen Kordel an die linke Hand Georgs [...].
Nachdem dies gemacht und vollendet war, steigt eben der Georg, gestärkt im Herrn und ganz fest im Glauben an Christus, fröhlich mit größter Hoffnung und Zuversicht hinab [...].

und trat zuversichtlich und heiter durch die Tür.

Dass das Jenseits auch in den *Visiones Georgii* nicht dem Diesseits entspricht, sondern in ihm rein Geistiges figuriert, ist zu Beginn von Georgs Jenseitsreise allenfalls impliziert. Zunächst begegnet Georg drei sehr alten, einander ähnlichen Männern mit weißem Haar und Bärten bis zum Bauchnabel, die zwar an Mönche gemahnen,[1030] doch ist das nicht ihr herausragendes Merkmal. Vielmehr verkörpern sie – die drei und doch eins sind – die Trinität, was erst an deutlich späterer Stelle expliziert wird.[1031]

In diesem Sinne ist auch das konkret-anschaulich erzählte Geschehen der ersten Station auf seinem Weg durch das Jenseits symbolisch zu verstehen: Georg begegnet Dämonen, die die Gestalt schrecklicher Tiere angenommen haben und ihn in Bezug auf christologische Fragen auf die Probe stellen. Dass sich Georg mustergültig bewährt, erzürnt den Teufel so sehr,

---

1030 Vgl. VG (lat) 102,3 ff.: »Et statim oracione finita affuerunt ibi tres viri antiquissimi et albissimi, barbati valde vsque ad ventris vmbilicum et valde similes in effigie, in persona et in habitu, habentes habitum albissimum sicut nix, quorum habitus forma habitum religiosorum pretendebat.« (»Und nach dem Ende des Gebets waren dort sofort drei sehr alte und ganz weiße Männer, deren Bart bis zum Bauchnabel ging und die sich in ihrer Gestalt, in ihrer Würde und in ihrer Kleidung sehr ähnlich waren: Sie trugen einen ganz schneeweißen Habit und ihr Habit hatte das Aussehen eines Mönchshabit.«)
Auch an dieser Stelle wird deutlich, wie sehr in den *Visiones Georgii* die Fixierung auf einen monastischen Kontext aufgegeben ist: Von dem Vorrang der Zisterzienser ist sowieso nicht mehr die Rede; wo an einer späteren Stelle Mönche auftreten, ist dies meist polemisch – so etwa in VG (lat) 122 ff., wo Teufel keineswegs zufällig die Gestalt von Dominikanern und Franziskanern annehmen. Wie Walsh 1999, S. 82 f., zeigt, hängt dies mit der ablehnenden Haltung Richard FitzRalphs gegenüber den Bettelorden zusammen (vgl. hierzu auch Walsh 1981, S. 304 ff. u. S. 349 ff.).
1031 Vgl. im Ganzen VG (lat) 253 ff., bes. 255,11 ff. (es spricht der Erzengel Michael): »Et sic dicendum, quod illi tres religiosi viri antiquissimi in capella albissima in principio tue peregrinacionis apparentes fuerunt tres angeli sanctissimam trinitatem figurantes [...].« (»Und so muss man sagen, dass jene drei sehr alten Mönche, die dir am Anfang deiner Reise in der ganz weißen Kapelle erschienen, drei Engel waren, die die allerheiligste Trinität figurierten.«)

dass er »Georgium validissime arripiens ac ipsum in medium ignis iactans precipitauit conburendum« (»Georg sehr heftig anpackte und ihn, damit er verbrannte, jählings mitten ins Feuer warf«; VG [lat] 110,21 f.). Durch die Anrufung Jesu Christi kann sich Georg aus dem Feuer retten. Wie schon im *Tractatus* zeigt das Geschehen der ersten Station an, was der Weg durch das Jenseits für den Jenseitsreisenden bedeutet. Er ist sein Fegefeuer.[1032] Im Fall Georgs meint dies den schmerzlichen, aber reinigenden Abschied von einer ritterlichen, das heißt: falschen Welt, der sodann auch die Emanzipation von kirchlichen Autoritäten und schließlich auch die Überwindung sozialer Beziehungen einschließt.

Der Weg durch das Jenseits ist dabei zugleich ein Teil der umfassenden ›via salutis‹, die zu Beginn der *Visiones Georgii* als von Jesus Christus geoffenbart hervorgehoben wird[1033] und die Georg auf den Spuren des Hl. Patrick abschreitet,[1034] ohne vom Weg abzukommen.[1035] Deshalb sind auch die weiteren Stationen, auf denen Georgs Glauben auf die Probe gestellt wird, sein eigenes Fegefeuer. Zunächst holt Georg in seinem Jenseits die Welt wieder ein,[1036] die er seit dem Weggang aus Apulien bereits sukzessive hinter sich gelassen hat: Nach der Begegnung mit den Dämonen in Tiergestalt kommen ihm Ritter und Barone entgegen[1037] und er nähert sich einer ›potentissima ciuitas‹.[1038] Deren Herrin, eine verwaiste Jungfrau im heiratsfähigen Alter, die aber ein Kuh- und ein Pferdefuß zieren, will Georg ehelichen, der dieser Verbindung allerdings entsagt. Nachdem Georg diese Anfechtungen in Gestalt von Rittertum, Adel, Macht und Sexualität überwunden hat, wird er in der Stadt mit dem Feld der Ökonomie konfrontiert: Auch den Kaufleuten geht es um reine Äußerlichkeiten – nämlich Georgs

---

1032 Weitemeier 2006, S.71, deutet den später erfolgenden Grubensturz Georgs (vgl. VG [lat] 154 ff.) als Georgs Fegefeuer. Die herausgehobene Stellung dieser Szene kurz vor Ende des Wegs durch das Purgatorium betont Weitemeier zurecht. Allerdings scheint mit aus inhaltlichen und strukturellen Gründen Georg sein persönliches Purgatorium an dieser Stelle bereits verlassen zu haben (vgl. in meiner Arbeit S.247 f.).

1033 Vgl. VG (lat) 75,7 und 8.

1034 Vgl. VG (lat) 143,4 f.: »[...] secundum ordinacionem sanctissimi Patricij, cuius nunc sequor vestigia [...]« (vgl. hierzu auch in dieser Arbeit S.247). Dies ist einer der ersten Rekurse auf die Patrickslegende; bei der Beschreibung der asketischen Bußpraktiken wird nicht in derselben Weise wie im *Tractatus* auf den Hl. Patrick zurückverwiesen, doch findet sich in diesem Zusammenhang der erste explizite Rekurs, vgl. VG (lat) 95,9 f.: »[...] sicut est pro alijs fieri consuetum et per sanctissimum Patricium ita fieri est mandatum [...]« (»wie es auch für andere üblicherweise geschah und wie es durch den allerheiligsten Patrick vorgegeben wurde, dass es so geschieht«).

1035 Vgl. VG (lat) 119,20 ff.: »Georgius autem de verbis eorum non curans ibit directe per mediam ciuitatem non declinando ad dexteram nec ad sinistram«. (»Georg aber wird sich nicht um deren Geschwätz kümmern und wird direkt mitten durch die Stadt gehen, ohne rechts oder links vom Weg abzukommen«).

1036 Weitemeier 2006, S.70, spricht von »Inszenierungen des Irdischen im Außerirdischen«.

1037 Vgl. VG (lat) 112 ff.

1038 Vgl. VG (lat) 115,7.

nicht standesgemäße Kleidung[1039] –, denen der Büßer im Zeichen seiner glaubensfesten Innerlichkeit widersteht: Georg verlässt die Stadt, die ganz des Teufels ist und folgerichtig lautstark zur Hölle fährt.[1040]

Im Anschluss daran, auf dem mittleren Teil des Weges durch sein Purgatorium,[1041] wird er mit Klerikern und Mönchen konfrontiert. Die Schwierigkeit der Proben seiner Rechtgläubigkeit wird durch die subtilen Häresien und sophistischen Argumentationen[1042] dieser Autoritäten erhöht, in denen nach wie vor christologische Glaubensinhalte im Zentrum stehen. Georgs Verwirrung wird darüber hinaus erhöht, indem der Jenseitsraum eine eigentlich eher den Räumen des Heils als denen der Strafe zukommende Struktur annimmt: Die Kleriker und Mönche bewegen sich in den geordneten Bahnen einer Prozession,[1043] die dem charakteristischen Chaos entdifferenzierter Massen in den Räumen der Strafe entgegenstehen, wo üblicherweise Teufel und Dämonen ihr wildes Regiment führen.[1044] Auch der Gesang trägt entschieden zur Täuschung bei.[1045]

Gesteigert wird die verwirrende Szenerie im abschließenden dritten Teil seines Purgatoriums, wenn Georg seinem Vater und seinen Brüdern sowie seiner Vertrauensperson aus Apulien begegnet.[1046] Aber weder von seinem Vater[1047] noch von seiner ›domicella‹ lässt sich Georg vom rechten Weg abbrin-

---

1039 Vgl. VG (lat) 118,19 ff.
1040 Vgl. VG (lat) 120,2 ff: »Cum vero predictam ciuitatem exiuisset, ciuitas illa absorpta est in infernum cum validissimo sonitu, ac si terribilis clamor factus fuisset per orbem vniuersum.« (»Nachdem er aber die vorgenannte Stadt verlassen hatte, fuhr jene Stadt in die Hölle mit sehr heftigem Lärm, als ob auf der gesamten Welt ein schreckliches Geschrei entstanden wäre.«)
1041 Diese Sequenz wird durch eine Station eingeleitet, in der die purgatorische Funktion von Georgs Weg ausgedrückt wird. Rechts und links seines Weges befinden sich Seelen im Feuer, die von Dämonen gequält werden. In der Mitte des Weges wird Georg mit furchterregenden Schlangen konfrontiert. Vgl. VG (lat) 120,7 ff.
1042 Vgl. VG (lat) 125,18: »sophisticas raciones«. Diese werden vom Redaktor jenseits des narrativen Zusammenhangs von Georgs Erlebnissen diskursiv widerlegt, vgl. VG (lat) 129,4 ff.: »Sed ne supradicte dyabolice et sophistice raciones, in quibus eciam perfidia Judeorum fundatur, sub silencio transeant et ne animas simplicium laicorum forte libellum istum lecturorum decipiant, respondendum est ad illas ac simul dicendum: […].« (»Aber damit nicht die oben erwähnten teuflischen und sophistischen Argumentationen, auf denen sich auch die Ungläubigkeit der Juden gründet, mit Schweigen vorübergehen und damit nicht die Seelen der einfältigen Laien, die zufällig dieses Buch lesen wollen, in die Irre geführt werden, muss auf diese Argumentationen geantwortet und zugleich gesagt werden: […]«) – vgl. ebenso 134,5 ff.
1043 Vgl. VG (lat) 122,11 ff. und 130,13 f.
1044 Vgl. hierzu in dieser Arbeit anhand des Jenseitsraums der *Paulus-Apokalypse* bes. S. 121 ff.
1045 Vgl. VG (lat) 130,16 ff. und Miedema 2009, S. 62.
1046 Vgl. VG (lat) 136,1 ff. und 140,1 ff.
1047 In der deutschen Redaktion C wird diese Passage suggestiver erzählt als in der deutschen Übersetzung und dem lateinischen Text: Denn letztere weisen auf den Teufel hin, der in der Gestalt des Vaters erscheint, wohingegen die Redaktion nur das Erscheinen des Vaters nennt. Vgl. VG (lat) 136,14 ff.: »[…] apparuit sibi dyabolus in figura proprijssima et totaliter indifferenti patris sui Grissaphan« bzw. VG (dt) 18,10 ff. (Übers. C): »do erschain jm der tewfel aygenleich in der gestalt seins vaters / der da hiesz Chrisapan« mit 18,9 ff. (Red. C):

gen, so dass nach der Überwindung auch dieser besonders schwierigen Anfechtungen Georg sein Purgatorium mit der Hilfe Jesu Christi durchlitten hat.

Der Abschluss dieser ersten Wegstrecke und die entsprechende Zäsur werden deutlich markiert: Denn Georgs ›rite de passage‹ eignet mit der immer wiederkehrenden Anrufung Jesu Christi eine spezifische Struktur. Georgs Ausruf: »Domine Jhesu Christe, fili dei viui, miserere michi peccatori!« (»Herr Jesus Christus, Sohn des lebendigen Gottes, erbarme Dich meiner, des Sünders«; VG [lat] 110,18 f. u. ö.),[1048] ist stets die Reaktion darauf, dass er in seiner Einzelmenschlichkeit persönlich betroffen ist. Dementsprechend wird Jesus Christus auf den folgenden Stationen nur noch bei seinem Grubensturz mit dieser Formel angerufen; wo Georg für die gequälten Seelen bittet, erscheint die Anrufung hingegen modifiziert.[1049] Die einzelnen Stationen, die in der Erzählung auf Georgs Weg durch sein Purgatorium aneinandergebunden sind, stellen somit Variationen der Anfechtung dar, deren inhaltlicher Zusammenhang durch die Wiederholung der gleichlautenden Anrufung Christi gerade in denjenigen Gebrauchssituationen meditativ erfasst wird, in denen die *Visiones Georgii* laut gelesen wurden.[1050]

Es ist konsequent, dass Georg am Ende dieser textstrukturell und inhaltlich identifizierbaren Einheit den Weg auf den bekannten Bahnen des Patrickspurgatoriums fortsetzt: Wenn sich Georg deshalb ausgerechnet auf der letzten Station seines persönlichen Purgatoriums gegenüber seiner ›domicella‹ auf die Nachfolge Patricks beruft, ist der Relativsatz vielleicht doch so futurisch zu verstehen, wie er in der Leithandschrift Hammerichs eigentlich steht:

VG (lat) 143,3 ff.:	Bayr. Staatsbibliothek, Clm 21658[1051]
secundum ordinacionem sanctissimi Patricij, cuius nunc sequor vestigia,	secundum ordinacionem sanctissimi Patricij, cuius nunc sequar vestigia,
nach der Festlegung des allerheiligsten Patrick, dessen Spuren ich nun nachfolge	nach der Festlegung des allerheiligsten Patrick, dessen Spuren ich nun nachfolgen werde

---

»do erschain jm sein aigner vater, der Crisaphan«. Auf diese Bearbeitung weist Weitemeier 2006, S. 327, hin.

1048 Der Wortlaut der Anrufung stammt aus der *Legenda Aurea*, vgl. hierzu meine Anm. 1087.
1049 So etwa bei dem hohen Berg, vgl. VG (lat) 157,8 ff.: »Domine Jhesu Christe, fili Marie virginis gloriose, miserere et conpatere animabus illis sic acerbissime tormentatis et afflictis ipsarumque penas temperare, vt non ita acerbissime crucientur!« (»Herr Jesus Christus, Sohn der ruhmreichen Jungfrau Maria, erbarme Dich und habe Mitleid mit jenen Seelen, die so sehr schmerzlich gequält und bestraft werden und mäßige ihre Strafen, damit sie nicht so wahnsinnig schmerzlich gequält werden!«)
1050 Weitemeier 2006, S. 254, zeigt anhand der Eigenschaften der überlieferten Handschriften, dass in einigen Fällen mit großer Wahrscheinlichkeit davon auszugehen ist, dass diese Handschriften vorgelesen wurden. Gerade aber Handschriften kartäusischer Provenienz zeigen dagegen, dass die *Visiones Georgii* auch still gelesen wurden.

Freilich müsste man hierzu der Figur ein Bewusstsein vom eigenen Weg zusprechen, für das es eine nur mögliche Grundlage im Gespräch mit den drei alten Männern zu Beginn der Jenseitsreise gibt. Wie dem auch immer sei: Nach der Konfrontation mit der ›domicella‹ sieht Georg auf seinem Weg mit der ›rota ferrea‹, dem Badehaus, durch das hier der eiskalte Fluss fließt, einer sehr tiefen Grube und einem Berg eben die jenseitstopographischen Elemente in leicht transformierter Weise,[1052] die auch Owein im *Tractatus* bezeugt, ehe er den ›puteus infernalis‹ und die Jenseitsbrücke sieht.

Nach dem Durchgang durch sein eigenes Purgatorium, in dem er seine Welt hinter sich ließ, und der Passage durch das Purgatorium des Heiligen Patrick, in dem er seine Barmherzigkeit erwies,[1053] erfolgt in den *Visiones Georgii* eine weitere Verdopplung des Purgatoriums. Georg ist vom Anblick allein des Außens der Hölle derart überwältigt, dass er Jesus Christus um Beistand anruft. Es erscheint ihm daraufhin der Erzengel Michael, der ihn durch eine verschärfte Variante des Purgatoriums führen will.[1054] Der Grund für diese eigentümliche Verdopplung scheint darin zu liegen, dass nach den Purgatorien, die auf die Figur Georgs und auf die Tradition des *Tractatus* bezogen waren, nun das Purgatorium systematisch korrekt dargestellt werden soll: Ausgehend von einer Differenzierung in »pene comunes et principales« (»allgemeine Hauptstrafen«; VG [lat] 168,13) – das sind Qualen durch Feuer und eiskaltes Wasser – und in »trecenti modi speciales et vltra« (»300 und mehr Spezialstrafen«; VG [lat] 168,18) werden letztere nach dem Schema der sieben Hauptlaster einzeln dargestellt, wobei der Redaktor explizit einem heute nicht identifizierbaren Buch des Lazarus über das Purgatorium folgt.[1055] Der systematische Anspruch dieses dritten Purgatoriums der *Visiones Georgii* geht so weit, dass auch das Problem der

---

1051 Rekonstruktion nach dem kritischen Apparat in der Ausgabe von Hammerich.
1052 Die Abweichungen sollen nicht im Detail aufgeführt werden; vielmehr verweise ich exemplarisch darauf, dass das Rad im *Tractatus* in die Erde eingelassen ist; in den *Visiones Georgii* hingegen befindet es sich nach Art eines Mühlrads mitten in einem feurigheißen, schwefligstinkenden See aus geschmolzenem Blei und Pech. Auch die Mechanismen der Qual unterscheiden sich (vgl. T 449 ff. und VG [lat] 147,10 ff.). Der eiskalte Fluss, der im *Tractatus* im Zusammenhang mit dem windigen Berg erscheint (vgl. T 489 ff.), wird zur Kontrastwirkung mit dem Badehaus verbunden (vgl. VG [lat] 151,14 ff.). Besonders auffällig ist, dass bei der Grube, in die Georg stürzt, in den *Visiones Georgii* nicht die Seelen genannt werden, die im *Tractatus* wie Funken aus dieser Grube emporgeschleudert werden und in sie hinabfallen (vgl. T 509 ff.). Für weitere motivgeschichtliche Zusammenhänge vgl. den Kommentar von Weitemeier 2006, S. 566 ff.
1053 Georg bittet für die gequälten Seelen, vgl. VG (lat) 157,4 ff.
1054 Vgl. VG (lat) 166,14 (es spricht Michael): »Licet magna et mirabilia de purgatorio multiplicia multipliciter videris, tamen illa minima sunt et quasi nichil in conparacione purgatorij, quod tibi statim ostendam«. (»Auch wenn du Großes und wunderbar Vielfältiges vielfach gesehen hast, ist jenes doch ganz wenig und verglichen mit dem Purgatorium, das ich dir jetzt zeigen werde, gleichsam nichts.«)
1055 Der fragliche Text lässt sich auch nicht aus der *Passio Lazari* oder dem *Traité des peines d'enfer* rekonstruieren, wie Weitemeier 2006, S. 58–64, zeigt.

5.2 Die Pilgerreise ins Jenseits. Das Purgatorium des Heiligen Patrick 249

Differenz von Seele und Körper thematisiert wird.[1056] Unter Hinweis auf die allgemeine Auferstehung wird betont, dass die wahrnehmbare Gestalt der Seelen nicht real ist: Vielmehr *erscheinen* sie »non solum in figura propria, sed eciam in statu et ornamentis statui conpetentibus, quem in mundo isto habuerunt« (»nicht nur in ihrer eigenen Gestalt, sondern auch in ihrem Stand und dem ihrem Stand gemäßen Schmuck, den sie in dieser Welt hatten«; VG [lat] 176,14 ff.); ihre Kleidung besteht dabei aus Dämonen, die eine entsprechende Form angenommen haben,[1057] und die Körper selbst, die sich einer genaueren Beschreibung entziehen, werden von guten wie bösen Engeln aus dem ›aer‹ geformt und figuriert.[1058] Der Grund für die Annahme einer Gestalt ist in erster Linie darin zu sehen, dass die Seelen »aliter corporalibus oculis intueri et apparere non possunt« (»anders mit leiblichen Augen weder sehen noch erscheinen können«; VG [lat] 177,4 ff.).

Darüber hinaus aber sind die Hölle und das Purgatorium auch körperhaft gedacht; nicht nur in ihrer Lage unter der Erdoberfläche[1059] sind sie von körperhafter Materialität. In den *Visiones Georgii* wird ausführlich und sogar unter Rekurs auf Aristoteles' Schrift *De anima*[1060] dargelegt, weshalb die Seelen von einem körperhaften Feuer gestraft werden.[1061] Dies ist unter anderem[1062] bedingt durch die ›passibilitas‹ der Seele, die solange selbstver-

---

1056 Kurz nach der Begegnung mit Michael heißt es in den VG (lat) 168,1 ff.: »Vidit namque ibidem innumerabiles virorum et mulierum animas sibi in forma et figura humana apparentes, videlicet animas virorum in figura virorum, quam prius habuerunt in hac vita, similiter et mulierum.« (»Denn er sah eben dort unzählbare Seelen von Männern und Frauen, die ihm in menschlicher Gestalt und menschlichem Aussehen erschienen, das heißt Seelen von Männern in der Gestalt der Männer, die sie zuvor in diesem Leben hatten, und ähnlich auch [Seelen] von Frauen.«)
1057 Vgl. VG (lat) 176,17 ff.: »[…] illa vestimenta non sunt vera, sed demones ardentissimi in figura vestimentorum apparentes et animas illorum sic indutorum ardentissime conburentes«. (»Jene Kleidung ist nicht echt, sondern es sind äußerst grimmige Dämonen, die in der Gestalt von Kleidung erscheinen und die Seelen jener, die so angezogen sind, sehr heftig verbrennen«).
1058 Vgl. VG (lat) 177,5 ff.: »Habent autem ex diuina permissione spiritus dei ad ymaginem dei facti potestatem formandi et figurandi corpora de isto aere siue subtilia siue grossa – isti autem spiritus sunt angeli boni et mali – et omnia humana«. (»Die Geister Gottes, die nach dem Bild Gottes geschaffen sind, haben aber mit göttlicher Erlaubnis die Möglichkeit, Körper – seien sie nun fein oder dick – und alles Menschliche aus dieser Luft zu bilden und zu gestalten; diese Geister da aber sind gute und schlechte Engel«).
1059 So wird beispielsweise von der Hölle explizit gesagt, dass der »infernus infra terram elementarem« (VG [lat] 160,17 f.) liege; die Jenseitigkeit des Raumes wird gleichwohl dadurch impliziert, dass die Hölle von einem solchen Fassungsvermögen sei, »quanta est capacitas inter celum et terram« (»das dem Raum zwischen Himmel und Erde entspricht«; VG [lat] 161,1).
1060 Vgl. VG (lat) 181,10 ff.; weitere Aristoteles-Rekurse finden sich in 292,1 ff.; möglicherweise auch in 297,14 f.
1061 Vgl. Haren 1988a, S. 145, Anm. 58: »That the separated soul did not suffer from corporeal fire was one of the errors of the arts faculty of Paris university condemned by Bishop Tempier in 1270«.
1062 Die gesamte Argumentation soll hier nicht nachgezeichnet werden, vgl. Haren 1988a, S. 145 f.

ständlich gegeben ist, wie die Seele mit dem Körper vereinigt ist. Bei der Trennung vom Körper im Tod behält die Seele jedes ihrer Vermögen, so auch die »potencia sensitiua« (VG [lat] 181,8);[1063] von hier aus lässt sich auch verstehen, dass die Seelen essen und trinken können.[1064]

Während im *Tractatus* das gesamte Jenseits dem Bereich der ›spiritalia‹ zugerechnet wird, lediglich die Räume der Strafe dem Prinzip der Spiegelbildlichkeit entsprechend durch ›corporalia‹ affiziert sind, das irdische Paradies aber eine problematische Zwischenstellung einnimmt, werden in den *Visiones Georgii* das Purgatorium und die Hölle, die von der Einrichtung her im Wesentlichen dem Purgatorium entspricht,[1065] dieses aber in negativer Hinsicht überbietet,[1066] konsequent vom Paradies unterschieden. Damit geht einher, dass in den *Visiones Georgii* kein vier- respektive fünfgliedriger Jenseitsraum wie im *Tractatus*, sondern lediglich ein dreigliedriger konzipiert ist, wie bereits von Beginn der Erzählung an deutlich wird.[1067] Denn das irdische Paradies, das Georg nach dem Überschreiten der Jenseitsbrücke sieht, ist in den *Visiones Georgii* ein nur für Georg geschaffenes, vom menschlichen Auge wahrnehmbares, konkret-räumlich körperhaftes Abbild des himmlischen Paradieses.[1068] Dieses Abbild wird nach dem Aufenthalt Georgs wieder verschwinden:

> Nunc autem de singularissima dei gracia propter te locus iste paradisus inferior pulcherrimus et lucidissimus, sicut vides, nouiter a deo formatus est et creatus, vt in ipso, sicut in figura et ymagine celi empyrei, in quo sanctorum anime et angeli collocantur, apparere tibi et vt a te in figura corporali videri possent in hac ciuitate,

---

1063 Vgl. VG (lat) 182,15 ff.: »in tali passibilitate anima habet quandam corporeitatem et gradum essencialem corporeitatis« (»in dieser Leidensfähigkeit hat die Seele eine gewisse Körperhaftigkeit und einen wesentlichen Grad an Körperhaftigkeit«).

1064 Vgl. VG (lat) 184,20 ff.: »Et tunc dicamus eis [gemeint sind Skeptiker, MB], quod, sicut est possibile animam separatam pati et sentire passiones corporales per sensum tactus, ita potest pati per sensum gustus, et quia, sicut retinet sensum tactus, ita retinet sensum gustus«. (»Und dann lasst uns denen sagen, dass die Seele – wie es möglich ist, dass sie für sich leidet und die körperlichen Schmerzen durch den Tastsinn spürt – auch durch den Geschmackssinn leiden kann und dass sie auf diese Weise ihren Geschmackssinn behält, wie sie ihren Tastsinn behält«).

1065 Dies wird an mehreren Stellen betont, vgl. VG (lat) 177,10 f.: »inter penam purgatorij et inferni in modo et in vigore nulla est omnino differencia« (»zwischen der Strafe des Purgatoriums und der Hölle ist gänzlich kein Unterschied in Hinsicht auf die Art und die Härte der Strafe«); vgl. ferner VG (lat) 201,11 ff. Vgl. hierzu Easting 1986b, S. 39.

1066 Drei Unterschiede werden in VG (lat) 201,21 ff. benannt: Erstens haben die Seelen in der Hölle ihrer Verdammnis entsprechend ein besonders hässliches Äußeres, zweitens ist die Strafe in der Hölle nicht nur doppelt, da zur eigentlichen Bestrafung noch die Gottferne hinzukommt, sondern auch ewig – es gibt auch keinen englischen Trost wie im Purgatorium – und drittens übertrifft der Gestank der Hölle den des Purgatoriums.

1067 Die Differenzierung zwischen ›infernus‹, ›purgatorium‹ und ›paradisus‹ findet sich an mehreren Stellen der *Visiones Georgii*: Vgl. VG (lat) 101,17 f.; 104,6; 141,7 f.

1068 Die Aufgabe des irdischen Paradieses als Aufenthaltsort der Seelen geht wohl auch auf dogmatische Auseinandersetzung zur Zeit des avignonesischen Papsttums zurück (Weiteres in meiner Anm. 907).

et sic de mandato Christi, cui contradici non potest, omnes angeli sancti et anime sanctorum de celo ad istum locum propter te et a te videndi descenderunt et figuras corporales, in quibus a te videri possunt, in statu suo et secundum modum ordinis sui in claritate et ornamentis congruentibus acceperunt. Sed cum omnia ista, que desideras et tua deuota peregrinacio requirit, perfecta fuerint, locus iste euanescet totaliter [...]. (VG [lat] 251,9 ff.)

Nun aber ist durch die ganz einzigartige Gnade Gottes deinetwegen dieser Ort, das untere wunderschöne und sehr helle Paradies, wie du siehst, neu von Gott gebildet und geschaffen worden, damit [sie] dir in ihm selbst, wie in einem Abbild des feurigen Himmels, in dem sich die Seelen der Heiligen und die Engel aufhalten, erscheinen und von dir in körperhafter Gestalt gesehen werden können in dieser Region. So stiegen durch den Befehl Christi, dem nicht widersprochen werden kann, deinetwegen und um von Dir gesehen zu werden alle heiligen Engel und die Seelen der Heiligen vom Himmel zu diesem Ort hinab und nahmen eine körperhafte Gestalt, in der sie von dir gesehen werden können, an – und zwar in ihrem Stand und gemäß ihres Rangs in Helligkeit und passendem Schmuck. Aber nachdem all das, was du ersehnst und deine fromme Pilgerschaft verlangt, erfüllt worden ist, wird dieser Ort da ganz verschwinden [...].

Der im *Tractatus* unter Rekurs auf die Schriften Hugos von St. Viktor entwickelte Gegensatz zwischen der rein geistigen Verfasstheit der Räume des Heils und der Affizierung der Räume der Strafe durch Körperliches, der im Text selbst durch das irdische Paradies unterminiert wird, wird in den *Visiones Georgii* mit bemerkenswerter Deutlichkeit umgesetzt. Nur durch Georgs Wahrnehmung entsteht der Eindruck der Viergliedrigkeit, da er den Himmel mit Christus und Maria vom Konstrukt des irdischen Paradieses aus sieht,[1069] so wie er die Hölle, in der sich Juden, Sarrazenen, Heiden, Häretiker und diejenigen Christen befinden, die nach begangener Todsünde ohne Reue und Buße gestorben sind, von der dem Purgatorium zugehörenden Jenseitsbrücke aus gesehen hat.

Während also das Purgatorium und eben auch die Hölle in gewisser Weise der menschlichen Wahrnehmung kommensurabel sind, übersteigt das Paradies diese, das deshalb seinerseits in einer der menschlichen Wahrnehmung entsprechenden Weise repräsentiert werden muss, um überhaupt irgendwie wahrnehmbar zu sein. Dargestellt wird das auf diese Weise konstruierte irdische Paradies zunächst ganz konventionell mit den Requisiten amöner Landschaften: Auf eine Wiese, deren wunderschöne Blumen einen lieblichen Duft verbreiten, folgt ein Garten, aus dessen Bäumen überirdischer Vogelgesang herausdringt.[1070] Diese natürliche Ideallandschaft ist nur ein Vorgeschmack auf das konkret-räumliche Abbild des himmlischen Paradieses, das Georg hinter einer goldenen Mauer und einer feurigen Pforte

---

[1069] Die Himmelsvision wird als feuriges Lichtereignis erzählt (vgl. VG [lat] 243,2 ff.); Jesus und Maria sitzen in dem feurigen Palast in der Gestalt eines Königs und einer Königin auf Thronen (vgl. VG [lat] 244,2 ff.).
[1070] Vgl. VG (lat) 207,9 ff.; 208,17 ff.

erfährt. Georg nimmt es als eine ausschließlich aus Edelsteinen bestehende Fläche mit einer altarähnlichen Erhöhung in der Mitte wahr.[1071] In dieser Abstraktion weist sich das Konstrukt des Paradieses in den *Visiones Georgii* deutlich als symbolische Umsetzung einer geistigen Wirklichkeit aus. Mit der Konstruktion des irdischen Paradieses wird in den *Visiones Georgii* die im *Tractatus* thematisierte Differenz zwischen ›spiritalia‹ und ›corporalia‹ radikalisiert und auf die Qualität des Jenseitsraums ausgeweitet. Denn während im *Tractatus* ganz allgemein betont wird, dass »signa quedam corporalibus similia ad demonstrationem spiritualium« (T 67f.) eingesetzt werden, sind in den *Visiones Georgii* das Purgatorium und die Hölle von sich aus konkret-körperhafte Räume, in denen körperlose, aber körperlich leidensfähige Seelen für Owein eine körperhafte Gestalt annehmen. Letzteres geschieht im Paradies ebenso, das der Gestalt der Seelen entsprechend rein geistig ist, weswegen auch der Raum der Belohnung eine ihm eigentlich nicht eignende konkret-räumliche körperhafte Gestalt annehmen muss.

Es ist deshalb konsequent, dass in den *Visiones Georgii* die Differenz zwischen ›spiritalia‹ und ›corporalia‹ erst an späterer Stelle thematisiert wird, wo auch die Anschaulichkeit des erzählten Raumes problematisch wird, da das irdische Paradies – anders als im *Tractatus* – eigentlich nicht existiert. Es ergibt besonderen Sinn, dass diese Thematisierung in unmittelbarem Anschluss an den ersten Einsatz des demonstrativen Dialogs[1072] erfolgt, da dessen imaginationsstimulierende Wirkung durch einen Hinweis auf die Problematik konkret räumlicher Vorstellungen balanciert werden muss.[1073] Zu dem hohen Reflexionsniveau der *Visiones Georgii* trägt dabei auch bei, dass der Gegensatz von ›spiritalia‹ und ›corporalia‹ eine Begründung durch Rekurs auf die Wahrnehmungstheorie erhält. Da Nichtkörperhaftes unteilbar sei, könne es keine Winkel bilden:

> Racio est, quia incorporalia sunt indiuisibilia simul similitate et vnitate indiuisibili sine aliqua differencia; indiuisibile autem non facit nec facere potest angulum corporalem. Igitur spirituale sensibiliter in sua propria natura videri non potest, quia omne, quod sensibiliter videtur, videtur sub angulo, sicut veritas docet sciencie perspectiue. (VG [lat] 230,8 ff.)

1071 Nachdem Georg die Prozession der neun Engelschöre und die der Seelen der ›beati‹ gesehen hat, wird er erhöht: Von diesem Standpunkt aus sieht Georg nicht nur den offenen Himmel. Von dort aus stellt er auch seine vier Fragen und insgesamt fünf Bitten, deren Abhandlung durch einen inserierten Traktat Mathias Molendinators über die ›elemosyna spiritualis‹ (vgl. Hammerich 1930, S. 7 u. 310) in die Länge gezogen wird: Der Traktat ist Teil der Antwort, wie die Seele der Mutter schneller aus dem Purgatorium befreit werden kann. Auf der altarähnlichen Erhöhung erhält Georg auch die Aufträge an die weltlichen und geistlichen Würdenträger.
1072 Vgl. VG (lat) 212,4 ff.
1073 Vgl. VG (lat) 213,12 f. (es spricht Michael): »[...] gloriam spiritualem oculo corporali videre non potes« (»den geistigen Ruhm kannst du mit leiblichem Auge nicht sehen«).

5.2 Die Pilgerreise ins Jenseits. Das Purgatorium des Heiligen Patrick   253

Der Grundsatz ist, dass Nicht-Körperhaftes unteilbar ist aufgrund seiner unteilbaren unterschiedslosen Gleichartigkeit und Einheit; etwas Unteilbares aber bildet weder einen körperlichen Winkel noch kann es ihn bilden. Geistiges kann also in seiner genuinen Natur nicht sinnlich gesehen werden, weil alles, was sinnlich gesehen wird, aus einem bestimmten Winkel gesehen wird, wie auch die sicheren Ergebnisse der wissenschaftlichen Optik zeigen.

An dieser Stelle bietet sich ein Blick in die deutschen Bearbeitungen der *Visiones Georgii* an, denn derartige Ausführungen wurden in den deutschen Transformationen nicht immer für wesentlich erachtet: Die Redaktion C beispielsweise tilgt die einschlägigen Passagen. Damit ist aber nicht gesagt, dass die in den lateinischen Texten ausführlich behandelten Probleme der Jenseitsraumerzählung keine Rolle für den Redaktor spielten.[1074] Wahrscheinlicher ist es demgegenüber, dass er die Suggestivität der Erzählung dadurch erhöhen wollte, dass er die Elemente strich, die dem Charakter des anschaulich erzählenden Textes widerstreiten.[1075]

Die deutsche Übersetzung C hat die langen Ausführungen gegenüber ihrer Vorlage gekürzt,[1076] ansonsten aber das Prinzip einer Differenzierung zwischen den Räumen der Strafe und der Belohnung noch deutlicher umgesetzt, indem bei der Erzählung des Purgatoriums das Problem der Wahrnehmung anders als in den lateinischen Texten vollständig ausgeblendet wird; stattdessen wird den Seelen unumwunden eine körperliche Gestalt zugesprochen, woraus ihre Leidensfähigkeit resultiert:

> Das auer vor geschriben stet / daz dÿ seln prinnent jnn dem fewr / vnd sy doch geschaiden sind von dem leichnam / das get also zue / Ein yesleiche sel hat die gestalt an ir / die[1077] der leichnam hie het / die weil der was auf erdreich / Vnd das der leichnam hie geleiden mag oder muesz hie auf erdreich[1078] / dieselben pen mag auch geleiden di sel in den weiczen in euer weld / wenn[1079] alles des leidens des die sel mit wiszen hat enpfunden / die weil vnd sy was jnn dem leichnam / vnd auch ettweuil geliten mit dem leichnam / Noch pas vnd mer mag sy der leidung vnd der peinigung enphinden wenn sy nu jst von dem leichnam (VG [dt] 27g,4 ff. [Übers. C])

Die Tendenz des lateinischen Texts, die Differenz zwischen dem Diesseits und dem Jenseits der Strafräume einzuebnen, wird in der deutschen Übersetzung pointiert. Dazu gehört auch, dass die Frage, wie Seelen essen und

---
1074 Dies zeigt ganz besonders deutlich die Thematisierung der drei alten Männer als Versinnbildlichung der Trinität, vgl. die in dieser Arbeit auf S. 254 zitierte Passage.
1075 In diese Richtung deutet die Bearbeitung, die ich in meiner Anm. 1047 analysiere.
1076 Darauf wird in VG (dt) 35,147 f. explizit hingewiesen: »Vnd des sey also genueg von der maynung die vorgeschriben jst«. Weitemeier 2006, S. 582, weist darauf hin, dass die beiden lateinischen Handschriften, die der Vorlage der Übersetzung C besonders nahestehen, an dieser Stelle einen ausführlicheren Text haben, der dem der Ausgabe von Hammerich entspricht.
1077 In der Handschrift aus »den« verbessert.
1078 Der Satz »Vnd das [...] erdreich« ist in der Handschrift doppelt geschrieben.
1079 In der Handschrift mit Großbuchstaben begonnen bzw. rubriziert (Genaueres kann aus dem entsprechenden textkritischen Zeichen bei Weitemeier nicht erkannt werden).

trinken können, im unmittelbaren Anschluss an die Erörterung der körperlichen Gestalt beantwortet wird.[1080] Das Problem der Wahrnehmbarkeit ist demgegenüber für Georgs Besuch im irdischen Paradies reserviert, dem die Differenz zwischen dem, wie es wirklich ist, und dem, was Georg wahrnehmen kann, deutlich eingeschrieben ist:

> Doch auer wiewol das jst / daz die engln vnd auch die seln der heiligen chainen potich oder leichnam haben an jnselber / vnd sind nur ein geist an der natur noch mügen den leichnam nicht an sich genemen vor der gemainen vrstend / Doch hat jn got durch deinen willen das verlihen / daz sy sich dir erczaigen werdent / recht jnn der gestalt als ob sy den leichnam an jn hieten / Wenn du pist ein tödleicher mensch / vnd möchst mit deinen leibleichen augen ir chlarhait nicht angesehen (VG [dt] 32,65 ff. [Übers. C])

Was im *Tractatus* und deutlich auch im lateinischen Text der *Visiones Georgii* eine problematische Differenz zwischen ›spiritalia‹ und ›corporalia‹ war, verschiebt sich entsprechend der bereits bei Hugo von St. Viktor explizierten Affizierung der Räume der Strafe durch Körperliches hin zu dem Gegensatz der ›chlarhait‹ des himmlischen Paradieses und dem ›snöden chot‹[1081] dieser Welt, die, was Gestank, Körperlichkeit und Gottwidrigkeit betrifft, auf einer Stufe mit den Räumen der Verdammnis steht.

Trotz all dieser Verschiebungen kann man die *Visiones Georgii* sowohl in Hinsicht auf den lateinischen Text wie auf die deutsche Übersetzung und Redaktion gerahmt sehen durch die Erzählung eines Ereignisses, in dem ›spiritalia‹ in ein konkret-räumlich anschauliches Figurenensemble umgesetzt sind: Die drei alten Männer, die die Trinität figurieren, stehen am Beginn der Erzählung; ausgelegt werden sie – auch in der Redaktion C – am Ende, wo Michael zu dem Büßer spricht:

> Georÿ mein lieber prüeder vnd auch lieber frewnt, nu lass dich genügen an dem, das dw gesehen hast, wenn chain tödleicher mensch mag mit nichte nit angesehen die götleich chlarhait, als wie die ist jn der ewigen[1082] maiestat. Dw solt dich halt pilleich da lassen genügen, das die heÿlig driualtigchait etweuil als scheinperleich sich ertzaigt hat jn der gestalt der dreÿer altherren beÿ der weissen chirichen, vnd dich an der selben stat gesegent vnd dich gelerent hat, wie dw dich halten solt jn dem angesicht vnd auch jn der anbeigung der pösen geist, die dw mit seiner hilff gar vberchömen hast. (VG [dt] 37,205 ff. [Red. C])

1080 Vgl. VG (dt) 27g,14 ff. (Übers. C).
1081 Vgl. VG (dt) 33,32 f.: »Gegen derselbigen süeszichait jst die hyeig weld nicht anders wenn ein snödes chot«, der lateinische Text ist an dieser Stelle sogar noch drastischer, vgl. VG (lat) 216,8 f.: »[…] dulcedine aspectus predicti, in cuius conparacione mundus vilissimus est et minus quam lutum reputandus« (»durch die Süße des vorgenannten Anblicks, im Vergleich zu dem die Welt ganz verächtlich ist und geringer geschätzt werden muss als Mist«).
1082 Weitemeier hat an dieser Stelle das folgende Nomen »chlarhait« gestrichen.

5.2.5.2 Die Patrickslegende

Wenn auch nicht an derselben prominenten Stelle wie im *Tractatus* finden sich doch auch in den *Visiones Georgii* Rekurse auf die Patrickslegende. Mehrfach wird betont, dass der Hl. Patrick selbst im Purgatorium war[1083] und in einem Kessel sieben Jahre lang büßte.[1084] Im *Tractatus* ist davon keine Rede, da der Hl. Patrick dort den heiligen Ort zwar einrichtet, selbst aber nicht ins Jenseits hinabsteigt. Gleichwohl steht hinter dem *Tractatus* das ›Rhizom‹ legendarischer Erzählungen vom Hl. Patrick:[1085] Mit dem Purgatorium entsteht ein heiliger Ort, an dem die Gläubigen dem Hl. Patrick, der sich seinerseits als ›imitator Christi‹ erweist, nachfolgen können. Wenn nun in den *Visiones Georgii* davon erzählt wird, dass auch der Hl. Patrick im Purgatorium büßte, wird das der Logik des heiligen Ortes zugrunde liegende Prinzip der ›imitatio‹ expliziert. Die *Visiones Georgii* setzen dabei legendarische Erzählungen vom Hl. Patrick voraus, die ihrerseits vom *Tractatus* beeinflusst sind.

Welche tiefere Bedeutung der ›imitatio‹ dabei im Kontext legendarischen Erzählens zukommt, zeigt gerade ein Vergleich eines stärker legendarisch ausgerichteten Textes mit einem ›exemplum‹: In beiden geht es zwar um Nachfolgeprozesse. In Caesarius' von Heisterbach *Dialogus miraculorum* handelt es sich um einen Zisterziensermönch,[1086] in Jakobs von Voragine *Legenda aurea*, die die *Visiones Georgii* deutlich beeinflusst haben,[1087] um einen gewissen Nicolaus. Während aber bei Caesarius der Aspekt der ›imitatio‹ kaum eine Rolle spielt, da weder Patricks ›imitatio Christi‹ noch die

---

1083 Vgl. VG (lat) 189,18 ff.: »[...] sicut fecit de sancto Patricio, de Georgio et de multis alijs deuotis et penitentibus, qui deuote deo volente atque iuuante purgatorium et infernum in hac mortali vita constituti visitarunt« (»[...] so machte er es mit dem Heiligen Patrick, dem Georg und vielen anderen gottergebenen Büßern, die gottergeben nach dem Willen und mit der Hilfe Gottes das Purgatorium und die Hölle besuchten, obwohl sie hier noch sterblich lebten«).
1084 Vgl. VG (lat) 188,4 ff.: »Item tercio vidit vnum maximum cacabum maxime quantitatis excedentem omnes et singulos cacabos et ollas tocius purgatorij, in quo nemo erat nec futurus est, vt asserebat angelus, in quo sanctus Patricius suam sustinuit penitenciam per septem annos conpletos«. (»Dann sah er drittens einen sehr großen Kessel von äußerstem Ausmaß, der alle, sowohl jeden einzelnen Kessel als auch jene des ganzen Purgatoriums übertraf, in dem niemand war noch sein wird, wie der Engel versicherte, in dem der Hl. Patrick seine Buße hielt sieben volle Jahre lang«).
1085 Vgl. hierzu in dieser Arbeit S. 192 ff.
1086 Vgl. Caes. Heist. dial. XII, 39.
1087 Bei der Erörterung des Problems, dass der Teufel auch das Aussehen und die Gestalt Heiliger annehmen kann, beruft sich der Redaktor explizit auf die *Legenda Aurea* (vgl. VG [lat] 127,13). Außerdem stammt der Ausruf Georgs aus der *Legenda Aurea*, vgl. LA XLIX,17 f.: »Cum te penis affligi senseris, protinus clama et dic: ›Ihesu Christe fili Dei uiui miserere mihi peccatori!‹« (»wenn du gespürt hast, dass du gestraft wirst, rufe sogleich aus und sag: ›Jesus Christus, Sohn des lebendigen Gottes, erbarme dich meiner, des Sünders‹«).

›imitatio Patricii‹ des Zisterziensermönchs erwähnt werden,[1088] figuriert in der *Legenda Aurea* der Hl. Patrick ganz bewusst einen ›imitator Christi‹. Es fragt sich aber, inwiefern Nicolaus als ›imitator Patricii‹ handelt. Spuren einer derartigen Kausalstruktur finden sich erst in der Patrickslegende des *Passionals*, einem um 1300 fertiggestellten deutschen Verslegendar, das auf die *Legenda Aurea* zurück-, aber auch darüber hinausgeht.

Das entsprechende Kapitel *Von sante Patricio* beginnt mit der Erzählung von der Missionierung der Ungläubigen: Patrick predigt vor einem Schottenkönig von der Passion Christi. Dabei lehnt sich der Heilige Patrick auf seinen Bischofsstab, den er versehentlich auf den Fuß des Schottenkönigs gestellt hatte. Patrick durchsticht den Fuß des Königs, der sich aber sogleich in der ›imitatio Christi‹ übt:

    der kunic vil stille sweic
    und versaz den smerzen.
    er dachte in sime herzen
    nach tugentlichem prise
    »dirre man ist also wise,
    er hat getan diz gerne
    und wil, daz ich lerne
    den wec des ewigen vrumen,
    und darzu mac ich nimmer kumen,
    ich endulde ouch diz leit,
    daz Crist an dem kruze leit,
    als er nu hat gesprochen« (P 25;233,18 ff.).

Der Schottenkönig erkennt darin, dass er vom Hl. Patrick verletzt wird, ein Heilsgeschehen. Er geht davon aus, dass ihn Patricks Handlung zur Nachfolge Christi leitet, sofern er ebenso bereitwillig wie der gekreuzigte Christus das Leid auf sich nimmt. Diese Fehldeutung wirkt komisch, da mit heiligem Ernst einem zufälligen Geschehen sowohl Absicht als auch Wirkung zugesprochen werden. Die Verletzung des Schottenkönigs ist aber nicht ein Teil, sondern lediglich der Ausgangspunkt von Patricks Heilshandeln und in dieser Hinsicht nicht funktionslos. Nachdem Patrick das Malheur bemerkt und die Wunde des Königs geheilt hat, heilt er das gesamte Land, indem er alle giftigen Tiere vertreibt:

    dirre tugenthafte bote,
    den unser herre in sande,
    behielt do deme lande
    einen so richen belac,

1088 Allein der Zusammenhang der Irlandmission wird betont, vgl. Caes. Heist. dial. XII, 38: »Cum sanctus Patricius gentem illam converteret, et de poenis futuris dubitarent, precibus obtinuit a Deo locum illum.« (»Als der Hl. Patrick die Iren bekehrte und diese wegen der jenseitigen Strafen zweifelten, erlangte er durch seine Gebete von Gott jenen Ort.«) Der Aufenthalt des Zisterziensermönchs in der ›fossa‹ besteht aus einem Kampf mit Dämonen, die ihn zwingen wollen, sein Professgewand abzulegen.

daz nicht darinne wefen mac
dikein tier mit vergift. (P 25;233,54 ff.)

Hier wird deutlich an die sich im Frühmittelalter formierende Patrickslegende angeschlossen: Die Verletzung des Königs wird bereits in der einflussreichen *Vita Tertia* erzählt.[1089] Im 60. Kapitel tauft Patrick König Oengus und durchsticht dabei seinen Fuß.[1090] Die Verbindung der Verletzung des Königs mit der Vertreibung der Schlangen, wie sie bei Jocelin im Zuge der Cruachán Aigle-Episode erzählt wird, findet man erstmals in Albers von Windberg *Tnugdalus*-Dichtung. Da diese Verbindung auch in der *Legenda Aurea* hergestellt wird, Jakob aber wohl kaum Albers Fassung kannte, dürfte die Erzählung von der Schlangenvertreibung als Kompensationsleistung für die Verletzung des Königs, wie Nigel Palmer vermutet hat,[1091] aus einer verlorenen, erweiterten Fassung der *Vita Tertia* stammen, die Alber und Jakob benutzt haben. Im *Passional* fungiert diese Episode zusammen mit zwei weiteren legendarischen Erzählungen, die ebenfalls bereits in der *Vita Tertia* enthalten sind,[1092] zur Erzählung von Patricks Heiligkeit, die sich in den ›signa‹ offenbart, die Patrick bei der Missionierung Irlands wirkt. Daran fügt sich nahtlos die Erzählung vom Purgatorium an, da eben diese Missionierung Patrick vor große Probleme stellt:

vil wenic vrumen fchuf er da,
wand daz lut was zu hart,

1089 Vgl. zur *Vita Tertia* in dieser Arbeit S.196.
1090 Vgl. VitTert 159,8 ff.: »Cumque Patricius caput regis benedixisset, cuspis baculi eius fixa est in pede regis. Sed rex benedictionem ualde desiderans dolorem pedis pro nichilo reputauit. Finita autem benedictione uidens Patricius pedem eius laceratum benedixit ei, et statim sanatus est.« (»Nachdem Patrick das Haupt des Königs gesegnet hatte, bohrte er die Spitze seines Stabs in den Fuß des Königs. Aber der König hielt den Fußschmerz für nichts, weil er den Segen sehr ersehnte. Nach der Segnung sah Patrick, dass sein Fuß verletzt war, segnete ihn und wurde sofort geheilt.«)
1091 Palmer 1982, S.38; so auch Ó Riain-Raedel 1997, S.716. Vgl. ferner Pfeil 1999, S.105–115: Auch wenn in Windberg selbst keine *Vita Tertia* nachgewiesen werden kann, so dürfte sie den Regensburger Schottenmönchen bekannt gewesen sein, mit denen Alber ja in Verbindung stand. Pfeil meint sogar, dass mit gewissem Recht angenommen werden dürfe, dass eine »Version der Patricksvita, wie sie in Albers frühmhd. Gedicht (leicht abgewandelt) tradiert ist, im Umkreis der iro-schottischen Konvente St. Jakob und Weih-St. Peter in Regensburg« (S.114 f.) entstanden sei. Zur Funktion der Episode in Albers Dichtung: vgl. ebenda, S.116–119.
1092 Die Erzählung vom Schafraub geht auf das Kapitel 70 der *Vita Tertia* zurück: »Hircum qui sancto Patricio aquam suis humeris uehebat furatus est quidam uir et manducauit, et postea negauit quod illum comedisset. Cumque uehementissime affirmaret quod manum suam hirco non misisset, hyrcus proditor furti ex uentre eius clamauit.« (»Den Bock, der dem Hl. Patrick auf seinen Schultern Wasser gebracht hatte, klaute ein Mann und aß ihn. Danach leugnete er, dass er jenen gegessen hatte. Als er sehr heftig beteuerte, dass er seine Hand nicht an den Bock gelegt hatte, blökte der Bock, Verräter des Diebstahls, aus seinem Bauch heraus«; VitTert 167,24 ff.). Weshalb Patrick ein Kreuz vermeintlich übersehen hat, wird direkt vor dieser Episode in Kapitel 69 erzählt.

> an die valfcheit verkart,
> in der ez lac vervallen tief. (P 25;234,84 ff.)

Deshalb muss er mit Gottes Hilfe ein größeres ›signum‹ wirken. Gott zeigt ihm einen Ort, an dem er mit seinem Bischofsstab einen Kreis in die Erde zeichnen soll:

> do er gemachte ienen kreiz
> mit fime ftabe und drin fach,
> fo fach er, wie die erde ufbrach
> und wite von einander weich.
> als er e den cirkel ftreich
> mit dem ftabe alumme hin,
> so fprach ein ftimme wider in
> »Patricii, fich wunder,
> da ift ein wefen under
> deme alle vreude ift tuwer.
> einerhande vegevuwer
> ift da mit fcherflicher tat.
> fwer mit willen drin gat,
> der darf nicht me kumen in pin.
> diz fal ein vegevuer im fin
> vor ieglichen gedienten ban.« (P 25;235,14 ff.)

Auch über den Tod Patricks hinaus wird sein Heilshandeln in Irland wirksam, denn die sich schnell verbreitende Kunde vom Purgatorium zieht zahlreiche Menschen an, die dort ihre Sünden büßen. Dazu gehört auch Nicolaus, ehedem ein »fundec man« (P 25;235,51), den seine Taten in dem Moment reuen, in dem er in die Grube sieht: »der ruwe zu urkunde/ wolde er die funde bezzeren gote.« (P 25;235,64 f.) Nach der Vorbereitung des ›descensus‹, die im Wesentlichen der Darstellung des *Tractatus* folgt,[1093] steigt Nicolaus in das Purgatorium hinab. Nach der Instruktion durch weißgekleidete Kleriker und nach zwei Begegnungen mit Teufeln sieht Nicolaus Sünder im Fegefeuer: In seiner Struktur entspricht das Jenseits in etwa[1094] dem des *Tractatus* – neben dem Straffeuer sieht Owein ein »hus liechtelos,/ beide wit unde lanc« (P 25;238,16 f.), durch das ein Feuerfluss fließt, der sich in Gruben ergießt; in diesen sind die Sünder unterschiedlich tief eingesunken. Hinter diesem Haus steht das ›balnearium‹ des *Tractatus*.

1093 Anstelle eines fünfzehntägigen wird ein siebentägiges Fasten erwähnt.
1094 Ein markantes jenseitstopographisches Element, das allerdings in der Darstellung des *Passionals* fehlt, ist das Rad, das in der *Legenda Aurea* sehr wohl beschrieben wird: »Deinde ducitur ad quendam locum ubi homines in sartagine frigebantur, ubi rota maxima erat uncinis igneis plena, in quibus per diuersa membra homines erant suspensi, que tam uelociter uoluebatur quod globum igneum emittebat.« (»Hierauf wird er an einen Ort geführt, an dem Menschen in einer Pfanne geröstet wurden. Dort war ein sehr großes Rad voller eisernfeuriger Haken, auf denen Menschen an verschiedenen Gliedern aufgehängt worden waren. Es drehte sich so schnell, dass es eine feurige Kugel emittierte«; LA XLIX,32).

5.2 Die Pilgerreise ins Jenseits. Das Purgatorium des Heiligen Patrick

Die Grube, aus der Seelen herausgeschleudert werden, ist im *Passional* (wie auch in der *Visio Drycthelmi*) tatsächlich die Hölle:

> die geifte fprachen zu jm do:
> »diz ift mit grozer erge
> unfers meifters herberge,
> der Beelzebub ift genant,
> aller pine ein leidez bant.
> fwaz er ie da verflant,
> an dem ift vurbaz troft erwant.
> nu fich dich vor vil ebene,
> alhie wirt dime lebene
> eweclich unfelde kunt,
> ob der groze hellehunt,
> der da buwet difen grunt,
> dich gevêt in finen munt
> mit erge, als ouch ift fin fite. [...]« (P 25;238,66 ff.)

Das Paradies, das Nicolaus über die Jenseitsbrücke erreicht, wird, analog der Darstellung in der *Legenda Aurea*,[1095] nicht nur als »fchonfte wife« (P 25;239,96), sondern auch als »wunnencliche[ ] ftat« (P 25;240,36) dargestellt. Damit ist auch Nicolaus an das Ende seiner Jenseitsreise gelangt; vom Heiligen Patrick ist am Ende dieses Kapitels freilich schon längst nicht mehr die Rede. Abgesehen davon, dass besagter Nicolaus in das Purgatorium des Hl. Patrick hinabgestiegen ist, gibt es keinen expliziten Hinweis dafür, dass er darin auch dem Hl. Patrick nachfolgt. Und dennoch lässt sich gerade die Erzählung von Patrick und Nicolaus, die im *Passional* überliefert ist, zum Typ der ›Sprosslegende‹ rechnen.[1096] Doch inwiefern stellt Nicolaus' ›descensus‹ tatsächlich die »Wiederholung von heiligmäßigem Weltabschied und Gottverähnlichung«[1097] dar?

Hier zeigt sich erneut, inwiefern es berechtigt ist, den Intertext legendarischer Erzählungen als ›Rhizom‹[1098] zu charakterisieren. Struktur und Logik der Erzählung im *Passional* werden nur transparent, wenn man einer der möglichen Verweisungen dieses Geflechts nachgeht. Schon die ersten Verse lassen eine solche Linie erkennen:

[1095] Vgl. LA XLIX,47 ff.: »Et ecce, duo speciosi iuuenes ei apparuerunt, qui ipsum usque ad quandam ciuitatem speciosissimam ex auro et gemmis mirabiliter rutilantem perduxerunt. De cuius porta odor mirabilis emanabat qui illum adeo recreauit quod nullum dolorem uel fetorem sensisse uidebatur; dixeruntque ei quod illa ciuitas paradisus esset.« (»Siehe, da erschienen ihm zwei sehr schöne junge Männer, die ihn selbst bis zu einer wunderschönen Stadt führten, die durch das Gold und die Edelsteine wunderbar funkelte. Aus ihrem Tor strömte wunderbarer Duft, der jenen so sehr erbaute, dass er keinen Schmerz oder Gestank gefühlt zu haben schien. Sie sagten ihm, dass jene Stadt das Paradies sei.«)
[1096] Vgl. Strohschneider 2010, S. 147, der allerdings keinerlei Begründung hierfür angibt.
[1097] Strohschneider 2010, S. 147.
[1098] Vgl. in dieser Arbeit S. 202 f.

> Patricius ein bifchof hiez,
> der alle valfcheit verftiez,
> und brach fich uf den geniez,
> nach dem er ie fich hungern liez
> mit andechtlicher fwere. (P 25;232,1 ff.)

Auf die Askese Patricks wird lediglich verwiesen, sie wird nicht in aller Ausführlichkeit erzählt, sondern nur erwähnt, obwohl sie doch für die Heiligkeit Patricks insofern von konstitutiver Bedeutung ist, als in ihr Weltabkehr und -überwindung dargestellt werden. Aber enthält der Vers einen Verweis auf das im kulturellen Gedächtnis gespeicherte Wissen? Im *Passional* ist Patrick von Anfang an heilig; dies wird nicht gesetzt, vielmehr ist die Begründung im Verweis enthalten: Die bloße Nennung des Fastens, dessen Bedeutung schon allein deshalb nicht überschätzt werden kann, da diese Nennung in der *Legenda Aurea* fehlt, stimuliert die Inferenz auf die Cruachán Aigle-Episode, wie sie nicht nur bei Jocelin, sondern auch in der auf dem Kontinent weithin bekannten *Vita Tertia* erzählt wird.[1099] Wenn nun Nicolaus das Purgatorium betritt, verlässt er – »zur werlde was er hoh geborn« (P 25;235,56) – eben diese Welt und folgt Patrick nach, wie dieser Christus nachgefolgt war.

Auch die Überwindung dämonischer Anfechtungen in diesem Jenseits geschieht im Zeichen der ›imitatio‹: Wie Patrick die Dämonen in Gestalt schwarzer Vögel vertrieben hat, so widersetzt sich Nicolaus »lewen, beren, ftiere,/ wolve und fwin mit fcharfen zenen« (P 25;236,70 f.). Und auch Nicolaus' Handeln bleibt ebenso wie das Patricks nicht folgenlos: Wie die Berichte über Besuche im Purgatorium zeigen, zu dessen Bekanntheit nicht zuletzt das legendarische Erzählen beigetragen haben dürfte, sind auch weitere Gläubige Nicolaus nachgefolgt, so dass die Kette von ›imitationes‹ ausgehend von Christi Weltabschied über den Heiligen Patrick bis hin zu Nicolaus und all den anderen Pilgern nicht abreißt. Die historisch verbürgten Pilgerreisen kann man insofern als »Geschehnis unablässiger ›imitatio‹«[1100] begreifen, als in ihnen das Transzendieren von Immanentem in einen temporären Übertritt vom Diesseits ins Jenseits überführt ist, in dem die Transzendenz des Heiligen für den Einzelmenschen, der kein Ausnahmemensch ist, nachahmbar gemacht wird. Hierin zeigt sich die Kraft der Legende – allerdings nur bis zu einem notorischen historischen Datum. Stärker noch als die Zerstörung des Purgatoriums im Jahre 1497 auf päpstlichen Befehl hin[1101] dürften aber mentalitätsgeschichtliche Veränderungen den Ausschlag gegeben haben.

1099 Vgl. VitTert 85 (in dieser Arbeit zitiert auf S.196).
1100 Strohschneider 2010, S.147.
1101 Vgl. Haren 1988b, S.190–201.

Ablesen möchte ich diese Veränderungen abschließend an keiner legendarischen Erzählung, sondern an einem Prosaroman. In dem 1509 bei Johann Otmar in Augsburg erstmals gedruckten *Fortunatus* wird davon erzählt, wie der Protagonist gemeinsam mit seinem gerade gewonnenen Gefährten Lüpoldus nach Irland reist. Nach dem Besuch bei Lüpoldus' Familie stellt Fortunatus fest, »das noch zwů tagraiß wårn biß in die stat da patricius fegfeůr ist (ligt auch in Hybernia)« (F 443).[1102] Unverzüglich brechen sie dorthin auf; allerdings gelten die Zutrittsregeln auch für sie, so dass sie zunächst die Erlaubnis des Abts einholen müssen. Am Vorabend des ›descensus‹, nach einem köstlichen Mahl erkundigt sich Fortunatus beim Abt nach der Aitiologie des heiligen Ortes. Patrick figuriert in dieser Erklärung nicht den Missionar Irlands, sondern einen Heiligen, dessen Handeln als ›imitabile‹ herausgestellt wird, mag es sich dabei auch um eine Rückprojektion handeln:[1103] Patrick

> was gar ain andåchtiger man / der offt her gieng in dise wůstin vmb bůßwirkung zu thůn Vnnd auff ain mal do fand er diese hüle / die tzumal lang vnd tůf ist / darein gieng er so weit / das er nit wißt herauß zu kommen / fiel er nider auff seine knye vnd bat got / wår es nit wider seinen götlichen willen das er ym auß der hüle hulf / die weil er got bat mit grosser andacht / hort er noch verr hynder ym ain jåmerlich geschray / als ob es ain grosse menigin leůt wåre / darab er ser erschrack / doch verlich ym gott das er wider auß der hüle kam. (F 444)

So üben sich Fortunatus und Lüpoldus also in gewisser Hinsicht durchaus in der ›imitatio Patricii‹, wenn sie am nächsten Morgen nach der Beichte in das Purgatorium[1104] hinabsteigen. Dass es aber wohl doch an der rechten Einstellung gefehlt haben mag, zeigt sich darin, dass die beiden, wie schon einige Pilger vor ihnen, nichts außer Dunkelheit und Zeitlosigkeit erleben.[1105]

Fortunatus und Lüpoldus verirren sich so, dass sie am nächsten Morgen nicht am Ausgang sind. Am dritten Morgen schließlich werden ihre Knechte unruhig, so dass der Abt einschreiten muss – fürchtet er doch empfindliche Einnahmeinbußen, sollten die beiden zu Tode gekommen sein:[1106]

> Also wißt der Abbt ainen alten man / der vor vil iaren die hüli hett mitt schnieren abgemessen / vnd sandt nach ym / sprach dass er lůgte / ob er die männer künd herauß bringen / die knecht verhiessen ym hundert Nobel. (F 446 f.)

[1102] Hennig 1950 untersucht alle drei Reisen, die im *Fortunatus* nach Irland unternommen werden, und weist auch darauf hin, dass das Purgatorium bei der Reise von Fortunatus und Lüpoldus anders lokalisiert ist als bei der Reise von Andolosia und Agrippina (vgl. ebenda, S. 98 f.).
[1103] Vgl. Jan-Dirk Müller 1990, S. 1200.
[1104] Der *Fortunatus* fußt, was das Purgatorium betrifft, auf zwei Flugschriften der 1480er Jahre. Vgl. Jan-Dirk Müller 1990, S. 1199, sowie Waterhouse 1923 u. ders. 1934.
[1105] Vgl. F 444: »Doch so sagen etlich sy haben gehört ellendiglichen růffen / so haben ettlich nichts gehört noch gesehen / dann das yn ser gegrausset hat«.
[1106] Denn der Abt »forcht es wåren nit mer pilger dahin kommen / dardurch jm vnd seim gotzhauß nutzung abgangen wår« (F 447).

Der alte Mann ist in der Tat erfolgreich und schafft es, Fortunatus und Lüpoldus zu bergen.[1107] Durch sein Vermessen,[1108] das ihre Rettung bedeutet, wird aber nicht nur der heilige Ort zerstört; das Vermessen fungiert auch als Zähmung eines ›tremendum‹, das kaum mehr ›fascinans‹ sein kann.

1107 Vgl. F 447: »Jst zuwissen das die hüle kain liecht leidet in kainen weg / vnd allso schlůg der alt man sein instrument an vnd sůcht ain hüli nach der anderen biß daz er sy fand / des waren sy fro / waren gantz onmachtig vnnd schwach worden / allso hieß er sy dass sy sich an yn hieben / wie ain blind an ainen gesehenden / vnd gieng er seim instrument nach. Mit der hylff gots vnd des alten mans / kamen sy wider zu den leüten«.
1108 Vgl. für den weiteren frühneuzeitlichen Kontext Kiening 2007.

6. ›Summa visionum‹.
Die Gesichte des englischen Bauern Thurkill

Am Anfang der christlichen Erzählungen vom jenseitigen Geschick der Seelen stehen die Apostel Petrus und Paulus. Dass die »duo principales apostoli« (VTh 13,8 f.) in der *Visio Thurkilli* gemeinsam auftreten, zeugt von der eschatologischen Funktion, die den beiden neben in dieser Hinsicht prominenteren Figuren wie dem Erzengel Michael zugesprochen wurde; zugleich aber mag dies dafür stehen, dass sich in dieser ›Visio‹ unterschiedliche Aspekte der früheren christlichen Erzählungen von Jenseitsreisen bündeln. In doppelter Hinsicht können die Gesichte Thurkills als ›summa visionum‹ bezeichnet werden.[1109] Zum einen stellt der Text selbst ein Gattungsbewusstsein aus, indem explizit auf entscheidende mediävale Erzählungen von Jenseitreisen, wie den *Tractatus de Purgatorio S. Patricii* oder die *Visio Tnugdali*,[1110] verwiesen wird; zum anderen aber lässt sich die *Visio Thurkilli* in verschiedensten Hinsichten auf vorangegangene Entwürfe, über die sie auch hinausgeht, transformativ beziehen (so verbindet sie auf einmalige Weise die Jenseitserzählungen der so unterschiedlichen *Petrus-* und *Paulus-Apokalypse*). Die Analyse der *Visio Thurkilli* soll deshalb am Ende dieser Arbeit stehen.

In der *Visio Thurkilli* wird von der Jenseitsreise eines einfachen Bauern erzählt,[1111] dem während der Feldarbeit am Vorabend des Fests der Hll. Apostel Simon und Judas, d.h. am Abend des 27. Oktober 1206[1112] der Hl. Julianus Hospitator erscheint, um ihm

---

1109 Der Begriff der ›summa‹, deren Blüte vom 12. bis zum 14. Jahrhundert reicht, wird auf wissenschaftliche Werke angewendet. Wenn ich diesen Begriff hier für die Visionsliteratur verwende, beziehe ich mich auf Auerbachs Aussage über Dantes *Commedia* als »Summa vitae humanae« (Auerbach 2001 [zuerst 1929], S. 118; vgl. Gardner 1976, S. 116).
1110 Vgl. VTh 3,3 ff.; es wird dort auch auf die *Visio Edmundi monachi de Eynsham* (vgl. zu diesem Text den Band von Ehlen/Mangei/Stein [Hrsg.] 1998) rekurriert. Vgl. auch Kemmler 2007/08, S. 137 ff.
1111 Auch in der *Visio Godeschalci* bzw. dem *Godeschalcus* reist ein Bauer durchs Jenseits. Diese Entrückung während der Belagerung der Burg Segeberg in Holstein im Dezember 1189 zeichnet aus, dass sie in zwei Texten verschriftlicht wurde, wobei einiges darauf hindeutet, dass der Verfasser der *Visio Godeschalci* den längeren *Godeschalcus* kannte. Vgl. Bünz 1999, Sp. 407. Zur Figur des Bauern vgl. Paul Gerhard Schmidt 1978b, S. 50.
1112 Vgl. VTh 4,10 f. u. 5,5 f.

seine Ekstase anzukündigen. Die *Visio Thurkilli* ist in vier Handschriften überliefert;[1113] sie dürfte von Ralph von Coggeshall niedergeschrieben worden sein.[1114]

Die Sonderstellung der *Visio Thurkilli* resultiert aus zwei transformativen Modi. Der erste transformative Modus lässt sich als ambivalente Komisierung beschreiben. Die Ambivalenz resultiert dabei daraus, dass einzelne Passagen des Textes nur in gewissen Hinsichten eine komische Wirkungsdisposition aufweisen. So ist es auf der einen Seite auffällig, dass es an mehreren Stellen der *Visio Thurkilli* durch die widersprüchliche Verbindung typischer Handlungsabläufe zu Inkongruenzen kommt,[1115] die offensichtlich nicht aufgelöst werden können. Dies zeigt sich etwa am Ende von Thurkills Ekstase. Dass Thurkills Seele in seinen Körper zurückkehrt, bewirkt der verzweifelte Wiederbelebungsversuch der Bewohner des Dorfes nur deshalb, weil ihn das eingeflößte Weihwasser umzubringen droht:

VTh 7,22 ff.	VTh 36,17 ff.
circa horam vespertinam quidam assistentium circa corpus eius consilium inierunt, ut os eius cum cuneo violenter aperirent atque aquam benedictam ad cor eius refrigerandum inicerent.	Reduc festinanter virum hunc ad corpus suum, quia, nisi citius reductus fuerit, iam aqua frigida, quam nunc in os suum astantes moliuntur inicere, ex tot pernicioso interitu suffocabitur.
Als es ungefähr die Zeit des Abendgebetes war, beschlossen einige aus der Menge, die seinen Körper umstand, seinen Mund gewaltsam mit einem Keil zu öffnen und ihm zu seiner Erquickung Weihwasser einzuflößen.	Bring diesen Mann schnell zu seinem Körper zurück. Wenn er nicht rasch zu seinem Körper zurückgebracht wird, erleidet er ganz und gar den Erstickungstod durch das kalte Wasser, das ihm in diesem Augenblick die um ihn Herumstehenden in seinen Mund einflößen wollen.

Die Bemühung der Dorfbewohner mit der intendierten Rettung und dem beinahe bewirkten Verderben wird hier verbunden mit der tatsächlichen Heilung auf der Jenseitsreise: Es entsteht ein Widerspruch, der sich nicht auflösen lässt.

Auf der anderen Seite aber kann man dieser Passage nicht unumwunden eine komische Wirkungsdisposition zusprechen, da der verzweifelte

---

1113 Vgl. Paul Gerhard Schmidt 1978a, S. VII f.
1114 Vgl. Paul Gerhard Schmidt 1985, S. 156 f.
1115 Zum hier vorliegenden Komikverständnis vgl. Kindt 2011, S. 137: »Eine Textpassage soll genau dann gerechtfertigt als ›komisch‹ gelten, wenn es in ihr durch die Verwendung oder Verbindung von scripts zu Inkongruenzen kommt, die sich erstens als harmlos wahrnehmen lassen und die zweitens entweder nur scheinbar oder aber offensichtlich gar nicht aufgelöst werden können.« Zum ›script‹-Begriff vgl. ebenda, S. 72: »Während unter scripts in der Regel standardisierte Ereignisabläufe verstanden werden, steht der Begriff bei Raskin und Attardo ebenso für allgemeine kulturelle Regelmäßigkeiten wie den typischen Ablauf von Handlungen oder auch die lexikalische Bedeutung von Ausdrücken.«

Wiederbelebungsversuch einen sehr ernsten Hintergrund hat: Wie könnte angesichts der Tatsache, dass es es nichts Schlimmeres als einen unvorbereiteten Tod gibt,[1116] diese Passage »aus mental distanzierter Perspektive«[1117] rezipiert werden? Der Text der *Visio Thurkilli* changiert hier zwischen komischer Wirkungsdisposition und dem Ernst des eschatologischen Geschehens, der nicht zulässt, dass die dargestellten Inkongruenzen als harmlos wahrgenommen werden.

Verschärft wird diese Ambivalenz an Stellen, an denen der Ernst des eschatologischen Geschehens zurückgenommen erscheint, indem etwa die Differenz zwischen gottgefälligem und sündhaftem Leben in ihrer Bedeutung relativiert und stattdessen der Teufel geprellt wird. Während Petrus die Seelen ins Fegefeuer leitet, wägt Paulus gemeinsam mit dem Teufel die guten und schlechten Taten. Als ein sündiger Priester kommt, erbarmt sich Paulus seiner, kann aber nur mithilfe der ihm zu Gebote stehenden Gewichte den entscheidenden Ausschlag der Waage gerade nicht herbeiführen:

> [...; sc. Paulus, MB] aspersorium in aqua benedicta intinctum in statera tam violenter deposuit, ut malleos inimici in sublime sustolleret, unusque ex eis ex libra decidens pedem diaboli contereret. (VTh 15,2 ff.)

> [Paulus nahm] einen Weihwasserwedel, tauchte ihn in Weihwasser und warf ihn so heftig auf die Waagschale, daß er die Gewichte des Teufels in die Höhe schleuderte. Eines von ihnen fiel aus der Waagschale heraus und traf mit voller Wucht einen Fuß des Teufels.

Aber auch hier ist es äußerst schwierig, zu entscheiden, ob dem Text eine komische Wirkungsdisposition eignet oder nicht, vielmehr scheint die Passage ein komisches Wirkungspotential zu haben, das aber zugleich restringiert ist. Diese Spannung ist konstitutiv: Denn wenn der Erzähler betont, dass sich der Hl. Paulus jeden Samstag so für die Sünder einsetze, dass er gleichsam schwitze, so bemüht er sich doch, die entstehende Inkongruenz sofort durch einen Hinweis darauf aufzulösen, dass dies nicht wörtlich, sondern im Kontext seiner Schwachheitstheologie zu verstehen ist.[1118] Auch

---

1116 Vgl. VTh 7,17 ff.: »nam presbiter eiusdem ecclesie dominica subsequenti parrochianos admonere curavit, ut pro incolumitate viri decumbentis sic preces effunderent, quatinus divina pietas eidem largiri dignaretur tempus confitendi, et ut exitum suum vivifico sacramento dominici corporis secundum morem universalis ecclesie posset munire«. (»Am folgenden Sonntag forderte der Dorfpfarrer die Gemeinde eindringlich auf, für das Heil des darniederliegenden Mannes zu beten, daß Gott in seiner Barmherzigkeit ihm noch die Zeit zur Beichte schenken und es zulassen möge, daß er ihm zum Schutz, wie es Brauch der Kirche ist, beim Sterben noch das lebensspendende Sakrament des Herrenmahls reichen könne«.)
1117 Kindt 2011, S. 97.
1118 Vgl. VTh 16,28 ff.: »[...] inveniuntque adhuc beatum Paulum circa animarum existimationem nimis sollicitum et pre nimia iuste ponderationis sollicitudine et altercationis conflictu, quem gerebat adversus diabolum, quasi desudantem. in quibus non dicimus apostolum aliquam desudationis angustiam tolerasse, sed ut per hoc eius pietas et nimie dilectionis sollicitudo circa salvandos nobis innotescat, adhuc quodammodo affectu et effectu quantum

der ›Paulus desudans‹ steht somit unentschieden zwischen Komisierung und Ernst. Dies ist vielleicht umso mehr so, als der Hinweis auf ein notwendig übertragenes Verständnis des anschaulich Erzählten singulär bleibt. Ohne sich am Modell des *Tractatus* zu orientieren, hebt die *Visio Thurkilli* auf konkret-räumliche Anschaulichkeit ab, folgt damit der überwiegenden Mehrheit der Jenseitsreisen sowie ihrem Erzählverfahren und begründet diese ›Evidenz‹ durch das Nahen der Endzeit.[1119]

Diese Emphase auf die Evidenz führt zum zweiten transformativen Modus, der die *Visio Thurkilli* auszeichnet und sich als Theatralisierung beschreiben lässt. Sie ist ihrerseits mit der ambivalenten Komisierung verbunden und betrifft die Ebenen von Inhalt und Darstellung. Während die Strategie erzählter Bewegung nach wie vor eingesetzt wird, erscheint der demonstrative Dialog an nur einer Stelle und dient dort nicht der Ausdeutung des Gesichts, sondern ist im Gespräch zwischen dem Hl. Domninus[1120] und einem Teufel auf den Jenseitsreisenden bezogen:

> [...] dixitque [sc. demon, MB] sancto: »Quis est iste agrestis, qui vobiscum presens astat?« cui sanctus: »Cognoscis« inquit »illum?« at ille: »Vidi hunc hominem in Estsexia, in ecclesia de Stistede in quodam festo dedicationis eiusdem basilice.« (VTh 18,24ff.)
>
> [Der Teufel] fragte den Heiligen: »Wer ist dieser Bauer, der neben euch steht?« Der Heilige fragte: »Kennst Du ihn?« Der Teufel antwortete: »Ich habe diesen Mann einmal in Essex gesehen, in der Kirche von Stisted bei einem Kirchweihfest.«

---

in se est replicans, quod olim in carne constitutus dixerat: quis infirmatur et ego non infirmor?« (»Hier finden sie den Heiligen Paulus immer noch eifrig mit der Seelenwägung beschäftigt und dabei geradezu in Schweiß geraten, weil er sich sorgsam um eine gerechte Wägung bemühte und weil er ständig in Streit mit dem Teufel verwickelt war. Damit will ich nicht sagen, daß der Apostel etwa in Schweiß ausgebrochen sei. Mit dieser Wendung soll uns nur sein Eifer veranschaulicht werden und seine liebevolle Sorge, die der Rettung der Seelen gilt. Auch jetzt noch hält er sich mit Leidenschaft und mit Erfolg, soweit es in seiner Macht steht, an die Regel, die er einst ausgesprochen hatte, als er noch im Fleische lebte: Wer ist schwach und ich werde nicht schwach?«)

1119 Vgl. VTh 2,19ff.: »[...] et quanto magis finis seculi presentis et vicinitas generalis resurrectionis appropinquat, tanto clarius et frequentius fient passim mire revelationes, ut occulta in lucem prodeant et que dubia erant certa et evidentia fiant [...]«. (»Je mehr das Ende dieser Welt mit der Auferstehung aller Toten sich nähert, desto unübersehbarer und desto häufiger werden überall staunenswerte Offenbarungen geschehen, damit das Verborgene an das Licht tritt und das Ungewisse deutlich und offenbar wird«.)

Das Argument stammt von Gregor d. Gr., der dennoch darauf hinwies, dass das anschaulich Erzählte uneigentlich zu verstehen ist (vgl. hierzu in dieser Arbeit S. 135 ff.).

1120 Die Jenseitsführer, die Hll. Julianus Hospitator und Domninus, überraschen, da es sich gegenüber Michael, Petrus und Paulus um in der Gattung der Jenseitsreisen unbekannte Figuren handelt, die zudem keine klare eschatologische Funktion haben. Ihre Wahl dürfte damit zusammenhängen, dass Thurkill nicht nur sehr gastfreundlich, sondern selbst auch Pilger ist, wie Paul Gerhard Schmidt 1978b, S. 56 ff., vermutet hat. Der Hl. Domninus ist Schutzheiliger von Fidenza an der Via Aemilia zwischen Parma und Piacenza (vgl. ebenda, S. 57, unter Rekurs auf die Forschungen Joseph Bédiers); die im Mittelalter Borgo San Donnino genannte Stadt war ein wichtiger Punkt auf der Route nordeuropäischer Rompilger.

Entscheidend für die Erzählweise ist, dass dieser demonstrative Dialog zugleich ein jenseitstopographisches Element präludiert, das einerseits gegenüber der Tradition der Jenseitsreisen eine absolute Innovation darstellt, die sich als weiterer Aspekt der ambivalenten Komisierung begreifen lässt, das aber andererseits in verschiedener Hinsicht auf logische und strukturelle Aspekte der Strafphantasmen der Gattung rekurriert und diese effektvoll zur Darstellung bringt: Die Hll. Domninus und Julianus sowie der heimlich mitgenommene Thurkill[1121] werden von einem Teufel in ein Höllentheater[1122] geführt, in dem an jedem Samstagabend ein besonderes ›spectaculum‹ aufgeführt wird.[1123]

Es handelt sich um ein Amphitheater, dessen bauliche Einzelheiten nicht klar beschrieben werden.[1124] Dennoch ist wohl ein Mischtyp aus einem in einen Felsen gebauten Theater und einem von Gängen durchzogenen Monumentalbau zu imaginieren.[1125] Das Amphitheater verfügt über

---

1121 Der Teufel verbietet, dass Thurkill mitgenommen wird, »quia cum suis redditus esset, actus nostros ac secreta penarum genera apud viventes detegeret et sic multos ab operibus nostris revocaret sedesque Tartareas, quas sibi nonnulli iam paraverunt, destrueret«. (»Denn er würde nach seiner Rückkehr zu den Seinen unsere Taten und die geheimen Strafarten unter den Lebenden offenbaren und würde dadurch viele von bösen Werken abbringen und die Sitze zerstören, die sich einige schon in der Hölle bereitet haben.«) (VTh 19,10 ff.) Damit wird die bereits in der *Petrus-Apokalypse* implizierte didaktisch-paränetische Funktion der Theatralität der Höllenstrafen in der *Visio Thurkilli* expliziert.
1122 Vgl. Gardner 1976, S. 103, und Greenblatt 2008, S. 94: »Die Strafen waren zur Abschreckung gedacht, und im Einklang damit hatten die Strafen, die des Fegefeuers ebenso wie die der Hölle, theatralischen Charakter, und zumindest eine mittelalterliche Vision des Lebens nach dem Tod benennt dies auch ausdrücklich, nämlich die *Visio Thurkilli* aus dem frühen dreizehnten Jahrhundert«. Auf die besondere Anschaulichkeit weist Paul Gerhard Schmidt 2003, S. 15, hin. Man hat darauf aufmerksam gemacht, dass sich der Zusammenhang der Wiederholung der Sünde und ihrer Bestrafung bereits in der *Visio Gunthelmi* finden lässt, vgl. Gardner 1976, S. 84, Paul Gerhard Schmidt 1978b, S. 60, u. meine Anm. 1138.
1123 Die Dämonen und Teufel sind in der *Visio Thurkilli* eigenständiger und mächtiger, als es in der Visionsliteratur üblich ist. Dies ist eine Voraussetzung für die Möglichkeit des Höllentheaters; vgl. Gardner 1976, S. 97 ff.
1124 Vgl. VTh 19,18 ff.: »[…] et ecce in descensu montis erat domus amplissima et fuliginosa, muris veternosis circumdata, erantque in ea quasi multe platee, innumeris ignitis et ferreis sedibus circumquaque replete. […] erant muri ferrei et fuliginei in circumitu platearum et sedes alie iuxta muros, in quibus residebant demones per circumitum quasi ad letum spectaculum de cruciatibus miserorum adinvicem cachinnantes […].« (»Am Abhang des Berges lag ein riesiges finsteres Gebäude, das von alten Mauern umschlossen war. Darin gab es viele Gänge, die überall voll unzähliger glühender eiserner Sitze waren. […] Es gab um diese Gänge herum finstere Mauern aus Eisen und noch andere Sitze neben den Mauern. Auf ihnen saßen die Teufel im Halbkreis. Wie bei einem heiteren Schauspiel amüsierten sie sich miteinander über die Qualen der Elenden […]«).
1125 Vgl. Nielsen 1996, Sp. 620, die zwischen dem Typus des massiven Amphitheaters, »das in die Erde oder Felsen gebaut wurde und dessen tragende Konstruktion vom Gelände bedingt war«, und dem »von Gängen durchzogene[n] Monumentalbau, mit einer tragenden Konstruktion aus Mauerwerk«, unterscheidet. Vgl. auch Paul Gerhard Schmidt 1978b, S. 54, u. Dinzelbacher 1981, S. 123: »Das scheint die Beschreibung eines aus römischer Zeit überkommenen Amphitheaters zu sein.«

Sitzreihen, die nicht aus Stein, sondern aus glühendem Eisen bestehen und überall mit Spitzen versehen sind. Dort nehmen Frauen und Männer jeden Standes Platz. Die Teufel sitzen etwas bequemer ebenfalls rings um die Bühne. Dargeboten wird eine gerade in der Spätantike sehr beliebte Gattung, der ›mimus‹, auf den auch die Strafphantasmen der *Petrus-Apokalypse* transformativ bezogen sind.[1126]

Die christlich-mediävale Höllenversion des pagan-antiken ›mimus‹ zeichnet sich nun dadurch aus, dass der Schauspieler sich selbst spielt beziehungsweise seine zu Lebzeiten dominante Sünde nachspielt. Da es in dieser Inszenierung nur an wenigen Stellen um die Verfehlung eines Individuums,[1127] sondern im didaktischen Sinne um die Konsequenzen einer spezifischen Sünde geht, rufen die Teufel auch keine bestimmte Person, sondern einen Typen auf die Bühne: Das Kapitel ist mit *De superbo* überschrieben. Am Ende seiner komischen Darbietung, die von Passagen aus dem *Architrenius*, einem Epos von Johannes von Altavilla, inspiriert ist,[1128] steht aber kein Applaus, vielmehr entflammt sich sein Gewand und Teufel reißen seinen Körper Glied für Glied auseinander.[1129] Die einzelnen Glieder werden von einem heißen Gemisch aus Fett, Pech und anderem übergossen. Der Stolze wird anschließend wieder zusammengesetzt, nur um dann mit Metallbändern erneut gequält zu werden, ehe er auf seinen Zuschauerplatz zurückgestoßen wird.[1130]

In derselben Weise treten ein Priester, ein Müller, ein Kaufmann, ein Richter und auch ein Paar auf, das auf offener Bühne Ehebruch[1131] begeht – Ehebruch und Sex waren besonders beliebte Themen des römischen ›mimus‹.[1132] An dieser Stelle wird deutlich, inwiefern sich das Höllentheater zur Umsetzung des Prinzips spiegelbildlicher Strafe eignet[1133] – die beiden haben sich zum Fressen gern:

> Postmodum adductus est ad scenam furiosorum adulter cum adultera, qui adinvicem feda copula iuncti venereos motus et impudicos gestus palam omnibus cum multa sui confusione et demonum exprobratione replicaverunt. deinde quasi in insaniam versi se alternatim dentibus corrodendo lacerabant ac totum illum superficialem amorem, quem prius adinvicem habere videbantur, in furorem et in odii crudelitatem commutaverunt. (VTh 25,11 ff.)

1126 Vgl. hierzu in dieser Arbeit S. 99 ff.
1127 So scheint etwa dem Abschnitt »De *quodam* iusticiario« (VTh 23,10, Herv. d. m.) eine konkrete historische Person zugrunde zu liegen; vgl. Paul Gerhard Schmidt 1978b, S. 54 u. S. 61.
1128 Dies ist P. G. Schmidt aufgefallen, der zuvor den *Architrenius* herausgegeben hatte; vgl. Paul Gerhard Schmidt 1978b, S. 61.
1129 Vgl. zum Folgenden VTh 20,26 ff.
1130 Vgl. zur Logik dieser Strafe die Ausführungen von Czerwinski 1993, S. 322 ff., und Böhme 2004 zur *Visio Tnugdali*.
1131 Vgl. hierzu auch West 2004, S. 97 ff. Er versteht die erzählte Szene als »violent pornography« (ebenda, S. 98).
1132 Vgl. Benz 2000, Sp. 206.
1133 Vgl. Gardner 1976, S. 109.

Danach wurde ein ehebrecherisches Paar auf die Bühne zur Unterhaltung der rasenden Teufel gebracht. Die beiden Ehepartner waren noch in schimpflicher Vereinigung miteinander verbunden, und sie wiederholten ihr Liebesspiel und ihre unkeuschen Bewegungen öffentlich vor allen zu ihrer eigenen großen Beschämung und unter dem Spott der Teufel. Als wären sie wahnsinnig geworden, fielen sie danach mit den Zähnen übereinander her und zerfleischten sich gegenseitig. Die ganze oberflächliche Liebe, die sie vorher füreinander zu haben schienen, verwandelten sie in Raserei und in haßerfüllte Grausamkeit.

Indem die *Visio Thurkilli* die Sünden ebenso wie ihre Bestrafung auf die Bühne bringt, wird nicht nur die den Jenseitsreisen inhärente Theatralität in ein Element der Handlung umgesetzt, sondern auch dem Prinzip der spiegelbildlichen Strafe Ausdruck verliehen, indem bei diesem ›theatrale ludibrium‹ die Strafe direkt aus der Sünde hervorgeht. Auch dies ist im pagan-antiken ›mimus‹ bereits angelegt und wurde aufgrund der Kombinierbarkeit mit Strafphantasmen der jüdischen Tradition in der *Petrus-Apokalypse* transformativ angeeignet.[1134] Woher das Wissen der *Visio Thurkilli* um das antike Theater[1135] und die Gattung des ›mimus‹ stammt, kann bislang nicht rekonstruiert werden. Angesichts der Belesenheit des Verfassers[1136] und der seit Tertullian auch in der christlichen Tradition explizierten Verbindung pagan-antiker ›spectacula‹ und christlicher Jenseitsstrafphantasmen[1137] scheint eine Vermittlung über die patristische ›spectacula‹-Polemik wahrscheinlich.[1138]

Die beschriebene Theatralisierung kann dabei auch mit einem anderen narrativ-suggestiven Verfahren verbunden werden. Was die konkrete Anschaulichkeit des Erzählten gerade in ihrem imaginativen Potenzial betrifft, setzt der Text wie die *Visio Tnugdali* auf den kalkulierten Einsatz von Leerstellen, die sich bei Frater Marcus aber im Anschluss an detaillierte Beschreibungen finden und einen ins Unermessliche gesteigerten Freiraum der Ima-

---

[1134] Zum *Laureolus* vgl. in dieser Arbeit S. 102.
[1135] Es besteht die (für diese Arbeit irrelevante) Frage, ob die Darstellung der *Visio Thurkilli* auch theatergeschichtlich aufschlussreich ist (zur Diskussion vgl. etwa Loomis 1945 u. Bigongiari 1946, weitere Lit. bei Paul Gerhard Schmidt 1978b, S. 60, Anm. 27).
[1136] Vgl. Paul Gerhard Schmidt 1978a, S. VI f.
[1137] Vgl. Gurevich 1984, S. 59.
[1138] Weniger wahrscheinlich scheint es mir, das Höllentheater als ›inventio‹ des Verfassers anzusehen. Vgl. Paul Gerhard Schmidt 1978b, S. 60, dessen Aussage im Kontext seiner Abwägung steht, was vom Verfasser und was von Thurkill selbst stammt: »He could have known about ancient theatre buildings from classical literature, from travel books, or even from his own experiences on journeys or pilgrimages to France and Italy. Did he possess the originality to build upon the idea drawn from the vision of Gunthelm and to transfer the performances of the sinners to such a vividly conceived theatre? Did he hit upon the idea of placing Thurkill under the protection of the two saints behind a wall, where he could pop up and bob down? The answers to these questions can certainly be phrased very positively«. Vgl. den Hinweis auf Kommentatoren und Enzyklopädisten bei Paul Gerhard Schmidt 2000, S. 515. Auf die Angaben zu den ›spectacula‹ im 15. und v. a. 18. Buch von Isidors *Etymologiae* scheint die Darstellung der *Visio Thurkilli* nicht zurückzugehen.

gination eröffnen. Resultiert dort der besondere Effekt gerade daraus, dass das nicht erzählt wird, was Tnugdalus selbst im Jenseits multisensorisch erlebt,[1139] werden hier Aspekte der theatralen Performance ausgespart. Es ergibt sich auch in der *Visio Thurkilli* etwa im Anschluss an die Erzählung der Darbietung der Ehebrecher ein imaginativer Effekt der Leerstelle, wenn die ähnliche Bestrafung der ›fornicatores‹ und aller Unzüchtigen nicht erzählt wird, sondern imaginiert werden muss:

> similiter fornicatores et impudici quique, immunda solite libidinis opera ibidem cum magna turpitudinis confusione et tormento replicantes, in conspectu omnium incomparabilibus affligebantur tormentis, que pro horrenda suppliciorum confusione a scripto silentium expetunt. (VTh 25,18 ff.)
>
> Auch die Hurer und alle Unzüchtigen wiederholten dort die schmutzigen Handlungen ihrer gewohnten Ausschweifungen voll großer Scham über ihr schimpfliches Verhalten und unter Qualen. Auf ähnliche Weise wurden sie dann vor allen anderen mit unvorstellbaren Martern gefoltert, die so zahlreich und entsetzlich sind, daß sie nicht weiter aufgezeichnet werden können.

Trotz dieser Nähe zur Erzählweise der Strafschilderung in der *Visio Tnugdali* zielt die *Visio Thurkilli* aber nicht ähnlich rigoros wie Frater Marcus auf postmortale Strafe und Läuterung, denn auch Effekte prämortaler Buße werden im Jenseitsraum anschaulich erzählt.[1140] Dargestellt werden diese Effekte durch die quälenden Sitze im Höllentheater, an denen ein jeder bereits zu seinen Lebzeiten baut, was aber durch Umkehr und Buße auch geändert werden kann:

> siqui vero eorum a malignis operibus declinantes emendatiorem vitam elegerint et peccata perpetrata per penitentiam et elemosinas redimerint, circulos sedium suarum cotidie confringunt, atque iterum ad peccata redeuntes easdem instaurant. (VTh 27,25 ff.)
>
> Wenn sie aber von ihren bösen Werken lassen, ein besseres Leben wählen und ihre Sünden durch Buße und Almosen wiedergutmachen, dann zerbrechen sie Tag für Tag die Ringe ihrer Sitze. Wenn sie aber zu ihren Sünden zurückkehren, stellen sie auch ihre Sitze wieder her.

Nichts ist deshalb schlimmer als ein überraschender Tod; deswegen strengen sich die Bewohner Stisteds auch so sehr an, Thurkill wiederzubeleben. Die Notwendigkeit der verzweifelten Versuche in der Rahmenhandlung wird intradiegetisch dadurch begründet, dass Thurkill im Jenseits mehrfach erfährt, welche schrecklichen Konsequenzen ein unvorbereiteter Tod hat.[1141] Durch eine gegenüber der *Visio Tnugdali* veränderte Strafauffassung spielen

---

1139 Vgl. hierzu in dieser Arbeit S. 158 ff.
1140 Vgl. Auffarth 2002, S. 185 f.
1141 Vgl. VTh 18,6 ff.: »at ille [der Teufel, MB] ait hunc fuisse ex proceribus regis Anglie, qui nocte precedenti subito absque confessione et dominici corporis viatico obierat […]« (»Jener [der Teufel, MB] erwiderte, es sei einer von den Großen aus der Umgebung des englischen Königs. Er sei in der vergangenen Nacht plötzlich ohne Beichte und ohne heiliges Abendmahl gestorben«) u. 25,4 ff.: »a quo transgressionis piaculo nunquam absoluta fuerat, a dire

auch Seelenämter in der *Visio Thurkilli* eine wichtige Rolle,[1142] die den Aufstieg der Seelen aus den Straf- hin zu den Lohnorten beschleunigen. In einem ganz eigenen jenseitstopographischen Arrangement ist in der *Visio Thurkilli* diese Dynamik umgesetzt: Wie in der *Paulus-Apokalypse*[1143] werden die Jenseitsräume, nach Heil und Verdammnis geschieden, bestimmten Himmelsrichtungen zugeordnet. Während aber im spätantiken Text die Räume des Heils im Osten keine Verbindung zu denen der Verdammnis im Westen aufweisen, sind in der *Visio Thurkilli* die einzelnen Räume eines im Wesentlichen dreiteiligen[1144] Jenseits miteinander verbunden.[1145]

In der Mitte der Welt – und doch jenseits – befindet sich die Basilika der Hl. Maria, die der Ort der postmortalen Scheidung der Seelen ist.[1146] Während sich innerhalb der Basilika die Seelen der Gerechten befinden, stehen außerhalb die Seelen der Sünder, deren Taten gewägt werden. Überwiegen die guten Taten, so werden sie ins Purgatorium geführt, das sich in östlicher Richtung befindet; ansonsten werden sie von dem Teufel und seinen Dienern in das Höllenloch geworfen, das sich zu Füßen des Teufels im Norden der Basilika befindet. Auch das Höllentheater mit den vier Strafplätzen, in denen die Seelen in Kesseln Qualen leiden,[1147] befindet sich von

---

mortis subitanea necessitate preventa.« (»Für diese Sünde hatte sie niemals Absolution erlangt, weil ein plötzlicher schrecklicher Tod ihr das unmöglich gemacht hatte.«)

1142 Vgl. VTh 9,15 ff.: »ostendit singulis de statu patrum et matrum, fratrum et sororum, parentumque suorum atque omnium illorum, de quibus in presenti vita aliquam habuerat noticiam, utrum adhuc in penis sive in requie detinerentur, quibusve suffragiis et quot missarum officiis a locis penalibus possent eripi et ad requiem eterne beatudinis transferri.« (»Einzelnen macht er Angaben darüber, wie es ihren Vätern und Müttern geht, ihren Brüdern und Schwestern. Er berichtet auch von dem Schicksal seiner eigenen Eltern und überhaupt von dem Los all derer, die er, wenn auch nur flüchtig, in diesem Leben gekannt hatte. Er gibt an, ob sie noch bestraft werden oder schon die Ruhe gefunden haben, mit welchen Gebeten und mit wie vielen Messen sie aus den Straforten befreit und in die Ruhe der ewigen Seligkeit versetzt werden können.«)

Diesseitige Einflussnahme auf das jenseitige Geschick gibt es bei Gregor d. Gr. (vgl. dial. IV,59,6: »Idcirco credo quia hoc tam aperte cum uiuentibus ac nescientibus agitur, ut cunctis haec agentibus atque nescientibus ostendatur, quia si insolubiles culpae non fuerint, ad absolutionem prodesse etiam mortuis uictima sacrae oblationis possit.« – »Diese Dinge geschehen meines Erachtens offenkundig an Lebenden, ohne daß diese von der Darbringung des Opfers wissen, damit allen, die das heilige Opfer darbringen und die Wirkung oft nicht kennen, gezeigt werde, wie das heilige Opfer auch den Verstorbenen zur Erlösung dient, insofern die Sünden überhaupt nachgelassen werden können.«) u. Beda (vgl. in dieser Arbeit S.149), spielt aber in der *Visio Tnugdali* (anders als bei Alber) aus guten Gründen keine Rolle (vgl. meine Anm. 694 und S.172). Die Einflussnahme vom Diesseits auf das Jenseits wird auch in den *Visiones Georgii* in einem inserierten Traktat ausführlich behandelt (vgl. meine Anm. 1071).

1143 Vgl. hierzu in dieser Arbeit S.121 ff.

1144 Zur konsequenten Dreiteilung des Jenseits der *Visiones Georgii* in Hölle, Purgatorium und Paradies (gegenüber dem mehrteiligen Jenseits des *Tractatus*) vgl. in dieser Arbeit S.250.

1145 Vgl. Gurevich 1984, S.57. Vgl. auch Carozzi 1994b, S.623 ff.

1146 Vgl. VTh 10,1 ff.

1147 Vgl. VTh 28,7 ff.

der Basilika aus in nördlicher Richtung. Gegenüber dem Norden als einem Raum der Verdammnis erweist sich der Osten gerade in seiner Direktionalität als Raum der Heilung und des Heils. Denn jenseits des reinigenden Feuers, in dem die Seelen brennen, befindet sich ein eiskalter, salziger See, in den die Seelen – je nach Vergehen – unterschiedlich tief eingesunken sind,[1148] woraufhin sie eine mit Nägeln gespickte Brücke überqueren,[1149] die zu einer wunderbaren Kirche auf dem Berg Gottes ganz im Osten führt. Dieser ist der Ort des Heils, an dem gleichwohl noch Differenzierungen vorgenommen werden: So ist neben einem Wartebereich im Westen ein Strafbereich im nördlichen Teil des Bergs angesiedelt, wohingegen sich östlich der Kirche das Paradies befindet,[1150] das nur noch durch eine goldene Kapelle übertroffen wird.[1151]

Auch in der *Visio Thurkilli* werden somit ganz entschieden die verschiedenen postmortalen Seelenzustände ausgehend von einer konkreten Jenseitstopographie anschaulich erzählt und erscheinen räumlich hypostasiert. Wie stets ist dabei der Raum auf Heilung und Heil ausgerichtet; diese Tendenz wird in der *Visio Thurkilli* durch die Effekte einer ambivalenten Komisierung unterstützt, die gleichwohl immer wieder durch den Ernst eschatologischen Geschehens durchbrochen wird. Gerade das Höllentheater erscheint witzig und schrecklich zugleich und auch die Rahmenhandlung mit ihren komischen Elementen entdramatisiert das Ereignis der Eks-

---

1148 Die unterschiedlich tief eingesunkenen Seelen sind ein sehr konventionelles Moment, das hier auf innovative Weise mit der ebenfalls althergebrachten, aus der *Paulus-Apokalypse* stammenden Idee des ›refrigerium‹ (vgl. hierzu meine Anm. 551) verbunden wird: Uriel, der für das Purgatorium zuständige Engel, lässt von der neunten Stunde des Samstags bis Montagmorgen das quälende Wasser ab; vgl. VTh 33,17 ff.
1149 Die unterschiedliche Dauer und Qualität dieses reinigenden Weges zeigt nochmals deutlich den Zusammenhang von prämortaler Buße und postmortaler Hilfe aus dem Diesseits, vgl. VTh 16,12 ff.: »nam quidam per ignem et aquam diutius transeuntes, immo multis annis immorantes, et qui nullis specialium missarum ac elemosinarum suffragiis adiuvantur, et qui nullis misericordie operibus erga pauperes et egenos studuerant peccata redimere, dum adhuc viverent, hi nimirum, cum ad predictum pontem pervenerint, ad requiem destinatam omnimodis transire cupientes, nudis plantis per sudes et clavos longos et preacutissimos ponti affixos nimis angustiose incedunt [...].« (»Einige aber zogen sehr langsam durch Feuer und Wasser, ja sie blieben sogar viele Jahre darin, teils weil sie keine Unterstützung durch besondere Messen und Almosen fanden, teils weil sie zu Lebzeiten sich nicht darum bemüht hatten, durch Werke der Barmherzigkeit gegenüber Armen und Bedürftigen ihre Sünden wiedergutzumachen. Wenn sie nun zu der erwähnten Brücke kommen, die sie auf dem Weg zu der ihnen bestimmten Ruhe unter allen Umständen überqueren müssen, gehen sie mit nackten Sohlen äußerst qualvoll über die Stacheln und die langen, sehr spitzen Nägel, mit denen die Brücke gespickt war.«)
1150 Nahe einer Quelle, aus der vier Ströme entspringen, ruht unter einem fruchttragenden Baum Adam. Dieses Kapitel folgt weitgehend der Darstellung in der *Visio Gunthelmi*, vgl. den Testimonienapparat der kritischen Ausgabe.
1151 In dieser Kirche befinden sich die Hll. Katharina, Margareta und Ositha; letztere ist eine englische Märtyrerin.

tase, das doch ernst bleibt.[1152] Damit gehen in der *Visio Thurkilli* mit den transformativen Modi der ambivalenten Komisierung und der Theatralisierung zumindest erhebliche Profanierungsrisiken einher. Auch hinsichtlich der Differenz von Gesicht und Schrift weist die *Visio Thurkilli* auf ein grundsätzlich aporetisches Moment des Erzählens von Jenseitsreisen hin: Die Medialisierung der Transzendenzerfahrung der Jenseitsreise bedingt immer schon ihre Profanierung.

Auch in dieser Hinsicht markiert die *Visio Thurkilli* einen Extrempunkt. Denn am Anfang der Erzählung von einem Jenseits, das gegenüber dem Diesseits Ordnungs- und Kompensationsfunktion hat, also einen Tun-Ergehens-Zusammenhang wiederherzustellen bemüht ist, geht es darum, einen unerfahrenen und unerfahrbaren Raum verfügbar zu machen. Anhand ausgewählter Passagen des Henochkorpus lässt sich die allmähliche Entfaltung eines Erzählverfahrens beobachten, die mit einer Differenzierung eschatologischen Geschehens einhergeht. Dabei emergieren Strafphantasmen, die in der *Petrus-Apokalypse* im Zuge der Auseinandersetzung mit paganen ›spectacula‹ ausdifferenziert werden. Das eigentümliche hermeneutische Modell von wahrer Strafandrohung und wahrer Heilsbotschaft, also die Transzendierung aller immanenten Ordnungen im Kulminationspunkt der Allerlösung, bedingt dabei bei aller gesteigerten Visualität in der *Petrus-Apokalypse* eine partielle Abkehr vom Erzählverfahren. Erst in der *Paulus-Apokalypse* wird umfassend vom unmittelbar postmortalen Straf- und Lohnjenseits der Seelen erzählt, das zuallererst räumlich gedacht und in ein umfassendes Kosmosmodell integriert ist. In der *Paulus-Apokalypse* wird der Jenseitsraum weitestgehend verfügbar gemacht.

Daran anschließend kann sich im Gefolge der *Dialogi* Gregors des Großen im Frühmittelalter eine Gattung herausbilden: Nun wird die Erzählung vom postmortalen Geschick, das auf einer Reise erfahren und im Rahmen demonstrativer Dialoge wahrgenommen, verstanden und versprachlicht wird, in verschiedenen Texten zum alleinigen Erzählgegenstand. Im Zuge dieses diskontinuierlich ablaufenden Prozesses kommt es zugleich zu folgenreichen Akzentverschiebungen. Nicht nur zeigen sich in dem Moment, in dem es unter Rekurs auf die *Paulus-Apokalypse* möglich ist, einen umfassenden Jenseitsraum narrativ verfügbar zu machen, erste Reflexe der Texte auf ihre Medialität, die ein uneigentliches Verständnis der Gesichte vorbereiten. Zugleich erfolgt eine Dynamisierung des Jenseitsraums, der im Zeichen des jenseitstopographischen Elements der Brücke zu einem Ort der Aushandlung des Heilsstatus eines einfachen Gläubigen wird (auch hier zeigt sich mit Blick auf die *anonyme Apokalypse*, dass keineswegs von einer teleologisch ablaufenden Entwicklung ausgegangen werden kann). Dabei kommt es

---

1152 Vgl. in dieser Arbeit S.151 ff. zur Bedeutung der Rahmenhandlung für Tnugdalus' Jenseitsreise und zum Drama seiner Konversion.

auch zu einer neuen Einrichtung des Jenseitsraums, wie gerade der Vergleich von *Visio Baronti* und *Visio Drycthelmi* zeigt. Im Zeichen der im letztgenannten Text entwickelten Konversionslogik reizt die *Visio Tnugdali* die suggestiven Möglichkeiten aus, im Rahmen dieser Welt von Jenseitsreisen zu erzählen. Die Erzählung des *Tractatus de Purgatorio S. Patricii* markiert demgegenüber einen markanten Neuansatz: Eine Reflexion auf die eigene Medialität führt im Kontext des viktorinischen Symbolismus zu einer komplexen Poetik; die evozierten Bilder müssen transzendiert werden in Hinsicht auf die nichtsichtbare Wirklichkeit, die sie bezeichnen. Selbst aber ein so komplexer Text wie der des *Tractatus* kann dabei nicht das Problem umgehen, dass Medialisierung und Profanierung einander bedingen.

Hierin liegt der große innere Widerspruch aller Erzählungen von Jenseitsreisen und zugleich der beständige Stimulus zur Wieder- und Weitererzählung. Man macht es sich deshalb zu leicht, wenn man die Erzählungen schlicht als ›naiv‹ bezeichnet. Denn es ist in diesem Prozess das eine, dass es sich um Erzählungen handelt, deren Situationen notwendig »aus einer räumlichen, einer zeitlichen, einer figuren- und einer ereignisbezogenen Komponente«[1153] bestehen und die damit als immanente Erzählungen zu nichts anderem als der räumlichen Hypostase von Zuständen oder der Adaptierung irdischer Zeitmaße führen können. Das andere aber ist, dass die Erzählungen der Jenseitsreisen von der Sorge um das postmortale Ergehen getragen sind und in immer neuen und kraftvollen Bildern zur Darstellung zu bringen, also erfahrbar zu machen versuchen, was jenseits des Erfahrenen und Erfahrbaren liegt. Dabei geht es, entgegen der heutigen Intuition, häufiger um Heilung und Heil als um Verdammnis.

Bei aller Apologie haben die Erzählungen von Jenseitsreisen aber eben auch ihre Grenze. Es mag in diesem Sinne der anhaltende Zauber des schönsten aller Texte sein, dass in ihm zwar konkret-anschaulich erzählt, dabei aber entschieden darauf abgezielt wird, alle immanenten Maße gerade in dem zu transzendieren, was nicht auserzählt, sondern verheißen wird:

> Καὶ ἔλεγεν· Ἰησοῦ, μνήσθητί μου ὅταν ἔλθῃς εἰς τὴν βασιλείαν σου. καὶ εἶπεν αὐτῷ· ἀμήν σοι λέγω, σήμερον μετ' ἐμοῦ ἔσῃ ἐν τῷ παραδείσῳ.
> (Lk 23,42-43)
>
> Und er sprach: Jesus, gedenke meiner, wenn du in dein Reich kommst. Und er sprach zu ihm: Wahrlich, ich sage dir: Heute wirst du mit mir im Paradies sein.

1153 Dennerlein 2009, S. 198.

Literaturverzeichnis

Reihen werden nur für die Primärliteratur angegeben.

Primärliteratur und Übersetzungen

Bibel:
AT: Elberfelder Studienbibel mit Sprachschlüssel und Handkonkordanz, Witten u. Dillenburg ²2010.
NT: Barbara Aland, Kurt Aland u. a. (Hrsg.), Novum Testamentum Graece et Latine, Stuttgart ⁶2008 (Übersetzung: Elberfelder Studienbibel mit Sprachschlüssel und Handkonkordanz, Witten u. Dillenburg ²2010).
Vulgata: Biblia Sacra iuxta vulgatam versionem, unter der Mitarbeit von Bonifatius Fischer u. a. hrsg. v. Robert Weber u. überarb. v. Roger Gryson ⁵2007 (Übersetzung von 4 Esr: Josef Schreiner, Das 4. Buch Esra, Gütersloh 1981 [JSHRZ V,4], S. 310–405).

1 Hen (äth): Siegbert Uhlig, Das äthiopische Henochbuch, Gütersloh 1984 (JSHRZ V,6).
1 Hen (gr): M. Black, Apocalypsis Henochi Graece, Leiden 1970.
2 Hen: Christfried Böttrich, Das slavische Henochbuch, Gütersloh 1996 (JSHRZ V,7).
AASS Martii II: Acta Sanctorum Martii a Ioanne Bollando S. I. colligi feliciter coepta. A Godefrido Henschenio et Daniele Papebrochio eiusdem Societatis Iesu aucta, digesta et illustrata. Tomvs II [...], Antwerpen 1668.
Alber Tnug.: Visio Tnugdali. Lateinisch und altdeutsch, hrsg. v. Albrecht Wagner, Erlangen 1882, S. 119–286.
anonApok: Bernd Jörg Diebner, Zephanjas Apokalypsen, Gütersloh 2003 (JSHRZ V,9).
ApkEl (kopt): Wolfgang Schrage, Die Elia-Apokalypse, Gütersloh 1980 (JSHRZ V,3).
ApkMos: Jan Dochhorn, Die Apokalypse des Mose. Text, Übersetzung, Kommentar, Tübingen 2005.
ApkPetr (äth): C. Detlef G. Müller, Offenbarung des Petrus, in: Hennecke/Schneemelcher, S. 562–578.
ApkPetr (gr): Thomas J. Kraus u. Tobias Nicklas (Hrsg.), Das Petrusevangelium und die Petrusapokalypse. Die griechischen Fragmente mit deutscher und englischer Übersetzung, Berlin u. New York 2004 (GCS NF 11).
ApkPl (NHC): Hans-Martin Schenke u. a. (Hrsg.), Nag Hammadi Deutsch. Studienausgabe, Berlin u. New York ²2010.
ApkPl (lat): Theodor Silverstein u. Anthony Hilhorst (Hrsg.), Apocalypse of Paul. A new critical edition of three long Latin versions, Genf 1997 (Übersetzung: Hugo Duensing † u. Aurelio de Santos Otero, Apokalypse des Paulus, in: Hennecke/Schneemelcher, S. 644–675).

ApkPl (gr): Konstantin von Tischendorf (Hrsg.), Apocalypses apocryphae. Mosis, Esdrae, Pauli, Iohannis, item Mariae dormitio, additis Evangeliorum et actuum apocryphorum supplementis, Leipzig 1866, S. 34–69.
ApkPl (kopt): Kirsti Barrett Copeland, Mapping the *Apocalypse of Paul*. Geography, Genre and History, Diss. Univ. Princeton 2001, S. 188–248 (Übersetzung), S. 249–309 (Transkription).
ApkPl (syr): P. Zingerle, Die Apocalypse des Apostels Paulus. Aus einer syrischen Handschrift des Vaticans übersetzt, in: Vierteljahrsschrift für deutsch- und englisch-theologische Forschung 4 (1871), S. 139–183.
Aug. En. in Ps.: Sancti Aurelii Augustini Enarrationes in Psalmos I-L, Turnhout 1956 (CCSL 28).
Aug. Gen. ad litt.: Sancti Aureli Augustini De Genesi ad litteram libri duodecim, hrsg. v. Joseph Zycha, Prag u. a. 1894 (CSEL 28,1; Übersetzung: Aurelius Augustinus, Über den Wortlaut der Genesis, übers. v. Carl Johann Perl, 2 Bde., Paderborn 1961 u. 1964).
Aug. tract. in Ioh.: Sancti Aurelii Augustini in Iohannis Evangelium Tractatus CXXIV, Turnhout 1990 (CCSL 36; Übersetzung: Des Heiligen Kirchenvaters Aurelius Augustinus Vorträge über das Evangelium des Hl. Johannes, übers. v. Thomas Specht, 3 Bde., Kempten u. München 1913 f.).
Beda hist. eccl.: Bède le Vénérable, Histoire ecclésiastique du peuple Anglais (Historia ecclesiastica gentis Anglorum), Bd. 3 (Buch V), kritisch hrsg. v. Michael Lapidge, Paris 2005 (SC 491; Übersetzung: Beda der Ehrwürdige, Kirchengeschichte des englischen Volkes, übers. v. Günter Spitzbart, Sonderausgabe, Darmstadt 2007).
Beheim: Von Sant Patericÿ fegfeur, in: Die Gedichte des Michel Beheim. Nach der Heidelberger Hs. cpg 334 unter Heranziehung der Heidelberger Hs. cpg 312 und der Münchener Hs. cgm 291 sowie sämtlicher Teilhandschriften, Bd. III/1, Gedichte Nr. 358-453. Die Melodien, hrsg. v. Hans Gille u. Ingeborg Spriewald, Berlin 1971, S. 304–334.
Bernardus, ep.: Sancti Bernardi Opera, Bd. 7: Epistulae. Corpus Epistolarum 1-180, hrsg. v. Jean Leclerq u. Henri Rochais, Rom 1974 (Übersetzung: Bernhard von Clairvaux, Sämtliche Werke. Lateinisch/deutsch, hrsg. v. Gerhard B. Winkler, Bd. 2, Innsbruck 1992).
Caes. Arel. serm.: Sancti Caesarii Arelatensis Sermones, hrsg. v. Germain Morin, 2 Bde., Turnhout 1953 (CCSL 103 f.).
Caes. Heist. dial.: Caesarius von Heisterbach, Dialogus Miraculorum – Dialog über die Wunder, eingel. v. Horst Schneider, übers. u. komm. v. Nikolaus Nösges u. H. S., 5 Teilbde., Turnhout 2009 (FC 86).
Cic. Tusc.: M. Tulli Ciceronis scripta quae manserunt omnia, Bd. 44: Tusculanae disputationes, hrsg. v. M. Pohlenz, Stuttgart 1982 (Übersetzung: Marcus Tullius Cicero, Gespräche in Tusculum, mit ausführlichen Anm. neu hrsg. v. Olof Gigon, München u. Zürich ^{6}1992).
Clem. strom.: Clemens Alexandrinus II: Stromata Buch I-VI, hrsg. v. Otto Stählin, neu hrsg. v. Ludwig Früchtel, mit Nachträgen von Ursula Treu, Berlin ^{4}1985 (GCS 52).
Conf: Saint Patrick, Confession et Lettre a Coroticus, eingel., hrsg., übers. u. komm. v. Richard P. C. Hanson, Paris 1978, S. 70–132.
Dante, Commedia: Dante Alighieri, La Divina Commedia, testo critico della Società Dantesca Italiana, hrsg. v. Giuseppe Vandelli, Mailand ^{17}1958 (Übersetzung: Dante Alighieri, La Commedia – Die Göttliche Komödie, I: Inferno, in Prosa übers. u. komm. v. Hartmut Köhler, Stuttgart 2010).

DescChr (lat) (A): Konstantin von Tischendorf (Hrsg.), Evangelia apocrypha, Leipzig 1853, S. 368–395.
DH: Heinrich Denzinger, Kompendium der Glaubensbekenntnisse und kirchlichen Lehrentscheidungen (Enchiridion symbolorum definitionum et declarationum de rebus fidei et morum), verb., erw., ins Dt. übertr. u. hrsg. v. Peter Hünermann, Freiburg u. a. ^{42}2009.
Ep. Apost.: C. Detlef G. Müller, Die *Epistula Apostolorum*, in: Antike christliche Apokryphen in deutscher Übersetzung, 7. Aufl. der v. Edgar Hennecke begr. u. v. Wilhelm Schneemelcher fortgef. Sammlung der neutestamentlichen Apokryphen, hrsg. v. Christoph Markschies u. Jens Schröter i. Verb. m. Andreas Heiser, I. Bd.: Evangelien und Verwandtes, 2. Teilbd., Tübingen 2012, S. 1065–1092.
Epiph. pan. haer.: Epiphanius, 2. Bd.: Panarion haer. 34-64, hrsg. v. Karl Holl u. Jürgen Dummer, Berlin ^{2}1980 (GCS 31).
ESP: L'espurgatoire Seint Patriz, hrsg., übers. u. komm. v. Yolande de Pontfarcy, Löwen u. Paris 1995.
F: Fortunatus, in: Romane des 15. und 16. Jahrhunderts, nach den Erstdrucken mit sämtlichen Holzschnitten hrsg. v. Jan-Dirk Müller, Frankfurt a. M. 1990, S. 383–585.
FA 5/2: Gotthold Ephraim Lessing, Werke 1766–1769, hrsg. v. Wilfried Barner, Frankfurt a. M. 1990 (Bd. 5/2 der Frankfurter Ausgabe in zwölf Bänden).
Greg. dial.: Grégoire le Grand, Dialogues, hrsg. u. komm. v. Adalbert de Vogüé, 2 Bde., Paris 1979/1980 (SC 265; Übersetzung: Des Heiligen Papstes und Kirchenlehrers Gregor des Großen Vier Bücher Dialoge, übers. v. Joseph Funk, München 1933).
Hennecke/Schneemelcher: Neutestamentliche Apokryphen in deutscher Übersetzung, Bd. 2: Apostolisches, Apokalypsen und Verwandtes, hrsg. v. Wilhelm Schneemelcher, begr. v. Edgar Hennecke, Tübingen ^{6}1997.
Hon. Aug. Eluc.: Yves Lefèvre, L'Elucidarium et les Lucidaires. Contribution, par l'histoire d'un texte, à l'histoire des croyances religieuses en France au moyen âge, Paris 1954, S. 341–477.
Hon. Aug. Expositio: Honorius Augustodunensis, Expositio in Cantica Canticorum, in: PL 172 (1854), Sp. 347–496.
J: Jocelin von Furness, Vita S. Patricii, in: AASS Martii II, S. 540–580.
LA: Iacopo da Varazze, Legenda aurea con le miniature dal codice Ambrosiano C 240 inf., hrsg. u. komm. v. Giovanni Paolo Maggioni, 2 Bde., Florenz 2007.
M: David Howlett, Muirchú Moccu Macthéni's *Vita Sancti Patricii*. Life of Saint Patrick, Dublin 2006.
Mart. spect.: M. Valerii Martialis Liber Spectaculorum, hrsg. m. Einf., Übers. u. Komm. v. Kathleen M. Coleman, Oxford 2006 (Übersetzung: M. Valerius Martialis. Epigramme, ausgew., übers. u. komm. v. Niklas Holzberg, Stuttgart 2008).
MFrg: Das muratorische Fragment und die monarchischen Prologe zu den Evangelien, hrsg. v. Hans Lietzmann, Bonn ^{2}1908.
Novat. spect.: De spectaculis, in: Novatiani Opera, hrsg. v. G. F. Diercks, Turnhout 1972 (CCSL 4), S. 153–179.
Or. Sib.: Die Oracula Sibyllina, hrsg. v. Joh[annes] Geffcken, Leipzig 1902 (GCS 8; ND Leipzig 1967; Übersetzung: Sibyllinische Weissagungen, auf der Grundlage der Ausgabe von Alfons Kurfeß neu übers. u. hrsg. v. Jörg-Dieter Gauger, Düsseldorf u. Zürich 1998).
Orph. fr.: Otto Kern (Hrsg.), Orphicorum fragmenta, Berlin 1922.

P: Das Passional. Eine Legenden-Sammlung des dreizehnten Jahrhunderts, hrsg. v. Fr. Karl Köpke, Quedlinburg u. Leipzig 1852.
PL: Patrologiae Cursus Completus. Series Latina, hrsg. v. Jean-Paul Migne, Paris 1844–1855 u. 1862–1865.
Plat. Phaid.: Ioannis Burnet (Hrsg.), Platonis Opera, Bd. 1, Oxford 1967 (Nachdruck; Übersetzung: Platon, Werke in acht Bänden, hrsg. v. Gunther Eigler, Bd. 3, dt. Übers. v. Friedrich Schleiermacher, Darmstadt ³1990).
Q: Die Spruchquelle Q. Studienausgabe. Griechisch und Deutsch, hrsg. u. eingel. v. Paul Hoffmann u. Christoph Heil (griech. Text nach der Critical Edition of Q des International Q Project), Darmstadt 2002.
SChrF: Hugonis de Sancto Victore De sacramentis Christianae fidei, hrsg. v. Rainer Berndt, Münster 2008 (Übersetzung: Hugo von Sankt Viktor, Über die Heiltümer des christlichen Glaubens, übers. v. Peter Knauer, Münster 2010).
Soz. hist. eccl.: Sozomenos, Historia Ecclesiastica – Kirchengeschichte, übers. u. eingel. v. Günther Christian Hansen, 4 Bde., Turnhout 2004 (FC 73).
T: St. Patrick's Purgatory. Two Versions of Owayne Miles and the Vision of William of Stranton together with the long text of the Tractatus de Purgatorio Sancti Patricii, hrsg. v. Robert Easting, Oxford 1991.
TCN: Tírechán, Collectanea de sancto Patricio; Notae suppletoriae ad Tirechanum, in: The Patrician Texts in the Book of Armagh, hrsg. v. Ludwig Bieler, Dublin 2004 (SLH 10), S. 122–166.
TD: Hugonis de Sancto Victore De Tribus Diebus, hrsg. v. Dominique Poirel, Turnhout 2002.
Tert. cult. fem.: Tertullien, La Toilette des Femmes (De cultu feminarum), eingef., hrsg., übers. u. komm. v. Marie Turcan, Paris 1971 (SC 173; Übersetzung: Tertullians private und katechetische Schriften, neu übers. v. Heinrich Keller, Kempten u. München 1912).
Tert. spect.: Tertullien, Les Spectacles (De spectaculis), eingef., hrsg., übers. u. komm. v. Marie Turcan, Paris 1986 (SC 332; Übersetzung: Tertullians private und katechetische Schriften, neu übers. v. Heinrich Keller, Kempten u. München 1912).
TestAbr: Francis Schmidt (Hrsg.), Le Testament grec d'Abraham. Introduction, édition critique des deux recensions grecques, traduction, Tübingen 1986 (Übersetzung: Enno Janssen, Testament Abrahams, Gütersloh 1975 [JSHRZ III,2], S. 205–254).
TestLev: Jürgen Becker, Die Testamente der zwölf Patriarchen, Gütersloh 1974 (JSHRZ III,1), S. 47–62.
Verg. Aen.: P. Vergili Maronis Opera, hrsg. v. R. A. B. Mynors, Oxford 1988 (Übersetzung: P. Vergilius Maro, Aeneis, übers. u. hrsg. v. Edith u. Gerhard Binder, 6 Bde., Stuttgart 1994–2005).
VG (dt): Bernd Weitemeier, Visiones Georgii. Untersuchung mit synoptischer Edition der Übersetzung und Redaktion C, Berlin 2006.
VG (lat): Visiones Georgii. Visiones quas in Purgatorio Sancti Patricii vidit Georgius Miles de Ungaria A. D. MCCCLIII, hrsg. v. Louis L. Hammerich, Kopenhagen 1930.
VisBar: Visio Baronti Monachi Longoretensis, hrsg. v. Wilhelm Levison, in: Monumenta Germaniae Historica, Scriptores Rerum Merovingicarum, Bd. 5, hrsg. v. Bruno Krusch u. W. L., Hannover 1910, S. 377–394.
VisGunth: Giles Constable, The Vision of Gunthelm and other Visiones attributed to Peter the Venerable, in: Revue bénédictine 66 (1956), S. 92–114.

VisWett: Heitonis Visio Wettini, hrsg. v. Ernst Dümmler, in: Monumenta Germaniae Historica, Poetae Latini Aevi Carolini, Bd. 2, hrsg. v. dems., Berlin 1884 [Nachdruck München 1978], S. 267–275.
VitTert: Vita Tertia, in: Four Latin Lives of St. Patrick. Colgan's *Vita Secunda, Quarta, Tertia,* and *Quinta,* hrsg., eingel. u. komm. v. Ludwig Bieler, Dublin 1971 (SLH 8), S. 115–190.
VitProb: Vita Auctore Probo, in: Four Latin Lives of St. Patrick. Colgan's *Vita Secunda, Quarta, Tertia,* and *Quinta,* hrsg., eingel. u. komm. v. Ludwig Bieler, Dublin 1971 (SLH 8), S. 191–219.
VT: Visio Tnugdali. Lateinisch und altdeutsch, hrsg. v. Albrecht Wagner, Erlangen 1882, S. 1–56. Die mit * gekennzeichneten Zitate geben die Vorlage Albers nach folgender Edition wieder: Brigitte Pfeil, Die *Vision des Tnugdalus* Albers von Windberg. Literatur- und Frömmigkeitsgeschichte im ausgehenden 12. Jahrhundert. Mit einer Edition der lateinischen *Visio Tnugdali* aus Clm 22254, Bern u. a. 1999.
VTh: Visio Thurkilli, hrsg. v. P. G. Schmidt, Leipzig 1978.

Lexika und Wörterbücher

ANRW: Aufstieg und Niedergang der römischen Welt. Geschichte und Kultur Roms im Spiegel der neueren Forschung, hrsg. v. Hildegard Temporini, Berlin u. New York 1972 ff.
AugLex: Augustinus-Lexikon, hrsg. v. Cornelius Mayer, Basel 1994 ff.
DNP: Der Neue Pauly. Enzyklopädie der Antike, hrsg. v. Hubert Cancik u. Helmuth Schneider, Stuttgart u. Weimar 1996–2003.
Forcellini: Lexicon Totius Latinitatis, ursprgl. hrsg. v. Aegidius Forcellini, verm. u. verb. v. Iosephus Furlanetto sowie v. Francisco Corradini u. Iosephus Perin u. a., 6 Bde., Padua 1940.
LACL: Lexikon der antiken christlichen Literatur, hrsg. v. Siegmar Döpp u. Wilhelm Geerlings unter Mitarbeit von Peter Bruns, Freiburg i. Br. u. a. [3]2002.
LexMA: Lexikon des Mittelalters, hrsg. v. Robert Auty u. a., 10 Bde., (wechselnde Verlagsorte) 1977–1999.
LThK: Lexikon für Theologie und Kirche, begr. v. Michael Buchberger, hrsg. v. Walter Kasper u. a., 11 Bde., Freiburg u. a. [3]1993–2001.
RAC: Reallexikon für Antike und Christentum. Sachwörterbuch zur Auseinandersetzung des Christentums mit der antiken Welt, hrsg. v. Franz-Joseph Dölger u. a., Stuttgart 1950 ff.
RE: Paulys Real-Encyclopädie der classischen Altertumswissenschaften. Neue Bearbeitung, hrsg. v. Georg Wissowa, Wilhelm Kroll u. a., Stuttgart 1893–1980.
RGG[4]: Religion in Geschichte und Gegenwart, hrsg. v. Hans Dieter Betz, Tübingen [4]1998–2007.
RLW: Reallexikon der deutschen Literaturwissenschaft, hrsg. v. Klaus Weimar, Harald Fricke und Jan-Dirk Müller, Berlin u. New York [3]1997–2003.
TRE: Theologische Realenzyklopädie, hrsg. v. Gerhard Müller, Berlin u. New York 1977–2007.
VL[2]: Die deutsche Literatur des Mittelalters. Verfasserlexikon, begr. v. Wolfgang Stammler, fortgef. v. Karl Langosch; neu hrsg. v. Kurt Ruh, Burghart Wachinger u. a., Berlin u. New York [2]1978–2008.

Forschungsliteratur

Tamás Adamik, The Description of Paradise in the *Apocalypse of Peter*, in: Bremmer/ Czachesz (Hrsg.) 2003, S. 78–90.
Lars Aejmelaeus, Schwachheit als Waffe. Die Argumentation des Paulus im Tränenbrief (2. Kor. 10-13), Göttingen 2000.
Ellen Bradshaw Aitken, The Landscape of Promise in the Apocalypse of Paul, in: Walk in the Ways of Wisdom. Essays in Honor of Elisabeth Schüssler Fiorenza, hrsg. v. Shelly Matthews, Cynthia Kittredge u. Melanie Johnson Debaufre, Harrisburg 2003, S. 153–165.
Dale C. Allison, Testament of Abraham, Berlin u. New York 2003.
Karin Alt, Diesseits und Jenseits in Platons Mythen von der Seele, zwei Teile, in: Hermes 110 (1982), S. 278–299 u. 111 (1983), S. 15–33.
Berthold Altaner, Augustinus und die neutestamentlichen Apokryphen, Sibyllinen und Sextussprüche. Eine quellenkritische Untersuchung, in: Analecta Bollandiana 67 (1949), S. 236–248.
Jacqueline Amat, Songes et Visions. L'au-delà dans la littérature latine tardive, Paris 1985.
Walter Ameling (Hrsg.), Topographie des Jenseits. Studien zur Geschichte des Todes in Kaiserzeit und Spätantike, Stuttgart 2011.
Arnold Angenendt, Geschichte der Religiosität im Mittelalter, Darmstadt 1997.
Marc-Aeilko Aris, Contemplatio. Philosophische Studien zum Traktat Benjamin Maior des Richard von St. Viktor. Mit einer verbesserten Edition des Textes, Frankfurt a. M. 1996.
Jan Assmann, Tod und Jenseits im alten Ägypten, München 2001.
Erich Auerbach, Dante als Dichter der irdischen Welt. Mit einem Nachwort von Kurt Flasch, Berlin u. New York ²2001.
Christoph Auffarth, Irdische Wege und himmlischer Lohn. Kreuzzug, Jerusalem und Fegefeuer in religionswissenschaftlicher Perspektive, Göttingen 2002.
Veronika Bachmann [2009a], Rooted in Paradise? The Meaning of the ›Tree of Life‹ in 1 Enoch 24-25 Reconsidered, in: Journal for the Study of the Pseudepigrapha 19 (2009), S. 83–107.
Veronika Bachmann [2009b], Die Welt im Ausnahmezustand. Eine Untersuchung zu Aussagegehalt und Theologie des Wächterbuches (1 Hen 1-36), Berlin u. New York 2009.
William Baird, Visions, Revelation, and Ministry. Reflections on 2 Cor 12:1-5 and Gal 1:11-17, in: Journal of Biblical Literature 104 (1985), S. 651–662.
Wilfried Barner, Kommentar, in: Gotthold Ephraim Lessing, Werke 1766–1769, hrsg. v. W. B., Frankfurt a. M. 1990, S. 619–1214.
Jeremy Barrier, Visions of Weakness. Apocalyptic Genre and the Identification of Paul's Opponents in 2 Corinthians 12:1-6, in: Restoration Quarterly 47 (2005), S. 33–42.
Robert Bartlett, Gerald of Wales 1146–1223, Oxford 1982.
Richard Bauckham, The Martyrdom of Enoch and Elijah: Jewish or Christian?, in: Journal of Biblical Literature 95 (1976), S. 447–458.
Richard Bauckham, The Two Fig Tree Parables in the Apocalypse of Peter, in: Journal of Biblical Literature 104 (1985), S. 269–287.
Richard Bauckham, The Apocalypse of Peter. An Account of Research, in: ANRW II,25,6 (1988), S. 4712–4750.

Richard Bauckham [1990a], Early jewish visions of Hell, in: Journal of Theological Studies 41 (1990), S. 355–386.
Richard Bauckham [1990b], The Conflict of Justice and Mercy. Attitudes to the Damned in Apocalyptic Literature, in: Apocrypha 1 (1990), S. 181–196.
Richard Bauckham, The Rich Man and Lazarus. The Parable and the Parallels, in: New Testament Studies 37 (1991), S. 225–246.
Richard Bauckham, The *Apocalypse of Peter*. A Jewish Christian Apocalypse from the Time of Bar Kokhba, in: Apocrypha 5 (1994), S. 7–111.
Richard Bauckham [1998a], The Fate of the Dead. Studies on the Jewish and Christian Apocalypses, Leiden 1998.
Richard Bauckham [1998b], Augustine, the ›Compassionate‹ Christians, and the Apocalypse of Peter, in: ders. 1998a, S. 149–159.
Richard Bauckham [1998c], The Apocalypse of the Seven Heavens. The Latin Version, in: ders. 1998a, S. 304–331.
Richard Bauckham, Hell in the Latin *Vision of Ezra*, in: Nicklas u. a. (Hrsg.) 2010, S. 323–342.
Jörg Baumgarten, Paulus und die Apokalyptik. Die Auslegung apokalyptischer Überlieferungen in den echten Paulusbriefen, Neukirchen-Vluyn 1975.
Kelley Coblentz Bautch, A Study of the Geography of 1 Enoch 17-19. »No one has seen what I have seen«, Leiden 2003.
Kelley Coblentz Bautch, The Heavenly Temple, the Prison in the Void and the Uninhabited Paradise. Otherworldly Sites in the *Book of the Watchers*, in: Nicklas u. a. (Hrsg.) 2010, S. 37–53.
Hartmut Beck, Raum und Bewegung. Untersuchungen zu Richtungskonstruktion und vorgestellter Bewegung in der Sprache Wolframs von Eschenbach, Erlangen u. Jena 1994.
Anja Becker, Poetik der ›wehselrede‹. Dialogszenen in der mittelhochdeutschen Epik um 1200, Frankfurt a. M. u. a. 2009.
Eva-Marie Becker, 2. Korintherbrief, in: Wischmeyer (Hrsg.) 2006, S. 164–191.
Achim Behrens, Prophetische Visionsschilderungen im Alten Testament. Sprachliche Eigenarten, Funktion und Geschichte einer Gattung, Münster 2002.
Wolfgang Beinert, Inkarnatorischer Radikalismus. Die Ausgestaltung der Descensus-Lehre im Abendland, in: Herzog (Hrsg.) 2006, S. 53–86.
Wolfgang Beinert, Vom Fegfeuer und anderen dunklen Jenseitsorten. Über das Schicksal der Halbguten, in: Stimmen der Zeit 226 (2008), S. 310–322.
Ernst Benz, Die Vision. Erfahrungsformen und Bilderwelt, Stuttgart 1969.
Lore Benz, [Art.] Mimos. Römisch, in: DNP 8 (2000), Sp. 205–207.
Maximilian Benz u. Julia Weitbrecht, Die Formierung des Jenseits als Bewegungsraum in Jenseitsreisen der Spätantike und des Mittelalters (*Paulus-Apokalypse, Visio Pauli, Visio Tnugdali*), in: Mittellateinisches Jahrbuch 46 (2011), S. 229–243.
Maximilian Benz, Kritik der Karte. Mapping als literaturwissenschaftliches Verfahren, in: Die Zukunft der Kartographie. Neue und nicht so neue epistemologische Krisen, hrsg. v. Marion Picker, Véronique Maleval u. Florent Gabaude, Bielefeld 2013, S. 199–218.
Lutz Bergemann, Martin Dönike, Albert Schirrmeister, Georg Toepfer, Marco Walter u. Julia Weitbrecht, Transformation. Ein Konzept zur Erforschung kulturellen Wandels, in: Böhme u. a. (Hrsg.) 2011, S. 39–56.
E. Bernert, [Art.] Naumachie, in: RE 16.2 (1935), Sp. 1970–1974.

Alan E. Bernstein, The Formation of Hell. Death and Retribution in the Ancient and Early Christian Worlds, London 1993.
Jörg Jochen Berns, Liebe & Hiebe. Unvorgreifliche Gedanken zur mnemonischen Kraft christlicher Schmerzikonographie, in: Re-Visionen. Zur Aktualität von Kunstgeschichte, hrsg. v. Barbara Hüttel, Richard Hüttel u. Jeanette Kohl, Berlin 2002, S. 247–262.
Walter Berschin, Biographie und Epochenstil im lateinischen Mittelalter, Bd. 2: Merowingische Biographie. Italien, Spanien und die Inseln im frühen Mittelalter, Stuttgart 1988.
Hans Dieter Betz, Der Apostel Paulus und die sokratische Tradition. Eine exegetische Untersuchung zu seiner »Apologie« 2 Korinther 10-13, Tübingen 1972.
Siam Bhayro, The Shemihazah and Asael Narrative of 1 Enoch 6-11. Introduction, Text, Translation and Commentary with Reference to Ancient Near Eastern and Biblical Antecedents, Münster 2005.
Klaus Bieberstein, Die Pforte der Gehenna. Die Entstehung der eschatologischen Erinnerungslandschaft Jerusalems, in: Das biblische Weltbild und seine altorientalischen Kontexte, hrsg. v. Bernd Janowski u. Beate Ego, Tübingen 2001, S. 503–539.
Klaus Bieberstein, Jenseits der Todesschwelle. Die Entstehung der Auferweckungshoffnungen in der alttestamentlich-frühjüdischen Literatur, in: Tod und Jenseits im alten Israel und in seiner Umwelt. Theologische, religionsgeschichtliche, archäologische und ikonographische Aspekte, hrsg. v. Angelika Berlejung u. Bernd Janowski, Tübingen 2009, S. 423–446.
Ludwig Bieler, St. Patrick's Purgatory. Contributions towards an Historical Topography, in: The Irish Ecclesiastical Record 93 (1960), S. 137–144.
Ludwig Bieler, <Einleitung und Kommentare>, in: Four Latin Lives of St. Patrick. Colgan's *Vita Secunda, Quarta, Tertia,* and *Quinta,* hrsg. v. dems., Dublin 1971.
Ludwig Bieler, Tírechán als Erzähler. Ein Beitrag zum literarischen Verständnis der Patrickslegende, in: ders., Studies on the Life and Legend of St. Patrick, hrsg. v. Richard Sharpe, London 1986, Beitrag X.
Ludwig Bieler, <Einleitung, Übersetzung und Kommentar>, in: The Patrician Texts in the Book of Armagh, hrsg. v. dems., Dublin 2004.
Dino Bigongiari, Were There Theatres in the Twelfth and Thirteenth Centuries?, in: Romanic Review 37 (1946), S. 201–224.
Gerhard Binder, Pompa diaboli. Das Heidenspektakel und die Christenmoral, in: Das antike Theater. Aspekte seiner Geschichte, Rezeption und Aktualität, hrsg. v. dems. u. Bernd Effe, Trier 1998, S. 115–147.
Helen Birkett, The Saints' Lives of Jocelin of Furness. Hagiography, Patronage and Ecclesiastical Politics, Woodbridge 2010.
Hartmut Bleumer, Immersion im Mittelalter. Zur Einführung, in: Zeitschrift für Literaturwissenschaft und Linguistik 167 (2012), S. 5–15.
R. Howard Bloch, The Anonymous Marie de France, Chicago u. London 2003.
Hans Blumenberg, Die Lesbarkeit der Welt, Frankfurt a. M. 1993.
Markus N. A. Bockmuehl, Revelation and Mystery in Ancient Judaism and Pauline Christianity, Tübingen 1990.
Hartmut Böhme, Himmel und Hölle als Gefühlsräume, in: Emotionalität. Zur Geschichte der Gefühle, hrsg. v. Claudia Benthien, Anne Fleig u. Ingrid Kasten, Köln u. a. 2000, S. 60–81.
Hartmut Böhme, Imagologie von Himmel und Hölle. Zum Verhältnis von textueller und bildlicher Konstruktion imaginärer Räume, in: Bilder-Denken. Bildlichkeit

und Argumentation, hrsg. v. Barbara Naumann u. Edgar Pankow, München 2004, S. 19–43.
Hartmut Böhme, Kulturwissenschaft, in: Günzel (Hrsg.) 2009, S. 191–207.
Hartmut Böhme, Einladung zur Transformation, in: Böhme u. a. (Hrsg.) 2011, S. 7–37.
Hartmut Böhme, Lutz Bergemann, Martin Dönike, Albert Schirrmeister, Georg Toepfer, Marco Walter u. Julia Weitbrecht (Hrsg.), Transformation. Ein Konzept zur Erforschung kulturellen Wandels, München 2011.
Christfried Böttrich, Weltweisheit – Menschheitsethik – Urkult. Studien zum slavischen Henochbuch, Diss. Univ. Leipzig 1990.
Christfried Böttrich, Das slavische Henochbuch, Gütersloh 1996 (JSHRZ V,7).
Pierre-Maurice Bogaert, Une version longue inédite de la *Visio beati Esdrae* dans le légendier de Teano (Barb. lat. 2318), in: Revue Bénédictine 94 (1984), S. 50–70.
Michael Borgolte, Die mittelalterliche Kirche, München 2004.
Wilhelm Bousset, Die Himmelsreise der Seele, in: Archiv für Religionswissenschaft 4 (1901), S. 136–169 u. S. 229–273.
Ra'anan S. Boustan u. Annette Yoshiko Reed, Introduction. »In Heaven as It Is on Earth«, in: Boustan/Reed (Hrsg.) 2004, S. 1–15.
Ra'anan S. Boustan u. Annette Yoshiko Reed (Hrsg.), Heavenly Realms and Earthly Realities in Late Antique Religions, Cambrigde 2004.
Bertrand Bouvier u. François Bovon, *Prière et Apocalypse de Paul*. Un fragment grec inédit conservé au Sinaï. Introduction, texte, tradution et notes, in: Apocrypha 15 (2004), S. 9–30.
John W. Bowker, »Merkabah« Visions and the Visions of Paul, in: Journal of Jewish Studies 16 (1971), S. 157–173.
Jan N. Bremmer u. István Czachesz (Hrsg.), The Apocalypse of Peter, Leiden 2003.
Jan N. Bremmer u. István Czachesz (Hrsg.), The Visio Pauli and the Gnostic Apocalypse of Paul, Leiden 2007.
Jan N. Bremmer, The Rise and Fall of the Afterlife. The 1995 Read-Tuckwell Lectures at the University of Bristol, London u. a. 2002 [recte: 2001].
Jan N. Bremmer, The *Apocalypse of Peter*: Greek or Jewish?, in: Bremmer/Czachesz (Hrsg.) 2003, S. 1–14.
Jan N. Bremmer, Christian Hell. From the *Apocalypse of Peter* to the *Apocalypse of Paul*, in: Numen 56 (2009), S. 298–325.
Jan N. Bremmer, Orphic, Roman, Jewish and Christian Tours of Hell. Observations on the *Apocalypse of Peter*, in: Nicklas u. a. (Hrsg.) 2010, S. 305–321.
Jan N. Bremmer, Tours of Hell. Greek, Jewish, Roman and Early Christian, in: Ameling (Hrsg.) 2011, S. 13–34.
Peter Brown, *Gloriosus Obitus*. The End of the Ancient Other World, in: The Limits of Ancient Christianity. Essays on Late Antique Thought and Culture in Honor of R. A. Markus, hrsg. v. William E. Klingshirn u. Mark Vessey, Ann Arbor 1999, S. 289–314.
Dennis D. Buchholz, Your Eyes Will Be Opened. A Study of the Greek (Ethiopic) Apocalypse of Peter, Atlanta 1988.
Karl Bühler, Sprachtheorie. Die Darstellungsfunktion der Sprache, Stuttgart u. a. 1982.
Enno Bünz, [Art.] Visio Godeschalci/Godeschalcus, in: VL^2 (1999), Sp. 404–408.
Rudolf Bultmann, Der zweite Brief an die Korinther, hrsg. v. Erich Dinkler, Göttingen 1976.
Callie Callon, Sorcery, Wheels, and Mirror Punishment in the *Apocalypse of Peter*, in: Journal of Early Christian Studies 18 (2010), S. 29–49.

R. P. Casey, The Apocalypse of Paul, in: The Journal of Theological Studies 34 (1933), S. 1–32.
Claude Carozzi, Structure et Fonction de la Vision de Tnugdal, in: Faire Croire. Modalités de la diffusion et de la réception des messages religieux du XIIe au XVe siècle, Rom 1981, S. 223–234.
Claude Carozzi [1994a], Eschatologie et Au-delà. Recherches sur l'*Apocalypse de Paul*, Aix-en-Provence 1994.
Claude Carozzi [1994b], Le Voyage de l'Âme dans l'Au-delà d'après la Littérature Latine (Ve-XIIIe Siècle), Rom 1994.
Ernst Cassirer, Mythischer, ästhetischer und theoretischer Raum, in: ders., Symbol, Technik, Sprache. Aufsätze aus den Jahren 1927–1933, hrsg. v. Ernst Wolfgang Orth u. John Michael Krois, Hamburg 1995, S. 93–119.
Elizabeth A. Castelli, Persecution and Spectacle. Cultural Appropriation in the Christian Commemoration of Martyrdom, in: Archiv für Religionsgeschichte 7 (2005), S. 102–136.
Mattia Cavagna, Les Visions de l'au-delà et l'image de la mort, in: La mort écrite. Rites et réthoriques [sic] du trépas au Moyen Âge, hrsg. v. Estelle Doudet, Paris 2005, S. 51–70.
Michel de Certeau, Kunst des Handelns, Berlin 1988.
Maria Pia Ciccarese, La *Visio Baronti* nella tradizione letteraria delle *Visiones* dell'aldilà, in: Romanobarbarica 6 (1981/82), S. 25–52.
Maria Pia Ciccarese, Le visioni di S. Fursa, in: Romanobarbarica 8 (1984/85), S. 231–303.
Francis Clark, The Pseudo-Gregorian Dialogues, 2 Bde., Leiden 1987.
Kathleen M. Coleman, Fatal Charades. Roman Executions Staged as Mythological Enactments, in: The Journal of Roman Studies 80 (1990), S. 44–73.
Kathleen M. Coleman, Launching into History. Aquatic Displays in the Early Empire, in: The Journal of Roman Studies 83 (1993), S. 48–74.
Kathleen M. Coleman, M. Valerii Martialis Liber Spectaculorum, hrsg. m. Einf., Übers. u. Komm. v. ders., Oxford 2006.
Adela Yarbro Collins, The Seven Heavens in Jewish and Christian Apocalypses, in: dies., Cosmology & Eschatology in Jewish & Christian Apocalypticism, Leiden, New York u. Köln 1996, S. 21–54.
Adela Yarbro Collins, The Otherworld and the New Age in the Letters of Paul, in: Nicklas u. a. (Hrsg.) 2010, S. 189–207.
John J. Collins, Introduction. Towards the Morphology of a Genre, in: Apocalypse. The Morphology of a Genre, hrsg. v. dems., Missoula 1979 (Semeia 14), S. 1–19.
John J. Collins, The Apocalyptic Technique. Setting and Function in the *Book of the Watchers*, in: The Catholic Biblical Quarterly 44 (1982), S. 91–111.
John J. Collins, The Genre Apocalypse in Hellenistic Judaism, in: Apocalypticism in the Mediterranean World and the Near East. Proceedings of the International Colloquium on Apocalypticism: Uppsala, August 12-17, 1979, hrsg. v. David Hellholm, Tübingen 1983, S. 531–548.
John J. Collins (Hrsg.), The Encyclopedia of Apocalypticism, Bd. 1: The Origins of Apocalypticism in Judaism and Christianity, London u. New York 2006.
Carsten Colpe, [Art.] Himmelfahrt, in: RAC 15 (1991), Sp. 212–219.
Carsten Colpe, Ernst Dassmann, Josef Engemann u. Peter Habermehl, [Art.] Jenseitsfahrt I (Himmelfahrt), in: RAC 17 (1997), Sp. 407–466.

Carsten Colpe u. Peter Habermehl, [Art.] Jenseitsreise (Reise durch das Jenseits), in: RAC 17 (1997), Sp. 490–543.
Giles Constable, The Vision of Gunthelm and other Visiones attributed to Peter the Venerable, in: Revue bénédictine 66 (1956), S. 92–114 (wieder in: ders., Cluniac Studies, London 1980, Beitrag VI).
Giles Constable, Opposition to Pilgrimage in the Middle Ages, in: Studia Gratiana 19 (1976), S. 125–146.
John J. Contreni, »Building Mansions in Heaven«: The *Visio Baronti*, Archangel Raphael, and a Carolingian King, in: Speculum 78 (2003), S. 673–706.
Kirsti Barrett Copeland, Mapping the *Apocalypse of Paul*. Geography, Genre and History, Diss. Princeton 2001.
Kirsti Barrett Copeland, Sinners and Post-Mortem ›Baptism‹ in the Acherusian Lake, in: Bremmer/Czachesz (Hrsg.) 2003, S. 91–107.
Kirsti Barrett Copeland, The Earthly Monastery and the Transformation of the Heavenly City in Late Antique Egypt, in: Boustan/Reed (Hrsg.) 2004, S. 142–158.
Kirsti Barrett Copeland, Thinking with Oceans. Muthos, Revelation and the *Apocalypse of Paul*, in: Bremmer/Czachesz (Hrsg.) 2007, S. 77–104.
Kirsti Barrett Copeland, ›The Holy Contest‹. Competition for the Best Afterlife in the *Apocalypse of Paul* and Late Antique Egypt, in: Nicklas u. a. (Hrsg.) 2010, S. 369–389.
D. Ó Cróinín, [Art.] Muirchú moccu Machtheni, in: LexMA 6 (1993), Sp. 893.
Michael J. Curley, Introduction, in: Saint Patrick's Purgatory. A Poem by Marie de France, übers., eingel. u. komm. v. dems., Binghamton 1993, S. 1–37.
Robin Curtis, Christof L. Diedrichs, Marc Glöde, Hendrikje Haufe, Kirsten Wagner u. Haiko Wandhoff, Raum und Räumlichkeit als Wahrnehmungsordnung, in: Paragrana 13.1 (2004) [= Praktiken des Performativen], S. 25–39.
István Czachesz, The Grotesque Body in the *Apocalypse of Peter*, in: Bremmer/Czachesz (Hrsg.) 2003, S. 108–126.
István Czachesz, Torture in Hell and Reality. The *Visio Pauli*, in: Bremmer/Czachesz (Hrsg.) 2007, S. 130–143.
Peter Czerwinski, Gegenwärtigkeit. Simultane Räume und Zyklische Zeiten, Formen von Regeneration und Genealogie im Mittelalter (Exempel einer Geschichte der Wahrnehmung II), München 1993.
Marie-Françoise Damongeot-Bourdat, Un nouveau manuscrit de l'Apocalypse de Paul (Paris, BnF, nouv. acq. lat. 2676), in: Archivum Latinitatis Medii Aevi (Bulletin du Cange) 67 (2009), S. 29–63.
Christian Danz, [Art.] Transzendenz/Immanenz IV. Religionsphilosophisch, in: RGG⁴ 8 (2005), Sp. 551–553.
Ernst Dassmann, [Art.] Jenseits. C III-VII, in: RAC 17 (1996), Sp. 353–401.
Philip R. Davies, And Enoch Was Not, For Genesis Took Him, in: Biblical Traditions in Transmission. Essays in Honour of Michael A. Knibb, hrsg. v. Charlotte Hempel u. Judith M. Lieu, Leiden u. Boston 2006, S. 97–107.
Mary Dean-Otting, Heavenly Journeys. A Study of the Motif in Hellenistic Jewish Literature, Frankfurt a. M. u. a. 1984.
Wolfgang Decker, [Art.] Sportfeste, in: DNP 11 (2001), Sp. 847–855.
Gilles Deleuze u. Félix Guattari, Rhizom, Berlin 1977.
Holger Delkurt, Sacharjas Nachtgesichte. Zur Aufnahme und Abwandlung prophetischer Traditionen, Berlin u. New York 2000.
Katrin Dennerlein, Narratologie des Raumes, Berlin u. New York 2009.

Alain Desreumaux, Des symboles à la réalité. La préface à l'*Apocalypse de Paul* dans la tradition syriaque, in: Apocrypha 4 (1993), S. 62–82.

Bernd Jörd Diebner, Die Söhne des Priesters Jo(a)tham – Anspielung auf ein Stück verlorener Heiliger Schrift?, in: Dielheimer Blätter zum Alten Testament 16 (1982), S. 40–49.

Bernd Jörg Diebner, Zephanjas Apokalypsen, Gütersloh 2003 (JSHRZ V,9).

Albrecht Dieterich, Nekyia. Beiträge zur Erklärung der neuentdeckten Petrusapokalypse, Leipzig u. Berlin ²1913.

Peter Dinzelbacher, Die Jenseitsbrücke im Mittelalter, Wien 1973.

Peter Dinzelbacher, Vision und Visionsliteratur im Mittelalter, Stuttgart 1981.

Peter Dinzelbacher, Il corpo nelle visioni dell'aldilà, in: Micrologus 1 (1993), S. 301–326.

Ernst von Dobschütz, [Rez.] Albrecht Dieterich, Nekyia. Beiträge zur Erklärung der neuentdeckten Petrusapokalypse, Leipzig, B. G. Teubner, 1893, in: Zeitschrift für Kulturgeschichte 1 (1894), S. 340–348.

Jan Dochhorn, Die Apokalypse des Mose. Text, Übersetzung, Kommentar, Tübingen 2005.

Christoph Drösser, Stimmt's? Moderne Legenden im Test, Folge 4, Reinbek b. Hamburg 2005.

Hugo Duensing † u. Aurelio de Santos Otero, Apokalypse des Paulus, in: Hennecke (Begr.)/Schneemelcher (Hrsg.) 1997, S. 644–675.

Klaus Düwel, Die *Visio Tnugdali*. Bearbeitungstendenzen und Wirkungsabsichten volkssprachiger Fassungen im 12. und 13. Jahrhundert, in: Iconologia Sacra. Mythos, Bildkunst und Dichtung in der Religions- und Sozialgeschichte Alteuropas. Festschrift für Karl Hauck zum 75. Geburtstag, hrsg. v. Hagen Keller u. Nikolaus Staubach, Berlin u. New York 1994, S. 529–545.

Klaus Düwel, Straf- und Lohnorte in der *Visio Tnugdali* und ihren volkssprachlichen Bearbeitungen in Deutschland und Skandinavien (12./13. Jahrhundert), in: L'immaginario nelle Letterature Germaniche del Medioevo, hrsg. v. Adele Cipolla, Mailand 1995, S. 85–100.

David Dumville, The dating of the Tripartite Life of St Patrick, in: Saint Patrick, A. D. 493–1993, hrsg. v. dems., Woodbridge 1993, S. 255–258.

Robert Easting, An Edition of Owayne Miles and other Middle English texts concerning St Patrick's Purgatory, D.Phil. Diss., University of Oxford 1976.

Robert Easting, The Date and Dedication of the *Tractatus de Purgatorio Sancti Patricii*, in: Speculum 53 (1978), S. 778–783.

Robert Easting, Peter of Cornwall's Account of St. Patrick's Purgatory, in: Analecta Bollandiana 97 (1979), S. 397–416.

Robert Easting [1986a], Owein at St. Patrick's Purgatory, in: Medium Aevum 55 (1986), S. 159–175.

Robert Easting [1986b], Purgatory and the Earthly Paradise in the *Tractatus de Purgatorio S. Patricii*, in: Cîteaux. Commentarii cistercienses 37 (1986), S. 23–48.

Robert Easting, <Einleitungen, Hinweise, Kommentare>, in: St. Patrick's Purgatory. Two Versions of Owayne Miles and the Vision of William of Stranton together with the long text of the Tractatus de Purgatorio Sancti Patricii, hrsg. v. dems., Oxford 1991.

Uda Ebel, Die literarischen Formen der Jenseits- und Endzeitvisionen, in: Grundriß der romanischen Literaturen des Mittelalters, Bd. VI/1: La Litterature didactique, alle-

gorique et satirique (Partie historique), hrsg. v. Hans Robert Jauss, red. v. Jürgen Beyer, Heidelberg 1986, S. 181–215.

Hans-Peter Ecker, Die Legende. Kulturanthropologische Annäherung an eine literarische Gattung, Stuttgart u. Weimar 1993.

Graham Robert Edwards, Purgatory: ›Birth‹ or Evolution?, in: Journal of Ecclesiastical History 36 (1985), S. 634–646.

Thomas Ehlen, Johannes Mangei u. Elisabeth Stein (Hrsg.), Visio Edmundi monachi de Eynsham. Interdisziplinäre Studien zur mittelalterlichen Visionsliteratur, Tübingen 1998.

Thomas Ehlen, Vision und Schrift – Interessen, Prozeß und Typik der Verschriftlichung hochmittelalterlicher Jenseitsreisen in lateinischer Sprache am Beispiel der *Visio Edmundi monachi de Eynsham*, in: ders./Mangei/Stein (Hrsg.) 1998, S. 251–300.

Manfred Eikelmann, Einfache Formen, in: RLW I (1997), S. 422–424.

Mircea Eliade, Das Heilige und das Profane. Vom Wesen des Religiösen, Frankfurt a. M. 1998.

Catherine Emmott, Narrative Comprehension. A Discourse Perspective, Oxford 1997.

Jan Engelke, Die Räumlichkeit von Texten und die Textualität von Räumen, in: Einschnitte. Identität in der Moderne, hrsg. v. Oliver Kohns u. a., Würzburg 2007, S. 117–136.

William Christopher Epplett, Animal Spectacula of the Roman Empire, Diss. University of British Columbia 2001.

Eva-Maria Faber, [Art.] Kontritionismus, in: LThK 6 (1997), Sp. 333.

Christoph Fasbender, [Rez.] Weitemeier 2006, in: Beiträge zur Geschichte der deutschen Sprache und Literatur PBB 134 (2012), S. 133–136.

Edith Feistner, Historische Typologie der deutschen Heiligenlegende des Mittelalters von der Mitte des 12. Jahrhunderts bis zur Reformation, Wiesbaden 1995.

Anneliese Felber, Die Henochgestalt in der Patristik, in: Protokolle zur Bibel 11 (2002), S. 21–32.

M[ichael] Fiedrowicz, [Art.] Gregor I., der Große, in: LACL, S. 292–295.

David Fiensy, Lex Talionis in the *Apocalypse of Peter*, in: The Harvard Theological Review 76 (1983), S. 255–258.

Bonifatius Fischer, Impedimenta mundi fecerunt eos miseros, in: Vigiliae Christianae 5 (1951), S. 84–87.

Erika Fischer-Lichte, Einleitung. Theatralität als kulturelles Modell, in: Theatralität als Modell in den Kulturwissenschaften, hrsg. v. ders., Christian Horn, Sandra Umathum u. Matthias Warstat, Tübingen u. Basel 2004, S. 7–26.

David Frankfurter, The Legacy of Jewish Apocalypses in Early Christianity. Regional Trajectories, in: The Jewish Apocalyptic Heritage in Early Christianity, hrsg. v. James C. VanderKam u. William Adler, Assen u. Minneapolis 1996, S. 129–200.

David Frankfurter, Early Christian Apocalypticism. Literature and Social World, in: John J. Collins (Hrsg.) 2006, S. 415–453.

Marco Frenschkowski, Offenbarung und Epiphanie, Bd. 1: Grundlagen des spätantiken und frühchristlichen Offenbarungsglaubens, Tübingen 1995.

Harald Fricke, Norm und Abweichung. Eine Philosophie der Literatur, München 1981.

Thomas Füser, Mönche im Konflikt. Zum Spannungsfeld von Norm, Devianz und Sanktion bei den Cisterziensern und Cluniazensern (12. bis frühes 14. Jahrhundert), Münster u. a. 2000.

Joachim Fugmann, Markus Janka, Ulrich Schmitzer u. Helmut Seng (Hrsg.), Theater, Theaterpraxis, Theaterkritik im kaiserzeitlichen Rom, München u. Leipzig 2004.

Wolf-Peter Funk, Koptisch-gnostische Apokalypse des Paulus, in: Hennecke (Begr.)/ Schneemelcher (Hrsg.) 1997, S. 628–633.
Eileen Gardiner, A Solution of the Problem of Dating in the *Vision of Tundale*, in: Medium Aevum 51 (1982), S. 86–91.
Tom Cole Gardner, The Theater of Hell. A Critical Study of some Twelfth-Century Latin Eschatological Visions, Diss. University of California, Berkeley 1976.
M[ilton] McC[ormick] Gatch, The Fourth Dialogue of Gregory the Great. Some Problems of Interpretation, in: Studia Patristica 10 (1970), S. 77–83.
Jörg-Dieter Gauger (Hrsg.), Sibyllinische Weissagungen. Griechisch-deutsch. Auf der Grundlage der Ausgabe von Alfons Kurfeß, Darmstadt 1998.
Florentina Badalanova Geller, Second (Slavonic Apocalypse of) Enoch. Text and Context, Preprint 410, Max-Planck-Institut für Wissenschaftsgeschichte, Berlin 2010.
Marion Giebel, Mythenliteratur in Europa. Homer – Vergil – Cicero. Das Motiv der »Katabasis« in der vorchristlichen Antike, in: Herzog (Hrsg.) 2006, S. 37–52.
Hans Gille u. Ingeborg Spriewald (Hrsg.), Die Gedichte des Michel Beheim. Nach der Heidelberger Hs. cpg 334 unter Heranziehung der Heidelberger Hs. cpg 312 und der Münchener Hs. cgm 291 sowie sämtlicher Teilhandschriften, Bd. III/1, Gedichte Nr. 358–453. Die Melodien, Berlin 1971.
Andrea Glaser, Der Held und sein Raum. Die Konstruktion der erzählten Welt im mittelhochdeutschen Artusroman des 12. und 13. Jahrhunderts, Frankfurt a. M. u. a. 2004.
Francis Glasson, Greek Influence in Jewish Eschatology. With Special Reference to the Apocalypses and Pseudepigraphs, London 1961.
Hermann Gmelin, Dante Alighieri: Die Göttliche Komödie. Kommentar, I. Teil: Die Hölle, Stuttgart [4]2005.
Hans-Werner Goetz, Gott und die Welt. Religiöse Vorstellungen des frühen und hohen Mittelalters, Teil I, Band 1: Das Gottesbild, Berlin 2011.
Paula R. Gooder, Only the Third Heaven? 2 Corinthians 12:1-10 and the Heavenly Ascent Tradition, London u. New York 2006.
Michael Goulder, Vision and Knowledge, in: Journal for the Studies of the New Testament 56 (1994), S. 53–71.
Fritz Graf, The Bridge and the Ladder. Narrow Passages in Late Antique Visions, in: Boustan/Reed (Hrsg.) 2004, S. 19–33.
Fritz Graf u. Sarah Iles Johnston, Ritual Texts for the Afterlife. Orpheus and the Bacchic Gold Tablets, London u. New York 2007.
Patrick Gray, Abortion, Infanticide, and the Social Rhetoric of the Apocalypse, in: Journal of Early Christian Studies 9 (2001), S. 313–337.
Stephen Greenblatt, Hamlet im Fegefeuer, Frankfurt a. M. 2008.
Reinhold R. Grimm, Paradisus Coelestis – Paradisus Terrestris. Zur Auslegungsgeschichte des Paradieses im Abendland bis um 1200, München 1977.
Alexandra Grund, [Art.] Tun-Ergehens-Zusammenhang, in: RGG[4] 8 (2005), Sp. 654–656.
Stephan Günzel (Hrsg.), Raumwissenschaften, Frankfurt a. M. 2009.
Aaron J. Gurevich, Oral and Written Culture of the Middle Ages. Two ›Peasant Visions‹ of the Late Twelfth-Early Thirteenth Centuries, in: New Literary History 16 (1984), S. 51–66.
Aaron J. Gurjewitsch [sic], Die Darstellung von Persönlichkeit und Zeit in der mittelalterlichen Kunst und Literatur (in Verbindung mit der Auffassung vom Tode und des Jenseits), in: Archiv für Kulturgeschichte 71 (1989), S. 1–44.

Alois M. Haas, Descensus ad Inferos. Höllenfahrten und Jenseitsvisionen im Mittelalter vor Dante, in: Communio 10 (1981), S. 40–56.
Mareile Haase, [Art.] Totenbefragung, in: DNP 12.1 (2002), Sp. 706–707.
Christopher Habel u. Christiane von Stutterheim, Einleitung, in: Räumliche Konzepte und sprachliche Strukturen, hrsg. v. dens., Tübingen 2000, S. 1–8.
Harald Haferland u. Armin Schulz, Metonymisches Erzählen, in: Deutsche Vierteljahrsschrift 84 (2010), S. 3–43.
Ferdinand Hahn, Frühjüdische und urchristliche Apokalyptik. Eine Einführung, Neukirchen-Vluyn 1998.
Andreas Hammer u. Stephanie Seidl, Die Ausschließlichkeit des Heiligen. Narrative Inklusions- und Exklusionsstrategien im mhd. Passional, in: Beiträge zur Geschichte der deutschen Sprache und Literatur PBB 130 (2008), S. 272–297.
Louis L. Hammerich, Einleitung; Handschriften und Textgestaltung, in: Visiones Georgii. Visiones quas in Purgatorio Sancti Patricii vidit Georgius Miles de Ungaria A. D. MCCCLIII, hrsg. v. dems., Kopenhagen 1930, S. 5–72.
John S. Hanson, Dreams and Visions in the Greco-Roman World and Early Christianity, in: ANRW II,23,2 (1980), S. 1395–1427.
Michael Haren [1988a], Two Hungarian Pilgrims, in: ders./de Pontfarcy (Hrsg.) 1988, S. 120–168.
Michael Haren [1988b], The Close of the Medieval Pilgrimage. The Papal Suppression and its Aftermath, in: ders./de Pontfarcy (Hrsg.) 1988, S. 190–201.
Michael Haren u. Yolande de Pontfarcy (Hrsg.), The Medieval Pilgrimage to St Patrick's Purgatory. Lough Derg and the European Tradition, Enniskillen 1988.
Daniel C. Harlow, The Greek *Apocalypse of Baruch* (*3 Baruch*) in Hellenistic Judaism and Early Christianity, Leiden u. a. 1996.
J. R. Harrison, In Quest of the Third Heaven. Paul & his Apocalyptic Imitators, in: Vigiliae Christianae 58 (2004), S. 24–55.
Friedhelm Hartenstein, Wolkendunkel und Himmelsfeste. Zur Genese und Kosmologie der Vorstellung des himmlischen Heiligtums JHWHs, in: Das biblische Weltbild und seine altorientalischen Kontexte, hrsg. v. Bernd Janowski u. Beate Ego, Tübingen 2001, S. 125–179.
Wolfgang Haubrichs, Offenbarung und Allegorese. Formen und Funktionen von Vision und Traum in frühen Legenden, in: Formen und Funktionen der Allegorie. Symposion Wolfenbüttel 1978, hrsg. v. Walter Haug, Stuttgart 1979, S. 243–264.
Karl Hecker (Hrsg.), Das akkadische Gilgamesch-Epos, in: Texte aus der Umwelt des Alten Testaments, hrsg. v. Otto Kaiser, Bd. III, Lieferung 4, Gütersloh 1994, S. 646–744.
Bernhard Heininger, Paulus als Visionär. Eine religionsgeschichtliche Studie, Freiburg u. a. 1996.
Evamaria Heisler, Die Adressierung des Einzelnen in Albers *Tundalus* und bei Mechthild von Magdeburg. Verkörperung als Vermittlungsstrategie von Drohung und Verheißung in mittelalterlichen Jenseitsvisionen, in: Drohung und Verheißung. Mikroprozesse in Verhältnissen von Macht und Subjekt, hrsg. v. ders., Elke Koch u. Thomas Scheffer, Freiburg i. Br. u. a. 2007, S. 85–110.
David Hellholm, [Art.] Apokalypse. Form und Gattung, in: RGG⁴ 1 (1998), Sp. 585–588.
David Hellholm, Lucian's Icaromenippos as a Parody of an Apocalypse and 2 Corinthians 12,2-4 as a Report about a Heavenly Journey, in: Paulus und die antike Welt. Beiträge zur zeit- und religionsgeschichtlichen Erforschung des paulinischen Chris-

tentums, hrsg. v. David C. Bienert, Joachim Jeska u. Thomas Witulski, FS Dietrich-Alex Koch, Göttingen 2008, S. 56–82.
Yitzhak Hen, The Structure and Aims of the *Visio Baronti*, in: Journal of Theological Studies 47 (1996), S. 477–497.
Martin Hengel, Judentum und Hellenismus. Studien zu ihrer Begegnung unter besonderer Berücksichtigung Palästinas bis zur Mitte des 2. Jh.s v. Chr., Tübingen ³1988.
Nikolaus Henkel u. Nigel Palmer, Latein und Volkssprache im deutschen Mittelalter 1100–1500. Zum Rahmenthema des Regensburger Colloquiums: Ein Forschungsbericht, in: Latein und Volkssprache im deutschen Mittelalter 1100–1500, hrsg. v. dens., Tübingen 1992, S. 1–18.
Edgar Hennecke (Begr.) u. Wilhelm Schneemelcher (Hrsg.), Neutestamentliche Apokryphen in deutscher Übersetzung, Bd. 2: Apostolisches, Apokalypsen und Verwandtes, Tübingen ⁶1997.
John Hennig, Fortunatus in Ireland, in: Ulster Journal of Archaeology 13 (1950), S. 93–104.
Máire Herbert, Latin and Vernacular Hagiography of Ireland from the Origins to the Sixteenth Century, in: Hagiographies. Histoire internationale de la littérature hagiographique latine et vernaculaire en Occident des origines à 1550, hrsg. v. Guy Philippart, Turnhout 2001, S. 327–360.
Markwart Herzog (Hrsg.), Höllen-Fahrten. Geschichte und Aktualität eines Mythos, Stuttgart 2006.
Klaus Herrmann, [Art.] Henochschriften, in: RGG⁴ 3 (2000), Sp. 1627–1629.
Anthony Hilhorst, A Visit to Paradise: *Apocalypse of Paul* 45 and its Background, in: Paradise Interpreted. Representations of Biblical Paradise in Judaism and Christianity, hrsg. v. Gerard P. Luttikhuizen, Leiden u. a. 1999, S. 128–139.
Anthony Hilhorst, The *Apocalypse of Paul:* previous history and afterlife, in: Bremmer/Czachesz (Hrsg.) 2007, S. 1–22.
Julian V. Hills, Parables, Pretenders, and Prophecies. Translation and Interpretation in the *Apocalypse of Peter*, in: Revue Biblique 98 (1991), S. 560–573.
Martha Himmelfarb, Tours of Hell. An Apocalyptic Form in Jewish and Christian Literature, Philadelphia 1983.
Martha Himmelfarb, The Experience of the Visionary and Genre in the Ascension of Isaiah 6-11 and the Apocalypse of Paul, in: Early Christian Apocalypticism: Genre and Social Setting, hrsg. v. Adela Yarbro Collins, Decatur 1986 (Semeia 36), S. 97–111.
Martha Himmelfarb, Ascent to Heaven in Jewish and Christian Apocalypses, New York u. Oxford 1993.
Martha Himmelfarb, The Apocalypse. A Brief History, Malden 2010.
Augusta Hönle, [Art.] Circus II. Spiele, in: DNP 2 (1997), Sp. 1214–1220.
Augusta Hönle, [Art.] Munus, Munera III. Gladiatorenspiele, in: DNP 8 (2000), Sp. 486–494.
Augusta Hönle, [Art.] Venatio, in: DNP 12.2 (2003), Sp. 3.
Heinrich Hoffmann, Das Gesetz in der frühjüdischen Apokalyptik, Göttingen 1999.
Christian Hoffstadt, Denkräume und Denkbewegungen. Untersuchungen zum metaphorischen Gebrauch der Sprache der Räumlichkeit, Karlsruhe 2009.
Dagmar Hofmann, Der »Ort der Erfrischung«. ›Refrigerium‹ in der frühchristlichen Literatur und Grabkultur, in: Ameling (Hrsg.) 2011, S. 103–122.
Albert Hogeterp, The Relation between Body and Soul in the *Apocalypse of Paul*, in: Bremmer/Czachesz (Hrsg.) 2007, S. 105–129.

Albert Hogeterp, The Otherworld and this World in 2 Cor 12:1-10 in Light of Early Jewish Apocalyptic Tradition, in: Nicklas u. a. (Hrsg.) 2010, S. 209–228.
Erik Hornung, Altägyptische Jenseitsbücher. Ein einführender Überblick, Darmstadt 1997.
Wayne Horowitz, Mesopotamian Cosmic Geography, Winona Lake 1998.
Cornelis Houtman, [Art.] Hölle II. Altes Testament, in: RGG[4] 3 (2000), Sp. 1846–1847.
David Howlett, Muirchú Moccu Macthéni's *Vita Sancti Patricii*. Life of Saint Patrick, Dublin 2006.
Internationale Theologische Kommission, Die Hoffnung auf Rettung für ungetauft sterbende Kinder (2007), hrsg. vom Sekretariat der Deutschen Bischofskonferenz, Bonn 2008.
Attila Jakab, The Reception of the *Apocalypse of Peter* in Ancient Christianity, in: Bremmer/Czachesz (Hrsg.) 2003, S. 174–186.
M. R. James, A new text of the Apocalypse of Peter, in: The Journal of Theological Studies 12 (1910/11), S. 36–54, S. 362–383, S. 573–583.
M. R. James, The Recovery of the Apocalypse of Peter, in: The Church Quarterly Review 80 (1915), S. 1–36.
M. R. James, The Rainer Fragment of the Apocalypse of Peter, in: The Journal of Theological Studies 32 (1931), S. 270–279.
Enno Janssen, Testament Abrahams, Gütersloh 1975 (JSHRZ III,2), S. 193–256.
Bernd Janowski, Die Tat kehrt zum Täter zurück. Offene Fragen im Umkreis des ›Tun-Ergehen-Zusammenhangs‹, in: Zeitschrift für Theologie und Kirche 91 (1994), S. 247–271.
Lenka Jiroušková, Die Visio Pauli. Wege und Wandlungen einer orientalischen Apokryphe im lateinischen Mittelalter unter Einschluss der alttschechischen und deutschsprachigen Textzeugen, Leiden u. a. 2006.
Philip S. Johnston, Shades of Sheol. Death and Afterlife in the Old Testament, Downers Grove 2002.
André Jolles, Einfache Formen. Legende, Sage, Mythe, Rätsel, Spruch, Kasus, Memorabile, Märchen, Witz, Tübingen [4]1968.
Fabienne Jourdan, Poème judéo-hellénistique attribué à Orphée. Production juive et réception chrétienne, Paris 2010.
Heiko Jürgens, Pompa Diaboli. Die lateinischen Kirchenväter und das antike Theater, Tübingen 1972.
Ananya Jahanara Kabir, Paradise, Death and Doomsday in Anglo-Saxon Literature, Cambridge u. New York 2001.
Andreas Kablitz, Theorie der Literatur und Kunst der Interpretation. Zu einigen Blindstellen literaturwissenschaftlicher Theoriebildung, in: Poetica 41 (2009), S. 219–231.
Ernst Käsemann, Die Legitimität des Apostels. Eine Untersuchung zu II Korinther 10-13 [1942], Darmstadt 1956.
Lenka Karfíková, De esse ad pulchrum esse. Schönheit in der Theologie Hugos von St. Viktor, Turnhout 1998.
Hagen Keller, [Art.] Capitaneus, in: LexMA 2 (1983), Sp. 1475.
Fritz Kemmler, Painful Restoration. Transformations of Life and Death in Medieval Visions of the Other World, in: Connotations 17 (2007/08), S. 129–143.
Christian Kiening [2004a], Arbeit am Absolutismus des Mythos. Mittelalterliche Supplemente zur biblischen Heilsgeschichte, in: Präsenz des Mythos. Konfigurationen

einer Denkform in Mittelalter und Früher Neuzeit, hrsg. v. Udo Friedrich u. Bruno Quast, Berlin u. New York 2004, S. 35–57.

Christian Kiening [2004b], Ästhetische Heiligung. Von Hartmann von Aue zu Lars von Trier, in: Neue Rundschau 115 (2004), S. 56–71.

Christian Kiening, ›Erfahrung‹ und ›Vermessung‹ der Welt in der frühen Neuzeit, in: Text – Bild – Karte. Kartographien der Vormoderne, hrsg. v. dems. u. Jürg Glauser, Freiburg i. Br. 2007, S. 221–251.

Christian Kiening, Mediologie – Christologie. Konturen einer Grundfigur mittelalterlicher Medialität, in: Das Mittelalter 15 (2010), S. 16–32.

Christian Kiening, Mystische Bücher, Zürich 2011.

Tom Kindt, Literatur und Komik. Zur Theorie literarischer Komik und zur deutschen Komödie im 18. Jahrhundert, Berlin 2011.

Rade Kisić, Patria Caelestis. Die eschatologische Dimension der Theologie Gregors des Großen, Tübingen 2011.

Hans-Josef Klauck, Die Himmelfahrt des Paulus (2Kor 12,2-4) in der koptischen Paulus-Apokalypse aus Nag Hammadi (NHC V/2), in: ders., Gemeinde – Amt – Sakrament. Neutestamentliche Perspektiven, Würzburg 1989, S. 391–429.

Hans-Josef Klauck, With Paul through Heaven and Hell. Two Apocryphal Apocalypses, in: Biblical Research 52 (2007), S. 57–72.

Richard Klein, »Spectaculorum voluptates adimere …«. Zum Kampf der Kirchenväter gegen Circus und Theater, in: Fugmann u. a. (Hrsg.) 2004, S. 155–173.

Michael Knibb, Interpreting the *Book of Enoch*. Reflections on a Recently Published Commentary [2002], in: ders., Essays on the Book of Enoch and Other Early Jewish Texts and Traditions, Leiden u. Boston 2009, S. 77–90.

Susanne Köbele, Die Illusion der ›einfachen Form‹. Über das ästhetische und religiöse Risiko der Legende, in: Beiträge zur Geschichte der deutschen Sprache und Literatur PBB 134 (2012), S. 365–404.

Michael Konkel, Die zweite Tempelvision Ezechiels (Ez 40-48). Dimensionen eines Entwurfs, in: Gottesstadt und Gottesgarten. Zu Geschichte und Theologie des Jerusalemer Tempels, hrsg. v. Othmar Keel u. Erich Zenger, Freiburg i. Br. u. a. 2002, S. 154–179.

Petra Korte, Christlicher Hades und vergilisches Fegefeuer. Die antike Unterwelt in der mittelalterlichen Rezeption, in: Frühmittelalterliche Studien 42 (2008), S. 271–306.

Robert Alan Kraft, Exploring the Scripturesque. Jewish Texts and their Christian Contexts, Leiden u. Boston 2009.

Thomas J. Kraus, Sprache, Stil und historischer Ort des zweiten Petrusbriefes, Tübingen 2001.

Thomas J. Kraus [2003a], Die griechische Petrus-Apokalypse und ihre Relation zu ausgewählten Überlieferungsträgern apokalyptischer Stoffe, in: Apocrypha 14 (2003), S. 73–98.

T[homas] J. Kraus [2003b], Acherousia und Elysion. Anmerkungen im Hinblick auf deren Verwendung auch im christlichen Kontext, in: Mnemosyne 56 (2003), S. 145–163.

Thomas J. Kraus, Zur näheren Bedeutung der »Götzen(bilder)« in der Apokalypse des Petrus, in: Annali di storia dell'esegesi 24 (2007), S. 147–176.

Thomas J. Kraus, Fürbitte für die Toten im frühen Christentum. »Ich werde … den gewähren, den sie aus der Strafe erbitten«, in: Das Gebet im Neuen Testament. Vierte europäische orthodox-westliche Exegetenkonferenz in Sâmbăta de Sus,

4.-8. August 2007, hrsg. v. Hans Klein, Vasile Mihoc u. Karl-Wilhelm Niebuhr unter Mitarbeit von Christos Karakolis, Tübingen 2009, S. 355–396.
Thomas J. Kraus u. Tobias Nicklas, <Einleitungen, Hinweise, Kommentare>, in: Kraus/Nicklas (Hrsg.) 2004.
Thomas J. Kraus u. Tobias Nicklas (Hrsg.), Das Petrusevangelium und die Petrusapokalypse. Die griechischen Fragmente mit deutscher und englischer Übersetzung, Berlin u. New York 2004.
Reinhard Krebs, Zu den Tundalusvisionen des Marcus und Alber, in: Mittellateinisches Jahrbuch 12 (1977), S. 164–198.
Hartmut Kühne, Ostensio reliquiarum. Untersuchungen über Entstehung, Ausbreitung, Gestalt und Funktion der Heiltumsweisungen im römisch-deutschen Regnum, Berlin 2000.
Alexander Kulik, 3 Baruch. Greek-Slavonic Apocalypse of Baruch, Berlin u. New York 2010.
Konrad Kunze, [Art.] Legende, in: RLW II (2000), S. 389–393.
Helge S. Kvanvig, The watcher story and genesis. An intertextual reading, in: Scandinavian Journal of the Old Testament 18 (2004), S. 163–183.
Donald G. Kyle, Spectacles of Death in Ancient Rome, London u. New York 1998.
Dimitris J. Kyrtatas, Early Christian Visions of Paradise. Considerations on their Jewish and Greek Background, in: Hellenic and Jewish Arts. Interaction, Tradition and Renewal, hrsg. v. Asher Ovadiah, Tel Aviv 1998, S. 337–350.
Dimitris J. Kyrtatas, The Origins of Christian Hell, in: Numen 56 (2009), S. 282–297.
Lautaro Roig Lanzillotta, Does Punishment Reward the Righteous? The Justice Pattern Underlying the *Apocalypse of Peter*, in: Bremmer/Czachesz (Hrsg.) 2003, S. 127–157.
Lautaro Roig Lanzillotta, The Coptic *Apocalypse of Paul* in Ms Or 7023, in: Bremmer/Czachesz (Hrsg.) 2007, S. 158–197.
Jacques Le Goff, Die Geburt des Fegefeuers. Vom Wandel des Weltbildes im Mittelalter, München ²1991.
Christina Lechtermann, Funktionen des Unsagbarkeitstopos bei der Darstellung von Schmerz, in: Schmerz in der Literatur des Mittelalters und der Frühen Neuzeit, hrsg. v. Hans-Jochen Schiewer, Stefan Seeber u. Markus Stock, Göttingen 2010, S. 85–104.
Claude Lecouteux, Zur anderen Welt, in: Diesseits- und Jenseitsreisen im Mittelalter/Voyages dans l'ici-bas et dans l'au-delà au moyen âge, hrsg. v. Wolf-Dieter Lange, Bonn u. Berlin 1992, S. 79–89.
Eckard Lefèvre (Hrsg.), Das römische Drama, Darmstadt 1978.
Thomas Lentes, [Rez.] Röckelein 1987, in: Mediaevistik 6 (1993), S. 367–371.
Outi Lehtipuu, The Afterlife Imagery in Luke's Story of the Rich Man and Lazarus, Leiden u. Boston 2007.
Jutta Leonhardt-Balzer, Fragen Esras, Gütersloh 2010 (JSHRZ N. F. I,5).
Shane Leslie, Saint Patrick's Purgatory. A Record from History and Literature, London 1932.
Wilhelm Levison, <Einleitung>, in: Visio Baronti Monachi Longoretensis, Monumenta Germaniae Historica, Scriptores Rerum Merovingiarum, Bd. 5, Hannover 1910, S. 368–377.
J. L. Lightfoot, The Sibylline Oracles. With Introduction, Translation, and Commentary on the First and Second Books, Oxford 2007.

A. T. Lincoln, Paul the Visionary: The Setting and Significance of the Rapture to Paradise in II Corinthians XII. 1-10, in: New Testament Studies 25 (1979), S. 204–220.
Bruce Lincoln, Death, War, and Sacrifice. Studies in Ideology and Practice, Chicago u. London 1991.
Johannes Lindblom, Gesichte und Offenbarungen. Vorstellungen von göttlichen Weisungen und übernatürlichen Erscheinungen im ältesten Christentum, Lund 1968.
Roger S. Loomis, Were There Theatres in the Twelfth and Thirteenth Centuries?, in: Speculum 20 (1945), S. 92–95.
Jurij M. Lotman, Die Struktur literarischer Texte, München 1972.
Michelle Lucey-Roper, The *Visio Baronti* in Its Early Medieval Context, D.Phil. Diss., University of Oxford 2000.
Thomas Luckmann, Kanon und Konversion, in: Kanon und Zensur. Beiträge zur Archäologie der literarischen Kommunikation II, hrsg. v. Aleida u. Jan Assmann, München 1987, S. 38–46.
Jared W. Ludlow, Abraham Meets Death. Narrative Humor in the *Testament of Abraham*, Sheffield 2002.
Niklas Luhmann u. Peter Fuchs, Von der Beobachtung des Unbeobachtbaren. Ist Mystik ein Fall von Inkommunikabilität?, in: dies., Reden und Schweigen, Frankfurt a. M. 2001, S. 70–100.
Rüdiger Lux, Der Deuteengel und der Prophet. Biblisch-hermeneutische Aspekte der Angelologie, in: Zeitschrift für Pädagogik und Angelologie 54 (2002), S. 235–242.
Rüdiger Lux, Wer spricht mit wem? Anmerkungen zur Angelologie in Sach 1,7-17, in: leqach 4 (2004), S. 71–83
Michael Mach, From Apocalypticism to Early Jewish Mysticism?, in: John J. Collins (Hrsg.) 2006, S. 229–264.
James Mackillop, Dictionary of Celtic Mythology, Oxford u. a. 2004.
George W. MacRae † u. William R. Murdock, The Apocalypse of Paul (V,2), in: The Nag Hammadi Library in English, hrsg. v. James M. Robinson, Leiden u. a. ³1988, S. 256–259.
Johann Maier, [Rez.] Jourdan 2010, in: Journal for the Study of Judaism 42 (2011), S. 101–102.
Christoph Markschies, Odysseus und Orpheus christlich gelesen, in: Mythenkorrekturen. Zu einer paradoxalen Form der Mythenrezeption, hrsg. v. Martin Vöhler u. Bernd Seidensticker in Zusammenarbeit m. Wolfgang Emmerich, Berlin u. New York 2005, S. 69–92.
Christoph Markschies, Politische Ordnungskonzepte in antiken christlichen Apokalypsen, in: Christentum und Politik in der Alten Kirche, hrsg. v. J. van Oort u. O. Hesse, Löwen u. Malpole 2009, S. 109–136.
Christoph Markschies u. Jens Schröter i. Verb. m. Andreas Heiser (Hrsg.), Antike christliche Apokryphen in deutscher Übersetzung, 7. Aufl. der v. Edgar Hennecke begr. u. v. Wilhelm Schneemelcher fortgef. Sammlung der neutestamentlichen Apokryphen, I. Bd.: Evangelien und Verwandtes, 2 Teilbde., Tübingen 2012.
Paolo Marrassini, Scoperta e riscoperte dell' Apocalisse di Pietro, in: I papyri letterari cristiani. Atti del convegno internazionale di studi in memoria di Mario Naldini, hrsg. v. Guido Bastianini u. Angelo Casanova, Florenz 2011, S. 147–160.
J. C. Douglas Marshall, Three Problems in the *Vision of Tundal*, in: Medium Aevum 44 (1975), S. 14–21.

Stefan M. Maul, Das Gilgamesch-Epos. Neu übersetzt und kommentiert, München 2005.
Carolin Meister, [Art.] Raumkünste – Zeitkünste, in: Metzler Lexikon Ästhetik. Kunst, Medien, Design im Alltag, hrsg. v. Achim Trebeß, Stuttgart u. Weimar 2006, S. 313–314.
Andreas Merkt, Das Fegefeuer. Entstehung und Funktion einer Idee, Darmstadt 2005.
Andreas Merkt, Abrahams Schoß. Ursprung und Sinngehalt eines antiken christlichen Jenseitstopos, in: Ameling (Hrsg.) 2011, S. 83–101.
Constant J. Mews, [Rez.] Poirel 2002, in: Speculum 79 (2004), S. 255–257.
Constant J. Mews, The World as Text. The Bible and the Book of Nature in Twelfth-Century Theology, in: Scripture and Pluralism. Reading the Bible in the Religiously Plural Worlds of the Middle Ages and Renaissance. Papers Presented at the First Annual Symposium of the Marco Institute for Medieval and Renaissance Studies at the University of Tennessee, Knoxville, February 21–22, 2002, Leiden u. Boston 2005, S. 95–122.
Nine Miedema, Himmlischer Gesang auf Erden. Die Meistersinger und ihre Kunst, in: Suntrup/Veenstra (Hrsg.) 2009, S. 57–88.
Peter van Minnen, The Greek *Apocalypse of Peter*, in: Bremmer/Czachesz (Hrsg.) 2003, S. 15–39.
Françoise Mirguet, Attachment to the Body in the Greek *Testament of Abraham*. A Reappraisal of the Short Recension, in: Journal for the Study of the Pseudepigrapha 19 (2010), S. 251–275.
John Moorhead, The Figure of the Deacon Peter in the *Dialogues* of Gregory the Great, in: Augustinianum 42 (2002), S. 469–479.
Isabel Moreira, Dreams, Visions, and Spiritual Authority in Merovingian Gaul, Ithaca u. London 2000.
C. R. A. Morray-Jones, Paradise Revisited (2 Cor 12:1-12). The Jewish Mystical Background of Paul's Apostolate, in: The Harvard Theological Review 86 (1993), S. 177–217 u. S. 265–292.
Candida R. Moss, On the Dating of Polycarp. Rethinking the Place of the *Martyrdom of Polycarp* in the History of Christianity, in: Early Christianity 1 (2010), S. 539–574.
Sigrid Mratschek, Visionen des Lebens. Ein *spectaculum* im Theater Christi und auf der Bühne der Welt, in: Poetica 39 (2007), S. 21–57.
C. Detlef G. Müller, Offenbarung des Petrus, in: Hennecke (Begr.)/Schneemelcher (Hrsg.) 1997, S. 562–578.
Jan-Dirk Müller, <Kommentare>, in: Romane des 15. und 16. Jahrhunderts, nach den Erstdrucken mit sämtlichen Holzschnitten hrsg. v. dems., Frankfurt a. M. 1990.
Ulrich Müller, [Art.] Beheim, Michel, in: VL^2 1 (1978), Sp. 672–680.
Ulrich B. Müller, Die griechische Esra-Apokalypse, Gütersloh 1976 (JSHRZ V,2).
Christoph Münchow, Ethik und Eschatologie. Ein Beitrag zum Verständnis der frühjüdischen Apokalyptik mit einem Ausblick auf das Neue Testament, Göttingen 1981.
Carol Newsom, The Development of *1 Enoch* 6-19. Cosmology and Judgment, in: The Catholic Biblical Quarterly 42 (1980), S. 310–329.
George W. E. Nickelsburg, Eschatology in the Testament of Abraham. A Study of the Judgment Scene in the Two Recensions, in: Studies on the Testament of Abraham, hrsg. v. dems., Missoula 1976, S. 23–64.
George W. E. Nickelsburg [1981a], Jewish Literature Between the Bible and the Mishnah. A Historical and Literary Introduction, Philadelphia 1981.

George W. E. Nickelsburg [1981b], Enoch, Levi, and Peter. Recipients of Revelation in Upper Galilee, in: Journal of Biblical Literature 100 (1981), S. 575–600.
George W. E. Nickelsburg, 1 Enoch 1. A Commentary on the Book of 1 Enoch, Chapters 1-36; 81-108, Minneapolis 2001.
George W. E. Nickelsburg u. James C. VanderKam, 1 Enoch. A New Translation, Minneapolis 2004.
George W. E. Nickelsburg, Four Worlds that are ›Other‹ in the Enochic Book of Parables, in: Nicklas u. a. (Hrsg.) 2010, S. 55–77.
Tobias Nicklas, Zwei petrinische Apokryphen im Akhmîm-Codex oder eines? Kritische Anmerkungen und Gedanken, in: Apocrypha 16 (2005), S. 75–96.
Tobias Nicklas, Joseph Verheyden, Erik M. M. Eynikel u. Florentino García Martínez (Hrsg.), Other Worlds and Their Relation to This World. Early Jewish and Ancient Christian Traditions, Leiden u. Boston 2010.
Tobias Nicklas, ›Insider‹ und ›Outsider‹. Überlegungen zum historischen Kontext der Darstellung ›jenseitiger Orte‹ in der *Offenbarung des Petrus*, in: Ameling (Hrsg.) 2011, S. 35–48.
Karl-Wilhelm Niebuhr, Auf der Suche nach dem Paradies. Zur Topographie des Jenseits im griechischen *Leben Adams und Evas*, in: Ameling (Hrsg.) 2011, S. 49–67.
Inge Nielsen, [Art.] Amphitheatrum, in: DNP 1 (1996), Sp. 619–624.
Hugo Odeberg, 3 Enoch or The Hebrew Book of Enoch, Cambridge 1928.
Gerbern S. Oegema, Einführung zu den Jüdischen Schriften aus hellenistisch-römischer Zeit, Gütersloh 2001 (JSHRZ VI,1,5).
Friedrich Ohly, Die Kathedrale als Zeitenraum. Zum Dom von Siena, in: Frühmittelalterliche Studien 6 (1972), S. 94–158.
Friedrich Ohly, Zum Buch der Natur, in: ders., Ausgewählte und neue Schriften zur Literaturgeschichte und zur Bedeutungsforschung, hrsg. v. Uwe Ruberg u. Dietmar Peil, Stuttgart u. Leipzig 1995, S. 727–843.
Ilona Opelt, Das Drama der Kaiserzeit, in: Lefèvre (Hrsg.) 1978, S. 427–457.
Andrei A. Orlov, The Watchers of Satanail. The Fallen Angels Traditions in *2 (Slavonic) Enoch*, in: ders., Selected Studies in the Slavonic Pseudepigrapha, Leiden u. Boston 2009, S. 133–164.
Stefan Orth, Ortlos. Die Internationale Theologenkommission will den Limbus beerdigen, in: Herder Korrespondenz 61 (2007), S. 275–276.
Rudolf Otto, Das Heilige. Über das Irrationale in der Idee des Göttlichen und sein Verhältnis zum Rationalen, München 1991.
Nigel F. Palmer, [Art.] Fegfeuer des hl. Patricius, in: VL² 2 (1980), Sp. 715–717.
Nigel F. Palmer, *Visio Tnugdali*. The German and Dutch translations and their circulation in the later Middle Ages, München u. Zürich 1982.
Nigel F. Palmer, Zisterzienser und ihre Bücher. Die mittelalterliche Bibliotheksgeschichte von Kloster Eberbach im Rheingau, Regensburg 1998.
Nigel F. Palmer, [Art.] Visio Fursei, in: VL² 10 (1999), Sp. 402–404.
Werner Paravicini, Fakten und Fiktionen. Das Fegefeuer des hl. Patrick und die europäische Ritterschaft im späten Mittelalter, in: Jean de Mandeville in Europa. Neue Perspektiven für die Reiseliteraturforschung, hrsg. v. Ernst Bremer u. Susanne Röhl, München 2007, S. 111–163.
Matthias Perkams, The origins of the Trinitarian attributes *potentia, sapientia, benignitas*, in: Archa Verbi 1 (2004), S. 25–41.
Monika Pesthy, »Thy mercy, O Lord, is in the heavens; and thy righteousness reacheth unto the clouds«, in: Bremmer/Czachesz (Hrsg.) 2003, S. 40–51.

Monika Pesthy, Earthly Tribunal in the Fourth Heaven (NH V,2 20,5-21,22), in: Bremmer/Czachesz (Hrsg.) 2007, S. 198–210.
Erik Peterson, Die Taufe im Acherusischen See, in: Vigiliae Christianae 9 (1955), S. 1–20.
Daria Pezzoli-Olgiati, [Art.] Paradies: I. Religionswissenschaftlich, in: RGG⁴ 6 (2003), Sp. 909–911.
Brigitte Pfeil, Die *Vision des Tnugdalus* Albers von Windberg. Literatur- und Frömmigkeitsgeschichte im ausgehenden 12. Jahrhundert. Mit einer Edition der lateinischen *Visio Tnugdali* aus Clm 22254, Bern u. a. 1999.
Marc Philonenko, Le pont de l'abîme, in: Cahiers internationaux de symbolisme 77-79 (1994), S. 181186.
Pierluigi Piovanelli, Les origines de l'Apocalypse de Paul reconsidérées, in: Apocrypha 4 (1993), S. 25–64.
Pierluigi Piovanelli, La *Prière et Apocalypse de Paul* au sein de la littérature apocryphe d'attribution paulinienne, in: Apocrypha 15 (2004), S. 31–40.
Pierluigi Piovanelli, The Miraculous Discovery of the Hidden Manuscript, or the Paratextual Function of the Prologue to the *Apocalypse of Paul*, in: Bremmer/Czachesz (Hrsg.) 2007, S. 23–49.
Uwe-Karsten Plisch, Die Apokalypse des Paulus (NHC V,2), in: Nag Hammadi Deutsch. Studienausgabe, hrsg. v. Hans-Martin Schenke u. a., Berlin u. New York 2010, S. 299–303.
Thomas Podella, Grundzüge alttestamentlicher Jenseitsvorstellungen. Scheol, in: Biblische Notizen 43 (1988), S. 70–89.
Dominique Poirel, Livre de la nature et débat trinitaire au XIIe siècle. Le *De tribus diebus* de Hugues de Saint-Victor, Turnhout 2002.
Yolande de Pontfarcy, Le *Tractatus de Purgatorio Sancti Patricii* de H. de Saltrey. Sa Date et ses Sources, in: Peritia 3 (1984), S. 460–480.
Yolande de Pontfarcy, The Historical Background to the Pilgrimage to Lough Derg, in: Haren/de Pontfarcy (Hrsg.) 1988, S. 7–34.
Yolande de Pontfarcy, Introduction, in: L'espurgatoire Seint Patriz, hrsg., übers. u. komm. v. ders., Löwen u. Paris 1995, S. 1–72.
Aleksandra Prica, Visiones Georgii, in: SchriftRäume. Dimensionen von Schrift zwischen Mittelalter und Moderne, hrsg. v. Christian Kiening u. Martina Stercken, Zürich 2008, S. 322–323.
Aleksandra Prica, Heilsgeschichten. Untersuchungen zur mittelalterlichen Bibelauslegung zwischen Poetik und Exegese, Zürich 2010.
Christine Putzo, Mehrsprachigkeit im europäischen Kontext. Zu einem vernachlässigten Forschungsfeld interdisziplinärer Mediävistik, in: Mehrsprachigkeit im Mittelalter. Kulturelle, literarische, sprachliche und didaktische Konstellationen in europäischer Perspektive. Mit Fallstudien zu den *Disticha Catonis*, hrsg. v. Michael Baldzuhn u. ders., Berlin u. New York 2011, S. 3–34.
Andrew Rabin, Bede, Dryhthelm, and the Witness to the Other World. Testimony and Conversion in the *Historia ecclesiastica*, in: Modern Philology 106 (2009), S. 375–398.
Carl Heinz Ratschow u. a., [Art.] Charisma/Charismen, in: TRE 7 (1981), S. 681–698.
Joseph Ratzinger, Eschatologie – Tod und ewiges Leben, Regensburg 1977.
Annette Yoshiko Reed, Heavenly Ascent, Angelic Descent, and the Transmission of Knowledge in 1 Enoch 6-16, in: Boustan/Reed (Hrsg.) 2004, S. 47–66.

Dagmar Ó Riain-Raedel, Patrician documents in medieval Germany, in: Zeitschrift für celtische Philologie 49/50 (1997), S. 712–724.
Christoph Riedweg, Jüdisch-hellenistische Imitation eines orphischen Hieros Logos. Beobachtungen zu OF 245 und 247 (sog. Testament des Orpheus), Tübingen 1993.
Christoph Riedweg, Initiation – Tod – Unterwelt. Beobachtungen zur Kommunikationssituation und narrativen Technik der orphisch-bakchischen Goldblättchen, in: Ansichten griechischer Rituale. Geburtstags-Symposium für Walter Burkert, Castelen bei Basel, 15. bis 18. März 1996, hrsg. v. Fritz Graf, Stuttgart u. Leipzig 1998, S. 359–398.
Rudolf Rieks, Mimus und Atellane, in: Lefèvre (Hrsg.) 1978, S. 348–377.
Paul Rießler, Altjüdisches Schrifttum außerhalb der Bibel, Freiburg u. Heidelberg ⁵1984.
Vernon K. Robbins, The Legacy of 2 Corinthians 12:2-4 in the *Apocalypse of Paul*, in: Paul and the Corinthians. Studies on a Community in Conflict. Essays in Honour of Margaret Thrall, hrsg. v. Trevor J. Burke u. J. Keith Elliott, Leiden u. Boston 2003, S. 327–339.
Hedwig Röckelein, Otloh, Gottschalk, Tnugdal. Individuelle und kollektive Visionsmuster des Hochmittelalters, Frankfurt a. M. u. a. 1987.
Bernd Roling, Das *Moderancia*-Konzept des Johannes de Hauvilla. Zur Grundlegung einer neuen Ethik laikaler Lebensbewältigung im 12. Jahrhundert, in: Frühmittelalterliche Studien 37 (2003), S. 167–258.
Hartmut Rosenau, [Art.] Wiederbringung aller, in: TRE 35 (2003), S. 774–780.
Hellmut Rosenfeld, [Art.] Beheim, Michael, in: Neue deutsche Biographie, hrsg. v. d. Historischen Kommission bei der Bayerischen Akademie der Wissenschaften (Schriftleitung: Otto Graf zu Stolberg-Wernigerode), Bd. 2, Berlin 1955, S. 6–7.
Jean-Marc Rosenstiehl, Tartarouchos – Temelouchos. Contribution à l'étude de l'Apocalypse apocryphe de Paul, in: Deuxième journée d'études coptes, hrsg. v. dems., Löwen u. Paris 1986, S. 29–56.
Jean-Marc Rosenstiehl, L'itinéraire de Paul dans l'au-delà. Contribution à l'étude de l'Apocalypse apocryphe de Paul, in: Carl-Schmidt-Kolloquium an der Martin-Luther-Universität 1988, hrsg. v. Peter Nagel, Halle a. d. S. 1990, S. 197–212.
Riemer Roukema, Paul's Rapture to Paradise in Early Christian Literature, in: The Wisdom of Egypt. Jewish, Early Christian, and Gnostic Essays in Honour of Gerard P. Luttikhuizen, hrsg. v. Anthony Hilhorst u. George H. van Kooten, Leiden u. Boston 2005, S. 267–283.
Christopher Rowland, The Open Heaven. A Study of Apocalyptic in Judaism and Early Christianity, London 1982.
Sharon M. Rowley, The Role and Function of Otherworldly Visions in Beda's *Historia ecclesiastica gentis Anglorum*, in: The World of Travellers. Exploration and Imagination, hrsg. v. Kees Dekker, Karin Olsen u. Tette Hofstra, Löwen, Paris u. Walpole 2009, S. 163–181.
Kurt Rudolph, Apokalyptik in der Diskussion, in: Apocalypticism in the Mediterranean World and the Near East. Proceedings of the International Colloquium on Apocalypticism: Uppsala, August 12–17, 1979, hrsg. v. David Hellholm, Tübingen 1983, S. 771–789.
August Rüegg, Die Jenseitsvorstellungen vor Dante und die übrigen literarischen Voraussetzungen der *Divina Commedia*. Ein quellenkritischer Kommentar, 2 Bde., Einsiedeln u. Köln 1945.

Jacques T. A. G. M. van Ruiten, The Four Rivers of Eden in the *Apocalypse of Paul* (*Visio Pauli*): The Intertextual Relationship of Genesis 2:10-14 and the *Apocalypse of Paul* 23, in: Jerusalem, Alexandria, Rome. Studies in ancient cultural interaction in honour of A. Hilhorst, hrsg. v. Florentino García Martínez u. Gerard P. Luttikhuizen, Leiden 2003, S. 263–283.

Klaus Sallmann, Christen vor dem Theater, in: Theater und Gesellschaft im Imperium Romanum. Théâtre et société dans l'empire romain, hrsg. v. Jürgen Blänsdorf i. Verb. m. Jean-Marie André und Nicole Fick, Tübingen 1990, S. 243–259.

Klaus Sallmann, [Art.] S[uetonius] Tranquillus, C., in: DNP 11 (2001), Sp. 1084–1088.

Matthew dal Santo, The Shadow of a Doubt? A Note on the *Dialogues* and *Registrum Epistolarum* of Pope Gregory the Great (590–604), in: The Journal of Ecclesiastical History 61 (2010), S. 3–17.

Sylvia Sasse, Literaturwissenschaft, in: Günzel (Hrsg.) 2009, S. 225–241.

Dorothea Sattler, [Art.] Bußsakrament. II. Historisch-theologisch, in: LThK 2 (1994), Sp. 846–851.

Peter Schäfer, New Testament and Hekhalot Literature. The Journey into Heaven in Paul and in Merkavah Mysticism, in: Journal of Jewish Studies 35 (1984), S. 19–35.

Karin Schlapbach, [Art.] Phlegethon, in: DNP 9 (2000), Sp. 905.

Gerhard Schlatter, [Art.] Askese, in: Handwörterbuch religionswissenschaftlicher Grundbegriffe, hrsg. v. Hubert Cancik, Burkhard Gladigow u. Matthias Laubscher, Bd. 2, Stuttgart u. a. 1990, S. 60–82.

C. Schmidt, [Art.] Patricius, in: LACL, S. 548.

Carl Schmidt, [Rez.] Dieterich, Albr., Nekyia. Beiträge zur Erklärung der neuentdeckten Petrusapokalypse, Leipzig, Teubner, 1893, in: Theologische Literaturzeitung 22 (1894), Sp. 560–565.

Paul Gerhard Schmidt [1978a], Praefatio, in: Visio Thurkilli, hrsg. v. dems., Leipzig 1978, S. V–X.

Paul Gerhard Schmidt [1978b], The Vision of Thurkill, in: Journal of the Warburg and Courtauld Institutes, 41 (1978), S. 50–64.

Paul Gerhard Schmidt, Die Vision von Vaucelles (1195/1196), in: Mittellateinisches Jahrbuch 20 (1985), S. 155–163.

Paul Gerhard Schmidt, Das Theater als moralische Anstalt in Visionen des Mittelalters, in: Dramatische Wäldchen, Festschrift für Eckard Lefèvre zum 85. Geburtstag, hrsg. v. Ekkehard Stärk u. Gregor Vogt-Spira, Hildesheim u. a. 2000, S. 515–523.

Paul Gerhard Schmidt, Die Gegenwelt im Jenseits, in: Literaturwissenschaftliches Jahrbuch 44 (2003), S. 9–17.

Johannes Schneider, [Art.] μέρος, in: Theologisches Wörterbuch zum Neuen Testament, hrsg. v. Gerhard Kittel, Bd. 4, Stuttgart 1942, S. 598–602.

Gershom Scholem, Jewish Gnosticism, Merkabah Mysticism, and Talmudic Tradition, New York ²1965.

Wolfgang Schrage, Die Elia-Apokalypse, Gütersloh 1980 (JSHRZ 5,3).

Josef Schreiner, Das 4. Buch Esra, Gütersloh 1981 (JSHRZ 5,4).

Armin Schulz, [Art.] Sujet, in: RLW III (2003), S. 544–546.

Gisela Seitschek, Schöne Lüge und verhüllte Wahrheit. Theologische und poetische Allegorie in mittelalterlichen Dichtungen, Berlin 2009.

Nicola Senger, Der Ort der »Kunst« im Wissenschaftssystem des Hugo von St. Viktor, in: Mittelalterliches Kunsterleben nach Quellen des 11. bis 13. Jahrhunderts, hrsg. v. Günther Binding u. Andreas Speer, Stuttgart-Bad Cannstatt 1993, S. 53–75.

Hugh Shields, The French Accounts, in: Haren/de Pontfarcy (Hrsg.) 1988, S. 83–98.
Theodor Silverstein u. Anthony Hilhorst (Hrsg.), Apocalypse of Paul. A new critical edition of three long Latin versions, Genf 1997.
Theodor Silverstein u. Anthony Hilhorst, The Western Tradition, in: dies. (Hrsg.) 1997, S. 11–21.
Michael Slusser, [Art.] Martyrium III. Christentum 1. Neues Testament/Alte Kirche, in: TRE 22 (1992), S. 207–212.
Wolfgang Speyer, Bücherfunde in der Glaubenswerbung der Antike. Mit einem Ausblick auf Mittelalter und Neuzeit, Göttingen 1970.
Herrad Spilling, Die Visio Tnugdali. Eigenart und Stellung in der mittelalterlichen Visionsliteratur bis zum Ende des 12. Jahrhunderts, München 1975.
Roger Stalley, The Cistercian Monasteries of Ireland. An Account of the History, Art and Architecture of the White Monks in Ireland from 1142 to 1540, London u. New Haven 1987.
Elisabeth Stein, Leben und Visionen der Alpais von Cudot. Neuedition des lateinischen Textes mit begleitenden Untersuchungen zu Autor, Werk, Quellen und Nachwirkung, Tübingen 1995.
Georg Steindorff, Die Apokalypse des Elias, eine unbekannte Apokalypse und Bruchstücke der Sophonias-Apokalypse, Leipzig 1899.
Jonathan Stock-Hesketh, Circles and Mirrors. Understanding 1 Enoch 21-32, in: Journal for the Study of the Pseudepigrapha 21 (2000), S. 27–58.
Whitley Stockes (Hrsg.), The Tripartite Life of Patrick. With other Documents Relating to that Saint, Bd. 1, London 1887.
Robert Stockhammer, Kartierung der Erde. Macht und Lust in Karten und Literatur, München 2007.
Martin Stowasser, Heil und Gericht im *Buch der Wächter*, in: Protokolle zur Bibel 13 (2004), S. 45–27.
G. Strecker, [Art.] Entrückung, in: RAC 5 (1962), Sp. 461–476.
Peter Strohschneider, Textheiligung. Geltungsstrategien legendarischen Erzählens im Mittelalter am Beispiel von Konrads von Würzburg *Alexius*, in: Geltungsgeschichten. Über die Stabilisierung und Legitimierung institutioneller Ordnungen, hrsg. v. Gert Melville u. Hans Vorländer, Köln u. a. 2002, S. 109–147.
Peter Strohschneider, Religiöses Charisma und institutionelle Ordnungen in der Ursula-Legende, in: Institution und Charisma, Festschrift für Gert Melville zum 65. Geburtstag, hrsg. v. Franz J. Felten, Annette Kehnel u. Stefan Weinfurter, Köln u. a. 2009, S. 571–588.
Peter Strohschneider, Weltabschied, Christusnachfolge und die Kraft der Legende, in: GRM 60 (2010), S. 143–164.
Rudolf Suntrup u. Jan R. Veenstra (Hrsg.), Himmel auf Erden/Heaven on Earth, Frankfurt a. M. u. a. 2009.
Rudolf Suntrup u. Jan R. Veenstra, Einleitung, in: dies. (Hrsg.) 2009, S. IX–XX.
James D. Tabor, Things Unutterable. Paul's Ascent to Paradise in its Greco-Roman, Judaic, and Early Christian Contexts, New York u. a. 1981.
Władysław Tatarkiewicz, Geschichte der Ästhetik, 2. Bd.: Die Ästhetik des Mittelalters, Basel u. Stuttgart 1980.
Margaret E. Thrall, Paul's Journey to Paradise. Some Exegetical Issues in 2 Cor 12,2-4, in: The Corinthian Correspondence, hrsg. v. R. Bieringer, Leiden 1996, S. 347–363.

Margaret E. Thrall, A Critical and Exegetical Commentary on the Second Epistle to the Corinthians, Bd. 2: Commentary on II Corinthians VIII-XIII, Edinburg 2000.
Charlotte Touati, Origène, Athanase, Augustin. Vrais et faux témoins de l'*Apocalypse de Paul*, in: Apocrypha 18 (2007), S. 167–203.
Siegbert Uhlig, Das äthiopische Henochbuch, Gütersloh 1984 (JSHRZ V,6).
Bernd Ulmer, Konversionserzählungen als rekonstruktive Gattung. Erzählerische Mittel und Strategien bei der Rekonstruktion eines Bekehrungserlebnisses, in: Zeitschrift für Soziologie 17 (1988), S. 19–33.
Joseph Verheyden, The Canon Muratori. A Matter of Dispute, in: The Biblical Canons, hrsg. v. J.-M. Auwers u. H. J. de Jonge, Leiden 2003, S. 487–556.
Max Voigt, Beiträge zur Geschichte der Visionenliteratur im Mittelalter, Leipzig 1924.
Herbert Vorgrimler, Geschichte der Hölle, München 1993.
Marie-Theres Wacker, Weltordnung und Gericht. Studien zu 1 Henoch 22, Würzburg 1982.
Kirsten Wagner, Im Dickicht der Schritte. ›Wanderung‹ und ›Karte‹ als epistemologische Begriffe der Aneignung und Repräsentation von Räumen, in: Topographien der Literatur. Deutsche Literatur im transnationalen Kontext, hrsg. v. Hartmut Böhme, Stuttgart u. Weimar 2005, S. 177–206.
James Buchanan Wallace, Snatched into paradise (2 Cor. 12:1-10). Paul's heavenly journey in the context of early Christian experience, Berlin u. New York 2011.
Katherine Walsh, A Fourteenth-Century Scholar and Primate. Richard FitzRalph in Oxford, Avignon and Armagh, Oxford 1981.
Katherine Walsh, Pilger, denen Santiago nicht genügte. Spätmittelalterliche Bußfahrten zum Purgatorium Sancti Patricii, in: Stadt und Pilger. Soziale Gemeinschaften und Heiligenkult, hrsg. v. Klaus Herbers, Tübingen 1999, S. 69–108.
Karl Warnke, Das Buch vom Espurgatoire S. Patrice der Marie de France und seine Quelle, Halle a. d. S. 1938.
Olaf Waßmuth, Sibyllinische Orakel 1-2. Studien und Kommentar, Leiden u. Boston 2011.
G. Waterhouse, An Early German Account of St Patrick's Purgatory, in: The Modern Language Review 18 (1923), S. 317–322.
G. Waterhouse, Another Early German Account of St Patrick's Purgatory, in: The Modern Language Review 29 (1934), S. 74–77.
Carl Watkins, Doctrine, politics and purgation: the vision of Tnúthgal and the Vision of Owein at St Patrick's Purgatory, in: Journal of Medieval History 22 (1996), S. 225–236.
Martina Wehrli-Johns, »Tuo daz guote und lâ das übele.« Das Fegefeuer als Sozialidee, in: Himmel – Hölle – Fegefeuer. Das Jenseits im Mittelalter (Katalog zur Ausstellung), hrsg. v. Peter Jezler, München ²1994, S. 47–58.
Werner Weismann, Kirche und Schauspiele. Die Schauspiele im Urteil der lateinischen Kirchenväter unter besonderer Berücksichtigung Augustins, Würzburg 1972.
Werner Weismann, Antiquarisches Interesse für den Mimus und Pantomimus, in: Fugmann u. a. (Hrsg.) 2004, S. 175–192.
Julia Weitbrecht [2011a], Aus der Welt. Reise und Heiligung in Legenden und Jenseitsreisen der Spätantike und des Mittelalters, Heidelberg 2011.
Julia Weitbrecht [2011b], Die Performanz von Weltleben und Konversion. Maria Magdalena im geistlichen Spiel, in: Zeitsprünge 15 (2011), S. 484–502.

Julia Weitbrecht, Imitatio und Imitabilität. Zur Medialität von Legende und Legendenspiel, in: Beiträge zur Geschichte der deutschen Sprache und Literatur PBB 134 (2012), S. 204–219.
Bernd Weitemeier, Visiones Georgii. Untersuchung mit synoptischer Edition der Übersetzung und Redaktion C, Berlin 2006.
Karin Wenz, Raum, Raumsprache und Sprachräume. Zur Textsemiotik der Raumbeschreibung, Tübingen 1997.
Karin Wenz, Linguistik/Semiotik, in: Günzel (Hrsg.) 2009, S. 208–224.
Antje Wessels, Theater und Realität in der römischen Kaiserzeit, in: Ästhetische Erfahrung. Gegenstände, Konzepte, Geschichtlichkeit, hrsg. v. Sonderforschungsbereich 626, Berlin 2006. URL: www.sfb626.de/veroeffentlichungen/online/aesth_erfahrung/aufsaetze/wessels.pdf (abgerufen am 16.4.2011)
David K. West, Reading the Signs. Desire in the Apocalyptic Text, Diss. Indiana University 2004.
Matthias Westerhoff, Auferstehung und Jenseits im koptischen *Buch der Auferstehung Jesu Christi, unseres Herrn*, Wiesbaden 1999.
Bettina Windau, [Art.] Tírechán, in: LACL, S. 696f.
Hans Windisch, Der zweite Korintherbrief, Göttingen 1924.
Kathrin Winkler, Kim Seifert u. Heinrich Detering, Die Literaturwissenschaften im Spatial Turn. Versuch einer Positionsbestimmung, in: Journal of Literary Theory 6 (2012), S. 253–269.
O. S. Wintermute, Apocalypse of Zephaniah, in: The Old Testament Pseudepigrapha, Bd. 1: Apocalyptic Literature and Testaments, hrsg. v. James H. Charlesworth, Garden City 1983, S. 497–515.
Oda Wischmeyer, 2 Korinther 12,1-10. Ein autobiographisch-theologischer Text des Paulus, in: dies., Von Ben Sira zu Paulus. Gesammelte Aufsätze zu Texten, Theologie und Hermeneutik des Frühjudentums und des Neuen Testaments, hrsg. v. Eve-Marie Becker, Tübingen 2004, S. 277–288.
Oda Wischmeyer (Hrsg.), Paulus. Leben – Umwelt – Werk – Briefe, Tübingen u. Basel 2006.
Wolfgang Wischmeyer, [Art.] Märtyrer II. Alte Kirche, in: RGG[4] 5 (2002), Sp. 862–865.
T. P. Wiseman, [Rez.] D. R. Shackleton Bailey, Two Studies in Roman Nomenclature, New York 1976, in: The Classical Review 29 (1979), S. 180–181.
Antonie Wlosok, [Art.] Descensus Christi (in inferna), in: AugLex 2 (2002), Sp. 299–306.
Antonie Wlosok, [Art.] Gehenna, in: AugLex 3 (2010), Sp. 100–105.
Christian Wolff, Der zweite Brief des Paulus an die Korinther, Berlin 1989.
Friedrich Wolfzettel, Bilder des Irdischen Paradieses im (französischen) Mittelalter und bei Dante, in: Deutsches Dante-Jahrbuch 83 (2008), S. 63–91.
Michael Wolter, Das Lukasevangelium, Tübingen 2008.
Ka Leung Wong, The Idea of Retribution in the Book of Ezekiel, Leiden u. a. 2001.
Gregor Wurst, [Art.] Nag Hammadi, in: LACL, S. 511–514.
Carol Zaleski, St. Patrick's Purgatory. Pilgrimage Motifs in a Medieval Otherworld Vision, in: Journal of the History of Ideas 46 (1985), S. 467–485.
Carol Zaleski, Otherwold Journeys. Accounts of Near-Death Experience in Medieval and Modern Times, New York u. Oxford 1987.
C. M. van der Zanden, Étude sur le Purgatoire de saint Patrice, accompagnée du texte latin d'Utrecht et du texte anglo-normand de Cambridge, Amsterdam 1928.

Julia Zimmermann, Die *Tiroler Predigtsammlung* und ihre *Visio Pauli* (mit Edition des Predigttextes), in: Mertens lesen. Exemplarische Lektüren für Volker Mertens zum 75. Geburtstag, hrsg. v. Monika Costard, Jacob Klingner u. Carmen Stange, Göttingen 2012, S. 9–30.

P. Zingerle, Die Apocalypse des Apostels Paulus. Aus einer syrischen Handschrift des Vaticans übersetzt, in: Vierteljahrsschrift für deutsch- und englisch-theologische Forschung 4 (1871), S. 139–183.

Josef Zmijewski, Der Stil der paulinischen ›Narrenrede‹. Analyse der Sprachgestaltung in 2 Kor 11,1-12,10 als Beitrag zur Methodik von Stiluntersuchungen neutestamentlicher Texte, Bonn 1978.

Register

Verweise auf Anm. erfolgen nur dann, wenn nicht auch auf die Seite verwiesen wird, auf der sich die Anm. finden lässt.

ägyptische Unterwelt   48, 70, 92; Anm.: 612, 781
Alber, *Tnugdalus*   165–173, 257; Anm.: 60, 64, 694, 1142
Allegorie   **163 f.**, 192 f., 195 f., 198 f., 201, **218 f.**, 236; Anm.: 670
angelus interpres   50–52, 76, 82, 91, 159, 230; Anm.: 635
anonyme Apokalypse   10, **74–82**, 90 f., 273 f.; Anm.: 340, 393, 398, 612, 633
Apokalypse des Mose   21–23, 93; Anm.: 314, 396
Apokalyptik   VII, 22, 33, **68**, 81, 92, 141; Anm.: 84, 337, 348, 428, 506
Aristoteles   249
Augustinus   119, 134 f., 211, 214; Anm.: 87, 419, 551, 613, 676, 775

babylonische ›mappa mundi‹   48
Beda Venerabilis (*Visio Drycthelmi*)   7, 10, **145–150**, 152 f., 156, 162 f., 169, 259, 274; Anm.: 956, 975, 1142
Michel Beheim   **236–239**; Anm.: 981, 991
Hl. Benedikt   224–226
Benedikt XIV. (Joseph Ratzinger)   1–3
Bernhard von Clairvaux   224; Anm.: 678
Bilderreden   10, 35 f., **58–66**, 71
Bollandisten   Anm.: 876
Bonifatius   Anm.: 675 f.
Karl Bühler   50, 96 f.; Anm.: 28
Buch der Wächter   5, 10, **35–38**, **43–48**, **52–58**, 62–64, 67, 71 f., 80, 91, 94 f., 112, 151, 159; Anm.: 21, 34, 319 f., 367, 507, 651
Buße   115, 125, 145, 148–150, 155–157, 167–170, 172–174, 242, 251, 258, 270; Anm.: 646, 840, 1084, 1149

Caesarius von Arles   Anm.: 529, 639
Caesarius von Heisterbach   255 f.
Cicero   Anm.: 903
ciuitas Christi   124–132, 134, 225

Clemens von Alexandrien   31; Anm.: 350
Dante Alighieri   VII, 2, 10, 13 f., 23, 34, 141; Anm.: 100, 1109
demonstrativer Dialog   5, 11, **48–55**, 57–60, 64–68, 71, 79–82, 90 f., 95–97, 99, 105, 114, 134, 147 f., 159, 161, 171, 229 f., 252, 266 f., 273; Anm.: 348, 636
Descensus Christi ad inferos   122 f.; Anm.: 551
Drittes Baruchbuch   Anm.: 330, 340, 345, 415

Elias-Apokalypse   72–74, 107; Anm. 32, 385, 398
Epiphanius von Salamis   25
Epistula Apostolorum   Anm.: 398
erzählte Bewegung   5, **39–44**, 49, 54 f., 57 f., 60–64, 67 f., 78, 81, 90 f., 95, 105, 114–116, 128, 134, 138, 147, 149, 153, 155–159, 168, 170 f., 228, 266; Anm.: 343, 588, 964
Esra-Apokalypse   90 f.; Anm.: 551
Ezechiel   22, **48–51**, 54 f.; Anm.: 301

Fegefeuer (s. a. Läuterung u. *Tractatus de Purgatorio S. Patricii*)   2, 13, 156 f., **199 f.**, 245, 258, 265, 271; Anm.: 373, 413, 531, 629, 974, 1122
Fortunatus   261 f.

Gerald von Wales   9, **204**, 222 f.; Anm.: 876, 881
Gilgamesch   42 f.
Gotthold Ephraim Lessing   Anm.: 23
Gregor d. Gr., *Dialogi*   7, 10, **134–142**, 144, 146, 151, 157, 207 f., 214, 273; Anm.: 889, 963, 1119, 1142

Hades   180; Anm.: 303, 320, 364, 415, 445, 520

Himmel/himmlisches Paradies (s. a. irdisches Paradies) 9, 13, 15f., 18f., 21–23, 25, 27–29, 35, 38, 43–45, 52, 55, 61–67, 69f., 76, 78f., 90, 114–116, 121–124, 129–132, 137, 144f., 149, 157, 164f., 185f., 216, 224f., 227, 233f., 250f., 254, 259, 272, 274; Anm.: 340, 345, 349f., 366, 400, 552, 586, 658, 1071
Himmelfahrt Jesajas Anm.: 340
Hölle 2, 13, 32, 43, 65f., 73, 82, 86–89, 92, 94–99, 104–108, 111, 115–119, 129f., 137, 143, 145–149, 154–156, 160–163, 169f., 180, 196f., 200f., 216, 227f., 230f., 234, 246, 248–252, 259, 267–272; Anm.: 55, 373, 571, 730, 839, 872, 876, 917, 1083
Honorius Augustodunensis Anm.: 577, 698
Hugo von St. Viktor 8f., **208–222**, 234f., 251, 254

imitatio Christi 184, 187f., 191, 195f., 198–201, 255f., 260; Anm.: 531
Immanenz/Transzendenz 110, **185f.**, 199; Anm.: 50, 99, 801, 813
irdisches Paradies 9, 22, 57, 66f., 94, 124–126, 131f., 136, 200, 216, 220, 227f., 230, 232–234, 237, 250–252, 254; Anm.: 676

Jakob von Voragine, *Legenda Aurea* 239, 255–260; Anm.: 1048
Jenseitsbrücke 138, 159, 228, 248, 250f., 259; Anm.: 975
Jocelin von Furness, *Vita S. Patricii* 9, **197–202**, 223, 257, 260; Anm.: 872, 876

Karte (s. a. metrische Beschreibung) 40f., 44f., 48f., 238f.
Konversion 7, 146, 151–155, 158, 175f., 179, 274

Läuterung (s. a. Fegefeuer) 3, 13, 153–158, 163–165, 170, 172f., 176, 228, 230, 232, 270; Anm.: 741
Lazarus V, 98, 137f., 180f.
legendarisches Erzählen **182–192**, 199f., 202f., 239, 255–260
Limbus 1f.

Marie de France, *L'espurgatoire Seint Patriz* **234f.**, 237–239; Anm.: 30, 978
Martial Anm.: 470, 486
Merkava-Mystik 22f., 90; Anm.: 311, 369
metrische Beschreibung (s. a. Karte) **41f.**, 49

mimus 101–103, 268f.; Anm.: 688
Muirchú Moccu Macthéni, *Vita Sancti Patricii* 8, **183–186, 188–196**, 199
Muratorisches Fragment 32
Nekyia 43, 57
Novatianus 110f.

Oracula Sibyllina 84–86
Orphik 5f., 48, 54, **92–94**; Anm.: 263

Passional 239, **256–260**; Anm.: 64, 852
Paradies s. Himmel/himmlisches Paradies u. irdisches Paradies
Paulus-Apokalypse (s. a. *Visio Pauli*) 6–8, 10, **24–35**, 94, **112–134**, 135, 138–141, 143f., 146, 148, 225, 229f., 263, 271, 273; Anm.: 60, 69, 314f., 356, 396, 905, 1148
 – koptische Übersetzung (s. a. Nag Hammadi) 6f., 25, 29–34, 120, 123, 133f.; Anm.: 142, 544, 547, 550f., 579, 582–584, 586, 588f., 598f., 605, 612
 – griechisch 25f.
 – Nag Hammadi (NHC) 24f., 90
 – syrisch 25, 29f., 133; Anm.: 544, 547, 565, 567, 569f., 575, 579, 583f., 586, 588f., 599, 605, 612
Petrus-Apokalypse 5f., 10, **31–35**, **80–113**, 116, 118–120, 268f., 273; Anm.: 60, 121, 175, 280, 633, 1121
Platon 48, 53f., 70, 215; Anm.: 69, 257, 392, 396
Purgatorium s. Fegefeuer u. Läuterung
Pyriphlegethon 52–54; Anm.: 507

Sacharja **51f.**, 54f.
Scheol 1, 46, 48, 56, 71
Sophonias-Apokalypse (s. a. *anonyme Apokalypse*) 74; Anm.: 385, 398
Sozomenos 30; Anm.: 152, 170
spectaculum/spectacula 6, 94, **100–111**, 114, 116, 118f., 146, 160, 267, 269, 273; Anm.: 718

Tertullian 6, 110, 269; Anm.: 174
Testament Abrahams 10, **68–72**, 75, 77, 80f., 90f.
Testament Levis Anm.: 305
Tírechán 8, **192–195**, 199, 201; Anm.: 846
Tractatus de Purgatorio S. Patricii 7–11, 163, **173–182**, **200–223**, **225–234**, 234–245, 248, 250–252, 254f., 258, 263, 266, 274; Anm.: 25, 637, 1144

Transformationsgeschichte 5 f., 10 f., 52–54,
  67 f., 73 f., 80, **104–109**, 199, 264–269

Vergil VII, 13, 147; Anm.: 69, 957
viktorinischer Symbolismus 211–214, 274;
  Anm.: 54, 637
Visio Drycthelmi s. Beda Venerabilis
Visio Pauli (s. a. *Paulus-Apokalypse*) 121,
  128, 133 f., 140, 142; Anm.: 905, 964
Visiones Georgii 9, 238 f., **239–254**, 255;
  Anm.: 60, 1142, 1144
Visio Gunthelmi **223–226**; Anm.: 1122,
  1138, 1150
Visio Thurkilli 11, **263–273**; Anm.: 471
Visio Tnugdali 7 f., 10, **151–165**, 167–177,
  182, 263, 269 f., 274; Anm.: 25, 60, 62,
  64, 731, 901, 1130, 1142
Visio Wettini Anm.: 642
Vita Auctore Probo Anm.: 829, 834
Vita Tertia **196–198**, 201 f., 257, 260
Vita Tripartita (*Bethu Phátraic*) **194–196**;
  Anm.: 824, 831

Wanderung (s. a. erzählte Bewegung) **40 f.**

Zweiter Korintherbrief 10, **14–23**, 25,
  27–29, 34; Anm.: 314
Zweites Henochbuch 10, 22, **63–67**, 71 f.;
  Anm.: 105, 121, 541, 596, 606, 610

www.ingramcontent.com/pod-product-compliance
Lightning Source LLC
Chambersburg PA
CBHW031757220426
43662CB00007B/444